Richard Grossinger
Der Mensch,
die Nacht und die Sterne

Richard Grossinger

Der Mensch, die Nacht und die Sterne

Die Kulturgeschichte der Menschen im Angesicht des Nachthimmels

Goldmann Verlag

Deutsche Erstveröffentlichung
Aus dem Amerikanischen übertragen von
Dr. Felicitas Schätzl
Die Originalausgabe erschien unter dem Titel
»The Night Sky« bei Sierra Club Books, Ca., USA

Der Goldmann Verlag
ist ein Unternehmen der Verlagsgruppe Bertelsmann

1. Auflage

Copyright © 1981 by Richard Grossinger,
North Atlantic Books, Ca., USA
Copyright © der deutschsprachigen Ausgabe 1988
by Wilhelm Goldmann Verlag, München
May + Co, Darmstadt · Printed in Germany
ISBN 3-442-30521-7

Inhalt

Vorwort 7

I	Der Nachthimmel	27
II	Die Schöpfung	47
III	Okkulte Astronomie	77
IV	Sternenmythos	100
V	Die Alte Astronomie	137
VI	Die Geschichte der westlichen Astronomie	166

1. Die Sonne im Zentrum 166 · 2. Die Planeten 182 · 3. Das Gravitationsfeld 196 · 4. Die Sterne 209 · 5. Die Elemente 228 · 6. Das Zeit-Raum-Kontinuum 244 · 7. Das Atom 255 · 8. Pulsare, Quasare und Schwarze Löcher 278

VII	Sprache, Geist und Astrophysik	296
VIII	Die Astrologie	322
IX	Die Planeten	347

1. Das Sonnensystem 347 · 2. Merkur und Venus 360 · 3. Der Mond, die Erde und Mars 377 · 4. Jupiter und seine Monde 400 · 5. Saturn, Uranus, Neptun, Pluto und ihre Monde 420

X	Fliegende Untertassen und außerirdisches Leben	454
XI	Der Pop-Star-Kult der fünfziger und sechziger Jahre	491
XII	Science-Fiction	501

1. Der Ursprung der himmlischen Welten 501 · 2. Selbst und Kosmos 523 · 3. Jesus von Nazareth 538

Anmerkungen 561
Bibliographie 593
Personen- und Sachregister 600

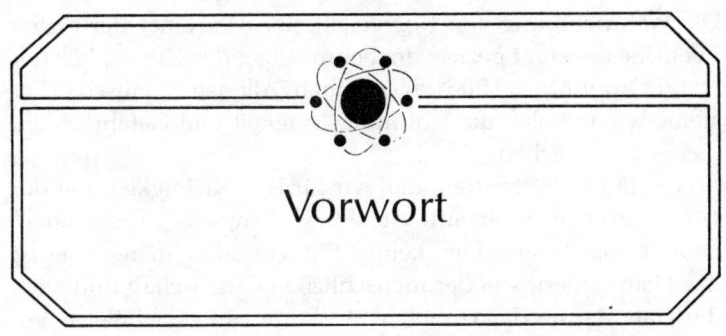

Vorwort

»Der Mensch, die Nacht und die Sterne« ist ein Buch über die Sterne, die Planeten und die Schöpfung – oder anders ausgedrückt, ein Buch darüber, wie unsere Spezies versucht, sich ihren Platz in diesem weiten Universum zu bestimmen, in dem sie entstanden ist. Es werden Mythen, Wissenschaften und sonstige Systeme dargestellt, die sich in den mehreren Millionen Nächten unseres kurzen Aufenthalts in diesem physischen Kosmos entwickelt haben.

Jedes Lebewesen erlebt sich selbst als lebendig und nimmt eine reiche überquellende Natur wahr, von der es umgeben ist. Aber die Existenz allein hat weder eine absolute Bedeutung noch irgendeinen Erklärungswert.

»Sinn« entsteht überhaupt erst durch die Lebewesen selbst, und gehört zum Geheimnis ihres Lebens. Der »Sinn« ist ebenso ursprungslos und grenzenlos wie das Universum, im Grunde ist er mit dem Universum gleichzusetzen. Der unwiderruflichste Beweis dafür ist der Nachthimmel. Er sammelt die Unendlichkeit in einem strahlenden Feld und umhüllt damit die Erde. Er ist der offensichtlichste Wegweiser zum Ursprung dieser Welt und gleichzeitig ein Schleier, der jede mögliche Lösung verneint und alle Pfade in ungangbarer Wildnis verschwinden läßt. Der Nachthimmel drückt die Ordnung und den Zusammenhang der Schöpfung aus, aber auch ihr Chaos und ihre Willkürlichkeit.

Die Wahrnehmung von Konstellationen war einer der ersten Versuche unserer Spezies, der beunruhigenden Zufälligkeit der Natur Ordnung und Sinn zu verleihen. Alle astronomischen Systeme wiederholen die Hoffnungslosigkeit und Gefährlichkeit dieses anfänglichen Aktes.

Wir sind so beschaffen, daß wir für jede Kleinigkeit, mit der wir zu tun haben, einen Kontext brauchen, aber für das ungeheure Ganze besitzen wir keinen Sinnzusammenhang. Dies ist das Hauptärgernis in der menschlichen Gesellschaft und auch die Kraft, die uns dazu treibt, in Strukturen und Symbolen eine – wenn auch unmögliche – Lösung zu suchen. Die Auseinandersetzung mit dem Nachthimmel und dem, was er für uns beinhaltet, ist ein eigener Prozeß. Wir mögen diesen nächtlichen Himmel bewußt ignorieren, aber das ändert nichts daran. Wenn wir in den Himmel blicken, spüren wir die Kürze und Winzigkeit unseres Lebens, ein Erlebnis, das uns erschauern läßt, aber wir fühlen auch etwas anderes, das dieses Gefühl verspürt. Es ist dieses »andere«, das den ganzen Rest ermöglicht und an das sich dieses Buch wendet.

Das moderne Universum mag zufällig und ungeordnet erscheinen, es ist aber auch in wunderbarer Weise höchst integriert und verflochten bis hinab zu den subtilsten Schichten. Mythologie und Magie der Sterne haben das symbolisch und in einfühlsamen Analogien widergespiegelt; die spätere Astrophysik hat gezeigt, daß alle Materie denselben Gesetzen gehorcht, daß der Grund, weswegen die Sterne an dem Ort zu stehen scheinen, wo man sie sieht, derselbe ist, weswegen der Wind weht, die Gräser sprießen und die Zellen sich teilen. Diese Gesetze sind mehr als unverletzlich. Sie sind die Grundlage für ein physisches Universum, dessen Erscheinung eben auf ihnen beruht. Wenn wir die moderne Astrophysik kritisieren, weil sie moralisch und spirituell so leer ist, dürfen wir nicht vergessen, daß sie uns auch einen geradezu magisch zu nennenden Sinn dafür verleiht, wie wundervoll und unerwartet sich die Lebewesen aus den komplexen Strukturen der bloß atomaren Welt entwickelt haben und nun als bewußte Beobachter inmitten der Sterne stehen. Dies ist in mancher Beziehung spiritueller als die verschiedenen toten theologischen Versionen einer Schöpfung durch eine äußere Kraft oder Gottheit.

Dies ist nicht deswegen ein Astronomiebuch, weil sein Hauptthema der Aufbau der Sterne und Planeten oder die Physik und Geographie des Himmels ist, sondern weil diese Dinge das eigentliche Thema dieses Buches sowohl funktional wie auch symbolisch nur vertreten, nämlich die Schöpfung. Obwohl alles, was wir kennen und erfahren, ein Teil der Schöpfung ist, sind es doch die Sterne, die am ehesten einen Zusammenhang für alles übrige stiften. Sie sind die ewige wahrnehmbare Manifestation von Einheit und Unendlichkeit in einem. Die geäderten Muster auf einem Ahornblatt, die Tausenden von Insektenlarven in einem Kokon, die Frostsprünge im Glas oder im Kalkstein einer Höhle, die Gespinste eines Spinoza, die Glanzlichter eines Proust, die Harmonien von Johann Sebastian Bach, die Träume des Sonnenhäuptlings stehen alle in Verbindung mit der Sternenmaterie, sie alle nehmen allem Anschein nach ihren Ursprung von dieser Sternenmaterie, die in dem feinen raren Fruchtfleisch der Planeten enthalten ist.

Dieses Buch zieht nicht den Nachthimmel diesen anderen Schöpfungsabdrücken vor, sondern es setzt dessen Einheit, Weite und ursprüngliche Eigenschaften als Maßstab für alles übrige. In einem schwarzen Ozean einzelner weißglühender Entitäten und strahlenden Staubes sind wir geboren worden. Oder so jedenfalls verstehen wir es mittlerweile.

Himmel und Erde sind untrennbar. Im alten Mythos und in den Kosmogonien wird ihr Körper, der zuvor eine Einheit war, gespalten und mehr und mehr ausdifferenziert. In der modernen Wissenschaft und der Astrophysik gibt es außerhalb der Nacht keine Welt; das gestirnte Feld des Himmels ist eine zweidimensionale Illusion. Wir wissen inzwischen, daß die Gezeiten, die Winde und die Gletscher Sternenwirkungen sind. Auch die Blumen, die Würmer und Bienen spiegeln die Nacht wider. Sie alle teilen ihre Struktur, ihr Licht und die Einheitlichkeit ihrer Schwerkraft.

Tief in der Materie wiederholt sich die Gestalt des Himmels. Sie besteht aus leerem Raum, der nur dünn mit winzigen Atomkernen und ihren Orbitalsystemen gefüllt ist. Das sind die Sterne, und der atomare Mikrokosmos ist ihre Nacht. Die Kernkräfte enthalten sternenähnliche Gravitationsfelder und liefern gleichzeitig in winzigen Quantitäten genügend von ihrer Substanz, um ein physisches Universum aufzubauen. Die Materie differenziert sich in einem Flechtwerk vom Winzigsten zum Massivsten und baut damit gleichsam auf sich selbst auf. Kein einziger Teil der Materie ist jemals ohne Zusammenhang mit allen übrigen Teilen. Mehr noch: Es könnte sein, daß die Unendlichkeit vielleicht einmal in einem subatomaren Raum enthalten war, aus dem sie sich nun immer weiter in alle Dimensionen ausdehnt. Deshalb erstreckt sich der Nachthimmel vom Mikrokosmos in die Unendlichkeit. Wir sehen nur eine »Nacht«. In uns haben wir andere Nächte, und wieder andere türmen sich jenseits unserer Reichweite.

Dichtung, Philosophie, Staatswesen und Industrie – das alles sind Sternenerscheinungen. Unser Körper und unser Bewußtsein bestehen aus Sternenmaterial und bewegen sich in dem phänomenologischen Kontext der Sternenfelder. Daß wir die Sterne kennen, das *ist* die Sterne. Irgendwo in diesem Paradox, diesem Geheimnis, liegt unser Schicksal.

Der Anspruch dieses Buches ist umfassender als bei den meisten sonstigen Astronomiebüchern, und zwar deshalb, weil es die fundamentale Dichotomie zwischen der Schöpfung (dem Universum) und der Inkarnation (unserer Existenz in und durch dieses Universum) ausdrückt. In jeder wirklichen Astronomie sind diese ein und dasselbe Phänomen, und beide müssen vermittels ihrer anderen Seite verstanden werden.

Ohne es zu wissen, führt uns die Wissenschaft in die Irre. Natürlich können wir die Sterne und Planeten mit den entsprechenden Instrumenten erforschen. Wir können die Physik der irdischen Stoffe erkennen und Elemente, Moleküle, Atome und subatomare Teilchen mit hochgradigem Raffinement untersuchen. Wir können die Wirkungsweise, mittels derer sich das Leben ausbreitet, und die Gesetze, nach denen die verschiedenen

Systeme des Lebens entstehen, nachvollziehen. Die Embryologie und die Astrophysik sind subtile, komplexe und fortschrittliche selbstkritische Systeme. Auch Psychologie, Anthropologie und Linguistik. Wir wissen viel über unsere Umgebung, uns selbst, unsere Art der Interaktion, darüber, wie wir das Wesen der Dinge wahrnehmen, erkennen und ausdrücken. Aber trotz alledem können wir das Ereignis der Schöpfung weder erkennen noch ausdrücken. Wir können es nur manifestieren.

So wichtig Astronomie und Physik in unserem Wissen über die Schöpfung auch sind, letztlich müssen sie doch mit begrenzten Bereichen zufrieden sein; sobald sie versuchen, darüber hinauszureichen, verzerren sie sich. Am meisten sind sie dann verzerrt, wenn sie behaupten, den Dingen auf den Grund zu kommen. Die großen Physiker wie Newton und Einstein lachten über die irrige Vorstellung, daß so etwas auch nur möglich sein könnte. Sie waren glücklich, überhaupt irgend etwas zu wissen.

Wenn wir außerhalb der Sternenwissenschaft zu den Sternen finden wollen, müssen wir die archaischen Mythen, die Theogonie, die Ethnoastronomie, die Astrogenie, die innere Astronomie, die Astromantik und Astrologie erforschen. Diese Systeme sind nach zeitgenössischen Standards nicht wissenschaftlich, aber wir verlangen von ihnen auch keine Beschreibung des wissenschaftlichen Universums. Im Sinne einer kulturvergleichenden Anthropologie können wir ihre strukturelle und historische Beziehung zu unserer eigenen Wissenschaft nutzen, um deren verborgene Elemente zu bestimmen. Wir können sie auch für sich selbst nehmen: als Ausdrucksformen der Schöpfung durch deren Geschöpfe.

Wir haben Vorstellungen von Galaxien, Elektronen und Atomkernen. Davor hatten wir andere Bilder, die uns dahin führten, Instrumente zu entwickeln, durch die wir diese neuen und gegenwärtigen Bilder sehen. Nichtwestliche Völker und Stammesgesellschaften haben ihre eigenen Bilder gehabt von geistigen Kräften, Göttern und Göttinnen, göttlichen Energien, Totemsternen, astralen Reichen, Karma, Sternenbewußtsein und Gestalten, die im Gewand der Sterne erschienen. Ihre Erklärungen dafür, wie wir hierher kamen, sind in totemistischen und mythologischen Kodes ausgedrückt und werden in Zeremonien, Visionssuchen sowie der Meditation dargestellt und wiedererlebt. Die vorkolumbianischen Indianer wußten nicht um Quasare, Atome oder die Meiose in der Entwicklung des Embryos, aber das heißt nicht, daß sie das Universum nicht von innen erlebt hätten und zu einer besonderen und genauen Auffassung ihres Wesens gekommen wären. Die Wissenschaft kann uns vielleicht Tatsachen über die Interaktionen physikalischer Systeme an die Hand geben, Tatsachen, die für ein umfassendes Wissen über den Nachthimmel wichtig sind, aber die Ethnoastronomie und Astrologie vermitteln uns Tatsachen über die Rätsel der Schöpfung und Inkarnation, die für die Wissenschaft, wie sie gegenwärtig praktiziert wird, nicht nur unzugänglich sind, sondern aufgrund unserer Geschichte und Phylogenese in anderen Formen innerhalb ihrer Grundstruktur enthalten sind.

Folglich ist die Astronomie aus dem Okkulten geboren und verlangt danach, ihre eigene Sprache und Ausrüstung bewußt zu machen. Wir sind selbst aus den unbekannten Kräften geboren, die wir jeden Tag intuitiv erforschen. Die Schöpfung umfaßt all diese Seinsweisen, und die Inkarnation verkörpert sie buchstäblich in unserer Spezies und der langen Evolutionskette des pflanzlichen und tierischen Lebens.

Da dieses Buch nicht den Schöpfungsakt selbst zum Thema haben kann, befaßt es sich mit den Mitteln, die uns zur Verfügung stehen, um uns die Ganzheit, die Komplexität und das Geheimnis dessen, was wir sind, vorstellen zu können. Es ist eine Geschichte, eine Anthropologie und Erkenntnistheorie der Sternensysteme. Die Vorstellungen, die wir von der Entstehung des Universums haben, bestimmen die Werte, die wir setzen, die Gesellschaften, die wir entwickeln, und die Moral und Ästhetik, nach denen wir leben. Unsere Vorstellungen über unseren Ursprung sind zugleich die Vorstellungen darüber, wer wir denken, daß wir sind. Die Vorstellung über unsere Identität befand sich niemals tiefer in der Krise als in der gegenwärtigen Zeit – wo wir, wie es scheint, zuviel wissen und das Wissen selbst zersplittert und entwertet worden ist. Wir können die Unwissenheit unserer Vorfahren kritisieren, aber wir haben uns in eine neue Unwissenheit gehüllt.

Natürlich haben wir Erkenntnisse über etwas, das wir »die Sterne« und die »Schöpfung« nennen. Aber es gibt auch etwas, worüber wir nichts wissen und wissen können. Wäre das Gegenteil der Fall, so gäbe es darüber bereits Millionen von Büchern, oder Bücher darüber wären vollkommen überflüssig, und *wir* wären es wahrscheinlich ebenfalls. Aber wir wissen nichts darüber und wir vermeiden es, uns damit direkt und unverwandt zu konfrontieren, lassen uns durch die noch immer wachsenden Schichten kosmisch riesiger Dimensionen davon ablenken, die uns unser gegenwärtiges, beschränktes Wissen zaubrisch präsentiert – und deshalb gibt es darüber keine Bücher. Dieses Buch ist ein primitiver Versuch in dieser Richtung – es ist ein Buch über unsere verzweifelten Bemühungen, etwas zu erkennen, was unerkennbar ist, wobei wir die Sterne als Maßstab und Wegweiser verwenden. Dieser Kampf gestaltet unser Leben und unsere Gesellschaft. Aber wenn nicht die Schöpfung, was wird dann beschrieben, und mit welcher Verzerrung?

Dieses Buch wechselt von einem System von Schöpfungsereignissen zum anderen. Keines von ihnen kann ganz zutreffend sein, aber keines von ihnen ist auch ganz falsch, denn sie sind alle Teil des Universums und spiegeln es von innen her wider. Ob ein bestimmtes System oder Bild interessant ist, hängt davon ab, wie sehr es uns zum Verständnis unseres Daseins in diesem See des Lichtes anregt und ob es fähig ist, gewissermaßen den Vorhang der Zeit zu zerreißen, damit wir einen Eindruck von dem Ursprung erhaschen können, den unser Sein enthält. Durch diese einzelnen Bilder und ihre Wechselwirkungen können wir die Größe und Einheit, die uns die moderne Astronomie gestohlen hat, wiedergewinnen, und die Früchte der modernen Astronomie als lebensrettendes Gift gegen deren eigenes Gift benützen. Wir *müssen* sie sogar so verwenden, denn wir haben sie erschaffen, und wenn wir sie nicht schlucken und verdauen, so werden mit Sicherheit sie uns schlucken und verdauen.

Im Verlaufe des ganzen Textes habe ich versucht, die Unendlichkeit einzuschließen und zurückzutreiben und gegen den Nihilismus zu arbeiten, den sie durchzusetzen scheint. Das moderne materialistische Universum hat für uns keinen Platz, und wir wären Narren, wollten wir versuchen, in ihm zu überleben. Wir müssen es in seinen eigenen Begriffen angreifen und nicht von irgendeinem trügerischen idealistischen Boden aus. Es wird letztlich doch zerbröckeln; aber wenn wir uns nicht anstrengen, ein neues Universum zu schaffen, wird uns nur ein verwüstetes Schlachtfeld übrigbleiben. Wir müssen in die Schächte der Unendlichkeit hinabblicken; wir müssen in die Gewalt und die Leere eintreten, sie in uns selbst erfahren und sie in etwas Lebbares umwandeln. Ich habe einen kleinen Versuch unternommen zu beweisen, daß dies möglich ist, daß es eine menschliche Angelegenheit und nicht eine Angelegenheit von Spezialisten ist. Wenn wir damit klarkommen, so heißt das, daß wir mit uns selbst und ebenso mit der scheinbar physikalischen Tatsache unseres Universums klarkommen.

Bis jetzt haben uns sowohl das astronomische wie auch das spirituelle Universum im Stich gelassen. Es hilft uns nicht mehr weiter, unkritisch ein vitalistisches Universum zu akzeptieren, in dem der Geist immer in der Materie zugegen ist. Die Überzeugung von der Existenz des Geistes muß noch immer mit der Konstanz und Komplexität der physischen Manifestation versöhnt werden. Die Ambiguitäten der Quantentheorie und des daraus resultierenden Taos der Astronomie gewähren nur eine beschränkte und idealisierte Sicht des Dilemmas. Wenn man auf falschen oder abweichlerischen Grundlagen einen kosmischen Tanz behauptet, entfernt man sich nur noch weiter von einem solchen Tanz. Als ich dieses Buch schrieb, empfand ich die Krise des Glaubens als nahezu unerträglich. Es war wirklich mehr, als ich erwartet hatte. Nicht nur, daß es keine bequeme Methode gab, mit der man die Dichotomie des Spirituellen und Materiellen hätte angehen können: Die bloße Setzung einer solchen Dichotomie schien eine Vermeidung einer fundamentaleren Wahrheit zu sein, das Ausweichen vor irgendeiner unbekannten Struktur, die noch im Materiellen verborgen lag.

Zunächst scheint die Behauptung einer vitalen Kraft hinter der physischen Treibkraft der Schöpfung eine spirituelle Alternative zu einer rein mechanischen Evolution zu liefern. Wenn man jedoch genauer hinsieht, beginnen die Vitalkräfte fiktiven mechanischen Vorrichtungen zu gleichen, und sie können nicht naiv in die Schöpfung hineingeschmuggelt werden ohne einen gleichzeitigen Verrat an ihrer Geistigkeit. Sprachphilosophen, einsichtige Künstler und Grammatologen, sie alle liefern uns Modelle, die die wirkliche Komplexität in uns selbst ansiedeln. Diese Modelle sind nicht besonders sternenhaft oder schöpfungsbetont, aber das heißt nur, daß das Universum unseren Brüchen und Paradoxen, besonders in symbolischen Prozessen, näher ist, als unseren kybernetischen Abbildern von einer fernen Milchstraße. Die formale Eleganz jedoch verrät unsere emotionale und psychische Verbindung mit dem Universum und unser Bedürfnis, die Dinge bewußt und sichtbar zu machen. Sie brilliert, aber im Angesicht der großen Krise und Gefahr der Inkarnation mutet sie wie Angeberei und dilettantisches Herumplätschern an. Es war letztlich sehr schwer, eine Art der astronomischen Analyse zu finden, die wenigstens die widersprüchlichen Positionen in mir selbst befriedigen würde. Immer wieder sah ich durch das Oberflächengewebe meines Werkes nur intellektuelle Spielereien und fromme Widmungen, und es spielte kaum eine Rolle, ob deren Tendenz nun materiell oder spirituell war. Ich mußte sie überwinden, ohne aber das Buch in einen lyrischen Morast zu verwandeln.

Gegen das einfache Universum in all seinen spirituellen und physikalischen Varianten, wie es im Text dieses Buches erscheint, schlägt sich ein anderes Universum – schattenhaft und unvollständig – eine Bresche, und dadurch noch ein weiteres – fragmentarisch und unlogisch. Diese Universen legen sich mit dem Problem der Sprache selbst an, und man muß es ihnen erlauben, die Rechtschaffenheit des Textes zu verzerren. Der okkulte und der physische Himmel – sie müssen sich überlagern, müssen interferieren und die ungefähren Ränder einer unbekannten Kosmologie bilden. Andernfalls müßte ich mich entweder den ewigen Archetypen der Astrologen und Sternenmagier anschließen oder dem progressiven Szientismus der professionellen Astronomen oder den Anspruch erheben, sie in einer Art New Age Swing zu verbinden.

Am Ende bin ich wahrscheinlich gerade an einer solchen Annäherung schuld. Astrologie, Science Fiction, Ethnoastronomie, Astrophysik, Linguistik und die Denkweisen des New Age verschmelzen alle in diesem Buch, denn ich hoffe, daß ich für die Praktizierenden all dieser Künste spreche. Aber ich möchte auch eine unbekannte Richtung vorschlagen, eine Richtung, die mir sogar selbst unbekannt ist. Sowohl die Astronomie wie auch die Astrologie werfen über die große unbekannte Seele des Seins ihr unberechtigt zuversichtliches Lächeln, dennoch sind sie Methoden, die wir auf dem Weg zu neuen Denksystemen brauchen können, für die unser Zeitalter die echte Hebamme ist.

Ein beträchtlicher Teil dieses Buches besteht nur aus einer Geschichte der westlichen Astronomie von Kopernikus bis zur Gegenwart, wobei allgemeine philosophische und kultursoziologische Themen besonders betont werden. Andere Kapitel erforschen die okkulte Astronomie, den astralen Himmel, den Sternenmythos, die Ethnoastronomie, die alte Astronomie, die Astrologie, die Ufos, außerirdisches Leben und Themen der Science Fiction. Es gibt auch Abschnitte über die Beobachtung des Nachthimmels, die Politik und Soziologie der Sternbilder, über Sternenträume, das Space Program, die kognitiven und linguistischen Themen einer Systematisierung des Nachthimmels sowie Sternenthemen in der populären Gegenwartskultur Amerikas.

Auf dieselbe Weise, wie Herman Melville die Struktur des Romans im neunzehnten Jahrhundert »verletzte«, um alles zu sagen, was es über Wale zu sagen gab (während er noch immer einen Roman schrieb), so habe auch ich das Format eines wissenschaftlichen Anthropologiebuches aus dem zwanzigsten Jahrhundert neu definiert, um die vielen objektiven und subjektiven Zusammenhänge zu zeigen, in denen die Sterne in unserer Kultur vorkommen – von dem ausladenden äußeren Himmel bis zu einer Myriade von verinnerlichten Himmeln und Sternenanalogien. Es ist die Sicht eines Universums aus dem sechzehnten Jahrhundert, das in den Begriffen der strukturellen Anthropologie, der Freudschen Deutung und der asiatischen Metaphysik des zwanzigsten Jahrhunderts neu konzipiert wird. In ähnlicher Weise sagte der französische Historiker Michel Foucault, als er über den Naturforscher Aldrovandi und seine Zeitgenossen schrieb:

> Wenn man eine erschöpfende Abhandlung über eine bestimmte Tierart schreiben will, dann ist es unnütz und sogar unmöglich, zwischen der Rolle eines Zoologen und der eines Anthologen zu wählen: In ein und derselben Wissensform muß alles gesammelt werden, was jemals geschehen und gehört worden ist, alles, was von der Natur oder von Menschen in der Sprache der alltäglichen Welt, in der Sprache der Überlieferung oder der Dichtung erzählt worden ist. Um ein Tier, eine Pflanze oder irgend etwas auf dieser Erde wirklich zu kennen, muß man die gesamte dicke Schicht der Zeichen und Anzeichen sammeln, die sich in oder auf ihm abgelagert haben, wenn sie zu Emblemen werden.[1]

Aldrovandis Themenliste für ein Kapitel über Schlangen in seiner Naturgeschichte war das Modell für meine eigene Inhaltsliste über die Sterne:

> Doppeldeutigkeit [die verschiedenen Sinnzusammenhänge, in denen das Wort Schlange verwendet werden kann], Synonyme und Etymologien, Unterschiede, Form und Beschreibung, Anatomie, Charakter und Habitat, Temperament, Geschlecht und Fortpflanzung, Stimme, Bewegungen, Orte, Nahrung, Physiognomie, Antipathie, Sympathie, Fangmethoden, Tod und Wunden durch Schlangen, Arten und Anzeichen der Vergiftung, Heilmittel, Beinamen, Zuordnungen, Wunder und Vorzeichen, Ungeheuer, Mythologie, Götter, denen sie geweiht ist, Fabeln, Allegorien und Geheimnisse, Hieroglyphen, Embleme und Symbole, Sprichwörter, Münzen, wundersame Erscheinungen,

Rätsel, technische Vorrichtungen, heraldische Zeichen, Taten, Träume, Abbildungen und Skulpturen, Anwendungen als Nahrung, in der Medizin, verschiedene Anwendungen.[2]

Foucault schließt, daß »Natur selbst ein nahtloses Gewebe von Wörtern und Zeichen, Geschichten und Briefen, von Abhandlungen und Formen ist... Es kann keinen Kommentar geben, wenn nicht unter dem Text, den man liest und entwickelt, die Souveränität eines ursprünglichen *Textes* verläuft«.[3]

Indem wir versuchten, tiefer in den Himmel einzudringen, sind wir zurückgegangen auf dem Weg unserer eigenen historischen und linguistischen Begriffe der Sternenterminologie – so daß sich der Ursprung von Raum und Zeit beim Quasar auflöst in den Ursprung der Sternenterminologie und das menschliche Mysterium der Altsteinzeit.

Das vorliegende Buch ist das zweite in einer Reihe von drei geplanten Büchern. Jedes davon steht für sich und enthält keine besonderen Verweise auf die anderen, trotzdem beinhaltet diese Reihe in ihrer Zusammenstellung unter der Oberfläche ein unfassenderes Thema, das sich mit der Abwechslung der Themen und Bedeutungen entfaltet. Das erste Buch »Wege des Heilens – Vom Schamanismus der Steinzeit bis zur heutigen alternativen Medizin« befaßte sich mit der Geschichte und Anthropologie des Heilens und berührte unter anderem Themen wie die archaische Medizin, nicht-westliche Heilformen und die Ursprünge des gegenwärtigen holistischen Gesundheitsbegriffes. Insofern, als es sich dort explizit um eine Untersuchung der Medizin handelte und das zweite Buch eine Geschichte der Sternenbeobachtung und der astronomischen Vorstellungen darstellt, gibt es keinen Zusammenhang. Dennoch stellt auf einer tieferen Ebene »Wege des Heilens« die folgenden Fragen: Was ist Geist? Was ist Körper? Wie hängen sie zusammen? Was ist Gesundheit? Was ist Krankheit? Wie funktioniert eine Heilbehandlung? Wie verändern sich die Definitionen und Bedeutungen von Gesundheit, Krankheit und Therapie in der Geschichte und in verschiedenen Kulturen? Das Buch »Wege des Heilens« beruht auf der Erkenntnis, daß die archaischen Medizinsysteme und Heilmethoden aus anderen Kulturen nicht zurückgewonnen werden können. Sie können nur neu erfunden werden – von Anthropologen, die uns ihre parteilichen und äußerlichen Versionen von inneren Systemen, so wie sie es sehen, vermitteln, oder auch von radikalen Heilern, die in dem offenen Kontext ihrer eigenen Arbeit die alten Prinzipien wiederentdecken.

In dem Buch »Der Mensch, die Nacht und die Sterne« lauten die Eröffnungsfragen: Was ist Materie? Was ist das Universum? Wie entsteht Leben? Und wer sind wir?

Und sie wiederum berühren unterschwellige, ungestellte Fragen in dem Buch »Wege des Heilens«, nämlich: Weshalb haben wir diese Geschichte, diesen Körper und dieses Bewußtsein? Und worin besteht die kosmische Quelle der Lebensenergie, die hinter all den vitalistischen Heilsystemen steckt, ob sie nun im Westen, im Osten oder in Stammesgesellschaften entstanden sind? »Wege des Heilens« muß die Therapie und das Leben notwendigerweise in menschlichen Begriffen definieren. »Der Mensch, die Nacht und die Sterne« findet eine Neudefinition des Lebens im größeren Universum, aber innerhalb der Grenzen, die das Universum den menschlichen Sinnzusammenhängen, der menschlichen Entwicklung setzt.

Trotzdem ist es irrig zu glauben, »Der Mensch, die Nacht und die Sterne« liefere einen äußeren Rahmen für »Wege des Heilens«, daß es nur umfassender und kosmischer sei. Würde man den Titel vertauschen, so würde jedes Buch einen neuen Aspekt der Idee offenbaren, die der Entstehung des anderen zugrunde lag.

Beide sind Schriftstücke, Bücher. Das erste ist weder eine Krankheit noch eine Therapie, und das andere ist nicht selbst der Himmel. Insofern sie zur selben Periode amerikanischer Literatur gehören und von demselben Autor stammen, haben sie Themenbereiche und Bedeutungszusammenhänge gemeinsam, sind sie miteinander verwoben. Keines von beiden kann daher einen größeren Bereich umfassen als das andere.

Beide sind Medizin für das unbekannte Leiden, mit dem wir konfrontiert sind. Das erste Buch ist eine Medizin, die das Heilen zum Thema hat; das zweite ist eine Medizin, die unsere Vorstellungen vom Nachthimmel und den Sternen thematisiert. Hinter beiden Büchern steht das tatsächliche Leiden, und beide sind als ein Akt des Heilens geschrieben – als ein Akt der Selbstheilung und der Heilung der Gemeinschaft. Sie fordern vom Leser, aktiv zu sein, bis zu denselben Ebenen des Paradoxes und der Unruhe in ihm selbst zu reichen und mit dem Text so zu arbeiten, daß dabei ein heilender Akt der Anschauung entsteht.

Die moderne Wissenschaft ist zu dem Ergebnis gekommen, daß wir das winzigste Häufchen Dreck in einem sich ausdehnenden Atom sind und daß die »Weite« des Nachthimmels nur die Eingeweide dieses Atoms sind, die durch die hohle und gekrümmte Raum-Zeit verstreut und in Gravitationszentren angeordnet sind. Wir sind Staubkörnchen vor der Ewigkeit, Spritzer einer chemischen Verbindung in einer Pfütze, die von einem großen geschmolzenen Stein angezogen wird, der selbst nur ein Punkt in einem Sammelbecken von Sternenbruchstücken ist. Kein Wunder, daß wir auch die bedauernswerten Exemplare sind, an denen die moderne Medizin aus vollkommen beliebigen somatischen Störungen bestimmte, abgegrenzte Krankheiten diagnostiziert und entdeckt. Selbst sogenannte genetische Krankheiten sind äußerlich, denn sie kommen von einer willkürlichen Unordnung der Gene und nicht aus dem persönlichen Prozeß dieses Organismus. In einem solchen Universum müssen Krankheiten wie Meteore sein, und nur vermittels physikalischer und mechanischer Kunstgriffe können sie therapiert werden. Niemand bestreitet, daß sich alles innerhalb des Kosmos abspielt, aber daraus ist nun eine sterile Innerlichkeit von untergeordneten Oberflächen geworden. Die alten Medizinen werden ausrangiert, und mit ihnen die alten astronomischen Systeme, die holistischen Wissenschaften des New Age aber werden als Phantastereien und Illusionen abgewertet. In jedem Fall, das Universum ist tot, und seine einzige Nachkommenschaft sind winzige Roboter.

Während »Wege des Heilens« in meiner eigenen Entwicklung dieser Themenbereiche zeitlich vor »Der Mensch, die Nacht und die Sterne« liegt, begann ich mit der Erforschung der Astronomie schon viel früher in meinem Leben. Sie war das Interesse meiner Kindheit, und bis zu meinen Recherchen und Notizen für das Buch »Wege des Heilens« schrieb ich mehr über Sterne, Planeten, fliegende Untertassen und Science Fiction als über Medizin.

Das zugrunde liegende Medizinthema beider Bücher erklärt ihre Reihenfolge: Ich nahm unterbewußt das Bedürfnis nach heilender Tätigkeit und radikalem Persönlichkeitswandel wahr, bevor ich mit der Erforschung der kosmischen Thematik fortfuhr.

Auch die Kultur braucht eine innere Transformation, sonst wird jede Erforschung des Weltraums steril und enttäuschend sein. Das Universum, das uns die NASA-Wissenschaftler und »Image Teams« und die Astronomen, die sich in den Medien so sehr ins Licht rücken, präsentieren, ist ganz einfach unbefriedigend. Mit ihren Daten stimmt alles, trotzdem ist das Universum, das sie lancieren, ein Symptom unseres kulturellen Leidens. Ihre Superstaransprüche unterscheiden sich in keiner Weise von denen der Baseballspieler, der Politiker oder der Künstler von Las Vegas – das einzige zusätzliche Problem besteht darin, daß sie fälschlicherweise glauben, die Neutralität der Wissenschaft schütze sie. Aber das ist nicht der Fall. Sie verkaufen uns mit dem Weltraum und den Sternen auch ihre ungeprüften sozialen Bilder und Vorstellungen, darunter auch kapitalistische und Machorollen. Wir warten noch immer auf eine kreative öffentliche Astronomie.

Ich begann damit, daß ich mich der Sternenversunkenheit zuerst in meiner eigenen Existenz stellte: Es war ein tieferes Atmen, eine Fähigkeit, durch bewußte Schmerzen hindurchzugehen, es war ein Traum innerhalb des Träumens. Dann mußte diese »medizinische« Einsicht an der Gewaltigkeit der Sterne überprüft werden. Angesichts unseres Dilemmas muß die Beschäftigung mit dem Heilen dem Nachthimmel zeitlich vorangehen und ihn dann in sich aufnehmen. Wir müssen ihn buchstäblich mit homöopathischen Heilmitteln und Chi-Energie, mit Farbtherapie und mantrischen Gesängen überfluten. Nur die Kraft des immer Kleineren, die Mikrodosis kann, wenn sie in die Unendlichkeit hinausgeworfen wird, das sich ausdehnende Universum heilen beziehungsweise von seiner Qual befreien.

Einige Zeit lang war mir das nicht klar, ich wollte nur eine Reihe von Medizinbüchern schreiben. Monatelang hatte ich ein zweites Buch über Medizin mit dem Titel »Die neuen Heiler« geplant, dann erkannte ich, daß der Folgetitel zu »Wege des Heilens« vollkommen anders angelegt werden mußte. Dieses Buch mußte also die Stelle der »Neuen Heiler« einnehmen.

Die Wandlung trat ein, und als am fünften März 1979 Fotos vom Planeten Jupiter und seinem Mond Io von Voyager I übermittelt wurden, nahm dieses vorliegende Buch »Der Mensch, die Nacht und die Sterne« seinen Anfang. Meine eigene Beziehung zu dem Mond Io geht bis zum Jahre 1964 zurück: Da ich das Ferne und Geheimnisvolle an diesem Planetenkörper verspürte, benannte ich damals eine Zeitschrift nach ihm. Noch früher, in meiner Kindheit, war es mein liebster Mondname, und als Teenager ließ ich ihn in Erzählungen und Gedichten erscheinen. Die Zeitschrift »Io« untersuchte mystische, anthropologische, literarische und wissenschaftliche Themen und wurde Ende der sechziger und Anfang der siebziger Jahre in den Kreisen der Whole-Earth-Bewegung bekannt. Allerdings wußten nur wenige, daß sie ihren Namen mehr vom Jupitermond und nicht so sehr von der Göttin hatte. Auf dem Cover der ersten Ausgabe erschien eine Zeichnung von Io und Jupiter, aber als die Zeitschrift populär wurde, war diese Ausgabe längst vergriffen.

Im Jahre 1968 bereitete ich in Ann Arbor, Michigan, eine Ausgabe über Ethnoastronomie vor und suchte nach einer Informationsquelle über Quasare, Pulsare und die Planeten. Ein Archäologe machte mich mit einem Radioastronomen namens Fred Haddock bekannt, aber nur solange er glaubte, ich sei der Autor einer wissenschaftlichen Publikation, wollte er einen Artikel schreiben. Als er feststellte, daß »Io« eine Zeitschrift für Literatur und Mythos war, lehnte er ab. Aus Höflichkeit fragte er mich nach dem Namen der Zeitschrift, und als ich ihn nannte, war er sichtlich schockiert. Der Mond Io war im Sonnensystem der Himmelskörper, der ihn als Radioastronomen am meisten interessierte, weil er eine Intensivierung der Radioemissionen von Jupiter bewirkte. Er antwortete nicht nur bereitwillig, sondern stellte auch große Mengen von zuvor nicht publiziertem Material über Io zur Verfügung und sandte auch Exemplare dieser Ausgabe an Astronomen in der ganzen Welt.

Zur Zeit ihrer Publikation wurde diese Ausgabe an Ort und Stelle kaum gelesen; aber viele Jahre später – ich war inzwischen nach New England umgezogen – zeitigte das Journal in Ann Arbor noch späte Folgen: Abgesandte der Gegenkultur machten den vergessenen Helden dieser zurückliegenden Ausgabe ausfindig und konnten ihn schließlich dafür gewinnen, am experimentellen Zweig der Universität von Michigan einen Astronomiekurs abzuhalten.

Viele Jahre später kehrte ich nach Ann Arbor zurück und fand einen vollkommen anderen Dr. Haddock wieder. Sein Lebensstil hatte sich verändert, und um das Jahr 1980 war er ein bärtiger Weiser geworden, der über die innere Anschauung von Archetypen sprach und außerhalb der Stadt ein sonnenbeheiztes Haus baute. Er hätte sich vielleicht ohnehin verwandelt, aber im Sinne der Synchronizität war es Io, der ihn dazu bewegte.

Als ich diese Bilder vom echten Io auf dem Fernsehschirm sah, empfand ich das prophetische Geheimnis und die Ehrfurcht vor dieser unbekannten Welt. Zwanzig Jahre zuvor hatte ich Gedichte über Io geschrieben und erwartete keineswegs, daß er noch zu meinen Lebzeiten fotografiert würde. Fünfzehn Jahre zuvor hatte ich eine Zeitschrift nach ihm benannt und hatte erlebt, daß sich der Name in einer größeren Synchronizität und mehreren kleineren erfüllte, wobei es entweder um die Göttin oder den realen Himmelskörper ging. Und nun war Io auf der Titelseite der New York Times und erschien in den folgenden Monaten auf dem Cover von »Time«, »Newsweek« und vielen anderen wissenschaftlichen Zeitschriften. Io war der Mond des Jahres, wenn nicht des Jahrhunderts. Fast in denselben Augenblicken erkannte ich, daß die Sterne vor der radikalen Medizin da waren und daß sie nun zurückgewonnen werden mußten. Und als ich an diesem Nachmittag mit Polly Gamble (der ich das Buch »Wege des Heilens« gewidmet habe) Atemarbeit nach der Lomimethode durchführte, begann ich im Geiste schon mit dem vorliegenden Buch. Oder es begann mit mir, obwohl Polly mich aufforderte, mein Bewußtsein von Gedanken zu reinigen. Als ich das tat, sah ich, daß es auf mich wartete.

Noch am selben Abend skizzierte ich den Aufbau und arbeitete daran einen Monat lang, und dann wieder im Sommer. Ausgehend von der Gliederung und einem groben Entwurf schrieb ich das Buch selbst von November 1979 bis zum September 1980, im Dezember und Januar 1981 schrieb ich einige Passagen um.

Als ich mit »Wege des Heilens« begann, plante ich noch keine Reihe von mehreren Büchern, ich dachte auch nicht daran, daß »Der Mensch, die Nacht und die Sterne« noch weiteres Terrain eröffnen würde. Die Reichweite dieses Buches scheint die Möglichkeit einer Weiterentwicklung geradezu zu verbieten. Und trotzdem drückt jedes Buch auch einen Pol einer unbekannten Polarität aus, und durch das Schreiben des Buches wird der andere Pol sichtbar. Das Wesen der hinter diesem Prozeß verborgenen Gestalt ist so komplex, daß sie weiterhin Pole erzeugen wird, wie vollständig der Text an irgendeiner Stelle auch erscheinen mag. Meine Hoffnung besteht nun darin, diese Gestalt in eine Trilogie zu fassen und die losen Enden in den Kreis der drei Bücher zurückzubiegen.

Die Sterne und Milchstraßen liegen an unseren äußeren Grenzen. Am entgegengesetzten Pol kämpfen sich Billionen von Lebewesen (darunter auch wir) in ihre Existenz, um ein Leben zu erfahren, das ihr Körper und Geist erzeugt. Im nächsten Buch will ich die Pflanzen und Tiere der Erde erforschen – nicht im eigentümlichen Zusammenhang des Kosmos, sondern im existentiellen Mysterium ihrer eigenen unaufgerufenen Gestalt. Das Material dieses Buches wird umfassen: die Ozeane und den Beginn des Lebens, den genetischen Kode und die Embryologie, die Sexualität und das Wesen von Mann und Frau und dann das gesamte Reich des unbewußten Gedankens, vor allem Symbole, den Ursprung der Sprache und der Träume. Die unerforschte Unendlichkeit außer uns läßt eine ebenso grundlegende Unendlichkeit in uns entstehen.

Richard Grossinger
Richmond, California   Oktober 1980 – März 1981

I

Der Nachthimmel

FRÜHLING: Stell dir vor: In einer klaren mondlosen Nacht stehst du auf einer Straße, die aus dem Dorf führt. Die Landschaft ist eine Mischung aus Schatten und blindem Dunkel. Nur ein paar verwischte Lichtspuren, die von Menschen stammen... Der Wind, der auf deine Haut trifft, weckt Erinnerungen, die heller sind als das Licht des Tages.

Ist es ein Kriminalroman, der so beginnt? Nein. Oder doch? Das Geheimnis ist ewig und wird von einer Generation zur nächsten weitergereicht, bleibt ungelöst. Hunderte von Detektiven liegen irgendwo auf einem Planeten in einem Planetensystem auf den Friedhöfen. Neugeborene Frösche erscheinen am Rande des Teiches im saftigen Grün. Auch sie sind verdächtig. Sie sind Agenten... Spione! Wer hat diese Geschöpfe hierhergebracht, um dieses Stück zu spielen? Und weiß er, wie feucht und dunkel es sich im Inneren anfühlt?

Du stehst einsam und allein der ungeheuren Größe der Zeit und des Raumes gegenüber. Der Himmel ist mehr als eine sichtbare Ebene. Es ist ein schwarzes, von innen leuchtendes Meer, an dessen Rand du mit dem Kopf nach unten hängst – er ist mit zahllosen Sternen jenseits aller Begriffe gefüllt. Die Plejaden tanzen ihren Tanz in gesprenkelten Sternhaufen. Der Große Bär und die Hörner des Stieres werden sichtbar; die Hyaden liegen über dem Stier, der das Siegel des Aldebaran trägt. Der große rötliche Punkt dort oben ist Mars, der nachtaus, nachtein seine bekannte Bahn zieht. Der helle Sirius glüht nahe am Horizont zwischen den Baumwipfeln und wirft ein blasses Licht auf die Blüten. Durch die Waldlichtung gesehen sitzt Regulus im Herzen des Löwen, und Dutzende von schwächer leuchtenden Sternen in seiner Mähne und auf seinen Pfoten. Kassiopeia ruht in ihrer Wiege, kippt auf eine andere Sternebene um und blickt von ihrem Platz oben im Himmelsgewölbe auf das Sternengewimmel unter ihr. Die Indianer aus dem Gebiet der Großen Seen sahen einen Adler, eine Schlange und drei Hirsche; in den Lichtungen des brasilianischen Urwaldes wurden dieselben Sterne zu Jaguar und Schwein, während der Amazonas von Ewigkeit zu Ewigkeit rauschte.[1] Diese wenigen Fragmente verringern weder die ungeheure Dimension noch können sie das Geheimnis wirklich herausfordern. So großzügig unsere Entwürfe, so komplex unser Wissen über den Himmel auch sein mögen, seine ungeheuren Ausmaße sind einfach nicht faßbar.

Wenn wir unter dem nächtlichen Himmel stehen, haben wir über uns die Geschichte der ganzen Schöpfung. Es ist ein Wunder, daß wir soviel davon wahrnehmen können – und wir würden dieses Wunder mehr zu schätzen wissen, wenn es nicht geschehen wäre und wir nicht die Sinne hätten, es wahrzunehmen.

In diesem schwarzen Teich versprengt, sprechen die Sterne sowohl für wie auch gegen den leblosen Körper, der nach dem Tod zurückbleibt. Die junge Frau, die in der Leichenhalle aufgebahrt liegt, der alte Mann auf seinem Totenbett, die gefallenen Krieger, die blutüberströmt auf dem Berghang liegen: in ihrer Reglosigkeit sind auch sie der Nachthimmel.

Wohin gehen die Toten, wenn sie ihren Körper verlassen? Verschwinden sie, und wird sich ihr ganzes Wesen verflüchtigen? Was bleibt, wenn überhaupt, jenseits von Schädel und Totenmaske?

Die Sterne beantworten diese Frage nicht, aber nur sie stellen eine mögliche Antwort, die Hoffnung in Aussicht, daß es überhaupt eine Frage gibt. Wie fern und rätselhaft, wie zufällig, beliebig in ihrer Form sie auch scheinen mögen, wir müssen mit ihnen vorliebnehmen. Und so war es schon immer. In den Himmel zu schauen, heißt dem eigenen Tod ins Auge zu blicken. Für den Pawnee-Priester, der die Sterne für Geister hält und ihre Zeichen auf Büffelhäute einbrennt, gilt das genauso wie für den anfangs genannten amerikanischen Dorfbewohner, für den sie das noch übriggebliebene Licht von himmlischen Objekten sind, die anderswo weiterbrennen oder schon seit Jahrtausenden verlöscht sind.²

Aber der Himmel ist auch die Wahrheit: Er hat die Kraft, uns weit jenseits unserer kleinen Sorgen, Zwänge und zeitweiligen Ziele zu führen. Wir sehen, was wir und die Dinge, die uns so beschäftigen, in Wirklichkeit sind, und wir sind verblüfft und erheitert. Es ist vielleicht eine schreckliche Wahrheit, aber unsere Gefühle antworten darauf, und das Herz öffnet sich.

Unter dem Sternenhimmel ist der Mensch allein mit seinem Schicksal. Die Sterne inspirieren ihn, die großartigsten Dinge zu erschaffen, die er erschaffen kann: Götter, Oden, Zahlensysteme und die Tempel und Observatorien, in denen sie ihren Platz finden. Dabei geht es nicht um die tatsächliche Größe dieser Dinge, denn nichts, was der Mensch schaffen kann, ist physisch groß vor den Sternen. Vielmehr geht es um die innere Größe, die er in sich fühlt, bis zu der sein Erlebnis von der Nacht reicht. Die Sterne vermitteln etwas Tiefes und Wahres. Die Wissenschaftler wissen es, und die Liebenden wissen es auch... Jeder auf seine Weise. Der unerwartete Schock dieser flammenden Unendlichkeit macht es möglich, daß ein innerer Raum hervorbricht, dessen Existenz man schon immer ahnte.

Mit der »objektiven Wahrheit«, daß wir aus milchstraßenähnlichen Atomschwärmen bestehen, die in dunklen Weiten angeordnet sind und ohne deren kollektive elektromagnetische Spannungen wir nicht existieren können, hat diese Erfahrung zunächst nichts zu tun – und doch gibt es Beziehungen. Auch ist sie von dem astrologischen Grundsatz, daß unser Schicksal in den Sternen steht, verschieden, und doch gibt es Ähnlichkeiten.

Sie ist eher mit der Erkenntnis des Immanuel Kant verwandt, nämlich, daß die Schöpfung eine doppelte Form hat. »Zwei Dinge erfüllen das Gemüt mit immer neuer und zunehmender Bewunderung und Ehrfurcht«, schrieb er, »...der bestirnte Himmel über mir, und das moralische Gesetz in mir.«[3]

SOMMER: Wir stehen in der Wüste, die heiße Luft flirrt vor den Augen, und der Sand verwandelt sich in Verwehungen und Schattenfiguren. Das Tageslicht ist verschwunden, und wir stehen am äußersten Küstenvorsprung des Universums. Ein paar Sterne gehen auf, und dann ist es schon eine Billion – viel mehr, als wir erwartet hatten. Die einfache Gruppe der Plejaden explodiert in Hunderte von dicht gedrängten Sternen. Dürre Zonen – Himmelsbrachland – sind plötzlich mit ungewohnten Sternenhaufen und Schleierfetzen von Milchstraßennebeln gefüllt. Selbst ohne den Mond erleuchten sie die Wüste – und werfen die Schatten der Schöpfung selbst.

Die Milchstraße ist so voluminös, daß ihre entferntesten Kleidersäume die Berge kehren. Die Süße von Salbeitau liegt in der Luft. Überall rasen Meteore zwischen den Sternen hindurch und verschwinden dann im Dunkel.[4]

Die Denkmäler der Hohokam-Völker erheben sich gegen diese Ewigkeit, die zu messen sie sich einst vornahmen. Jetzt sind das nur noch Ruinen, aber Sonne und Mond und einige der Planeten passieren immer noch – in der numerischen Ordnung der Himmelssphären – die Fenster und Mahlsteine, die die Sternenpriester der Vorpapagozeit in ihre Observatorien einmeißelten. Wie viele Tempel und Meßvorrichtungen mögen in den Wüsten anderer Planeten vom Buschwerk überwuchert liegen? Sie haben die, die sie erbauten, überlebt und fahren fort, die für sie sichtbaren Zyklen vor dem Hintergrund einer schwindenden Zeit zu messen. Das Universum geht über vom Schweigen zum Wissen und wird wieder zum Rätsel, immer und immer wieder, genauso wie auch die Sterne geboren werden und sterben.

Jetzt ist der Wüstenhimmel ebenso voll mit Sternen wie das dichteste Feld mit weißen Blumen. Es ist eine überwältigende

Perspektive, die auf die sterbliche Welt herabflutet. Ob man sie als Klang, als Licht, als Harmonie oder Disharmonie wahrnimmt, spielt keine Rolle. Denn was man sieht, ist mehr als jedes einzelne dieser Dinge und mehr als sie alle zusammen. Die Sterne sind Licht, aber sie sind ursprüngliches weißes Spektrallicht wie sonst kaum etwas. Sie sind Klang, aber ihr Schweigen ist betäubend. Wenn man sie sich auf einem Radioteleskop anhört, klingen sie unfaßlich sirrend, geheimnisvoll wie die Kommunikation von Walen oder Delphinen, deren Klänge jenseits unserer Hörfähigkeit liegen. Wir haben keinen Zugang, aber in einem anderen Sinne sind die Dinge, zu denen wir nicht durchdringen, gerade wir selbst und wir können es nicht erkennen.

Wir fürchten und ersehnen gleichermaßen ein unermeßliches Universum. Inzwischen wissen wir, daß hinter jedem galaktischen Zentrum, jedem gehäuften Sternenwald noch ein weiterer liegt. Millionen Meilen vom Zentrum eines Sternenreiches entfernt sehen die einfachen Bewohner es als Stern. Aber wessen Reich ist es? Ist es unser Reich, ihr Reich, oder ist es noch etwas anderes? Und wissen sie, daß der Stern ein Sternenreich ist, oder ist er vielleicht nur Teil eines riesigen Vogels einer unbekannten Art oder irgendein anderes Geschöpf, das uns und den Bewohnern jenes Reiches fremd ist, für andere Beobachter aber durchaus erkennbar? In den Welten jenseits solcher fiktiven Beobachter gibt es dann jene, die dieses besagte Sternenreich noch nicht einmal sehen können. Für sie liegt anderswo ein anderer Stern, ein anderes Sternenreich. Alle Bewohner auf Planeten, die andere Sterne in unserem Milchstraßensystem umkreisen, ganz zu schweigen von den Bevölkerungen in anderen Galaxien, werden leben und sterben, und sie geben ihre Existenz auf, ohne zu wissen, daß es uns gibt, und ohne daß wir von ihnen wüßten. Und genau darum dreht sich die Frage unseres eigenen Lebens oder Todes. Selbst wenn es kein anderes Universum gibt, müssen wir trotzdem in ein anderes Universum eingehen, denn unser Geist kann ewige Gleichheit weder ertragen noch auch nur verstehen. Das Ei ist so reich, daß das weiße Zeug vielleicht ewig daraus hervorrinnt: Sterne, Schnee, Gedanken und Pygmäenlagerfeuer in Afrika, jenseits von Afrika und durch die Konstellationen von Antares, von Sirius; eine Ewigkeit, strahlend und feurig, folgt der anderen auf den Fersen. Fortwährend. Gleichzeitig.

Der Nachthimmel ist eine Photographie der Ewigkeit. Die Tausende von Lichtern, auf die wir in dem Augenblick schauen, wo sie für uns am Himmel stehen, und die Billionen von Billionen Lichter vertreten, die wir nicht sehen, das ist die Schöpfung. Wir können sie nicht erweitern; wir können nur zu ihrer Vielfalt beitragen. Jeder einzelne Atemzug, den wir tun, der unseren Geist erfüllt, wird von einem Gegenatemzug in dem Absoluten von Zeit und Raum aufgewogen. Was für eine Freude gibt es da, aber auch: was für einen Schmerz, was für einen unermeßlichen Schmerz.

In den Science-Fiction-Romanen lesen wir, daß Antares einst das Zentrum eines großen Reiches von Sternenstädten war. Kann das stimmen?

Natürlich nicht. Es liegt bereits in unserer eigenen Vergangenheit, und wir bewegen uns auf neue fiktive Planeten und Lebewesen zu. Wir weinen um die Städte des Antares ebenso wie um die Minoer und die Pikten; wir weinen über unseren eigenen Verlust: daß wir damals dort waren und jetzt hier sind. Wir weinen darüber, daß wir das, was wir wissen, so tief in unserem Körper fühlen. Nicht das, was wir wollen oder ersehnen. Sondern das, was wir wissen. Wovon wir wissen, daß wir es wissen. Um es richtig zu sagen: damit wir das alles unbeschadet überstehen.[5]

Wir wissen zu schätzen, daß es vor allem noch ein Geheimnis ist, weil wir noch nicht über genügend Kenntnisse verfügen, um das alles zu klären oder unseren Platz darin zu bestimmen. Wir sind ins Tageslicht geboren, aber auch in die Dunkelheit; und die Dunkelheit des Nachthimmels bestätigt unsere Vermutungen über die Dunkelheit unseres eigenen Ursprungs und spiegelt sie wider.

Woher kommen wir?
Wer steckt dahinter?
Wer sind wir in diesem Spiel?
Wir sind wie die Karten in einem Kartenspiel, das einen Au-

genblick lang im aufflammenden Licht eines Streichholzes gemischt wird. Wir sehen im Schein einer Laterne, die bereits ausgelöscht wird. Und wir atmen sie ins Leben, indem wir das geschaute Bild aus unseren Lungen die dünnen Luftwege hinauf in den Schädel, die Nase und die Augen aufsteigen lassen.

Wir sind nordwärts zur Bay of Fundy gegangen, haben die letzten Kiefernwälder erreicht, bevor die Erde aus der Geschichte in jene andere Zeitlosigkeit der Gletscher jenseits aller menschlichen Behausungen verschwindet.

Wir schweben im Himmel, aber es ist irgendwie mehr als der Himmel. Die feste Erde erscheint fast wie ein Rascheln ohne Ende, die Bäume bewegen sich im Wind, ohne Beziehung zu den Sternen, aber als ein weiterer Zustand kosmischer Nacht. In jenem Kollektiv ihrer Blätter und Nadeln liegt Dunkelheit – dieselbe klaffende Dunkelheit, die von den Lichtträgern über uns überbrückt wird.

Glühwürmer schwimmen in der verwandelten Luft. Ihr Leben währt kurz, einige wenige Wochen; aber alle verschiedenen Leben, sagen die großen Bücher, haben dieselbe Länge. In den raschen Bilderfolgen, die in ihren Sensorien aufblitzen, sehen und wissen sie alles, was es da zu wissen gibt.

Sie sind nicht von ihrem kreatürlichen Leben entfremdet, nur wir, die wir außerhalb ihres Bereiches stehen, betrachten dieses Verschwinden und Wiederauftauchen in gebrochenem Pulsieren als tragisch.

Wo schweben wir? Von wo kamen wir in diese Gefilde?

Durch unser Bewußtsein, diesen anderen Nachthimmel – der wie ein Glühwürmchen sein Licht hat verlöschen lassen – erleiden wir das Rätsel, das im Gedanken wohnt. Wir sind die Götter, die von denen, die in Dunkelheit weilen, gegen die Dunkelheit gesetzt wurden. Vielleicht tragen sie die Kandelaber durch Hallen von reinem Nektar, aber wir können sie nicht sehen oder kennen oder ihrer so sicher sein. Auch sie können uns vielleicht nicht sehen. Sie verschwinden im Strom des Vergessens. Vielleicht hat es sie nie gegeben.

Sie sind unsere Väter.

Unsere einzigen Väter.

Das quälende Problem, das sie für uns darstellen, besteht darin, nicht einfach zurückzustolpern. Wenn wir ihnen von diesem bescheidenen Humusboden aus unter der kosmologischen Vollkommenheit des Himmels Signale zusenden, dann wird ihre Antwort die naheliegende sein: Auch Schrecken ist überflüssiger Luxus; hinter unserer Panik steht eine Hexe, die uns gar nicht packen will, wie sehr wir uns ihr auch unterwerfen. Aber letztlich ist es dasselbe, wovor wir alle Angst haben: daß wir uns nicht zeitig genug fürchten.

Es gibt kein anderes Leben, ob wir es nun leben wollen oder auch verweigern. Es ist immer noch besser, in diesen dunklen Teich mit seinen hellen Strahlen hinabzutauchen, selbst wenn man dabei riskiert, wie eine Ratte am Ende eines Zyankalistabes hervorgezogen zu werden.

Alles wird an einem Faden zusammengehalten, riesige Sonnen ebenso wie Glühwürmchen, alle, wo sie eben gerade sind, quer durch unsere Milchstraßensysteme, quer durch die Bänder teleskopischen Nebels, der nur durch unsere beschränkten Sinne, aber auch die Grenzen des Gedankens entsteht. Die Milchstraße dreht sich hinter uns und quer hinaus über den Himmel, wobei das Zentrum unserer Galaxis quer gegen die Ebene ihres Schwanzes gesehen wird. Die Milchstraße ist so fern, und doch durchdringt sie uns. Sie ist wie ein Nabel. Sie berührt uns sanft an der Stirn zwischen den Augen; sie berührt uns als unser Bauchnabel, weil wir aus ihr bestehen, aus ihren Aufstiegen, Windungen und ihrem Verschwinden in die Unendlichkeit. Und ihr Hauptarm ist ein uralter Strom, der jede Nacht durch die Nacht selbst geoffenbart wird, so, als ob wir davon etwas lernen sollten, als ob dieser Zustand, nämlich für uns belehrend zu sein, eine höchst wichtige Art der Existenz darstelle.

Die scharfe Kante der Schöpfung durchschneidet die hierarchische Anordnung der Existenzen. Ja, es gibt Botschaften, die zwischen inkommensurablen Örtlichkeiten hin- und hergeschickt werden, aber sie unterscheiden sich nicht von den übrigen. Was geschieht, ist die Botschaft: Glühwürmchen, Gedächt-

nis, Sterne – ihr Stakkato und ihre rhythmische Ordnung enthält jeden nur irgendwie vorstellbaren Sinn.[6]
Was durch sich selbst existiert, ist Sinn, sagte der Magier.[7]
Ein einziges Mal kommen wir hierher, und alles geschieht in der »Elixis alleghensis« des Lichts, von der Geburt des Kosmos bis zur Wiedergeburt im Feuer, im Wasser.
Mit der Sonne verbindet uns eine ganz elementare Verwandlung, vergleichbar mit zwei Klumpen embryonalen Schaumes in ein und demselben verschmutzten Teich.
Schau im marsischen Nachthimmel zurück auf uns. Durch die Ozeane und die Kiefernwälder des Nordens wird das Blaugrün der alten Erde sichtbar, ein einzigartiges Glimmen zwischen astralen Monatssteinen: die Aura des Planktons, Nebel wie Sonnenwind – eine Biolumineszenz. Alle Geschöpfe werden dort wie Tierjunge geworfen, werden durch dunkle Materie mit ihrer materiellen Abstammungslinie verbunden, werden wie saure Milch in ein schwarzes Meer gestreut. Wie Würmer in einem Erdhaufen schließt Ähnliches sich aneinander an: Der Rotfuchs schnürt durch den Morgen, die Riesenkrähe hackt auf den Leichnam des Waldmurmeltieres ein, die Venusmuscheln atmen in den Höhlen ihrer eingehüllten Schwerkraft, die Elritzen in einem Gestöber von leichtem Fleisch. Der Körper des Mondes rollt in der Bay of Fundy, ohne sie jedoch zu berühren.[8]
Das – und weiter nichts – ist die Einweihung, derer wir teilhaftig werden können. Wir unterscheiden uns nicht von Glühwürmchen: Zu Zeiten der Existenz in die Schöpfung gebracht, liegen wir unberührt in einer Ewigkeit. Als Lichtträger, weit von der Heimat entfernt, stehen wir in der Dunkelheit.

HERBST: Nur der Tod, heißt es, gibt dem Leben seinen Sinn.[9] Und das muß wohl stimmen, denn wir alle haben nur eine kurze Existenz innerhalb einer Ewigkeit der Nicht-Existenz, über die wir nichts wissen können, weil auch das Wissen sein Ende hat. Es gibt Hunderte von Erklärungen und Reklamationen, aber sie gehören alle zum Leben, nicht zum Tod. Vielleicht folgt uns unser Karma, vielleicht ist es auch irgendein Aspekt des Geistes (nicht Gedächtnis ist gemeint), vielleicht erinnert sich der Geist auf irgendeine Weise daran, die wiederum erklärt, warum der Geist eben Geist ist – nur wird diese Erklärung nicht uns zuteil, jedenfalls nicht, solange wir noch am Leben sind. Vielleicht ist das Leben ewig und der Tod nur eine Fata Morgana, so daß wir ein und dasselbe Leben mehr als Billionen von Billionen mal leben: Jedesmal erfahren wir verschiedene Teile davon, wie etwa den gegenwärtigen, und das so lange, bis das Bewußtsein vollkommen ist und keine Grenzen mehr bestehen.

Dies alles mag uns eines Tages einmal guttun, aber wir sind winzig, zerbrechlich, hungrig und haben Angst vor dem Unbekannten, Angst davor, nicht zu leben. Wir wehren uns schon gegen kleinere Veränderungen; und erst recht gegen die Aufgabe all unserer Hoffnungen und all unseres Wissens. Die Tiere lehren uns, daß das Leben nicht leicht stirbt, selbst wenn es ohne Widerstreben stirbt. Aber vielleicht ist es auch umgekehrt, daß wir nicht leicht leben, und der Tod die einzige Lösung ist. Wir komplizieren unser Leben so lange, bis es hoffnungslos ist. Dann sagen wir: »Zum Glück werden wir nicht ewig leben, also brauchen wir es ja nicht auszubügeln.« Der Tod erlaubt uns unsere Verschwendung, unsere Grausamkeit, die quälende Enttäuschung, mit der wir leben, denn am Ende wird er alles das verschlingen, und weiterhin auch alle Menschen und Menschenrassen auf diesem Planeten, und alle Friedhöfe und schließlich sogar den Planeten selbst. Warum also machen wir uns Gedanken? Warum versuchen wir überhaupt, irgend etwas wieder in Ordnung zu bringen? So groß das Chaos auch ist, das wir veranstaltet haben (wie manche behaupten), so haben wir dennoch eine bestimmte Ordnung geschaffen, eine Lebensweise, sogar so etwas wie Ehre in einem Durchgangsland an einem unbekannten Platz. In diesem Leben haben wir Nationen, Sprachen und Gesetze geschaffen; und obwohl davon nichts übrigbleiben wird, haben wir sie so gut, wie sie hier nur eben gemacht werden können, gemacht. Irgendwie haben wir diesem Renegaten nächtens gedient, der unseren kurzen Bewußtseinsblitz organisierte, und für seine Bemühungen haben wir ihm etwas anderes zurückgelassen, was so endgültig ist wie der Tod.

Unsere Kompliziertheit ähnelt der Kompliziertheit der Sterne in ihrer ursprünglichen Formation, aber das ist wieder eine Theorie. Immer neue Schichten werden auf das, was bereits sehr kompliziert ist, daraufgelegt. All diese Dinge waren von Anfang an kompliziert – aber dann, während auch unser Leben sich vorwärtsbewegt, beginnen sie, sich zu überlagern und anzuhäufen: Erinnerungen, Bezüge, Skizzen früherer Lösungsversuche, die auf später vertagt wurden. In unseren mittleren Jahren erkennen wir, daß wir nicht alles lösen können, daß wir es eigentlich nur komplizierter machen können. Es gibt einige Menschen, die wir niemals wiedersehen werden, obwohl wir nicht wissen, wer sie eigentlich waren; es gibt einige Sprachen, die wir nicht sprechen werden, einige Orte, die wir niemals besuchen werden: Wir nehmen immer an, daß es für alles noch eine weitere Chance gibt. Unser Gedächtnis wird zur Störwelle für die Gegenwart, und die Gegenwart zur Störwelle für sich selbst. Wir glauben, wir können uns mehr Zeit für uns selbst nehmen, um diese Dinge für uns zu klären, aber eben dieser Versuch, und die Zeit, in der wir dies tun, nimmt uns Zeit und kompliziert diese Dinge immer noch mehr. Also braucht es unendliche Zeit. Aber so war es ja im Urnebel, der sich inzwischen wohl entfaltet und zum Ausdruck gebracht hat, nur daß er Lichtgalaxien geschaffen und durch eine Urleere hin ausgebreitet hat. Sie hätten Licht und Zeit auflösen können, aber statt dessen schufen sie neues Licht und neue Zeit und neue Eigenschaften von Form und Materie. Und dann entstanden Sterne und Welten, und die chemischen Stoffe auf und in ihnen schufen noch kompliziertere Sinnzusammenhänge, aber diese Sinnzusammenhänge konnten sich des Anfangs ebensowenig bewußt werden oder ihn erklären, wie sie Ewigkeit erlangen konnten. Umgekehrt konnte auch der Anfang seine ursprüngliche Allheit nicht wiedergewinnen. So werden wir also in einem Mittendrin ins Leben geboren, das selbst auch wieder in einem Mittendrin steckt, mitten in uns selbst, einem Kontinuum von Gedächtnis und Sehnsucht.

Und wir schaffen es nicht, da herauszukommen. Und selbst wenn der Himmel ein Himmel der Frösche und Seerosen wäre, dehnt er sich als die weiteste Verästelung von Bedingungen über uns aus. Und das ist es eben. Die Vorstellung, daß die Sonne für den Menschen geschaffen wurde, ist lächerlich, ebenso aber die Vorstellung, daß sie ganz zufällig genau am richtigen Platz sitzt. Die Kosmologie des zwanzigsten Jahrhunderts hat uns und der Sonne einen gemeinsamen Platz gegeben. So wurde die eigentliche Frage auf die Zeit vor der Wolke verschoben und die Wolke davor. So sitzen wir also in unserem Sonnenparadies, und daß uns durch Zufall in der Evolution der Sterne erlaubt wurde zu existieren, das glauben wir nicht.

»Wie ist das Leben dann?« fragt der Richter den Viehdieb in »The Missouri Breaks«. [10]

»Es ist anders als alles, was ich bisher gesehen habe.«

»Der nicht gelernt hat zu sterben, stirbt gegen seinen Willen. Lerne zu sterben, und du wirst lernen zu leben, denn niemand wird lernen zu leben, der nicht gelernt hat zu sterben.«

So heißt es im »Buch der Kunst des Sterbens« im Tibetanischen Totenbuch. [11]

Es ist das Ungelebte in uns, das zum Schöpfer schreit und um die Chance bittet, geboren zu werden. Genau wie die Ungeborenen nach unserer Vorstellung danach schreien müssen, geboren zu werden. Aus welchem anderen Grund könnten sie einen so großen Einsatz für einen so kleinen Preis riskieren, wenn sie am Ende schlechter dran sind als die Ungeborenen, nämlich tot?

Am Abend vor seiner Hinrichtung singt der Outlaw: »Das Sterben wäre mir egal, aber so lange im Grab zu liegen, ach je, ach je. Wo ich doch in der ganzen Welt herumgekommen bin.«[12]

»Man steckt den Finger in den Sand, um zu sehen, in welchem Land man ist«, sagte Søren Kierkegaard. »Ich stecke meinen Finger in die Existenz und fühle nichts. Wie bin ich hierhergekommen? Warum hat man mich nicht gefragt?«[13]

Wir treten in einer Weise in die Existenz ein, über die wir keine Rechenschaft ablegen können. Das Gedächtnis führt uns nicht zu unseren ersten Worten zurück, erst recht nicht zu dem Abgrund davor. Die Sprache ist komplizierter, gleich ganz von Anfang an. Sobald wir irgend etwas wissen, geht auch sie zum Anfang zurück. Wir vergessen den Zustand des Nicht-Wissens.

Das Leben ist von innen her genauso geformt, wie Einstein das Universum gestaltete, das wir jetzt bewohnen: ein Fluß von Energien, die ihre eigenen Grenzen schaffen, außerhalb deren nichts, nicht einmal Krieg bestehen kann. Wenn du dich irgendeinem Punkt auf der Mauer näherst, so wird er dich ganz gezielt in einen Raum innerhalb dieser Mauer zurückwerfen, ob das nun in der Sprache deines eigenen Atems, den exakten Gleichungen der Physik oder den Dialekten archaischer Völker geschieht. Wenn man das Englische an die Grenzen seines Bewußtseins ausdehnt, wird es Schritt für Schritt durch Altenglisch ersetzt oder durch Französisch oder Deutsch; wenn man es weit genug zurückdrängt, bis zur Gletscherschmelze und den letzten Sonnenwenden der Eiszeit, dann kann es genausogut auch Tibetisch, Apache oder Cro-Magnon-Sprache werden. Aber es wird weiter und weiter über die Entstehung all dieser Dinge und über seine eigene Entstehung sprechen, aus dem Inneren seiner selbst heraus, aus dem Inneren früherer Sprachen aus dem Inneren der Ursprache.

Wir können über das Denken nicht hinauskommen, obwohl wir dem Denken in jeder Beziehung vorangehen.

Wenn wir sterben, wird sich das alles ändern. Das blaue Seidenpapier des Himmels, das grüne Pergament, die Bäume und Felder werden weggestreift werden. Auch die Nacht der Sterne und Galaxien wird weggestreift werden, obwohl sie doch so ungeschmälert und hohl wie der Tod ist.

Der Tod gewährt keinen leichten Ausweg. Vielleicht denken wir: »Das ist eben die Natur der Dinge. Ich habe nicht darum gebeten, geboren zu werden, und trotzdem bin ich hier. Ich bitte nicht darum zu sterben, aber das ist eben das Schicksal aller lebenden Wesen.« Auf Grund unseres Verstandes können wir uns dem Tod anbieten, aber wir haben viel zu viel Energie in uns, als daß wir uns wirklich mit dem Tod abfinden könnten. All diese Eier in Eiern und Sprachen in Sprachen sind kein leerer Anspruch. Die Erinnerungen und das gedächtnislose Gewebe, das sich in uns gebildet hat, sie sind ein durstiges Netzgitter. Wenn wir uns über die Quelle beugen, unsere Lippen, Gaumen und Zunge mit dem Wasser in Berührung bringen, nicht schnell genug trinken können, und wenn wir immer weiter trinken wollen, uns füllen wollen... was glauben wir denn, wessen Durst wir sind? Wessen Durst fühlen wir in all unseren Zellen, die auch danach verlangen, gefüllt zu werden? Vielleicht sterben wir an Altersschwäche – ein gnadenvoller Tod –, oder wir erliegen irgendeiner anderen Todesursache, aber *sie* sind nicht zufrieden, *ihr* Durst ist nicht gestillt. Irgend etwas stirbt nicht – es ist dieses hungrige Etwas, das das Tier umfängt. Irgend etwas lebt für immer oder gar nicht.

Wie sehr wir uns auch absichern mögen, in vereinzelten Momenten müssen wir es erfahren, wenn wir während des Tages in einen leichten Schlummer verfallen oder wenn ekstatische Leidenschaft uns weggetragen hat: es gibt einen Ozean, der auf die Felsen darunter schlägt; und das geht so lange, bis er auf die Nacht trifft. Wir sind ein Wirbelsturm aus Licht, Nerven und innerem Raum. Gewaltiger als der ganze Ozean, ungeheurer als die ozeanische Masse der Planeten, so rauscht das Wasser durch uns hindurch, so überquellend, daß Sinn und Bedeutung selbst klingeln und schmerzen. Es gibt im Universum schreckliche Stürme, Lichtjahre lang, Lichtjahre breit. Und ebenso heftige Stürme gibt es innerhalb des Universums, lang und breit im Bewußtsein. Wir gehören dazu. Solche Stürme kann man nicht einfach am Ende eines Lebens auspusten, ähnlich einfach wie eine Ameise, die zertreten wird und scheinbar schon vergessen ist. Jene, die im Sturm weilen, müssen ihn in sich verschlingen und mit sich in die Ewigkeit hinüberziehen, wenn sie weitergehen. Und was bleibt denn anderes als Ewigkeit, wenn das Leben das Ziel ist?

Schließlich kann ja keiner dieser Bereiche ohne uns existieren, zumindest nicht in der gegenwärtigen Form. Das gilt auch für den Tod.

Es sind nur unsere menschlichen Zwecke, die uns mit der Sterblichkeit hadern lassen. Aber das alles hat noch einen anderen Sinn und Zweck.

WINTER: »Der Himmel über einer modernen Stadt ist verdunkelt von Rauch und industriellen Abgasen, und das ist genau die Atmosphäre, die zu ihr paßt«, schreibt der Dichter Robert Kelly.[14] Aber die Städte sind auch Spiegelbilder des Himmels. Jeder nächtliche Ausblick aus dem Flugzeug kann das bestätigen. Die Straßen und die bewegten Lichterspiele von New York gleichen dem Nervensystem eines großen Tieres, das im dichten Zentrum einer Milchstraße noch immer geboren wird. Der Mensch hat Nerv für Nerv und Stern für Stern etwas von innen heraus geschaffen, das nicht das ist, was er erfährt, und es überwältigt ihn.

Für ein Kind, das in der Stadt aufwächst, ist das Planetarium das Sternenland. In einem Raum, wo die Silhouette der Stadt mit all ihren Türmen und Gebäuden bei Dämmerung sich ringsherum zieht, wirft ein Computer, der einem fremdartigen Gefährt ähnelt, die Bilder des vollen Sternenhimmels an die Kuppeldecke. Dazu ertönt eine zeitlose Sphärenmusik, die tief in die Seele dringt. Plötzlich sind die Gebäude verschwunden, und die Rundung ist von all den antiken Sternen erfüllt wie damals, als das Land noch wild war und die Indianer am Fluß lebten.

Außerhalb dieses Sternenraumes ist ein astronomisches Museum mit Stücken von meteorischem Felsengestein; mit Waagen, mit denen man das Gewicht messen kann, das man auf der Sonne, dem Mond und den anderen Planeten hätte; und mit ausführlichen Photographien der tiefen Milchstraßen, die die ungeheure Weite des Raumes zeigen – die explodierenden Sternennebel mit ihrem Rot und Blau und dem ursprünglichen weißen Licht, mit Formen und Figuren, die ebenso exotisch und elementar sind wie die Fische und Meerespflanzen in dem benachbarten Aquarium.

Es kann einen schwindlig machen, wenn man so ein Gebäude verläßt und auf die Straßen der Stadt zurückkehrt. Es gab eine Zeit, wo alle menschlichen Ereignisse unter dem Sternenschein des Nachthimmels stattfanden. Und das war das ursprüngliche Kino, das wir jede Nacht besuchten, wenn die Sonne unterging.

»Wer auf dem Land lebt«, schreibt Kelly, »wird kaum vergessen, wie er nach einem Streit mit der Ehefrau und einem schnellen Rückzug nach draußen ging und die Plejaden sah, wie sie ganz oben in einem kalten Himmel aus dem Sichtbereich flirrten und wiedererschienen usw. Oder den ›flammenden Orion‹.«[15] Der Mensch kämpft und bricht dann aus in eine Welt, die größer ist als er selbst, eine Welt der Feuer, eine Welt der Ursprünge.

In dem Roman »Der Regenbogen« von D. H. Lawrence verliebt sich Tom Brangwen in eine Polin, deren ferne Schönheit ihm selbst in der Leidenschaft der Ekstase undurchdringlich bleibt:

Soviel Nähe in der Umarmung und dabei soviel absolute Beziehungslosigkeit, das war unerträglich. Er konnte es nicht aushalten, ihr nahe zu sein und trotzdem von der völligen Fremdheit zwischen ihnen zu wissen, genau zu wissen, wie ganz und gar sie Fremde füreinander waren. Er ging hinaus in den Wind. Große Löcher waren in die Wolkendecken gerissen, das Mondlicht geisterte umher. Mitunter glitt ein hoher Mond feucht schimmernd über ein wolkenloses Stück Himmel, um sich wieder hinter unruhigen bräunlich schillernden Wolkenrändern zu verbergen. Dann wurde das alles von den Wolken ausgelöscht, und es herrschte Finsternis. Und dann wieder trat irgendwo ein Leuchten in die Nacht, wie Dampf, und der ganze Himmel geriet in Bewegung, ein ungeheurer Aufruhr aus fliehenden Konturen und Finsternissen und zerfetzten Lichtschleiern, und ein riesiges bräunliches Kreisrund, und dann aufs neue die erschreckende Mondscheibe, die feucht schimmernd eine Sekunde lang ins Offene geglitten kam und die Augen blendete, bevor sie sich hastig wieder im Schutz der Wolken verbarg.[16]

Die ganze Fremdheit und Ferne der Frau wird mit der Fremdheit und Ferne der Nacht verglichen. Aber in diesem Ausbruch von Einsamkeit ist die Nacht auch vertraut und erreichbar. Die eigentliche Entfremdung liegt in uns selbst, sagt Lawrence. Verglichen mit der Fremdheit in unserer eigenen Seele und der Fremdheit zwischen uns ist die Ferne des Himmels platt und illusorisch. In uns selbst fühlen wir die ungeheure Weite und die Leidenschaft der Schöpfung, und der Nachthimmel ist nur das nach außen projizierte Bild dieser Empfindung.

Unter all den himmlischen Objekten sieht Orion mit seinen zwei Sternenreihen, die innerhalb eines Dreiecks von drei hellen Sternen im Winkel gegeneinanderstehen, noch am vernünftigsten aus.[17] Rigel, Bellatrix und Betelgeuse bilden den Rumpf. Am Ende des glitzernden Schwertes deuten Nebelschwaden eine ungeheure leuchtende Wolke, den Großen Orionnebel, an. Der Gürtel besteht aus drei gleich hellen Sternen, die in fast gleichem Abstand voneinander angeordnet sind. Der obere, Mintaka, ist strahlend weiß, der mittlere, Alnilam, leuchtet schwächer und ist nach einer Perlenkette benannt; und der unterste, Alnitak, der Gürtel, ist gelb und purpurn und besteht eigentlich aus drei Sternen.

In Indien wurde der Gürtel als Pfeil wahrgenommen. In Grönland waren diese Sterne Seehundjäger, die sich im Ozean verirrt hatten. Die australischen Eingeborenen hielten die Sterne des Gürtels für junge Männer, die mit den jungen Frauen der Plejaden herumtollten.

Die Einzigartigkeit Orions beruht auf der Anordnung des Gürtels und dem Schwert, das sich daran anschließt, und das alles innerhalb der scheinbaren Grenzen, die durch Rigel und seine Gefährten gesetzt sind. Hier geht es nicht um komplizierte Ästhetik, Orion ist die rudimentäre Form einer Hieroglyphe. Der Name selbst kommt höchstwahrscheinlich von der akkadischen Bezeichnung »Uru-anna«, und das war nicht der Jäger, sondern bedeutete »Himmelslicht«, ein Häuptling von unbekannter Herkunft und Zauberkraft.

Erst in römischer Zeit wurde Orion zum Krieger oder Jäger. Für die Ägypter war er Horus, der im Boot sitzend von Sternen umringt wurde, und der helle Sirius darunter war eine Kuh, die ebenfalls in einem Boot fuhr. Im Ägyptischen Totenbuch heißt er »Ich sehe die Bewegung der heiligen Konstellation Sahu.«

In den Mythen der Hindus war Orion Teil der umfassenderen Konstellation Praja-pati; er war ein Hirsch namens Mriga, der

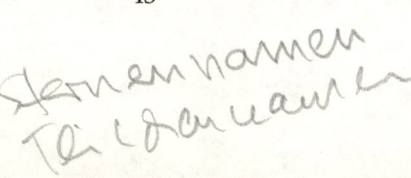

seine Tochter Rohini jagte. Und sie wiederum war eine rote Hirschkuh, die wir als Aldebaran kennen. Mintaka, Alnilam und Alnitak waren die Pfeile, die der Jäger, den wir als Sirius kennen, auf sie abgeschossen hatte.

In China war Orion ein weißer Tiger.

In Irland war er ein König in seiner Rüstung.

Flammarion nannte ihn merkwürdigerweise »Das Kalifornien des Himmels«. Vielleicht ähnelte er seiner Meinung nach der westlichen Küstenlinie des amerikanischen Kontinents, wir wissen es nicht.

Ein Schriftsteller des siebzehnten Jahrhunderts, William Derham, beschrieb in seiner »Astro-Theologie« das blasse Licht im Orion als den einzigen Punkt im Nachthimmel, wo das Empyreum, der oberste Feuerhimmel, durchschien. Dieses Leuchten, glaubte er, gehöre nicht zu Orion selbst, sondern dringe durch einen unsichtbaren Spalt in den höheren astronomischen Sphären herab.[18]

Die asiatischen Ginsengsammler suchen eine fast durchsichtige, in sich verdrehte wildwachsende Wurzel, die wie ein Mensch mit Kopf und Gliedmaßen geformt ist. Sie schreit, wenn man sie aus dem Boden zieht, und hat eine universelle Heilkraft, die bei den kultivierten Arten verlorengegangen ist. Diese seltene medizinische Pflanze ist unter dem einheimischen Namen für das Sternbild Orion bekannt.[19]

Angesichts dieser Sternengruppe kann man nur staunen über diese gleichzeitige Dunkelheit und Vernünftigkeit. Orion drückt mit außerordentlicher Deutlichkeit das Geheimnis aller Sterne aus, und das ist das Geheimnis der Schöpfung selbst. Es trifft das Herz und durchdringt uns wie ein Messer. Es ist das Geheimnis unseres Fleisches.

In einem Himmel, wo das Wunder überall liegt, kommt Orion einem greifbaren Objekt, einem echten Hinweis am nächsten. Aber astrophysikalisch trifft das natürlich nicht zu. Da ist Orion eine zufällige Anordnung von Ereignissen, die durch die ebenfalls zufällige Ebene unseres Sonnensystems innerhalb unserer Milchstraße zu einem Bild versammelt wird. Er ist eine Interferenz von Juwelen oder ein Sack mit glühendem Gas, der an einem Schwert aufgehängt ist. Und trotzdem: Ist auch nur irgend etwas hier und dort oben tatsächlich zufällig?

Wenn es irgendeine Botschaft von einer höheren Intelligenz – vielleicht noch nicht einmal für uns – gibt, dann ist es Orion. Eine Botschaft von einer höheren Intelligenz an irgendeine andere höhere Intelligenz. Von vorgeschichtlichen Zeiten bis zu Zeiten jenseits unserer Geschichte. Wir haben nur das Privileg, sie zu sehen, weil sie so ungeheuer hell leuchtet, weil sie stärker leuchtet als wir selbst. Aber wir können sie sehen. Wir sind mitten darin. Und nur wir erschaffen die Hieroglyphe.

Wenn in den kalten Winternächten der Wind mit Temperaturen von 30° unter Null bläst und im Stroh die Mäuse geboren werden, dann ist Orion eine glühende vorzeitliche und allheitliche Hitze, die diese Kälte ausgleicht. Wenn aber der Sommer bei uns einzieht, ist Orion verschwunden.

Die Leier ist die Antwort darauf: ein Schweigen in drei hauptsächlichen Tönen. Ohne irgendeine Gnadenfrist.

Ein anderes für sich stehendes Himmelsobjekt ist der Andromedanebel. Er ist das Fernste, was wir mit bloßem Auge wahrnehmen können; zwei Millionen Lichtjahre von uns entfernt.[20] Im Fernglas wird seine spiralige Form deutlich. Schauen Sie von Kassiopeia hinunter in Richtung der Fische zwischen Hamal, dem hellen Stern des Widders, und Alpheratz, dem hellen Stern des Pegasus. Dort trifft das Auge auf eine verwischte Lichtspur im Himmel.

Und da schauen wir nicht bloß auf eine andere Welt oder irgendeinen großen Stern. Sondern wir sehen durch ein Loch in unserer eigenen Galaxie mit ihren Milliarden Sternen ein Objekt, das das gesammelte Licht von Milliarden anderer Sterne ist. Alles, was diesen Sternen geschieht, ist eine Einheit im sichtbaren Andromedanebel, für den es zweifellos mehr Namen gibt, als er Sterne besitzt.

Wir können also direkt auf diese andere Insel im Universum blicken. Daß wir mit Verständnis so weit sehen können, ist unglaublich. Wenn auch nur ein Teil der Sterne in dieser Galaxie Planeten hat, und wenn auch davon nur ein geringer Teil Leben beherbergt, dann sehen wir trotzdem auf ein einziges Leuchtfeuer von Millionen bewohnter Welten, von Hunderttausenden von Zivilisationen, die voneinander ebensoweit entfernt sind wie von uns. Und sie sehen uns als ein einziges dunkles Objekt durch ein Loch in ihrer Galaxie – und nicht einmal uns selbst, sondern nur dieses neblige Oval, zu dem wir und der Rest der Milchstraße gehören.

II

Die Schöpfung

Der moderne westliche Mensch teilt mit dem primitiven Menschen die innere Gewißheit, daß wir vom Himmel kommen. Für den primitiven Menschen sind wir die Inkarnation der feurigen Geister im Himmel. Für den modernen Menschen sind wir eine Art von Leben, das sich aus Weltraumtrümmern gebildet hat. In beiden Fällen ist der Nachthimmel das eine große Loch, durch das wir zurück zum Anfang blicken.

Der frühe Mensch war dem Himmel zehnmal mehr ergeben als unsere besten Wissenschaftler. Der Himmel war eine Notwendigkeit, und kein Job oder Puzzle, dem er sich hätte entziehen können. Er beobachtete seine Lichter, Bewegungen und Veränderungen. Er erlebte die wärmespendende Sonne und das leuchtende Funkeln des Nachthimmels und zog daraus genau den Schluß, der sich angesichts der Himmelserscheinungen und ihrer inneren Erlebnisweise geradezu aufdrängte: daß er nämlich in die strahlende Welt der Götter blickte. Und das war der Ort, von dem entweder er selbst kam oder zumindest die Anweisung für seine Erschaffung. Anstatt die Sterne mittels des Intellektes wegzuschieben, nahm er sie in seinen blutigen Geschmack des Universums auf. Unser Himmelsfeld ist platt und zusammenhanglos, im wesentlichen willkürlich. Seines war lebendig und vibrierte; es kam mit Macht auf ihn nieder, flammend mit Botschaften jenseits alles Wissens und aller Weisheiten.

Seit Galileis Zeiten »wußte« der westliche Mensch, daß diese Dinge da draußen weder Geister noch Brillanten sind, sondern Steine, Kiesel und Schmutz. Einige von ihnen sind gefroren, die meisten aber geschmolzene Masse. Und das Spiel selbst entsteht durch die ungeheuren Ausmaße der Objekte, der Entfernungen zwischen ihnen und der Urkräfte, die ihre Anordnungen bestimmen. Könnten wir auf einer entsprechend langen Brennpunktebene in eine Blume, einen Käfer oder unser eigenes Fleisch und Blut blicken, würden wir ein ganz ähnliches Schauspiel sehen. Das Mikroskop erlaubt uns solche Einsichten. Wir können sehen, daß wir Spiegelbilder des Nachthimmels enthalten. Letztlich ist jegliche Materie, belebt oder unbelebt, von Himmeln erfüllt. Und vielleicht sind sie nicht nur Spiegelbilder, vielleicht sind sie ein und dasselbe.

Das Rätsel der Existenz verweist auf den Himmel. Kein Geheimnis ist größer als unser eigenes Erfahren des Geistes und der Existenz von innen her. Entweder wir kommen vom Himmel oder wir sind ihm entsprechend verwirklicht worden, gemäß dem hermetischen Gesetz. »Wie oben, so unten«. Die zwei hauptsächlichen Quellen des archaischen Orakels sind der Himmel und die Träume, denn beide sind in ihrem Wesen nirgends verwurzelt. Daß der Traum von innen kommt und die Himmelsdeutung von außen, ist eine sinnlose Unterscheidung, solange das Ausmaß, in dem wir selbst innere oder äußere Phänomene sind, unbekannt bleibt.

Träume sind selbst auch der Himmel, nur mit anderen Sinnen wahrgenommen. Wenn wir in sie eintreten, wechseln wir in andere Welten über, Welten, die vollkommen und unbewohnt sind.

Die Wissenschaft hat den Himmel auf ein komplexes Feld explodierender Objekte reduziert, die den Grundstoff der Materie enthalten, und dann weiter bis zu dem einzelnen Feuerball der ersten Explosion. Sie hat auch die Träume auf die chemisch-elektrische Beschaffenheit des Hirngewebes und das Nervensystem zurückgeführt, die alle bewußten Bilder und Gedanken in einer unbewußten Matrix enthalten. Dieses Hirngewebe und diese Quasare und Nebel sind die extremsten uns noch bekannten Punkte, die die Natur auf ihrem Weg in die zwei möglichen Richtungen berührt: unbegrenzte Ausdehnung und Manifestation von Urenergie im Zeit-Raum-Kontinuum einerseits und Kristallisation von Bewußtsein und Bedeutungsinhalten im Mikrogewebe des Raumes andererseits. Insofern, als sich diese beiden Wege in einem Paradox vereinigen, spiegelt es die gegenwärtige Physik wider. Diese Objekte, die entweder zu groß und entfernt oder zu klein und schnell sind, als daß wir sie beschreiben oder erkennen könnten, sind gleichzeitig aber auch der Eigenheit der kognitiven Strukturen im Gehirn unterworfen, und dieses Gehirn besteht letztlich aus Sternentrümmern. Je mehr wir uns also in den Himmel und die Materie vertiefen, um so tiefer gelangen wir auch in das Rätsel des Bewußtseins.

Es genügt nicht, mit dem Selbstvertrauen des wissenschaftlichen Wissens in die Nacht zu blicken. Wir sind in einen flammenlodernden Abgrund gehüllt. Und das ist keine Abstraktion, keine Hypothese, kein Modell, es ist unsere Erfahrung. Genauso wie unsere Erfahrung des Geburtenvorganges durch unser genetisches oder embryologisches Wissen durchaus nicht ersetzt oder modifiziert werden kann, ist auch unsere Erfahrung der Schöpfung so direkt und intim, daß die Astronomie sie nicht zu schmälern vermag.

Der modernen wissenschaftlichen Kosmologie zufolge wurde das Universum durch eine ungeheure allumfassende Explosion manifest, die wir noch in der Hintergrundstrahlung des Raumes wahrnehmen können. Der sogenannte »Urknall« ging in einem so ungeheuren Ausmaß vonstatten, daß wir selbst nur einige kosmische Sekunden innerhalb des Knalles sind. Fünfzehn Milliarden Jahre später kann seine nahezu erschöpfte Explosionsgewalt in dieser unserer Zeit noch als Rauschen vernommen werden.

In einem solchen Ereignis ist die Vorstellung von Raum, Ort oder selbst Zeit bedeutungslos. Es war überall und alles. Materie, die in alle Richtungen geschleudert wurde, erzeugte den Raum. Sonst gab es keinen Raum, in den diese Explosion sich hätte ausbreiten können. Aber wenn sie Raum erzeugt hat, aus was hat sie diesen Raum dann erzeugt? Wir haben darauf keine Antwort. »Nichts« kann nicht als Erklärung gelten, denn es ist für uns ein Loch. Aber es gibt ja nichts, worin ein Loch hätte sein können.

Woher bezog diese Explosion ihre Materie und Energie? Die erschreckende Antwort lautet, daß wir es entweder nicht wissen oder daß es die Trümmer der letzten Schöpfung waren.

Und wie war die letzte Schöpfung?

Solange sie den Grundgesetzen der Materie gehorchte, konnte sie alles mögliche sein. Sie könnte Planeten, Babys, bemalte Kochtöpfe, Eichhörnchen, Flechten, Elektrizität und Schwerkraft enthalten haben, genau wie unsere gegenwärtige. Sie könnte aber auch ganz andere Dinge beherbergt haben.

Wenn wir fragen: Gab es in jenen Zeiten Leben auf der Erde? Dann müssen wir gleich zurückfragen: Welche Erde, welche Zeit? Eine andere Explosion hätte zu einer anderen Schöpfung geführt, einem anderen Raum, einer anderen Zeit vor der Zeit selbst, einer ganz einzigartigen Anordnung von Planeten, Milchstraßen und Sternen, falls es solche Dinge dann überhaupt gegeben hätte.

Sollten wir diese letzte Schöpfung nun auf irgendeine Weise betreten, so könnten wir weder angeben, wo wir in ihr stünden, noch, was »wo« überhaupt bedeuten würde oder welchen Platz diese Schöpfung innerhalb einer hypothetischen Abfolge vorangehender und nachfolgender Universen einnehmen würde. Und es könnte Billionen oder mehr von solchen Universen gegeben haben, die sich alle in ihren eigenen Parametern von Raum und kosmischer Zeit gebildet hätten, unaufhörlich geschaffen und zerstört in alle Ewigkeit.

Eine solche Zerstörung ist absolut unparteilich. Mit dem Verschwinden von Planeten oder auch ganzen Milchstraßensystemen kann sie nicht im entferntesten verglichen werden. In dem Urknall am Ende und Anfang der Zeit wird *alles* zerstört. Natürlich werden Sonnen und Planeten zerstört; Menschen werden zerstört; ihre Kunstwerke werden zerstört; die Erinnerung daran, daß es jemals Menschen gab, wird zerstört; kontinuierliche Prozesse brechen ab; die Philosphie kommt zum Ende; jeder

Re- Inkarnation
Re- Materialisierung

winzigste Hinweis darauf, daß wir auch nur existiert haben könnten, wird ausgelöscht. Alles wird zu Atomen und subatomaren Partikeln zermahlen oder in einer einzelnen geballten Masse aufbewahrt, als ob es niemals existiert hätte. Blankgeputzt. Und dann bricht es wieder heraus, explodiert in das Milchstraßenvlies neuer Sterne und Welten. Wieder beginnt die Schöpfung mit ihren Bezugspunkten, ihrer Materie, ihren Sinnzusammenhängen und ihrem Leben. Und dann wieder das Ende.

Die Urknalltheorie ist zur Zeit recht populär, denn sie scheint viele Fragen zu beantworten: Warum rasen die Milchstraßen voneinander weg? Wie entstanden die Sterne am Nachthimmel, die ja recht frei verteilt sind? Welchen Ursprung hat das Hintergrundrauschen des Universums? Wie beginnt und endet die Zeit? Vielleicht muß man sich nicht wundern, daß auch der Heilige Stuhl der Theorie des Urknalls zugestimmt hat, denn das scheint auch die Ansicht zu bestätigen, daß das Universum durch einen einzelnen göttlichen Schöpfungsakt entstanden ist.

Solange man ein sich ausdehnendes Universum erklären muß, gibt es kaum Alternativen zur Theorie des Urknalls. Ja, es gibt eigentlich nur eine einzige grundlegende Alternative, und das ist die Theorie des »Steady State«.

Dort nimmt man an, daß die Materie des Universums entweder einheitlich oder an bestimmten heißen Stellen, auf jeden Fall aber kontinuierlich geschaffen wird, wobei alte Materie sich weithin in den Raum hinausbewegt oder aber beginnt, sich zu verflüchtigen oder in sich zusammenzubrechen. Diese Theorie erfordert keinen jähen Zusammenbruch und läßt die Vorstellung zu, daß das gegenwärtige Universum so alt wie die Zeit selbst ist, so daß es seine grundlegende archäologische Geschlossenheit bewahren kann. Was wir hier sehen, ist also *die* Schöpfung, und nicht nur eine in einer ganzen Reihe von »Schöpfungen«.

Woher kommt die Materie in der Theorie des »Steady State«? Worin bestand die ursprüngliche Schöpfung?

Einem ihrer Vertreter – Fred Hoyle – zufolge sieht das so aus: »Materie kommt nirgendwoher. Sie erscheint einfach – wird geschaffen. Zu der einen Zeit existieren die Atome, aus denen sich die Materie zusammensetzt, nicht, zu einer späteren Zeit existieren sie.«[1]

Wenn wir einwenden würden, daß es kaum akzeptabel ist, könnte er durchaus darauf hinweisen, daß die Urknalltheorie das Problem der ursprünglichen Materie ebensowenig erklärt, sondern nur zu erklären scheint. Entweder entspringt diese neue Materie einer Explosion, oder sie tröpfelt an einigen wenigen fernen Punkten in den Raum – es sind nicht viele Punkte, aber in einem großen Universum braucht man ja auch nicht so viele. Um alle weiteren Fragen zu beantworten, müßten wir vor die Schöpfung zurückgehen, aber das ist unmöglich.

Wenn man von irgendeinem Punkt des Universums aus einen Film drehen würde, sagt Hoyle, dann könnte man sehen, wie die Milchstraßensysteme sich aus der Hintergrundmaterie bilden würden. Und auch wenn Milchstraßen in die hintersten Regionen des Raumes abdrifteten, würde der Film keine großen Veränderungen zeigen, weil neue Galaxien die verschwundenen ersetzen würden. »Wie lange würde unser Film dauern?« fragt Hoyle sich selbst. »Ewig«, lautet seine Antwort.[2]

Die Theorie des »Steady State« macht das Universum sowohl zeitlich wie auch räumlich homogen. Wenn die Galaxien sich voneinander wegbewegen, *müssen* neue gebildet werden, die ihre Plätze einnehmen; sonst würde das Universum am Ende ausgedünnt werden. Sobald eine Milchstraße einen Punkt erreicht, an dem ihr Licht die Geschwindigkeit ihrer Entfernung von uns nicht mehr übertrifft, können wir nichts über ihre Existenz wissen. Sie wird für uns in der Ausdehnung des Raumes verlorengegangen sein. Aber es entstehen neue Milchstraßen, und das wäre ohne die spontane Schöpfung von Materie im Raum nicht möglich.

Natürlich kommen all diese Erklärungen letztlich immer zu derselben Frage: Wie hat das Universum angefangen? Hat es überhaupt einen Anfang oder ein Ende?

Beides verursacht uns Probleme. Wenn das Universum weder Anfang noch Ende hat, dann verweilen wir wirklich in einer unbegreiflichen Ewigkeit. Wenn es aber ein Ende hat, wenn es irgendwann einmal begann, was liegt dann jenseits seiner Existenz? Nichts? Götter?

Man kann sich sogar vorstellen, daß dieses ganze Universum nur ein Atom im Marienkäfer eines anderen Universums ist, welches selbst wiederum ein Atom in einem Meteor eines anderen Universums ist, usw. Ebenso könnte es tief innerhalb der subatomaren Teilchen dieses Universums, die Trillionen von Trillionen zählen, unzählbare weitere Universen geben. Und auch sie könnten alle noch Teil eines größeren Universums sein. Mann kann es einfach nicht wissen.

Der zeitliche Ursprung des Universums ist viel schwieriger zu begreifen als seine räumliche Dimension (obwohl beides letztlich auf dasselbe hinausläuft). Zeit ist eine theologische, mythologische oder erkenntnistheoretische Frage. Wie viele Anfänge und Enden die Wissenschaftler auch setzen, es bleibt immer die Frage zurück: und was war davor? Was war vor dem Universum? Warum ist es entstanden? Ist diese Entstehung spontan vonstatten gegangen? Oder gab es irgendeine Verzögerung? Wodurch ist es aufgehalten worden? Wie hat es sich vom Nichtsein zum Sein voranbewegt?

Natürlich kann dieselbe Frage auch anders gestellt werden: Wo waren wir, bevor wir hier waren? Wo werden wir sein, wenn wir unser irdisches Los erfüllt haben? Was hat uns davon abgehalten, gleich am Anfang aller Dinge ins Dasein einzutreten?

Die Wissenschaft wird diese Fragen niemals zufriedenstellend beantworten, sie wird immer nur sekundäre Gründe anstelle von primären Gründen angeben, und selbst wo sie vermeintliche primäre Gründe angibt, verweisen diese auf davorliegende Gründe.

Die räumliche Frage ist eher lösbar. Wenn wir zum Beispiel annehmen, daß Materie den Raum (oder zumindest die Illusion des Raumes) erzeugt, den sie einnimmt, dann können wir auch vermuten, daß das Universum überall ist; und wenn es größer wird, dann ist der Raum, in den es hineinwächst, ganz wörtlich die Ausdehnung und Komplexität seines eigenen Gewebes.

Einstein versuchte, das Problem des äußeren und inneren

Raumes dadurch hinter sich zu lassen, daß er den Raum selbst als eine Art Überraum aufzeichnete, bei dem alles, was außen ist, auch wieder innen ist. Wir können nicht nur nicht nach außerhalb dieses Raumes gelangen, wir können noch nicht einmal das Außen vom Innen aus berühren. Es ist dies ein Raum, der fortwährend nur aus seinen eigenen Eigenschaften entsteht. Als äußere Grenze hat er die Lichtgeschwindigkeit, die sich durch sein Inneres spinnt, sowie die Krümmung des Zeit-Raum-Kontinuums, die wahrscheinlich eine Illusion darstellt. Dieses Universum kann weder Innen noch Außen haben, und sein Ursprungspunkt ist überall; daher das Hintergrundrauschen der Mikrowellen im Raum.

Aber das Universum blieb nicht vollständig geschlossen. Einstein ließ ein theoretisches Loch übrig, einen Tunnel, durch den die Materie von einem Bereich des Raumes in einen anderen springen konnte. In der zweiten Hälfte des zwanzigsten Jahrhunderts begannen die Astrophysiker hypothetische Ereignisse zu untersuchen, in denen konkrete Gegenstände nach außerhalb des Zeit-Raum-Kontinuums zu gelangen scheinen. Was geschieht, wenn man annimmt, daß Materie in einem schwarzen Loch auf ein Nullvolumen zusammengepreßt wird? Es muß aus dem Universum austreten. Aber sie kann das Universum ja nicht verlassen. Also muß sie irgendwo anders im Universum erscheinen. So verlangen es die Naturgesetze. Dieses Stück Materie kann nicht verschwinden. Es kann nur in etwas anderes umgeformt werden. Kip Thorne, ein Astronom des California Institute of Technology, gab uns ein unerwartet einprägsames Bild, als er sagte, daß es vielleicht wie Quellwasser in den Bergen in einer anderen Gegend dieses Universums oder in irgendeinem anderen Universum wieder hervorsprudeln würde. Aber auch dann müßte dieses »andere« Universum noch immer Teil der Schöpfung sein.[3]

Die Urknalltheorie erzählt von einer Schöpfungsexplosion, aus der die Materie entstand und sich weiter ausdehnte und auseinanderbewegte – ein Feuerball, der in ungeheuren Geschwindigkeiten in allen Richtungen wegraste. Zuerst war es noch nicht einmal Materie, sondern reine Strahlung, eine Energie, in der sich Materie wie eine Art Verschmutzung bildete, vergleichbar mit dem Eis, das einen Teich in einem kalten Winter erstickt. Für die ursprünglichen Ackerfelder und Weingärten des Lichts ging der Sommer zu Ende, und in fast allen Regionen des Kosmos welkten sie dahin und starben. Aber ihre Samen wurden zum Nährboden eines neuen Kosmos. Innere Kräfte – wie Schwerkraft, und darin wieder Elektromagnetismus, und darin die Kernkräfte zwischen den Atomen – vereinigten sich, vereinigen sich noch immer und gestalten auf diese Weise diesen gegenwärtigen Zustand, den wir das Universum nennen.

Als der Urnebel taumelnd durch den Raum wirbelte, zerriß sein Gewebe, wurde zur Strahlung und verdichtete sich von neuem. Rund um Kerne sammelten sich Fetzen, und von den Kernen ging die Schwerkraft aus; Wirbel von Sternentinktur kehrten die Materie vom Raum, der sie umgab, zusammen, bis sie zu dem wurden, was sie nun sind: flammende Leuchtfeuer in einer kalten Winterwüste, wo nur die dünnsten radioaktiven Schleier noch im übrigen Zeit-Raum-Kontinuum verbleiben. Und jetzt ist dieser Schleier noch dünner geworden.

Die Urknalltheorie besagt, daß das Universum in seiner reinsten Ursprünglichkeit Feuer ist, ein Feuer, vor dem selbst das Sonnenfeuer noch kalt erscheint, ein Feuer, in dem sich keine Materie bilden kann. Die Sterne sind dann das Eis in diesem sich abkühlenden Teich, und die Sternennebel ein fließendes weißes Feld kosmischen Wasserstoffes. Sie sind nährende Gewebe, die heiß genug sind, um Sonnen zu bilden. Aber auch sie verflüchtigen sich, es sei denn, es gäbe irgendeine unbekannte Quelle, die dem Kosmos neues Wasser zuführt.

Die Kräfte der Materie sind universal: Die Schwerkraft und ihre Dienerinnen arbeiten im Kosmos im Großen genauso wie im Allerkleinsten. Ein Sturm aus galaktischem Staub, der ganze Sternensysteme entstehen läßt, gehorcht denselben alten Gesetzen wie der Nebel über dem Ozean und der Nordwind, der Staub nach Süden trägt. Die Materie geht dahin, wo sie hingetrieben wird und wo sie auf den geringsten Widerstand trifft, ob das im Einzelfall nun Treibsand, Wasser oder Wasserstoffeuer ist. All die verschiedenen Spiralen und ringförmigen Gestalten lassen an die zugrunde liegenden Turbulenzen, Anordnungen und Anziehungen denken. Wir haben niemals ein Universum vor diesem gesehen, aber wir sehen an den Ergebnissen, daß es dagewesen ist.

In den Wasserstoffwirbeln, die die ganze Hitze aus der Zeit des Lichtes aufbewahren (das sich weiterhin verflüchtigt), bilden sich kleinere Wirbel. Die großen Wirbel sind meist leerer Raum, in dem die zusammengeballten Zentren der Substanz verteilt sind: das sind die einzelnen Sterne. Wolken aus Wasserstaub, die sich um sich drehen, ziehen sich zu dichten massiven Objekten zusammen, die in ihren Kernen hundertmal dichter als Wasser und Millionen Grade heiß sind. Natürlich sind das unsere schwachscheinenden Sternenmillionen, die sich auf der kalten Seite des Lichts gebildet haben. Ohne Zweifel würden die Gelehrten des ursprünglichen goldenen Universums die Sternenmittelpunkte als die noch glühende Asche einer gemäßigten Hitze betrachten, die fast zu schwach wäre, um sie überhaupt zu messen. Und die Planeten sind die Asche solcher Sterne – die paar Materiestücke, die übriggeblieben sind, wenn die Sonnenschwerkraft alles übrige an sich gezogen hat. Sie bewegen sich auf Bahnen durch den Raum, die im Grunde sehr einfach sind. Und dennoch brauchten die Wesen auf dieser Welt Millionen von Jahren, um sie in ihrer wirklichen Gestalt zu erkennen.

Die einzelnen Sterne erhalten ihre Bewegung von der großen Explosion (oder aber der Feuerball wurde durch irgendeine andere wandelbare Kraft in Bewegung gesetzt), und die Planeten beziehen ihre Bewegung von der Restbewegung dieses ursprünglichen Systems. Von der Milchstraße über den Stern bis zum Planeten wird die Materie kühler, bildet Rillen und Strukturen, entwickelt charakteristische Eigenschaften und differenziert sich. Dabei ist es aber keine einfache hierarchische Abfolge in Zeit und Raum. Die Schöpfung ging in Etappen vorwärts und zurück, die verschiedenen Stadien umschließen einander und bringen neue Ebenen hervor. Die ersten ungeheuer großen Protogalaxien rissen entzwei, und Milliarden über Milliarden von Sternen bildeten sich in Galaxien der zweiten Generation. Das gegenwärtige Universum ist ein wiedererleuchtetes.

Der Urnebel bestand zu mindestens 99,999 Prozent aus reinem Wasserstoff und Helium. Die Milchstraßen bildeten sich in kurzer Zeit, etwa eine Million Jahre nach dem Urknall, als die Materie dicht genug war, um die Zerstreuung durch die Strahlung zu überwinden. Die anderen Elemente wurden in den Kernbrennöfen der Sterne hergestellt; dort fanden inneratomare Neuanordnungen statt, und neue Atome wurden gebildet. Obwohl sie zweifellos ihre Eigenschaften von den unbekannten Teilchen beziehen, die in ihnen liegen, enthalten sie für uns *die* grundlegenden Urstrukturen. Unsere ganze Welt baut auf den Eigenschaften auf, die aus den numerischen Beziehungen innerhalb dieser Atome entspringen. Der Glanz der Metalle, das helle Glimmen des Phosphors, die kühle Mischbarkeit des Sauerstoffs, die tiefen, burlesk anmutenden Lebensketten unseres großväterlichen Kohlenstoffatoms, sie alle resultieren aus der Art, wie die inneratomaren Teilchen in ihre Plätze gefallen sind, vergleichbar mit versetzt angeordneten Perlen in einem Moirémuster.

Die Eigenschaften der Elemente scheinen in den Formen und Gestalten von Blumen auf, im Verhalten von Tieren und im menschlichen Denken. Die »Bedeutung« der Elemente, die in ihnen wirken, geht über unsere Begriffe; sie ist in einem solchen Maße reine Algebra, daß wir sie nur als Zahlen lesen können, die anderen Zahlen entgegengesetzt sind, und wir haben diese Dinge nun einfach als »Farbe«, »Zauber« und »Fremdheit« bezeichnet, weil sie in ihrem mathematischen Verhalten scheinbare Ähnlichkeiten mit den sekundären Qualitäten und Bildern in unserem eigenen reichhaltigen und bunten Mikrokosmos aufweisen. Da diese Charakteristika bereits im ersten Tausendstel einer Sekunde der Explosion entstehen, wenn noch nichts irgendeine Bedeutung haben kann, haben die Wissenschaftler diese Leere dadurch zu bewältigen versucht, daß sie ihnen grellbunte und altvertraute Namen verliehen.

Das interstellare Gas wäre Wasserstoff und Helium geblieben, wären nicht die Supernovaexplosionen gewesen, die sie mit den schweren Elementen für die Bildung von Planeten aus Wasser, Steinen und lebenden Organismen angereichert hätten. In der

Urwolke ist die Materie noch jung und einfach. In den Sternen wird sie auf der *Ebene der Atome* komplex. Auf den Planeten aber verbinden sich die Atome zu Molekülen. Und daraufhin stürzten Qualitäten in die Existenz, die bis dahin auf den Sternen noch vollkommen verborgen waren und die den Grund für diese Welt legten, lange bevor wir hier waren, um sie als Erbe zu empfangen.

In den Sternen baut jedes kompliziertere Element auf einem einfacheren auf. Die Verwandlung von Wasserstoff in Helium ist der Herzschlag der Sterne, und daraus entstehen die Photonen, die den Nachthimmel erfüllen. Der Sternenhimmel besteht nicht aus körperlich gegenständlichen Sonnen, sondern aus ihrer elementaren Transformation. Wir sehen das weiße Licht einer Einheit, die sich in zwei teilt – nicht durch die Spaltung eines ganzen Sternes, sondern durch die fortwährende Fusion seiner einzelnen Atome. Und das ist der Ursprung unseres Tages, aber auch unserer Nacht. Würden die Sterne nicht den ursprünglichen Wasserstoff verwandeln, so gäbe es keine Planeten, Steine, Wasser und kein Leben. Für sich allein ist Wasserstoff nicht fähig, derlei Dinge zu erzeugen; aber in den Sternenzentren liefert er den Urgrund für eine ganze Hierarchie von Elementen. Spätere Sterne, die sich aus den Trümmern alter Sterne bildeten, enthielten die angereicherte Materie bereits bei ihrer Geburt.

Aus Helium erhalten wir Kohlenstoff und Sauerstoff, Schwefel und Silizium. Es gibt zweiundneunzig natürlich gebildete Elemente – Wasserstoff eingeschlossen; aber das sechsundzwanzigste Element, das Eisen, ist in etwa ebenso kompliziert wie das Innere der Sterne vor der Bildung der Elemente: diese erfordert zuviel Energie und führt deshalb zu einer Minderung der schwachen Kernkräfte in den Sternen. Deshalb können schwerere Elemente wie Eisen, Gold, Blei bis zum Uran (dem schwersten natürlich vorkommenden Element) nur in einer noch größeren Explosion entstanden sein.

Das Material der Milchstraßen und Sterne sammelt sich gemäß der Schwerkraft um Mittelpunkte; die Sterne flammen, strahlen und brennen dann aus. Aber ihr Tod ist nicht so einfach: die Schwerkraft wie auch die Kernkraft verlangen jeweils ihren Zoll. Einige massive Sterne werden zu Supernovae, die ihre eigene Asche verbrennen und sich dem Gravitationsfeld durch Implosion entziehen, um dann plötzlich und heftig erneut zu explodieren. Während der Explosionsphase fangen schwere Atomkerne Neutronen ein und bilden Elemente, die im Periodensystem ein höheres Atomgewicht als Eisen haben. Dann wird die Masse der Elemente, die mit schwereren Atomen durchsetzt wird, in kosmischen Strahlen ins Universum gesandt. So erhalten wir unser Silber, unser Gold, Radium und Uran von Sternen der zweiten Generation eines früheren Universums. Wir erhalten ferner den Sauerstoff und den Kohlenstoff in unserem Körper sowie das Eisen und das Zinn in der Erdkruste aus einer zerfallenden Dynastie ursprünglicher und sekundärer Sterne. Der Tod von Königen liefert den Urstoff eines neuen Weltzeitalters. Unsere Sonne ist ein Stern der dritten Generation, der aus der Schlacke toter Sonnen besteht. Alles außer Wasserstoff und Helium wurde in fernen Sternen synthetisiert. Die Sonne kam aus einer Sternenwiege irgendwo in der Milchstraße, bevor sie ihren gegenwärtigen Aufenthaltsort im System erreichte. Ihre Brudersonnen, die sich mit ihr im Urnebel bildeten, liegen in anderen Regionen der Milchstraße. Wir wissen nicht, wo. Und aller Wahrscheinlichkeit nach werden wir niemals wissen, welche Sterne es sind, oder ob wir irgend etwas mit Geschöpfen aus unserer eigenen Sternenwolke gemeinsam haben.

Der rohe Wasserstoff zukünftiger Sterne treibt in den Räumen der Milchstraße. Aber zum Erstaunen der zeitgenössischen Astronomen schweben dort auch organische Moleküle in den Trümmern zwischen den Sternen. Radioastronomen haben in den interstellaren Gaswolken beide Arten von Alkohol (Äthanol und Methanol) entdeckt. Manchmal, aber nicht immer, treten sie in Verbindung mit einem sichtbaren Flecken auf. Während der sechziger und siebziger Jahre sah es so aus, als ob so gut wie jeden Tag ein neues im Raum schwebendes komplexes Molekül gefunden würde. Manche Meteoriten haben während ihrer Herausbildung in den Nebeln Kohlenwasserstoffverbindungen eingelagert. Ganz offensichtlich enthalten die Inhaltsstoffe für die Planeten bereits jenes komplexe Material, von dem man einst glaubte, daß es erst nach der Bildung der Planeten entstünde. Der interstellare Raum scheint also tatsächlich Bausteine des Lebens selbst zu enthalten. Dies ist immer noch ein geheimnisvolles Phänomen – offensichtlich eine natürliche Gegebenheit, die vielleicht unmittelbare Konsequenzen für die Evolution der lebenden Materie auf den Planeten hat, vielleicht aber auch nicht. Schließlich haben die Astronomen ja keine solche Komplexität in den kosmischen Gasen gefordert, um einen plausiblen Ablauf der Evolution auf der Erde oder irgendeinem anderen Planeten davon abzuleiten.

In den uralten Felsen der ursprünglichen Erde, jenen abgekühlten Gebilden des alten Feuers, gewannen die Atome des Kohlenstoffes, des Stickstoffes, des Sauerstoffes, die Atome von Natrium und Kalium sowie die Atome von Silber, Gold usw. ihre Freiheit vom Feuer; sie sickerten nach oben, erfüllten die Ozeane mit Wasser, den Luftraum mit Gasen und lieferten eine bunte Vielfalt von Stoffen für den Aufbau konkreter Formen in der irdischen Arena. Das Blau unseres Himmels ist die Farbe des Stickstoffes.

In den ursprünglichen Felsen waren auch radioaktive Elemente wie Thorium und Uran enthalten, die immer noch eine Quelle innerer geologischer Hitze darstellen. Solche schweren Elemente sind instabil, weil die Kernwechselwirkung in ihnen nur etwa hundertmal stärker ist als die elektrische Kraft. Deshalb hat die elektrische Abstoßung zwischen den Protonen die Tendenz, die Atomkerne zu zerstören. Wenn sich die Kerne dann spalten, springen ihre Fragmente auseinander, geben dabei Energie ab und werden auf diese Weise einiges von der zu schweren Last ihrer Masse los. Die Größe der Erde entspricht einer exakten Balance zwischen der Schwerkraft, die sie zusammenhält, und der gesammelten elektrischen Kraft der Atome aller irdischen Stoffe, von den seltenen Edelgasen bis zum Urgestein, das sich kaum merklich in der Erdkruste bewegt, und dem geschmolzenen Kern aus Nickel und Eisen. Das Eisen ist die Erbschaft von einem roten Stern: der Leichnam eines Königs, der in einem Heiligtum aufbewahrt wird. Wenn wir heutzutage über Energie nachdenken – fossile Energie, Kernenergie, Sonnenenergie, heiße Quellen, Vulkane, Gezeiten, Wind – saubere oder schmutzige Energie – erneuerbare oder nicht erneuerbare Energie –, dann sollten wir erkennen, daß in unserem Planeten ein Reservoir von stellarer Energie eingebaut ist. Und das ist nicht irgendeines der nachträglichen Dinge, die wir erfunden haben, wie beispielsweise Autos oder Ölquellen; der Planet selbst wird durch Geflechte von atomarer und molekularer Energie zusammengehalten, und wir beziehen unsere Energie aus einem kaum nennenswerten Nebenprodukt dieser größeren Geflechte.

Sobald aus Atomen Moleküle entstehen und Moleküle in größere chemische Verbindungen eintreten, wird die Situation sehr komplex. Die Planeten sind Dschungel, und jede erdenkliche Abstammungslinie ist in der überwuchernden Fruchtbarkeit und der grenzenlosen Intimität von Materie und Natur begraben. Planeten sind aus Elementen gewoben – die Dichte des Stoffes beträgt Milliarden von Jahren –, und das Weberschiffchen wurde langsam und gründlich geführt. Die zweiundneunzig natürlichen Elemente auf der Erde interagieren ohne Unterlaß und bilden ständig neue Ketten und Strukturen.

In größerer Sonnennähe treten die Elemente mehr als Gase und Flüssigkeiten auf. Ferner von den Sonnen gibt es mehr feste Stoffe. Drei Viertel unserer Welt sind Wasser, aber auf der Venus würde dieser Ozean zu Wasserdampf verkochen, und auf dem Merkur würden auch feste Stoffe flüssig werden und verdampfen. Auf dem Pluto aber würde nicht nur das Wasser, sondern sogar die Luft zu hartem Eis gefrieren.

Für unser Empfinden enthält die Erde eine reiche Mischung aller drei Materieformen: Luftmoleküle, Flüssigkeitsmoleküle und feste Substanzen. Sie alle sind in ständiger Interaktion sowohl auf der molekularen wie auch der chemischen Ebene. Das Wasser rauscht in den Bächen und schwemmt Gesteinsreste mit sich; Meereslebewesen bleiben auf dem Strand liegen, verwesen und werden zu Stein zermahlen und gepreßt. Elementare Gase, wie zum Beispiel Wasserstoff und Sauerstoff, können unter entsprechenden Bedingungen eine Flüssigkeit bilden, die erst bei viel höheren Temperaturen wieder gasförmig wird als jedes einzelne der beiden Bestandteile und zusätzlich auch noch ganz andere Eigenschaften aufweist. Auf der Erde bleibt diese Verbindung flüssig, und ohne sie gäbe es kein menschliches Leben. Sie schenkt uns die Ozeane, die duftigen Wolken, die vergletscherten Eisberge, den Regen und die süße Feuchtigkeit unseres Körpergewebes.

Ein meist fester Stoff wie Kalzium kann sich mit einem anderen meist festen Stoff – Kohlenstoff – und einem Gas – Sauerstoff – verbinden, so daß daraus robuster Kalkstein oder Marmor entsteht. Wenn Eisen mit Sauerstoff in Berührung kommt, rostet (oxidiert) es wie so viele andere Metalle. Felsen zersetzen sich, und von den tief darunter liegenden Schichten bewegen sich Moleküle schnellstens nach oben.

Wenn sich Atome, Moleküle und Verbindungen in sich überschneidenden Mustern treffen, verschmelzen und sich Schicht um Schicht differenzieren, entsteht eine komplexe und fein verzweigte Geographie, die sich von allem, was in den Sternen und Galaxien stattfindet und was der ursprüngliche Feuerball vermuten läßt, radikal unterscheidet. Die Materie braucht bemerkenswert lange, bis sie Leben oder Intelligenz hervorbringt; ein Grund zum Staunen, aber auch zur Freude in einem Universum, dessen Abstammung so gewaltig und heterogen ist.

Und wir müssen der Tatsache ins Auge sehen, daß auch wir aus diesem Stoff geschaffen sind. Wir enthalten seine Atome, seine schimmernden elektrischen Felder, seine hitzigen Partikelchen und atomaren Kernkräfte, seinen atomaren Zerfall. Das ist unser Schicksal, und wir sind sein Schicksal. Was immer wir sind, muß auch diese Materie sein; aber was immer sie ist, müssen auch wir sein. Kein Wunder, daß Stalin und Mao Tse-Tung sich darum sorgten, was die Wissenschaft wohl innerhalb des Atoms finden würde. Die Zukunftschancen für eine menschliche Sozialordnung hängen davon ab, was der Mensch wirklich ist. Und das wiederum hängt vom Wesen der Materie ab. Für Mao war die Quantentheorie die Bestätigung für eine revolutionäre und kommunistische Sozialordnung, und er unterstützte

Heisenbergs Atomtheorie. Es ist ein seltsamer Gedanke, daß die subatomaren Teilchen in ihren kurzen stummen Leben das Schicksal chinesischer Bauern bestimmen können, von denen sie doch ebensoweit entfernt sind wie wir von den Quasaren. Aber das war schon ernstgemeint, und die Marxisten haben darauf ebenso ihr wachsames Auge geworfen wie auf die ursprünglichen matrilinearen oder patrilinearen Sozialstrukturen primitiver Gesellschaften, indem sie auf der Suche nach einer Notwendigkeit in der Entwicklung des Universums waren. Schließlich sind wir als Spezies einen ganz besonderen Pfad gegangen, und unsere Abstammungslinie enthält an jedem bestimmten Punkt der Entwicklung nur einen Satz molekularen und genetischen Potentials. Es gibt nur eine Familie echsenähnlicher Lebewesen in unserer Abstammung. Auf dem Weg von der Sternenmaterie zum Bewußtsein nehmen wir alles auf, was uns gerade über den Weg läuft, jede Zelle, jede Echse, und sie alle sind imstande, in der Dunkelheit der Nacht eine Revolution oder einen Akt des Sehens hervorzubringen.

Die Schöpfung in ihrem Rohzustand erscheint uns fremd. Und wir scheinen vor uns selbst Fremde zu sein. Der innere Himmel ist ebenso explosiv und erschreckend wie der äußere Himmel, denn sie gehören zum selben Firmament, zum selben Raum, der sich durch die Eigenschaften der Materie hindurchzieht, um alles so, wie es ist, zu gestalten. Wir sind das, endgültig und für immer. In unseren Gedanken und Philosophien sind wir auch andere Dinge, aber auch diese anderen Dinge müssen den Protonen, Neutronen, Elektronen und ihren jeweiligen Ladungen gehorchen, bzw. jenen Entitäten, die wir so benannt haben. Wir blicken in den Himmel mit seiner ungeheuren Weite und Offenheit, seiner unermeßlichen Tiefe, aber im Grunde ist der Himmel lediglich ein Feld, das das Licht nur gebrochen durchläßt. Auch Steine, Moleküle sind opake Felder, und wir selbst ebenfalls. Eine Muschel ist winzig im Vergleich zu einem Stern, aber beide sind Fortsetzungen des gleichen spiralig gekrümmten Raumes. Aber sie sind nicht nur Fortsetzungen in der Größendimension, sondern jeweils eine besondere Manifestation ihrer eigenen inneren Eigenschaften, mit exakten symmetrisch angeordneten Grenzen. Vorstellungsbilder sind Fortsetzungen des Raumes, wie sie auch Abbilder des Raumes sind. Wir haben einen Geist, der von den Vorstellungsbildern, die in ihn eindringen, verschieden ist. Unsere Vollständigkeit und selbst die bloße Tatsache unserer Existenz hängen davon ab, daß wir eben nicht nur reine Materie sind, sondern vielmehr ein Gewebe von Feldern in einer sehr alten und festgefügten inneren Organisation. Das Leben entspringt aus den wildbewegten elektrischen und molekularen Feldern, aber es zähmt sie dann. In Milliarden von Jahren hat es sie tatsächlich Schicht für Schicht gezähmt, so daß man den Blumen und dem menschlichen Gewebe seinen feurigen atomaren Aufbau kaum ansieht. Wo sind die Moleküle, wenn zwei Menschen sich küssen? Sie sind vollkommen im größeren Verband aufgegangen; und doch haben sie sich über Äonen hin aufgebaut, damit so ein Augenblick stattfinden kann. Wo ist der Wasserstoff in einer Möwe? Und doch würde die Möwe ohne den Wasserstoff nicht existieren. Es ist einzig und allein die Strenge, mit der diese Felder im Laufe der Zeit versammelt und befestigt wurden – so daß sich die Materie an diese anpassen und sie hierarchisch reproduzieren konnte, weil sie eben so waren wie sie waren – nur diese Strenge und Konsequenz, die diesem Reich seine Würde und Geistigkeit verleiht. Wie könnte das gewalttätige Universum mit all seinen atomaren Kernkräften sonst den zarten Embryo oder das Ei des sanften Rotkehlchens in seinen ungeheuerlichen Riesenarmen halten?

Wenn wir unseren Blick noch einmal zurück über die Schöpfung gleiten lassen, wirkt es geradezu unwahrscheinlich: Die Planeten sind aus Sternenmaterie aufgebaut, und die Sterne sind ganz einfach die heiße Asche der ursprünglichen Explosion. Und der Grund, daß überhaupt irgend etwas stattfindet (mit Ausnahme der sekundären Explosionen und der Grobverteilung der Materie) liegt in der inneren Fähigkeit der atomaren Substanzen, Gestalt und Struktur zu bilden. Materie kühlt ab, organisiert sich in kleinen Sphäroiden, ordnet sich in komplizierten Mustern an und bringt Stoffe hervor, die verglichen mit den einzelnen Sternen oder der ungeheuren Weite des Raumes geradezu unvorstellbar sind. Diese Stoffe sind alles, was wir kennen und verstehen. Sie sind nicht nur das Material, aus dem wir Gegenstände bilden und aus dem wir selbst gebildet sind; vielmehr gewähren sie erst die Möglichkeit, daß überhaupt irgend etwas in diesem schnellen, gewaltigen Sturm geschaffen werden kann. Die Planeten stellen die Regionen zur Verfügung, wo sich die Eigenschaften der Elemente verwirklichen können und wo sich letztendlich die winzigen Tierchen dieser Schöpfung tummeln. Diese Geschöpfe stellen den Gegenpol zum Feuerball und der galaktischen Weite dar. Ohne sie gäbe es nur ein unbekanntes Tosen, das blind und sinnlos in der Leere umherraste. Aber da es sie gibt, ist ein wundersamer Himmel mit Funken und Lichtern erfüllt, für die sie entweder gar keine Namen haben, oder aber sie nennen sie Götter, Wasserstoffeuer oder sonst irgendwie. Ohne lebende Geschöpfe dröhnt ein rohes, einfaches Universum, eine fortwährende katastrophische Umwälzung. Aber da es sie gibt, existieren auch Sinne, um das Innere dieser Umwälzung widerzuspiegeln, existieren Worte, sie zu beschreiben und aus ihr heraus neue Systeme aufzubauen: Tempel zum Beispiel, in denen die Bahnen der Himmelskörper wiedergegeben sind, Radioteleskope, die das Hintergrundrauschen des ferneren Raumes aufzeichnen. Da es sie gibt, bricht das Universum von innen in Licht aus. Licht wird durch Licht begriffen. Das Äußere wird durch das Innere begriffen. Das Innere wird durch das Äußere begriffen. Das Bewußtsein braust durch die Pfade, die es aus dem Unbewußten schmiedet, schafft Geist und Intellekt aus der Dunkelheit, genauso wie sich die Materie einmal und für immer selbst aus der ursprünglichen Gleichförmigkeit herausdifferenziert hat. Alles, was der Makrokosmos enthält, erfindet der Mikrokosmos symbolisch von neuem, weil er als Mikrokosmos eben dem Makrokosmos genau entspricht. Deshalb ist der Sternenhimmel über uns und das moralische Gesetz in uns ein und dasselbe. Deshalb umfangen wir die Himmel als unsere ganz eigene bewußte und unbewußte Identität. Diese Einheit bleibt auch dann noch erhalten, wenn die Sterne Geister, Götter oder Tiere im Tierkreiszeichen sind. Auch dann, wenn sie flammende Plasmabälle und Sonnen sind.

Daß das Auge den Nachthimmel räumlich zu lokalisieren vermag, liegt an der physiologischen Beschaffenheit des Auges, nicht aber an der zufälligen Beziehung dieses Himmels zu dieser Welt. Das Auge wurde in Dunkelheit geschaffen, um Licht zu empfangen. Schichten über Schichten von Zellen häufen sich in großer Zahl in der Sehgruppe. Die elektrische Abweichung des Lichtes wird durch Nervenzellen zu einem Feld im Hirngewebe geleitet, und dort werden diese elektrischen Potentiale, die für sich genommen ja keinen Raum, keine Tiefe ausdrücken können, in Formen und Richtungen übersetzt. Der Raum wir in einem Wald von Nervenzellen geschaffen. Der Nachthimmel besteht im wörtlichen und entwicklungsgeschichtlichen Sinn aus Eiweiß, Salz und Wasser.

Und der Himmel ist überall. Auch im Embryo: Eine Zellschicht nach der anderen ist für das heranwachsende Kind ein Himmel, der sich hinter der vorigen Zellschicht, dem vorigen Himmelskokon auftut. Es sind Pantoffeltierchen, die wie Sterne in die Linsen träufeln. Es ist der elementare Fels des Planeten, in dem jeder einzelne Edelstein aufbirst, um einen weiteren Edelstein zu zeigen, der wiederum einen anderen Himmel in sich birgt. Dieser ganze Fels war für die möglichen Bewohner einer anderen Gegend zu einer viel früheren Zeit strahlendes galaktisches Feuer. Und dieses Feuer ist in der Knospe und dem Fruchtknoten einer Blume. Es ist auch im Geist des Menschen. Es ist so viele Male im Menschen, daß er gar nicht mehr weiß, ob er kommt oder geht: Irgendwie kommt es ihm vor, als ginge er geradewegs durch die Vorhalle eines unsichtbaren Hauses in einer unsichtbaren Stadt. Er ritzt es als Himmelsersatz in Sternentempel und Planetarien, auf Ephemeriden, Vasen, Globen und Karten und schreibt es in seine heiligsten Texte. Wenn Menschen durch die arktische Schneekappe und das Eis in den darunterliegenden Ozean bohren, wenn sie Tauchanzüge anlegen und in diesem kalten Himmel umherschwimmen, so können sie dort lebendige Milben in den Süßwassereiskristallen finden, die in den Ozean abgesplittert sind. Diese Lebewesen verbringen ihr ganzes Dasein in diesen zerbrechlichen Kristallen. Für sie ist ihre Existenz schlicht und einfach der Nachthimmel; sie schauen durch die Zellförmigkeit ihres Körpers die Unendlichkeit.

»Hängend ist diese Welt«, sagt John Milton versonnen, »und groß wie ein Stern«[4], und tatsächlich hängte er sie dort auf, verletzlich, offen für die Zugriffe Satans und der anderen Engel und Teufel. Was immer der Mensch aus seinem Schicksal machen wird, auf jeden Fall wird er leben. Und obwohl wir letztlich mit dem Tod konfrontiert sind, bewohnen wir jetzt diese Welt vor dem Hintergrund der Zeit.

Es ist keine dumme Eitelkeit, wenn wir glauben, daß unsere Erde ein Spiegel des Himmels ist und wir aus Sternen geschaffen sind. Die magischen Gesetze sagen: »Jeder Mann und jede Frau ist ein Stern.«[5] Die Wissenschaft sagt dasselbe auf ihre Art. Wir sind es in ihrer Vorstellung erstens im Urknall, zweitens dadurch, daß wir aus Stoffen bestehen, die entweder direkt aus dem Sonnenkörper stammen oder von der heißen Ursprungswolke, aus der auch die Sonne kam, drittens deswegen, weil immer wieder Schauer von atomaren Stoffen aus dem ganzen Universum niedergehen. Unser Haar, unsere Augen, unser Körpergewebe, selbst unsere Sommersprossen enthalten Atome aus fernen Sternen, Atome, die schon in Sonnen, in Antares, Beteigeuze, Sirius und Vega waren. Aber das sind alles Namen, die von uns, nicht von ihnen stammen. Die Sterne liefern nicht nur Stoffe, sondern ihre Strahlung erreicht die Gebilde, die aus diesen Stoffen aufgebaut sind und auf diese Strahlung dadurch reagieren, daß sie sich durch Mutationen verändern. Oder, um der Neutralität der Darwinschen Terminologie treu zu bleiben, sie werden verändert, und das Resultat davon ist die Artenvielfalt der Lebewesen in der Geschichte aller Planeten des Kosmos. Die Strahlung der Sterne, einschließlich der einzelnen Sonnen, an die die Planeten gebunden sind, führt auch zu größeren Klimaveränderungen in diesen Welten. So liefern also die Sterne die alte Materie, die neuen Stoffe, das Mutationsmaterial, an dem sich das genetische Gedächtnis orientiert, wie auch die Schwingungen, die Gletscher hervorbringen, die die Größe von Planeten erreichen, und Gewitter, die Jahrzehnte andauern. Als das Eis sich mehr und mehr über die Erde ausbreitete und ehemals gemäßigte Zonen zu bedecken begann, wurde den primitiven Menschen, die dort lebten, das Überleben zunehmend schwieriger. Es kam unter all den Mutationen, die nun stattfanden, auch zu Mutationen, die eine höhere Intelligenz ermöglichten, und der nunmehr intelligente Mensch konnte Feuer entzünden, Werkzeuge herstellen, sich in Familienverbänden organisieren und Strategien ausdenken, und als die Eiszeit zu Ende ging, hatte er sich in Stämmen und größeren Gemeinschaften gesammelt, wußte die Mondphasen zu zählen und die ursprünglichen Sprachen zu sprechen.

Der Ablauf unserer Fleischwerdung ist wie eine Kette, die bis zurück zu den Anfängen der lebenden Materie geht – und noch zuvor, bis zu den Anfängen des Universums. Diese Kette muß sich immer wieder eingedreht haben, in entscheidenden Augenblicken vollkommen umgestülpt haben, um aus ihren eigenen Zwischenräumen Formen abzuleiten, die es vorher nicht gab. Wie hätten sonst Moleküle aus Atomen entstehen können? Wie hätte sich sonst lebendes Gewebe aus Felsenwasser entwickeln können und doch dieses salzhaltige Eigelb in einer neuen Körperlichkeit in sich aufbewahren können? Welcher Zauber hätte sonst vermocht, Eier aus Fröschen und Echsen hervorzuziehen, in denen wiederum ein Embryo schwamm, und dann noch Feder und Blut aus diesen Eiern und die Intelligenz der Säugetiere, die in Wäldern leben? Das ist doch nur dann vorstellbar, wenn man auch annimmt, daß der Wald sich aus dem Schlamm über den Wasserlöchern erhob, diese Gewässer sich wiederum in Felshöhlungen bildeten, daß der Wind aus der Schwerkraft entsprang und die Schwerkraft dem Raum selbst.

Von den Sonnen und Milchstraßen führt eine Strömung bis zu den einzelnen Welten mit ihren Eiern, Knospen und Keimen, und im Grunde ist sie nur mit ihrem eigenen Anfang verbunden, hängt von dem ab, was sie ist, um das zu werden, was sie nicht ist. Irgendwo in dieser Kette des Lebens, die uns weit bis ans Ende der Zeit überschreitet, entstehen auch wir. Wir wachsen zum Bewußtsein heran, wie auch das Leben einst aus der

Materie heranwuchs, und wie auch die Zellen wachsen und sich aus den einzelnen Eiern und Samenfäden herausdifferenzieren. Nichts kann uns in unserer Einzigartigkeit und Besonderheit schmälern, aber andererseits wären wir nicht entstanden, wenn nicht das Universum, das in seinen Anfängen ganz anders geartet war, nach und nach die dafür notwendigen Stoffe aufgehäuft hätte.

In einem der ältesten griechischen Mythen, der von Hesiod aufgezeichnet wurde, gebar die Erde das Meer, und zwar ungeschlechtlich, sozusagen als Klon. Und das Meer wiederum ließ sich vom Himmel befruchten und gebar ihm Okeanos, »den, der alles umschließt«. Dann kam Eros, der »den Geist und alle Götter und Menschen in die übrige Natur hineinschwemmte.«[6] Die Nacht entstand aus dem Chaos, und brachte dann in liebender Vereinigung mit ihrer Schwester, der Unterwelt (Erebos), den Strahlenden Himmel, den Äther und den Tag hervor. Und die Erde gebar den Sternenhimmel und die hohen Berge, um sich damit zu bedecken.

In der chinesischen Kosmologie sieht das Universum etwas anders aus: Bevor sich der leere Raum in das Klare und das Trübe teilte, gab es nur »hung yuan«, ein ungeheures Erstes. Der allerhöchste Herr Lao öffnete die Himmel, und aus ihnen strömte eine rohe Keimmaterie hervor, die sich sofort in Yin und Yang, die rezeptiven und aktiven Pole der Natur aufteilte. Alle folgenden Formen keimten aus ihrer Polarität. Wie in der Theorie des »Steady State« ist das Leere nicht mehr leer; es ist vielmehr ein Webstuhl der Möglichkeiten, auf dem sich Materie bildet.[7]

Die Ursprungsmaterie der Schöpfung war weiß wie das Vlies der Milchstraße. Das chinesische Wort für Kosmos, »hun-t'un«, ist etymologisch mit dem Wort »wonton« (Teig) verwandt. Und so wie der Kosmos in den Mikrokosmos hinabtropft, gleicht er wirklich einem schmackhaften Teig. Wenn er sich ausdehnt, wird er kleiner, und durch Polarisierung, Spaltung und Einstülpung wächst er an. Es ist eine Fiktion zu glauben, das Universum würde von außen modelliert. Es gibt nichts, das es von außen berühren könnte. Wie der Embryo enthält es in sich das

Prinzip seiner eigenen Gestalt und entwickelt sich immer weiter aus sich selbst heraus und gewinnt durch seine Teilungen eine immer größere Komplexität.[8] Vielleicht werden die Entstehung des Embryos und des Kosmos tatsächlich einmal denselben Ursprung offenbaren. Die Chinesen behaupten, daß ein göttlicher Wind die Schöpfung von außerhalb nährt. Auch das befruchtete Ei zieht seine Nahrung von außerhalb seines Gewebes in sich hinein. Wenn wir die Entwicklung eines Embryos verfolgen, so sieht es für uns so aus, als ob dieses Lebewesen eine Außenseite besitze – weil wir außen sind. Aber das Prinzip wirkt eher in und durch sich selbst. Es entwickeln sich symmetrische Hälften, und die Stoffe zirkulieren von einer Gegend zur anderen. Manche Regionen werden dicker und umhüllen andere. An manchen Stellen wachsen die Stoffe auf das Doppelte ihres Volumens an, an anderen wiederum verschwinden sie. An bestimmten Punkten, die kaum vorhersagbar sind, stülpt sich der Embryo ganz oder teilweise um und wächst und differenziert sich dann weiter. Gliedmaßen und Körperöffnungen treten in Erscheinung, wie magisch aus der inneren Substanz hervorgezogen. Die Schöpfung des Himmels verlief ganz ähnlich: Immer wieder wurde irgend etwas von innen nach außen gestülpt, während es sich streckenweise immer weiter differenzierte. Die beiden Versionen der griechischen und der chinesischen Kosmologie erfassen es intuitiv, jede auf ihre Weise. Der Schöpfungsprozeß besteht darin, daß Materie gleichzeitig nach außen und nach innen gestülpt wird. Durch den Abgrund werden auch wir gerufen, wir werden durch dieselbe Stimme ins Leben gerufen, wie all die anderen Geschöpfe. Die Geburt, die alle Menschen in diese Welt treten läßt und für sie alle den Schöpfungsakt wiederholt, ist kein platter mechanischer Vorgang; vielmehr wird ein feines Band zwischen der Zelle und dem Himmel geknüpft, das uns in das System einschließt. Im sechzehnten Jahrhundert schrieb Paracelsus über eine bestimmte Eigenschaft, mittels derer das Feuer mit der Luft verbunden sei, daß diese Verbindung – ohne daß man es sehen oder manifest ergreifen könne – die Natur in ihren einzelnen Teilen zusammenhalte:

Genauso wie ein Küken in seinem Ei durch das Eiweiß gehalten wird, ohne die Schale zu berühren, so hält das Chaos die Erdkugel und verhindert, daß sie schwankt. Dieses Chaos ist unsichtbar, scheint aber hellgrün gefärbt zu sein. Es ist ein unberührtes Eiweiß, das die Kraft und Eigenschaft hat, halten zu können, so daß die Erde nicht aus ihrer Position fällt... Und so wie jede Fleischfaser in ihrer eigenen Flüssigkeit liegt oder der zeugende Same im Keim, so liegen auch die Sterne in diesem Eiweiß und bewegen sich darin wie Vögel im Flug...[9]

Wilhelm Reich sah in den Milchstraßen Embryos, die sich ohne Unterlaß dadurch bildeten, daß zwei sexuell geladene Teilchenströme sich vereinigten und neues Sternenmaterial auswarfen. Das ist nur eine andere Ausdrucksweise dafür, daß die sexuellen Ekstasen des Orgasmus und der Geburt an den Urgrund der Schöpfung heranreichen. Oder umgekehrt: Der Prozeß, der im Atomkern abläuft, ist die sexuelle Begegnung in ihrer ursprünglichen Form. Die Leidenschaft, die wir im Liebesakt erleben, ist mit der Entstehung der Sterne und Sternensysteme unmittelbar verbunden. Deshalb ist dieses Gefühl so stark, und deshalb steht es in funktioneller Beziehung mit dem Eintritt der Zellenmatrix in die Geschichte. Oben am Himmel die spiralig bewegten Milchstraßen, unten die samentragenden Geschöpfe auf den Planeten – es ist ein und dieselbe Schöpfung.[10]

Eine Version der Bushongo-Bantu vom Kongofluß beschreibt das Wesen Bumba, wie es von Wasser umgeben ist und allein in der Dunkelheit weilt:

Eines Tages hatte Bumba schreckliche Schmerzen. Er würgte und dehnte sich, erbrach sich, und die Sonne kam aus ihm hervor. Darauf breitete sich das Licht über alles hin. Die Sonnenhitze trocknete das Wasser auf, bis die schwarzen Ränder der Welt sichtbar wurden. Schwarze Sandbänke und Riffe kamen zum Vorschein. Aber es gab noch keine lebenden Wesen.
Bumba erbrach sich von neuem, und der Mond kam hervor, und dann die Sterne, und dann hatte auch die Nacht ihr eigenes Licht.

Noch immer hatte Bumba Schmerzen. Er strengte sich noch einmal an, und hervor kamen neun Lebewesen: der Leopard Koy Bumba, der Adler Pongo Bumba mit dem gefiederten Kamm, das Krokodil Ganda Bumba und ein kleiner Fisch namens Yo; als nächstes die alte Schildkröte Kono Bumba und der schnelle, tödliche Blitz Tsetse, schön wie der Leopard, dann der weiße Reiher Nyanyi Bumba, weiterhin ein Käfer und die Geiß Budi.[11]

In einem Schöpfungsmythos der Eskimos beschloß der erste Mensch, aus seiner Schote hervorzubrechen, in der er von einem Erbsenbusch herabhing: Er wunderte sich über sich selbst, seine Arme und Beine, die offene Schote an der Ranke des Strauches, ferner über dieses dunkle Etwas mit den Schwingen, das auf ihn hinabblickte. Es war ein Rabe, der nun seinen Schnabel wie eine Maske hochschob und sich in einen Menschen verwandelte. Er fragte den ersten Menschen, was er sei und woher er komme. Und als der Mensch antwortete, rief der Rabe aus:»Ah! Ich habe diese Ranke geschaffen, aber ich hätte nicht gedacht, daß jemals so etwas wie du aus ihr hervorkommen würde.«[12]

In der Kosmologie der Zunis steht Awonawilona, der alles erschuf und erhält, allein:»In einem großen Raum der Zeiten gab es nichts, überhaupt nichts, nur schwarze Finsternis überall und leere Einsamkeit. Am Anfang des Neugeschaffenen empfing Awonawilona in sich selbst und dachte nach draußen in den Raum, und dabei entwickelten sich Nebel der Ausdehnung, und wachstumskräftige Dämpfe erhoben sich.« Er schuf sich selbst als Person, dann machte er, daß die Sonne»existierte und erschien. Mit ihrem Erscheinen wurden auch die Räume vom Licht erhellt«. Nebelwolken bildeten sich in der Helligkeit und lieferten das Wasser für das»Welt haltende Meer«. Dann nahm er Körpersubstanz von seiner Person und formte daraus das Samenmaterial zweier Welten und befruchtete damit die großen Wasser. Nachdem er das Land in seiner rohen Gestalt geformt hatte, strich er es mit seiner Fläche auseinander, und»in all seine Falten und Spalten setzte er etwas, was glänzenden gelben Maiskörnern glich; im Dunkel der frühen Weltdämmerung glühten sie wie Feuerfunken und bewegten sich, wenn er seine

Hand über die Schale bewegte, und vom Wasser, das in der Schale war, schienen sie herauf und bewegten sich in seinen Tiefen.« So entstand der Nachthimmel, und Zeit und Raum schlangen sich auf dem Rad ineinander.[13]

Der Schöpfungsmythos der Mayas beginnt damit, daß versucht wird, die Leere so leer wie möglich zu machen: »Alles war schwebend, alles ruhig und schweigend; alles bewegungslos, still... Nichts wurde zusammengeführt, nichts, was ein Geräusch hätte erzeugen können, was sich hätte bewegen oder zittern können... Tepei und Gucumatz kamen in der Nacht, der Dunkelheit, zusammen.« Sie waren »große Weise und große Denker«, aber sie waren »unter grünen und blauen Federn verborgen gewesen« – ein Requisit ihrer Vor-Existenz, das einen in Staunen setzen könnte. »Dann sprachen sie miteinander und überlegten; sie kamen überein, vereinigten ihre Worte und Gedanken... Während sie meditierten, wurde ihnen klar, daß bei Anbruch der Dämmerung der Mensch erscheinen müßte.«[14]

Im Schöpfungsmythos der Aranda aus Mittelaustralien lag der Ahne Karora »schlafend in der immerwährenden Nacht. ...Der Boden über ihm war rot mit Blumen und mit vielen Gräsern dicht bewachsen.«

Blumen vor Blumen? Gräser des kosmischen Bewußtseins, aus dem die Gräser der Prärie hervorflossen?

»Und Karora dachte, und Wünsche und Sehnsüchte blitzten durch seinen Geist. Aus seinem Nabel und seinen Armhöhlen kamen Beutelratten hervor. Sie brachen durch die Grassoden über ihm und sprangen ins Leben.«[15]

Im archaischen Tahiti kommt es zur Schöpfung, als Ta'aroa durch seine Eischale bricht, die »sich in ständiger Dunkelheit im Raum drehte«. Er steht auf der großen zerbrochenen Schale und ruft: »Wer ist dort oben? Wer ist dort unten?« Keine Antwort. »Wer ist da vorne? Wer ist da hinten?« Er hört nur das Echo seiner eigenen Stimme. Dann nimmt er als erstes seine zerbrochene Schale und läßt aus ihr ein hohes Gewölbe für den Himmel erstehen.[16]

Die japanische Embryogenese ähnelt der chinesischen Version:

In der alten Zeit waren Himmel und Erde noch nicht voneinander getrennt, und das In und Yo [das weibliche und männliche Prinzip] noch nicht geteilt. Sie bildeten eine chaotische Masse wie ein Ei, dessen Grenzen unklar und dunkel waren und das in sich Keime enthielt.

Der reinere und klarere Teil wurde so dünn, wie er war, herausgezogen und bildete nun den Himmel, während die schwereren und gröberen Elemente sich niederließen und zur Erde wurden.[17]

In der hebräischen Tradition der Kabbala entspringt die Schöpfung aus der Intelligenz Gottes, und zwar als eine Reihe von Grundzahlen, die selbst wiederum andere Zahlen erzeugen. Dabei entsteht eine Abfolge von Landschaften, die Schicht für Schicht auseinander hervorgehen wie Träume in Träumen, bis sie sich weit jenseits seiner Schöpfungsbilder manifestieren und Er sie nicht mehr berühren oder verändern kann. Sie gehorchen nur der Herrschaft der ursprünglichen Zahlen und deren Ableitungen.[18]

Im achtzehnten Jahrhundert glaubten einige Wissenschaftler an einen Urkeim, der bereits ein Bild der ganzen späteren Schöpfung en miniature enthalte, so daß also jede spätere Generation schon in der vorigen enthalten sei. Die Haut blättert von der Knospe ab, dachten sie, und ein neues Wesen kommt hervor, das mit seinem Vorgänger identisch ist oder sich ebenfalls geringfügig von ihm unterscheidet. Wenn auch das ganze Material innerhalb des Keimes verbraucht ist (die mikroskopisch kleineren Keime in den Keimen), dann erreicht diese Linie ihr Ende. Zuletzt würden alle Linien zu Ende sein.

Erst einige Zeit später konnten sich die Wissenschaftler ein »Feld« vorstellen, das sich selbst fast unbegrenzt würde reproduzieren können, solange die entsprechende Matrize nicht zerstört würde und genügend Nahrung vorhanden wäre, um sie aufrechtzuerhalten. Die Entstehung einer solchen Matrize würde Milliarden von Jahren dauern; ob sie überleben würde, wäre stets eine prekäre Sache, aber würde sie einmal existieren, dann könnte sie grenzenlos fortfahren, die vorhandene Masse und Energie zu nutzen.

»Aus dem Tröpfchenprozeß, der uns erzeugt hat, sind wir als Bodensatz zurückgeblieben«, schreibt der Dichter Edward Dorn. »Ein Löffelchen voll reinem, höchst raffiniertem Stoff, das trockene Pulver am Ende des Prozesses – belebter Staub.«[19]

Unsere Spezies hat den kleinsten Schritt zurück in die Ewigkeit gemacht, indem sie die auf diesem Planetoiden verfügbaren Rohstoffe in einer höchst geistreichen Form genutzt hat. Aber es ist auch ein großer Schritt: Das wurde Neil Armstrong klar, als er seine rückwärtigen Gliedmaßen, die von den hinteren Extremitäten eines Frosches und den stacheligen Armen eines Seesternes abstammen, auf den Mond setzte. Der Mensch hat die ungeheure Mauer der Schwerkraft, die ihn Tausende von Generationen gefangen hielt, überwunden und damit einen Anspruch erhoben, der für eine Welt von Libellen und Seemöwen unmöglich, absolut unmöglich geschienen hätte. Unbeholfen zwar, und kurz, aber er hat einen anderen Raum betreten. Und doch ist es nicht der Weg zurück zur Ewigkeit, nicht der Weg, den er gekommen ist. Wenn er auf diese Weise in den Weltraum starrt, sieht er dort nur ein Gefängnis. Je weiter er, in Millionen von Lichtjahren gemessen, schaut, desto weiter entfernt er sich vom Mittelpunkt. Die Zahlen sind bereits nicht mehr begreifbar. Nur dadurch können wir sie für uns sinnvoll machen, daß wir sie in immer größeren und größeren Additionssummen in die Computer einspeisen, so daß sie neue Exponentialklassen bilden.

Unser Schicksal liegt im Himmel hinter uns, nicht in dem, der vor uns sich ausdehnt. Wir schweben in ein und derselben Wiege mit den Sternen und sind aus derselben Materie gebildet. Im Mythos stehen wir einander in einer Konkurrenz jenseits von Raum und Zeit gegenüber. Wir sind ein unabdingbarer Teil ihres Rätsels, wir sind ihr eigenes Schicksal. Noch ist nicht bekannt, welche Folgen es haben wird, daß wir den Mond betreten haben und Satelliten ausgeschickt haben, um die äußeren Planeten des Sonnensystems zu photographieren. Aber ob wir uns nun an den äußeren Raum anpassen und zu anderen Planeten – oder vielleicht sogar zu einem anderen Stern – überwechseln können oder nicht, wir teilen mit der entferntesten Milchstraße, die wir kennen, und all jenen, die noch ferner liegen, eine Gleichzeitigkeit selbst im Inneren eines sich entfaltenden Virus. Deshalb kriecht Bumbas Krokodil auch auf einem anderen Planeten in einer anderen Milchstraße aus Bumba hervor. Deshalb blühen Karoras Beutelratten mit den Ursprungsgasen der fernsten Sterne. Deshalb ist das Denken in den Maya-Tempeln irgendwie verwandt mit so etwas wie Denken bei Geschöpfen, die niemals von uns hören werden und die wir niemals sehen werden. Die wirkliche Science Fiction ist die Schöpfung, an der wir alle teilhaben, die niemals erkannt werden kann. Und trotzdem macht uns unsere intuitive Einsicht in diese Schöpfung zu dem, was wir sind, und läßt in unserer Vorstellung Phantasiegestalten entstehen, die zu demselben tiefen unbewußten Dunkel in uns gehören, aus dem die Atome hervorströmten und durch sie die Erde, der Himmel, das Protoplasma und die Gene all dieser Welten und Mikrokosmen. Bumbas weißer Reiher ist ein unbekannter weißer Vogel, der zum Zentrum unserer Milchstraße fliegt, oder auch von ihr weg. Sein einziger Käfer erschien gleichzeitig im ganzen Universum, winzig und unbemerkt. Dies ist wahr, weil es keine andere Wahrheit gibt, die das ersetzen könnte, und jede Wahrheit, die es ersetzt, ist von derselben Art. Weil wir nicht wissen können, müssen wir sein; und im unbewußten Ursprung aller Dinge sind Wissen und Sein letztlich dasselbe. Und das ist unsere Einheit sowohl mit der Schöpfung wie auch der Leere. Und trotz allem, was uns im Aufruhr der Embryogenese und in der Ortszeit unserer Existenz widerfahren ist, gibt uns der Nachthimmel die deutlichste Auskunft darüber, wer wir sind.

III

Okkulte Astronomie

Die Theorie des Urknalls schließt uns gewissermaßen hermetisch in ein totes Universum ein, das ebenfalls im Prozeß des Sterbens befangen ist. Auch wir werden ausgelöscht, ohne daß ein Geist oder irgendeine Spur zurückbleibt. Wir drängen uns um die letzten zufälligen Funken eines Sonnensternes und kümmern uns eifrig um die schwachen Wärmeströmungen: um heiße Quellen, ionisierende Heilbäder, das Getreide und die Blütenpracht des Sommers, das Glühen unserer Körper und die fossilen Brennstoffe ihrer Vorgänger in der DNA-Matrix. Es bleibt davon nicht nur nichts übrig: nichts anderes hat überhaupt jemals existiert. Aber das ist nur in der einen Untersuchungsrichtung der gegenwärtige Endpunkt, dort nämlich, wo der Himmel äußerlich, objektiv und – im modernen Sinne – progressiv erforscht wird. Die andere Untersuchungsrichtung geht nach innen, sie ist magisch oder telepathisch und ihrem ureigensten Charakter nach theologisch. Am einen Ende steht der Urknall, und er bedeutet alles für dieses Universum, am anderen Ende aber ist dieses Universum nur ein wahrnehmendes Gehäuse, eine lebendige Veräußerlichung, und wir sind die zahlreichen Nachkommen, sozusagen die Fischlaiche einer zutiefst innerlichen geistigen Kraft. Die Sonne mag das physikalische Universum erhitzen, und das gerade noch. Es gibt eine archetypische Sonne – Sol –, die das spirituelle Universum erleuchtet, immer und ewig, oder jedenfalls solange noch ein Bedürfnis nach dieser Manifestation besteht.

Es wäre verkehrt, das eine Universum intuitiv und das andere empirisch zu nennen. Beide sind sowohl intuitiv als auch empirisch, wenn auch in verschiedener Weise und bezogen auf verschiedene scheinbare Objekte. Beide sind gleichermaßen psychologischen und kulturellen Vorlieben unterworfen. Die Geschichte der Astronomie können wir am besten als ein dialektisches Gespinst von Abstammungslinien verstehen, die aus diesen beiden Polen entspringen. Die okkulte und die wissenschaftliche Astronomie inspirieren sich gegenseitig, sie gehen ineinander auf, verwechseln sich miteinander. In der modernen Zeit bemühen sie sich nicht um Annäherung, sondern sie streben einer tieferen und endgültigeren Polarität zu: auf der einen Seite der Urknall, auf der anderen Seite das astrale Universum, wo alles ewig ist.

Der Prototyp des innengerichteten Astonomen ist der ägyptische Priester in seiner Pyramide. Indem er über Sternbilder und ihre Dekane (die sechsunddreißig Götter der zehn Bogengrade messenden Unterteilungen des Tierkreises) meditiert, tritt der Sinn des Himmels in sein Bewußtsein ein. Der innengerichtete Astronom glaubt, daß er durchaus zwischen den Bildern, die sein eigenes Gehirn produziert, und den Botschaften der Sterne unterscheiden kann. Seine Methoden sind streng und gut abgesichert; seit dem Aufdämmern der Geschichte sind sie von einer Generation zur anderen weitergegeben worden. Er kennt die Sterne, weil er sich darin übt, sich auf ihre Frequenzen einzustellen, weil er ein Spiegel ihres Lebens ist. Sein eigenes Wissen ist nur eine Version ihrer ewigen, kosmischen Weisheit.

Nur wir halten diese Art der Astronomie für innengerichtet, sie nicht. Die Priester glauben nicht, daß ihre Sterne im Inneren sind. Für sie sind das die wirklichen Sterne, diese strahlenden, übernatürlichen im Himmel und in den magischen Texten, und diese kommunizieren nicht nur telepathisch/übersinnlich, sondern durchaus auch auf einer physisch sichtbaren Ebene. Ihre Botschaften gehen in die Körper von Pflanzen, Tieren und sonstigen Wesenheiten ein. Im Grunde sind Magier innere Astrologen, die auf der Basis dieser astralen und planetarischen Rückstände operieren. Die früheren Menschen haben Tränke eingenommen und suchten Visionen zu erlangen, um am Bewußtsein des Himmels teilzuhaben. Nacht für Nacht standen sie draußen und beteten darum, zur Wahrheit zugelassen zu werden. Und was sie dann erfuhren, betrachteten sie als Himmelsweisheit. Diese Tradition des Visionären, dieses System von Entsprechungen, das man von einer Reise mitgebracht hat, sei sie nun imaginär oder auch nicht – sie bildet die Basis der inneren Astronomie mit ihren Sternkarten und Siegeln.

In einem taoistischen System der »inneren Astrologie« findet der Sternenschauer die Sterne dadurch, daß er mit den Fingerspitzen auf die Augenwinkel drückt und so lange mit ihnen wackelt, bis die »Sterne« erscheinen. Aber das ist nicht irgendein anderer willkürlicher Himmel; für Orakelzwecke ist es derselbe Himmel, und der Weise Shih K'uang empfiehlt diese Methode dem Herzog P'ing, dann nämlich, wenn »der Himmel bewölkt und die Sterne unsichtbar sind«. Und als nächstes weist er darauf hin, daß Alcor noch immer als Hilfsstern vorhanden ist, allerdings nicht mehr in der Nähe des Großen Wagens.[1]

Der Herzog P'ing ist von dieser Methode begeistert: »Ich werde [sie] auf Jadetafeln eingravieren und in meiner Schatztruhe aufbewahren lassen«, sagte er, »damit ich sie oft betrachten kann.«[2]

»Wenn das Herz eines Menschen wahrhaftig ist«, sagt Shih K'uang weiter, »dann kann er die himmlischen Lichter sehen und ihre Sichtbarkeit durch seine Augen in sein Herz aufnehmen, oder aber er kann geistige Lichter erzeugen und sie durch seinen Atem und seine Nerven aufnehmen. Das ist ein und dasselbe.«[3]

Für den äußeren Astronomen ist das natürlich keineswegs der Himmel, sind es nicht die Sterne. Er beobachtet den tatsächlichen Nachthimmel, um seine Muster und seine Zyklen zu verstehen – den Übergang der verschiedenen Sternengruppen über das Himmelsgewölbe im Verlaufe einer Nacht, die jahreszeitlichen Veränderungen und all jene, die Jahrtausende andauern. In der späteren Wissenschaftsgeschichte des Westens geht er dazu über, vermittels der Analyse des elektromagnetischen Spektrums die Zusammensetzung der Sterne und die Gestalt des Universums als Ganzes zu erforschen. Es ist im Grunde dieselbe Tätigkeit, nur daß sie mit anderen Instrumenten und auf der Basis von angesammeltem bibliographischem Wissen durchgeführt wird. Dem äußeren Astronomen geht es darum zu erkennen, was der Himmel für sich genommen, gewissermaßen absolut *ist*, genauso, wie ein Biochemiker vielleicht erkennen möchte, was der Ozean ist. Für ihn ist das Himmelsgewölbe eine Fiktion, ebenso wie auch die Konstellationen Projektionen der menschlichen Vorstellungskraft sind, und der Nachthimmel ist in Wirklichkeit ein Feld mit einem unbegrenzem Radius, auf dem die Himmelsobjekte angeordnet zu sein scheinen. Dabei gibt es nicht nur ein einziges Feld, sondern viele verschiedene Felder, je nachdem, wo der Beobachter sich befindet. Die Sterne bewegen sich mit Geschwindigkeiten vorwärts, die von dreihundert Kilometern pro Sekunde bis zu Milliarden von Kilometern pro Sekunde reichen, aber die Entfernung schluckt ihre Bewegung und projiziert diesen zeitweilig »stabilen« Himmel.

Dem inneren Astronomen geht es nicht so sehr darum, was die Sterne in einer abstrakten Natur darstellen, ihn interessiert, was sie für *seine* Natur bedeuten. Seine eigene Natur ist mit dem ganzen Universum verschmolzen; das eine sieht er immer durch das andere. Aus der Sicht des äußeren Astronomen ist der innere Astronom dazu verdammt, niemals die wirklichen Sterne zu erkennen, sondern immer nur die Aspekte seines eigenen Bewußtseins und Unterbewußtseins, die dem Himmel durch Überlieferung, Mythologie und Märchen zugeordnet werden.

Vielleicht kommt in der Geschichte der Menschheit die innere Astronomie zuerst, aber das ist eine vollkommen hypothetische Priorität: denn bevor wir den Himmel überhaupt wahrnehmen, nehmen wir unsere eigene Existenz wahr. Die innere Astronomie ist niemals ganz von der äußeren Astronomie losgelöst. Es wäre unmöglich. Der Mensch kennt die Sterne nur, weil er sie sieht. Vielleicht wurde in einem geheimnisvollen Augenblick der innere Himmel visionär erahnt, noch bevor der Mensch nach oben blickte, aber das war dann eben nicht der Himmel, sondern ein Feld mit unbekannter Zusammensetzung der Gestalt, das sich im Inneren unendlich ausdehnte und von Funken und Talismanen erfüllt war. Eine ganze Reihe von Erkenntnissen verband dies sofort mit dem Nachthimmel, und nun ist diese Ehe mit dem Siegel einer rituellen Methodologie bekräftigt, solange wir auf dieser Welt zusammen sind. Die äußere Dunkelheit und das an Erscheinungen reiche Feld des Inneren wurde zum Nachthimmel, und deshalb können wir uns nur schwer vorstellen, was vor diesem prähistorischen System lag, das schon Millionen von Jahren alt ist. Wenn wir auf unserer Reise in die Vorzeit, kurz bevor sie in die stumme Dunkelheit unserer nicht-menschlichen Vorfahren verschwindet, auf Astronomie treffen, gibt es bereits unzählbare Arten von Astrologie, Astromantie und astraler Magie.

Stonehenge wurde von Priestern gebaut, aber aufgrund seiner präzisen Architektur möchte man es fast als eine Art primitiven Computer betrachten, eine »Maschine«, die Himmelspositionen speichert und so die genaue Eichung auf Sonnwenden und Tagundnachtgleichen, Mond- und Sonnenaufgängen und Mond- und Sonnenuntergängen ermöglicht. Tatsächlich entsprechen diesen Himmelspositionen Steinvorsprünge oder winzige Öffnungen zwischen den Steinen, an denen zu bestimmten Zeiten Sonne oder Mond erscheinen. Der größere Tempel, in dem sich die sogenannten Aubrey Holes befanden – Löcher, in die man Stäbe einführen konnte –, diente als zentraler Computer, mit dessen Hilfe man die Mond- und Sonnenfinsternisse vorhersagen konnte.[4] Es wird allgemein angenommen, daß Stonehenge vor etwa 3500 Jahren erbaut wurde. Aber 20000 Jahre früher fixierten die mutmaßlichen Vorfahren dieser Menschen in Frankreich und Spanien die Mondphasen bereits auf Hirschgeweihen, Knochen, Stoßzähnen und Kieseln: Sie stellten sie durch winzige Einkerbungen dar.[5] Alexander Marshack, der diese Objekte untersucht hat, weist darauf hin, daß sie die Mondzyklen in ihrer mathematischen Abfolge so exakt wiedergeben, daß sie eigentlich nur so richtig gedeutet werden können.

Vor allem – könnten wir hinzufügen –, wenn man die Mondfixierung späterer, historisch bekannter Kulturen hinzuzieht oder auch die reiche und komplexe Entfaltung von Mondsymbolen in späteren schriftlichen Dokumenten. Diese früheste Bilderwelt der Mondsymbolik [auch auf die Sonne trifft dies zu] ist in ihren verschlungenen Motiven und Kompositionen so fein ausgearbeitet, daß sie eher von den Überresten einer untergehenden Zivilisation auf einem anderen Planeten zu stammen scheint als aus der dunklen Frühzeit unserer eigenen menschlichen Rasse.

Dies ist ohne Zweifel einer der Gründe, warum Science-Fiction-Autoren oder sonstige exotische Historiographen diese Bilderwelt Besuchern aus anderen Welten, anderen Zeiten und anderen Galaxien zuschreiben.

Die besondere Grobheit der Kritzeleien, die Marshack entdeckt hat, führte dazu, daß sie von allen früheren Archäologen einfach übersehen worden waren. Aber diese Grobheit wird durch die mathematische Exaktheit ohne weiteres aufgewogen. Vielleicht hatten die Menschen der ausgehenden Steinzeit grobe Werkzeuge für ihre Aufzeichnungen, aber sie verstanden etwas von zyklischer Regelmäßigkeit und ihrem Zusammenhang mit Himmelsereignissen. Der Himmel war der größte und offensichtlichste Text, den es zu studieren galt, auch wenn man nicht wußte, woher er kam. Er war eine strahlende Wirklichkeit. Er enthielt die Voraussetzung für Zeit und Anzahl im Raum, Begriffe also, die so ungeheuer waren, daß sie das ganze Universum zu beinhalten schienen. Die früheren Menschen studierten diesen leuchtenden Text Nacht für Nacht, Generation um Generation, sie lernten das ganze System kennen und schufen daraus ein noetisches und poetisches Gebilde. Sie brauchten dabei noch nicht einmal zu wissen, aus welchen Stoffen die Sterne bestanden. In gewissem Sinne bestanden sie ja aus den Zahlen, die sie erzeugten, jenen Zahlen, die auch von Blumen, Jahreszeiten, Flüssen und den geistigen und körperlichen Rhythmen der Menschen erzeugt wurden. Es waren mithin heilige Zahlen, aus denen göttliche Wesen entstanden, die auch in Träumen und Visionen erschienen. Es ist durchaus kein Zufall, daß in den früheren Zivilisationen die Götter des Himmels in geschichtlichen Zeiten erscheinen, sie haben mit Mathematik zu tun, oder anders gesagt, die frühe Astronomie ist Astrologie. Und was nun Stonehenge selbst betrifft, so sind die 20000 Jahre zwischen jenen alten lunaren Zählleisten und den Sternentempeln und Observatorien der Alten und Neuen Welt lang genug, um die Geschichte vieler Zeitläufe in sich aufzunehmen. Mit Sicherheit aber sind sie umfassend genug, um eine lineare Phasenzählung in ein dreidimensionales Reflektorium von aufgestellten Steinen zu verwandeln.

Weissagung, Magie und der Kalender haben in diesem größeren System einen gemeinsamen Ursprung. Der Zusammenhang zwischen Sirius und der Nilüberschwemmung zur Zeit der Sommersonnenwende ist vielleicht eine »wissenschaftliche Beobachtung«. Aber das größere System, zu dem er gehört, wird im Inneren erfahren. Eine der Schulen der gegenwärtigen Ethnoastronomie behauptet, daß der Ursprung der Schriftsysteme, also der ägyptischen Hieroglyphen, der chinesischen Idiogramme und der kanaanitisch-phönizischen Silbenalphabete, der lange ungeklärt blieb, in genau dieser uralten Astrophilosophie liegen muß.

Besonders Hugh Moran und David Kelley äußern die Vermutung, daß die zweiundzwanzig Buchstaben des hebräischen Alphabets und die achtundzwanzig Buchstaben des arabischen Alphabets »auf den Zeichen des Mondtierkreises beruhen, der zeitlich lange vor den zwölf Zeichen der Ekliptik oder des Sonnentierkreises liegt«. Wie alt dieses System ist, geht aus globalen Entsprechungen hervor, die auf einen vor-indoeuropäischen, wenn nicht gar eiszeitlichen Ursprung hinweisen. Zu diesen Entsprechungen zählen die chinesischen und hinduistischen Mondhäuser, die Symbole der Jains für die Mondkonstellationen, die aztekischen Tagesgötter und Tagesnamen, die Glyphen und Tagesnamen der Mayas, die burmesischen Konstellationen und die kambodschanischen Mondtiere. Das griechische und lateinische Alphabet, wie auch unser eigenes, stammen freilich aus dem semitischen Alphabet.[6] Es sieht so aus, als habe uns der Mond selbst, weil wir uns ihm und seinen Zahlen und Symbolen magisch-mythisch hingegeben haben, ein Schriftsystem geschenkt, aus dem all unsere geschriebenen Aufzeichnungen, kurzum die Geschichtsschreibung selbst hervorging. Kein Wunder, daß er astrologisch mit dem Gedächtnis, dem Unterbewußten und der Verdoppelung der Kodes assoziiert wird.

Der überlieferte westliche Ausdruck für den geistigen Himmel heißt »Astrum«. Dieses astrale Reich ist nicht nach der normalen linearen Geometrie angeordnet. Dinge, die im wirklichen Raum winzig sind (wie etwa der Planet Pluto), können im astralen Bereich dem Saturn oder selbst der Sonne durchaus ebenbürtig sein. Die physische Entfernung der Sterne hat keinen Einfluß auf ihre astrale Nähe. Jene Körper, die wir im »äußeren Raum« verteilt sehen, sind nur die dreidimensionalen Fußspuren von vieldimensionalen Körpern.

Eigentlich muß man, um astralen Raum zu »sehen«, in einen astralen Körper eintreten. In dieser Form kann eine Person eine Reise zu anderen Welten unternehmen, während der physische Körper auf der Erde bleibt. Der astrale Bereich ist eine Manifestation des realen Nachthimmels, deshalb können Erkenntnisse über Entsprechungen, die auf diesen Reisen jenseits der physischen Welt gewonnen werden, auch auf den sichtbaren Himmel angewendet werden. Das Astrale und das Astronomische sind entschieden aufeinander bezogen: die Planeten bewegen sich sichtbar im Tierkreis, aber die Bedeutung dieser Bewegung kann nur in astraler Form wahrgenommen werden. Das heißt nicht, daß die Astrologie der astralen Projektion entstammt. Sie könnte sicherlich zeitlich vor ihr liegen und nicht aus dieser übersinnlichen Methode des »Sehens« herrühren, sondern von einer langen eigenen Tradition himmlischer und irdischer Beobachtungen und intuitiver Einsichten.

Im Astrum zeigen die Sterne und Planeten das, was am allermeisten ihren Charakter ausmacht. Sie erscheinen in ihren ursprünglichen Farben; sie ertönen in ihrem natürlichen Klang.[7] Während sie in ein göttliches und übernatürliches Reich hineinragen, sind sie gleichzeitig doch in einer immer körperlicher werdenden Hierarchie eingebettet, die der Erde an ihrem anderen Pol bedarf. Himmel, Sterne und Götter entstanden im Aufblühen der Lotosblüte, die die Schöpfung ist. Und während sich die Blütenblätter dieser Lotosblume immer weiter entfalten, das

Äußerste und das Unergründliche erzeugen, wachsen ihre feinen Wurzeln durch den reichen Humus der Leere nach unten und erreichen eine Art der Fruchtbarkeit, die in der hermetischen Tradition mit der Ziffer Null, dem Fool des Tarot und dem Ei der Gnosis assoziiert werden. Wenn die Null sich öffnet, enthält sie das All.

Die Blume der Himmel reicht zu uns hernieder und bedeckt uns; in ihr schwillt in verschiedenen Oktaven der okkulten Schwingung das Leben der irdischen Elemente empor. Die Erde ist ein Raum magischer Wirksamkeit. Sie ist vom Zentrum der Schöpfung, wo die Magie natürlich ist und Einflüsse unmittelbar wirken, weit entfernt, aber durch das Astrum hat sie zu diesem Bereich eine direkte rhythmische und sympathetische Verbindung. Insofern die physische Welt durch magische Beschwörung aus der Quelle entstanden ist, kann sie die Quelle auch durch Magie und Beschwörung erreichen. Das Mondalphabet und die Zahlensysteme des Kalenders sind dafür die wichtigsten Werkzeuge.

Ursprünglich hatten Bäume, Tiere, Blumen, Fische alle ihre Entsprechungen im Himmel. Es waren Sterne oder Konstellationen, die ihr innerstes Wesen widerspiegelten, die aus denselben Archetypen hervorgingen. In den Himmel blicken hieß, die verschiedenen Blumen des Feldes zu betrachten, die Fische der Tiefe zu schauen. Es hieß auch, den Charakter des Menschen zu sehen, denn im Himmel waren all die verschiedenen Typen von menschlichen Wesen, Nationen und Berufe in ihrer Eigentümlichkeit, die verschiedenen Clans und Totems aufgezeichnet. Ein bestimmter Baum, ein Kraut oder ein Stein kann mit einem Stern oder mit einem Planeten verbunden sein, Wacholder zum Beispiel mit Saturn oder der zitronengelbe Halbedelstein Apatit mit Merkur.[8]

Der Stern von Bethlehem fiel zeitlich mit dem Beginn des Christentums zusammen. Einige moderne Astrologen haben behauptet, daß der Komet Kohoutek zahlreiche Staatsoberhäupter, unter ihnen Richard Nixon, entmachtet hat. Das Geburtshoroskop stellt eine weitere Version der Entsprechung vom Himmel und Erde dar. In irgendeinem elementaren Sinn ist ein Wesen im Augenblick seiner Geburt ein Spiegelbild des Himmels. Natürlich ist er oder sie nicht dazu verdammt, einem linearen Handlungsmuster sklavisch zu folgen, trotzdem ist das kosmische Potential dieses Augenblicks in einem einzigartigen Leben physisch verwirklicht.

Rudolf Steiner behauptete, daß wir, falls wir das Hirngewebe richtig zu interpretieren wissen, die Sternenkonstellationen sehen können, die in dem feinen Fleisch unterhalb des Schädels geschrieben stehen:

> Wenn man das Gehirn eines Menschen im Augenblick seiner Geburt photographieren würde und dann auch den Himmel photographieren würde, genauso, wie er über dem Geburtsort stand, dann würde dieses Bild genauso aussehen wie das menschliche Gehirn... Der Mensch trägt in sich ein Bild des Himmels, und dieses Bild ist bei jedem Menschen anders, je nachdem, wo und wann er geboren ist. Das ist ein Hinweis darauf, daß der Mensch aus dem ganzen Universum geboren ist.[9]

Wie Emanuel Swedenborg, jener schwedische Theologe und Wissenschaftler aus dem achtzehnten Jahrhundert, glaubte Rudolf Steiner, daß alle Planeten und Sterne bewohnt seien: Merkur, Venus, Jupiter, Saturn, Uranus, die Sonne, Rigel und die Planeten von Rigel und Canopus. Aber, erklärte er, sie sind nicht bewohnt auf dieser sichtbaren Ebene.

Johannes Kepler, einer der Begründer der modernen Astronomie, war ein überzeugter Astrologe. Er äußerte die Vermutung, daß die geometrischen Wirkungen der Sterne und Planeten in ganz ähnlicher Weise der Erde übermittelt werden, wie das Licht die Sinne erreicht. Dieses »astrale Licht« wird nicht wahrgenommen, sondern gleich in konkrete Wirkungen umgesetzt. In seiner Zeit konnte es nicht gesehen werden; und Kepler glaubte, daß das auch in Zukunft immer so sein würde. Es ging von den Seelen der Himmelslichter auf die Seele dieser Erde über und konnte in der Seele des Menschen intuitiv verstanden werden.

»Die natürliche Seele des Menschen«, schrieb Kepler, »ist

nicht größer als ein einziger Punkt, und auf diesem Punkt ist die Form und der Charakter des ganzen Himmels der Möglichkeit nach eingraviert, selbst, wenn er hundert Mal größer wäre.«[10]

»Selbst wenn er eine Trillion Mal größer wäre«, könnten wir heute sagen, aber es geht hier nicht um quantitative Größen. Es geht um die Wahrnehmung des Universums als eines spirituellen Ganzen. Kepler hatte diese Wahrnehmung von seiner Geburt an. Wir müssen uns darum bemühen, müssen uns, wenn wir sie erstreben, durch Erscheinungen hindurchkämpfen, die uns herausfordern, und uns die große Harmonie auf Schritt und Tritt verweigern.

Eine hermetische Beschreibung der Schöpfung erscheint in dem »Göttlichen Pymander«[11], einem mittelalterlichen hellenistischen Werk, das einem viel älteren Hermes zugeschrieben wird. Es enthält eine Hintergrundtheologie für die innere Astronomie und eine Erklärung für die Entstehung von Astrum und Nachthimmel: Das gesprochene Wort Gottes berührt das schöpferische Bewußtsein, und ein von Sprache getriebener Impuls rast durch ein unendliches Unten. Es fängt sich in den Wirbeln und Strudeln der beginnenden Natur und dreht sich rund und rund in Kreisen und in Kreisen innerhalb von Kreisen. Dort verliert es dann seine einfache Beziehung zum Ursprung und wird »aus einem unbestimmten Anfang zu einem grenzenlosen Ende«.[12] Sieben Pfade oder Schwingungsfrequenzen halten die Verbindung mit dem Schöpfer aufrecht, denn Er enthält in sich eine Siebenzahl, die er mit der Schöpfung geteilt hat. Er lächelt liebevoll angesichts dieses Strudels; und dann sieht Er, wie eine »ungesättigte Schönheit« zurückspiegelt, es ist die Gestalt des Menschen, die sich da im Schatten kräuselt und durch Licht und Wasser dringt, um sich mitzuteilen. Von dieser Entscheidung ist Er so begeistert, daß Er »willens war, darin zu wohnen« und »die vernunftlose Gestalt mit Leben beseelte«.[13] Die Natur schaut durch dieses wunderschöne Ebenbild Gottes zurück und sehnt sich danach, den Menschen zu umfangen. Auch der Mensch sieht sich zum ersten Mal im Körper der Natur und ihrer Sehnsucht nach ihm widergespiegelt; er verliebt sich, streckt sich durch all die Hüllen nach unten und umarmt sich selbst in ihr. Die Hüllen zerbrechen, und Mensch und Natur sind auf immer und ewig in ihrer Umarmung aneinander gebunden. Keiner kann dem anderen ausweichen.

Noch immer gibt es keinen Himmel, sondern nur bewegte Kräfte – Bewußtsein, Schatten und Wasser, die Turbulenzen aufgewühlter Felder. Erst nach und in Zusammenhang mit den »Tieren, Vierfüßern, Reptilien, Wassertieren und Vögeln, jedem fruchtbaren Samen, Gras und grünem Kraut, die sich aus sich selbst vermehren...«, erst da entsteht auch der Himmel. Der Same besiegelt den Kreis und bringt die Siebenzahl in die Welt. Der Strudel wird zum Mikrokosmos.

Von Anfang an aber gibt es einen anderen »Himmel«, den kosmischen Hintergrund, vor dem die Schöpfung entsteht. Solange es den gestirnten Nachthimmel noch nicht gibt, kann nichts die Zeit von der Ewigkeit trennen. Schließlich wendet eine dünne durchscheinende Schicht die Erde ins Innere der Schöpfung und erzeugt die Illusion von Geographie, Raum und Zeit. Die späteren Astronomen werden sehen, daß diese Illusion unendlich ist und nach jeder Galaxie immer noch weiter geht, aber es ist nicht die Unendlichkeit, die die Erde von der Schöpfung entfernt; das ist nur eine zweitrangige Wirkung. Was die Erde entfernt hält, ist das Gaukelbild der Erdoberfläche und des Himmels, diese optische Täuschung; oder – in der Symbolik der Kabbalah – das wirbelnde Schwert, das Gott aufrichtete, um den Mann und die Frau an der Rückkehr in den Garten Eden zu hindern. Dieses Schwert kann in der heutigen Sicht nur die Lichtgeschwindigkeit sein, da sie sich sowohl auf die Physik der atomaren Teilchen wie auch auf die Physiologie des Auges bezieht. Der ursprüngliche Himmel zieht sich durch die Erde, ist in sie eingewoben und ist in vermittelter Form, als das Astrum, erreichbar.

Das optische und das hermetische Bild weisen gleichermaßen darauf hin, und der Mensch spürt es intuitiv, daß er sich innerhalb eines größeren Etwas befindet, das sich um ihn – nicht nur einmal, sondern viele Male, nicht nur auf eine bestimmte Art, sondern in vielerlei Arten – gebildet hat, und noch dazu auf eine Weise, daß er den Unterschied zwischen dem Ursprung in sich selbst und dem Ursprung außer sich nicht benennen kann. Die ganze Geographie zukünftiger Welten, aus denen wir vielleicht vor unserer Geburt kamen, und späterer Welten, in die wir vielleicht nach dem Tod eingehen, hängt an dieser unerledigten Episode in einem Schöpfungsstrudel, alles ist in der Schwebe, und der einzige auffällige Hinweis ist die Zahl Sieben. Wir sprechen von Geist und Materie, oder den göttlichen Reichen jenseits der Sterne, und nicht nur der Sterne, sondern sogar jenseits des physischen Bereiches von Milchstraßen und Quasaren, und alles das folgt aus diesem unserem Glauben, daß die Welt zuallererst von Sinn und Leben durchdrungen wurde.

Nach der Entstehung des Nachthimmels arbeiteten sich die sieben Kreise nach oben und erreichten das obere Ende unserer Welt. Die göttlichen Aspekte in ihnen nahmen die Gestalt von Sternen an, und so entstanden die Konstellationen. Dann wurde ein gewölbter Hintergrund herumgewickelt, der eine sichtbare Ebene bildete, auf der diese ursprünglichen Schöpfungskräfte leuchtend in Erscheinung treten konnten. Der Nachthimmel ist also die letzte Materiespur, wo die Materie auf ihrem Weg zum Geist immer mehr vom Geist durchwoben ist. Einige mittelalterliche und Renaissance-Okkultisten glaubten, daß der materielle Teil dort oben vorherrschte und daß die Sterne einen Regen von Giften und verderblichen Einflüssen auf die Erde niedergehen ließen, die man allerdings durch Amulette und Talismane abwehren konnte. Andere betrachteten dieselben Einflüsse als freie Sternenenergie, mit deren Hilfe man Arzneimittel herstellen, magische Wirkungen ausüben und sogar dem astrologischen Schicksal entkommen konnte.

In ganz ähnlicher Weise glaubten taoistische Astronomen, daß die wirklichen Himmel hinter dem durchlässigen sichtbaren Himmel lägen oder in ihm, etwa so, wie Kerzen in einer Glaslaterne: »Außerhalb des Himmels wirft das Leuchtende Ho Jadewellen empor.«[15]

Wir können uns diese glänzend-schwarzen Wellen wie einen Ozean vorstellen, der unaufhörlich das Universum bespült.

Die okkulte Definition des Lichtes von Rodney Collin, die im übrigen die wissenschaftlichen Ergebnisse des zwanzigsten

Jahrhunderts voll in sich aufgenommen hat, erzeugt die Ahnung von einem Kosmos, der gleichzeitig astrophysisch und hermetisch ist:

Wenn das Licht diffundieren und ohne irgendeine Minderung eine halbe Milliarde Jahre andauern kann, dann kann es das mit Sicherheit auch in Ewigkeit tun. Das heißt, daß alles Licht, ob es nun von einer Kerze oder einer Supersonne stammt, früher oder später das ganze Universum erfüllt. Das Licht ist unverminderbar, ewig und allgegenwärtig. In jeder Religion, die es jemals gab, sind diese Eigenschaften als göttlich angesehen worden. Deshalb sind wir zu der Schlußfolgerung gezwungen, daß das Licht – wirkliches, wahrnehmbares Licht – tatsächlich das unmittelbare Vehikel des Göttlichen ist: Es ist das Bewußtsein Gottes.[16]

Wir können den Himmel als eine Wand aus Wasserstoffeuern betrachten, oder wir können dasselbe Licht als den göttlichen Bestandteil der Schöpfung auffassen, der unaufhörlich und ewig ausgesandt wird. Die Sonne ist unsere nächstliegende Verkörperung dieses Materials, und die Erde besteht aus solarem Material. Wenn wir uns die ursprünglichen Meere mit ihren äonenlangen Regengüssen und Dämpfen vorstellen oder den gewaltigen Aufstand der geschmolzenen Kernmasse, die Entstehung des nackten Felsens und eines von Leben erfüllten Kleides, das sich an diesen Felsen klammert, dann können wir zu diesem Prozeß ein Inneres mitdenken, so daß das Astrale durch das Elementare vermittelt ist. Und dann ist die Sonne auf einmal mehr als eine hell leuchtende Wolke von geschmolzenen Meeren und einer gasförmigen Korona. Jenseits ihrer granularen Erscheinungsformen, jenseits ihrer Molekülwelt gibt es eine andere Eigenschaft. Collin sagt es folgendermaßen:

Geh nach draußen und blicke zur Sonne, die am Himmel steht. Warum wirst du blind? Warum kannst du weder definieren noch beschreiben, was du siehst? Warum ist dieser Eindruck mit allem anderen, was du kennst, unvergleichlich? Es ist so, weil du

durch ein Loch in unserer dreidimensionalen Szenerie in eine sechsdimensionale Welt hinausblickst.
Die Materie der Sonne, elektronische Materie, ist jenseits von Form und Zeit. Sie ist sogar jenseits der Wiederkehr der Formen und der Wiederholung der Zeiten...[17]

Der jesuitische Anthropologe Teilhard de Chardin hat dafür eine moderne evolutionäre Version: Die Sonnenmasse enthielt ein seelisches Innen, das sie vom Ursprung des Kosmos und dem Beginn der Zeit her erhalten hatte. Die Erde ist ein interstellarer Same, dem die Sonne einen Sternenaspekt verliehen hat. Dieser Aspekt tritt durch die Kombination komplexer Moleküle zutage. Ausgehend von einer ursprünglichen Hydrosphäre differenzieren sich Zellen, aus den Zellen werden die Organe größerer Lebewesen und immer komplexere Schichten von tierischem Leben. Nichts davon hätte stattfinden können, argumentiert Teilhard, wenn es nicht schon am Anfang vorhanden gewesen wäre. Das Leben ist ein Ausdruck eines inneren Wesens, das einen ursprünglichen geistigen Zustand wiederzugewinnen bestrebt ist. Wenn Pflanzen und Bäume zum Himmel, dem Licht entgegen streben und dieses Licht durch Photosynthese aus Sternennahrung in Nahrung für andere lebende Geschöpfe verwandeln, dann vollziehen sie wieder und wieder einen reinen göttlichen Prozeß, sie versuchen, die Sonne zu erreichen. Ihr »Äußeres« zeigt die Formen und Muster der Natur, ihr »Inneres« aber ist archetypisch. In dem einen Aspekt ihres Seins durchdringen sie den sechsdimensionalen Himmel; in ihrem anderen Aspekt differenzieren sie sich, breiten sich aus, verzweigen sich, denken und treiben Philosophie, Kunst und Wissenschaft – sie imitieren durch ihre Intelligenz die Quelle, die vor jedem Intellekt liegt.[18]

Teilhard nennt es eine »doppelte Bewegung der Zusammenrollung. Beide Bewegungen sind miteinander verbunden. Die eine ist die Zusammenrollung des Moleküls, die andere die des Planeten. Das Anfangsquantum von Bewußtsein, das in unserer irdischen Welt enthalten ist, ist nicht einfach aus einem Aggregat von Teilchen geformt, die zufällig in dasselbe Netz gerieten.

Es stellt vielmehr eine solidarische Masse infinitesimaler Zentren dar, die durch ihre Ursprungsbedingungen und ihre Entwicklung strukturell miteinander verbunden sind.«[19]

Diese Einrollungen finden gleichzeitig auf dem ganzen Planeten statt, als eine Reihe von Wellen gewissermaßen. Zuerst kommt die chemische Aktivität, dann das einfache Zellwachstum und ein Bakteriengewimmel quer über die ganze Erdoberfläche, dann kommen die Tiere, die größeren Lebewesen, und schließlich spült eine Welle von Gedanken über den Planeten, zunächst als Telekommunikation und später als tatsächliche Noosphäre. In diesem Stadium verschmilzt die Erde dann wieder mit dem geistigen Kosmos.[20]

Wir sind ermutigt, von neuem in den Nachthimmel zu blicken, und er ist ein Bienenstock von Zellen und Seelen, die von göttlichem Licht und den archetypischen Voraussetzungen der Schöpfung durchzogen sind. Im Gurdjieffschen System trägt das Licht Informationen aus höheren Welten in niedere Welten, und diese Information kann durch physische Ernährung und Atem in den astralen Gedanken zurückverwandelt werden. Aber jene Wesen, die aus diesen Sternentrümmern keine Seelen entwickeln und unfähig bleiben, bei ihrem Tod drei Dimensionen zu transzendieren, werden selbst zu Licht. Sie sind dazu verdammt, unbelohnt zu den Sternen zurückzukehren und mit ihrer mangelhaften Energie den Kosmos in Ewigkeit zu erleuchten.[21]

In der ptolemäischen Astronomie und den Systemen, die sie resümierte und entstehen ließ, finden wir die Vorstellung eines abgetrennten Raumes mit der Erde in dessen Mitte, wo die Wurzeln des göttlichen Chaos hängen. Die hermetischen Astronomen waren zu ihrer Zeit modern, nicht primitiv, denn sie übernahmen die astrale Wissenschaft aus prähistorischen Zeiten und übersetzten sie in eine für damals angemessene, zuverlässige Astronomie und Geometrie der Bewegung.

Die dazugehörige Lehre von astralen Talismanen, Zeichen und Dekanen basierte auf einem zwingenden Einfluß des entsprechenden Himmelskörpers – oder umgekehrt auf der Abwehr eines solchen himmlischen Einflusses. Letztendlich entwickelte sie ein eigenes Kompendium von Bildern für die irdische Weissagung. Himmlisch waren diese Bilder nur insofern, als der Himmel durch sie vorgestellt wurde.

Im Italien des fünfzehnten Jahrhunderts hatte der Herzog Borso d'Este in seinem Palast in Ferrara einen Ballsaal, dessen Wände mit den sechsunddreißig hermetischen Dekanen bemalt waren. Sie stellten die ägyptischen Götter der Zeit dar. Unter diesen Figuren waren ein dunkler hochgewachsener, weißgekleideter Mann, eine Frau, die ihr fehlendes Bein unter einem Rock verbarg, ein Mann, der einen Zirkel in der Hand hielt usw. Jede dieser Figuren stellte einen Teil des astralen Himmels dar, aber auch einen Teil des menschlichen Körpers, eine Farbe, einen Ton usw.[22] Die astrologische Geomantie des H. Cornelius Agrippa aus dem siebzehnten Jahrhundert fährt mit dieser Tradition fort und zählt die Gestalten auf, in denen die Geister der verschiedenen Planeten auf der Erde erscheinen. Saturn ist ein bärtiger König, der auf einem Drachen reitet, aber auch eine alte Frau, die sich auf einen Stock lehnt, ein Drache, eine Eule und ein schwarzes Gewand; Jupiter ist ein König, der mit gezogenem Schwert auf einem Hirsch reitet, ein Buchsbaum, ein Pfau und eine Jungfrau mit einem blütenverzierten Lorbeerkranz. Der marsische König trägt eine Rüstung, reitet auf einem Wolf, aber er ist auch Wolle, ein Hirsch und ein Ziegenbock sowie eine Frau, die einen runden Schild auf ihrem Schenkel hält. Der Sonnenkönig trägt ein Zepter und reitet auf einem Löwen, oder er trägt eine Krone; der Sonnengeist kommt in goldener Farbe vor, die leicht blutig getönt ist; wenn man ihn anruft, bringt er den, der das tut, zum Schwitzen. Die Venus ist von Jungfrauen umgeben, die locken und reizen und zum Spiel verleiten. Der Venuskönig reitet auf einem Kamel, aber Venus ist auch eine nackte Jungfrau, Salbeikraut und ein grünes Gewand. Merkur ist klar und strahlend und wird von silberfarbenen Wolken begleitet; sein König reitet auf einem Bären; er kommt auch als Elster oder als Hund vor. Der Mond ist schwellend und phlegmatisch, wird als König mit Pfeil und Bogen dargestellt, auch als Rehkitz, Kuh, Gans, als Pfeil, als vielfüßiges Geschöpf.[23]

Die astralen Entsprechungen sind gleichzeitig traditionell und visionär. Man lernt sie dadurch kennen, daß man sie im Inneren wahrnimmt, aber zuvor muß man sich mit den bereits existierenden okkulten Systemen sattsam bekanntmachen. Manche mystisch begabten Menschen haben vielleicht trotz mangelnder Ausbildung spontane Einsichten in solche Entsprechungen, aber die meisten Okkultisten müssen Magie, Alchemie, Astrologie, spirituelle Botanik und andere hermetische Themen gründlich studieren.

Man könnte nun einwenden, daß es ein bloßer Glaube ist, daß man diese Entsprechungen neu entdecken könnte, in Wirklichkeit aber traditionelle Bilder projiziert werden. Natürlich bestreiten die Skeptiker, daß es für diese Art von Information irgendeine objektive Quelle gibt. Sie kann nur aus der Überlieferung bezogen werden, weil sie eben nichts anderes ist als die antiken vorwissenschaftlichen Fantasien vom Aufbau der Welt. Wenn man es den Mystikern wirklich überlassen würde, selbst solche Beziehungen zu entdecken, dann würden sie sicherlich in ihren Deutungen der Sterne und Planeten aus heftigste voneinander abweichen und zusammenhanglose Theorien erzeugen. Aber diese Argumentation geht am Kern der Sache vorbei.

Die hermetischen Texte enthalten die gesammelten Versuche westlicher Mystiker, die verborgenen Entsprechungen zwischen dem Menschen und dem Kosmos zu enträtseln – ausgehend von ihren eigenen Erfahrungen und denen, die sie aus der nicht-westlichen Welt bezogen hatten. Die Wichtigkeit dieser Symbole und Entsprechungen liegt weder darin, daß sie durch eine okkulte Autorität festgesetzt worden sind, noch darin, daß sie sehr alt sind. Ihre Bedeutung liegt in der Tatsache, daß sie bisher unsere einzige Geschichtsschreibung des geistigen Universums geblieben sind, daß sie jahrtausendelang auf einer unbewußten psychologischen Ebene als zufriedenstellend erlebt worden sind und daß sie eine kollektive kulturelle Erfahrung darstellen, die viele Zeitalter und Menschenleben umfaßt: Sie sind der einzige Faden, der uns noch mit dem Ursprung verbindet.

Natürlich sind auch andere Interpretationen annehmbar, aber

für alle zukünftigen Forscher sind die tradierten Systeme das Übungsfeld. In den Kulturen des Orients, Afrikas, Australiens und der amerikanischen Indianer gibt es andere okkulte und astrale Systeme. Aber sie sind für uns im Westen schwer verständlich. Wenn eine bestimmte Truthahngattung mit der Sonne assoziiert wird oder eine Wölfin mit irgendeiner Konstellation, so hat das nur im Kontext dieser Kultur einen besonderen Sinn. Um diese Assoziation zu verstehen, muß man in dieser Kultur gelebt haben. Diese verschiedenen unvereinbaren Systeme, die kein allgemeinverbindliches Richtmaß – wie die Wissenschaft – miteinander teilen, könnten die Willkürlichkeit der astralen Tradition beweisen, sie könnten aber auch der Hinweis darauf sein, daß die Wahrheit auf keiner sofort einsichtigen Ebene liegt und daß es brauchbare lokale Systeme für die Interpretation eines paradoxen Universums gibt.

Heutzutage hat das astrale Universum mit dem der Astronomie nichts gemein, das ist ganz offensichtlich, und es wird schwierig sein, irgendwo einen solchen Zusammenhang zu entdecken. Im Jahre 1972, als ich dieses Problem noch nicht durchdacht hatte, begegnete es mir in einem Interview mit dem Astronomen Carl Sagan.[24] Er gab seiner Verachtung für die okkulten Künste Ausdruck und wies darauf hin, daß es doch ziemlich billig sei, sich in einen Planeten hineinzuträumen, anstatt wirklich dorthin zu reisen und ihn kennenzulernen. Mir kam dieser Standpunkt ethnozentrisch und technokratisch vor, also widersprach ich und sagte, daß es eine Beziehung zwischen den Planeten im Astrum und den im Himmel sichtbaren Planeten gebe. Er lachte und forderte mich auf, es zu beweisen. Meine Antwort folgte unmittelbar: Der Mars, der schließlich von den Kameras des Mariner-Raumschiffes fotografiert wurde, sagte ich, war überhaupt nur bekannt, weil wir in unserer ganzen Geschichte versucht hatten, ihn zu verstehen und zu visualisieren, und diese Geschichte ist unauflöslich mit den Photos verbunden gewesen, noch bevor sie überhaupt aufgenommen wurden. Sagan wandte ein, daß ich damit ja behaupten würde, daß das Unterbewußtsein irgendeine Kenntnis der Astronomie haben könne, unabhängig von den Erkenntnissen des bewußt eingesetzten Verstandes. Er argumentierte, daß man irgendeine Art von wissenschaftlichen Tests durchführen müsse, bevor solche Vorgaben als stichhaltig bezeichnet werden könnten. Sonst wäre es eben bloßes Wunschdenken. Als wir mehr und mehr ins Reden kamen, wurde mir klar, daß das für ihn ein wichtiger Punkt war. Sein Gefühl von persönlicher Reife resultierte aus der Ablehnung okkulter Dinge und der Tatsache, daß er die zu seiner Zeit allein mögliche Gelegenheit ergriffen hatte, die anderen Planeten zu besuchen. Er hatte eine Kindheitsphantasie in ein echtes Erwachsenenleben übersetzt, und jene anderen okkulten Dinge erschienen ihm als Regressionen von Erwachsenen, die nicht erwachsen werden wollten und wahrscheinlich sowieso keine guten Wissenschaftler sein würden.

»Meiner Meinung nach«, sagte er, »gibt es einen großen Unterschied zwischen Dingen, deren Existenz ich mir wünsche und die ich mir deshalb in meiner Phantasie als existent vormale, und Dingen, die eben wirklich existieren... Stellen Sie sich vor, daß Sie Ihr ganzes Leben lang puritanisch unterdrückt und ängstlich gelebt haben, weil sie glaubten, nur so in den Himmel zu kommen – und dann sterben Sie, und das war's dann. Also ich glaube, Sie würden sich betrogen fühlen.«

»Aber man würde es nicht wissen«, wandte ich ein.

»Trotzdem, für mich ist das ein Unterschied. Wenn man alle möglichen Befriedigungen und Genüsse gemieden hat, um dafür einen Lohn in der Ewigkeit zu bekommen... aber diese Belohnung wird einem niemals zuteil.«[25]

Niemand würde wohl wünschen, daß uns die Schätze, die uns das Raumfahrtprogramm von den näheren Planeten gebracht hat, besser versagt geblieben wären, und Sagans Standpunkt ist eben der konventionell materialistische: Er nimmt sich der astralen Thematik nur an, um sie abzuhaken. Und so ein Standpunkt ist zulässig. Trotzdem gibt es noch einen anderen Aspekt unserer Existenz, und wir verlieren tatsächlich etwas, wenn wir das Astrum, den geistigen Himmel, so schnell von der Hand weisen. Vielleicht bestehen die Sterne aus heißen Gasen und Atomen, aber das ist nicht ihr *Wesen*.

Die moderne astrale Tradition versagt uns die wissenschaftlichen Erkenntnisse nicht, sondern sie stützt sich darauf. Wenn die Planeten von Tieren und leuchtenden Körpern zu anderen Welten werden, so besitzen diese Welten eine neue Art astraler Felder und Auren. Wir leben in unseren verinnerlichten Bildern, die selbst die Natur der Dinge verändern. Ohne es zu wissen, schmieden wir neue Talismane, und werden dadurch zu Nachfahren jener ägyptischen Priester, die in ihren Amuletten die Geister einzelner Sterne festzuhalten glaubten. Dazu gehören heute auch die NASA-Photographien; sie sind in die moderne Astrologie und Weissagekunst eingefügt worden, genauso wie europäische Rädchen, Schrauben und ähnlicher Plunder als schmückende Bestandteile in die heiligen Medizinbeutel der Crow-Indianer aufgenommen wurden, ohne daß dadurch die heilige Kraft dieser Beutel geschmälert wurde.

Natürlich gibt es nur ein einziges wirkliches Universum. Aber es gibt die beiden Hochstapler unserer modernen Zeit, die miteinander wetteifern: die spirituelle und die materialistische Fraktion. Obwohl das Gesetz der Schöpfung erfordert, daß diese beiden Pole zu jedem einzelnen Zeitpunkt vollkommen miteinander verschmelzen, sind sie nun zwei verschiedene Glaubenssysteme geworden, die die Welt trennen. Angesichts dieses Gegensatzes verblaßt der Unterschied zwischen Kapitalismus und Sozialismus.

Wenn man in den Himmel blickt und erkennt, daß man in einen ungeheuren Spiegel der Entsprechungen und Sympathien schaut, dann ist dieses Gefühl ganz anders, als wenn man in den sich ausdehnenden Körper des Feuerballs hinaussieht. Den Himmel mit seinen Strahlenphänomenen oder den Himmel der Urknalltheorie mit seinen Milchstraßen, seinen kosmischen Strahlen und hungrigen Sonnen können wir nicht von der Hand weisen. Aber wir können diese beiden Himmel übereinanderlegen und feststellen, daß sie entgegengesetzte Denkweisen in einer Identität sind, die für uns nicht gelöst ist – ferner, daß sie beide unausweichlich sind und wir sie eben in uns selbst in Einklang bringen müssen. Wenn wir in unsere eigene Geschichte, unsere Kindheit als Gattung sozusagen, zurückgehen, treffen wir den astralen und astrologischen Himmel in uns an. Aber dies geschieht auch in Augenblicken der Identifikation mit dem Kosmos, der noch immer irgendwie in uns ist. Den physikalischen, sich ausdehnenden Himmel aber treffen wir, wenn wir nach außen in die zeitgenössische Physik und Astronomie gehen, die all jene unbewiesenen Synchronizitäten und Entsprechungen leugnet. Beide haben wir sie in der uns überkommenen Ideenwelt, und beide sind notwendig. Sie leugnen einander, aber das heißt, daß wir uns gegenseitig leugnen. Sie brauchen sich aber auch, und dasselbe gilt für uns. Ohne Astrologie hätte es keine Astrophysik geben können. Nicht nur bei Kepler und Newton bringt die Astrologie die Astronomie hervor; derselbe Vorgang findet bei uns allen statt. Und die Astrologie fordert ein Zeitalter wie dieses. Oder wenn sie es nicht forderte, dann müßte sie es fordern, vielleicht in Entsprechungen zu irgendeinem Aquarius, der aus dem sichtbaren Himmel entschlüpft und aus seiner normalen kosmischen Ordnung übel herausgestolpert wäre – denn dieses Zeitalter findet ja statt. Im Sinne der Astrologie ist es jedoch folgerichtig, denn wir befinden uns jetzt im Zeitalter des Wassermanns.

Eine New-Age-Astrologie, die Astrophysik und selbst Astronomie meidet wie die Pest, hat den Kontakt mit einer kosmischen Astrologie verloren, die sich nach dem Wandel der Weltzeitalter bewegt, in denen sich jeweils auch die Vorstellungen über die Sterne weiterentwickeln. Das moderne Dilemma spiegelt sich am deutlichsten in der Astronomie und nicht in der astralen Magie oder Astrologie, zumindest nicht wie wir sie verstehen, wider. Diese Wahrheit ist es, die hinter der unhinterfragten Voreingenommenheit des Astronomen Sagan steht. Vielleicht läßt sich unser Dilemma letztlich auf einen geistigen Himmel zurückführen, aber das ist nur über den Weg durch unsere gegenwärtigen weltlichen Himmel möglich. Und solange muß der Himmel der Astrophysik ein Teil des astralen und astrologischen Himmels bleiben, und wir werden unser ganzes Leben um eine Versöhnung dieser beiden Pole kämpfen.

Wenn wir in beide Himmel gleichzeitig blicken, so blicken wir in einen merkwürdigen Tunnel hinab, der uns schaudern läßt und erblicken – uns selbst. Und je tiefer wir in den Widerspruch hineinblicken, in die Paradoxe auf beiden Seiten des Widerspruchs – Tierkreissymbole und entweichende Quasare –, um so mehr können wir sehen und erkennen, welchen Weg wir zurückgelegt haben.

IV

Sternenmythos

Am Anfang war der Himmel ein Palast und ein Königreich, eine Gegend, wo Gottheiten ewige Rollen spielten. Er war auch ein dunkler Kristall, in dem sich die Landschaften der Erde dauerhaft und authentisch spiegelten. Für die Alchemisten bedeutete ihre Arbeit ganz wörtlich, daß sie einen Teil des Himmels einfingen. In den Elementen ihrer chemischen Zusammensetzungen und deren Interaktionen bewegten sich spiegelbildlich die Planeten und Sterne. Die alchemistische Retorte umschloß das Experiment in Form einer Kugel, so daß sich ein kleiner Himmel bildete, an dem oftmals »Sterne« funkelten und sich ein feiner Regenbogen krümmte. Im sechzehnten Jahrhundert nannte der Alchemist Edward Kelley seine Arbeit das »Theater der irdischen Astronomie«, und er ließ eine goldene Sonne aufsteigen und einen grünen Löwen, der die Sonne biß, so daß ihr Blut rot in die Wasser strömte.[1] Aber seit frühester Zeit wurde dem Himmel und der Erde das gleiche Alter zugesprochen, und jeder alte Stamm, jede Zivilisation betrachtete ihre Ehe als einen deutlichen Bericht der Kosmologie, der in strahlenden Metallen geronnen war.

Der Eridanus, der später mit dem Nil, dem Po und der Donau identifiziert wurde, war ein Fluß im Himmel, eine Konstellation von Hunderten von schwachen Sternen, die aus der Ferse des Orion in Richtung Walfisch flossen und dann in Windungen zurück zum Wolf wanderten. Daß die Sterne so schwach waren, war gegenüber der bloßen Existenz dieses Flusses ganz unwichtig, an den Ufern dieses Flusses gingen Götter spazieren, und er war die Wasserstraße zum Reich der Toten. In diesem Sternenfluß liegt der Körper des Phaeton, und die glitzernden Wasser fließen auf ihrer ewigen Reise zur anderen Welt über ihn hinweg. Wo der Eridanus mit einem anderen Fluß zusammenfließt – und das ist weder Nil noch Euphrat oder Tigris, da liegt der Geburtsort der Zivilisation. Dieser andere Fluß ist entweder der Zodiak oder irgendein kleiner Nebenfluß, der in die Milchstraße selbst hineinführt, in jenen Sturzbach des Lichtes, den die Griechen als Helix bezeichneten und der in unserer Vorstellung noch immer gleichzeitig über und unter uns zum Zentrum rauscht.

Auf der Erde haben sich die Dinge immer schnell und unregelmäßig verändert – ein plötzlicher Windstoß in den Bäumen, eine Welle, die sich am Felsen bricht, ein Ausbruch von Gewalt, ein Vogelzug, ein Fieber. Im Himmel verwandelte sich alles langsam und regelmäßig, in tiefen kosmischen Rhythmen und numerischen Kodes. Mit dem Drehmoment in der Rotationsachse der Erde und der daraus resultierenden Präzession der Tagundnachtgleichen durch den Tierkreis verwandelten sich die himmlischen Äonen, gingen ineinander über. Die Sonne verließ ihren ausgebrannten Pfad in der Milchstraße, und die Fließrichtung der Wasser, die zur Unterwelt trugen, wurde von der Milchstraße zum Eridanus abgelenkt. Aber selbst wenn das nicht wahr ist, so hatten sich die frühen Menschen den einen Rahmen vorgestellt, zu dem Himmel wie Erde gehören. Die »moderne« Zerstörung dieses Rahmens begann mindestens ein Jahrtausend vor Christi Geburt. Die kosmische Einheit wurde bestritten und dann zerlegt, und der Himmel, vor dem unsere Gattung entstanden war, wurde von der Erdachse abgelöst. Ungefähr dreitausend Jahre später ließ man diesen Himmel nun ohne irgendeine Sterngottheit forttreiben, und so blieb er dann auch – unbegrenzt, richtungslos und außerhalb der Zeit.

Homer war vielleicht der letzte unter den Lebenden, der uns noch mit der Kosmologie der Eiszeit und den mythischen Himmeln verbinden konnte. Aber all unsere anderen »Daten« sind archäologisch und ethnographisch. Aber selbst die Irrfahrt des Odysseus hatte etwas Nostalgisches: Es war eine Rückkehr zu den schwindenden Spuren eines Atlantischen Reiches, das sich einst über Erde und Himmel zugleich erstreckte. Dazu paßt, daß wir Homer eher als Stimme denn als einen bestimmten Menschen kennen.

Für unseren gesamten Stamm wandernder und ungläubiger Indo-Europäer hat Dante die Wahrheit gesprochen, als er schrieb:

> Inmitten auf unserer Lebensreise
> Befand ich mich in einem dunklen Walde,
> Weil ich den rechten Weg verloren hatte.[2]

Tatsächlich, lange vor den kirchlichen Schismen ist man schon vom Weg abgekommen, und Nazareth war eine Überraschung, ein vorzeitiges Aufblitzen, das die Verbindung dieses Weges zu allen Räumen und Zeiten vorher und nachher zeigte. Dantes Astronomie war urzuständlicher als die von Jesus Christus, dort wurde ein Stern angerufen, für den Bethlehem nur ein Zyklus einer ewigen Wiederkehr war.

Dante sandte Odysseus auf eine allerletzte Reise in jenen Raum, wo der Kosmos entstand. Er segelte zum fernsten Westen jenseits noch von Spanien und den Säulen des Herkules. Fünfmal sah Odysseus den Mond vollwerden und schwinden. Die bekannten Sterne erhoben sich nicht mehr über den Ozean, und neue Sterne erfüllten den Himmel. Dann erreichten er und seine Männer einen Berg, der von einem Strudel umgeben war, und diese Zinne erhob sich vom Meer in den Himmel. Es war das Purgatorio, das Fegfeuer. Sein Schiff wurde in die Strömung hineingespült und dreimal herumgedreht. Dann schloß sich die Höhlung darüber, und die Wanderungen des Odysseus hatten ihr Ende erreicht: Unsere allerdings hatten noch kaum begonnen. Der Strudel, der Dantes Odysseus hinaufspülte, wurde im südlichen Meer lokalisiert, aber nur, weil diese entwurzelte Zivilisation die Götter nicht mehr sah oder wußte, wo sie wohnten. Dieser Strudel war ursprünglich im Himmel, neben Rigel, und er führt durch den heiligen Eridanus unmittelbar zum Reich der Toten.[3]

Der charismatische Reiz, der dem Mythos noch immer anhängt, beruht zum Teil auf der Erhöhung der Erde im Himmel. Für die Prärieindianer war die Milchstraße Staub von den Hufen des Büffels und des Pferdes, Staub, der nach oben gewirbelt wurde, und gemeint waren der ursprüngliche Büffel und das ursprüngliche Pferd, die Archetypen jener unübersehbaren Herden des hellen Tageslichtes. Man stelle sich den vom Mond erleuchteten Staub auf den Ebenen von Dakota vor und wie er gegen seinen Widerpart am Sternenhimmel schimmerte. Der Unterschied zwischen Alexander und Napoleon bestand darin, daß Alexander der letzte der alten Könige war. Als er versuchte, die Welt zu erobern, hatte er den Kosmos, den Himmel vor Augen. Es gab keine genaue Karte für eine solche Eroberung, aber sie war in der Übernahme der Tempel, der heiligen Texte und der Priester der unterworfenen Völker der Welt mitenthalten. Sie war auch enthalten in den himmlischen Prophezeiungen, die er einholte und beschwor, als er sich über die irdischen Widerspiegelungen himmlischer Bereiche bewegte. Napoleon wollte lediglich Ländereien und Territorien; seine militärische Strategie war weltlich und ohne irgendein übernatürliches Element. Beide Männer starben, ohne ihr Ziel erreicht zu haben, aber Alexanders Mißerfolg unterschied sich von dem Napoleons. Er lebte bereits in der Morgendämmerung der modernen Welt: Der Himmel war bereits so verändert, daß er Alexanders Taten oder die der persischen Könige, die er ausstach, nicht mehr aufnehmen konnte. Es war für Alexander eine große Überraschung, daß der Kosmos nicht erobert werden konnte. Sein Auftritt kam nach der Götterdämmerung, als das Zentrum schon aus dem Himmel gefallen war und die Konstellationen sich aus ihren ursprünglichen Plätzen verschoben hatten.

In einem mythischen Sinne war Alexanders Feldzug ein Versuch, den alten Himmel wiederherzustellen, ihm durch ein kosmisches Abenteuer Sinn und Bedeutung wiederzuverleihen. Er blieb erfolglos, und die Geschichte spült über ihn hinweg, wie auch Eridanus über den Körper der gefallenen Milchstraße spült. Die Orakel waren, wie auch Plutarch vierhundert Jahre zuvor schon geäußert hatte, nicht mehr wahr; sie sprachen nicht mehr vom Kosmos; die telepathisch geschulten Sternenpriester hörten nichts mehr und haben seither nichts mehr gehört, obwohl wir die Himmel von der elektromagnetischen bis zur übersinnlichen Bandbreite erforscht haben. Ein Lotse auf einem Schiff des Kaisers Tiberius hörte in den ersten Jahren des ersten nachchristlichen Jahrhunderts den letzten Schrei der alten Welt, als sein Schiff an der Insel Paxi vorbeitrieb: »Der große Pan ist tot!« Eine Stimme, die aus dem Nichts kam und vollkommen klare Worte sprach. Die Götter verließen uns, und wir mußten ihnen auf ihrem Weg in die Nacht folgen.[4]

Alexander und Plato waren zu spät gekommen. Napoleon aber war ein Vorläufer der modernen Dunkelheit und der Bösartigkeit der Weltkriege. Zu dieser Zeit war der Himmel bereits auf die Erde heruntergezogen und zerteilt worden; und wir sprechen nur noch von Quantität, Einheit und Kosmos sind uns verlorengegangen. Jetzt kennzeichnen Weltraumraketen unsere verheißene Verbindung mit den goldenen Zivilisationen des Himmels, Zivilisationen, die für uns in der Zukunft liegen, obwohl ihre Ursprünge vor der Besiedlung der Erde liegen. Fast haben wir einen Zyklus vollendet, so sieht es aus. Seine Anfänge sind unsichtbar, weil sie begraben worden sind, und sein weiteres Schicksal ist ebenfalls unsichtbar, weil es noch nicht geboren ist. Wir werden den Sternenmythos vielleicht niemals wieder erlangen, und dennoch müssen wir jetzt, genau an diesem Punkt, entweder zeitlich zurückgehen, in die Tiefen des kollektiven Unbewußten, oder hinaus in die ungeschmälerten himmlischen Regionen.

Astronomie ist niemals eine neutrale, objektive Wissenschaft gewesen. Sobald der Mensch anfing, Systeme für die Entzifferung der dunklen Botschaften des Himmels zu entwickeln, war er einer unaufhörlichen Flut von Botschaften und Bedeutungen ausgesetzt. Diese Systeme wurden nicht von einem einzelnen Mann oder einer einzelnen Frau entwickelt, also waren alle

Frauen und alle Männer ihrer kollektiven Aussagekraft unterworfen.

Die sich wandelnden Gestalten der Konstellationen und die Bewegungen im Himmel haben, wenn man sie als ein unabhängiges Naturphänomen ansieht, eine dynamische Wirkung auf die Völker, die sie beobachten und untersuchen. Generation für Generation verwandeln sich die Sterne, aber nicht nur die Sterne, sondern auch die menschliche Rasse und der Planet Erde. Letztlich haben wir unseren großen Kampf hauptsächlich mit unserer eigenen Sinnsetzung geführt, und nicht mit der Natur. Die Sterne kontrollieren nicht unser Schicksal, es gibt keine Marionettenschnüre, durch die sie Fluten und Invasionen auslösen. Aber sie kontrollieren Bedeutungsinhalte, und davon wiederum hängen jene katastrophalen Ereignisse ab, denn nur Sinn und Bedeutung können sie rechtfertigen und erklären. Und dies ist die Mitteilung der planetaren Bewegung, der Sonnwenden und der Mondphasen. Es ist, als spräche das Universum aus den Tiefen seines Seins zu uns, um uns zu sagen, was es ist, und was uns geschieht. Eine Sonnen- oder Mondfinsternis oder ein Komet scheint aus dem stummen Himmel eine Warnung herauszuschreien, einen Übergang anzukündigen. Da noch kein Schriftsystem bekannt war, schufen die in Stammesgemeinschaften lebenden frühen Menschen ein hieroglyphisches Alphabet für die Sterne.

Aber es sind keineswegs nur die primitiven Gesellschaften, die durch die Mantik der Sterne beeinflußt werden. Die algebraische »Lösung« der Marsumlaufbahn, die Johannes Kepler lieferte, war eine der Voraussetzungen der industriellen Revolution. Albert Einsteins Lösung des Materie-Energie-Problems führte zu den Ereignissen von Hiroshima und Three Miles Island. Immer wird das Sternenwissen wörtlich zur Erde heruntergebracht. Zugegebenermaßen ist es unsere *Interpretation* des Sternenverhaltens und nicht so sehr die Wirkung der Sterne selbst. Aber trotzdem waren sie zuerst da, und ihre natürliche Regelmäßigkeit trägt unsere Bedeutungen von einer Ewigkeit zur anderen. Wenn sie anders geartet wären, würden auch unsere Gesellschaften anders aussehen.

Wir und der Nachthimmel sind in der Kosmologie und der Schöpfung wahrhaft unzertrennlich. Wir geben dem Himmel einen Charakter, der in Wirklichkeit zu uns selbst gehört. Jede Gesellschaft, die reines Wissen über den Himmel erstrebte, hat immer nur ihre Meinung über sich selbst auf den Himmel projiziert und auf diese Weise eine gewisse Wahrheit über die objektive Natur zurückerhalten, aber gekoppelt mit einer self-fulfilling prophecy über diese Zustände und Erscheinungen. Ganz am Anfang sind wir Embryos in einer embryologischen Ausdehnung von Materie. Und wir sind innere Formen, wir haben Bilder und Formen nach innen genommen. Irgend etwas aus den Tiefen unserer eigenen unbewußten Prozesse, aber auch die bewußte Ausrichtung unserer Setzungen projizieren wir auf den fernen und ewigen Himmel. Wir machen das mit der ganzen Natur, aber der Himmel ist die fernste und geheimnisvollste Erscheinung in unserer Welt, deshalb nimmt er den tiefsten und am wenigsten bewußten Ausdruck unserer geheimen Tagebücher in sich auf.

Die mythische Basis der Astronomie stellen wir dann nicht in Frage, wenn es um die von Göttern bevölkerten Himmelsregionen eingeborener Völker oder den astralen Himmel von Astrologen und Theosophen geht. »Natürlich, das sind Projektionen,« denken wir. »Das sind eben die Ergebnisse einer vorwissenschaftlichen Ignoranz, und mit dem Himmel selbst haben sie nichts zu tun.« Vielleicht wird irgendein höchster Gerichtshof einmal so entscheiden, aber im Augenblick existiert weder dieser Gerichtshof noch die Wahrscheinlichkeit eines solchen, und wir müssen akzeptieren, daß diese göttlichen, astralen und astrologischen Himmel zusammen mit der ganzen Reihe von zunehmend verfeinerten Himmeln existieren, die von den Astronomen der letzten Jahrhunderte entdeckt wurden.

Schwieriger wird es schon, und zwar vor allem für einige dieser Astronomen und ihrer zeitgenössischen Parteigenossen, wenn sie auch ihren eigenen Himmel als eine kulturelle Projektion akzeptieren müssen. Der Urknall, das sich ausdehnende Universum, Neutronensterne und selbst die Schwerkraft sind letztlich ethnische und sogar provinzielle Begriffe. Nichts davon existiert wirklich. Es sind Annäherungen – Kompromisse zwischen dem, was Natur und was Gesellschaft ist –, und dies gilt für moderne Theorien genauso wie für primitive Mythen. Beide wurden gleichermaßen durch die Kosmogenese und Embryogenese ins Leben gerufen, und beide drücken Aspekte dieses Prozesses aus. Die Rasanz, mit der sich die astronomischen Theorien heute ablösen – mittlerweile sogar innerhalb von Jahrzehnten –, weist deutlich genug darauf hin, daß keine dieser gegenwärtigen Sternkarten absolute Gültigkeit besitzt. In hundert Jahren werden sie als altertümliche Zeitdokumente erscheinen. In tausend Jahren wird man sie fast schon vergessen haben. Vielleicht entsteht wieder ein anderes Universum, eines, das wir uns im Augenblick noch nicht vorstellen können, und es wird von dem unseren ebenso verschieden sein wie das unsrige von dem der Babylonier.

Alfred North Whitehead sprach über den »Hintergrund« von Zivilisationen. Jede vorstellbare Kultur lebt im Vordergrund ihrer Überzeugungen, Institutionen und Mysterien, auch ihrer Selbstkritik. Das sind alles Dinge, die sie selbst weiß. Aber es gibt auch einen Hintergrund, dessen sie niemals gewahr werden kann, der sie aber definiert.[5] Wir können auf die Ägypter zurückblicken und sehen, was sie nicht sahen, und ebenso können vielleicht Menschen in irgendeiner zukünftigen Zeit auf uns zurückblicken und sehen, wer wir waren, in welcher Art von Himmel unsere Städte lagen. Aber sie werden wiederum die Wahrheit ihrer eigenen Städte und Himmel nicht kennen. Auch wenn diese Menschen nur hypothetisch sind, sitzen wir in der Falle: Unsere Aufmerksamkeit bleibt auf unsere Handlungen und Ziele verwiesen und nicht auf zeitunabhängige Definitionen von diesen Handlungen und Zielen.

Sowohl in einem physischen wie auch einem mythischen Sinn ist der Himmel der Hintergrund jeglicher Zivilisation – andere Welten, andere Himmel. Der archaische Mythos ist ursprünglich ein Sternenmythos, er ist kosmische Philosophie. Wir sind daraus entstanden, und seine Interpretation und Maximen sind nun in unserem Unbewußten verankert. In uns kommen Aspekte der keltischen und phönizischen Gesellschaften zum Tragen, die diesen Gesellschaften selbst unbekannt waren. Ein großer Teil unseres verborgenen Hintergrundes ist archaisch und archetypisch; einiges davon liegt vielleicht in zukünftigen Welten, aber die alten Geschichten erzählen, daß auch sie nur die ewige Wiederkehr der ursprünglichen Welten sind.

Der Sternenmythos ist ungefähr so alt wie das Bewußtsein selbst. Er entsteht bereits im Pleistozän, lange bevor die ersten Schriftzeichen gesetzt wurden; und als er in den Epen des »Gilgamesch«, »Gawain« und »Kalevala« schriftlich festgehalten wurde, da war er schon die Hinterlassenschaft von Millionen toter Völker.

Mythen sind historische Überbleibsel, und deshalb sind sie mit den ältesten Aspekten körperlichen Bewußtseins innig verbunden. Ihre chthonische Verwandtschaft miteinander und ihre Undurchdringlichkeit im innersten Kern lassen sie letztlich die Geschichte übergreifen. Die Tiefe des Pleistozänbewußtseins, die, in linearer Zeit gemessen, so fern zu sein scheint, gleicht den genetischen Kodes in unseren Zellen, und von diesen sind wir zeitmäßig zwar überhaupt nicht getrennt (denn sie sind ja in uns), aber durch die hierarchisch gestuften Verzweigungen unseres Körpergewebes. Und diese Trennung hat der Mythos immer versucht zu heilen. Er hat auf seltsame und unregelmäßge Weise, die ja auch der Situation entspricht, versucht, die uns entrückten Schätze wiederzugewinnen: unseren Ursprung im Raum-Zeit-Gewebe der Schöpfung nämlich und unsere Verwandtschaft mit Vorfahren, deren Kinder wir sind und deren Segen und Fürsorge auf uns liegt, eben weil wir ihre Kinder sind und in unmittelbarer Verbindung mit ihnen stehen.

Der Nachthimmel ist das Urgestein des Mythos, und das ist er auch heute noch: Er versorgt uns mit den Mythen der Astrophysik und Science Fiction, mit einem »Krieg der Sterne« und »Begegnungen der dritten Art«. So kommen Dinge zum Klingen, die tief in uns verborgen liegen und anders nicht zum Ausdruck kommen können.

In »Hamlets Mühle«, einem epischen Werk zum Thema des Sternenmythos, beschreiben Giorgio de Santillana und Hertha von Dechend kosmische Wesen, die in ganz ähnlicher Weise an die Sterne gebunden sind, wie wir gegenwärtig den Begriff der Zeit an die Lichtgeschwindigkeit binden:

Diese Personen sind äußerst prägnant in ihrer eigenen Identität und trotzdem in ihrem Umriß so fließend, daß sie kaum faßbar sind. Sie erzählen von gigantischen Gestalten und übermenschlichen Ereignissen, die oftmals den ganzen belebten Raum zwischen Himmel und Erde zu erfüllen scheinen. Oftmals leihen diese Gestalten historischen Personen ihre Namen, einfach im Vorübergehen, und verschwinden dann. Jeder Versuch, sie an die Geschichte zu binden, selbst wenn es die Geschichte großer und katastrophischer Ereignisse ist, führt unweigerlich auf die falsche Spur. Historische Vorgänge werden mythische Ereignisse niemals »erklären« können. Das wußte auch Plutarch. Umgekehrt aber sind mythische Gestalten oft unter einem Deckmantel, der ihre wahre Identität verbarg, in die Geschichte eingedrungen und haben sie kaum merklich so geformt, daß sie ihren eignen Zwecken entsprach.[6]

Das sind die Archetypen, und sie sind eigentlich die einzige überzeugende Darstellungsart, die uns noch geblieben ist, wenn wir von Göttern sprechen, die die Geschichte steuern. Für die Ägypter und ihre Vorfahren waren es wirkliche Götter, es waren Sternenwesen und Schöpfer. Plato erkannte ihre elementare Geometrie und gab sie als das Gesetz der Zahl weiter. Galileo Galilei aber deckte das körperhafte Kleid der Planeten auf, und so wurden die Götter aus der Geschichte vertrieben. Jetzt finden wir ihre Bruchstücke und Abbilder einmal in der Psychologie und dem politischen Ritual – dort variieren sie mit den unbewußten Prozessen, zum anderen in einem sogenannten materiellen Bereich, wo sie noch immer zwischen Materie und Energie oszillieren.

»Natürlich werden auch mythische Wesen geboren und sterben,« schreiben Santillana und von Dechend, »aber nicht so wie wir sterblichen Menschen.... Sie sind früher gewesen, oder sie werden wieder sein, unter anderem Namen, mit anderen Aspekten, genauso, wie auch der Himmel seine Konfigurationen immer wiederbringt... Wenn man ihre wahre Natur respektiert, dann werden sie offenbaren, daß diese Natur eigentlich *Funktionen* sind.«⁷

Nun sind wir gleichzeitig in einer Welt von archaischen Totemtieren wie auch von topologischer Algebra. Der Sternenmythos umfaßt beides. In unserem Zeitalter zeigt er sich uns in der Gestalt von Osiris und Set: In einem anderen Zeitalter wird er als Elektromagnetismus und Strahlung auftreten.

»Funktionen wovon?« werden die Geschichtsschreiber des Sternenmythos fragen. »Funktionen einer allgemeinen Ordnung. Diese Gestalten drücken das Verhalten jenes Komplexes von Variablen aus, der einst als Kosmos bezeichnet wurde. In sich selbst vereinigen sie Abwechslung, Ewigkeit und Wiederkehr, denn so ist der Kosmos eben beschaffen.«⁸ Der wirkliche Nachthimmel offenbart sich weder durch die Wissenschaft noch »durch das bewußte Denken eines Dichters, sondern durch die Kraft der Konturen selbst, die so weit entfernt sind wie das Licht, das von einem ›quasi-stellaren‹ Objekt kommt.«⁹

Zwar sind uns die archaischen Sterne entrissen worden, aber wir haben nicht alles verloren. Noch liegen sie schlummernd in unserer Astronomie, aber auch Geologie, sie kommen in Fernsehmelodramen und Rock 'n' Roll-Liedern vor. Die nächtlichen Rugbyspieler im Flutlicht der Stadien und die aufblitzenden Sterne der Diskotheken-Shows mögen blasse Erinnerungen an die wirkliche Kosmologie, den wirklichen Mythos sein, aber sie sind es ohne die Rückentdeckung eines wirklichen Himmels. Sie erhalten Kraft und Schönheit durch das von den alten Göttern noch Übriggebliebene. Aber weil sie so weit entfernt sind und wir niemanden haben, der sie in ihrer Größe ersetzen könnte, ist dieses gegenwärtige Glitzern und Strahlen nur Flitterwerk vor der wirklichen Nacht. Wenn wir nicht wieder in Kontakt mit den Göttern kommen, dann wird das Licht ganz ausgehen, und wir werden den Verlust sehr direkt erleben, schmerzhafter auch, als wir es uns jetzt vorstellen können.

»Jedes tatsächliche Dasein,« schrieb Whitehead, »kann selbst immer nur als organischer Prozeß beschrieben werden. Es wiederholt im Mikrokosmos, was das Universum im Makrokosmos ist. Es ist prozeßhaft, schreitet von Phase zu Phase fort, und jede Phase ist die echte Grundlage, von der aus die jeweils nachfolgende Phase zur Vollendung des vorliegenden Wesens fortschreitet. Jedes tatsächliche Dasein enthält in seiner Zusammensetzung die ›Gründe‹, warum seine Bedingungen so sind, wie sie sind.«[10]

Zur Zeit der ersten Mondlandung im Jahre 1969 wurden in den Ghettos einiger amerikanischer Städte Meinungsumfragen angestellt. Dabei kam heraus, daß ein Großteil der befragten Personen glaubten, es sei eine Falschmeldung.

»Der Mensch auf dem Mond. Das ist ja verrückt,« sagte jemand.

»Ach ja, die amerikanische Regierung, und was sie sich alles so ausdenkt. Die müssen uns für ganz schön blöd halten, wenn wir auf so etwas hereinfallen sollen.«

Der moderne Mensch kennt den Himmel nicht mehr, und was technisch möglich ist, weiß er erst recht nicht, obwohl auch seine Autos und zentralgeheizten Häuser zu dieser technischen Sphäre gehören. Er hat die gegenwärtige Geographie der Sterne ebenso gründlich verloren, wie er vor Generationen die archaische Orientierung am Himmel verlor.

Er kennt weder Planeten noch Konstellationen, und er hat in diesem Jahrhundert so viel Feuerwerk und Blitzlichter gesehen – so viel elektrischen Firlefanz –, daß er die Sterne einfach als Dekoration oder als Verlängerung dieser ausgebeuteten Welt betrachtet. Im allgemeinen beschäftigen sich die Menschen mit anderen Dingen, oder mit Dingen, von denen sie glauben, daß es andere seien, und ihre leeren, geschäftigen Gedanken richten sich nicht auf den Kosmos. Sie geben gesellschaftlichen Beziehungen oder finanziellen Transaktionen den Vorzug. Der Aktienmarkt und das Equal Rights Amendment sind für sie die brennenden Themen. Wenn sie wirklich kosmisch werden, dann nur im Zusammenhang mit patriotischen Anlässen, einem großen Comeback im Sport oder Sex. Die Menschen mögen dieses dunkle Loch in der Realität nicht, das ihnen die Nacht präsentiert. Auch die Sioux-Krieger mochten es nicht, aber im Rahmen ihrer Möglichkeiten studierten sie es und machten sich damit vertraut.

Die unzivilisierten Menschen waren insofern privilegiert, als sie unter dem Himmelsleuchten standen und nicht wußten oder zu wissen vorgaben, was dieser Himmel eigentlich war. Er war strahlend schön, verwirrend und überlegen; er breitete sich über ihnen aus und enthielt für sie dauerhafte Bedeutungen und Schicksale. Seine Leuchtkraft und seine geheimnisvollen Bewegungen ließen eine tiefere Intelligenz und verborgene Dimensionen der Wirklichkeit vermuten. Er war einfach viel größer als sie jemals hoffen konnten zu sein. Und doch waren sie in einem anderen Sinn genau dasselbe wie er.

Der Verlust von Sternen ist keine unbedeutende Nebensache, denn wenn eine kosmische Ganzheit auseinanderbricht, löst sich auch eine psychische Einheit. Wir unterliegen heutzutage einer so ungeheuren und allgemeinen geistigen Verwirrung, daß wir sie nicht einmal mehr wahrnehmen. Aber wir werden Tag für Tag von Aufwallungen kosmischen Materials heimgesucht, die unsere zerbrechliche Identität heftig erschüttern. Hinter den kleinen Ängsten liegt die große Angst vor dem Himmel. Hinter all den fragmentierten Schreckzuständen liegt ein einziger durchdringender und gewalttätiger menschlicher Schrecken. Und was wir als Schizophrenie betrachten, existiert in der ganzen Menschheit, ohne als solche erkannt zu werden. Wir sind von Natur aus unehrlich und widersprechen uns ständig. Bestenfalls sind wir in eine Teilwirklichkeit hineingeboren worden. Robert Temple diagnostiziert diesen Zustand in seinem Buch »Das Mysterium des Sirius«:

Unsere moderne Zivilisation kennt die Sterne nicht nur deswegen nicht, weil die meisten von uns sie nicht mehr sehen können. Mit Sicherheit gibt es dafür tiefere Gründe. Denn wenn wir die Schwefeldünste unserer Gomorrhas einmal verlassen und uns in eine natürliche Landschaft hinauswagen, dann werden die Sterne

keineswegs in irgendwelche von unseren Naturkonzepten aufgenommen. Sie haben in unserer Weltsicht einfach keinen Platz mehr. Wir schauen sie an, werfen den Kopf voller Ehrfurcht nach hinten und wundern uns, daß sie in solcher Hülle und Fülle dort oben existieren können. Aber weiter geht es nicht, ausgenommen bei den Dichtern. »Ach, phantastisch!« rufen wir aus, und dabei bleibt es dann.
Das gegenwärtig zunehmende Interesse an der Astrologie hat keineswegs zur Folge, daß man nun mehr in den Himmel schaut. Viele Menschen verfolgen jedoch aufmerksam die Bewegung eines sichtbaren Satelliten gegen einen Sternenhintergrund, dessen Konstellationen ihnen überhaupt nichts sagen: Das ist die Wirkung des Raumfahrt-Programmes auf unsere Wahrnehmung des Himmels. Als wir Kinder waren, hat man uns erzählt, daß die alten mythologischen Figuren, die im Himmel gezeichnet waren, absonderliche altmodische »Schäferphantasien« seien, für den Verstand eines Erwachsenen gänzlich uninteressant. Für Satelliten interessieren wir uns, weil wir sie geschaffen haben, aber die Sterne sind unbekannt, von Menschenhänden unberührt – und deshalb langweilig. Auf dieses Niveau hat uns unsere technologische Manie reduziert; als wäre sie eine bakterielle Lösung, in der wir von Geburt an geschmort worden sind.
... Daß so viele Menschen in Irrenanstalten leben oder, mit Tranquilizern betäubt, zu Hause vegetieren, zeigt, wie orientierungslos unsere metaphysischen Bezüge geworden sind. Wir haben es verlernt, uns auf die Jahreszeiten einzustellen [höchstens schalten wir das Air-conditioning an, wenn wir schwitzen, oder die Heizung, wenn wir frieren], wir haben es verlernt, uns nach den Himmelsrichtungen zu orientieren [die einzige noch verbliebene symbolische Akzeptanz einer Himmelsrichtung ist das Tragen einer Sonenbrille, weil eben die Sonne »da oben« steht].
Wir haben die einstmals integrale Natur des Lebens, jene Ganzheit, die in den kosmischen Orientierungen aufschien, auf die kraftlose Lauheit von Hautempfindungen und Netzhautunlust herabgewürdigt... Wir machen uns selbst zu sinnlosen Körpermaschinen, die in ihrer isolierten Existenz auf einen willkürlichen zyklischen Ablauf programmiert zu sein scheinen.[11]

Hochnäsig verkünden wir: »Zu dieser Jahreszeit *müßte* es doch eigentlich warm und sonnig sein!« Ohne die Größe wahrzunehmen, die wir haben könnten, wenn wir die Zyklen selbst kennen und akzeptieren würden. Wie arme Waisenkinder erreichen wir niemals den Grund unserer psychologischen Geheimnisse und Schwierigkeiten, und wir bewegen uns beziehungslos von einem Zwischenfall zum nächsten. Bis zum Tod noch versuchen wir, den Augenblick hinauszuschieben, wo wir uns mit dem Kosmos befassen, und ziehen uns mit billigen Abfindungen aus der Affaire.

Als die Sternenbeobachtung in ihren Anfängen stand, war das Universum eine Flut heiliger Materie, die harmonisch angeordnet war und von den tiefen Rhythmen und Zyklen der Natur reguliert wurde. Wenn der Mensch ein Geistwesen war, dann waren die Sterne eine Intelligenz, die in einem spirituellen Medium schwebte, eine kosmische Musik jenseits der Zeit, die aber dennoch die Zeit hindurch trug durch ihre ewige Wiederkehr individueller Einheiten und Charaktere. Diese Bewegung war in der Welt selbst begründet. Wenn die Geschichte einer Reihe ineinanderliegender Zyklen glich, die sich abwechselten und wiederholten, so war der Himmel die sichtbare und orchestrale Inszenierung dieser Reihe. Die menschlichen Zyklen waren Teil von größeren kosmischen Zyklen. Daß die Jahreszeiten infolge der Präzession des Frühlingspunktes durch den Tierkreis glitten, verstand man ganz unmittelbar als Fortschritt in der kosmischen Ordnung. Das Drehmoment der Erde um ihre Achse, das die Präzession verursacht, wurde zu einem einfachen Maß für die kosmischen Menschheitszeitalter, weil es sich allmählich und unwiderruflich veränderte, während die wichtigsten anderen Rhythmen (die tägliche Erdumdrehung und der Jahresumlauf der Erde um die Sonne, das Zunehmen und Abnehmen des Mondes) gleichblieben. Natürlich erzeugte auch diese Oszillation einen Zyklus, aber der lag weit jenseits des Lebensalters von Menschen und selbst ganzer Zivilisationen und trat nur in den großen Weltzeitaltern mancher Systeme auf – beispielsweise in dem gegenwärtigen »Kali Yuga« der Hindus, das in etwa der tatsächlichen Dauer eines Präzessionszyklus entspricht, die wir jetzt als eine Spanne von 25725,6 Jahren kennen. Die Präzession der Tagundnachtgleichen war eine kosmische Garantie dafür, daß die Götter alle zwei Jahrtausende eine Wandlung auf der Erde und das Entstehen einer neuen Zivilisation wünschten. Und dieses Vorzeichen des Großen Jahres stand gegen Rom genauso wie einstmals gegen Persien und Ägypten, und darauf übernahm das Christentum dessen apokalyptische Botschaft in sein eigenes Bedeutungssystem.

Der ursprüngliche Himmel war eine kosmische Harmonie, die in ihrem Wesenskern für den Menschen unerreichbar blieb, von der er aber Mathematik, Musik, Weissagekunst und Recht ableitete. Er hatte eine direkte innerliche Erfahrung der Himmelsbewegungen, eine fast telepathische Verwandtschaft mit den Dingen, die er als Sterne bezeichnete, oder mit jenen Wesen, die die Sterne seiner Vorstellung nach darstellten. Wenn der Mensch unter einem solchen Himmel leiden mußte, fand er auch in ihm Erlösung, da dessen Bewegungen dem universellen Karma unterworfen waren. Er konnte sich kaum beklagen, denn spirituell und psychisch war er mit dem Himmel eins. Diese Erfahrung ist als kollektiver Prozeß nun verschwunden.

Die alten griechischen Philosophen, sogar aus der vorsokratischen Zeit, intellektualisierten bereits den Himmel; sie schufen eine neue Wissenschaft spiritueller Ontologie, die es ihnen erlaubte, den Schöpfungsprozeß sowohl zu *erkennen* wie auch zu erfahren. Kepler, Newton und die anderen frühen modernen Astronomen erbten diese Tradition. Der Mensch glaubte sich nun verantwortlich für die Entwicklung des Kosmos; seine Werkzeuge waren Sprache, Philosophie und Wissenschaft. Bilder, die aus der Gesellschaft stammten, ersetzten nun die Vorstellungen von einer unsichtbaren sterngebundenen Kraft. Das geschah nicht alles auf einmal, und dieser Prozeß ist noch nicht einmal beendet, und er wird auch wohl nie beendet werden; aber durch das weltliche Recht wurde die Welt zu dem, was sie heute ist, nicht nur in Europa und Nordamerika, sondern auch in Afrika, Asien und Südamerika. Es mag Astrologen, Sternenpriester, Astralreisende und Völker in den Dschungeln geben, die noch immer die Bindung ihrer Gesellschaft an die Sterne und ihre astronomischen Totems bewahren; aber in einer Welt von Düsenjägern, internationalen Märkten und Computern sind das schmale Nischen.

Die frühen Wissenschaftler haben den göttlichen Himmel nicht auf einmal aufgegeben, aber er war für sie mehr eine Art Bewußtsein, ein Rätsel, ein Kryptogramm als ein Mythos. Weder Kepler noch Newton konnten die Folgen der Linearität des modernen Himmels vorhersehen, zu dessen Entstehung sie beitrugen. Für beide blieb der Himmel ein Geheimnis aus einer anderen Welt und eine Widerspiegelung einer vollkommeneren Geometrie jenseits dieses Himmels. Bewegung und Schwerkraft waren nur die sichtbaren Formen unsichtbarer Kräfte. Trotzdem hatten sie den spirituellen Unterbau der Himmelsbewegungen aus den Angeln gehoben; sie hatten die kosmische Basis auf Zahlen und Geometrien reduziert. Schritt für Schritt verschwand das Rätsel und das göttliche Bewußtsein, obwohl sogar noch im zwanzigsten Jahrhundert die Astronomiebücher fast nostalgisch über den Ort diskutieren, wo Gott in diese ewige Ansammmlung von Sternen und Milchstraßen hineinpassen könnte. Aber jene ersten Astronomen erlebten die letzten Wellen der sanften astralen Himmelswelten mit ihrer überirdischen Musik [zumindest im Westen], und mit dieser Harmonie in ihrem Kopf steckten sie den Nachthimmel in seinen Formen ab: Der unergründliche Reichtum der astralen Welten markierte die Vergangenheit; die modernen wissenschaftlichen Instrumente aber, mit denen sie nun umgingen, deuteten in eine ebenso unbekannte Zukunft.

Eine »Sonnenstadt« wurde bereits im sechzehnten Jahrhundert durch eine hermetische Bewegung der Renaissance aufgezeichnet, aber erst in der Wissenschaft und astralen Magie des darauffolgenden Jahrhunderts umfassender ausgearbeitet.

Der italienische Philosoph Tommaso Campanella war der Mann des Übergangs. Er schrieb das Buch »Città del Sole«. Wenn es möglich wäre, die genauen Sterneinflüsse mit Hilfe entsprechender Talismanzeichnungen und vollkommener

Kreise in die Wohnplätze der Menschen hineinzuziehen, so würde die himmlische Ordnung in den Häusern und Straßen aufscheinen. Vielleicht würde die Stadt automatisch durch göttliche Sympathie erleuchtet werden. Mit Hilfe der Numerologie würde das Engelslicht in ihre Laternen gezogen werden. An einem solchen Ort würde es keine Verbrechen geben: Die Gesetze würden mit unfehlbarer Sicherheit beachtet werden.[12] So fantastisch dies klingen mag, in der Tradition, die schließlich zur Entdeckung der Elektrizität führte, war Campanella ein unmittelbarer Vorläufer von Newton. Mit der Elektrizität wäre Campanella auch zufrieden gewesen; sie war ausreichend kosmisch und geometrisch. Aber er wäre schockiert gewesen, wenn er erlebt hätte, daß diese Naturkräfte die Ideale der allgemeinen Gerechtigkeit, des Reichtums und der ewigen Brüderlichkeit auf Erden keineswegs garantierten. Sein Ziel war es, die menschliche Gesellschaft nicht durch die synchrone und sympathische Magie des Himmels zu steuern [wie in der Astrologie und den okkulten Wissenschaften], sondern durch die mathematischen Strukturgesetze des Himmels, angewandt auf die menschliche Gesellschaft. Wo sonst wäre denn Gerechtigkeit und Harmonie zu finden, wenn nicht im Nachthimmel? Wo sonst könnten wir denn das Ende des Völkerzwistes und des Gemetzels von Mensch und Tier suchen? Hier lag die Quelle aller gütigen Geschenke der Natur.

Inzwischen haben wir unsere mathematischen Formeln über den Himmel und die Sterne gründlicher ausgearbeitet, und wir haben Parlamente, Demokratien und Kapitalismus ausprobiert. Die industriellen und sozialistischen Staaten der modernen Welt leiten sich aus dieser Art der Betrachtung ab. Aber wenn wir nicht gefunden haben, was wir eigentlich suchten, so haben wir zumindest gelernt, und das mit Sicherheit, was diese besondere Art von Nachthimmel beinhaltet.

Aber die frühen Hermetiker und Rosenkreuzer sahen darin nur das anfänglich gütige Gesicht der Wissenschaft. Hermes war für sie ein früherer Christus, ein Heiler, ein weiser König. Er war auch der ursprüngliche Sternenmagier. Wenn das große Rätsel der Bewegung im Astrum durch Mathematik gelöst werden konnte, dann mußte diese Mathematik auch imstande sein, Lösungen für eine gequälte und ungerechte Gesellschaft zu finden. Vielleicht waren die früheren Kriege von Mars oder Jupiter bestimmt, so lange, wie der Mensch nach astrologischer Erklärung und Legitimation strebte. Aber die neuen Revolutionen des achtzehnten Jahrhunderts waren in ihrem eigentlichen Anliegen Versuche, die Abstammungslinie der Könige von ihrem himmlischen Thron auf die Erde herunterzuziehen. Dort konnte der wissenschaftlich-rationale Mensch, die normale irdische Menschheit die tatsächliche Ordnung der Sterne umsetzen. So steht es natürlich nicht in den Geschichtsbüchern oder in Chroniken der damaligen Zeit, aber die gleichzeitige Evolution der Astronomie, die den Hintergrund beschreibt, vor dem der Mensch handelt, und die Art seiner gesellschaftlichen und sittlichen Ordnung kann man durchaus so verstehen. Ein paar Jahrhunderte später wurde die Aufgabe dem Proletariat übertragen, und der Marxismus sollte das Sternengesetz voll ersetzen.

Nachdem die europäischen Revolutionen gegen die Monarchie stattgefunden hatten und die Wissenschaft tausend vielversprechende Pfade nach Utopia geliefert hatte, wurden diese Ideen in den Schriften der Philosophen des achtzehnten Jahrhunderts verbreitet und säkularisiert und – tatsächlich – in der Verfassung der Vereinigten Staaten konkret formuliert. Der amerikanische Idealismus ist in einem hohen Maße der Idealismus der hermetischen Aufklärung und enthält deren Glauben an Symmetrie, Gleichgewicht der Kräfte und die Harmonie der Teile im Ganzen: ein juristisches, legislatives und exekutives System, das das Kräftegleichgewicht in der Welt des Astralen und der Elemente widerspiegelt. Thomas Jefferson war möglicherweise ein eingeweihter Rosenkreuzer. Den Idealismus haben wir schon seit langem verlassen, und trotzdem bleibt er das einzig optimistische Bild in der amerikanischen Gesellschaft. Und an den quasi-ägyptischen Ursprung dieser Gesellschaft erinnert noch die Pyramide auf unserer Dollarnote.

Der Historiker Carl Becker erfaßt, was dieser Prozeß für das achtzehnte Jahrhundert bedeutete und was die Vereinigten Staaten als Erbe übernahmen:

Der neue Himmel mußte irgendwo in den Grenzen des irdischen Lebens angesiedelt werden, denn es war ja ein philosophischer Glaubenssatz, daß das Ziel des Lebens das Leben selbst ist, nämlich das vervollkommnete zeitliche Leben des Menschen; und in der Zukunft natürlich, da das zeitliche Leben ja noch nicht vollkommen war. Aber wenn nun der kosmische Himmel aufgelöst würde, damit er auf Erden wieder neu aufgebaut werden könne, dann mußte aller Wahrscheinlichkeit nach die Rettung der Welt nicht durch irgendeine äußere, wundersame oder katastrophische Instanz erfolgen..., sondern durch den Menschen selbst..., durch die fortschreitende Verbesserung, die durch die Bemühungen aufeinanderfolgender Generationen von Menschen erzielt wurden... Die Nachwelt würde vervollkommnen, was die Vergangenheit und die Gegenwart begonnen hatten.[13]

Im achtzehnten Jahrhundert befaßte man sich nicht mehr so intensiv mit Astralmagie, trotzdem war man sich der Wirkungen der astronomischen Theoriebildung auf die Gesellschaft und umgekehrt weit mehr bewußt, als wir es heute sind. Der aufgeklärte Staat war eine Umsetzung der »regelmäßigen und dauerhaften Ordnung der Dinge, mit der Gott das Universum regiert«.[14] Der Mensch hatte Gottes Logik übernommen, so konnte er sein wie Gott. Ja, er *mußte* sogar so sein wie Gott, denn er unterlag demselben universellen Gesetz. Und der Mensch hatte durch das Teleskop in die funktionellen Zusammenhänge der höheren Himmelssphären geblickt und hatte die Mechanismen gesehen, durch die die Schöpfung zusammengehalten wurde. Schwerkraft, Licht und die Struktur der Moleküle hatten gezeigt, wie Gott bei seinen Werken vorgeht. Wenn Er Sein Königreich, das so ungeheure Himmelsobjekte und so weite Räume umfaßte, in Ordnung halten konnte, dann mußte es möglich sein, daß der Mensch seine regionalen Gesetze von denen des Kosmos ableitete und auf diese Weise eine funktionsfähige Gesellschaft schuf.

Die »Bestirnung der Erde« ist jetzt vollständig (wenn wir es in Analogie zur »Begrünung Amerikas«, jener Phantasievorstellung von Charles Reich aus dem Jahre 1960, so nennen dürfen).

Die Explosion von Kernwaffen, die den Verbrennungsprozeß der Sonne selbst nachahmt, ist letztendlich das Kondensat des Prozesses, der das Sternengesetz wieder auf Erden ausfindig macht. Die Lokomotiven und die ersten Autos haben eine gewisse Ähnlichkeit mit Keplers Vision vom Marsumlauf und der Newtonschen Mathematisierung der Schwerkraft. Der Mensch glaubte, ein faßbares Wesen im Himmel zu sehen, aber als er es eroberte, war es ein unbekannter Eindringling, und der Himmel wurde nebensächlich. Im Sinne der physikalischen Urkräfte ist der Himmel tatsächlich überall, und man braucht sich nicht mehr auf die tatsächliche Strahlung zu beziehen. Der Ruf nach höheren Sozialausgaben anstelle eines Raumfahrt-Programms ist ein deutliches Symptom für diese Trennung. Einige wollen mehr Bomben, andere wollen mehr sozialen Wohlstand, aber den Himmel wollen sie beide nicht, wenn sie ihn nicht unmittelbar nützen können – als Waffe oder als steuerbares Wettersystem. Unsere Gesellschaften behaupten, sie seien ganz unabhängig und selbstbestimmt, obwohl doch die Gesetze des Universums überall gelten, was auch immer sie beinhalten und wie wir sie interpretieren mögen.

Das Raumfahrt-Programm ist zweifellos mechanisch und äußerlich, aber auch Maschinen werden erst nach langer Inkubation in den unbewußten Prozessen unseres Planeten geboren. Das Raumfahrt-Programm drückt das Schicksal dieser Maschinen in einer Weise aus, wie es mit bewußtseinsverändernden Drogen oder einer Aussteigermentalität nicht möglich ist; es drückt *unser* Schicksal in diesem gefährlichen technologischen Abenteuer aus. Die Maschinen mögen stumpf und bewußtlos sein, aber durch uns kämpfen sie sich zu menschlicher Artikulation vor. Durch ihren stummen Dienst konnte der Mensch auf dem Mond stehen und den Aufgang der strahlend blauen Erde gegen das unendliche Schwarz beobachten. Diese Menschen standen außerhalb aller menschlichen Funktionsbereiche und sahen auf die Gesamtheit dessen zurück, was sie gewesen waren. Maschinen haben das möglich gemacht: Maschinen, die aus unserem Intellekt entstanden, verlagerten unser kollektives Bewußtsein in Bereiche jenseits der Erde. Wenn sie bloße Technologie sind, dann beinhaltet diese Technologie magische Kräfte.

Wenn wir die Fahrten zu Mars und Saturn aufgeben und statt dessen psychiatrische Krankenhäuser und Cruise Missiles herstellen, dann ist unsere Zukunft eben durch genau diese Dinge bestimmt, denn wir haben sie ja gewählt. Wir können die Technik dazu verwenden, unseren Planeten in ein Waffenlager oder ein mit Chemikalien bestücktes Krankenhaus zu verwandeln, aber wir können sie auch dazu verwenden, die Einheit des Lebens angesichts der Unendlichkeit des Kosmos zu erforschen.

Verglichen mit der fortdauernden und ehrfurchtgebietenden Szenerie des Nachthimmels ist unser Leben so kurz und zerbrechlich, und wir haben so wenig Verbindung zu unserem inneren Himmel, daß wir dort unsere Aufmerksamkeit nicht lange verweilen lassen. Man wendet sich von den Sternen ab, macht sich etwas zu essen, ruft einen Bekannten an. Was uns der Himmel lehrt, könnte uns elektrisieren und aufwühlen, wir könnten wie neugeboren sein; aber wir sind nicht gelehrig. Statt dessen erleben wir eine Art kosmischer Einsamkeit und schieben die Sterne beiseite, um unser Leben zu leben. Doch ist diese kosmische Einsamkeit das Ergebnis unserer gegenwärtigen unendlichen Einschätzung der Sterne und Milchstraße als gefühllose Objekte, oder ist es umgekehrt: Sind sie selbst ein Symptom dieser kosmischen Einsamkeit, die wir selbst in einer Gesellschaft spüren, die ihre spirituelle und ökologische Orientierung verloren und dem Menschen auf seinem Lebensweg schon weiter nichts mehr mitzugeben hat als Sprüche wie den folgenden (aus einer Bierreklame): »Du läufst nur einmal hier herum, also greife nach allen Genüssen, die Du bekommen kannst!«? Niemand würde so einen Spruch wirklich ernst nehmen: Und doch verhalten wir uns alle ein wenig in dieser Weise, und wir zahlen einen schrecklichen Preis dafür. Die Alternative bestünde darin, unsere eigene kosmische Dimension auszudrücken; aber wir haben vergessen wie, und es wird fast nirgends mehr gelehrt.

Die Astronomen waren einstmals unsere Priester, und ob sie es wissen oder nicht, noch immer sprechen sie ebensosehr von

Moral wie von der physikalischen Struktur des Himmels. Und sie haben uns ein Universum gezeigt, das ohne Sinn und Zweck zu vernichten scheint: zerschmetterte Sterne, ganze Milchstraßen von Sternen, die vernichtet werden, Sterne, die andere Sterne verschlingen, schwarze Löcher, die alles verschlingen; sie haben uns sterbende Sonnen gezeigt, die ihre Sonnensysteme verschlucken. Wo die alten Astronomen einen göttlichen Strudel sahen, stellten die modernen Astronomen fest, daß die gesamte Materie einst in einer gigantischen Explosion geschaffen wurde, und zwar aus einem Raum, der kaum größer als ein Fingerhut war. Und sie sagten: Es gibt keine moralische Struktur, nein, im Grunde gibt es gar nichts.

Und danach können wir zwar Science-Fiction-Romane erfinden, die von Reisen durch schwarze Löcher in wundervolle andere Welten erzählen, aber die schwarzen Löcher, wie sie in der wissenschaftlichen Theorie erscheinen, sind genauso wenig bewohnbar wie die Sonne selbst. Der Mensch kann nicht durch sie hindurchschlüpfen, und bestimmt könnte das Bewußtsein das auch nicht. Die ungeheuren Explosionen des Raumes stellen alles auch nur Vorstellbare in den Schatten, und doch scheinen sie auf unserer Ebene den Zusammenbruch großer Zivilisationen, den Untergang des Abendlandes, den Verfall des römischen Imperiums oder die Vernichtung des aztekischen Königreiches zu vergegenwärtigen. Vielleicht sollen sie auch diese Bedeutung haben, vielleicht scheint ihr esoterischer Charakter durch ihre materielle Verkleidung. Aber vorerst ist die Menschheit zu ihrem eigenen Begräbnis gebeten worden, einem Begräbnis, das bereits seit Billionen Jahren andauert und vielleicht noch Billionen Jahre weitergeht. Es ist ein atomarer Alptraum.

Man spürt das Unbehagen, wenn man an einen Atomkrieg denkt, aber die Sterne *sind* Atomkrieg par excellence. Sie sind ungeheure Feuerbrände, deren Todeskämpfe Planeten zerstören werden und deren letztendliche Verdichtung (falls diese Theorie stimmt) das Ende des materiellen Universums anzeigen wird.

Es gibt Menschen, die Totenschädel in Händen tragen, sich in Totenleinwand kleiden und Asche streuen, um auf die Wirkungen hinzuweisen, die der willkürliche Umgang des Menschen mit der Atomenergie hervorruft. Sie stellen einerseits eindringlich und zutreffend dar, daß in unserer Zeit etwas schiefläuft, nämlich der schludrige Umgang mit grober Sternenenergie in kurzfristigen Szenarien, andererseits parodieren sie das, was sich im Weltraum abspielt: den Tod von Sonnen und Sternen, den Tod eines Universums, das anstelle der Religion, des inneren Prozesses und einer Methodologie des Lebens angeboten wurde. Unsere Zeit ist von einem Holocaust bedroht, den der Mensch selbst erzeugt (falls keine Zauberer, Dämonen oder außerirdische Intelligenzen als Komplizen dahinterstecken). Und so ist es kein Zufall, daß die wissenschaftliche Theologie dieses Zeitalters von einem Zusammenbruch spricht, der alles und jedes vernichten wird. Und dabei ist dieses alles und jedes nichts anderes als all die Dinge, die offensichtlich einstmals durch eben einen solchen Zusammenbruch erzeugt wurden. Wir sind kaum jemals willkürlicher und grausamer zueinander gewesen.

Nun haben wir also Grundsätze erreicht, die die Hermetiker aus vollkommen entgegengesetzten Gründen angenommen haben, nämlich: Himmel und Erde spiegeln einander wider, und in beiden Teilen gelten dieselben Gesetze. Wir haben den Himmel zu unserem Bettgenossen gemacht und uns in der gestirnten Nacht schlafen gelegt. Und das ist ein Sarg, und wir wollen nicht mehr hinsehen, denn es ist zu schrecklich. Der Himmel ist unsere Hebamme und unsere Totengräber, unsere Plazenta und unsere Asche. Die Einheit ist unausweichlich. Überall sind dieselben Elemente und Kräfte. Einerseits ist der Sinn des Himmels auf ein menschliches Maß reduziert worden, das ihn weniger geheimnisvoll macht. Andererseits ist die Ausdehnung des Himmels und seine mögliche sittliche Struktur vollständig jenseits menschlicher Begriffe gerückt worden, und zwar in einem Umfeld, das viel erschreckender ist als selbst die alten Götter.

Ohne Zweifel hat der neue Himmel die Menschen befreit; der alte Himmel war tyrannisch gewesen, er hatte das Geschick der Menschen beherrscht, hatte sie ihrer Rechte beraubt und korrupte Priester und Könige inthronisiert – alles im Namen eines kosmischen Mythos. Aber dadurch wurde der Kosmos auch heilig und unberührt gehalten. Jetzt geht es uns wie einem Stück Pfütze, wir werden von allen möglichen Regentropfen, Sternentrümmern oder Kraftlinien beeinflußt, die da herumschwirren und sich tummeln. Jeder Zusammenhang ist zufällig geworden; immerhin gibt es ihn noch, denn die Sonnensysteme und Milchstraßen müssen ebenso wie auch das Atom zusammengehalten werden. Wir sind freie Männer und Frauen, frei von der Tyrannei der Sterne und all jener, die ihren Willen interpretieren, um damit ihre repressiven Königreiche und Kasten zu stützen. Wir sind nun ungeheuren Mengen von bedeutungsloser Information über immer größere Dinge unterworfen. Früher galt der Himmel als Vorbild für sittliche Strukturen. Jetzt scheint er nur noch eine moralische Freiheit zu gewähren, die dem Prinzip des gestaltlosen und schöpferischen Wasserstoffeuers und der universellen Entropie folgt.

Weil der Himmel so groß ist, wird er zu einer Nullstelle, einem leeren Blatt. Im Vergleich zu ihm fühlen wir uns klein und unschuldig und fragen uns, warum uns dieses ganze Unglück getroffen hat. Wir glauben, ehrbare Wesen zu sein: »Warum wurden wir nicht an einem besseren Ort, in eine bessere Zeit geboren? Warum dieser Planet, diese Welt, diese gewaltsame Geschichte? Warum müssen wir Kriege, Erdbeben, Revolutionen Hungersnöte erleiden?« Da wir der Meinung sind, daß wir diese Dinge nicht verursacht haben, weil sie die Erscheinungsform von Sternenmaterial in einem irdischen Rahmen sind, sind wir isoliert und entfremdet. Wir stehen mit nichts in Verbindung.

Der jiddische Romancier Isaac Bashevis Singer läßt eine seiner Figuren, Asa Heshel, über das Universum am Vorabend von Hitlers Poleninvasion nachdenken: »Meteore schossen über den Himmel und hinterließen feurige Spuren. Ein stilles sommerliches Wetterleuchten erzitterte in einem Winkel des Himmels und kündigte einen heißen Tag an. Leuchtkäfer glommen auf und erloschen; Frösche quakten: Alle möglichen Arten von geflügelten Insekten schwirrten herein und prallten auf die Wände, die Fenster und Bettpfosten auf.«[15] Das ist das moderne leere Universum. John Donne hätte es niemals so sehen können. »Asa Heshel dachte über Hitler nach: Spinoza zufolge war

Hitler ein Teil der Gottheit, eine Erscheinungsform der Ewigen Substanz. Jede seiner Handlungen war durch ewige Gesetze vorherbestimmt. Selbst wenn man Spinoza ablehnte, mußte man zugeben, daß Hitlers Körper ein Teil der Sonnensubstanz war, aus der sich die Erde ursprünglich gelöst hatte. Jede mörderische Handlung Hitlers war ein funktioneller Teil des Kosmos.«[16]

Passives Hinnehmen moralisch unannehmbarer Dinge ist das Schicksal des modernen Menschen. Aus der Perspektive des archaischen Menschen aber ist die Geburt in dieser Region, in diesem Himmelsstrich kein Zufall, auch sind wir nicht unschuldig. Denn in Wirklichkeit haben wir die Bedingungen, in denen wir uns wiederfanden, sozusagen im Bewußtsein der Materie selbst geschaffen. Auf einer äußerst elementaren Ebene, die wir nicht mehr erfahren können, weil sie sogar jenseits der Schattenwelt des Gedächtnisses und der alten Weisheit liegt, haben wir dies gewählt und geschaffen. Wir haben uns selbst unter diesen Himmel gestellt und uns sein Schicksalssiegel aufprägen lassen. Wir sind nicht nur vom Schicksal bestimmt, sondern wir können die Spur dieses Schicksals auch im Himmel auffinden, er ist ein dunkler magischer Spiegel unseres Lebenslaufes.

In den alten Sternenkulturen konnte man eine Revolution an der Veränderung des Himmels erkennen. Vielleicht stimmt das immer noch. Der heutige Himmel läßt sogar zu, daß Milchstraßen und Sterne aus ihren eigenen inneren Kräften explodieren. Kein Wunder, daß das auch mit ganzen Gesellschaften geschehen kann. Hitlers Gasöfen sind das moralische Gegenstück zu einem Neutronenstern in einem Sternensystem, das einmal Leben in sich schloß. Die Hungersnot in Kambodscha ist die Entsprechung einer Supernova. Warum nicht in Afghanistan einmarschieren? Kometen stürzen auf Planeten nieder; Milchstraßen brechen in andere Milchstraßen ein und töten möglicherweise Billionen über Billionen von Wesen. Warum sollte man nicht Menschen in Schlauchbooten im Meer treiben lassen? So verhält sich doch auch die Schwerkraft. So verhalten sich die Planeten doch ohnehin. So entstand doch das Leben aus den Trillionen chemischer Zusammensetzungen im Urmeer.

In einem anderen Roman von Isaac Bashevis Singer betrachtet eine andere Figur den Himmel und fragt sich, ob es da draußen auch Konzentrationslager und Hungersnöte oder vielleicht einen Funken Hoffnung gibt. Als sie erkennt, daß die moderne Astronomie denselben universellen Kampf verkündet, überwältigt ihn die Verzweiflung: »Eine Wut gegen die Schöpfung, Gott, die Natur – wie immer dieses jämmerliche Elend genannt wurde. Ich erkannte, daß die einzige Möglichkeit, sich gegen die kosmische Gewalt zu verwahren, darin bestand, das Leben zurückzuweisen...«[17]

Vor allem in den letzten fünfzig Jahren haben wir die letzten Spuren einer öffentlichen Moral beseitigt. Der Himmel dient nur noch Räubern, Mördern und Terroristen als moralisches Lehrbeispiel. Er dehnt sich unendlich aus; er explodiert ohne Rücksicht auf die unschuldigen Opfer; und er genießt sich selbst gedankenlos und ohne eine Furcht vor dem Morgen. Er hat keinen Plan für die Zukunft. Wie seltsam ist doch diese seine Ähnlichkeit mit uns!

Unsere Wirtschaft expandiert, und der Geldwert zerrinnt mit den Milchstraßen des Nachthimmels. Wenn man die Inflation und das expandierende Universum auf ihre Ursprünge in unserem modernen Gesellschaftssystem hin untersucht, dann erscheinen sie Lichtjahre voneinander entfernt zu sein, und doch haben sie ein gemeinsames Gedankenfeld. Beide zeigen gleichermaßen die Unfähigkeit an, Werte zu setzen, vermitteln das Gefühl, daß jeglicher Wert nur relativ ist. Weil wir im Himmel nichts als Gewalt, Relativität und Zerstörung finden, sehen wir uns selbst von Verkommenheit, Krawallen, Hunger und fortgeschrittener Waffentechnologie umgeben. Die »Bestirnung der Erde« ist durchaus zeitgemäß. Familienstrukturen brechen ebenso zusammen wie das einst stabile Sonnensystem. Wofür soll man denn leben, wenn die Sterne nicht mehr für uns sorgen? Warum sollten wir überhaupt versuchen, uns anständig zu verhalten, wenn sich Nacht für Nacht ein so rücksichtsloser Verbrecher über uns ausbreitet?

Unser Wissen hat sich schneeballartig vervielfältigt, und aufgrund der technischen Mittel, mit denen wir auf die Natur einwirken, leben wir heute in einem größtenteils von uns selbst geschaffenen Umfeld. Trotzdem sind die ursprünglichen Geheimnisse ebenso undurchdringlich wie je zuvor. Unsere Zivilisation sitzt unter demselben Himmel ebenso verständnislos, wie einst der Steinzeitmensch in seiner Einsamkeit darunter stand. Und von damals bis jetzt ist in kosmischer Zeitmessung nur eine kurze Sekunde vergangen.

Unsere Fähigkeit, wissenschaftliche Information zu verarbeiten, wird von der Masse dieser Information und ihren düsteren Implikationen für unsere menschliche Gattung weit überwogen. Selbst unser heimatliches Sonnensystem erweist sich – Planet für Planet – als eine Abfolge lebensfeindlicher Höllen. Sollten wir ganz plötzlich auf einen dieser Planeten verfrachtet werden, so würden wir nur einige Millisekunden oder höchstens einige Minuten dort überleben können. Der Rest ist Explosion und Strahlung. Die Schönheit des Raumes wird von der Erkenntnis überschattet, daß er nur ein lärmendes Ungeheuer ist. Er läßt Milchstraßen und ganze Welten explodieren, wie wir Lagerfeuer entzünden und erlöschen lassen. Die für uns nächstliegenden Planeten sind keine Nachbarn; sie sind Feuer, giftige Gasstürme und trockener, von Meteoren behauener Stein. Die Mars- und Venus-Menschen aus den dreißiger und vierziger Jahren, ja selbst noch von vor fünf Jahren, erscheinen uns nun als phantastische sehnsuchtsvolle Narrheiten. Ihre »Überreste« werden auf Geröllebenen und um Kohlendioxid speiende Vulkane, an denen Temperaturen von 500° herrschen, verstreut. Die alten Mythologien, ob sie nun aus der Eiszeit, von mittelalterlichen Astrologen oder den Science-Fiction-Autoren des schnell verstreichenden zwanzigsten Jahrhunderts stammen, dienen einem äußerst wichtigen Zweck, den wir nur dunkel verstehen. Es genügt nicht zu sagen, daß sie uns und nicht den äußeren Raum erklären; es genügt nicht, sie darauf zu reduzieren, daß sie Projektionen unserer eigenen Lebenswelt auf die unbewohnte Leere darstellen.

In der Einführung zu »Hamlets Mühle« behandeln Giorgio de Santillana und Hertha von Dechend dieses Thema aus einem anderen Blickwinkel. Zunächst gestehen sie zu, daß uns die alte

Sternenweisheit etwas über die kosmogonischen Anfänge sagt, über das »Auseinanderbrechen einer Harmonie« und das Kippen des Raumes. Dann fügen sie hinzu:

> *Das soll nicht heißen, daß diese archaische Kosmologie irgendwelche großen physikalischen Entdeckungen vermitteln kann, auch wenn sie ungeheure Konzentrations- und Rechenleistungen beinhaltet. Auf jeden Fall aber hat sie die Einheit des Universums hervorgehoben, auch die Einheit des menschlichen Geistes, der bis an die äußersten Grenzen dieses Universums reicht.*[18]

Das Leben versucht seine innersten Wahrheiten auszudrücken, die sich, wenn sie nicht ausgedrückt werden, noch tiefer im Unbewußten ansiedeln werden, um sich auf andere Weise bemerkbar zu machen. Wenn wir die Sterne ignorieren, empfinden wir Einsamkeit und Sterblichkeit letztlich noch tiefer, denn der Himmel ist eine Tatsache. Es gibt die Sterne, ob wir sie mögen oder nicht. Und auch, wenn wir unsere Nächte in Städten verbringen, die regelrecht gegen den Himmel abgeschirmt sind, und morgens dann die Sonne als eine Art elektrische Beleuchtung begrüßen, so müssen wir schließlich doch mit uns und unserer Lebenswelt hier auf Erden ins reine kommen.

Daß wir nicht mehr archaisch sind, heißt noch lange nicht, daß wir keine Kosmogonie brauchen oder daß wir etwa die Probleme der alten Sternenpriester gelöst hätten. Unsere Position ist zerbrechlicher, als wir wahrnehmen. De Santillana und von Dechend fahren fort:

> *Einstein sagte: »Das Unbegreifliche am Universum ist, daß es überhaupt begreiflich sein könnte.« Der Mensch gibt nicht auf. Wenn er Millionen von weit entfernten Milchstraßen entdeckt und schließlich jene Milliarden von Lichtjahren weit entfernten sternähnlichen Strahlungsquellen, die seine Berechnungen wieder umstürzen, dann freut er sich, daß er solche Tiefen erreichen kann. Aber für diese Leistung zahlt er einen schrecklichen Preis. Die Wissenschaft der Astrophysik verliert ihre Basis nicht, wenn sie in immer größere Dimensionen hinausreicht. Aber der Mensch*

als Mensch vermag es nicht. In den Tiefen des Raumes verliert er sich selbst und jeden Begriff von seiner eigenen Bedeutung. Er ist unfähig, sich in die Begriffe der heutigen Astrophysik einzufügen, ohne schizophren zu werden. Der moderne Mensch ist mit dem Unbegreiflichen konfrontiert. Der archaische Mensch dagegen hatte das Begreifliche fest im Griff, denn er fügte in seinen Kosmos eine eschatologische Zeitstruktur ein, die für ihn sinnvoll war und ein Schicksal für seine Seele beinhaltete.[19]

Hier geht es nicht um primitives Wunschdenken oder mangelnde Anerkennung der Härte des Kosmos. Die archaische Kosmologie war ebenso grimmig und unbarmherzig wie unsere Jupiterwolken, die mit Geschwindigkeiten von 180 Kilometern pro Stunde daherrasen, oder die schwarzen Löcher, die das Licht selbst verschlucken. Die Hindu-Götter haben noch etwas von der ursprünglichen Klarheit dieses mythischen Universums. Shiva beispielsweise ist der Wächter der Liebe, aber auch des Todes, er verschlingt das Leben und die Quelle des Lebens. Wenn Shiva tanzt, schimmert der ganze Kosmos als sein Widerschein. Seine Kehle ist blau vom Gift, das er um der Rettung der Menschheit willen getrunken hat. Und dann ist da die schwarze Kali, die Göttin der Krankheit, des Mordes, des Bösen, aber auch der Weisheit und Offenbarung. »Auch das war eine Theorie mit ungeheuren Dimensionen«, kommentieren de Santillana und von Dechend, »es gab dort keine Zugeständnisse an bloß menschliche Gefühle. Auch diese Theorie spannte das Bewußtsein bis jenseits des Erträglichen, ohne daß allerdings die Rolle des Menschen im Kosmos zerstört wurde. Es war eine rücksichtslose Metaphysik.«[20]

Anu kommt seinem Versprechen nach, das er der verspotteten Ischtar gegeben hat, und schleudert einen Himmelsstier auf die Erde, der mit jedem Schnauben Hunderte von Kriegern auslöscht. Enkidu reißt den rechten Schenkel aus dem Körper des Tieres und schleudert ihn zurück in Ischtars Gesicht. Krankheit wird ausgeschickt, um den frechen Räuber zu strafen. Der Körper des Osiris wird zerstückelt und verliert sich im Kosmos. Triton bläst die Fluten mit seiner strahlenden Muschelschale zurück. Marduk schießt die Hyaden in einen Haufen kosmischer Ungeheuer und versprengt sie dadurch in alle Himmelsrichtungen. Isis flieht vor dem Typhon und verstreut Weizenähren auf dem Boden. Odin schickt einen Sturm durch die Milchstraße. Samson reißt das Haus der Philister nieder und wird selbst unter den Trümmern begraben. Surt bricht mit einem feurigen Schwert aus dem geteilten Himmel hervor. Phaeton läßt die Zügel des Sonnenwagens fahren, als er den Skorpion erblickt, und der Tierkreis wird zerschmettert, die Wälder verbrennen: Der Körper des Thronräubers liegt im Eridanus. König David singt, um die Wasser aus dem Abgrund hervorzubringen. Quetzalcoatl verschwindet im großen Meer. Der alte Schah Kai Khushrau steigt von einem Berggipfel in den sonnenlosen Himmel auf, entschwindet, wird unsichtbar, während seine fünf Paladine schlafen. Er ist der letzte seiner Art. »Leb wohl in Ewigkeit!«[21]

In einer mythischen Perspektive ist es nicht zufällig, daß ein wiedererwachter und aufgewühlter Islam versucht, die westliche Welt aus dem Nahen Osten zu vertreiben, dem einstmals heiligen Himmelsstrich der Vorahnen und alten Mythen. Der revolutionäre Islam im Iran, dem alten Persien, das möglicherweise das Ursprungsland der Astrologie und der Himmelskönige war, ist nun bestrebt, die bedeutungslose Welt des Marktes zu durchbrechen und die Menschen wieder auf das Heilige zu verpflichten. Öffentliche Enthauptungen sind akzeptabel, Erotik und Drogen aber nicht. Wenn Ayatollah Khomeini ungeheuer rigide und unnachgiebig erscheint, dann deshalb, weil er die alten heiligen Verfahrensweisen der Politik nachahmt. Für Menschen in einer modernen Welt, wie wir sie begreifen, sind seine Anordnungen unsinnig, aber für die Planeten und Sterne, die ihre absoluten Umlaufbahnen einhalten müssen, sind sie äußerst sinnvoll. Als Khomeini im Pariser Exil lebte, war er nicht fähig, die Macht im Iran zu übernehmen, aber der Iran wählte ihn selbst als Leitfigur. Das Volk, die Revolution wählte ihn. Offensichtlich nicht, weil er etwa besonders beredsam für ihre Interessen eintrat oder in dem von ihnen gewünschten Gesellschaftstyp erzogen war, sondern: er repräsentierte die alten Götter und die Kraft der alten Zeiten. Er brachte die Unnachgiebigkeit einer Kosmologie zurück, die diesem modernen Wirrwarr von Rassen, Wertsystemen und marktpolitischen Strategien vorausging. Aus der Sicht der islamischen Revolution sind Pornographie, Kriminalität und Urknalltheorie verschworene Komplizen in der westlichen Welt, die scheinbare Neutralität der Astrophysik und des internationalen Rechtes verschleiert das nur.

Es geht aber nicht nur um die spirituelle Entwicklung und die Sinnsetzung des einzelnen. Wenn wir sternenbewußter wären, würden wir auch ökologisch geschickter handeln, wären im politischen und ökonomischen Kontext weiser und weniger ethnozentrisch. Die falschen Grenzen und flüchtigen Sinnsetzungen und Lebensformen, die sich von einem Jahrzehnt zum anderen verändern, würden hinter dauerhafteren und zentraleren Steuerprinzipien zurücktreten. Wir könnten uns besser in unserer Energiekrise zurechtfinden, wenn wir klarer und tiefer darüber nachdenken würden, wie die Energie selbst in den Sternen entsteht und auf den Planeten wiedererscheint.

Die Menschen haben überhaupt keinen vernünftigen Begriff von einer langfristigen Energieversorgung. Michael Collins, jener Astronaut, der während der Mondfahrt von 1969 im Raumschiff blieb, hat das erkannt, als er die Erde vom Weltraum aus beobachtete. Wir sind wie Ameisen, die alles, Öl und Kohle, von unter der Erde herausbohren und -graben, als ob diese Stoffe unbegrenzt wären und als ob dieses Verhalten aufgeklärt oder auch nur vernünftig wäre.[22]

Die einzige Zukunft, die der Mensch in dem gegenwärtigen Stadium der Entwicklung haben kann, muß in den zukünftigen Welten des äußeren Raumes angesiedelt werden. Nur so ist sie vorstellbar. Was die Erde betrifft, so hat der Mensch überhaupt keinen ökonomisch oder politisch gangbaren Weg gefunden, der von der Erkenntnis ausginge, daß wir auf einem Planeten, und zwar einem einzelnen Planeten leben. Es gibt keine anderen; auch wenn wir sie in unserer Phantasie erstehen lassen, gibt es sie nicht. Und was haben wir für unsere Kinder, unsere Kindeskinder und deren Kinder geschaffen oder hinterlassen? Sie werden es ohne Zweifel wissen und verstehen, sobald die Zeit den Lichtkegel des Bewußtseins darauf richtet, und schockiert sein.

Inzwischen hat uns die Wissenschaft noch einen weiteren Himmel, diesmal mit den Samen einer neuen ökologischen Moralität geschenkt. Die fossilen Brennstoffe sind Sonnenenergie, die durch Photosynthese und Äonen dauernde chemische Aktivität verwandelt wurde. Auch die Winde kommen ursprünglich von der Sonne bzw. der Schwerkraft. Und die Gezeiten sind ein Ausdruck der Schwerkraftenergie des Mondes. Das Leben ist Sternenenergie. Alle Flüsse fließen in alle Meere, und alle Wolken erheben sich vom Ganzen und stehen ihm in der Atmosphäre gegenüber. Der Blitz und die Strahlung der Ionosphäre sind Aspekte eines einzigen Feldes. Das alles ist ein einziges grenzenloses chemisches Tröpfchen, das von den Meeren hervordampft, als Eis die Erde überlappt und in Wolken von unsichtbaren Winden getrieben wird. »Rot-braun ist die Farbe der strahlenden Erde«, schrieb der Dichter Charles Olson.[23]

Dies war das erste Geschenk eines Whole-Earth-Bewußtseins. Es wurde uns gestattet, eine Einheit unmittelbar zu sehen, und das war eine Einheit, die in der ganzen Menschheit einen Ausdruck fand: jewels verschieden in den Schriften der Alchemisten und Taoisten, in den Schöpfungsmythen der Zunis und dem I Ging. Die Natur ist eine Einheit, eine Harmonie verschiedener Elemente, und sie verhält sich als Einheit: Die Wolken, das arktische Eis, die offenen Meere und die Sonne, die in das Ganze eindringt, ihre Strahlen ins Innere sendet und diese blaue Aura erstehen läßt, die die Erde als eine feine Gravur von dem umgebenden Raum abhebt, das alles ist von dem unbezeichneten Nephrit, der es umgibt, verschieden. Hätten wir nicht diese entsetzliche Gier und unsere tiefgreifenden Zweifel an der Existenz, dann könnten wir uns in diesem Jahrhundert fast schon zu Hause fühlen.

Derselbe Nachthimmel bietet einer energiearmen Welt aber auch unbegrenzte Mengen von Energie. Oder wie kann es denn Energiemangel geben, wenn die unmittelbaren kosmischen Nachbarn dieser Welt Tag für Tag Energie in Form von Photosynthese, Winden und planetaren Gezeiten schenken? Beides paßt gut zusammen: Tod durch zuviel Energie und panische Angst vor zu wenig Energie. Angst und Hunger.

Den schiitischen Pfad werden wir wohl kaum einschlagen wollen, aber wir können sehen, wohin uns die gegenwärtige Wissenschaft und Moral geführt haben. Es ist noch nicht einmal sicher, daß auch nur einer von uns oder überhaupt irgendein Lebewesen auf Erden diese Epoche überleben wird, trotz der Milliarden Jahre, die es dauerte, bis wir hier existierten. Wir leben jetzt mit dem Wissen, daß unsere Zivilisation noch tiefer begraben wird als die römischen Tempel und daß die Schauer, die auf uns niedergehen, mehr sein werden, als nur Staub, der vom Wind herangetragen wird, oder menschliche Vergeßlichkeit und Unkenntnis. Unsere himmlische Stadt wird notgedrungen von den Trümmern einer explodierenden Sonne und dem elektrischen Staub eines sich auflösenden Universums überschüttet werden. Wir können nicht mehr vorgeben, wir würden einen grenzenlosen Fortschritt vorantreiben, also morden und bekriegen wir uns in der kosmischen Leere. Keine Hoffnung und kein Zufluchtsort; das ist der Inhalt unserer Enttäuschung und Wut. Im Jahre 1765 geriet Denis Diderot in tiefe Sorge, als er eine ähnliche Möglichkeit ins Auge faßte; wie ein kleines Insekt, das er nicht entfernen konnte, das seine ganze Enzyklopädie über den Haufen zu werfen drohte, kroch es in seinen Kopf: die Möglichkeit nämlich, daß ein namenloser Komet, aus der unberechenbaren Leere des Kosmos hervorschießen und die Erde in einer katastrophischen Kollision zerstören könnte. Der Gedanke, daß ein solches Ereignis ziemlich unwahrscheinlich sei, vor allem in seiner eigenen Lebensspanne, konnte ihn nicht erleichtern. Es störte ihn einfach, daß er diese Sorge nicht loswerden und für so ein simples Problem keine probate Lösung anbieten konnte. Gerade weil ein solcher Vorgang im Grunde so einfach war, mußte er etwas entsetzlich Tiefes verbergen.

Und so war es auch. Was für Diderot noch ein Flüstern war, sollte nur zwei Jahrhunderte später in einer anderen Stadt zum Donnerschlag werden. Das war kein eitler, leerer Gedanke; sondern der Vorläufer eines Wahns, einer Besessenheit, die die Menschen ergriff.

Diderot befürchtete, daß das Wissen um diesen Kometen den Menschen jegliche Motivation zu edlen Handlungen und persönlicher Höherentwicklung rauben würde. »Kein Ehrgeiz mehr, keine Denkmäler, Dichter, Historiker, vielleicht auch keine Krieger oder Kriege mehr. Jeder würde nur seinen Garten pflegen und seinen Kohl pflanzen.«[24]

Die Details stimmen zwar nicht, aber die Stimmung hat er zweifelsohne eingefangen. Als George Bernard Shaw die Implikationen eines universellen Darwinismus klar wurden, schrieb er: »Könnte es bewiesen werden, daß das ganze Universum durch eine solche Selektion erzeugt worden ist, könnten nur Dummköpfe und Schurken es ertragen zu leben.«[25] Aber so ist es, nur halten wir uns nicht für Dummköpfe oder Schurken. Statt dessen sind wir die Mutanten und Zufallsergebnisse eines richtungslosen Aufruhrs.

Ohne daß der Mensch es anfangs bemerkte, löste er den einen Faden, der ihn an den Himmel band, und folgte dann dem anderen, der ihn in die Zukunft führte: Inzwischen hat sich der Himmel ausgedehnt und den ursprünglichen Kosmos mit neuen Entwürfen aus dem Herzen der Materie abgelöst. Da wir in diesem technologischen Nexus geboren werden und sterben und ohne ihn nicht überleben könnten, lachen viele von uns über die Vorstellung, daß der alte magische Himmel irgend etwas Wichtiges oder Wahres beinhaltete. Aber wir sind parteiisch, wir stehen auf der Seite des gegenwärtigen Systems und haben mit anderen Lebensformen keine Erfahrung.

Aber es ist keineswegs nur so, daß wir uns in spirituelle Dunkelheit begeben haben. Indem wir Naturgesetze studierten und auf deren Basis eine technologische Gesellschaft erzeugten, wurden wir auf vielerlei Art menschlicher und sanfter. Wir haben die Tyrannei der grausamsten unter den alten Göttern gebrochen. Vielleicht waren die Gesellschaften der Inkas und der alten Perser auf andere Weise als wir in Kontakt mit dem Himmel, aber das führte oftmals zu Kriegen, Metzeleien, Sklaverei und Opferungen, die durch die Sterne gerechtfertigt wurden. Jedenfalls betonen auch die letzten der alten menschlichen Magier, daß der Mensch diesen Weg gehen mußte, und er konnte dem gegenwärtigen Umbruch, dieser Einweihung in die bewußte Kenntnis der Materie, ebensowenig ausweichen wie seiner Verkörperung auf dieser Erde. Das Ziel unserer Träume ist doch immer, daß wir aus dem neuen System das Beste herausholen und durch langwierige, harte Disziplin und Meditation die Grundlagen der alten Weisheit wiedererfahren können. Wir wollen sie nicht aus Texten oder magischen Überlieferungen beziehen (diese werden uns allerdings auf diesem Weg begleiten), sondern wir wollen dieses Wissen in bezug auf die aktuelle Situation der gegenwärtigen Erde im Kosmos neu schaffen. Das heißt, daß das neue hermetische und astrologische Wissen Aspekte der Astrophysik und Mikrobiologie in sich enthalten wird. Und es wird nicht mit Popbildern von schwarzen Löchern und außerirdischen Intelligenzen angefüllt sein. Diese Begriffe kommen vielleicht in ganz unerwarteter Weise ins Spiel, oder sie werden als Dokumente unserer unruhigen Zeit verwelken und verwehen.

Wir haben einen Wendepunkt erreicht. Für das neue Bewußtsein, das sich in den neu entstehenden Subgesellschaften des Okkultismus, der linken Politik und der Whole-Earth-Philosophie der sechziger Jahre ausdrückt, ist ein entscheidender Punkt, daß die Begrünung von Amerika und die neue Himmelsstadt auf Erden nur dann entstehen kann, wenn die gegenwärtige Technokratie mit der von ihr gesetzten raum-zeitlichen Struktur zusammenbricht. Diese himmlische Stadt wird nichtatomar sein, sie wird sich vom Zen ableiten, von Telepathie, der Lebenskraft in den Pyramiden vielleicht und der altmodischen Sonnenenergie (sie wird also eine neue Città del Sole sein). Vielleicht wird sie sogar Energie von schwarzen Löchern und Gegenständen der Quantenphysik beziehen. Es wird eine Science-Fiction-Stadt sein, die vielleicht mit anderen Intelligenzen spricht, aber nicht notwendigerweise durch Radioteleskope. Sie wird die botanische Welt und die Heilkraft der Erde wiederherstellen. Sie wird von all diesen Dingen etwas haben, vielleicht auch nur von einigen oder auch von keinem. Aber nur mit diesen Bildern läßt sich die neue himmlische Stadt, die neue Ordnung ausdrücken. Nur mit Astralmagie und ohne Rücksicht auf die Gesetze des Universums, die wir jetzt aus der Physik und Biologie kennen, kann sie nicht ins Leben gerufen werden. Aber diese Wissenschaften müssen einen neuen Okkultismus, eine neue Religion hervorbringen. Sie können Anleihen an einem vergangenen goldenen Zeitalter nehmen, von dem das meiste verloren gegangen ist – auch schon zu Platos Zeiten verloren gegangen war –, indem sie die Geburt einer neuen Sternenweisheit begleiten, die Geburt einer neuen Musik, die sowohl geheimnisvoll wie auch modern ist, auf daß die Blumen- und Ährenfelder und der Körper von Mann und Frau von neuem die ursprüngliche Widerspiegelung des gestirnten Firmaments werden können. In diesen Bereichen kann Begrünung und Bestirnung eins werden.

Was wir heute brauchen, ist eine Theorie des Himmels, die komplex genug ist, um unser ganzes Wissen zu umfassen, aber auch schön genug, um unser ganzes Wesen zu ermessen, und kosmisch genug, um auch die moderne Wissenschaft miteinzuschließen. Jedenfalls muß sie alles, was wir sind und waren, getreulich wiedergeben, und dazu gehören auch die auf Büffelhaut gezeichneten Sternenkarten der Pawnee-Indianer, die Photographien der Weltraumsonden, die Einkerbungen der Mondphasen auf Knochen und die Darstellungen von Skorpion und Waage.

V

Die Alte Astronomie

Vielleicht gibt es die Zeit gar nicht, und dennoch ist sie alles für jene Geschöpfe, die leben und sterben und zu denen auch wir gehören. Und der Himmel ist unser großer Zeitmesser, unser aller Uhr. Mit einem Zeiger jeweils mißt die Sonne die Stunden des Tages, und die Sterne messen die Stunden der Nacht. Mit den anderen Zeigern messen sie die Jahreszeiten. Die Präzession der Erde ist ein dritter Zeiger an diesen Uhren, der die großen Geschichtsepochen mißt. Der Himmel ist in seinen Wandlungen eine große rotierende Rechenmaschine, die zwischen unserer vergänglichen Welt und dem Kosmos im ganzen angesiedelt ist.

Die Erde *ist* wieder der Himmel, und umgekehrt. Der Himmel beherbergt die Erde und liefert Zahlen für ihre Bewegung durch Zeit und Raum. So gewalttätig und schicksalsschwer der Himmel auch sein kann, er ist der einzige vertrauenswürdige Wächter der Erde. Er stellt die einzige Garantie dar, daß wir niemals ganz aus dieser Inkarnation herausfallen können. Wenn wir zu einer anderen Welt, einer anderen Dimension, einem anderen System transportiert oder entführt würden, so wäre unser erster Bezugspunkt der Himmel. Wäre der Himmel teilweise verloren, teilweise verdreht, so könnten wir vielleicht unseren Weg zurück zur Erde finden oder zumindest verstehen, was uns widerfuhr. Wäre der Himmel aber vollkommen unbekannt, so hätten wir uns auf immer und ewig verirrt. Wenn man einmal die Raumfahrt beiseite läßt, so kommt der Übergang aus einer Hemisphäre der Erde in die andere dieser Vorstellung am nächsten. Wenn die Seefahrer sich in unbekannte Gewässer wagen, verschwinden die Sterne, die hinter ihnen nahe am Horizont stehen, während vor ihnen neue Sterne auftauchen. Nur in der Nähe des Himmelsäquators verbleiben einige Sterne und Sterngruppen in dieser wechselnden Gesellschaft. Für die alten Seefahrer muß es ein heftiger Schock gewesen sein, als sie erkannten, daß sich nicht nur die See, sondern auch der Himmel veränderte, aber dies war ein Ereignis, das in der mythischen Weite dieser Reisen Platz hatte. Uhren und Kalender waren nicht die einzigen praktischen Resultate der alten Astronomie; es gab auch Meereskarten mit den Sternen und Kompasse für die sternengeleitete Navigation.

Die Ureinwohner von Mikronesien, Polynesien, Neuseeland und Australien fuhren mit ihren Kanus von Südasien etappenweise durch Indonesien, die Philippinen und Melanesien. Zweifellos gab es in diesem tausendjährigen Prozeß einen gewissen Anteil von blinden Abenteuerfahrten und zufälligen Landungen, aber die systematische Wanderung ganzer Clans mit Männern, Frauen und Kindern vollzog sich mit Hilfe der Himmelsnavigation: Es wurde ein System von Sternkompassen verwendet, deren Fragmente die Zeiten überlebt haben. Dieses Wissen wurde über so viele Zeitalter hinweg von einer Generation zur anderen überliefert, daß die Völker am Ende der Wanderung den Völkern der Urheimat nicht mehr gleichen. Sie sind füreinander zu Mythen geworden.

Auch der Himmel ist ein ungeheurer »Ozean«, der von Myriaden von Leuchtfeuern und Hieroglyphen erfüllt ist. Die nackte Nacht ist schon für uns an Land gewaltig genug, obwohl wir außerdem um die sphärische Gestalt der Erde wissen. Man stelle sich vor, wie gewaltig und erhebend es für diese Völker gewesen sein mußte, die nur die Ewigkeit kannten, und nur mit Hilfe der Sterne den Weg zu ihrer gegenwärtigen Heimat fanden. Nur durch die Mythologie der Leitsterne, die von ihren Vorfahren überliefert wurde, verstanden sie, woher sie kamen. Das ist Science Fiction, wie wir sie uns nur vorstellen können, und zugleich irdische Geschichte und Ethnoastronomie.

In Hawaii werden bestimmte Sterne als »Leitsterne« bezeichnet, weil sie von bestimmten Orten aus gesehen über bestimmten Inseln aufgehen – zum Beispiel geht auf einer bestimmten Route Arcturus über den Inseln von Hawaii auf, und der Schwan erhebt sich über Tahiti. Für längere Seefahrten sind Abfolgen von Sternen, sogenannte »Sternenpfade« vonnöten. Man bewegt sich von einer Zone zur nächsten und richtet die Navigation nach aufeinanderfolgenden festen Punkten aus.[1] Im folgenden eine Beschreibung der polynesischen Seefahrt von Andia Varela aus dem Jahre 1774:

> *Wenn die Nacht klar ist, steuern sie nach den Sternen; und das ist für sie die einfachste Art der Navigation, denn da diese zahlreich sind, erkennen sie nicht nur die einzelnen Inseln, mit denen sie Kontakt haben, durch die Peillinie, auf der sie liegen, sondern sogar die Häfen in den Inseln. Auf diese Weise steuern sie geradewegs die Einfahrt an, indem sie der Dwarslinie eines bestimmten Sternes folgen, der über dieser Insel auf- oder niedergeht.*[2]

Von Tikopia fuhr man die siebzig Meilen nordöstlich übers Meer nach Anuta, indem man den Bug des Kanus nacheinander auf neun Sterne richtete. Man folgt einem Stern nur dann, wenn er niedrig am Himmel steht, dann geht man zu seinem Nachfolger über. Die benötigten Sterne kommen die ganze Nacht über den Horizont herauf, während die davorliegenden Leitsterne untergehen. Nur ein oder zwei letzte Sterne bleiben noch, wenn die Sonne durch diese Himmelskarte bricht und den Pazifik mit Tageslicht überflutet.[3]

Die Samoaner wandten eine Methode an, die auf zwei Sternen beruhte, die nahe dem Horizont lagen und zueinander eine Winkelgröße von 180° hatten. Das Kanu konnte mit dem Bug an dem einen und dem Heck an dem anderen Stern ausgerichtet werden. Der Schwanz des Skorpions war einer der üblichen Kennpunkte. Eine Fahrt, die mit dem Skorpion begann, konnte fortgesetzt werden, indem man direkt auf den Gürtel des Orion zusteuerte, wenn er an seinem höchsten Punkt im Himmel stand. Eine solche Seereise führte von Nokunono nach Atafu.[4]

Die Bewohner der Karolineninseln haben noch immer einen Sternenkompaß mit den Aufgangs- und den entsprechenden Untergangspunkten von neunzehn Sternen, darunter auch einzelne Sterne aus dem Skorpion, dem Kreuz, der Cassiopeia, dem Großen und Kleinen Wagen, dem Adler, dem Raben, plus die Vega, Aldebaran, die Plejaden und so weiter. Der Polarstern steht im Norden: Das senkrechte Kreuz kann dazu verwendet werden, den südlichsten Punkt zu bestimmen, und Altair und der Gürtel des Orion bezeichnen den Äquator der Karte, beziehungsweise den echten Äquator. Dieser Kompaß ist dadurch so nützlich, daß er eine unbegrenzte Anzahl möglicher Beziehungen zwischen Sternen enthält, die auf verschiedenen Höhen über dem Horizont erscheinen und zu verschiedenen Zeiten auf- und untergehen. Der ganze sichtbare Himmel ist vertreten; insofern enthält dieser Kompaß dementsprechend auch die »Ganze Erde« (Whole Earth).[5]

In einer ziemlich dunklen Monographie mit dem Titel »Das astronomische Wissen der Maori« nennt Eldon Best die Abfolge der Maori für die Fahrt nach Neuseeland, die in mündlicher Tradition weitergegeben wurde: »Atutahi (Canopus), Tautoru (Gürtel des Orion), Puanga (Rigel), Karewa, Takurua (Sirius), Tawera (Venus als Morgenstern), Meremere (Venus als Abendstern), Matariki (die Plejaden), Tama-rereti (der Schwanz des Skorpions) und Te Ikaroa (die Milchstraße).«[6]

Das war der Seeweg durch den Himmel, der vom Land der Ahnen, Irihia, zur neuen Heimat führte. Die strahlenden Lichter über dem Pazifik waren die gegenwärtige Manifestation eines Abenteuers, das hinter der ganzen Geschichte der Maori stand und sie in gewissem Sinne zu Raumfahrern, mythischen Astronauten der Frühgeschichte machte. Die Himmel bestanden aus kreisförmigen Gewölben, Kuppeln, die ineinander gesteckt waren, wobei die verschiedenen Himmel von Pfeilern gestützt und von weiteren äußeren Lagen umhüllt wurden. Daß der Himmel rund war, lag an der Schneidung dieser Lagen mit der Erde. Eine Fahrt über das Meer ist eine Reise von Himmel zu Himmel.[7] Der Mythos der Maori behauptet, daß die Urahnen sich ihren Weg durch einen herabhängenden Himmel bahnten. Die Samoaner nannten die Europäer »Papalangi« (Himmelsstürmer).[8]

Insofern als die Reisen der prähistorischen Seefahrer kosmologische Systeme durchbrachen und sie in neue Räume schleuderten, die für ihre Erfahrung so fremd waren, wie für uns andere vielleicht bewohnbare Planeten, insofern waren diese alten Seefahrer Astronauten.

Sie wußten nicht, daß der Himmel eine Ausdehnung reinen Raumes ist. Aber sie bewegten sich durch den Himmel, wie sie ihn in seiner Existenz verstanden.

Die Verflechtung von Zahlensystemen, Himmelsbeobachtung und sakraler Architektur ist ein hervorstechendes Merkmal der alten Astronomie. Die mittelamerikanischen Tempel sind so komplex angelegt, daß Dutzende von Planeten und Sternen, ganz abgesehen von Sonne und Mond, in ihren Aufbau mit einbezogen sind. Der weite Vorplatz von Teotihuacan ist genauso sehr Nachthimmel wie Erde. Darin liegt eine kosmische Notwendigkeit. Wären die Menschen nicht frei gewesen, Bilder von Sternenbeziehungen zu sehen und zu konstruieren, so hätten sie auch ihr eigenes Schicksal nicht erforschen können. Sie wären kosmische Analphabeten geblieben. Teotihuacan war offensichtlich so konstruiert, daß die Plejaden sichtbar von seinem östlichen zu seinem westlichen Kreuz wanderten; diese Sternengruppe geht an diesem Ort gleichzeitig mit der Sonne auf, wenn sie dort zum ersten Mal im Jahr über den Zenit wandert. Beim Heiligtum der Zapoteken auf Monte Alban ist allem Anschein nach die Grundlinie entsprechend demselben Schema auf die Bahn von Capella bezogen worden.[9]

Der Caracol ist ein prähistorischer Turm in Yucatan, der später von den Mayas benutzt und in historischen Zeiten nach seiner Ähnlichkeit mit einem Schneckenhaus benannt wurde. Unaussprechlich asymmetrisch, präsentiert er architektonischen Unsinn, aber dafür verkündet er Sternenweisheit. Viele seiner Fenster und Winkel markieren Positionen der Venus, darunter auch die beiden extrem nördlichen und südlichen Punkte, die sie alle acht Jahre erreicht.

Ein weiteres Fenster eröffnet eine direkte Blicklinie zu dem Ort des Sonnenuntergangs zur Zeit der Tagundnachtgleiche. Eine andere Reihe von Fenstern und Treppenhausöffnungen wiederum sind auf den Stern Achernar gerichtet. Was im irdischen Bereich mißgestaltet ist, entstand durch ein »Hineinbauen« des Himmels. Der Caracol enthält auch noch Blicklinien für die Aufgangspunkte von Castor, Pollux und Canopus und den Untergangspunkt von Formalhaut. Und alles das sind Geschehnisse, die durch die Zickzackstruktur des Baues geradezu erzwungen scheinen. Man hat den Eindruck, als bliebe den Sternen nichts anderes übrig, als diesen vorgeschichtlichen Architekten noch Generationen nach ihrem Tode zu gehorchen. Aber es ist nicht der Mensch, der die Sterne zwingt; vielmehr ist der Mensch hier in Harmonie mit ihnen und bindet seine eigene Lebensspanne wie eine einzelne kleine gekräuselte Welle an die Woge der Unendlichkeit.[10]

Weiter im Norden sind die Erdhügel der amerikanischen Indianer, von denen viele, wenn nicht alle, in genau demselben Muster angelegt sind, das die Sterne im Himmel bilden. Einige der größeren kegelförmig zulaufenden Hügel stellen sehr wichtige Sterne dar. Andere, gestaltete Hügel zeichnen die Konstellationen durch hervorstehend angelegte Bahnen nach. Sie sind gleichzeitig besser und schlechter als Teleskope: Den tatsächlichen Sternenkörper offenbaren sie nicht, aber sie bringen das erfahrene und imaginierte Wesen dieser Sterne auf die Erde herab, wo der Mensch sie erfahren kann.

Der Hügel der Großen Schlange in Ohio könnte durchaus der Kleine Wagen sein: Die nahegelegene Abbildung eines Vogels und eines Bären lassen den Großen Wagen und Canopus vermuten. Hügel und Posthole-Kreise im Kernland von Ohio, in Südillinois und der Gegend von East St. Louis markieren allem Anschein nach die nördlichen Extrempunkte der nördlichen Mondaufgänge wie auch den Sonnenaufgang zur Zeit der Sonnenwenden und Tagundnachtgleichen. Einige dieser Hügel wurden auch in historischer Zeit noch von Prärieindianern von

Mittelkansas benutzt. Das Medizinrad am Big Horn wurde wie ein richtiges Observatorium in dreitausendzweihundert Meter Höhe in der klaren Bergluft von Wyoming angelegt. Es besteht aus einer Reihe von aufgehäuften Felsbrocken und kleineren Löchern und hat einen Durchmesser von 30 Metern. Linien, die durch den mittleren Steinhaufen zu den äußeren Speichenpunkten gezogen wurden, markieren die Auf- und Untergangspunkte der Sonne zur Zeit der Sommersonnwende wie auch die Aufgangspunkte von Aldebaran, Rigel und Sirius, die unmittelbar vor der Sonne aufgehen. Dies ist also ihr heliakischer Aufgang, der so lange währt, bis sie in der Dämmerung verschwinden. Von der heliakischen Periode des Aldebaran zur Zeit der Sommersonnwende bis zu der entsprechenen Periode des Rigel sind es achtundzwanzig Tage: Bis zur heliakischen Periode des leuchtenden Sirius sind es weitere achtundzwanzig Tage. Achtundzwanzig ist auch die ungefähre Anzahl der Tage der Mondphase wie auch der Rippen des Büffels; das Medizinrad am Big Horn hat achtundzwanzig Speichen.[11]

Einer der heiligen Plätze in der Gegend von East St. Louis ist ein Sternenobservatorium, das in der Mitte eines Pentagrammes liegt. An den fünf Spitzen und auf der Mitte der Linien, die von Spitze zu Spitze verlaufen, liegen Hügel, in denen die Funktionäre und Spieler eines indianischen Spieles begraben liegen, das dem Hockey oder Lacrosse ähnelte und in historischen Zeiten von den Creek gespielt wurde. Dies ist also eine Art Cooperstown, prähistorisch und indianisch natürlich, und gleichzeitig ein Museum, in dem die Anordnung des Begräbnisplatzes durch die Sterne bestimmt ist. Die Wettkampfstars sind zusammen mit den himmlischen Sternen begraben, deren Glanz sie vielleicht mit ihren atemberaubend schnellen, funkensprühenden Spielen widerspiegelten. Diese Sportart war nicht so zahm wie Lacrosse oder Football! Auf dem Spielfeld wurden Schützen mit Schleudern postiert, die die Ballträger niederschießen mußten. Dabei ging es nicht so sehr darum, die Läufer zu töten, sondern lediglich ihr Voranpreschen aufzuhalten; trotzdem war die Todesrate hoch. Die Leichen, die in East St. Louis in Heiligtümern verwahrt liegen, lassen darauf schließen, daß es junge

Spieler waren, die auf dem Höhepunkt des Kampfgetümmels gefällt wurden.[12]

Die Mathematik der prähistorischen Völker zeigt sich in den astronomischen Systemen alter Zivilisationen des Vorderen Orients. Zeittabellen auf Tontafeln stammen aus dem vierten Jahrtausend vor Christus in Mesopotamien. Zur Zeit des ersten Jahrtausends vor Christus fand bereits ganz offensichtlich eine präzise Beobachtung der Sterne, Planeten wie auch der Sonne und des Mondes statt. Dies diente einem doppelten Zweck – zweifellos schon seit Jahrtausenden: einerseits markierte die Bewegung der Sterne und Planeten den Ablauf spiritueller Prozesse und den Einfluß der göttlichen Energie in die Welt: andererseits wurde durch sie die weltliche Zeit gemessen und eingeteilt, was die gleichzeitige Entwicklung der Himmelsmathematik und des Kalenders veranlaßte. Eine chaldäische Ephemeride aus dem Jahr 568 vor Christus zeigt die Präzision der Kalendereinteilung:

Am achtzehnten des Monats war Dilbat [Venus] 2° 55' über dem König [Regulus im Löwen].
In der Nacht des achten, am Abend, stand Sin [der Mond] 6° 15' unter der Waage des Nordens.
Am zehnten tritt Merkur am Abend hinter den Großen Zwillingen ein.

Für die Geschichte der Astronomie sind die Planetenzyklen besonders wichtig:

Erscheinung der Göttin Dilbat, acht Jahre hinter dir wird sie wiederkehren, vier Tage ziehst du ab, du beobachtest.
Merkur kehrt sechs normale Jahre hinter dir wieder.[13]

Merkur hat keinen Sechsjahreszyklus, aber Venus ist exakt wiedergegeben: Acht Jahre weniger vier Tage dauert es, bis sie an ihren genauen Platz am Nachthimmel zurückkehrt. Die Zahlen für Mars (siebenundvierzig Jahre weniger zwölf Tage) und Saturn (neunundfünfzig Jahre) sind ziemlich genau. Diese Zahlen werden von dem Astronomen Labashi in einem »Buch« aus dem Jahre 577 vor Christus genannt. Es trägt den Titel: »Erscheinungen der Planeten, Hinter dir wird es wiederkehren.« Was auch immer diese wandernden Sterne ihrer Meinung nach waren, die Astronomen wußten, daß sie Zyklen hatten und sich sowohl vorwärts wie auch rückwärts bewegten. Weder die Chaldäer noch später die Babylonier waren daran interessiert, diese Bewegungen zu erklären; sie waren richtig, weil es sie gab, und die Zahlensysteme, die sie entstehen ließen, wurden in den Kalender und die Welt des Alltags integriert.

Der Himmel selbst ist belebt und magisch. Strahlende flammende Wesen in einem schwarzen Ozean tanzen förmlich ihre Kraft heraus:

Jahr VIII, Simanu 10, trat die Göttin Dilbat abends in den Kopf des Löwen ein, Simanu 27, morgens, trat sie an dem Ort des Krebses in Erscheinung.[14]

Dies ist ein Eintrag auf einer Tontafel aus dem Jahre 523 vor Christus, aber er hat selbst in der Übersetzung noch Melodie. Man kann diesen Satz immer wieder lesen. Venus trägt ein langes Kleid; sie bewegt sich durch ein wundersames Reich. Sie erscheint an einem Ort nach Sonnenuntergang, an einem anderen Ort sechzehn Tage später vor Sonnenaufgang. Die Planeten wandern in den Himmelshäusern (den Konstellationen) aus und ein, und zwar auf demselben Band, in dem auch Sonne und Mond aufgehen.

Im Jahre 379 vor Christus beschreibt eine Tontafel das folgende Himmelsgeschehen:

Am fünfundzwanzigsten November trat der Mond in Erscheinung; achtundfünfzig Minuten vor Sonnenuntergang war die Erscheinung des Neumondes. In der Nacht des sechsundzwanzigsten bewegte sich Anu [Mars] bei seiner Rückkehr unter den ersten Stern der Konstellation Ku westwärts. Der Mondgott Sin war zwei Ellen, zehn Finger unter dem letzten Stern des Kopfes von Ku. In der Nacht des fünften, Anfang der Nacht, war Sin vor dem Stern Mat-sha-rikis [in den Fischen]. In der Nacht des siebten war die Mitte von Sin von einer Schafhürde umgeben; Anu stand in der Mitte.[15]

Ohne irgendwelche Instrumente zur Messung der Zeit oder der Beobachtung des Weltraumes berechneten die Babylonier die Positionen von Sonne, Mond und Planeten mit bemerkenswerter Genauigkeit. Der Astronom Kidinnu aus dem vierten Jahrhundert vor Christus korrigierte die früheren Wendepunkte zwischen den Jahreszeiten, um sie mit der Präzession der Tagundnachtgleichen in Übereinstimmung zu bringen, ein Phänomen, das zu seiner Zeit noch nicht festgestellt worden war. Er entwickelte eine arithmetische Progression für die Abweichung der Sonnenposition von einem Vollmond zum anderen. Er berechnete die Periode der Mondbewegung auf seiner näher und weiter von der Ekliptik entfernten Bahn, wo Mond- oder Sonnenfinsternisse wahrscheinlicher waren, ferner maß er die synodischen Perioden für die Konjunktionen der Sonne mit dem Mond. All das tat er mit einer Genauigkeit, die sich nur um Bruchteile von modernen Berechnungen unterscheidet – und in den meisten Fällen sogar besser ist als die Genauigkeit der Astronomen des neunzehnten Jahrhunderts, denn diese mußten natürlich aufgrund der Lücken im historischen Fortwirken dieser Traditionen diese Experimente wiederholen.[16]

Die Astronomie des Kidinnu kam über die Perser, die ihn Cidenas nannten, zu den Griechen. Es war eine brillante Mathematik, aber diese Mathematik wurde von einem Priester erarbeitet, um den Göttern zu dienen. Bei den Griechen verhielt es sich anders: Sie sollten im Verlauf der westlichen Wissenschaft die ersten sein, die sich fragten, aus was diese Objekte da oben denn bestünden. Es genügte ihnen nicht, ihre Positionen numerisch vorherzusagen und abzuleiten. Diese Positionen mußten einen Grund haben, irgendeinen heiligen oder irdischen Impuls. Irgendwo gab es im Bereich dieser flachen Runde von Gottheiten auch eine ausladend körperliche Welt. Wenn es Körper waren, dann mußten sie aus irgend etwas bestehen. Den

Griechen gelang es nicht, diese Dichotomie aufzulösen, aber sie arbeiteten ständig auf diese Auflösung hin, und dieses Vorgehen haben wir von ihnen übernommen. Die Vorstellung, daß die Planeten und Sterne Götter waren, haben sie nie aufgegeben, trotzdem beharrten sie nicht so leidenschaftlich darauf wie die Priesterastronomen des Nahen Ostens. Fast unbewußt begingen sie schrittweise ein Sakrileg: Sie hielten die Planeten für Götter, die seit der Entstehung des Kosmos an ihre geheiligten Bahnen gebunden waren, und gleichzeitig für Körper, die Substanz haben und die heiligen Kreise der Geometrie bei ihrer Bewegung einhalten mußten.

Hesiods Version der Schöpfung war hauptsächlich mythologisch und hatte mit der sumerischen Version ebenso viel gemeinsam wie mit der späteren griechischen. In den zwei Jahrhunderten nach Hesiod wurde die Theogonie schrittweise durch eine Philosophie der Elemente ersetzt, wie sie bei den ionischen Astronomen des sechsten Jahrhunderts vor Christus erkennbar ist. Die Bedeutung des göttlichen Eros wurde transformiert, und die Last der Schöpfung wurde nun von den Säften und Elementen übernommen. Niemand teilte den Göttern mit, daß sie nun evakuiert worden waren, auch teilte es niemand den Griechen mit. Aber mit dem alten Eros verschwand auch jene andere Version des chinesischen Schachtelprinzips, daß nämlich Wesenhaftes aus Wesenhaftem gezeugt wurde, der Tag aus der Nacht, Himmel und Sterne aus Gaia, der Mutter Erde.

Nun waren es Elemente, die das Dunkle und das Helle, das Kalte und das Heiße, das Feuchte und das Trockene voneinander trennten, indem sie die Eigenschaften der unvermischten Natur auf das Wesenhafte ausdehnten.

In den Zeitaltern, die seither vergangen sind, haben wir diese Elemente nur vorübergehend aus den Augen verloren. Sie sind überraschend modern und unauflöslich in die spätere Theorie der Moleküle und Atome verwoben. Unsere historische Beziehung zu den Schöpfungsprinzipien und ihrer Etymologie im Verlaufe verschiedener Kulturen und Sprachen spiegelt facettenartig die Komplexität der Schöpfung selbst wider.

Die Vorsokratiker entwickelten die ersten Vorstellungen davon, wie das Universum wohl mechanisch funktionieren könnte. Sie sind es jedenfalls, die wir an den Anfang unserer eigenen Technikgeschichte setzen.

Einer der frühesten ionischen Philosophen, Thales von Milet, ließ die Erde wie Holz auf Wasser schwimmen. Aristoteles kritisierte später, daß Thales das logische Problem, worauf das Wasser dann ruhe, nicht geklärt habe. Thales sagte mit Hilfe baylonischer Gestirnstafeln auch Finsternisse voraus und leitete aus der Tatsache der Mondphasen ab, daß der Mond durch die Sonne bestrahlt wird und gleichzeitig mit ihr seine Bahn zieht. Er argumentierte, daß die Mondfinsternisse durch den Erdschatten erzeugt werden, der das Licht der Sonne abschirmt, und daß Sonnenfinsternisse dann stattfinden, wenn aus der Perspektive des Beobachters der Mond das Sonnenlicht verdeckt.[17] Wie so viele frühere Ideen wurden die Thesen des Thales eher neu entdeckt als aus den alten Zeiten übernommen, obwohl, in einer tieferen Schicht des kollektiven Bewußtseins, jedes historische Ereignis zum Kontext der Entdeckungen und Wiederentdeckungen beiträgt. Das gilt auch für jene noch zahlreicheren Gedanken, die uns heute voll und ganz verloren gegangen sind. Die Texte, die wir erben, vor allem in einem so fragmentarischen Zustand wie die der ionischen Philosophen, stehen für Millionen anderer Texte als der einzige noch existierende Hinweis auf einen zutiefst unbewußten kollektiven Prozeß.

Von einem anderen Philosophen des sechsten Jahrhunderts vor Christus, Anaximander, ist ein Fragment erhalten geblieben, das nur aus einem einzigen Satz besteht, aber wir kennen ihn durch seine späteren christlichen und klassischen Kritiker. St. Hippolytus schreibt in seiner »Widerlegung der Häresien«:

Er [Anaximander] behauptete, daß die Erde ein Körper ist, der im Himmel schwebt und auf nichts anderem ruht, sondern seine Position hält, weil er in der gleichen Entfernung von allem steht; daß sie eine zylindrige Form wie eine Steinsäule mit einer gekrümmten Oberfläche an der Oberseite hat; und daß sie zwei Seiten hat, wobei die eine die Oberfläche ist, auf der wir gehen, und die andere ihr gegenüberliegt.

Er behauptete weiterhin, daß alle himmlischen Körper Feuerräder sind, die von Luft umgeben sind, die sie von dem Feuer am äußersten Ende trennt. Die Luft hat kleine Atemlöcher ähnlich wie die Löcher in einer Flöte, und durch sie sieht man die Gestirne.[18]

Dem Heiligen Augustinus zufolge glaubte Anaximander, »daß es zahllose Welten gibt und daß sie alles das enthalten, was natürlicherweise auf ihnen wachsen würde. Er behauptete ferner, daß diese Welten fortwährenden Zyklen von Zerstörung und Regeneration unterworfen sind, wobei jede einzelne dieser Phasen länger oder kürzer dauert, ja nach der Natur der Sache.«[19] Augustinus bedauerte, daß Anaximander, ebenso wie Thales, diese Vorgänge nicht auf eine göttliche Intelligenz zurückführte.

Im sechsten Jahrhundert nach Christus schrieb Aetius von Konstantinopel: »Anaximander behauptete, daß die Sterne Feuerräder sind, die durch Luft komprimiert werden, und daß sie aus kleinen Öffnungen in der Luft Flammen ausatmen.«[20]

Ein anderer ionischer Philosoph, Heraklit, erklärte die Sterne als strahlende Ausdünstungen, die sich in den Höhlungen des reinen Raumes entzünden. Die Sonne ist nur deshalb heißer und heller, weil sie uns näher ist. Auch der Mond ist eine solche Ausdünstung, aber da er der Erde näher ist, wird er durch die Unreinheiten der Erde verdunkelt. Heraklit behauptete, daß die strahlenden Ausdünstungen im hohen Himmelskörper der Sonne in Flammen verwandelt werden, aber wenn die dunklen und feuchten Ausdünstungen überhand nehmen, erlischt die Sonne, und die Nacht bricht herein. Am bekanntesten ist Heraklit durch seine Vorstellung eines feurigen Prinzips in der Materie, wodurch die Welt beständig im Fluß ist und man niemals in denselben Fluß zweimal steigen kann. Der ganze Kosmos ist ein solcher Fluß. Und wir bestreiten das nicht nur nicht, sondern wir nähern uns dieser Auffassung noch immer.[21]

Eine weitere Schule aus dem sechsten Jahrhundert vor Christus setzte das Werk des Pythagoras an einem anderen Aspekt des Kosmos fort. Die Pythagoreer erkannten, daß die verschiedenen Saitenlängen bei Musikinstrumenten verschiedene Töne erzeugten, und entdeckten infolgedessen die Harmonien als regelmäßiges Fortschreiten einfacher ganzer Zahlen (die Oktave, die Quart, die Quint). Auch die bewegten Planeten mußten eine musikalische Harmonie bilden, dachten sie. Pythagoras bestimmte selbst die Intervalle: Von der Erde bis zum Mond war es ein Ganzton; vom Mond zum Merkur ein Halbton; vom Merkur zur Venus ebenfalls ein Halbton; von der Venus zur Sonne eine kleine Terz; von der Sonne zum Mars ein Ganzton; von Mars zu Jupiter ein Halbton; von Jupiter zu Saturn ein Halbton, und dann von Saturn zur Sphäre der Fixsterne eine kleine Terz.[22]

Die Griechen glaubten, daß hinter der kosmischen Manifestation etwas Qualitatives liege, deshalb interpretierten sie Materie eher als Gestalt denn als Quantität. Der Naturphilosoph Demokrit aus dem fünften Jahrhundert vor Christus stellte eine Atomtheorie auf, die noch Werner Heisenberg beschäftigte, als er nach einer einheitlichen Feldtheorie der Physik suchte. Die ganze Schöpfung, sagte Demokrit, bestehe aus einer unbegrenzten Anzahl winziger Teilchen. Diese bewegen sich im leeren Raum. Da sie verschieden geformt sind, verdrehen, verknoten und verschlingen sie sich ineinander, wenn sie aufeinanderprallen oder sich streifen. Und aus diesem ihrem Kontakt entstehen alle Stoffe in der Welt. Zum Beispiel kommt das Feuer der Sonne und der Sterne offensichtlich von jenen runden Teilchen, die Hitze und Licht erzeugen, wenn sie sich ineinanderhaken. Die Atome erzeugen auch die menschlichen Sinne. Weil sich der Mensch in seiner kognitiven Struktur aus Atomen zusammensetzt, kann er auch den atomaren Aspekt in der Natur erkennen.[23]

Demokrit schuf die Grundlage für das Verständnis der Symmetrie des Universums, sagte Heisenberg, obwohl er fälschlicherweise annahm, daß das vielgestaltige Prinzip ein Teilchen war. Aber unsere Elementarteilchen gehen auf Demokrit und Platons »Timaios« zurück. »Sie sind,« sagte Heisenberg, »die ursprünglichen Modelle, die Ideen der Materie... Diese primitiven Modelle haben alle späteren Entwicklungen bestimmt. Sie stellen die zentrale Ordnung dar. Und obwohl der Zufall in der folgenden Entstehung und Entwicklung einer Vielfalt von Strukturen eine wichtige Rolle spielt, könnte es durchaus sein, daß auch der Zufall in irgendeiner Beziehung zur zentralen Ordnung steht.«[24]

Im letzten Jahrhundert vor Christus erreichte die Atomtheorie im Zusammenhang mit einem unendlichen Universum im Werk des römischen Dichters und Philosophen Lukrez eine erstaunliche Klarheit. Während der platonische und aristotelische Seitenarm des großen griechischen Flusses in das christliche Mittelalter einmündeten, schrieb Lukrez am Ende eines kleinen lateinischen Nebenflusses:

In alle Richtungen gleichermaßen, nach dieser oder jener Seite, aufwärts oder abwärts durch das Universum, gibt es kein Ende... Die Natur des Raumes macht es kristallklar. Leerer Raum dehnt sich grenzenlos in alle Richtungen aus, und zahllose Samen rasen auf zahllosen Bahnen durch ein unauslotbares Universum unter dem Antrieb einer beständigen Bewegung... Unsere Welt ist natürlich durch die spontane und unregelmäßige Kollision und die mannigfaltige, zufällige und absichtslose Zusammenscharung und Verbindung von Atomen geschaffen worden... Auch anderswo gibt es ähnliche Anhäufungen von Materie wie diese, die der Äther in glühender Umarmung umfängt.[25]

Die Atome sind in ständiger Bewegung, befinden sich im Fluß; sonst würde die ganze Materie in Haufen daliegen. Statt dessen jedoch:

Alle Dinge werden nur von einem Ort in die sonnenbeschienene Welt geboren, wo das richtige Material, die richtige Art der Atome vorhanden ist...
Materieatome, die aus der Tiefe heraufspringen, werden aus dem Unendlichen gespeist. Deshalb gibt es dort einen grenzenlosen Abgrund des Raumes, den selbst die blendend aufflammenden Blitze auf ihrem Weg nicht durchmessen können.[26]

Gegenstände und Arten gehen vielleicht zugrunde oder verschwinden, aber der unzerstörbare Same bleibt erhalten. »Die Natur erlaubt keinem Ding zugrunde zu gehen, bevor es nicht mit einer Kraft zusammenstößt, die es mit einem Schlag zerschmettert oder in seine Ritzen kriecht und sein Gewebe auflöst.« Diese Samen aber müssen inaktiv geworden sein, denn zur Zeit scheint die Erde unfähig zu sein, auch nur Samenfädchen, geschweige denn neue Tierarten und Menschenstämme zu schaffen.[27]

Aus den Fragmenten des Philosophen Anaxagoras aus dem fünften Jahrhundert vor Christus können wir ersehen, wie die Beziehung zwischen dem physischen Universum und der Komplexität des Geistes so früh verstanden wurde:

Weder im spekulativen Denken noch in der Wirklichkeit können wir jemals die Zahl der Dinge erkennen, die aus diesem Prozeß herausfallen.[28]
In allem ist ein Teil von allem anderen, abgesehen vom Geist, und in einigen Dingen ist auch der Geist.[29]

Wenn wir dann im vierten Jahrhundert vor Christus bei den Werken Platons ankommen, hat sich der Westen im großen und ganzen von der Theorie der Elemente und der atomistischen Psychologie abgewandt und folgt jetzt einem archetypischen und numerologischen Idealismus. Platon mutmaßte, daß die Weltseele eine harmonische Ordnung vermittelt, von der sich die individuellen Eigenschaften der sichtbaren Welt ableiten. Die atomaren Urformen sind die folgenden: der Würfel (Erde), der Oktaeder (Luft), die Pyramide (Feuer) und der Ikosaeder (Wasser); der Kosmos selbst ist ein Dodekaeder. Das sind aber keine für sich existierenden Objekte, sondern Eigenschaften, die sich in der Zusammensetzung der Stoffe wie Demokrits Atome vermischen. Sie sind unveränderlich, ungezeugt und unzerstörbar; auch sind sie der Wahrnehmung nicht zugänglich und befinden sich in unaufhörlicher Bewegung.[30]

Platon war kein besonders hervorstechender Astronom. Sein Nachthimmel war eine gigantische Uhr, die vom Demiurgen erschaffen worden war, um die Zeit entstehen zu lassen. Sonne,

Mond und die fünf Planeten waren harmonische Einheiten dieser Zeit. Die Sonne war erschaffen worden, um »den ganzen Himmel mit ihrem Glanz zu erfüllen und so, daß alle lebenden Wesen Zahl besäßen«[31], was sie vom Tierkreis, den Mondphasen und dem Rhythmus von Tag und Nacht lernen konnten. Daß die Erde von der Venus überholt wurde und Venus und die Erde von Merkur überholt wurden, war eine besonders subtile Eigenschaft dieser göttlichen Uhr. Alle diese Geschehnisse hatten esoterische und tiefe Gründe, die man vor dem gemeinen Volk verbergen mußte, weil es in Panik geriete, wenn es davon wüßte.

Im »Timaios« entwirft Platon das folgende Bild des Kosmos:

Und nachdem er das Ganze zusammengebracht hatte, nahm er so viele Seelen, wie Gestirne waren, und teilte jedem von diesen eine zu; eine jede setzte er gleichsam auf ein Fahrzeug, zeigte ihr die Natur des Alls und verkündete ihnen die Gesetze, die vom Schicksal bestimmt sind...
Diese ganze Überlegung machte also der Gott, der ewig ist, über den anderen Gott, der erst entstehen sollte; sie bewirkte, daß sein Leib glatt und ebenmäßig wurde und überall gleich weit von der Mitte entfernt ist, ein vollständiges Ganzes, das wieder aus vollständigen Leibern besteht. Eine Seele aber setzte er in seine Mitte und dehnte sie über das Ganze aus und umhüllte den Leib auch noch von außen mit ihr.[32]

Platons Kreise und Seelen liegen letztlich auf einer psychologischen und erkenntnistheoretischen Ebene, aber wenn man sie als natürlich und wissenschaftlich auffaßt, führen sie die mathematische Astronomie in eine Sackgasse: die Suche nach ihren Koordinaten ist illusorisch. Auf diese Weise entstanden in den folgenden Generationen die Systeme des Eudoxos und Ptolemäus und wurden bis ins Mittelalter tradiert.

Allerdings wird Platon im gegenwärtigen Kontext der Quantenphysik und der Psychologie von C. G. Jung wieder interessant. Aber vor diesen Neuinterpretationen des zwanzigsten Jahrhunderts erwies sich der Platonismus als Erkenntnishindernis in der Astronomie: Er verhüllte den Himmel, anstatt ihn zu offenbaren.

Aristoteles umgab dann eine unbewegliche Erde mit neun konzentrischen Sphären, von denen jede durchsichtig war und durch die darauffolgende durchschien: Mond, Merkur, Venus, die Sonne, Mars, Jupiter, Saturn, die Fixsterne und der unbewegte Beweger. Der unbewegte Beweger des Aristoteles ist bei Augustinus und Thomas von Aquin die Gottheit. Wenn man sich durch die Planetensphären über die Sterne bis hin zu Gott auf seinem Thron bewegt, nimmt das geistige Element immer mehr zu. Das Elementenchaos der Erde erstreckt sich nur bis zur sublunaren Sphäre und dem Mond selbst und beinhaltet Wolken, Regen, Schnee, Meteorhagel und Kometen. Die Sterne sind rein und vollkommen. Die Planeten sind weniger rein, aber sie sind wie Edelsteine auf Ewigkeit in ihre milden und mächtigen Kreisbahnen gefaßt – und diese Kreisbahnen veranlaßten die Mathematiker, immer noch raffiniertere Rädermechanismen zu ersinnen, auf denen diese vollkommenen Gebilde auf ihren Bahnen am Himmel vorwärts und rückwärts bewegt werden konnten.[33]

Das aristotelische Universum am Ende des vierten Jahrhunderts vor Christus bricht mit den Ioniern und den Atomisten: Es ist endlich und hat als seinen Mittelpunkt die Erde. Kein Wunder, daß man sich von Anaximander und Demokrit lossagte. Jetzt bewegen sich schwere Himmelskörper auf den Mittelpunkt der Erde zu, nur weil die Erde und das Universum den gleichen Mittelpunkt haben.

Abgesehen von der platonischen und aristotelischen Astronomie, die das europäische Denken fast zwei Jahrtausende lang in einen künstlichen Kosmos einschloß, gab es noch eine andere griechische Tradition, aber ihre Früchte blieben unbeachtet und gerieten nahezu in Vergessenheit. Vor allem im dritten Jahrhundert vor Christus blühte in Alexandria eine wissenschaftliche Renaissance. Diese ägyptische Stadt war Marktplatz und Knotenpunkt für die blühende hellenistische Kultur, die auf die Eroberungen Alexanders des Großen folgte. Zu dieser Zeit verbreitete sich die griechische Kultur bis nach Ägypten, Persien und dem westlichen Asien und nahm gleichzeitig diese Kulturräume in sich auf; die hellenistische Weltsicht war im Grunde eine euroasiatische Synthese. Sie vereinte in sich die Weisheit der klassischen Zivilisation wie auch der sogenannten Barbaren von Europa und Asien. Die Wissenschaft von Alexandria war die kumulative Leistung all der Traditionen, die hier verschmolzen. Die Griechen erbten die Reste der sumerischen, ägyptischen und persischen Kultur und der anderen Reiche aus vergangenen goldenen Zeitaltern, aber genau in dem Maße, wie sie die hellenistische Zivilisation auf das nordöstliche und südliche Mittelmeergebiet ausdehnten, wurde sie durch die dortigen Kulturen umgestaltet.

Im Bereich der bloßen Technologie war die alexandrinische Kultur ein Wunder in ihrer Zeit: Dort gab es unter anderem den Paternoster, die Wasserhebeschraube, die Dreschschleppe, die das Getreide noch auf dem Feld drosch, das Heckruder, eine Kopiermaschine für Bildhauer und einen Leuchtturm am Hafen von Alexandria, dessen Feuer auf eine Entfernung von fünfunddreißig Meilen sichtbar war. In den Tempeln wurde das Weihwasser durch einen Automaten ausgegeben.[34]

Manche sind der Ansicht, daß wir, hätten die hellenistischen Wissenschaftler sich durchgesetzt, jetzt bereits zu den Sternen und vielleicht sogar zu anderen Galaxien fliegen würden, denn zwischen der Akademie von Alexandria und der kopernikanischen Revolution in Europa liegen zweitausend Jahre fast vollkommener Unwissenheit. Aber das ist ohne Zweifel eine Fehlinterpretation der Geschichte. Zwar weisen einige Oberflächenmerkmale auf die Möglichkeit einer Abkürzung hin, aber andere tieferliegende Elemente verlangten ganz offensichtlich nach diesen langen Jahren, die wir jetzt das Mittelalter nennen. Trotzdem ist es eine interessante Vorstellung: Menschen, die zur Zeit religiöser Schismen und der Kreuzzüge das Sonnensystem erforschen.

Die Bibliothek von Alexandria mit ihren Pergamentrollen war zu dieser Zeit das Hauptdepot des Wissens der damaligen Welt. Einige Jahrhunderte später, im Jahre 415, ließen religiöse Fanatiker die Bibliothek in Flammen aufgehen, sie wurde vollständig zerstört, nur einige Fragmente sind uns erhalten geblieben, die mehr Fragen aufwerfen, als sie beantworten. Die Entweihung der Bibliothek von Alexandria ist bezeichnend: ein Akt blinden Vandalismus gegen den Planeten: Wir haben dadurch Heraklit und den größten Teil der griechischen Physik verloren. Aber wie viele andere wichtige Dokumente und Gattungen von Lebewesen haben wir verloren, ohne davon überhaupt zu wissen? Zivilisation ist ein Prozeß, in dem Unbewußtes ans Tageslicht gebracht wird, genauso beinhaltet sie jedoch auch den umgekehrten Weg: die Rückkehr zur Bewußtlosigkeit. Davon sprechen auch unsere modernen Astronomien. Und der Dichter Robert Kelly scheint uns an die dunklen Götter zu erinnern, die die Geschichte regieren, aber auch auf die zugleich vielversprechende wie auch frustrierende Qualität der noch existierenden Fragmente hinzuweisen, wenn er beklagt: »Das einzig Unangenehme ist, daß der Brandstifter, der das Feuer an die Bibliothek von Alexandria legte, seine Sache nicht gut genug gemacht hat.«[35]

Wir können die Leistungen der spätgriechischen Welt als Vorspiel zu der sehr andersartigen Wissenschaft des Mittelalters betrachten. Selbst zur Zeit des Aristoteles setzte Herakleides die Sonne in den Mittelpunkt der Bahnen von Merkur und Venus, die innersten Planeten, die die Sonne mit höherer Geschwindigkeit umkreisen als die Erde. Allerdings ließ er noch immer die Sonne und ihre Satelliten um die Erde wandern. Aristarch von Samos, der im Todesjahr von Herakleides, 310 vor Christus, geboren wurde – der letzte der pythagoreischen Astronomen –, erklärte unwiderruflich, daß die Sonne das Zentrum eines Planetensystems einschließlich der Erde sei. Sein einziges noch erhaltenes Werk ist eine Abhandlung mit dem Titel »Über die Größen und Entfernungen der Sonne und des Mondes«, ein wissenschaftliches Werk sowohl seiner Perspektive wie auch seiner Methodologie nach.[36]

Während des dritten Jahrhunderts vor Christus leitete Euklid die grundlegenden Formeln der Geometrie ab, und Archimedes entdeckte die Gesetze der Mechanik, nach denen mehr als tausend Jahre lang Maschinen konstruiert wurden. Mit Hilfe der

Geometrie berechnete Eratosthenes, der Leiter der alexandrinischen Bibliothek, den Erdumfang mit einer Irrtumsrate von weniger als einem Prozent: Er bestimmte die Entfernung zwischen Syene und Alexandria, maß dann die Winkel zwischen den Sonnenstrahlen und der Vertikalen in Alexandria und verglich sie mit den entsprechenden Zahlen aus Syene. Dieses Experiment entsprang der Erkenntnis, daß die Mittagssonne am längsten Sommertag bis auf den Grund eines tiefen Brunnens in Syene schien, was in Alexandria niemals der Fall war.[37] Dieses Experiment hat nichts mit unseren Massenversuchsreihen mit Affen oder Computern zu tun. Ein Augenblick des Sonnenlichtes am Grunde eines Brunnens ist Klarheit und Geheimnis gleichermaßen. Solche Erkenntnisse kehren nur wieder, wenn sich die allgemeinen Bedingungen im Laufe von Zeitaltern verwandeln. Zum Beispiel erinnert sich der Astronaut Michael Collins daran, wie er die Abfolge von Tag und Nacht vom Weltraum aus gesehen hat. Der Tag ist nichts anderes als die Nacht, und der nächstliegende Stern schleudert sein Licht durch das Fenster der Atmosphäre, aber nicht alles dringt durch, und so entsteht die Illusion des Himmels.[38]

Wir können jeden Tag versuchen, unseren himmlischen Wohnplatz so zu sehen, wie Michael Collins ihn von außen gesehen hat. Die Sonne geht unter, und ihre schrägstehenden Strahlen verstreuen blaue Partikel über den Zenit, während am Horizont mannigfaltig bunte Partikel tanzen. Dann wird die Luft still, und plötzlich leuchten Sterne durch den dunkelnden Schleier, zuerst die hellsten, bis die Nacht vollständig ist, und dann sind es Tausende. Währenddessen dreht sich die Erde, so daß der Ozean des Sonnenlichtes wieder von neuem an den gefärbten Rand der Dämmerung brandet und mit strahlendem Morgenlicht durch die letzten Schatten bricht.

Die Geschichte verwandelt alles, und wir müssen uns bemühen, eine Urerfahrung wiederzugewinnen, sei sie nun visionär oder wissenschaftlich.

Die Dimensionen und Entfernungen des äußeren Raumes, die für uns selbstverständlich geworden sind, waren für die alten Griechen auch nicht im entferntesten vorstellbar. Und diese

Distanzen, einschließlich der gewaltigen Ausmaße, die sie implizieren, sind es, die unser Universum von dem ihrigen trennen. Uns wurden sie durch das Fernrohr und das Radioteleskop geoffenbart. Aber die Griechen konnten die Weite der Natur nicht kennen, weil sie nicht die Instrumente hatten, um die Schöpfung in so ungeheuren Entfernungen und unregelmäßigen Zuständen wahrzunehmen.

Die Hierarchie der Materie – von großen wilden Sonnen bis zu verschwindend kleinen Wesen in Wassertröpfchen – entging ihnen, aber sie erkannten das grundlegende Beziehungsmuster der einzelnen Elemente zueinander.

An uns ist es nun, uns den griechischen Himmel als wirklich vorzustellen. Aber dabei sollten wir uns nicht kindlich stellen und vorgeben, daß wir nichts über den Weltraum wissen, was ihr Wissen im Grunde ja herabsetzen würde, sondern wir sollten uns einmal vorstellen, daß der Nachthimmel noch unbestimmt und für Interpretation offen ist. Jene, die unter einem solchen griechischen Himmel lebten und starben, waren nicht umnachteter, nicht unwissender, als wir es sind, die wir unter einer ebenso dunklen Version des Himmels leben und sterben werden. Der Reichtum unserer Wahrnehmung verdeckt nur eine gedankenarme Art des Wissens. Die meisten Menschen projizieren heute eine flache, unveränderliche Ewigkeit auf den Himmel, und selbst für die Astronomen ist der Himmel oftmals eher eine Arena, in der sie den Wettkampf um die Brillanz ihrer Theorien austragen, als eine Wirklichkeit in sich. Nur der absolute kosmische Vorrang des Nachthimmels und unsere mit ihm gleichzeitige Existenz auf Erden treibt uns zu Erkenntnis und Wahrheit. Wir sind tatsächlich privilegiert, daß wir diese unsere Instrumente haben, sie sind ein Geschenk der Geschichte und der ganzen menschlichen Rasse, die uns vorausging. Aber irgendwann wird es noch bessere Instrumente geben, und sie werden für sich genommen den Himmel nicht automatisch bereichern. Vielleicht werden sie ihn sogar entleeren, indem sie unsere Aufmerksamkeit auf immer mehr einzelne Datenbruchstücke und Ereignisse richten, so daß wir aus der noch verbleibenden Einheit und Einzigartigkeit herausgeworfen werden in einen astronomischen Jargon und bloße astronomische Klischees.

Im zweiten Jahrhundert vor Christus entdeckte Hipparchos, ein griechischer Wissenschaftler aus Kleinasien, einen neuen Stern und begann daraufhin, die Sterne am Himmel zu zählen, maß ihre Positionen und verglich sie mit den Messungen der Babylonier. Auf diese Weise erkannte er sofort, daß sich der Tierkreis verschoben hatte. Seine Instrumente waren so genau, daß er die Dauer eines Jahres auf sechs Minuten genau bestimmen konnte. Die Entfernung der Erde vom Mond legte er auf das dreiunddreißigfache des Erddurchmessers fest [dreißig wäre die genauere Zahl]. Da er feststellte, daß sowohl die Sonne wie auch der Mond manchmal größer, manchmal kleiner erschienen, folgerte er, daß sich ihre Entfernung von der Erde veränderte. Insgesamt maß er die Positionen von mehr als tausend Sternen und teilte sie in sechs verschiedene Helligkeitsklassen ein. Erst Tycho Brahe begann fast zweitausend Jahre später an dieser Aufgabe weiterzuarbeiten.[39]

Als Ptolemäus im zweiten Jahrhundert nach Christus sein Meistersystem der griechischen Astronomie konstruierte, stützte er sich hauptsächlich auf die Beobachtungen des Hipparchos. Aber in jeder anderen Hinsicht war das ptolemäische System eine Restauration des platonischen und aristotelischen Kosmos, den die Erkenntnisse des Hipparchos eigentlich hätten zerstören und zerstückeln müssen.

Der Mathematiker Apollonius von Perga aus dem dritten Jahrhundert hatte die euklidische Geometrie auf Kurven wie Parabeln, Ellipsen und Hyperbeln angewendet und gezeigt, wie der unregelmäßigen Bewegung des Mars eine regelmäßige Bewegung zugrunde liegen könnte. Im »Almagest« setzte Ptolemäus die Erde in den Mittelpunkt des Universums und berechnete die Bewegungen aller Planeten sowie der Sonne und des Mondes als Kombinationen von Kreisen, deren gemeinsamer Mittelpunkt die Erde – oder fast die Erde war. Im Modell des Ptolemäus bewegten sie sich tatsächlich exzentrisch, das heißt, das Zentrum ihrer Umlaufbahnen lag an einem Punkt im leeren Raum, der ein wenig neben der Erde lag. Ptolemäus verarbeitete die Idee des Apollonius, aber er fügte einen zusätzlichen überschneidenden Kreis hinzu, um die monatlichen Unregelmäßigkeiten in der Entfernung des Mars von der Erde auszugleichen. »Gleichförmige Bewegung in einem Kreis entspricht der göttlichen Natur«, sagte er. »Alle erscheinenden Unregelmäßigkeiten auf eine solche Bewegung zu reduzieren, kann durchaus als Leistung bezeichnet werden.«[40]

Ptolemäus hielt die moralische Grundlage des anthropozentrischen Systems am Leben, indem er die erd-zentrierten Sphären durch komplexe exzentrische Kreise und Epizyklen ersetzte. Damit stand er auch im Einklang mit der Physik des Aristoteles, denn dieser hatte behauptet, daß die Kreisbewegung natürlich und elementar ist. Kreisförmige Bewegung ging jeder rechtwinkligen Abweichung davon voraus, sie mußte also das Gesetz des Himmels sein.

Nun bewegten sich die Planeten in einer Menge von Kreisen, Zyklen und Epizyklen, und wenn sie von einer kreisförmigen Bahn auf eine andere überwechselten, so erfolgte das nicht in Übereinstimmung mit irgendeinem ersichtlichen Gesetz, sondern so, wie es die Gleichungen der irdischen Astronomen erforderten, damit die »Erscheinungen gerettet« würden, die heiligen und göttlichen Erscheinungen. Für viele wurden nun die Tatsachen selbst zum Sakrileg.

Als Modus der Wirklichkeit war die Geometrie eine besondere Obsession des Westens. Die Chinesen hatten ihre eigene heilige Astrogeometrie, aber an Kristallsphären und okkulte Kreisbewegungen glaubten sie nicht. Der Taoismus nahm eine nicht darstellbare algebraische Bewegung an. Darüber hinaus wurde kein weiterer Impuls im Sinn eines Archetypus gesetzt. Bewegungen entsprangen aus inneren Eigenschaften im Chaos der Elemente und in den Kräften der gegensätzlichen und interagierenden Kräfte Yin und Yang.

Letztlich sollte die westliche Theorie der Realität innerhalb der Physik und Technologie fruchtbar sein, aber dazu mußte erst die Kosmologie aus einfachen Quantifikationen neu geschaffen werden: Eine jede Zahl mußte eine Realität in den Bedingungen haben, die sie schufen, auch wenn es keine ganze

Zahl war, und gleichgültig, welche Form sie hatte oder wie irregulär sie war. Das konnte erst dann geschehen, als die heiligen Kreise zerbrochen wurden und die natürliche Kreisform von der theologischen Kreisform getrennt wurde.

Es ist eines der Paradoxe der Geschichte, daß dies eher in Europa geschah als in China, in einer Tradition also, die die bewegten Elemente aus fixen Archetypen herausreißen mußte, und nicht in einer Philosophie, die sich bereits auf das kreative Chaos stützte. Im Osten entwickelte sich eine andere Art der Wissenschaft, denn der Osten internalisierte die heiligen Zahlen und entwickelte aus ihnen die Mantras, die inneren Alchemien und Yoga- und Meditationsmethoden, die zu einer anderen Art der Kosmologie führten: Hier gab es nicht den Nachthimmel, kein Universum, das den Gesetzen der Schwerkraft folgte, man kümmerte sich nicht um Quantitäten und Atome, vielmehr bestand diese Kosmologie darin, die Aufmerksamkeit auf das Universum der menschlichen Physiologie und auf Prozesse zu lenken, die jenseits des Denkens verliefen. Im Osten wurden Schwerkraft und atomare Strukturen eher als Gesetze des Bewußtseins denn als Gesetze von Raum und Masse entdeckt. Meditativ begaben sie sich in das Innere der Zellstruktur, und die Wirklichkeit wurde an ihrem eigenen Sein bestimmt: Der Westen befaßte sich mit der Außenseite der Zellstruktur, mit äußeren Formen überhaupt, bis die Realität sich in dem gestirnten Himmel der Astronomie widerspiegelte. Das Maschinenzeitalter war das Gegenteil dieser inneren Himmel auf Erden. Anscheinend war die Veräußerlichung und Verweltlichung der heiligen Zahlen eine bessere Voraussetzung für die Entwicklung der Physik und Technologie als die konkretisierte Algebra von Yin und Yang, auch wenn ein solcher Weg im Rückblick hart und wenig hoffnungsvoll zu sein scheint. Aber das ist alles noch nicht geklärt. Gegenwärtig dringt die Meditation in den Westen ein und transformiert die Astrophysik, und in China wird Astronomie getrieben. Wenn auch im Osten selbst die äußeren Sterne die inneren Sterne kaum beeinflussen oder verändern, so geschieht dies zumindest im Westen, denn dort wird Meditation im Zusammenhang mit Physik praktiziert. Wenn die

Menschheit es will, dann werden sich diese beiden Wege in der Zukunft vereinigen und zu jener neuen Wissenschaft führen, die früher in neolithischen Zeiten sowohl dem Osten wie auch dem Westen versprochen wurde. Doch gegenwärtig stehen noch sogenannte dunkle Zeiten im Weg, genauso wie einstmals.

Die mittelalterliche Kosmologie war mehr als die wiederhergestellte Theokratie der Babylonier. Demokrit und Archimedes hatten bereits gesprochen, und ihre Stimme konnte nicht erstickt werden. Die wissenschaftlich fortschrittlichen Araber umzingelten den Westen geographisch und ökonomisch. Während der ganzen Epoche des Mittelalters war eine Art Aufklärung immer latent zugegen, und deshalb war diese Aufklärung auch so magisch, deshalb wurde sie auch so freudig ausgerufen, als sie endlich, lange nach der Jahrtausendwende, einzutreten schien. Aber aus diesem Grund gibt es auch kein klares Mittelalter und keine klare Renaissance. Ein Teil von Europa schlief in der christlichen Kosmologie und im Feudalismus. Ein Teil von Europa blieb der griechischen und arabischen Wissenschaft und der hermetischen Magie treu, aus der die Alchemie und die Astrologie entstand. Und ein Teil Europas war seit langem vor der Antike heidnisch geblieben und hing dem atlantischen und mesolithischen Handwerk an. Selbst als die christliche Theokratie die Kosmologie beherrschte, wurden Maschinen gebaut, neue Währungen gemünzt, und das regionale Wissen über Pflanzen, Tiere, Höhlen, Anatomie und Seefahrt nahm zu. Dies erstellte eine festere Basis für eine wissenschaftliche Revolution als die Werke einiger ionischer Philosophen. Die Reste der griechischen Naturwissenschaft waren der Funke, doch als das sechzehnte Jahrhundert anbrach, gab es inzwischen auch genügend Zündstoff; und als die Explosion zu Ende war, hatten wir ein Wissen über die Sterne, den Blutkreislauf und die Kleinstlebewesen im Wassertropfen eines Teiches gewonnen. Aber die Explosion ist ja noch nicht zu Ende. Jedenfalls ist es in diesem Prozeß genauso unmöglich, Grenzen zu ziehen, wie in der Schöpfung des Universums selbst. Je mehr wir im Außen forschen, um so mehr kommt von innen nach.

Die ptolemäische Kosmologie des »Almagest« war die Grundlage des mittelalterlichen Universums, aber innerhalb der kirchlichen Lehrmeinung waren flache Erdoberflächenmodelle gang und gäbe. Die »Christliche Topographie« von Kosmas aus dem sechsten Jahrhundert ist dafür typisch.

Der Autor war ein Kaufmann, wurde dann Wissenschaftler und Philosoph und hatte den Atlantik, das Mittelmeer, den Persischen Golf und das Rote Meer bereist. Er behauptete, daß die Erde aufgrund ihrer schweren nichtspirituellen Natur am Grunde des Universums liegen müsse und nicht in dessen Mittelpunkt. Der Kosmos selbst war seiner Meinung nach wie der Tabernakel des Moses gebildet. Dabei ruhte der Himmel auf vier senkrechten, halbzylindrischen Pfeilern, die an die Ränder des großen Ozeans anschlossen. Das Firmament war ein Schleier, der die göttliche Welt von der Wohnstätte der Menschen trennte. Sonne, Mond und Sterne wurden von Engeln unter dem Firmament getragen, diese Aufgabe hatten sie bis zum Ende der Zeiten.[41]

Zweifellos war es eine ungeheure Vision, Nacht für Nacht Funken zu sehen, die von Engeln unterhalb des Heiligtums Gottes in der von Industrieabgasen freien Luft des Mittelalters getragen wurden. Es war eine Vision, aber auch ein Aberglaube. Die Übertragung dieser Vision in die Theologie und Kosmographie hatte eine erstickende Wirkung. Sie leugnete die gesamte griechische Erbschaft der Elementenlehre und der Sternenbeobachtung und schloß die europäische Welt in ein enges Gefängnis ein. Wie konnten Seeleute auf einem flachen Ozean, der an den Stützpfeilern des Himmels einfach überschwappte, große Entfernungen zurücklegen? Kosmas Indicopleustes (»der Indienfahrer«) hätte es besser wissen können, denn er erreichte auf seinen Seereisen den Äquator. Aber dieses Bild beherrschte einen großen Teil des Mittelalters und besaß für die ungebildeten Menschen eine große Anziehungskraft. Die Matrosen des Kolumbus fürchteten tatsächlich den »schwarzen Horizont«, in den sie hinabfallen könnten, wenn sie weiter über die bekannten und kartographierten Länder hinaus zum Rande der Welt segeln würden. Die alte europäische Seefahrertradition und selbst die runde Erde des Aristoteles verhießen etwas ganz anderes, aber die klerikale und scholastische Tradition war paranoid und beengend. Dies war eine Zeit, wo man Engel im Himmel sah, aber den Schatten des Teufels über der Nacht. Plato und Aristoteles kündigten kein goldenes Zeitalter an. Wissenschaftlich gesehen folgten dunkle Zeiten, und eine ganze weitere Zivilisation mußte vorübergehen, bis der Westen an den Punkt zurückkehrte, den er auf der Höhe der griechischen Aufklärung erreicht hatte.

Dante zum Beispiel befindet sich sechs Jahrhunderte nach Kosmas noch immer im ptolemäischen Universum. Seine Reise durch die Planetensphären führt ihn in immer strahlendere Lichtregionen, die nicht nur eine höhere Helligkeit darstellen, sondern auch die Entschleierung der spirituellen Komponente des Lichtes. Das »Paradiso« ist eine Weltraumfahrt des vierzehnten Jahrhunderts ins Sonnensystem. Weil Beatrice – Eros – göttliche Bewegung übermittelt, kann Dante die verschiedenen Planeten besuchen: Merkur, Venus, den Mond, die Sonne und so weiter. Sie sind alle bewohnt, aber nicht von irdischen Wesen aus Fleisch und Blut, sondern von Seelen, die sich in verschiedenen Stadien ihrer Wanderung befinden. Wenn man dann durch die Sterne in das himmlische Gewebe aufsteigt, wird das Licht Gottes, das den Kosmos durchtränkt und durchdringt, direkt und blendend. Selbst die Sterne nehmen sich dagegen fahl aus. Dieser Funke enthält die reine Flamme der göttlichen Liebe.[42]

Im »Paradiso« gibt es auch Elemente der christlichen Topographie: Man segelt quer über den Ozean zu einer kegelförmig zulaufenden Grube am Mittelpunkt der Erde. Die Hölle ist eine geometrisch bestimmte Örtlichkeit, der Untergrund des Universums, der alles Antispirituelle in seinen Kern hinabzieht. Der Monte Purgatorio erhebt sich unmittelbar unter Jerusalem aus dem Meer. Wenn man auf diesen Berg steigt, nähert man sich den Himmelssphären, den Planeten.

Diese Kosmologie führt einerseits in ein vollständig abgeschirmtes, tabernakelartiges Universum; andererseits aber verwandelten die hermetischen Magier die ptolemäischen Sphären in Regionen der astralen Welt, und die Sterne durchtränkten

Pflanzen, Tiere, Steine und die ganze Natur mit heidnischen Einflüssen. In diesem Wirrwarr fanden sich die Astronomen der Renaissance wieder, und sie verbrachten ihr ganzes Leben damit, sich mit ihm auseinanderzusetzen. Sie verwandelten den Nachthimmel und damit auch den Westen. Die alte Astronomie findet ihr Ende in einer einzigen Linie, die über ein paar kurze Jahrhunderte hin zur ersten Mondlandung führt. Wir sollten aber auch zur Kenntnis nehmen, daß uns mit Ausnahme dieses einzelnen strahlenden Fadens noch immer ein Meer der Dunkelheit umgibt und daß wir uns in einem Zeitalter des Krieges und der Unwissenheit befinden. Die Eiszeit ist gerade erst vorüber.

VI

Die Geschichte der westlichen Astronomie

1. Die Sonne im Zentrum

Der Übergang von der alten zur modernen Astronomie erfolgte allgemein gesehen hauptsächlich durch fünf Himmelsbeobachter: Nikolas Koppernigk (oder Kopernikus), Tycho Brahe, Johannes Kepler, Galileo Galilei und Isaac Newton.

Kopernikus, der erste, wurde im Jahre 1473 geboren. Newton, der letzte, starb im Jahre 1727. Also beginnt der Zeitabschnitt, über den wir sprechen, mit dem sechzehnten Jahrhundert und endet am Anfang des achtzehnten Jahrhunderts. Diese Periode ist nicht nur spezifisch europäisch, sondern geradezu pan-europäisch.

Kopernikus war Pole und hatte slawische Vorfahren, Kepler war ein deutscher Protestant, Brahe war Däne, allerdings gehört die Gegend, wo er geboren wurde, jetzt zu Schweden. Galilei war Italiener und Newton Engländer. Die Verbindung vom einen zum anderen war deutlich und ungebrochen, obwohl sie thematisch und methodisch voneinander abwichen und obwohl die Werke jedes einzelnen von ihnen Widersprüche zum Werk eines anderen oder mehrerer anderer von ihnen aufwiesen. Aber alle zusammen markieren sie den Übergang vom ptolemäischen Himmel mit seinen Himmelskörpern – die sich, von geistiger Macht getrieben und aus göttlichem Kristall bestehend, in vollkommenen Kreisen um die Erde bewegten –, zu einem prämodernen Himmel, in dem sich die Planeten, einschließlich der Erde, um die Sonne bewegten. Ihre Bahnen waren elliptisch und entstanden durch die Wirkung der Schwerkraft und der Fliehkraft, die Grundmaterie, aus der sie bestanden, war ein und dieselbe.

Kopernikus kam zu früh, um die Möglichkeit einer elliptischen Umlaufbahn zu sehen, aber wie Tycho Brahe und Galileo Galilei hätte er sie zweifellos abgelehnt, da sie die vollkommene Kreisbewegung verletzte, die den himmlischen Sphären zugeschrieben wurde. Kepler wies implizit die Schwerkraft zurück, da sie eine zu mystische Kraft sei, als daß man sie einer physischen Bewegung zuordnen könne. Man kann noch weitere Widersprüche in dieser Astronomie finden, trotzdem wirkt dieses neue System als Ganzes in das achtzehnte und neunzehnte Jahrhundert weiter.

Es ist auch wichtig zu sehen, was diesen Theoretikern nicht gelang. Sie gaben die Vorstellung nicht auf, daß Gott hinter diesem Himmel weile. Sie erkannten nicht die wirkliche Entfernung der Sterne oder ihre Anordnung in Milchstraßen, obwohl sie immerhin begriffen, daß sie von der Erde wesentlich weiter entfernt waren als der äußerste der Planeten, Saturn. Sie gaben nicht die Vorstellung auf, daß der Himmel eine harmonische Anordnung vollkommener Bewegungen sei, die durch unsichtbare okkulte Kraftquellen angeregt und durch einen unbewegten Beweger zum Klingen gebracht würde (allerdings erreichte Galilei schon fast die Schwelle zum modernen säkularisierten Himmel). Diese Forscher wollten herausfinden, wie eine esoterische Instanz physikalische Materie in ewige Bewegung versetzt und sie zu elementarer Wechselwirkung veranlaßt hatte. Der Mathematiker unter ihnen, der Baron von Leibniz, war in diesem Punkt ein bloßer Schatten des Pythagoras: Dieser sah Gott in geometrische Formen gehüllt, Leibniz ließ ihn mathematisch mit seinem Universum interagieren.

Es ist viel zu einfach, aus der Sicht des modernen Erkenntnisstandes einem jeden dieser Astronomen seine Erkenntnisse gutzuschreiben. Das führt zu Fehlurteilen. Die heliozentrische Revolution des Kopernikus ist zweifelhaft. Nicht Kopernikus setzte die Sonne in den Mittelpunkt, vor ihm hatte das bereits Aristarch getan, und nicht nur er, es war in gebildeten Kreisen ein durchaus gängiges Wissen. Auch war Kopernikus nicht der einzige »Astronom«, der der Erde Bewegung zugestand. Aus Gründen, die mit der physischen Astronomie wenig zu tun hatten, hatte Nikolaus Cusanus bereits ein Jahrhundert zuvor gefolgert, daß die Erde in Bewegung sei; nur weil wir keinen festen Hintergrund hätten, um diese Bewegung wahrzunehmen, wüßten wir nicht von ihr. Nikolaus Cusanus sagte auch, daß weder die Erde noch irgendein anderer Punkt das Zentrum des Universums sein könne, weil das Universum nämlich keine Grenzen habe. Daß er aus theologischen Gründen zu diesen Erkenntnissen kam, heißt nur, daß sein System im Gegensatz zum heliozentrischen Modell des Kopernikus nicht in der Tradition der Moderne angesiedelt war.

Kopernikus war weniger theologisch eingestellt, und das vor allem macht ihn zum Anfangspunkt der modernen astronomischen Tradition. Er brachte die Heliozentrizität und die Bewegtheit der Erde in eine Form, die dazu führte, daß seine Theorie auf beiden Seiten ernstgenommen wurde: von den kirchlichen Autoritäten, die sein Werk nach seinem Tod mit dem Bann belegten, und von den Astronomen, die ihm nachfolgten.

Kopernikus war kein Himmelsbeobachter; er war Mathematiker und Kleriker. Er versuchte, den Himmel in Ordnung zu bringen, und zu diesem Zweck schuf er ein besseres Buchhaltungssystem für die Sterne. Ohne Zweifel erkannte er, wie sehr sein eigenes System mißglückt war. Eigentlich wollte er das System des Ptolemäus vereinfachen, aber am Ende kamen dabei mehr, nicht weniger Epizykel und künstliche Einrichtungen heraus, wenn die Erscheinung des Himmels gerettet werden sollte. Das ptolemäische System erforderte neununddreißig Sphären und eine für die Fixsterne. Bei Kopernikus waren es mindestens achtundvierzig Epizykel. Die *Vereinfachung* des ptolemäischen Systems ist eine Leistung, die dem Kopernikus zu Unrecht zugeschrieben wird.

Kopernikus machte nur siebenundzwanzig eigene Sternbeobachtungen, die meisten davon waren in ihren Messungen ungenau. Alles andere basierte auf griechischen und arabischen Texten, die er noch nicht einmal auf unvermeidliche Übersetzungs- und Transskriptionsfehler hin untersuchte. Er war ein ängstlicher und devoter Kirchenmann, und vielleicht erlaubten die schludrigen Daten, auf denen er sein System aufbaute, es ihm, seine Häresie nicht ernstzunehmen.

Darüber hinaus hatte er weder das Instrumentarium noch die tiefe Neugierde, die ihn dazu getrieben hätte, umfassendere Himmelsbeobachtungen anzustellen und sein System auf seine eigenen Wahrnehmungen zu gründen. Von Anfang an hatte er entschieden, nur mit Sekundärmaterial zu arbeiten: das ptolemäische System, die Sternenkataloge des Aristarch und Herakleides und die Sternenbeobachtungen aus alten Zeiten. Diese siebenundzwanzig Beobachtungen des Kopernikus stechen nur deshalb hervor, weil sie die einzelnen siebenundzwanzig Augenblicke darstellen, in denen Kopernikus in den wirklichen Himmel des sechzehnten Jahrhunderts blickte und ihn in seinem Wesen zu erkennen suchte sowie zu messen sich anschickte. Ansonsten nahm er den Himmel als einen feststehenden Abdruck an und arbeitete nur mit Tafeln.

Ptolemäus hatte imaginäre Punkte im Raum, die sogenannten Äquanten, geschaffen, von denen aus die gleichförmige Bewegung sichtbar wäre. Aber wenn man wirklich gleichförmige Bewegung forderte, dann mußten die Planeten ihre Kreise aufgeben. Er mußte gewußt haben, daß er eine Fiktion in die Welt setzte, aber wie so viele andere Wissenschaftler nahm er wahrscheinlich an, daß die Fiktion immer noch besser war als das Chaos davor, immerhin würde sie für irgendeinen zukünftigen Astronomen eine Basis liefern, aufgrund der jener Verbesserungen anbringen konnte. Und das war Kopernikus. Er unternahm es, das ptolemäische Schema der Kreise und Äquanten durch das Modell einer zentralen Sonne und einer bewegten Erde zurechtzurücken. Für sein ordentliches Denken war eine Verletzung der gleichförmigen Bewegung eine größere Häresie als die Vorstellung, daß die Erde sich bewegt. Die Äquanten und Epizykel sah er nur als eine Berechnungsmethode für Erscheinungen an. Seine eigene Erfindung hielt er für die bessere theoretische Untermauerung des heiligen Firmaments. Niemals gab er den Grundsatz auf, daß sich die Planeten »mit gleichförmiger Geschwindigkeit in vollkommenen Kreisen bewegen.«[1]

Trotzdem hat Kopernikus ein klein wenig mehr geleistet, als lediglich einen illusorischen Himmel zurechtzurücken. Für eine große Zahl von Menschen, vor allem gebildete Menschen, machte er es möglich, die Bewegung der Sterne als scheinbare zu erkennen, zu erkennen, daß es die Erde war, die sich vor diesen in Wirklichkeit stillstehenden Sternen bewegte. Die Idee von der Sonne im Mittelpunkt hat er nicht erfunden, aber er schrieb darüber in einer so gewissenhaften, pedantischen Weise, daß es einen besonderen Eindruck im europäischen Denken hinterließ – nicht nur zu seiner eigenen Zeit, sondern auch in späteren Jahrhunderten.

Da die Erde nicht das Zentrum der Umlaufbahnen der anderen Planeten sein kann, und da sie sich offensichtlich auf die Erde zu- und von ihr wegbewegen, muß die Erde »zusätzlich zu der täglichen Umdrehung noch eine weitere Bewegung« haben. Abgesehen von der Rotation »wandert die Erde mit mehreren Bewegungen und ist in der Tat ein Planet«, eine Ansicht, die dem pythagoräischen Philosophen Philolaos zugeschrieben wird, wie Kopernikus erklärt. Umgekehrt kann sich der Himmel kaum um die Erde bewegen, »wenn wir annehmen, daß er unendlich ist und nach innen nur durch seine konkave Gestalt begrenzt ist, so daß alles, wie groß es auch sei, in ihm enthalten ist.« Das wäre eine ungeheure Ewigkeit, die um einen ganz konkreten Punkt kreist. »Warum also sollte man zögern, der Erde die ihrer Gestalt natürlich angepaßte Kraft der Bewegung zuzugestehen, anstatt ein gleitendes Rund des ganzen Universums anzunehmen, dessen Grenzen unbekannt und unerkennbar sind?«[2]

Weil Kopernikus Mathematiker ist und von einem derartig hartnäckig pragmatischen Blickpunkt aus argumentiert, werden seine Argumente besonders gewichtig. Trotzdem war die kopernikanische Weltsicht für das breite Publikum zu dieser

Zeit kaum attraktiv, und die tausend Exemplare des Werkes »De revolutionibus orbium coelestium«, das im Jahre 1543 veröffentlicht wurde, konnten nicht alle verkauft werden. Ungefähr alle hundert Jahre wurde das Werk neu aufgelegt. Das kopernikanische System wurde der Welt nur aus zweiter Hand vermittelt, durch andere Bücher, wie zum Beispiel Thomas Digges' Verkündigung des unendlichen kopernikanischen Universums in seinem Werk »Perfit Description of the Caelestiall Orbes«, das in fünf rasch aufeinanderfolgenden Auflagen erschien. Im Prozeß der Popularisierung verwischten sich die Unterschiede zwischen den ursprünglichen Ideen des Kopernikus und der Wiedergabe durch Thomas Digges. Kopernikus hatte noch die zusammenhängenden Umlaufbahnen der Fixsterne bewahrt, aber Digges verstreute sie holterdiepolter durch die Reiche des unendlichen Raumes. Intuitiv nahm er wahr, wie wichtig die Idee der Heliozentrizität für weitere kosmische Perspektiven ist: Es ging nicht hauptsächlich darum, daß die Sonne nun im Mittelpunkt lag, sondern um die Folgen, die die Entfernung der Erde aus dem Mittelpunkt für alles andere hatte. Der Ort des Menschen im Kosmos hing voll und ganz von einer mathematischen Berichtigung in einem illusorischen System ab – aber war es nicht schon immer so gewesen, damals wie heute?

Der fromme Domherr wäre entsetzt gewesen, hätte er gelesen, wie der Dichter John Donne ihn beschrieb. Das kopernikanische System war zu einem Werk Luzifers geworden, das die Erde in den Himmel reichen ließ und einen neuen Turm von Babel baute, um Gott herauszufordern. Erst Jahrzehnte nach dem Tode des Kopernikus erfuhren die Kirchenführer von diesem berühmten Häretiker und wollten ihn auf dem Scheiterhaufen verbrennen lassen. Daß sie zu spät kamen, verblüffte sie. Wie hatte er ihnen entgehen können?

Aber dafür hatte Kopernikus andere Probleme. Historischen Erzählungen zufolge war er mit Schwierigkeiten überhäuft und in kleinlichen Zank verwickelt. Eine bizarre Kette von Verwicklungen führte dazu, daß seine Gegner die Publikation seines Werkes übersahen, beziehungsweise den Text für ihre eigenen Zwecke ausschlachteten. Es wurde ein Vorwort in seinem Namen verfaßt, welches das in dem Buch beschriebene System als Fiktion beschrieb, denn die für Venus behauptete Bahn war ein Ding der Unmöglichkeit. Kopernikus stritt es nicht ab. Ihm war durchaus bewußt, und sei es nur durch die Diskrepanzen in den Marspositionen, daß es ihm mißlungen war, den ptolemäischen Himmel zu berichtigen. Trotzdem wehrte er sich zuzugeben, daß sein System in ähnlicher Weise fiktiv sei wie das des Ptolemäus, obwohl es ihm andererseits auch mißlungen war, eine ernstzunehmende Arbeit im Sinne einer physikalischen Dynamik zu schaffen. Er saß in der Falle: einerseits die mögliche Häresie seines Systems und eine Schar von Irrtümern (was sich tendenziell aufhob) und andererseits seine dramatische Richtigkeit. Er hatte die verwirrenden Rückwärtsbewegungen der Planeten überwunden, indem er zeigte, daß sie nur ein Schein waren, der durch den gleichzeitigen Umlauf der Erde um die Sonne erzeugt wurde. In logischer Konsequenz dazu hatte er den Stillstand der Sterne erklärt. Da sie für eine Bewegung um die Erde nicht mehr »verantwortlich« waren, begannen sie nach außen in ihre wirkliche Entfernung von uns wegzudriften.

Aber es ist merkwürdig paradox, daß Kopernikus niemals so offen und direkt in den Himmel blickte, wie er sich mit den Werken anderer Astronomen befaßte. Er hatte keine kosmische Vorstellungkraft. Der Inhalt seines Werkes »De revolutionibus orbium coelestium« entspricht genau seinem Titel: Es geht um die Umläufe der Himmelskörper. Es sagt nichts darüber, wie sich die Planeten tatsächlich bewegen; es ist kein Versuch, ihr Wesen zu verstehen: Nicht einmal die wirkliche Größe der Sonne und ihre zentrale Position in diesem System wird thematisiert. Das Werk des Kopernikus ist nur eine Berichtigung von Tabellen, und eine Methode zur Darstellung der mathematischen Eigenschaften der Figuren, die durch die aufeinanderfolgenden Positionen der Planeten erzeugt werden.

Indem Kopernikus versuchte, Ordnung zu erhalten, trug er dazu bei, sie umzustürzen. Es paßt wie die Faust aufs Auge, daß gerade ein konservativer Kirchenmann eine so ungeheure, für ihn so unpassende Woge in Bewegung gebracht hat, denn es zeigt, wie spezifisch und konkret die Nadeln sind, die in unserer

Welt den Hintergrund an den Vordergrund heften. Wir kennen sie kaum. Während andere nach verschiedensten Arten von Revolution und Veränderung schrien [und es gab zu jener Zeit Kriege und bekannte Häresien], verrückte Kopernikus wie durch Zufall einen der Schlußsteine der mittelalterlichen Welt. Er verschob die Sterne; er führte das winzigste Element der Exzentrizität, die kleinste Schwankung ein, aber diese Schwankung zog andere nach sich und wurde zum Erdbeben – zum Himmelsbeben.

Fast zur selben Zeit, wie sich Kopernikus der Sonne zuwandte, geschah dies auch von seiten der hermetischen und gnostischen Tradition des Westens. Eigentlich war die Sonne ja immer dagewesen, und die Assoziation der Sonne mit Hermes selbst war alt und bedeutend. Hermes wurde planetarisch als Merkur und theosophisch als die Quelle des Lichtes betrachtet und mit dem Metall Gold assoziiert. Wie Nikolaus Cusanus, und ohne es zu bemerken, hatte Kopernikus auch die Basis für eine neue hermetische Interpretation des Universums gelegt:

> *In der Mitte aber von allen steht die Sonne. Denn wer wollte diese Leuchte in diesem wunderschönen Tempel an einen anderen oder besseren Ort setzen als dorthin, von wo aus sie das Ganze zugleich beleuchten kann? Zumal einige sie nicht unpassend das Licht, andere die Seele, noch andere den Lenker der Welt nennen. Trismegistos bezeichnet sie als den sichtbaren Gott, die Elektra des Sophokles als den Allessehenden. So lenkt in der Tat die Sonne, auf dem königlichen Thron sitzend, die sie umkreisende Familie der Gestirne.*[3]

Wüßten wir nicht, daß dies von Kopernikus stammt, so hätten wir es einem der hermetischen oder neuplatonischen Philosophen zuordnen können.

Die Historikerin Frances Yates hat die Beziehungen zwischen wissenschaftlichen und magischen Bewegungen dieser Zeit aufgespürt. Aus ihrer Sicht war Kopernikus von seinem Ausgangspunkt aus damit beschäftigt, das klerikalwissenschaftliche, also aristotelische Universum zu reformieren, die Hermetiker jedoch waren, von einem anderen Ausgangspunkt ausgehend, bestrebt, ihre Symbole zu modernisieren und deren Verbindung zu den heidnischen ägyptischen Wurzeln zu vertiefen. Dabei war es nötig, die als falsch unterstellten klassischen Einflüsse abzustreifen. Ob diese Ursprünge tatsächlich echt ägyptisch sind, ist für Frances Yates eine zentrale Frage und ein Hauptthema ihres Buches, für uns aber ist wichtig, daß die zentrale Sonne in der hermetischen Tradition als die Erfüllung der ägyptischen Prophezeiung galt. Die Tatsache, daß diese »Prophezeiung« der Entwicklung der Astronomie in den folgenden Jahrhunderten entsprach, verhinderte keineswegs eine magische Identifikation: Die Wissenschaft wurde als Jahrtausendereignis, als Wiedererwachen einer ägyptischen Methodologie betrachtet. Sie würde der Menschheit schließlich die Kraft geben, die rigide christliche Orthodoxie über den Haufen zu werfen.[4]

Die großen Kräfte, die dem gemeinen Mann in späteren Jahrhunderten durch Maschinen, Elektrizität und Metallurgie zuteil wurden, waren die magische Verwirklichung dieser astralen ägyptischen Tradition. Und sie haben die Kirche über den Haufen geworfen. Und sie kamen von hermetischen Wissenschaftlern: Kopernikus, Newton und sogar Einstein. Natürlich waren die Magier nicht mehr zugegen, um ihren Sieg zu beobachten: Ihr Paradies wurde in Böhmen durch den Dreißigjährigen Krieg ausgelöscht, auch das Eden, von dem sie träumten, wurde niemals Wirklichkeit, selbst nicht mit diesen heidnischen Maschinen. Das Problem der Industrialisierung wird gerade darin gesehen, daß der westliche Mensch seine eigenen Wurzeln verloren und in Abhängigkeit davon es unterlassen hat, der astralen Erkenntnis ihre Rolle in der Gesellschaft zuzugestehen: und dies heißt, den Kontakt mit dem großen Energieprinzip selbst verlieren. So sagen es jedenfalls die Hermetiker des zwanzigsten Jahrhunderts.

Der italienische Astralphilosoph Giordano Bruno war der erste, der die Theorie von der Sonne als Weltmittelpunkt in ein neues System der traditionellen »ägyptischen« Magie integrierte. Einige Jahre nach dem Tod des Kopernikus geboren, war Bruno ein Zeitgenosse von Kepler und Galilei. Wegen seiner Häresie wurde er im Jahre 1600 von der Kirche hingerichtet.

Das Bild vom Himmel, das Bruno im sechzehnten Jahrhundert zeichnete, ist in seiner Art so eigenwillig und unmechanistisch, daß es oft als eine Art naive Vorschau auf eine Astronomie fehlinterpretiert wurde, die sich erst Jahrhunderte nach Kopernikus, Kepler und Newton entwickeln sollte. Mit intuitiver Sicherheit erfaßte Bruno Dinge, die wie Entdeckungen aus dem zwanzigsten Jahrhundert aussehen, wenn wir sie in Texten lesen, die aus seinen Schriften exzerpiert wurden, vor allem, wenn diese ausgewählt wurden, um einen frühen Wissenschaftler zu porträtieren, der im Namen der Wahrheit gestorben ist. Das tat Bruno zweifelsfrei, aber seine Wahrheit unterschied sich von der unsrigen: Es war die Wahrheit der Sonnenstadt und der ägyptischen Renaissance.

Bruno erkannte, daß die Sterne und Galaxien unendlich und ewig sein mußten und daß solche Systeme auch vernunftbegabte Lebewesen enthalten mußten. Das Wort »Galaxis« verwendete er nicht, aber er sprach von Sternensystemen, die ihre jeweiligen Sitten und Glaubensvorstellungen und auch ein Recht auf ihren eigenen Mittelpunkt hätten, der von der Lage der Erde weit entfernt sei. Bruno war insofern ein Mann der Moderne, als er das Universum dezentralisierte und nicht nur die Erde, sondern die ganze umliegende Region der Schöpfung aus ihrer besonderen Position, nämlich der Mittelpunkt der materialisierten göttlichen Energie zu sein, entfernte.[5]

Einzig ist der Himmel, das Universum, der allumfassende Äther, der unermeßliche Raum, worin sich alles regt und bewegt. Darin gibt es unzählige Gestirne, Sonnen, Planeten; wir erblicken nur die Sonnen, weil sie leuchten, die Planeten bleiben unsichtbar, denn sie sind klein und dunkel. Es gibt auch zahllose Erden, die um ihre Sonnen kreisen, um nichts schlechter und weniger bevölkert als der Globus.[6]

Was Bruno an Kopernikus gefiel, war sowohl seine Ansicht von der Sonne als Weltmittelpunkt als auch seine Ansicht von der

Erde als bewegter Körper. Er erkannte auch, daß die Perspektive des Kopernikus eine Art prometheischer Machtübernahme war, daß man auf diese Weise an die Quellen der Schöpfung reichte. Die künstlichen Planeten- und Sternensphären, die die ptolemäisch-aristotelische Tradition dem Himmel auferlegt hatte, versperrten dem Menschen den Weg zum Himmel. Das magische Prinzip wurde stufenweise unzugänglicher, je weiter man sich der Engelssphäre näherte, wo nur noch die Kirche vermitteln konnte. Das ägyptische Universum dagegen oder zumindest das Universum des Hermes mit seinen ägyptischen Affinitäten erlaubte es dem Menschen, selbst in astrale Räume zu reisen, gab ihm Formeln zur Hand, um Sternenenergien herab auf die Erde zu ziehen, und bevölkerte die Himmelsräume mit einer unbegrenzten Zahl von fremdartigen Intelligenzen und Kräften. Den Himmel zu dechristianisieren, war nicht als Blasphemie gegen Gott gedacht, vielmehr bedeutete es, Gott zuzugestehen, daß er mehr als nur ein christliches Universum erschaffen konnte. Im Grunde bedeutete es [und das ist die Blasphemie, für die Bruno starb], sich ein Universum vorzustellen, in dem Gott Dinge erschuf, die durch das scholastische und thomistische Gesetz nicht abgeleitet werden konnten. Aber Magier und Hermetiker konnten sie ableiten, indem sie gleichermaßen göttliche Prinzipien anwendeten. So sagt Bruno etwa:

> *Weit öffne uns das Tor, daß wir hinausblicken können in die unermeßliche einheitliche Sternenwelt. Zeig uns, daß andere Welten im Äthermeer schwimmen gleich der unseren...*[7]

Die bewohnten Galaxien von Bruno waren nicht modern; sie waren einfach nur heidnisch, aber heidnisch auf eine andere Art als unsere moderne Wissenschaft. Gott rauschte durch das Universum, transformierte, bewegte und erfüllte überall alles mit seiner Kraft. Ptolemäus hatte die Sterne an hüllenartige Gebilde geheftet, Bruno dagegen sagte: »Man kann nicht glauben, daß es irgendein Firmament oder einen Grund gibt, an den diese großen Lebewesen angeheftet sind, die das Universum bilden, als das unendliche Material der unendlichen göttlichen Potenz.«⁸ Die Erde bewegt sich, um sich anzuregen, um ihre Stoffe zu transformieren, ihre Eigenschaften zu vermehren, vor allem anderen aber, weil sie belebt ist und eine Seele hat, die sie durch Bewegung ausdrücken muß.

Sein Sinn für das Unendliche macht Bruno am meisten zum Astronomen. Er hatte eine frühe Vision jenes großen Bestiariums, in das sich später die Teleskope versenken würden – Staunen und Bewunderung erzeugend. Er sah es als eine »anima mundi«, eine Weltseele, an. Hier brachten engelhafte Wesen najadengleich aus ihren umseelten Strudeln Sternenmassen hervor, ergoß sich die Schöpferkraft durch die Sterne und Welten, die von ihr erzeugt werden und in die sie ihre ewigen Eigenschaften in Form von Elementen, dämonischen Einflüssen ausgießt; Eindrücke, die in den Arten der Lebewesen unter Farbe, Zahl, Gestalt, Klang, Umwelt oder einem winzigen Signet verborgen sind. Deshalb ist die eigentliche Sternenkunst nicht die Astronomie, sondern die Astromantik und die Herstellung von Talismanen. Diese intime Bindung an die Sterne ist bei Bruno der am wenigsten moderne Zug. Er meinte nicht den äußeren Raum im modernen nihilistischen Sinne; er meinte nicht jene Unendlichkeit, die den Menschen zum Zwerg machte. Vielmehr sind diese ungeheuren Bereiche der Schöpfung für die Menschheit durch Magie und astrale Kraft verfügbar. Der Mensch ist nicht in einen entlegenen Winkel verbannnt, denn es gibt keine entlegenen Winkel. Newton sah dies in ähnlicher Weise, als er die Schwerkraft zwischen alle einzelnen Partikel im Universum setzte.

Daß es dem Menschen mißlungen war, in kreativer Weise den Himmel zu betrachten, war für Bruno gleichbedeutend mit dem mißlungenen Aufstieg in die Sphären der ursprünglichen kreativen Energie und Schicksalssetzung. Kopernikus dagegen hatte es geschafft:

> *Manche Menschen [schrieb er] gleichen dem Maulwurf mit seinen trüben Augen, der sich, sobald er den freien Lufthauch des Himmels verspürt, hastig wieder in den Boden vergräbt: Sie streben nur danach, in ihrer ursprünglichen Dunkelheit zu verbleiben.*

Andere sind wie jene Nachtvögel, die sich aufgrund der Schwäche ihrer Augen schnell in ihre schattigen Zufluchtsorte begeben, sobald sie im heller werdenden Schimmern des Ostens jene rötlichen Streifen wahrnehmen, die vom Aufgang der Sonne künden. All jene Geschöpfe, die nicht auf die Lichter des Himmels blicken können, sondern dazu bestimmt sind, in den unterirdischen Kreisen von Plutos dunklem Gefängnis zu verweilen, wenn sie die gefürchteten Klänge aus Alektons rasendem Horn hören, breiten ihre Schwingen aus und segeln in schnellem Flug zu ihren Wohnstätten zurück. Aber jene, die geboren sind, die Sonne zu sehen, sind voller Dankbarkeit, wenn sie das Ende der verhaßten Nacht erreichen, und sie richten sich darauf ein, inmitten der Kristallkugel ihrer Augen die langersehnten Strahlen der glorreichen Sonne zu empfangen, und mit ungewohnter Fröhlichkeit im Herzen erheben sie ihre Hände und ihre Stimme, um den Osten zu verehren...[9]

Dieses Motiv klingt in der Dichtung des Esoterikers Robert Kelly wieder an – von neuem der Ruf zum Sonnenstern:

& wenn wir nicht aufstehen und die parlamentarier alle zerstören sie verwandeln in nackte menschen und die sonne auf sie scheinen lassen in einer wüste & sie ihren Weg nach draußen finden lassen, nach norden, durch was auch immer für eine sexuelle kraft, die ihnen noch geblieben ist, wenn wir
    nicht
den präsidenten ergreifen und ihn untertags herausholen und
    ihm
das feuer & die energie eines wenigstens unmittelbaren sternes, weißen
    sternes,
zeigen, das in seinen schädel hämmern bis er nur noch diesen rhythmus hören kann & in den tanz eintritt oder seinen eigenen tanz tanzt,
dann werden wir auf ewig die gänge entlang in die spiegel gehen und straucheln und zur linken hand nach hilfe suchen & die sonne wird in uns untergegangen sein...[10]

Aber Bruno mußte durch mittelalterliche Senatoren sterben; und dreihundertfünfzig Jahre später sollte Wilhelm Reich im Bundesgefängnis von Connecticut sterben, weil er aus der Beobachtung der Milchstraße und aus der Erforschung der kosmischen Energie in der Atmosphäre Heilmittel entwickelt hatte. Vielleicht hat sich der jeweilige Inhalt der Häresie geändert, aber noch immer haben wir ein astrales Heidentum, welches ein klerikales Establishment herausfordert. Bruno weigerte sich, vor der Kirche zu widerrufen, Reich weigerte sich, vor der Verwaltungsbehörde für Lebens- und Arzneimittel zu erscheinen. Nicht für die Sterne sterben die Menschen; der Grund liegt vielmehr in der durchgreifenden Wirkung der Sternvisionen auf die Gesellschaft. Brunos letzte Worte hallen durch die Jahrhunderte wider:

> *Mit größerer Furcht verkündigt ihr das Urteil gegen mich, als ich es entgegennehme! Die Zeit wird kommen, wo alle sehen, was ich sehe.*[11]

Und wir müssen uns vielleicht fragen, ob diese Zeit noch in der Zukunft liegt.

In der Umwandlung der Kosmographie liefen die Heliozentrizität und die Entdeckung der Neuen Welt durch europäische Seefahrer parallel. Genausowenig, wie Kopernikus die Bewegung der Erde entdeckt hat, hat Kolumbus Amerika entdeckt. Cyrus Gordon hat Beweise für phönizische Handelsexpeditionen nach Brasilien, die bereits um 800 vor Christus stattfanden.[12] Carl Sauer weist darauf hin, daß um 900 nach Christus eine irische Besiedlung Nordamerikas stattfand, und zwar im Gefolge der norwegischen Invasionen im Nordatlantik um das Jahr 850.[13] Diese beiden »Entdeckungen« haben vielleicht auch früher stattgefunden. Um das Jahr 1000, die Jahrtausendwende, schickten die Wikinger dem Sultan von Ägypten einen Eisbären aus Nordamerika.[14] Deutlicher hätte diese Verbindung kaum sein können. Zweifellos gab es auch andere Überreste, selbst in Stein geritzte Runen sind nahe am Mississippi gefunden worden; sie wurden von indianischen Gruppen landeinwärts gehandelt. Es war dies eine merkwürdig kosmopolitische Zeit.

Um das Jahr eintausendzweihundert nach Christus haben sich die Wikinger in der Neuen Welt niedergelassen, und baskische Fischer fuhren von der Küste von Neufundland im nördlichen Atlantik nach Spanien zurück. Die Norweger ließen Grönland und den Westen im Jahre vierzehnhundert hinter sich.[15] Wenn wir also bei diesem berühmten Datum, dem Jahr 1492, ankommen, so müssen wir wirklich fragen: Was drückt dieses Datum eigentlich aus? Sicherlich nicht die Entdeckung der Neuen Welt durch menschliche Wesen. Die Indianer hatten dort schon mindestens fünfundzwanzigtausend Jahre gelebt. Sicherlich auch nicht die Ankunft der ersten Europäer in der Neuen Welt. Die »Entdeckung« Amerikas ist ebenso problematisch wie die kopernikanische »Revolution«, und beide Ereignisse gehören im Westen zu derselben Geschichtsepoche.

1492 ist das Datum, an dem zwei gegensätzliche europäische Weltbilder verschmolzen. Das eine Europa war in der alten Mittelmeerkultur gegründet, noch gab es unbestimmte Hoffnungen, daß das römische Imperium oder wenigstens die römische Kosmologie wieder neu aufgebaut werden könnte, vielleicht sogar durch die Kirche, und daß auf diese Weise ein neues goldenes Zeitalter anbrechen könnte. Man war sich der Reichtümer Asiens bewußt, aber den Atlantik kannte man nicht und fürchtete ihn – die Himmelsrichtung West war gleichbedeutend mit Primitivität und Dunkelheit. Dies war ein Europa, das mit internationaler Finanzpolitik, der Suche nach Absatzmärkten und der Festsetzung nationaler Grenzen für politische Zwecke beschäftigt war. Es war das Europa von Verdun und wurde zum Europa des Königs Philipp von Spanien und De Soto mit seinen Verwüstungen der südostindischen Zivilisation, das Europa von Cortez und Napoleon, der, so spät noch, seinen einzigen strategisch interessanten Landbesitz, den Staat Louisiana, in der Not verkaufte.

Das andere Europa aber gründete gerade auf dem alten Atlantik; es trat nie in die christliche Orthodoxie oder mittelalterliche Philosophie ein. Es war und blieb pragmatisch, heidnisch und stammesbezogen. Am reinsten zeigte es sich in den späteren Nachfolgern der Druiden, in den Fischern von Biskaya und Bristol[16], den Kretern und Basken und all jenen anders ausgebildeten »Christen«, die nach Hermes suchten, ihn alchemisch in die kirchliche Liturgie verwoben und Ägypten als die Basis einer alten und mächtigen Magie ansahen.[17] In diesem anderen Europa wußte man von den Seereisen irischer Mönche, es gab geheime Karten und Seerouten, alte »wissenschaftliche« Dokumente. Das war nicht das Europa des Platon und Aristoteles, sondern das der persischen und arabischen Enzyklopädien – das Europa des John Dee, John Smith, des Hesiod, Homer und der norwegischen Sagas. Es wurde zu einem Renaissance-Europa, für das sowohl die christliche Orthodoxie wie auch die Reformation relativ unbedeutend war, und es lehnte die scholastischen Anwendungen der alten humanistischen Philosophie ab.[18]

Aber keines dieser beiden Europas bekam Amerika als solches zu fassen. Das erste hatte Angst und wußte von ihm nichts, das zweitgenannte befaßte sich mit Astralmagie und einer Navigation ohne eine vollständige Kosmographie. Kolumbus raubte den Atlantik seinen eingeborenen Anwohnern beiderseits, den Algonquin und den Basken, und übereignete ihn Spanien und Rom, Cortez und Pizarro. Er vereinte die runde und die flache, die heidnische und die christliche Welt; er verschmolz die geheimen Handelskarten und unbekannten Königreiche mit öffentlichen Stiftungen und anerkannten Geldquellen. Indem er dies tat, gingen ihm das homerische Meer und seine wundersamen Völker verloren, genauso wie wir den von Engeln erfüllten Himmel verloren haben. Es war der gleiche Prozeß. Er setzte die Segel und entdeckte Ländereien, so daß sie entdeckt blieben und nicht für die Wiederentdeckung Indiens gehalten wurden. Er machte es für Europa unmöglich zu vergessen, was es bereits wußte.

Das Jahr 1500 war ein Wendepunkt. Sowohl Kolumbus wie auch Kopernikus waren beide hartnäckig genug, die damalige Vorstellung von der Welt nachhaltig und bleibend zu transformieren, aber auch strenggläubig genug, daß sie bis zu ihren letzten Lebenstagen an die alte Kosmologie glaubten.

2. Die Planeten

Wenn es einen Astronomen gibt, dessen Werk die Wasserscheide zwischen dem alten okkulten und dem modernen wissenschaftlichen System kennzeichnet, dann ist das Johannes Kepler. Er war diese seltsame Mischung von Zyniker und Mystiker. Er war Astrologe. Tatsächlich führte er seinen Scharfblick bei der Lösung des Problems der Marsumlaufbahn auf die Anordnung der Planeten bei seiner Geburt zurück. Er hörte und transkribierte die Sphärenmusik klarer als jede andere historische Persönlichkeit seit Pythagoras, und er verfaßte eines der schönsten und unvergänglichsten Zeugnisse der mittelalterlichen Kosmologie. Trotzdem war er als einziger unter seinen Zeitgenossen pragmatisch und erfinderisch genug, um mit den vollkommenen Kreisbahnen und der ihnen innewohnenden göttlichen Bewegung zu brechen und die tatsächlichen Gesetze der Planetenbewegung zu entdecken.

Ist die Sphärenharmonie bei Kepler vor allem okkulte Musik oder mehr die mathematischen Eigenschaften ihrer Umlaufbahnen? Das ist schwer zu entscheiden, denn für ihn war es dasselbe. Er verstand die pyhsikalische Basis der Planetenbewegung besser als irgend jemand vor ihm; aber seine Interpretation dieser Bewegung war spirituell ausgerichtet:

> *Die Sonne in der Mitte der sich bewegenden Sterne, selbst in Ruhe und doch die Quelle der Bewegung, trägt das Bild Gottes, des Vaters und Schöpfers... Sie verteilt ihre treibende Kraft durch ein Medium, das die sich bewegenden Körper enthält, so wie der Vater durch den Heiligen Geist wirkt.*[1]

Und an einer anderen Stelle:

> *Wozu Worte verlieren? Geometrie war vor der Schöpfung, ist dem Geist Gottes gleich ewig, ist Gott selbst [was ist in Gott, das nicht Gott selbst ist?]; die Geometrie versah Gott im voraus mit einem Modell der Schöpfung und wurde dem*

*Menschen eingepflanzt, zusammen mit Gottes eigenem Bild –
und seinem Geist nicht bloß durch die Augen vermittelt.*[2]

In seinem epischen Werk über die Geschichte der westlichen Astronomie »Die Nachtwandler« setzt Arthur Koestler Kepler ins Zentrum des Buches, in die Mitte einer Reihe von Kapiteln, die den Titel »Die Wasserscheide« tragen. Koestler porträtiert Kepler gründlich und tiefgreifend. Die Art, wie er eine historische Figur psychologisch zeichnet, zeugt von mehr Genauigkeit und Scharfblick, als sie in dem bekannteren Werk von Erik Erikson über Martin Luther zu finden sind. Koestler erkannte, daß Kepler in seiner Zeit nicht seinesgleichen hatte. Seine Einsichten waren viel radikaler und begründeter als die des Kopernikus. Die Gesetze, die er entdeckte, waren vorher kaum, wenn überhaupt, vorgezeichnet worden.

Koestler gelingt es, in Kepler die Einheit von Mystik und Wissenschaft zu erfassen: Er glaubte genügend an Astrologie, um Kritiken über die degenerierte Astrologie seiner Zeit zu veröffentlichen; er war ein Anhänger der Astralmagie, verachtete aber gleichzeitig den Aberglauben und opferte Jahre seines Lebens, um seine Mutter, die wegen Hexerei angeklagt worden war, zu verteidigen – weil er die Verteidigung mit derselben Sorgfalt vorbereitete, die er auf die Erklärung der Marspositionen verwendet hatte. In einer Zeit, wo die meisten nur darum wetteiferten, die Erscheinungen zu retten, war er Wissenschaftler genug, um frühere Theorien wegen winzigster Mängel zu verabschieden; er war ein verschrobener Gatte, Familienvater und Freund, der viele seiner Probleme auf astrologische Einflüsse zurückführte, aber in der charakterkundlichen Sprache des Tierkreises verfaßte er auch brillante psychologische Selbstbildnisse. Und noch bevor irgendein anderer Astronom die Nützlichkeit einer überaus sorgfältigen Genauigkeit erkannte, war er als Mathematiker und Theoretiker fast zwanghaft genau.

Trotz zahlloser Ausweisungen und Zeiten des Exils, die durch Vorurteil, Aberglauben und Krieg entstanden, blieb Keplers Geist durchweg klar. Die besten Beobachtungsdaten seiner Zeit blieben ihm unzugänglich, aber er konnte, im Gegensatz zu Kopernikus, kein parteiliches Wissenssystem akzeptieren. Einen Kosmos, der durch eine Zufallskombination von wirklichen Mechanismen und traditionellen Glaubensinhalten bestimmt wurde, konnte er letztendlich nicht dulden. Zwar lagen dem Himmel vitale Kräfte zugrunde, aber wie sie in physikalische Bewegung umgewandelt wurden, das war ein rein physikalischer Prozeß und von daher beschreibbar, ohne daß man auf Autoritäten oder orthodoxe Kosmologien hätte zurückgreifen müssen. Wenn man die Symmetrie des Himmels nicht durch Kreise und eine natürliche gleichförmige Bewegung aufrechterhalten konnte, dann mußte der Schöpfer irgendein tieferes und vollkommeneres Rätsel eingebaut haben.

Im ganzen Keplerschen Werk ist die moralische Grundlage der Schöpfung ein zentrales Thema. Als er später entdeckte, daß die entfernten Sterne in Beziehung zur Erde bewegungslos waren und daß dies vielleicht auf ihrer großen Entfernung beruhte, argumentierte er, daß diese beunruhigende Unendlichkeit die moralischen Konsequenzen für das menschliche Leben nicht berühren könnten. Sonst hätten ja auch das Krokodil und der Elefant eine größere Affinität zum Schöpfer, weil sie größer als der Mensch seien. Dies erinnert an die spätere Bemerkung von Herman Melville, daß sowohl der Wal wie auch ein Insekt einem einzigen Willensakt, das heißt einem einzelnen Nervenimpuls gehorchen.[3]

Kepler akzeptierte das Modell des Kopernikus mit der Sonne im Mittelpunkt und versuchte von da aus das mathematische Geheimnis, das in den Umläufen der anderen Planeten enthalten war, herauszuarbeiten. Zu Beginn beabsichtigte er, ein Zahlenverhältnis zwischen den Ausmaßen der wichtigsten Epizykel eines jeden Planeten aufzustellen. Das führte zu nichts. Er setzte einen unsichtbaren Planeten zwischen Mars und Jupiter, dann einen zweiten zwischen Mars und Venus und verletzte auf diese Weise die numerologischen Gesetze, die sich auf die Siebenzahl der bewegten Himmelskörper stützten. Er versuchte es mit trigonometrischen Verhältnissen zwischen den Umlaufbahnen; er wandte verschiedene astrologische Prinzipien und dann

verschiedene Formen von Geometrie an. Aber er mühte sich
vergebens. Die Umlaufbahnen waren keine Kreise, und die Anordnung der Planeten war nicht der Schlüssel zu einer pythagoräischen Harmonie.

In diesem Stadium unterschied Kepler noch nicht zwischen dem Versuch, eine mathematische Lösung des Problems als Beschreibung der physischen Wirklichkeit zu erreichen, und dem Versuch, eine numerologische Lösung für die Sphärenmusik herbeizuführen. Beide Himmel waren für Kepler identisch. Das Erstaunliche ist, daß es ihm gelang, den »hermetischen« Himmel so genau zu beobachten, daß er mathematische Prinzipien entdeckte, für die es im traditionellen Okkultismus keine Basis gab.

In seinem »Mysterium Cosmographicum« (1597) konstruierte er das erste hermetische Sonnensystem. Der volle Titel umreißt die Grundlage des Werkes: »Vorläufer der kosmographischen Erörterungen, der das Mysterium Cosmographicum der wunderbaren Proportionen zwischen den himmlischen Umlaufbahnen und die wahren und eigentlichen Gründe für ihre Zahl, Größe und periodischen Bewegungen enthält.«

Keplers Lösung bestand darin, die Umlaufbahnen der Planeten in die fünf vollkommenen Körper einzupassen, dadurch waren sie voneinander abgesetzt:

Zwischen Saturn und Jupiter lege den Würfel,
Zwischen Jupiter und Mars die Dreieckspyramide,
Zwischen Mars und Erde das Dodekaeder,
Zwischen Erde und Venus den Zwanzigflächner,
Zwischen Venus und Merkur das Oktaeder.[4]

Der Augenblick der Entdeckung war hinreißend, wie Kepler sich erinnert. Er war so überzeugt davon, daß eben dieser Gott, der nur fünf symmetrische feste Körper geschaffen hatte, diese Körper gerade zwischen die Umlaufbahnen der Planeten gesetzt haben mußte, daß er erwartete, sie würden sich vollkommen ineinanderfügen. Als dies aber nur annähernd geschah, vermutete er, daß die Daten ungenau seien, und er korrigierte

(d. h. veränderte) sie, damit sie zu seiner Hypothese paßten. War er anderen magischen Universen ausgewichen, schuf er jetzt sein eigenes. Ausgehend von diesem kosmischen Modell leitete Kepler nun die Astrologie, die Numerologie, die geometrische Symbolik des Tierkreises und schließlich die pythagoräische Entsprechung zwischen den vollkommenen festen Körpern ab, die zwischen den Planetenbahnen und den harmonischen Intervallen in der Musik lagen.

Jahre später nahm er eine kleine, aber bedeutsame Änderung vor: Er modifizierte das Konzept der Planetenbewegung, wie es im »Mysterium Cosmographicum« erscheint. Dort hatte er angenommen, daß die Planeten durch Seelen bewegt und vorangetrieben werden, nun hatte er die Vorstellung einer Kraft, die von der Sonne ausging. Der Unterschied zwischen einer Seele und einer Kraft war klein, aber er hatte eine subtile Berichtigung vorgenommen und konnte nun das physische Universum feiner wahrnehmen. Kopernikus hatte den physischen Mittelpunkt in die Sonne selbst gesetzt. Wenn die Sonne im Zentrum lag, dann hielt vielleicht eine von der Sonne ausstrahlende Kraft die Planeten in ihren Umlaufbahnen und verlieh diesen Bahnen ihre Gestalt und Schwingungszahl.

Für Kepler war diese Suche eine lebenslange Meditation über die geistige Quelle des Universums. Er brachte sein eigenes Bewußtsein in unmittelbaren Kontakt mit dem Gesicht Gottes. Und er erkannte sehr schnell, daß auch dieses geometrische Universum ein neuer Mythos war. Es mußte noch eine wirkliche Lösung für dieses Problem geben, eine rein physikalische Lösung. Sie würde das heilige Gesetz nicht verletzen, weil das heilige Gesetz ja unverletzlich war. Welche Gestalt Gott auch immer hatte, dort oben am Himmel hatte Er sie manifestiert, so daß man sie anschauen und erkennen konnte. Also verwarf Kepler seine eigene Theorie, und das unterscheidet ihn beträchtlich von seinen Zeitgenossen.

Das »Mysterium Cosmographicum« hat Kepler mit vierundzwanzig Jahren geschrieben. Sein wichtigstes wissenschaftliches Werk, die »Astronomia Nova« hat er in seinen vierziger Jahren geschrieben. Der Untertitel beschreibt den Inhalt: »Eine

Neue Astronomie oder Himmelsphysik, abgeleitet aus den Untersuchungen über die Bewegungen des Sterns Mars, basierend auf den Beobachtungen des Edlen Tycho Brahe.« Kepler hatte endlich Zugang zu der Sternwarte und den Sternentafeln des Tycho Brahe gewonnen.

Tycho war ein reicher Hofastronom; er war von einem kinderlosen Onkel adoptiert worden und hatte ein großes Besitztum geerbt. Er befaßte sich mit reiner astronomischer Beobachtung. An seinem Wohnsitz, den er in Uraniborg umbenannte, hatte er das beste Instrumentarium der Welt. Arthur Koestler zufolge kartographierte Tycho die genauen Positionen von siebenhundertsiebenundsiebzig Sternen, fügte aber zweihundertdreiundzwanzig ungefähre und vermutete Orte hinzu, damit die Tausendzahl erreicht wurde. Er stellte außerdem fest, daß die Nova von 1572 in der Nähe von Kassiopeia ein Fixstern und kein schwanzloser Komet oder gar Zorneszeichen Gottes war.

Mit Kepler teilte Tycho Genauigkeit und peinliche Sorgfalt. Aber das war auch die einzige Gemeinsamkeit. Tycho war ein stolzer Adeliger; Kepler war ein armer Bürgerlicher. Tycho arbeitete für sein eigenes Ego, für seinen Ruhm, die Astronomie sollte zu einem angesehenen Beruf werden und seiner ansonsten müßigen Existenz Glanz verleihen. Kepler ging es darum, die himmlischen Geheimnisse zu enträtseln. Tycho war abergläubisch, und es fehlte ihm jegliches Verständnis sowohl für Physik wie auch für Esoterik; Kepler aber war zutiefst mystisch. Er lebte in einem Zustand der Trance. Er spürte, daß er das Geheimnis der Sterne lösen konnte, und davon war er besessen. Mit abstrakter Mathematik, Geometrie und Intuition allein konnte es nicht vollbracht werden; dies wurde durch das Mißlingen seines Werkes »Mysterium Cosmographicum« bewiesen. Kepler brauchte genaue Zahlen und gute Instrumente. Tycho wiederum hoffte, daß aus seinem Werk einmal eine große himmlische Synthese werden würde, aber ihm fehlte die Vorstellungskraft. Als er Kepler anstellte, ging es ihm darum, sein eigenes System zu vervollkommnen. Er war der Adelige, Kepler der Bürgerliche. Also mußte es Tychos Theorie werden. Tief im Unterbewußten mag er gespürt haben, daß Kepler der fähigere

Mann war, aber er lebte in einer höfischen Welt, Jahrhunderte weit davon entfernt, das zuzugeben. Also mußte Kepler ihm eben dienen.

Kepler ging es nur darum, in Freiheit an seinem Problem arbeiten zu können und einen ungehinderten Zugang zu den astronomischen Aufzeichnungen Tycho Brahes zu gewinnen. Die Zusammenarbeit wurde oftmals durch Temperamentsausbrüche von seiten Tycho Brahes unterbrochen, worauf Kepler dann die Flucht ergriff. Aber letzten Endes lenkte Tycho ein, und was er Kepler nicht gab, das eignete sich dieser entweder heimlich an oder ließ es nach Tychos Tod eiligst verschwinden, bevor die Erben es an sich nehmen konnten. Noch Jahre später versuchte die Adelsfamilie des Tycho Brahe Keplers Veröffentlichungen zu hintertreiben oder aber mit ihrem eigenen anstatt Keplers Namen zu versehen. Denn die Beobachtungen und Eintragungen des Nachthimmels galten als Familienjuwelen. Und auf diese Juwelen stützte Kepler seine neue Astronomie.

Sehr früh in der Beziehung zwischen den beiden Astronomen schrieb Kepler:

> *»Tycho besitzt die besten Beobachtungen und damit sozusagen das Material zur Errichtung des Neubaus; er hat auch Mitarbeiter und was er nur wünschen kann. Bloß der Baumeister fehlt ihm, der alles nach einem eigenen Plan nutzen kann. Denn obgleich er eine glückliche Veranlagung und wirkliches baumeisterliches Geschick besitzt, wird er an der Weiterentwicklung durch die Vielzahl der Phänomene und die Tatsache gehindert, daß die Wahrheit in diesen tief verborgen liegt. Langsam beschleicht ihn auch das Alter und schwächt seinen Geist und seine Kräfte.«*[5]

Das ist die Geschichte der Menschheit – die Mannigfaltigkeit der Phänomene, das Fehlen einer zusammenhängenden Theorie und eine kurze Lebensspanne inmitten all dieser Phänomene, um sie schließlich zu erklären. Das galt für Einstein ebenso wie für Tycho und Kepler.

Für Newton war der Mond wegen seiner Lage im Gravitationsfeld der Erde der Schlüsselplanet, für Einstein war es der

Merkur, weil er die Sonne in so kurzer Entfernung passierte, und für Kepler war es der Mars, und zwar wegen der Exzentrizität seiner Umlaufbahn, die von den sechs sichtbaren Planeten die elliptischste Form hat. (Venus und Neptun bewegen sich im Gegensatz dazu in fast vollkommenen Kreisen um die Sonne.)

Kepler führte einen persönlichen »Krieg« gegen Mars, diesen Mars, dessen Daseinszweck es zu sein schien, Astronomen hinters Licht zu führen, der sein Geheimnis frech für sich behielt, der sich mathematischen Berechnungen auch da widersetzte, wo die anderen Planeten gehorchten. Solange Mars ein Planet und kein Truggebilde war, mußte sich Kepler mit ihm befassen. Er vermutete, daß er den Schlüssel barg. Gerade wegen all seiner Unerforschlichkeit mußte er die Signatur des Gesetzes am tiefsten in sich aufgenommen haben; und wenn sein Geheimnis enträtselt war, dann würde man durch Mars die anderen Planeten verstehen.

Aus den Marspositionen schloß Kepler, daß er sich auf seiner Bahn der Sonne näherte und sich dann wieder von ihr entfernte. Aber wenn die Umlaufbahn kreisförmig war, dann konnte die Sonne nicht den Mittelpunkt dieser Bahn darstellen. Der Einfluß der Sonne mußte gleichförmig sein, wenn also Mars sich in irgendeiner anderen nicht-kreisförmigen Bahn bewegte, dann mußte ihn eine andere Kraft, die ihren Ursprung im Planeten selbst hatte, aus dieser Bahn wegziehen. Noch immer lag der Kreis allen Dingen zugrunde, aber dieser Kreis war nun durch eine andere Form verzerrt.

Die meisten Beschreibungen sprechen davon, daß Kepler brillant deduzierte, daß die Umlaufbahnen der Planeten elliptisch waren. Koestler aber verfolgt den wirklichen logischen Verlauf der »Astronomia Nova« und zeigt auf, daß Kepler erst nach vielen Jahren mühsamster Arbeit die Ellipse entdeckte. Zuerst versuchte er es mit verschiedenen kreisförmigen Bahnen. Auf die alte ungefähre Art kam er einer »Lösung« recht nahe. Aber nun mußte er noch Tychos Beobachtungen gerecht werden, und jede Bahn, die er neu ermittelt hatte, wurde durch irgendeine andere gut abgesicherte Position des Planeten widerlegt.

Natürlich sind die Marspositionen durch seine eigene Bewegung wie auch die Bewegung der Erde bestimmt. Kepler benötigte beide, also machte er sich daran, die Positionen der Erde so zu bestimmen, als ob er ein Astronom auf dem Mars sei. Und er entdeckte, daß sich auch die Erde nicht gleichmäßig um die Sonne bewegte. Es schien, als bewege sie sich mit Geschwindigkeiten, die zu ihrer Entfernung von der Sonne umgekehrt proportional waren, als ob sie von irgendeiner Sonnenkraft beeinflußt sei. Im Verlaufe der Arbeit an diesem Problem formulierte Kepler sein zweites Gesetz, das ihm erlaubte, die Position eines Planeten auf seiner Bahn zu einem gegebenen Zeitpunkt zu bestimmen: Eine Linie, die den Planeten mit der Sonne verbindet, wird in gleichen Zeitabständen gleichgroße Flächen durchqueren, unabhängig von der Entfernung des Planeten von der Sonne. Wenn er der Sonne näher ist, wird er sich um so schneller bewegen, je geringer der Abstand ist, so daß die zurückgelegte Fläche gleichbleibt.

Nun konnte Kepler mit der Abweichung von der gleichförmigen Geschwindigkeit umgehen, aber noch immer kannte er die Form nicht. Länger als ein Jahr arbeitete er mit Ovalen, oder »Eiern«, wie er sie nannte. Ständig unterliefen ihm Transkriptionsoder einfache Rechenfehler, die sich gegenseitig wie magisch aufhoben und ihn dort zurückließen, wo er ohnehin gewesen wäre. Tief im Unbewußten wachte irgendeine Führung über seine Forschungen. Als er zufällig eine ungerade Zahl in zwei verschiedenen Zusammenhängen entdeckte, entnahm er daraus eine Formel für die Gestalt, die durch die Bahnabweichung des Planeten beschrieben wurde, in Entsprechung seiner Entfernung von der Sonne. An der Stelle der stärksten Abweichung betrug der halbe Durchmesser der Marsbahn das 1,00429fache des Kreisradius. Gleichzeitig forschte Kepler nach dem Winkel, den der Mars mit der Sonne und dem Mittelpunkt der Marsumlaufbahn (vom Mars aus gesehen) bildete. Wenn die Entfernung vom Mars zum Mittelpunkt seiner Bahn durch die Entfernung von Mars zur Sonne dividiert wurde, so ergab sich eine Zahl, die auch der Sekante dieses Winkels entsprach. In Keplers eigenen Worten:

Ich stieß, durch einen reinen Zufall, auf den Sekans des Winkels 5° 18', der das Maß der größten optischen Gleichung ist. Als ich erkannte, daß dieser Sekans gleich 1,00429 ist, war mir, als wäre ich aus einem Schlaf erwacht...

Ohne es zu wissen, war Kepler auf die Formel der Ellipse gestoßen. Er sah zuerst nur, daß er eine zunehmende Kurve vor sich hatte. Nachdem ihn dann ein geometrischer Fehler durch einen quälenden Kampf mit dieser Form geführt hatte, versuchte er es mit einer Ellipse als hypothetischer Voraussetzung, und dann erst erkannte er, daß die Ellipse und seine Formel für die Positionen des Planeten miteinander identisch waren. Und das ist dann Keplers Erstes Gesetz der Planetenbewegung: Die Planeten bewegen sich in Ellipsen um die Sonne. Das Dritte Gesetz, das in den »Harmonice Mundi« (wo er auch eine Notierung für die Himmelsmusik zu entwickeln versuchte) besagt, daß »die Quadrate der Umlaufzeiten zu den Würfeln der mittleren Entfernungen von der Sonne proportional sind.«[7]

Kepler verstand weder die Schwerkraft noch die Trägheit oder die Fliehkraft, aber seine Gesetze enthielten alles, was nötig war, um diese Kategorien abzuleiten. Für ihn waren es mystische und numerologische Beziehungen, deshalb ging er in der Enthüllung des Himmels nicht mehr weiter. Er hatte zeigen wollen, daß das Uhrwerk des Kosmos von einer Seele bewohnt wird, die sich in Bewegungen manifestiert, welche ohne mechanische Verbindungen zwischen entfernten Objekten gleichzeitig ablaufen. Und das konnte er beweisen. Erst Newton stellte die Verbindungen her, und selbst für ihn waren sie spiritueller Natur. Wir betrachten sie heutzutage als physikalisch, aber ihr verborgenes Wesen tritt für uns deshalb nicht klarer zutage.

Galilei lebte fast zur selben Zeit wie Kepler, aber seine Geisteshaltung in der Astronomie war von der Keplers sehr verschieden, auch hatte er mit ihm fast keinen Kontakt. Galilei ähnelte mehr Tycho, er war eitel und arrogant, seine Reputation war ihm wichtig. Vielleicht hat sich Tycho manchmal gefragt, ob die Astronomie eine genügend wichtige Aufgabe für einen Adeligen sei; solche Ansprüche waren Galilei fremd, er war ein intellektueller Snob. Die Rolle des Meisterastronomen und Himmelspioniers war ihm erhaben genug. Er war stolz darauf, Erkenntnisse über den Kosmos zu gewinnen, noch bevor dies irgend jemand anderem gelang, und genoß es, wie ein Zauberer Kaninchen aus dem Ärmel des Nachthimmels zu ziehen.

Galileis Beiträge zu einer modernen Vorstellung vom Himmel waren doppelter Natur. Der eine davon bestand in der reinen Beobachtung, und zwar durch die besten Teleskope seiner Zeit. Mit seinem Auge wanderte er auf dem Mond. Er durchquerte tiefe Krater, er sah Berggipfel, die von strahlendem Sonnenlicht übergossen waren, während die niedrigeren Abhänge im Schatten lagen, und aus den Schatten berechnete er die Höhe der Gipfel. Er entdeckte die ersten vier Jupitermonde und die ständigen Begleiter des Saturn; und als er sein Vergrößerungsglas in die Tiefen des äußeren Raumes richtete, sah er dort etwas wahrhaft Furchteinflößendes, das Tycho und Kepler bereits intuitiv vorweggenommen hatten: überall »andere Sterne in Myriaden, die niemals zuvor gesehen wurden, und die die alten vorher bekannten Sterne zahlenmäßig mehr als zehnmal übertreffen«.[8] Jede der Konstellationen war also viel dichter und komplizierter, als man vorher angenommen hatte. Allein der Gürtel und das Schwert des Orion hatten schon acht Sterne mehr. Galilei löste die Praesepewolke im Sternbild Krebs, die auch unter dem Namen Bienenstock-Sternhaufen bekannt ist, in ihre einzelnen Sterne auf. Dies war der Beginn einer unfruchtbaren Unendlichkeit. Aber auf den ersten Blick war es ehrfurchtgebietend und wunderschön.

In seinem Buch »Sidereus Nuncius« aus dem Jahr 1610 teilte Galilei seine Vorstellung von der Unendlichkeit des Himmels einem breiten Publikum mit. Und seit Galilei ist der Himmel eher eine dynamische Öffnung in die Unendlichkeit gewesen als nur die flache Projektion eines Kodes von den höheren Sphären. Heutzutage setzen wir mehr oder weniger voraus, daß die Sterne, die wir sehen, diejenigen sind, die uns am nächsten liegen, die eben in unserem Teil des Universums angesiedelt sind. Die Quasare dagegen markieren in etwa das Ende unseres Universums, nur haben wir keine göttliche Sphäre wie die Menschen in Galileis Zeit, die wir außerhalb dieser noch bekannten Gebilde setzen könnten. Sollten wir entdecken, daß auch die Quasare ein Teil unseres winzigen Winkels im Universum sind, und die Schöpfung sich exponentiell in andere Materiebereiche weiterbewegt, dann würden wir vielleicht einen Bruchteil jenes Schocks empfinden, den die Menschen angesichts von Galileis Sternenboten erlitten. »Das Unendliche ist undenkbar«, sagte Kepler.[9]

»Das ewige Schweigen der unendlichen Räume ängstigt mich«, schrieb Blaise Pascal.[10]

Wir kümmern uns nicht einmal mehr besonders darum. Wir haben einen Punkt erreicht, der schlimmer ist als unendliche Räume: und das ist die Unendlichkeit ohne Sinn und Bedeutung. Mit Milton wäre es »ein dunkler unermeßlicher Ozean ohne Schranke und Maß.«[11]

Es ist, als hingen wir zwischen Räumen, da wir in einem historischen Augenblick aus einem Traum erwachten. Galilei zerriß die Trance: Er sprach aus, was wir eigentlich bereits wissen mußten. Schau, sagte er, der Himmel ist kein Kristall der Clairvoyance, kein Schicksalsdiamant; er ist ein feuriges und vergängliches Ding wie auch die Erde. Wenn wir durch das Fernglas sehen, dann trägt selbst die Sonne die Flecken ihres Unterganges.

Kann man sich eine größere Unsinnigkeit vorstellen, als Edelsteine, Silber und Gold edel zu nennen, Erde und Dünger aber niedrig? Denken diese Leute denn nicht, daß, wenn Erde so selten wäre wie Juwelen und edle Metalle, es keinen König gäbe, der nicht freudig einen Haufen Diamanten, Rubine und viele Goldbarren eintauschen würde für so viel Erde, um gerade ein Jasminpflänzchen in einen kleinen Topf zu pflanzen oder einen Mandarinenkern einzusetzen, um ihn sprießen, großwerden und schöne Blätter, duftende Blüten und zarte Früchte hervorbringen zu sehen?[12]

Genau dieses Juwel sollten wir später unter den Planeten suchen, sobald wir nämlich hinreichend verstanden hatten, daß sie Welten wie die unsrige waren: nicht Engel, keine Zeichen aus der astralen Welt, sondern der Anfang der Kohlenstoffkette, unsere eigenen Elemente, unsere kosmischen Brüder und Schwestern, die wir seit Anbeginn der Zeit verloren hatten.

Der zweite Beitrag Galileis zur modernen Vorstellung des Himmels war auf eine ganz andere Art astronomisch, er hatte mit dem Gesetz der fallenden Körper zu tun: Körper in freiem Fall oder solche, die über geneigte Ebenen hinabrollten. Galilei zeigte, daß Körper mit derselben Geschwindigkeit unabhängig von ihrem Gewicht zur Erde fielen [unter Abrechnung des Luftwiderstandes oder in einem Vakuum]. Aber er bestand trotz Kepler auf der kreisförmigen Bahn der Planeten. Sein Gesetz über die fallenden Körper war nur für die irdische Anwendung gedacht. In Wirklichkeit hatte er entdeckt, daß die Kräfte des Universums im ganzen durch vorübergehende Stoffe mit relativer Größe und relativem Gewicht nicht verändert werden und daß die Erde selbst vom Himmel nicht verschieden ist. Erst Newton gelang es, diese Erkenntnis im Sinne einer universellen Gravitation zu verallgemeinern, und Einstein verallgemeinerte sie dann bis zur Relativitätstheorie und schloß auch die Zeit in die Formel für den Raum mit ein. Diese Männer veränderten die Erde, indem sie ihre Verbindung mit dem Universum im ganzen veränderten.

Newton vollbrachte, was Kepler und Galilei nicht gelang, obwohl sie Zeitgenossen waren: Er brachte sie zusammen, indem er zeigte, daß es keinen Unterschied zwischen dem äußeren Raum und der Erde gibt und daß alle Körper dem universellen Gesetz der Gravitation gehorchen. Nicht auf einer hermetischen Grundlage brachte er Himmel und Erde zusammen, sondern durch die Erkenntnis, daß sie keine getrennten Bereiche waren.

Galileis Schwierigkeiten mit der Kirche lagen nicht an seinen Entdeckungen oder den von ihm behaupteten neuen Grenzen des Universums. Diese wissenschaftlichen Entdeckungen wurden von den gläubig eingestellten Menschen durchaus akzeptiert, einige konnten sich daran begeistern, andere nahmen es nur widerwilig zur Kenntnis. Aber was Galileo wirklich zu Fall brachte, das war seine Arroganz. Er betrachtete seine eigenen Entdeckungen als wichtiger als die ganze katholische Kirche mit ihrer tausendjährigen Tradition, und er verkündete, daß die Kirche in Fragen, die den Himmel betrafen, nichts mehr zu sagen hätte. Damit verärgerte er völlig überflüssigerweise die kirchlichen Autoritäten in Rom.

Galileis Fehler lag in seiner Unfähigkeit, aus seinen Entdeckungen selbst Glück und Freude zu beziehen, ohne auf die Bewunderung und Verehrung anderer angewiesen zu sein. Vielleicht machte die Tatsache, daß es *seine* Leere war, diese Leere für ihn weniger erschreckend. Die Wunder, die er entdeckte, zerstörten sein Universum nicht, denn auf all diese Entdeckungen erhob er nacheinander in poetischer Gebärde seine Ansprüche: Die Göttin der Liebe ahmt die Formen des Mondes nach; der höchste Planet hat einen dreifachen Körper; das Gesicht der Sonne ist beschädigt und verdorben. So vernahm die Welt, daß auch die Venus ihre verschiedenen Phasen hatte, daß Saturn einen mehrfachen Körper hatte, der sich später als Ringe erweisen sollte, und daß die Sonne ihre Sonnenflecken hatte. Diese Entdeckungen zerstörten die noch verbliebenen Überreste des mittelalterlichen Himmels, denn daß Sonne, Mond und die Planeten sich durch die Konstellationen bewegten, war der Schlüssel zur Himmelsharmonie. Nun gab es plötzlich Dinge, die unserer Wahrnehmung entrückt waren, und ein Wissen, das dem Universum seine wirkliche Gestalt verlieh. Kepler hatte lediglich die Mathematik auf das Sichtbare angewandt. Galilei aber plauderte die Geheimnisse aus, die Gott selbst verborgen hatte. Als er darauf beharrte, daß diese Wunder und Ansichten von den Himmelsplaneten zum Dogma gemacht würden, schoben die kirchlichen Behörden einen Riegel vor. Welches Recht hatte dieser unspirituelle mechanistische Wissenschaftler, die absolute Wahrheit über Dinge zu behaupten, die noch immer hypothetisch waren und deren Sinn und Bedeutung so schnell nicht aufgenommen und verarbeitet werden konnten! Als sei es ein köstlicher Schabernack, so genoß es Galilei, das Teleskop Skeptikern oder kirchlichen Amtsträgern in die Hände zu schieben, so daß sie die vier Jupitermonde und die Venussichel sehen konnten. »Da«, spottete er, »das könnt Ihr anzweifeln, wenn Ihr wollt!«

Es war nicht der Himmel, der die Menschen beunruhigte, es war vielmehr Galileis Verhalten. Er war der Prophet des Untergangs für eine ganze Weltanschauung, aber in dieser Stellung verhielt er sich weder bescheiden noch nüchtern. Er schien nicht einmal erkannt zu haben, was es wirkich bedeutete. Er schwadronierte durch die Stadt, klopfte Leuten auf die Schulter und sagte: »Habe ich es euch nicht gesagt!« Selbst Kepler konnte er beleidigen und erschrecken. Der Himmel, das war eine ernste Sache. Man konnte nicht verkünden, daß Pan tot sei, und sich dann belustigen und lachen. Das waren schreckliche Visionen. Wie schrecklich, das würde die Zeit noch zeigen. In ihrer alten Weisheit konnten die kirchlichen Autoritäten das irgendwie voraussahnen.

Schließlich trieben die Theologen Galilei in die Enge. Das Thema war die Bewegung der Erde. Sie bestritten nicht, daß das kopernikanische Modell eine ausgezeichnete Rechenmethode sei und eine Hypothese, die vielleicht irgendwann als wahr bewiesen werden könnte. Sie bestritten, daß sie jenseits aller Zweifel bewiesen sei. Galilei mußte sich selbst zurücknehmen und diesen Standpunkt akzeptieren.

Aber es war das letzte Mal. Nie wieder würden die Priester dem weltlichen Wissenschaftler seine Werke vorhalten und sinngemäß sagen können: »Schau auf die Folgen, schau, was du mit der Welt gemacht hast.«

3. Das Gravitationsfeld

Ganz ähnlich, wie es auch uns vielleicht bevorsteht, stand das siebzehnte Jahrhundert an der Grenze zu einem neuen Universum. Die einzelnen Stücke waren bereits vorhanden, aber es gab keine einheitliche Theorie, die sie verbinden konnte. Das Universum des Kopernikus war nicht das Universum Keplers, und keines von beiden entsprach Galileis Sonnensystem oder seinem Reich der fallenden Körper. Irgend etwas fehlte noch, um diese Teile in eins zu knüpfen, um die Gestalt zu enthüllen, die durch die kollektiven Bemühungen der Menschheit entstanden. Zu Beginn des Jahrhunderts hatten Francis Bacon und René Descartes niedergelegt, was für sie die Stützpfeiler der wissenschaftlichen Forschung zu sein schienen. Bacon setzte sich für die Erforschung wirklicher physikalischer Zusammenhänge und ihrer Bestandteile ein, ohne daß man dabei auf Metaphysik oder sonstige Abstraktionen zurückgreift. Sein Ziel war dabei die letztendliche technologische Verbesserung der Gesellschaft. Descartes hatte ein abstraktes und mathematisches System geschaffen: Sein Universum war eine dünne Flüssigkeit und setzte sich aus winzigen Staubpartikeln zusammen, die in Wirbeln um die Sonne und ferne Sterne kreisten.

Newton brauchte sich nicht zwischen Bacon und Descartes zu entscheiden, wie er sich auch nicht zwischen Kepler und Galilei zu entscheiden brauchte. Er integrierte sie, und indem er das tat, integrierte er auch den jeweiligen Gehalt ihrer Behauptungen, der real vorhanden war und ist. Das Universum konnte beides sein: nicht *entweder* eine abstrakte mathematische Erfindung *oder* eine unbegrenzte Ansammlung von einzelnen Ursachen und Wirkungen. Beide Methoden beschrieben dieselbe Wirklichkeit. Newton vereinte die astronomischen Gesetze der Planetenbewegung, die Kepler formuliert hatte, mit den Gesetzen fallender Körper und Projektile, die von Galilei stammten. Er lieferte den Mechanismus, der hinter Keplers elliptischen Umlaufbahnen stand und der damit auch die Grundlage der Heliozentrizität war.

Manchmal ist es schwierig, die Newtonschen Gesetze und das davon abgeleitete Newtonsche Universum des zwanzigsten Jahrhunderts von dem Werk des Isaac Newton selbst zu unterscheiden. Vor dem Hintergrund mechanischer Theorien des Lebens bedeuten diese Gesetze etwas anderes als in dem spirituellen Universum, das in den Nächten des siebzehnten Jahrhunderts noch immer am Himmel leuchtete. Zu seiner eigenen Zeit waren Newtons Gesetze die Lösung eines göttlichen Rätsels. In den darauffolgenden Jahrhunderten wurden sie zur Grundlage für eine materialistische Realität. Die Tatsache, daß jeder Oberschüler sie jetzt kennt, vermindert diese Leistung wohl kaum.

Es waren nicht Fakten und Formeln, die diesen Augenblick in der Geschichte der Wissenschaft schufen, es war Newtons plötzliche Erkenntnis der Bedeutung, die sich im Nachthimmel verbarg: daß sein Rhythmus und seine Balance physikalisch vermittelt war. Es war unglaublich, dies zum ersten Mal zu verstehen – es war eine Neuheit, die den Beginn einer neuen Epoche markierte. Jetzt werden die Gesetze massenhaft produziert; sie sind die Basis, von der alle komplexeren Ereignisse abgeleitet werden.

Die Verbindung zwischen Kepler und Galilei war der Mond, ihn konnte man gleichzeitig als Planeten wahrnehmen, der um die Erde kreiste, wie auch als Projektil, das von der Erde abgeschossen wurde, aber aus irgendeinem unbekannten Grund nicht zu ihr zurückkehrte. Dieser unbekannte Grund war die tangentiale Geschwindigkeit des Mondes, die genügend Zentrifugalkraft (wie wir es jetzt nennen) erzeugte, um der Anziehung der Erde entgegenzuwirken. Umgekehrt ausgedrückt: Die Kraft, die verhindert, daß der Mond auf die Erde gezogen wird (oder die anderen Planeten in die Sonne), muß stark genug sein, um die Satelliten an ihrem Platz zu halten. Die dazu nötige Anziehungskraft ist ungeheuerlich. Ein Körper von der Größe des Mondes muß aufgehalten werden, wenn er sich mit halsbrecherischer Geschwindigkeit dem äußersten Punkt seiner Ellipse nähert: Er muß ganz allmählich verlangsamt, einwärts gedreht und wieder zurückgezogen werden, bis ihn seine erneute Geschwindigkeit und Fliehkraft wieder zu seinem Apogäum, dem erdfernsten Punkt, führen. Kepler hatte unbezweifelbar bewiesen, daß so etwas stattfand, und zwar einem Gesetz zufolge, nach dem die Verbindungslinie dieses Körpers mit dem Mittelpunkt der Umlaufbahn in gleichen Zeitabständen die gleichen Flächenteile zurücklegt. Aber wie? Er glaubte, daß das nur durch eine von der Sonne ausgehende unsichtbare astrale Kraft bewirkt werden könne.[1] Er erkannte nicht, daß dies die gleiche Kraft war, die auf alle Körper in jedem Raum wirkte. Sie konnte auf Bälle angewendet werden, die in die Luft geworfen oder einen Berg hinuntergerollt wurden: Auch das waren »Planeten«. Das Gesetz der universellen Gravitation, das von Newton aufgestellt wurde, behauptet, daß jedes Teilchen jedes andere Teilchen mit einer Kraft anzieht, die dem Quadrat ihrer Entfernung umgekehrt proportional und dem Produkt ihrer Massen direkt proportional ist. Dies galt für jedes Materieteilchen irgendwo im Universum, es galt für Sterne und Planeten, aber auch für Insekten, die mit ihren zarten Flügeln über den Feldern sirrten, oder für meeresüberspülte Kieselsteine am Strand. Mehr noch, diese Kraft hielt alle diese Phänomene in ein und demselben universellen Feld zusammen. Und das war eben das Universum.

Newton hat die mathematische Grundlage für die Schwerkraft und die Bewegungs- und Interaktionsgesetze gelegt, aber er hatte keine Ahnung, was Schwerkraft eigentlich war. Eine unsichtbare Kraft, die sich mit einer so unglaublichen Wucht über Millionen von Meilen übermitteln konnte, war eine so mystische Vorstellung, daß sie von den Wissenschaftlern und Mathematikern vor ihm nur zum Zeitvertreib erwogen oder – wenn man sie tatsächlich in Betracht gezogen hatte – gleich wieder verworfen wurde. Der Unterschied lag darin, daß die Schwerkraft für Newton in der Tradition von Kepler oder Descartes kein abstrakter Begriff war; er definierte sie nur durch ihre Wirkung. »Ob natürlich oder übernatürlich«, sagte er (denn das machte keinen Unterschied), es war jene Kraft, die »die Sonne ins Zentrum der sechs Hauptplaneten gesetzt hat, die Saturn ins Zentrum seiner fünf Nebenplaneten, Jupiter ins Zentrum seiner vier Nebenplaneten und die Erde ins Zentrum der Mondumlaufbahn gesetzt hat.«[2]

Die Gravitation war eine ehrfurchtgebietende Kraft. »Sie muß von einer Ursache ausgehen, die bis ins Zentrum der Sonne und der Planeten selbst vordringt, ohne die geringste Minderung ihrer Kraft zu erleiden; die nicht entsprechend der Oberflächenquantität der Teilchen wirkt, auf die sie einwirkt (wie mechanische Ursachen für gewöhnlich tun), sondern entsprechend der Quantität der festen Materie, die sie enthalten, und diese Kraft verbreitet ihre Tugend nach allen Seiten bis in unermeßliche Entfernungen, wobei sie im umgekehrten Verhältnis zum Quadrat der Entfernungen abnimmt.« Die Schwerkraft der Sonne setzt sich aus den Teilchen zusammen, aus denen »der Körper der Sonne besteht«, und obwohl sie mit der Entfernung von der Sonne schwächer wird, reicht sie »bis zur Umlaufbahn des Saturn, wie es aus dem Ruhemoment des Aphels der Planeten hervorgeht; ja und selbst bis zum entferntesten Aphel der Kometen.«[3]

Die Überzeugung, daß hinter der Gravitation irgendeine große metaphysische Wahrheit verborgen lag, wurde weder zu Newtons Lebzeiten, noch in den darauffolgenden Jahrzehnten ins Wanken gebracht, und jetzt ist sie nur deshalb verschwunden, weil die Gravitation in einem noch größeren Geheimnis mit der Relativität verschmolzen ist. Newton glaubte, daß er entdeckt hatte, auf welche Weise Gott mit allen Teilen seiner Schöpfung gleichzeitig verbunden war. Vermittels dieser Kraft entsprach alles dem gleichen Willen. Gottes Wille war sogar ein notwendiger Bestandteil der Schwerkraft, damit nicht das ganze Universum nach innen gezogen und zerschmettert würde.

Jeder Materiepunkt, bemerkte Newton, strebt die Einheit am Mittelpunkt einer großen Kugel an, die das Zentrum der Materie selbst ist. Als Aussage über die göttliche Astronomie ersetzt dies die ptolemäische Geozentrizität: »Jedes Teilchen des Raumes ist *immer*, und jeder unteilbare Augenblick der Dauer ist *überall*«, also ist Gott immer und überall. Er ist nicht nur der *Kraft* nach, sondern auch der *Substanz* nach allgegenwärtig; denn die Kraft kann ohne Substanz nicht existieren.«[4]

Mit ein und demselben Handstreich verwandelte Newton das Universum sowohl in ein ungeheures Einflußfeld, das allen idealistischen Konzepten, seien sie spirituell oder philosophisch, Genüge tat, und eine einfache Maschine, die durch keinerlei Erscheinungsformen materieller Wirkungen übertroffen oder widerlegt wurde. Er distanzierte sich von einer bloß physikalischen oder bloß spirituellen Abstraktion. Wörter wie *Zeit*, *Raum*, *Ort* und *Bewegung* sollten nur noch mathematisch verstanden werden, nämlich als tatsächlich gemessene Beziehungen und Größen. Es waren Konstanten, die ihren eigenen Charakter hatten und keine zusätzliche Erklärung erforderten: Innerhalb einer Euklidischen Geometrie trat absoluter Raum auf, und aus der Vergangenheit floß absolute Zeit gleichmäßig durch die Gegenwart in die Zukunft. Körper nahmen tatsächlich Raum ein, und absolute Bewegung brachte sie von einem Ort zu anderen. Daraus folgen schließlich die Bewegungsgesetze: Jeder Körper, gleich ob irdisch oder himmlisch, bleibt im Ruhezustand oder im Zustand gleichförmiger geradliniger Bewegung, wenn er nicht von Kräften, die auf ihn einwirken, dazu veranlaßt wird, diesen Zustand zu verändern; wenn das geschieht, wird die Veränderung genau proportional zu der Kraft sein und in derselben Richtung erfolgen, in der die Kraft selbst wirkt; also wirken zwei Körper immer so aufeinander, daß auf jede Aktion eine gleichgroße und entgegengesetzte Reaktion folgt. Da Newton über die Massen von Körpern sprach, war es wichtig, zwischen Gewicht und Masse zu unterscheiden. Masse war eine Materiemenge, bestimmt durch Dichte und Umfang. Als numerische Entität ergab sich Bewegung aus dem Produkt von Masse (einer Materiemenge) und Geschwindigkeit. Masse mal Beschleunigungskraft ergab Bewegung in einer bestimmten Richtung und mit einer bestimmten Geschwindigkeit. Newton sah bereits voraus, was man kaum glauben konnte: daß die Menschen ohne die Masse der Erde wegschweben würden.

Die Newtonschen Gesetze hatten noch eine weitere Wirkung: Sie zerstreuten die letzten noch verbleibenden Reste eines Glaubens, der die Geometrie von der Mathematik unterschied und ihr einen besonderen archetypischen Anspruch auf die Natur zugestand. Kepler glaubte noch an die vollkommenen festen Körper, Newton nicht. Das ist der fundamentale Unterschied zwischen ihnen, zur damaligen Zeit geringfügig in seiner Subtilität, in seinen Folgen für die Zukunft aber durchaus gewichtig. Wenn man die Geometrie als Spezialfall wegläßt, dann ersetzt die Mathematik als Schlüssel zum Universum die spirituelle Essenz. Man muß nicht mehr nach dem Geist Ausschau halten, sondern nur noch die Zahlen beachten. Im Vorwort seines Werkes »Mathematische Prinzipien der Naturphilosophie« (1687) schrieb Newton:

Deshalb gründet sich die Geometrie auf die praktische Mechanik und ist lediglich jener Teil der universellen Mechanik, die die

Kunst des Messens formuliert und demonstriert... Die rationale Mechanik wird die Wissenschaft der Bewegungen sein, die aus allen möglichen Kräften resultieren, sowie die Wissenschaft der Kräfte, die nötig sind, um irgendwelche Bewegungen zu erzeugen, und zwar genau formuliert und gezeigt.[5]

Hätte Newton nicht vermocht, die Gravitation mathematisch auszudrücken und auf die wirkliche Mechanik astronomischer und terrestrischer Objekte anzuwenden, so hätte man diese Kategorie nur als einen von vielen mystischen Lückenbüßern abgetan. Zwar interpretierte er seine These selbst metaphysisch, aber seine Nachfolger eliminierten die theologischen Bestandteile ebenso, wie er den geometrischen Mystizismus Keplers verworfen hatte und Kepler die Kreise des Kopernikus. Newtons Gravitation wurde zur Grundlage eines neuen Systems, seine Quellen aber wurden vergessen, seine Absicht übersehen. Die Astronomen und Physiker, die nach ihm kamen, konstruierten aus den Gesetzen, die er ihnen gab, ein mechanisches Universum, das Wechselwirkungen unterworfen war.

Es dauerte zwar einige Zeit, aber allmählich begann die westliche Wissenschaft zu erkennen, in welch ein Gespinst die Säkularisierung der Newtonschen Theorien sie verwoben hatte, und die Vermutung begann in ihnen aufzudämmern, daß sie für lange Zeit nicht daraus hervorkommen würden, vielleicht niemals. Vor Newton war der Nachthimmel ein göttliches Pergament, ein Siegel der Dämonen, die Entfaltung kosmischer Philosophie. Nach Newton wurde er zu einem Labor der Elementarphysik, zum Demonstrationsfeld einfacher Interaktionen von Gravitationsfeldern großen Ausmaßes und zu einem Überbleibsel eines ursprünglich einfachen Materiesystems. Der Nachthimmel zeigt das Universum, wie es ewig unter vielfältigen Einflüssen steht und, in gewissem Sinne, vor der Bildung der Milchstraßen und Sterne *war*. Der schwarze Himmel, der die wirbelnd zusammengefügten Materietropfen umfängt, enthüllt die grundlegenden Symmetrien der Natur. In einem heißen Universum haben wir nur die Teilchen und ihre ursprüngliche Natur. In einem kalten Universum, wie hier auf diesem Planeten, wächst um diese ursprüngliche atomische und präatomische Szenerie ein Dschungel der Tarnungen. Und er wächst nicht nur ringsherum: er trägt und verbirgt sie in sich in einer Vielfalt, die uns vertraut, den ursprünglichen Atomen aber vollkommen fremd ist. An dieser Stelle treten wir ein, und nur so konnten wir überhaupt eintreten – zum Mysterium der Schöpfung zu spät gekommen. So jedenfalls erklärt es uns die Wissenschaft, uns, die wir das einzige unerklärbare Ärgernis sind. Mit Newton beginnen wir uns aus dem Dschungel herauszuarbeiten und eine klare Sicht der Natur zu gewinnen. Sie ist nicht heimelig, nicht einladend, aber dafür verfügt sie über eine gigantische Leuchtkraft. Wir sind mit dem merkwürdigen Problem konfrontiert, daß wir gegen unsere eigene Natur arbeiten, wenn wir auf diese proteische Natur hinarbeiten.

Der Nachthimmel demonstriert nicht nur mathematische Gesetze vor den Astronomen der späteren Tage, er *ist* diese Gesetze, nur sind sie in Objekten geschrieben, die größer sind als wir, viel deutlicher und weniger zweifelhaft. In seinem Werk »Die ersten drei Minuten« faßt Stephen Weinberg dies sehr knapp zusammen, wenn er sagt: »Was wir jetzt vermittels der Mathematik tun, geschah im sehr frühen Universum durch Hitze – physikalische Phänomene zeigten unvermittelt die grundlegende Einfachheit der Natur. Aber es gab niemanden, der es hätte anschauen können.«[6] Aber wir könnten auch auf die Warnung hören, die Bertrand Russell einmal ausgesprochen hat: »Die Physik ist nicht deswegen mathematisch, weil wir so viel über die physikalische Welt wissen, sondern weil wir so wenig wissen: Wir können nur ihre mathematischen Eigenschaften enträtseln.«[7]

Das Rätsel, das uns Newton hinterließ, war vertrackter, als man im allgemeinen annimmt, es drückt unsere Sinn- und Identitätskrise ebenso deutlich aus, wie es dies auch in Newtons Zeit tat. Dreihundert Jahre haben wir auf Newtons Nachthimmel geschaut, wir sind der Rationalität einer universellen Mechanik gefolgt und haben jedes neu entdeckte Himmelsobjekt präzise gemessen. Und wir haben auch weiterhin versucht, Maschinen zu erfinden, die Abstraktionen erzeugten, welche wiederum

Maschinerie erzeugten. Hunderte von Jahren nachdem Newton Bacon und Descartes vereinte, ist das Problem von Geist und Materie wieder zum Streitpunkt geworden. Damals war es ein christliches Geheimnis, jetzt ist es ein Zen-Geheimnis.

Es ist kaum zu glauben, daß das einzige, was zwischen uns und dem Nachthimmel steht, wir selbst sind. Sonst nämlich würden sich die Zahlen und die Schöpfung umfangen, und das Universum wäre abgeschlossen. Wir aber sind der einzige Störfaktor.

Newton hat das nicht vorausgesehen. »Warum es den einen Körper in unserem System gibt, der allem übrigen Licht und Hitze zu geben vermag, dafür weiß ich keinen Grund«, schrieb er an den Theologen Richard Bentley, der die Gravitation mit dem Christentum in Einklang zu bringen suchte, »nur, daß der Begründer des Systems es für passend erachtete.«[8] Das war keine Anpassung an kirchliche Dogmen, Newton glaubte, was er sagte. Er versuchte keineswegs, ein rein »Newtonsches« Universum zu konstruieren. Ein anderes Mal schrieb er an Bentley folgendermaßen:

Es ist unvorstellbar, daß unbeseelte rohe Materie ohne die Vermittlung von etwas anderem, das nicht materiell ist, auf andere Materie ohne gegenseitigen Kontakt einwirken sollte... Daß die Schwerkraft der Materie inhärent, eigen und eingeboren sein sollte, so daß ein Körper auf einen anderen durch ein Vakuum über die Entfernung ohne irgendeine Vermittlungsinstanz einwirkt, durch die ihre Bewegung und Kraft aufeinander übertragen werden könnten, das ist für mich eine so große Absurdität, daß meiner Ansicht nach niemand... einem solchen Irrtum verfallen könnte.[9]

Im Laufe der nächsten dreihundert Jahre hat die Wissenschaft die Gravitation gerade als inhärent, eigen und eingeboren definiert, oder wo das nicht geschah, wurde sie als Krümmung von Raum und Zeit nach Einsteins Relativitätstheorie neu definiert und die Last der schaffenden Instanz (»materiell oder immateriell«, schrieb Newton im selben Brief[10]) auf eine ebenso inhärente, eigene und eingeborene Eigenschaft der Dinge verlagert. Das Gesicht der Nacht war zerschmettert, und wenn es sich wieder faßte – das doppeldeutige Lächeln glitzernder Sonnenstäubchen und dunkel leuchtender Meteorschweife –, dann zeigte es nur eine neue Seite seines sphinxhaften Antlitzes.

Aber Newton hat uns das nicht angetan, oder doch? Der gegenwärtige Kosmos ist nicht der seinige, auch wenn man seine Theorie weit auslegt, aber seine Erkenntnisse waren auch aus unserer Sicht so klar, daß das gegenwärtige Universum zwangsläufig daraus hervorgeht. In dem nächsten Jahrhundert nach Newton wurde das bereits deutlich: Der Newton des Dichters William Blake ist ein Widersacher, er hat die Menschheit und ihre große Vision in Ketten gelegt. Das Teleskop hat die lebendige Vorstellungskraft verdrängt, wo es darum geht, in die Natur und den Geist zu blicken, und der Brechungskoeffizient der Linse, die auf den Nachthimmel gerichtet wird, stellt nun unsere einzige Beziehung zu den wundersamen Kräften dort oben dar. Tatsächlich sind unsere Sinnesorgane abgestumpft geworden und in uns verschlossen. Wir sehen nicht mehr: statt dessen haben wir einen optischen Nerv, der Störungen registriert. Der große Zusammenhang entgeht uns.

In seinem Gedicht »Jerusalem« formuliert William Blake: »Bacon & Newton, gehüllt in garstigen Stahl«, Schrecken schlägt die Menschheit in Bann. »Lockes Webstuhl« wird »von den Wasserrädern Newtons überspült: ein schwarzes Tuch / das in schweren Falten sich über alle Nationen legt: Grausames Wirken / vieler Räder sehe ich, Rad außer Rad, der Tyrannei der Zahnradketten unterworfen / in aufgezwungener gegenseitiger Bewegung, nicht wie jene dort in Eden, die / Rad in Rad, in Freiheit sich umdrehen, in Harmonie & Frieden.«[11]

Aber wie seine Nachfolger kann auch Blake die Wissenschaft nicht mehr von einer rein theosophischen Warte aus angreifen. Wissenschaft ist zum Bestandteil des Denkens und Wahrnehmens geworden. Alle Männer und Frauen plädieren für sie, auch die, die sie ablehnen. Die Aufklärung der Rosenkreuzer des siebzehnten Jahrhunderts versuchte, eine mathematische, nichtscholastische Magie zu entwickeln. Die heutigen Wissenschaftskritiker leben unter der Ägide der Wissenschaft und können es nicht umgehen, sie auch in ihrer kritischen Opposition zu Hilfe zu nehmen. Es gibt keine Heiligen mehr. Blakes »starkgeflügelte Adler« in den »Vier Zoas« stammen eindeutig aus der Zeit nach Newton, und deshalb spiegeln sie auch Kepler und Descartes wider:

> ...*durch tiefe Dunkelheit*
> *tragen sie die gewebten Stoffe; an goldenen Haken*
> *hängen sie überallhin*
> *Die allumfassenden Vorhänge & ausgebreitet von Sonne zu*
> *Sonne*
> *Die Lichtträger; sie teilen die rasenden Fünkchen aus*
> *In milde Strömungen, wie das Wasser sich mit Wein mischt.*[12]

Auch bei Percy Bysshe Shelley sind Geist und Wissenschaft verschmolzen: Die Erde ist ein Planet, aber auch eine Schöpfungszone; Licht ist göttlich, aber durch Newtons Experimente mit dem Prisma hat es eine zusätzliche Nuance erhalten, Farben sind Eigenschaften des Lichtes selbst und keine davon losgelösten Gegenstände. Shelley schreibt vom »intensiven Atom« des Lebens, das »aufglüht / für einen Moment, und dann verlischt...« Er sagt uns:

> *Die Sonne kommt hervor, und viele Kriechtiere laichen;*
> *Sie geht unter, und jedes flüchtige Insekt*
> *Wird in den Tod hineingezogen ohne ein Erwachen,*
> *Und die unsterblichen Sterne wachen erneut auf.*
>
> ....
>
> *Das Leben, wie ein vielfarbig gläserner Dom,*
> *Färbt die weißen Strahlen der Ewigkeit....*[13]

Im Grunde ist dies und nicht das mechanische Universum das Erbe Newtons. Es ist eine Ironie der Geschichte, daß das Einsteinsche Universum als Modell kosmischer Kreativität und Überraschung gegen das Newtonsche gesetzt wird. War es doch

Einstein, der am tiefsten an Gott zweifelte und sich von Gott im Stich gelassen glaubte – zuerst, als es für ihn so aussah, als ob er beliebig mit Teilchen herumwürfle, und dann wieder, als die Atombombe über Hiroshima abgeworfen wurde. Newton dagegen glaubte an den Geist und war der echtere Mystiker. Die Newtonschen Gesetze wurden in spezifischem Zusammenhang mit dem Sonnensystem und dem Platz der Erde innerhalb dieses Systems entwickelt und dann auch unmittelbar auf die Bewegungen der Planeten und Monde umeinander, auf die Sonne und die Aspekte von Kräftewirkungen irdischer Stoffe angewendet. Als der Halleysche Komet wie vorhergesagt in der Mitte des achtzehnten Jahrhunderts erschien und damit einen Turnus von sechsundsiebzig Jahren zeigte, wurde dies als Bestätigung der Newtonschen Physik betrachtet; und zwar wurde man sich insbesondere der Wichtigkeit der Sonne bewußt für die Bestimmung der Positionen aller Umlaufbahnen in ihrem unmittelbaren Kraftfeld. Der Halleysche Komet zeigte, wie groß dieses Feld wohl sein könnte.

Newtons Methode der mathematischen Formulierung, eine Theorie der fließenden Größen, bei der quantitative Veränderungen als unendlich kleine Abweichungen genommen wurden, war grob und erforderte eine ständige Verfeinerung, wenn sie auf Naturphänomene angewendet wurde. Verschiedene Astronomen arbeiteten an der Mondbahn weiter, und andere entdeckten aufgrund der gegenseitigen Einflüsse von Jupiter und Saturn, daß die Planetenbahnen komplex waren und von einer rein sonnenbezogenen Ellipse abwichen.

In seinem Aufsatz »Eureka« aus dem Jahre 1848 faßte Edgar Allan Poe Newtons Beziehung zur Himmelsmechanik folgendermaßen zusammen:

Er mußte sich damit begnügen, gezeigt zu haben, wie genau die Bewegungen eines vorgestellten Universums – das aus angezogenen und anziehenden Atomen bestand, die den von ihm verkündeten Gesetzen gehorchten – mit den Bewegungen des tatsächlich existierenden Universums, soweit es unserer Beobachtung zugänglich ist, zusammenfallen.[14]

Der französische Astronom Pierre Simon Laplace aus der Mitte des achtzehnten Jahrhunderts war der erste, der nach Newton ein Himmelssystem im Sinne einer großen Maschine vollendete. Er legte dar, daß die unglaublichen Schwierigkeiten bei dem Versuch, die tatsächlichen Phänomene mit der Newtonschen Theorie in Einklang zu bringen, gerade in einem Beweis dieser Theorie endeten.

Die Laplacesche Maschine funktionierte immer und ewig nach unverrückbaren Newtonschen Gesetzen. Sie verehren wir noch immer. Obwohl unsere Intuition uns einzugeben scheint, daß der Himmel etwas mehr als nur die Behausung unendlicher Feuer ist, die in einem Gravitationsfeld zusammengehalten werden, kennen wir verstandesmäßig kein anderes Universum.

Laplace publizierte seine Arbeit im Jahre 1799 in fünf Bänden, die den Titel »Mécanique Céleste« (Himmelsmechanik) trugen. Er stellte sich vor, daß die Sonne eine äußere gasförmige Atmosphäre gehabt hatte, die in ihrem Umfang größer als das ganze Sonnensystem gewesen sei. Als diese brennende Hülle rotierte, zog sie sich zusammen, wobei eine Beschleunigung der Rotation einen Auswurf von Sternenmaterial zur Folge hatte. Das war die Geburt der Planeten: Sonnenruß. Weitere Rotation zog sie zu fester Materie zusammen; und als die feste Materie sich verdichtete, wurden Stücke von ihr herausgeschleudert, und daraus bildeten sich dann die Planetenmonde. Das Sonnensystem war ein Uhrwerk – ewig, unveränderlich.[15]

Aber wie war dieses Uhrwerk in Bewegung gesetzt worden? Im Gegensatz zu Newton gingen Laplaces (und später auch Kants) Überlegungen in die Vergangenheit. Da alle Umlaufbahnen ungefähr auf derselben Ebene liegen, dachten sie, daß diese Ebene einmal eine flache, rotierende Scheibe aus Sternenmaterial gewesen sein mußte, wobei die Gezeitenkraft der Gravitation die Planeten aus sich verbindender Materie geschaffen haben mußte. In »Eureka« dehnte Poe die Laplacesche Theorie bis zu dem erst kurz davor entdeckten Neptun aus und äußerte die Vermutung, daß die äußeren Teile der Scheibe ursprünglich in Bruchstücke zerfallen waren und sich daraus die Absonderlichkeiten des neuen Planeten erklärten.

Die sich selbst regulierende Maschine war so schockierend, daß Napoleon Bonaparte sagte: »Monsieur Laplace, man sagt mir, daß Sie dieses große Buch über das System des Universums geschrieben und kein einziges Mal seinen Schöpfer erwähnt haben.«

»Sire«, erwiderte Laplace. »Ich hatte keinen Bedarf für eine solche Hypothese.«[16]

4. Die Sterne

Während Newton eine neue »Astrophysik« entwickelte, waren andere Astronomen mit der Erforschung des Sonnensystems und der Milchstraße beschäftigt. Als die Linsen verbessert wurden, tauchte Europa durch das Gewölbe der Fixsterne in ein Meer von Sonnen, deren Grenzen nicht mehr offenkundig waren. Persische und griechische Gottheiten zerbrachen und verfielen. Die Himmelskarte des Westens war ausgelöscht worden.

Ein englischer Zeitgenosse Newtons, John Flamsteed, markierte die Positionen von dreitausend Sternen. Edmund Halley, ebenfalls Engländer, katalogisierte von einem Observatorium in St. Helena aus Hunderte von Sternen der südlichen Hemisphäre. Er stellte in ihren Positionen Diskrepanzen zu den Aufzeichnungen des Ptolemäus fest, und daraus ging hervor, daß die Sternensphäre nicht fest und stabil war; die Sterne hatten sich bewegt.

Am bekanntesten wurde Halley durch die Entdeckung, daß Kometen genauso wie Planeten elliptische Umlaufbahnen haben. Und die Wiederkehr des Kometen von 1682 im Jahre 1758, dreizehn Jahre nach seinem Tod, die er vorausgesagt hatte, war vielleicht die erste neue Anwendung der Astronomie seit den Tagen der Babylonier. Jedenfalls war dieses Ereignis eindrucksvoll genug, um diesem Kometen später seinen Namen zu verleihen.

Inzwischen hatte der Sonnenkönig Ludwig XIV. auf dem europäischen Festland die großen Wissenschaftler vieler Nationen an der Académie Française versammelt. Der holländische Astronom Christian Huygens wurde ein zweiter Galilei. Er verwendete Galileis Mathematik des Pendels, um den Rhythmus eines Triebwerkes zu kontrollieren und um eine exakte Uhr sowie ein kleines Zierplanetarium des Sonnensystems herzustellen. Als entdeckungsfreudiger Astronom stellte er fest, daß Jupiter einen Wulst am Äquator und Mars Polarkappen hatte, die Formveränderungen aufwiesen, ferner, daß der Auswuchs des Saturn in Wirklichkeit ein Ring war. Er entdeckte auch den ersten Saturnmond.

Wie Newton untersuchte auch er das Wesen des Lichtes und kam dabei zu einer entgegengesetzten, aber komplementär entsprechenden Folgerung. Newton hatte entschieden, daß Licht aus Teilchen bestand, die sich durch den leeren Raum bewegten. Huygens dagegen, der den Descartesschen Äther als die Grundsubstanz des leeren Raumes annahm, war der Meinung, daß Licht »sich nicht bewegt, es strebt nur nach Bewegung« wie eine Welle.[1] Es gab keine Stoffe, die ihren Ort veränderten, vielmehr breitete sich Bewegung durch den Äther aus wie Wellen im Meer. Die Newtonschen Teilchen passen besser zum mechanischen Universum dieser Zeit, aber die Huygensschen Schwingungen und Wellen waren bereits ein Vorgriff auf die Strahlen und die Radioaktivität einer zukünftigen Wissenschaft.

Der italienische Astronom Giovanni Cassini, der im Freien mit fünfzig Meter langen Luft-Teleskopen und Linsen arbeitete, die an Türmen aufgehängt waren, errechnete wie auch Huygens eine Rotationsperiode für den Mars, die der Rotationsperiode der Erde nahekam. Huygens stellte die Theorie auf, daß der wulstige Jupiter aus weichem Material bestehen müsse, das sehr schnell rotierte. Cassini bestimmte die Länge des Jupitertages mit zehn Stunden. Er entdeckte auch die Unterteilung der Saturnringe sowie vier weitere Saturnmonde und kartographierte die Hemisphäre des Jupiter.

Wie Wilhelm Herschel im darauffolgenden Jahrhundert war Cassini bestrebt, neuentdeckte Himmelskörper eher nach aufgeklärten Monarchen als nach mythischen Wesen zu benennen; auf diese Weise wollte er das Zeitalter, in dem diese Himmelskörper entdeckt wurden, von jenem abergläubischen Zeitalter unterscheiden, in dem die Planeten und Konstellationen ihre Namen erhielten. Trotzdem verdrängten mythologische Namen immer die historischen, vor allem innerhalb des Sonnensystems. Zuerst nannte Simon Marius die von Galilei entdeckten Satelliten des Jupiter nach den Geliebten des Gottes, dann wurden auch die Saturnmonde nach Wesen aus dem saturnischen Zeitalter benannt. Wenigstens auf diese Weise feierte der astrale Himmel noch seine Triumphe, denn in den Werken der Astrologie und Magie tragen die Namen die archetypischen Bedeutungen und Einflüsse der entsprechenden Welten.

Inzwischen wurden auch die wirklichen Entfernungen des Universums für diese Astronomen offenkundig. Die meisten Wissenschaftler dachten damals, daß das Licht zeitlos und jeden Augenblick überall gegenwärtig sei. Selbst Galilei war sich darüber im unklaren, deshalb erdachte er ein Experiment, bei dem ein Assistent eine Laterne halten mußte. Die Ergebnisse blieben unklar, und Galilei entschied, daß die Lichtgeschwindigkeit auf jeden Fall zu groß war, als daß sie mit diesem seinem Apparat gemessen werden könnte. Der dänische Astronom Olaus Römer, der an der Académie Française arbeitete, konstruierte eine Himmelsfalle, in der das Licht seine Geschwindigkeit oder vielmehr Blitzesschnelle verraten würde. Nachdem er die Umlaufzeit des Satelliten Io um den Jupiter mit 42 Stunden, 27 Minuten und 33 Sekunden bestimmt hatte, setzte er das Wiedererscheinen von Io nach einer Jupiterfinsternis zwischen August und November 1676 genauestens fest. Wenn nun das Licht eine endliche Geschwindigkeit hatte, so könnte das Wiedererscheinen dieses Mondes verzögert sein, da sich die Erde von Jupiter wegbewegte. Eine zeitliche Differenz von Sekunden hätte die These schon beweisen können, aber das Licht war sogar noch langsamer: Die Verzögerung betrug volle zehn Minuten, wenn der Jupiter der Erde am fernsten stand, und verminderte sich, wenn die Erde in den folgenden sechs Monaten wieder näherkam. Jetzt hatte Römer eine Zahl für die Strecke, die das Licht in einer Sekunde zurücklegt: 300000 Kilometer. Er leitete sie von der Rate der Verlangsamung von Ios Wiedererscheinen ab, die hauptsächlich durch die Bewegung der Erde auf ihrer Umlaufbahn begründet war.[2] Es sollte die Einheit werden, durch die alle kosmischen Entfernungen gemessen werden würden. Huygens stellte es später bildlich dar: Eine Kanonenkugel würde fünfundzwanzig Jahre brauchen, um die Sonne zu erreichen. Und als er durch ein winziges Loch in einer Platte auf die Sonne blickte, schloß er, daß sie nach den Gesetzen der Dioptrie 27 664mal so hell war wie Sirius. Wenn nun Sirius in seiner Himmelsgegend dieselbe Helligkeit wie die Sonne besäße, dann bräuchte diese Kanonenkugel fast 700 000 Jahre, um dorthin zu gelangen.

»Welch ein wundervolles und erstaunliches Bild haben wir hier von der großartigen Weite des Universums!« schrieb er in seinem Werk »Cosmotheoros«. »So viele Sonnen, so viele Erden, und jede von ihnen mit so vielen Pflanzen, Bäumen und Tieren gefüllt und mit so vielen Meeren und Bergen geschmückt!«[3] Und das von einem Mann, der vor dem Ende des siebzehnten Jahrhunderts starb.

Um die Mitte des achtzehnten Jahrhunderts begannen die Astronomen dann die Bedeutung der Milchstraße zu erforschen. Die Entdeckung ihrer Struktur wird üblicherweise Thomas Wright zugeschrieben. Er wunderte sich, warum diese Zone dichter als der Rest des Himmels war. Vielleicht, weil wir auf eine einzige Ebene im Querschnitt sehen, so daß dadurch mehr Sterne sichtbar sind? So phantastisch das scheinen mag, vielleicht blicken wir in das Herz eines Systems, dem wir selbst angehören? Vielleicht ist das System darüber hinaus linsenförmig, so daß wir zum Rand hin weniger Sterne sehen und fast hindurchblicken können wie durch Glas, wo keine Sterne vorhanden sind.

So schrieb er:

Man stelle sich vor, wie unendlich viel größer die Zahl der Sterne in jenen entfernten Regionen wäre, was sich daraus ergibt, daß sie sich unentwegt hintereinander drängen, wie es bei allen anderen Objekten in der Richtung des Horizontpunktes ihrer Perspektive ist, der erst mit der Unendlichkeit endet: Deshalb müssen all ihre Strahlen, die sich so nahekommen, dem Auge so erscheinen, als ob sie zusammenträfen, als ob sie fast in Kontakt stünden und einem vollkommenen Lichtstreifen zugehörten; das halte ich für den tatsächlichen Tatbestand und die wahre Natur unserer Milchstraße, und alle Unregelmäßigkeiten, die wir in ihr von der Erde aus beobachten, halte ich für vollkommen in der Position unserer Sonne in diesem großen Firmament begründet...[4]

Wright war auch ein Mann vom Schlage Keplers und Newtons:

Wir können die wunderschönen Teile der sichtbaren Schöpfung, nicht nur dieser Welt, auf der wir leben, sondern auch der Myriaden strahlender Körper rund um uns nicht lange beobachten (wenn wir dies mit Aufmerksamkeit tun), ohne überzeugt zu sein, daß eine erhabene Macht, deren Wesen uns unbekannt ist, in ihnen thront und sie lenkt.[5]

Ein Zeitgenosse von Wright, Immanuel Kant, hatte die Einsicht, daß die Milchstraße den Schlüssel zur Evolution des Kosmos darstellte. Die Natur wiederholte grundlegende Formen. Wenn es einen Nebel gab, dann mußte es noch mehr geben. Vielleicht stand am Ursprung des Universums eine Wolke, in der sich Moleküle, die in zufälliger Bewegung waren, durch Anziehungskraft zusammenballten. In dieser Wolke verschmolzen die Sterne, indem sie sich der Schwerkraft entsprechend zusammendrängten, so daß zwischen ihnen Raum entstand. Kant veröffentlichte diese Theorie in seinem Werk »Universale Naturgeschichte und Theorie des Himmels«, und in gewissem Sinne »wartete« er 175 Jahre darauf, bis sie 1925 durch Edwin Hubble bestätigt wurde.

Kant lobte Wright:

Er betrachtete die Fixsterne nicht als ein ungeordnetes und ohne Absicht zerstreutes Gewimmel, sondern er fand eine systematische Verfassung im Ganzen und eine allgemeine Beziehung dieser Gestirne gegen einen Hauptplan der Räume, die sie einnehmen. Das Auge, welches sich in dieser Beziehungsfläche befindet, bei

seiner Aussicht in das Feld der Gestirne, an der hohlen Kugelfläche des Firmaments, diese dichteste Häufung der Sterne in der Richtung solcher gezogenen Fläche unter der Gestalt einer von mehrerem Lichte erleuchteten Zone erblicken.[6]
Wenn nun die Fixsterne ein System ausmachen, dessen Umfang durch die Anziehungssphäre desjenigen Körpers, der im Mittelpunkt befindlich ist, bestimmt wird, werden nicht mehr Sonnensystemata, und, so zu reden, mehr Milchstraßen entstanden sein, die in dem grenzenlosen Felde des Weltraums erzeuget worden?
Wenn nun alle Welten und Weltordnungen dieselbe Art ihres Ursprungs erkennen; die Anziehungskraft ist unbeschränkt und allgemein; bei dem Unendlichen ist das Große und Kleine beiderseits klein;[7]
Jahrmillionen mögen vergangen sein, bevor die Natur die gegenwärtige Vollkommenheit erreichte; weitere mögen vergehen, bevor sie sich in neue Sphären ausdehnt und neue Formen hervorbringt.
»*Die Unendlichkeit der künftigen Zeitfolge, womit die Ewigkeit unerschöpflich ist*«, schrieb Kant, »*wird alle Räume der Gegenwart Gottes ganz und gar beleben...*«[8]

Kants Glaube an ein göttliches Gesetz war unerschütterlich, aber wie viele andere nach ihm gab er zu, daß es

hie kein Ende ist, sondern ein Abgrund einer wahren Unermeßlichkeit, worin alle Fähigkeit der menschlichen Begriffe sinket, wenn sie gleich durch die Hülfe der Zahlwissenschaft erhoben wird.[9]

Und schon war Pierre Simon Laplace zur Hand, er schuf ein stabiles System ohne Gott.

Der berühmteste Astronom des späten achtzehnten und frühen neunzehnten Jahrhunderts war Friedrich Wilhelm Herschel. Er begann sein Erwachsenenleben als Musiklehrer in Deutschland und ließ sich schließlich in England nieder. Er konstruierte die besten Teleskope seiner Zeit und ging dann daran, einen Katalog der Himmelsobjekte aufzustellen. Natürlich kartographierte er Tausende von Sternen, aber er entdeckte auch die mehrfachen Sterne – daß also viele funkelnde Lichter aus zwei, drei oder mehr unterschiedlichen Quellen stammten. Er schätzte die Umlaufzeiten von Doppelsternen und trug die Vorstellung von Welten mit zwei Sonnenaufgängen, Doppelschatten und Tag- und Nachtvariationen innerhalb des Tages und der Nacht in das öffentliche Bewußtsein. Er erkannte, daß Doppelsterne nicht nur deshalb Zwillinge waren, weil sie in derselben Blicklinie lagen. Sie kreisten umeinander und waren physikalisch gesehen Teile desselben Systems. So erstreckte sich Newtons Gravitationsgesetz bis tief in die Sternenregionen. Es waren also nicht nur Planeten, die in wechselseitiger Anziehung mit anderen Planeten sich bewegten, und nicht nur Planeten, die mit Sonnen in Beziehung standen, sondern Sonnen konnten auch durch andere Sonnen beeinflußt werden und mußten sich in Bewegung befinden. Herschel entdeckte sogar die Bewegung der Sonne selbst, die das ganze Sonnensystem mit sich in Richtung auf eine Himmelsregion zog, die durch Lambda im Sternzeichen Herkules gekennzeichnet ist. Daß er es nicht vermochte, die Bewegung der Sonne genau zu berechnen, folgte aus einer mangelhaften Hypothese; er nahm an, daß die gegebene Helligkeit eines Sterns nur durch seine Entfernung bestimmt sei.

Herschel löste die Milchstraße, die zuvor nur ein weißlicher Nebel war, in kleine Sterne auf und zählte sie; und nur von den sichtbaren Sternen ausgehend veranschlagte er den Durchmesser dieses mühlsteinförmigen Gebildes mit sechstausend Lichtjahren. Daß die Milchstraße, die »via lactea«, wie sie im Lateinischen heißt, ein Sternensystem war, zu dem auch die Sonne selbst gehörte, erkannte er, als er immer wieder ihren Ausläufern folgte, seine Blicke über sie hingleiten ließ und in sie hineinsah und dabei ihre Arme kartographierte. Ihm wurde auch klar, daß »dieses erstaunliche Sternensystem, das wir bewohnen«[10], mit seinen Millionen von Sternen sich selbst wiederum aus anderen Sternennebeln herausgelöst hatte. Er erkannte, daß wir einen Planeten eines Sterns in einer Sternengruppe bewohnen, die sich selbst in Gruppen von Sternengruppen befindet.

Als er den ersten dunklen Nebel entdeckte, rief er seine Schwester Caroline heran, damit sie sich das Loch in der Milchstraße ansehe. Er nannte es den »Kohlensack«. Er fand auch andere Nebelwolken, die nicht aus Sternen zu bestehen schienen. »Welch ein Feld der Neuentdeckungen öffnet sich hier vor unserem Begriffsvermögen!« schrieb er. »Eine glänzende Flüssigkeit... deren Natur uns vollständig unbekannt ist... die hell genug ist, um uns von den entfernten Regionen eines Sternes der achten, neunten, zehnten, elften oder zwölften Größenklasse zu erreichen, und deren Ausdehnung so beträchtlich ist, daß sie drei, vier, fünf oder sechs Minuten Durchmesser umfaßt! Können wir sie mit dem Funkeln des elektrischen Fluidums in der Aurora Borealis vergleichen? Oder mit dem noch herrlicheren Lichtkegel des Tierkreises, wie wir ihn im Frühling oder Winter sehen?«[11]

Vielleicht, dachte Herschel, blickte er in das ursprüngliche Eigelb, aus dem die Sterne selbst am Anfang geboren worden waren.

Herschel untersuchte auch die nähergelegenen Welten. Er erforschte die Saturnringe, die Polarkappen des Mars, und fand auch Saturnsatelliten. Am wichtigsten aber war seine Entdeckung des Georgium Sidus im Jahre 1781, das wir jetzt unter dem Namen Uranus kennen. »Am Dienstag, dem dreizehnten März zwischen zehn und elf Uhr abends, als ich die kleinen Sterne in der Nachbarschaft von H Geminorum untersuchte, nahm ich einen wahr, der sichtbar größer erschien als die übrigen; da seine ungewöhnliche Größe mich in Staunen setzte, verglich ich ihn mit H Geminorum und dem kleinen Stern im Quartil zwischen Auriga und Gemini, und da er so viel größer als diese beiden war, hielt ich ihn für einen Kometen.«[12]

Spätere Untersuchungen ergaben, daß er keinen Schweif hatte, aber eine kreisförmige Umlaufbahn. Also war es ein Planet. Er nannte ihn Georgium Sidus, weil es ein »Stern war, der (bezogen auf uns) zum ersten Mal unter seiner (Georgs des Dritten) gesegneten Regierung zu scheinen begann...«[13]

Als Sir Joseph Banks noch im selben Jahr Herschel die Copley-Medaille der Royal Society verlieh, hob er rühmend hervor:

»Wer könnte leugnen, daß Euer neuer Stern, der Saturn in seiner Entfernung zur Sonne übertrifft, ihn vielleicht auch in der Herrlichkeit seines Gefolges übertrifft? Wer weiß, was für neue Ringe, Satelliten oder sonstige zahl- und namenlose Erscheinungen noch zurückbleiben und darauf warten, zukünftigen Fleiß zu belohnen?«[14]

Im Jahre 1787 entdeckte Herschel zwei Uranusmonde, die dann nach feenhaften und magischen Wesen aus den Shakespeareschen Werken Oberon und Titania genannt wurden. Über Oberon schrieb Herschel:»Ich sah, wie dieser Satellit seinem Planeten getreulich folgte und gleichzeitig in seiner eigenen Bahn fortfuhr, indem er einen beträchtlichen Bogen in seiner eigenen Umlaufbahn beschrieb.«[15] Er schätzte die Umlaufzeiten dieses Mondes mit bemerkenswerter Genauigkeit und stellte fest, daß sie rückwärts um den Uranus kreisten, also umgekehrt zur Bewegungsrichtung der Erde, der anderen Planeten und Monde, die zu dieser Zeit bekannt waren. Für die Laplacesche Theorie, die eine gleichgerichtete Umlaufbewegung erforderte, war das ein gewaltiger Schlag.

Herschel nahm auch an der Entdeckung der Asteroiden während des achtzehnten Jahrhunderts teil, von ihm stammt sogar diese Bezeichnung. Er beschäftigte sich nur am Rande mit einer Arbeit über Meteore, aber im Jahre 1798, dem Jahr nach der Entdeckung der retrograden Monde des Uranus, verglichen zwei deutsche Studenten ihre Beobachtungen desselben Meteors von räumlich weit entfernten Orten aus mit der seinen und kamen zu dem Schluß, daß die Meteore keineswegs »meteorologisch« waren, sondern ihren Ursprung weit draußen im Raum, sogar noch jenseits der Mondumlaufbahn haben mußten.

Herschel war Astronom und nicht Theoretiker. Er verehrte den Nachthimmel, in dem er, wie er sagte »Myriaden von Welten« sah, die »wie Gras in der Nacht aufschossen.«[16]

Übrigens versuchte er immer, seine obligatorischen Besuche beim königlichen Hof auf mondhelle Nächte zu legen. Die Unterstützung, die er vom Hof bezog, machte es erforderlich, daß er erschien, aber er hatte ja nur ein Leben, also nur eine begrenzte Zahl dunkler Nächte, in denen er alle Sterne sehen konnte. Da er, um seinen Lebensunterhalt zu bestreiten, Teleskope baute, mußte er oftmals über Monate zur Tageszeit für sich und andere Reflektoren polieren. Die lichtbündelnden Reflektoren in den Teleskopen dieser Zeit bestanden nicht aus aluminiumbeschichtetem Glas, sondern aus Spiegelmetall. Die gläsernen Linsen, die die Vergrößerung bewirkten, waren durch die verfügbare Technologie größenmäßig beschränkt, doch konnte man durch größere Reflektoren mehr Licht auffangen. Diese mußten ständig neu poliert werden, damit ihr Glanz erhalten blieb. Nachdem Herschel mit größter Sorgfalt einen Spiegel mit mehr als einem Meter Durchmesser gebaut hatte, richtete er ihn in der ersten Nacht auf den Saturn und entdeckte sofort zwei noch unbekannte Monde.

Wenn er auswärts sein mußte, ließ er seine Schwester mit dem Teleskop arbeiten »...jede gestirnte Nacht auf nassem oder reifbedecktem Gras ohne irgendein menschliches Wesen in der Nähe.«[17] Sie entdeckte acht Kometen.

Sein Sohn John Herschel ließ sich in der Nähe von Capetown in Südafrika einen sechs Meter großen Reflektor bauen und kartographierte von dort aus mehr als 2100 Doppelsterne und fast 1700 Nebel. Er zählte die Sterne in verschiedenen Blickfeldern, zählte dann die Felder zusammen und kam auf diese Weise zu einer geschätzten Anzahl von 70000 Sternen in dem Himmel, den ihm dieses Teleskop öffnete. Aber hinter diesem sichtbaren Nachthimmel breitete sich mit exponentieller Ausdehnung ein anderer Himmel aus. Es sollte noch einmal dasselbe geschehen, als Archäologen halbmenschliche Knochen in den tiefen Schichten dieses anderen uralten Sarges, der Erde, fanden. Es gab eine andere Welt menschlicher Geschöpfe vor dieser jetzigen und andere Sterne jenseits der Nacht. Das Universum wurde älter und älter, und der Mensch selbst wurde archaischer und fremdartiger.

Nun gab es überall Sterne, die in verschiedenen Dichten, doppelt und dreifach, am Himmel verteilt waren, und kein Ende war in Sicht. Selbst die numerologische Grundlage des Sonnensystems wurde durch den neuen Planeten zerstört. Herschel war in einen Himmel hineingeboren worden, der für Kepler oder Newton undenkbar gewesen wäre, und ohne es zu bemerken, machte er es für jeden, der nach ihm kam, unmöglich, noch einmal diesen Himmel zu sehen. Gott war am Verschwinden; es gab keinen Grund, warum Er unter Millionen von Sternen nicht allmählich eher ferner als näher hätte erscheinen sollen, eher weniger als mehr mit der Schöpfung verflochten.

Ein Astronomiebuch aus dem Jahre 1803 zeichnet ein zeitgenössisches Bild des neuen Universums:

Die meisten Sterne, die für das bloße Auge sichtbar sind, können in Winternächten wahrgenommen werden, wenn die Luft klar ist und der Mond nicht scheint. Aber selbst ein gutes Auge kann kaum mehr als tausend davon in der sichtbaren Himmelshälfte unterscheiden; denn obwohl sie in einer solchen Nacht fast unzählbar zu sein scheinen, führt dieser Anschein in die Irre, es ist eine Täuschung, die davon herrührt, daß wir sie in einer flüchtigen und verschwommenen Weise wahrnehmen; wenn wir sie dagegen genau betrachten und jeweils nur einen kleinen Teil des Himmels ansehen und, nachdem wir auf die Positionen bedeutender Sterne in diesem kleinen Teil geachtet haben, zu zählen beginnen, dann werden wir überrascht sein, wie wenige es sind, und mit welcher Leichtigkeit sie gezählt werden können.

In der Antike gab es achtundvierzig Konstellationen, die insgesamt 1022 Sterne umfaßten. Die modernen Astronomen haben viele Konstellationen hinzugefügt, so daß die Sternenkataloge von Flamsteed und De La Caille zusammen fast fünftausend Sterne enthalten. Die Namen dieser Konstellationen, ihre Positionen am Himmel und andere Besonderheiten kann man am besten dadurch lernen, daß man eine künstliche Wiedergabe des Himmels, einen modernen Himmelsglobus studiert.

Die Galaxis oder Milchstraße sollte nicht übergangen werden; sie ist eine der beachtlichsten Erscheinungen am Himmel; ein weißlich getönter breiter Kreis, der an manchen Stellen verdoppelt ist, aber größtenteils aus einem einzigen Pfad besteht, der sich über das ganze himmlische Konkav erstreckt. Der große Galileo entdeckte durch das Teleskop, daß das Himmelsstück, welches dieser

Kreis durchmißt, überall mit einer unendlichen Menge von sehr kleinen Sternen gefüllt ist, zu klein, um vom bloßen Auge wahrgenommen zu werden. Nur dadurch konnten sie wahrgenommen werden, daß sie ihr Licht vereinten und einen weißlichen Glanz über den Himmel verbreiteten. Mr. Brydone sagt, daß die Milchstraße am schönsten wirkte, als er sie von der Spitze des Ätna aus betrachtete: Sie erschien wie eine reine Flamme, die quer über den Himmel schoß...
Die Zahl der Sterne übertrifft das, was wir bis jetzt darüber gesagt haben, bis ins Unendliche. Ein normales Teleskop wird an verschiedenen Himmelsgegenden zehnmal soviel Sterne entdecken, als das bloße Auge es vermag. Hooke sagt in seiner »Mikrographie«, daß er mit einem Vier-Meter-Teleskop achtundsiebzig Sterne unter den Plejaden entdeckte und mit einem noch besseren Teleskop noch viel mehr. Galileo zählte achtzig in dem Raum zwischen dem Gürtel und dem Schwert des Orion und mehr als fünfhundert mehr in einem anderen Teil derselben Konstellation. Antonia Maria de Rheita zählte in derselben Konstellation mehr als zehntausend Sterne. Zukünftige Verbesserungen der Teleskope werden es uns vielleicht ermöglichen, zahllose, jetzt noch unsichtbare Sterne zu entdecken; und es gibt vielleicht noch viel mehr, die aber zu fern sind, um selbst noch mit Teleskopen gesehen zu werden, selbst wenn diese bis zum Äußersten verbessert worden sind...
Wenn ich hier über [Dr. Herschels] Entdeckungen spreche, so möchte ich dabei die Worte von M. De la Lande gebrauchen. »Indem er mit seinem neuen Teleskop eilends über den Himmel streifte, dehnte sich das Universum unter seinem Auge aus; vierundvierzigtausend Sterne, die im Raum von einigen wenigen Graden gesehen wurden, schienen darauf hinzuweisen, daß es im Himmel davon fünfundsiebzig Millionen gab.« Er hat auch gezeigt, daß viele Sterne, die für das Auge oder durch normale Gläser als einzelne erscheinen, in Wirklichkeit aus zwei oder mehr Sternen bestehen. Das Licht der Galaxis oder Milchstraße rührt voll und ganz von der großen Menge kleiner Sterne her, die so nahe beieinander liegen, daß sie nicht einmal durch ein normales Teleskop voneinander zu unterscheiden sind. Die Nebel oder klei-

nen weißlichen Flecken, die mit Hilfe von Teleskopen entdeckt worden sind, haben ebenfalls darin ihren Ursprung... Wer kann sagen, wie weit sich das Universum erstreckt oder wo seine Grenzen liegen? Wo der Schöpfer seine »schnellen Räder« zum Stehen brachte, oder wo er »die goldenen Kompasse« befestigte?[18]

Durch die Entdeckung eines siebten Planeten sowie von Ringen, Monden und dem Wesen der Meteore, ferner aufgrund der Wirbeltheorie, die die Entstehung des Sonnensystems erklären sollte, war das achtzehnte Jahrhundert zu einem neuen Verständnis der kosmischen Uhr mit ihren bewegten Zeigern gekommen. Ein »lokales« Problem war die Lücke zwischen Mars und Jupiter. Im Jahre 1722 hatte Johann Titius eine mathematische Progression für die Entfernungen der Planeten von der Sonne errechnet. Im selben Jahr formulierte Johann Bode in seinem Werk »Einführung in das Studium des Sternenhimmels« dieselbe Progression noch einmal neu und wies besonders darauf hin, daß noch ein weiterer Planet an der Stelle der 2,8fachen Entfernung der Erde von der Sonne liege (oder der siebenfachen Entfernung des Merkur und der vierfachen Entfernung der Venus von der Sonne). Als Uranus überaus genau in die Progression paßte, wurde die Suche nach dem »fehlenden« Planeten intensiviert, aber erst am Neujahrstag des Jahres 1801 entdeckte der italienische Astronom Giuseppe Piazzi im Sternbild Stier einen Stern der achten Größenklasse, der während der nächsten zwei Nächte seine Position veränderte. Am vierzehnten Januar beendete er seine rückläufige Bewegung und begann wieder vorwärtszuziehen. Da Piazzi ihn für einen Planeten hielt, gab er ihm den Namen Ceres. Dann verlor er ihn wieder, als die Sonne durch das Sternbild Stier zog, er wurde krank und war unfähig, die Suche fortzusetzen. Erst im Dezember wurde er wieder gefunden, als Carl Friedrich Gauss ihn mit Hilfe einer Umlaufbahn lokalisierte, die aus nur drei Daten errechnet worden war. Daraufhin drängten sich die Astronomen, um diesen neuen Planeten zu sehen. Ceres paßte fast vollständig in Bodes Progression, war aber so winzig, daß sie keine Planetenscheibe zeigte. Während sich die Astronomen noch darüber den Kopf zerbrachen, fand H. Wilhelm Olbers im April des Jahres 1802 ein weiteres Himmelsobjekt in einer nahegelegenen Umlaufbahn, das dann den Namen Pallas erhielt. Juno wurde im Jahre 1804 entdeckt, und Vesta 1807. Im Jahre 1852 gab es zwanzig bekannte Planetoiden, und 1870 waren es 110. Als man einmal um ihre Existenz wußte, wurden sie in allen Größen bis zur zwölften Größenklasse entdeckt, darunter auch einige, die jenseits von Saturn kreisten, und andere, die innerhalb der Venusbahn ihre Kreise zogen. Hermes, Eros und Ikaros haben sich alle in der letzten Zeit der Erde genähert.

Gleichzeitig wurden auch die Kometen genauer beobachtet, und ihre Eigenschaften wurden analysiert. Olbers schreibt dazu: »Nur in Sonnennähe flammen sie auf. Wie ein Schwefelhölzchen entzünden sie sich und... eine bläuliche Flamme schlägt heraus.«[19] Später in diesem Jahrhundert entdeckten die Astronomen, daß der leichte Druck des Sonnenlichtes ausreicht, um die Kometenschweife zu erzeugen, indem er ihre Gase hinter ihnen über Millionen von Kilometern im Raum zerstreut.

Im Jahre 1842 wurde während einer Sonnenfinsternis die Korona der Sonne mit ihren Protuberanzen beobachtet. »Von dem schwarzen Rand des Mondes«, schrieb ein Beobachter, »schossen plötzlich drei gigantische purpurrote Feuerzungen hervor. Bewegungslos hielten sie inne, wie gezackte Berggipfel bei einem Sonnenuntergang in den Alpen. Jede unterschied sich von den anderen, aber alle waren um ein Vielfaches größer als das weiße Strahlendiadem. Es war, als ob die Sonne hinter dem Mond in ungeheuren vulkanischen Explosionen emporflammte.«[20]

Man kann nur Vermutungen darüber anstellen, welch starke Wirkungen solche Ereignisse in der Antike oder den Stammeskulturen ausübten. Ochsen, Esel und Kühe standen bewegungslos still; selbst die Ameisen blieben stehen. Blumen schlossen sich.

Im selben Zeitraum wuchs auch die Neugierde auf die Bewohner dieser anderen Welten, und zwar parallel mit der Entdeckung neuer Eingeborenenvölker in Nord- und Südamerika, Australien, dem Südpazifik und Afrika. Wie mußten die Saturnringe für die Saturnier aussehen? Wie erleuchteten die vielen Monde die Jupiternacht? Herschel glaubte sogar, daß die Sonne bewohnt sei und nicht notwendigerweise so gleichförmig heiß sein mußte, wie viele es behauptet hatten.

Im Jahre 1846 sagten der britische Astronom John Adams und der Franzose Urbain Leverrier gleichzeitig die Entdeckung eines achten Planeten voraus. Dabei verwendeten sie die Newtonschen Gesetze und berechneten die Positionen dieses Planeten anhand der hypothetischen Störungen, die ein unbekannter Planet in den Positionen des Uranus hervorgerufen hatte. Und tatsächlich wurde Neptun zum ersten Mal – jedenfalls bewußt – von Johann Galle beobachtet, einem deutschen Astronom, der Leverriers Vorhersage für den 23. September 1846 anwandte. Als Galle einen Stern der achten Größenklasse fand, der in der von ihm verwendeten neuen Sternenkarte noch nicht eingezeichnet war, beobachtete er ihn weiter und erkannte, daß er sich rückläufig bewegte und den Schätzungen Leverriers sowohl in der Größe und Geschwindigkeit als auch seiner Position weitgehend entsprach. Daraufhin schrieb er an Leverrier, daß »der Planet, auf dessen Position Sie hingewiesen haben, *tatsächlich existiert.*«[21]

Der hypothetische Planet Leverriers war also ein wirklicher Planet. Am zehnten September dieses Jahres blickte Sir John Herschel durch sein Teleskop auf diese neue Welt und sagte: »Wir sehen ihn, wie Kolumbus Amerika von Spaniens Küsten aus sah. Mit einer Gewißheit, die der demonstratio ad oculos kaum nachstand, haben wir seine Bewegungen gefühlt, die an der weitreichenden Linie unserer Analyse entlangzitterten.«[22]

Später in diesem Jahr entdeckte William Lassel mit Hilfe eines neuen Spiegelteleskops den großen Neptunmond Triton. Mit fast 6000 Kilometern Durchmesser ist dieser Mond so groß, daß er von der Erde aus gesehen heller strahlte als jeder der Uranusmonde. Im Jahre 1851 fand Lassel auch Ariel und Umbriel, die um den Uranus kreisen.

Interessanterweise ist ein Planet vor seiner Entdeckung zu einer bestimmten historischen Epoche oftmals vorher schon als

Stern bekannt. In der Antike hatte man Uranus gesehen, doch er war zu schwachleuchtend und zu langsam, um irgendein Interesse an seinem Wesen als Planet zu erwecken. Der amerikanische Astronom Sears Walker durchforschte Lalandes Sternenkatalog aus dem achtzehnten Jahrhundert für unbekannte Sterne nach Nächten und Positionen, in denen Neptun sichtbar gewesen wäre, und er verwendete diese wahrscheinlichen Beobachtungen des Planeten, um daraus im Jahre 1847 eine verbesserte elliptische Umlaufbahn zu konstruieren. Als man erkannte, daß Neptun ein beträchtliches Stück von der nach Bodes Progression zu erwartenden Position abwich (nämlich 30,05mal die Entfernung der Erde zur Sonne betrug anstatt 38,4mal), verlor dieses »Gesetz« jegliche Glaubwürdigkeit. Tatsächlich stand es dem Keplerschen Universum der geometrischen Körper und den pythagoräischen Harmonien näher, und seine hauptsächliche historische Rolle hatte darin bestanden, die Suche nach dem fehlenden Planeten voranzutreiben.

Daß zwei unabhängig voneinander forschende Astronomen Neptuns Entdeckung im gleichen Jahr vorhersagten, führte zu einigen Streitereien. Leverrier war der bekanntere und auch egoistischere von den beiden, und daß Adams den Planeten früher entdeckt hatte, blieb viele Monate unbekannt, denn der britische Hofastronom George Airy glaubte nicht an die Existenz transuranischer Planeten und nahm seine Ergebnisse nicht ernst. Als Adams' Vorhersage später bekanntgemacht wurde, kämpften Leverrier und seine französischen Anhänger energisch dagegen, den historischen Bonus teilen zu müssen. Leverrier wollte sogar, daß der neue Planet seinen Namen tragen solle und schlug im eigenen Interesse vor, dem Uranus den Namen Herschel zu verleihen.

Dieser relativ bedeutungslose Wettstreit drängt eine andere, viel interessantere Kontroverse in den Hintergrund. Sie wurde vergessen, aber nicht aufgelöst. Im allgemeinen wird die Entdeckung eines Planeten meist der Person zugeschrieben, deren mathematische Formeln seine Position im voraus beschrieben, und nicht derjenigen Person, die ihn tatsächlich findet. Galle hat Leverriers Planeten für ihn entdeckt. Aber Galles »Stern« entsprach auch Adams' Voraussage für dieselbe Nacht, obwohl Adams und Leverrier interessanterweise verschiedene Umlaufbahnen für den Planeten annahmen, von denen keine auch nur im entferntesten der tatsächlichen Neptunbahn bzw. der jeweils anderen nahekam – abgesehen eben von den Zeitpunkten, an denen sie sich alle schnitten. Daß diese drei Ellipsen (die beiden hypothetischen von Adams und Leverrier und die wirkliche des Planeten Neptun) in der Nacht, wo Galle gerade in den Himmel blickte, sich fast im selben Punkt schnitten, ist ein Glücksfall, der fast zu fantastisch ist, um an ihn zu glauben.

Beide Berechnungen basierten auf Bodes ungenauen Schätzungen der Größe des Neptun und seiner Entfernung von der Sonne. Sie basierten auch auf den äußerst subtilen Berechnungen nicht nur der Störungen, die Uranus auf den unbekannten Himmelskörper ausübte, sondern auch der Störungen, die von diesem auf Uranus ausgeübt wurden, ferner auf einer exakten Newtonschen Umlaufbahn für Uranus, einschließlich aller Gravitationswirkungen, die im Sonnensystem auf ihn einwirkten. Diese »Lösung« ist für viele der äußeren Planeten heute kaum realisierbar, und dies war damals erst recht der Fall. Tatsächlich wurde der hypothetische Planet Vulkanus, der zwischen Merkur und Sonne kreist, im Laufe des neunzehnten Jahrhunderts oftmals »beobachtet«, weil so viele Astronomen nach einem Himmelskörper suchten, der die Anomalien in der Bewegung des Merkur an seinem Perihel hätte erklären können.

Angesichts dieser Schwierigkeiten entschlossen sich die Verantwortlichen dieser Zeit, Leverrier die Entdeckung Neptuns zuzuschreiben, weil er mit Hilfe seiner Formel entdeckt wurde, *obwohl* sein hypothetischer Planet die Neptunbahn nur an einigen wenigen Punkten kreuzte. Dadurch waren sie später gezwungen, auch Adams in gleichem Maße als Entdecker anzuerkennen, denn sein Planet kreuzte die Neptunbahn und die Leverriersche Bahn genau an dem Punkt, wo Neptun dann entdeckt wurde. Später, als deutlich wird, daß weder die Existenz Neptuns noch die spätere Entdeckung Plutos die Unregelmäßigkeiten in der Uranusbahn erklären können, gewinnt dieses Dilemma an provokativer Schärfe. Der Historiker William

Graves Hoyt faßt diese Situation zusammen, indem er den amerikanischen Astronomen Henry Norris Russell zitiert: »Leverrier und Adams... hatten eine zu große Entfernung ihres unbekannten Planeten von dem Bodeschen Gesetz angenommen, aber ihre Berechnungen ›machten die Umlaufbahn auch recht exzentrisch (obwohl sie in Wirklichkeit fast kreisförmig ist)‹«, und diese »falsche Exzentrizität brachte die vorhergesagte Umlaufbahn näher zur Sonne in die Gegend, wo der Planet zu dieser Zeit tatsächlich lag, und konnte deshalb den Irrtum in den beiden ursprünglichen Annahmen ziemlich ausgleichen.«[23] Ganz offensichtlich war Neptun bereit, entdeckt zu werden.

Gegen Ende des neunzehnten Jahrhunderts wurde die Technologie der Teleskope weiter verbessert, und mit der Erfindung der photographischen Silberbromidplatte begann der Aufschwung der modernen Astronomie in der sorgfältigen Aufzeichnung aller Himmelsgegenden auf einen Film. Die Platten waren so empfindlich, daß sie Objekte aufnehmen konnten, die das menschliche Auge selbst mit Linsen niemals hätte sehen können. Und schon war das Bild eines Wilhelm Herschel, der mit seiner Schwester Caroline vor einem rauhreifbedeckten Teleskop in der Nacht stand, merkwürdig altmodisch geworden.

Zudem enthüllte sich die Innen- oder Unterwelt ebenso funkelnd wie die Nacht, in diesem Falle durch das Mikroskop. Sowohl unbelebte chemische Stoffe wie auch von Leben wimmelndes Teichwasser offenbarten Sterne und Kleinstlebewesen, so weit das Wahrnehmungsvermögen nur reichte. Genauso, wie das Teleskop das Antlitz Gottes oder einen Goldenen Kompaß in der Leere zeigte, brachte auch das Mikroskop die ursprüngliche Lebenskraft zum Vorschein, die die ganze stoffliche Welt oder die Kristallfunken des ursprünglichen Äthers lenkte. Teleskop oder Mikroskop, es war dasselbe Instrument, nur vergrößerte es die Dinge auf einer anderen Ebene. Das Atom und die Sterne sollten das schließlich noch beweisen. Und der Mensch fand sich in einer merkwürdigen neuen Hierarchie wieder: Sonnen und Nebel bis zur Unendlichkeit über ihm und Tiere in Tieren in Tieren und Atome in allem, einschließlich ihm selbst. Eine

Linse machte auch den Nachthimmel zum Atom, und das Atom erfüllte den Nachthimmel mit Licht.

Und wie uns der Dichter Theodore Enslin lehrte: Wenn wir die Walnuß aufbrechen, finden wir nicht den Kern, sondern nur eine weitere Schale. Um den Kern zu finden, müssen wir die Art unserer Wahrnehmung verändern und uns in andere Dimensionen bewegen.[24]

Es gab noch ein anderes Thema, das die Astronomen des neunzehnten Jahrhunderts beschäftigte. Zum ersten Mal wurde es bekanntlich im Jahre 1720 von Halley formuliert, später aber Wilhelm Olbers gutgeschrieben, der es im Jahre 1823 als Paradox äußerte. Halleys Ansicht nach konnte das Universum nicht unendlich sein, denn in diesem Fall müßte das gesammelte Licht aller Sterne bis in die Unendlichkeit den Nachthimmel derartig hell erleuchten, daß er der Strahlkraft der Sonnenscheibe gleichen würde. Galilei hatte in diesem Zusammenhang geschlossen, daß das Licht seine »Blitzesschnelle« in kürzeren Entfernungen erschöpfte, aber das war keine annehmbare Lösung mehr. Olbers löste das Problem für sich selbst, indem er die Schwärze des Himmels durch das Vorhandensein von Staub und Teilchen im Raum erklärte: Sie bräuchten nur einen Bruchteil des ewigen Sternenlichtes zu dämpfen, um eine schwarze Nacht zu erzeugen. Selbst ein Stoff, der durchsichtiger als Wasser war, würde über die großen Entfernungen des Raumes hin genügend Licht schlucken, um die Sicht auf die entferntesten Sterne unmöglich zu machen. Bis zu dieser Stufe der Entwicklung glaubte das neunzehnte Jahrhundert noch immer, daß es Sand gab, in den man den Kopf stecken konnte, und daß die Zähne der Unendlichkeit irgendwo weit über den Dörfern der Erde abgeschliffen sein müssen.

5. Die Elemente

Während durch Herschel, Olbers und Leverrier der Himmel erforscht wurde, untersuchten andere Wissenschaftler den Mikrokosmos. Ein Zeitgenosse von Isaac Newton, der holländische Naturforscher Anton van Leeuwenhoek, entdeckte, daß die Mikrowelt eine unendliche Kette von Materie und Struktur enthielt: Lebewesen und anorganische Strukturen, die bis zu den Grenzen des Sichtbaren von einer atemberaubenden Kompliziertheit waren. Joseph Addison schrieb dazu:

Jeder Teil der Materie ist bevölkert; jedes grüne Blatt wimmelt von Bewohnern. Es gibt kaum eine Flüssigkeit im menschlichen Körper oder dem eines anderen Tieres, in dem unsere Vergrößerungsgläser nicht Myriaden von lebenden Geschöpfen entdecken. Auch die Oberfläche von Tieren ist mit anderen Tieren bedeckt, die ebenso den Boden für andere Tiere darstellen, die darauf leben; ja, wir finden sogar in den festesten Körpern wie Marmor zahllose Zellen und Hohlräume, in denen sich Bewohner drängen, die zu klein sind, als daß das bloße Auge sie entdecken könnte.[1]

Leeuwenhoek erhielt einmal einen Nervenknoten von dem Bein einer Frau, in dem sich, wie berichtet wurde, unmittelbar Würmer gebildet hatten. Unter dem Mikroskop erkannte er Insektenlarven, Maden aus Eiern, die von Fliegen gelegt worden waren, aber der Anatom, der das Bein gebracht hatte, war damit noch nicht zufrieden. Leeuwenhoek versetzte die Maden auf ein Stück Rindfleisch; sie wurden zu Kokons, aus denen dann wieder Fliegen schlüpften; dann wurden zwei von ihnen gepaart, und das Weibchen legte hundertfünfzehn Eier wie die ursprünglichen. Das war der natürliche Fortpflanzungszyklus, in sich geschlossen und ohne irgendwelche äußeren Einflüsse.

Die wichtigsten Beiträge zur Astronomie lagen aber nicht im Bereich der Biologie, sondern in der Molekularchemie, die später dann die Grundlage für die Physik und Astrophysik bildeten. Im Jahre 1805 legte der englische Chemiker John Dalton die

Atomtheorie der Elemente dar. Er sagte, daß die grundlegenden Substanzen aus unteilbaren und unzerstörbaren Atomen bestehen; aus ihnen setzen sich alle Stoffe und Strukturen zusammen. Zwischen den Elementen kommt es zu chemischen Verbindungen, die in Zusammenschlüssen von Atomen entsprechend einfacher mathematischer Eigenschaften gründen. Im wesentlichen erhalten die Atome ihre Identität durch alle physischen und chemischen Veränderungen hindurch. Atome derselben Elemente haben nicht nur dieselben physischen und chemischen Eigenschaften, sondern auch dieselbe Masse. Sie können sich in mehr als nur einem Verhältnis zusammenschließen, um vollkommen verschiedene Verbindungen zu bilden.

Im Jahre 1869 entdeckte der russische Chemiker Dmitrij Mendeleev, daß die chemischen Eigenschaften der Elemente periodische Funktionen ihrer Atomgewichte, also der Protonenzahl in ihren Kernen, sind. Als er die damals bekannten Elemente in einer Reihe anordnete, erkannte er, daß es zwischen den Elementen in regelmäßigen Zahlenintervallen Familienähnlichkeiten gab. Zum Beispiel liegen Kohlenstoff, Silizium und Zinn in einer Reihe, bei der jedoch das Glied zwischen Silizium und Zinn damals offensichtlich noch fehlte. Später fand man heraus, daß es das Germanium war. Fluor, Chlor, Brom und Jod bilden eine weitere Familie. Dann gibt es eine Gruppe, die aus Lithium, Natrium und Kalium besteht; eine weitere besteht aus Stickstoff, Phosphor, Arsen und Antimon und so weiter. Die Natur beinhaltet eine inneratomare periodische Struktur, die für die Ordnung in der Welt maßgeblich ist. Alle Elemente basieren auf dem einfachsten: dem Wasserstoff mit nur einem Proton, der auch, wie wir noch feststellen sollten, der Brennstoff der Sterne ist. Es gibt also in einem gewissen Sinne nur ein einziges Element, nur einen einzigen Atombauklotz, und alle übrigen Atome entstehen als einfache arithmetische Variationen, die wiederum neue und individuelle Eigenschaften erzeugen. Mendeleevs Periodensystem, und die dahinterliegende Wirklichkeit, lieferte eine neue Basis für das Verständnis der Geschichte und der Evolution der Materie. Mathematische Beziehungen bestimmten die scheinbar unbegrenzte Entfaltung der Formen in der Natur, eingeschlossen Pflanzen, Tiere und Sterne. Das war, wie Heisenberg uns später erinnern sollte, beunruhigend pythagoräisch.

Es gab zunächst keinen Grund anzunehmen, daß der Mensch die Sterne jemals würde »berühren« und chemisch analysieren können, aber mit Hilfe der Spektroskopie gewann das Periodensystem eine besondere Bedeutung für die Astronomie. Man erwartete – und diese Erwartung war noch aus den Zeiten des ätherischen Kosmos geblieben –, daß vollkommen unbekannte Elemente im Himmel reichlich vorhanden seien, aber das sollte sich nicht bestätigen.

Die Spektroskopie nahm ihren Anfang in den zwanziger Jahren des neunzehnten Jahrhunderts, als der Münchener Optiker Joseph von Fraunhofer feststellte, daß das Sonnenspektrum, wenn man es durch einen Schlitz und dann durch ein Prisma aus Glas schickte, Hunderte von dunklen Linien aufwies, von denen jede ein Schatten des ursprünglichen Schlitzes war. Beim Sonnenlicht fand man diese Linien immer auf derselben Wellenlänge. Man fand sie auch in den Spektren des Mondes und der Sterne. So phantastisch es auch scheinen mochte, diese winzigen Kratzer beschrieben weitreichende und komplexe Vorgänge, die zeitlich und räumlich weit entfernten Stoffen zustießen; und zwar handelte es sich um die Absorption des Lichtes bestimmter Wellenlängen, wenn es sich von den brennenden Sternen durch die kühleren Atmosphären bewegte.

Ein anderer Deutscher, Gustav Robert Kirchhoff, entdeckte im Jahre 1859, daß jedes Element, wenn es verdampft wird, ein besonderes Spektrum erzeugt. Keine zwei Elemente gleichen sich in ihren Spektren. Zunächst hatten nicht viele der Sterne analysierbare Spektren, bei den Nebeln aber war die Analyse möglich; sie wiesen so vertraute Elemente wie Sauerstoff und Stickstoff auf, und das hieß, daß die irdische Chemie auf der Ebene der Elemente auch in den großen Entfernungen des interstellaren Raumes aufrechterhalten wurde. Das Natrium, Magnesium, Kalzium, Chrom und Eisen, das auf der Erde vorkam, bestand aus derselben Art der Atome, die sich in den Sternen befanden. Das erste »exotische« Element wurde in der Sonne entdeckt und deshalb als »Helium« bezeichnet, aber es stellte sich heraus, daß es auch auf der Erde existierte: Kurz nach seiner Entdeckung in der Sonne fand man es auch in Texas.

Die Analyse der Sterne ergab, daß sie keine große Variationsbreite von Stoffen enthielten. Jedenfalls waren sie weniger komplex als die Erde, denn sie waren so heiß, daß in ihnen nur einfache Atome und Elektronen überleben konnten. (Einige wenige rote Sterne enthielten Kohlenstoff-Sauerstoff- und Eisen-Zusammensetzungen, aber ansonsten keine komplexeren Verbindungen.) Mit einer universellen Chemie als Maßstab konnten die Astronomen nun allmählich Sequenzen von Sternentypen erkennen, sie konnten nun sogar Familienbeziehungen zwischen Sternen und Planeten beschreiben. Charles Darwin, der hauptsächlich Lebewesen, aber auch tierische Fossilien untersuchte, lieferte die Theorie, die die universelle Chemie in die wissenschaftlich erforschte Geschichte des Kosmos integrieren sollte.

Bis zur spektroskopischen Analyse blieben all die verschiedenen Arten und Formen von Nebeln und Sternenschleiern voneinander ununterscheidbar. Diese historischen Zeiten klingen nach, wenn heute manche Menschen noch immer Milchstraßen als Nebel bezeichnen. Als erster hat William Huggins im Jahre 1864 gezeigt, daß nicht alle Nebel Sternenhaufen sind; manche von ihnen sind einfach Wolken aus leuchtenden Gasen. Heute wissen wir, daß der farbige Große Nebel des Orion eine große gasförmige Wolke ist, die einige Sterne umgibt. Andere Nebel wiederum, wie zum Beispiel die Plejaden, sind tatsächlich Sternengruppen.

Wir sollten ferner festhalten, daß es erst in den dreißiger Jahren des zwanzigsten Jahrhunderts möglich wurde, die Zusammensetzung der Planeten mit Hilfe des Spektrallichtes zu analysieren, das durch ihre Atmosphären gefiltert wurde. Bis zum heutigen Tag ist unsere Spektralanalyse mit Ausnahme der Bodenanalysen der Viking-Expedition vom Mars auf die Atmosphäre der Planeten beschränkt; ihnen zufolge gibt es große Mengen von Methan, Ammoniak und Wasserstoff in den größeren Welten unseres Sonnensystems, und das läßt sie kleinen

Sonnen ähnlich erscheinen. Bis zu diesen Untersuchungen war es noch vorstellbar, daß Wesen von der Art unserer irdischen Lebewesen auf diesen Planeten existieren könnten.

Charles Darwin war kein Astronom, aber sein Evolutionsbegriff umfaßte den ganzen irdischen Raum, auch war er der erste Physiker oder Biologe, der die Erde als ein einziges umfassendes Weltsystem betrachtete. Indem er zeigte, daß sich Lebewesen zufällig durch natürliche Auswahl entwickeln können und daß ausgestorbene Arten möglicherweise die gemeinsamen Vorfahren gegenwärtiger Pflanzen- und Tierarten sind, schuf Darwin eine Basis für spätere Wissenschaftler, die dann ihrerseits darlegten, daß sich das Leben selbst mechanisch aus zufälligen chemischen Wechselwirkungen entwickeln kann. Darwins Anhänger machten aus diesem Planeten einen sich drehenden Klumpen von Sternentrümmern, auf dem eine besonders günstige Abfolge von Ereignissen stattgefunden hatte – günstig zumindest in den Augen derjenigen, denen sie zugute kam. Das darwinistische Denken führte Schritt für Schritt zu einer neuen Philosophie des Kosmos. Nicht nur, daß Sterne und Planeten vermittels ihrer Elemente miteinander verbunden waren, sondern das Leben war selbst eine Funktion dieser Verwandtschaft. Es gab keinen Grund, weshalb man die belebte Erde von dem unbelebten Universum hätte trennen und nach einer besonderen Ursache für das Leben hätte suchen müssen. Das Periodensystem liefert mit seinen Elementen die Basis dafür, daß aus Sternen Menschen entstehen (wie die Spektroskopie bewies, war dafür keine neue Materie oder Energie nötig). Das Leben ist eine Variation desselben Wasserstoffes, der auch in den Sternenöfen brennt. Das Gesetz von der natürlichen Auslese bevölkert die Planeten anderer Sterne mit solchen Lebewesen, die eben durch ihre jeweilige Umgebung begünstigt sind. Daß es Astronomen gibt, liegt an denselben chemischen Mechanismen, die auch die Sonnen entstehen lassen.

Darwin zufolge entstehen die Arten in komplexen wechselseitigen Beziehungen zu ihrer Umgebung. Unter ständig wechselnden Naturbedingungen erscheinen auch neue Organismen.

Die natürliche Auslese erzeugt sie nicht; sondern liefert nur die Bedingungen, unter denen sich bestimmte, zufällig entstehende Variationen erhalten. In unserer späteren Zeit scheinen Ordnung und Harmonie zu herrschen, aber es war Anarchie und Anomalie, die diese gegenwärtigen Arten und ihre Ausstattungen zuwege brachten. Zufall und Mutation sind die einzigen »Gesetze«, und atomare und molekulare Morphologie die einzige Grundlage. Die Organismen verwenden für die neuen Funktionen immer die alten Strukturen, weil es keine andere Stelle gibt, von der sie sich Lungen oder Finger, Kiemen oder Zähne im Frühstadium der Entwicklung besorgen könnten. Die Interaktionseigenschaften der Moleküle haben die Grundlage für die Nahrungsassimilation und die genetische Reproduktion geschaffen. Unbelebte chemische Stoffe werden zu Zellen, indem sie sie sozusagen zuerst nur imitieren. Die ersten Zellen enthalten »Kristalle« oder Muster von unbelebten Strukturen. Zellen werden zu Organen und Organismen, leicht aufgerauhte Stellen werden zu Verdauungskanälen und Wirbelsäulen, Flossen werden zu Flügeln und Gliedern, primitive Sinneszellen werden zu Gehirnzellen. Nichts wird erfunden. Die Materie stellt ihre Eigenschaften in einer kumulativen Kette oder in Abfolgen von kumulativen Ketten dar; einige der Glieder in manchen Welten wachsen und differenzieren sich weiter, andere werden zerstört. Diese Zufallskette der Evolution verdrängte schließlich die »Große Kette des Seins«, die von der astralen Sphäre herabhing und deren Glieder Archetypen waren und durch die Übergänge zwischen den Arten nicht verwischt werden konnten.

Das Darwinsche Gesetz behauptet, daß die Fähigkeit, Nahrung zu assimilieren und sich fortzupflanzen, also die Unterscheidungsmerkmale lebender Organismen, aus zufälligen Wechselwirkungen zwischen Bestandteilen unbelebter chemischer Lösungen entstand. Eine Generation nach Darwin sollte Sigmund Freud zeigen, daß die Vorstellungen und Gewohnheiten der Menschheit aus demselben Gesetz folgen. Zu Beginn des zwanzigsten Jahrhunderts war es nicht nur klar, daß diese Welt keinen Schöpfer braucht, sondern daß sogar die Vorstellung von einem Schöpfer rein mechanisch als Aspekt primitiven Denkens erklärt werden konnte. Auf diese Weise löste sich die Wissenschaft endgültig von der Religion: sie verschlang sie.

Hinter Darwins natürlicher Auslese liegt die Newtonsche Gravitation. Das mechanische Universum hat nur die eine thermodynamische Quelle und kann dem Denken oder dem Leben keine besonderen Zugeständnisse machen. Freuds Theorie des Bewußtseins postuliert eine Art »natürlicher Auslese« für Gedanken, Bilder und Gefühle. Selbst unsere Ideen und Motive haben eine »Gravitations«-Basis. Die Sozialwissenschaften des zwanzigsten Jahrhunderts fassen alle menschlichen Aktivitäten im Rahmen dieses strukturellen und statistischen Universums auf. Sterne, Planeten, Pflanzen, Tiere, Menschen, Stämme und Zivilisationen sind Weiterentwicklungen einer einzelnen Kraft, die sich in einer Reihe von Zufallsprozessen ausdrückt. Diese Erkenntnis, die von Newton am Sternhimmel gewonnen wurde, kehrte nun zum Himmel zurück, und die Seele des Menschen war der Gefangene dieses Himmels geworden.

Das Universum ist eine verfeinerte Version der Laplaceschen Himmelsmechanik geworden. Wasserstoffgas wirbelt in Spiralen, und unter der Schwerkraft bilden sich Knoten und verdichten sich. In diesen Knoten erhärten sich die Welten, und durch die Atomkerne und die molekularen Verbindungen werden Strukturen und Zusammensetzungen herausgebildet. Die Eigenschaften von Kohlenstoff, Wasserstoff und Sauerstoff führen zu komplexen Molekülketten; es bilden sich Proteine und Aminosäuren. Aus Schlamm und Meersalz kriechen taube und blinde Lebewesen. Jene Formen des Lebens, die am besten an ihre Umwelt angepaßt sind, die sich ebenfalls verändert, überleben und bringen Nachkommen zur Welt, die sich auch wieder mit dem sich wandelnden Universum verändern: Sie sind dem irdischen Klima, Raubtieren, dem kosmischen »Klima« der Mutationen und vielen anderen Einflüssen ausgesetzt. Ein paar Milliarden Jahre später erfindet zumindest eine sehr komplexe Form des Lebens mit Hilfe ihrer Intelligenz Gesellschaftsformen, Sprache und schließlich sogar die Wissenschaft; oder genauer: diese Dinge werden unbewußt und unbeabsichtigt entwickelt, und individuelle Lebewesen wie wir erwachen und finden sich plötzlich in ihrer Mitte wieder. Aber nicht einmal dieses komplexe Geschöpf hat einen Geist; es ist lediglich eine geschickte Anordnung von chemischen Stoffen. Meist ist es unbewußt, aber ein winziger Teil seines Wesens entringt sich den äußerst starken Kräften der Unterdrückung und tritt in bewußtes Sein über. Solche Lebensformen entwickeln Gesellschaften, und davon überleben und verschmelzen einige, meistens dadurch, daß sie imstande sind, größere Energiemengen aus ihrem Umfeld zu beherrschen. Schließlich entwickeln sie sogar Theorien über Himmelsmechanik und erkennen, daß die Materie ihrer Körper von den Sternen gekommen ist, und sie selbst nichts Besonderes sind, sondern nur Brocken in einer Zufallsanordnung. Und das ist ein vollkommener Kreis.

Vielleicht wehrt sich in uns etwas gegen diese gemeinsamen Vorfahren, gegen die Vorstellung, daß selbst Könige und Königinnen oder Philosophen von den Urvätern von Regenwürmern und Fröschen gezeugt wurden. Vielleicht ist das eine Beleidigung, aber leider gibt es darüber hinaus kaum einen Grund, sich große Hoffnungen zu machen. Der deutlichste Hinweis auf »etwas anderes« ist dieses Verlangen selbst. Vielleicht ist dieses Etwas in uns, dieser Aufschrei, dieses Sich-Wehren nur die Illusion eines Geistes in einer Marionette, die sich für ein Lebewesen hält. Vielleicht ist es auch der Geist der Unendlichkeit, was immer das sein mag, wenn sie überhaupt einen Geist hat und wir ein Recht darauf haben, dunkel ahnend dieser Geist zu sein. Der Grund unserer Verletztheit ist entweder gerade unser eigenes Sein oder unsere pompöseste und schmerzlichste Täuschung. In Kürze wird ohnehin nichts von alledem mehr hier sein – nichts davon, gar nichts. Welch eine Überraschung! Welch eine merkwürdige, verstohlene Überraschung! Tausende von Schriftstellern haben versucht, sie zu ermessen, wir aber wollen wieder zu D. H. Lawrences »Der Regenbogen« greifen:

Aber das Ziel, was war das Ziel? Elektrizität besaß keine Seele, auch Licht und Hitze nicht. War sie selbst eine unpersönliche Kraft oder eine Verbindung von Kräften wie jene? Sie starrte auf

*das einzellige schattenhafte Wesen, das im Lichtfeld unter ihrem
Mikroskop lag. Es lebte. Sie sah, wie es sich bewegte, sie sah den
hellen Nebel seines einzelligen Tuns, sie sah den Schimmer seines
Kernes, während es über die ebene Lichtfläche glitt. Was bildete
seinen Willen? Wenn es eine Verbindung von Kräften war, physikalischen und chemischen, was hielt aber dann diese Kräfte zusammen, und zu welchem Zweck waren die unberechenbaren,
physikalischen und chemischen Kräfte in diesem undeutlichen,
sich bewegenden Fleckchen unter dem Mikroskop miteinander verflochten? Was war dieser Wille, der sie verflocht und dieses Ding
erschuf, das sie da sah? Was war seine Absicht? Nur einfach er
selbst zu sein? War sein Ziel lediglich mechanischer Art und auf
sich selbst beschränkt?
Er wollte jedenfalls er selber sein. Aber welches Selbst? Plötzlich
glänzte die Welt in ihrem Inneren seltsam auf, in einem intensiven Licht, wie der nukleare Kern der Kreatur dort unter dem
Mikroskop. Plötzlich war sie davongetragen in ein intensiv glän-
zendes Licht von Wissen. Sie konnte nicht begreifen, was all dies
bedeutete, aber sie wußte, daß es keine begrenzte, mechanische
Energie war, noch lediglich Absicht der Selbsterhaltung und
Selbstbestätigung. Es war eine Vereinigung, ein Sein in Unendlichkeit. Jedes Selbst, das ein verwirklichtes Sein hatte, war ein
erhabener, glänzender Triumph des Unendlichen.*[2]

George Ellery Hale, einer der ersten New-World-Astronomen,
hält Darwins Werk »The Origin of Species« zugute, daß es ihm
ein passendes Modell für die Sterne vermittelt hat. »Es hat mich
gelehrt«, schrieb er, »die Sonne als einen typischen Stern, ein
Glied in einer langen Kette der Evolution zu betrachten, und
half mir auf diese Weise, mich nicht ausschließlich auf die Erforschung der Sonne zu spezialisieren.«[3]

Später faßte Hale die philosophische Wirkung der neuen Kosmogonie folgendermaßen zusammen:

*Wir sind jetzt in der Lage, die Erforschung der Evolution als ei-
nen einzigen großen Gegenstand zu betrachten, und zwar ausgehend von dem Ursprung der Sterne in den Nebeln bis zu jenen*

schwierigen und komplexen Wissenschaften, die nicht nur die Phänomene des Lebens zu erklären sich vornehmen, sondern auch die Gesetze, die eine aus Menschen bestehende Gesellschaft steuern. Jede derartige Betrachtung aller Naturphänomene als Elemente eines einzigen Problems muß mit der Erforschung der Sonne beginnen, dem einzigen Stern, der der Erde nahe genug ist...[4]

Für das neunzehnte und frühe zwanzigste Jahrhundert war die Sonne eine Art Tier. Die Wissenschaft versuchte, ihr Leben zu verstehen und sogar ihren letztendlichen Tod. Baron Hermann von Helmholtz und Lord William Kelvin entwickelten unabhängig voneinander Theorien über die Sonnenatmosphäre. Die Sonne wurde durch die Kraft ihrer Gravitation in ihren eigenen Mittelpunkt gepreßt. Die Licht- und Hitzeenergie kam von der Strahlung, die während dieser Kontraktion frei wurde. Solange es Materie gab, die angezogen werden konnte, waren die Sterne noch fähig zu leuchten.

Mit dieser Erklärung ging die schreckliche Einsicht einher, daß die Sonne sich selbst verzehrte; sie konnte nicht für immer brennen. In dem Maße, wie Materie im Mittelpunkt verbraucht wurde und der Stern schrumpfte, würde er schließlich erlöschen. Und dasselbe würde mit allen Sonnen im Universum geschehen.

Die sterbende Sonne ist das hervorstechendste Bild unserer gegenwärtigen Kosmologie. Es entstand im neunzehnten Jahrhundert und war ein weiterer großer Schlag für den mittelalterlichen Kosmos. Als sich die Astronomen die Lichtgeschwindigkeit und die Entfernungen der Sterne klarmachten, erkannten sie allmählich, daß sie auf Himmelskörper blickten, die vielleicht schon Millionen von Jahren erloschen waren.

Sie erkannten auch, daß in den Spiralen der Milchstraße uralte Explosionen sichtbar waren – zum Beispiel eine Galaxie im Sternbild Andromeda und eine weitere in den Jagdhunden. Daß so helle und riesige Explosionen offensichtlich aus so großer Ferne sichtbar waren, erschien ebenso unmöglich wie erschreckend. Es bedeutete, daß verheerende Mengen von Materie, ganze Systeme zerstört werden konnten. Das neunzehnte Jahrhundert konnte mit der ordnungsgemäßen Geburt und dem Tod von Sternen noch umgehen, selbst mit der Entstehung neuer Sterne aus Nebeln und interstellarem Staub. Aber für Supernovae, Explosionen jenseits aller Begriffe, war es noch nicht reif. Tatsächlich entschied die Astronomin Agnes Clerke im Jahre 1890, daß sie nicht so gewaltig und fern seien und daß das Universum eine einzige Insel sei, wobei »alle darin enthaltenen Sterne und Nebel... zu einer einzigen gewaltigen Anhäufung gehörten«.[5] Ohne daß sie es wußte, arbeiteten andere Faktoren auf ein viel gewalttätigeres und verbrecherisches Universum hin.

Im Jahre 1842 entwarf Christian Doppler an der Prager Universität ein Experiment, das das Leitbild liefern sollte, auf dem sich die Wunder der Astronomie des zwanzigsten Jahrhunderts gründen würden: die Rotverschiebung. Doppler ging davon aus, daß sich die Tonhöhe eines bewegten Objektes verändert, je nachdem, ob es sich nähert oder zurückweicht, und schuf ein entsprechendes Modell für das Licht. Wenn sich die Entfernung zwischen der Erde und einem Stern vergrößerte, würden sich die Spektrallinien mehr auf das Rotspektrum verlagern; und wenn die Entfernung sich verringerte, würden sie mehr zu den blauen Wellenlängen hintendieren. Wenn wir heute über ein sich ausdehnendes Universum sprechen, sollten wir erkennen, daß die Rotverschiebung der meisten Himmelsobjekte des Universums darauf hinweist und daß es vor allem die extreme Rotverschiebung der Quasare ist, mit deren Hilfe sie nahe bis zum Ursprung der Zeit zurückdatiert werden können.

Im Jahre 1845 prüfte der holländische Meteorologe Christoph Hendrik Didericus Buys Ballot den Dopplereffekt, indem er Trompetenspieler auf einem offenen Eisenbahnwaggon von einer Lokomotive durch die Felder ziehen ließ. Diese merkwürdige Kakophonie war ein Vorläufer der Musik von fernen Sternen.

Durch den Dopplereffekt veränderte sich nicht die Farbe der Sternenspektren, vielmehr verschoben sich die dunklen Linien in der einen oder anderen Richtung von ihrer normalen Position, wie William Huggins im Jahre 1868 zeigen konnte. Wenn man den Grad der Verschiebung entsprechend den Wirkungen interpretiert, wie sie bei dem erwähnten beweglichen Orchester auf dem Zug festgestellt wurden, erhielt man einen konsistenten und unzerstörbaren Schlüssel zu den Geschwindigkeiten der Sterne. Zum Beispiel bewegte sich Capella, der eine Verschiebung von 0,01% hat, mit diesem Bruchteil der Lichtgeschwindigkeit von uns weg.

In den vierziger Jahren des achtzehnten Jahrhunderts entdeckte Michael Faraday bei seinen Experimenten mit einem Magneten Kraftlinien, die von den Polen aus in den Raum weiterliefen. Sie schienen Leibniz' Vorstellung vom Raum als einer Beziehung von Objekten zueinander zu bestätigen, in direktem Gegensatz also zu Newtons leerem Raum. Indem Faraday einen Magneten in die Nähe einer Spule mit Kupferdraht brachte, erzeugte er einen elektrischen Strom: Die mechanische Energie des Magneten hatte sich in elektrische Energie verwandelt. Die experimentellen Arbeiten von Faraday und später James Clerk Maxwell mit elektrischen und magnetischen Energien führten zum Begriff eines Kraftfeldes. Der Weltraum wurde nun anders begriffen: nämlich als ein Feld mit elektromagnetischen Wellen und nicht nur mit Licht. Im Jahre 1861 äußerte Maxwell die Vermutung, daß das Licht selbst eine Form elektromagnetischer Energie sein könnte.

Für diese Experimentatoren war es schwierig zu akzeptieren, daß Felder wirkliche Phänomene waren. Frühere Modelle hatten behauptet, daß Druck in einem Medium von raumfüllendem Äther mechanisch wirke. Dieser Äther war nie entdeckt worden, aber offensichtlich war er wirklich existent; die Wissenschaftler hatten jedenfalls etwas Substantielles zu entdecken. Die elektromagnetische Theorie veränderte nur die Definition von »real existent«. Wir wissen jetzt, daß elektrische Felder durch die gegenseitigen Wechselwirkungen von Körpern mit elektrischen Ladungen erzeugt werden. Die magnetischen Felder sind in ihrem Ursprung elektrisch. Das ganze Licht, die gesamten Radiogeräusche aus dem Weltraum sind im wesentlichen elektromagnetische Strahlung. Ansonsten ist der Raum leer und schweigsam. Erst Einstein gelang es nach Faraday und Maxwell, die Schwerkraft in diese Gleichung einzufügen und auf diese Weise das Raum-Zeit-Kontinuum zu schaffen, in dem wir jetzt leben – und wo sich auch unsere Vorfahren mit ihren Felsobservatorien und den Kathedralen mit den bunten Glasfenstern befanden, ohne daß sie davon wußten.

Die unmittelbare praktische Folge der Arbeit von Faraday und Maxwell war die Elektrizität, ohne die wir uns die Welt heute kaum noch vorstellen können. Einerseits trug sie mit ihren Städten und Maschinen dazu bei, den Nachthimmel auszulöschen, andererseits schuf sie wieder andere »Himmel«. Der Mensch erzeugte ein erdumspannendes neues Kommunikationsfeld mit Radio- und Fernsehwellen und Satelliten, so daß Worte, Musik und Bilder genauso über diesen Planeten streifen, wie die Emissionen von Sternen und Milchstraßen das Universum durchziehen. Wir stellen uns sogar vor, daß dieser Vergleich mehr sein könnte als eine bloße Metapher und versuchen dieselben elektromagnetischen Signale in andere Welten zu senden, in der Annahme, daß auch sie in irgendeiner reinen Zahlen- oder geometrischen Sprache Botschaften senden, die wir auffangen und entziffern können – und wir hören auf ihre kosmischen Nachrichten. Von den Sternen kommen Klänge zu uns zurück, aber sie stammen nicht aus dem Bereich des Bewußtseins (wenn die Sterne ohne Bewußtsein sind). In diesem Bereich der Vernunft und der Sprache bewahren wir uns Keplers Überzeugung von der inhärenten Bedeutsamkeit von Zahl und Gestalt. Heute aber ist unsere ganze Gesellschaft von dem Problem überschattet, bestimmen zu müssen, was bloßes Geräusch und was Information ist. Wir werden mit mehr Daten überschüttet, als wir verkraften können, und wir leiden, wenn die Beziehung von Ursache und Wirkung durch »Zufälle verletzt« wird, aber auch, wenn große Informationsmengen in nutzloses Hintergrundrauschen degenerieren. Auch Computer sind eine Erbschaft des elektromagnetischen Feldes, aber ebenso wie Kelvins Sternenöfen liefern sie uns letztendlich keine Lösungen. Das Wissen ist selbst zum Paradox und zum Dilemma geworden.

Zu glauben, daß der Raum nun etwas anderes ist, weil er eher ein Feld als ein konkretes Ding ist, ist irreführend. Es gibt keine »Dinge« im alten Sinne mehr. Körper sind keine konkreten festen Stoffe. Sie entstehen nur als Besonderheiten in Gravitations- und elektromagnetischen Feldern und den Feldern ihrer eigenen Kernkräfte. Sie sind nur für unseren groben Gesichtssinn ohne Poren und Hohlräume. Wenn wir sie genauer betrachten könnten, würden wir etwas sehen, was dem Sonnensystem oder den Milchstraßen gleicht. Der okkulte Astronom Rodney Collin aus dem zwanzigsten Jahrhundert beschreibt das Sonnensystem selbst als einen feurigen Kometenschweif oder als einen Körper, der ungefähr die Ausmaße einer aufrechtstehenden menschlichen Figur hat, die mit einer Geschwindigkeit von 20 Kilometern pro Sekunde auf Vega zurast – und zwar gesehen von einem Wesen, dessen kürzeste Wahrnehmungsspanne achtzig Jahre beträgt:

> *Die Planetenpfade, die in mannigfaltigen Spiralen mit verschiedenen Spannungen und Durchmessern sich dahinziehen, sind nun eine Reihe von schillernden Insektenflügeln geworden, die den langen weißglühenden Faden der Sonne wie mit Schleiern umhüllen, jedes Schimmern hat seine eigene charakteristische Farbe, seinen eigenen Glanz, das Ganze wird über und über von den zarten Gespinsten des Altweibersommers umgarnt, die aus den exzentrischen Bahnen unzähliger Asteroiden und Kometen gewoben sind und mit einem Hauch von lebendiger Wärme glühen und in einer unglaublich feinen und harmonischen Musik klingen.*[6]

Wir sind in eine neue Welt eingetreten, in der die Newtonschen Gesetze nicht in der Weise wirken, wie er es ursprünglich geplant hatte. Die potentielle Kraft hat die aktuelle übertroffen, also müssen lineare Gleichungen durch Differentialgleichungen ersetzt werden. Letztere beschreiben Felder, in denen diese potentielle Energie einem bestimmten Gefälle entsprechend wirkt und so die Illusion einer Kraft erzeugt.

Der Roman »Moby Dick« konnte in dieser Form nur während

der tiefgreifenden Übergangszeit in der Mitte des neunzehnten Jahrhunderts geschrieben werden.[7] Herman Melvilles Wal war ein Geschöpf der Biologie des frühen neunzehnten Jahrhunderts – jedenfalls in dem Sinne, daß seine bloße Größe und Kraft als Lebewesen ihm das kosmische Gewicht verlieh, den Roman zu tragen. Er war auch ein Vorläufer der merkwürdig intelligenten Wale aus der Kosmologie des zwanzigsten Jahrhunderts und ein Überbleibsel der Seeungeheuer aus der Teratologie des achtzehnten Jahrhunderts.

Der Wal des neunzehnten Jahrhunderts war einer der unbestrittenen Herrscher des Tierreiches in einer Zeit, als sich sowohl die Naturwissenschaften als auch die Geisteswissenschaften paradigmatisch dem Leben widmeten – sie erforschten auf der ganzen Welt die exotischen Lebewesen des Dschungels und der Tiefen des Ozeans wie auch die Stämme noch nicht zivilisierter menschlicher Wesen. In diesem Reich lagen menschliche Bedeutungen.[8]

Wir haben unser Abkommen mit dem Tierreich nun gebrochen. Schon zur Zeit Melvilles und Darwins war es gebrochen worden, und trotzdem wimmelte es in ihren Werken von exotischen Tieren und Stämmen. Dies war das goldene Zeitalter der zoologischen und anthropologischen Expansion, aber gleichzeitig auch ihre Totenglocke. Unsere Suche nach der ursprünglichen Natur hat uns jenseits rein biologischer Bereiche zu Kraftfeldern und rasenden Sternensystemen geführt. Das genetische Moment, wo der Wal herrschte, ist jetzt unentwirrbar unter dem morphologischen Moment begraben. Die Gleichzeitigkeit der Forschungen über die ursprünglichen Elemente des Lebens und die physikalische Beschaffenheit der Himmelskörper haben belebte und unbelebte Entitäten in derselben Chemie vereint, und dabei ist nicht nur der Wal, sondern auch der Löwe, der afrikanische Schamane und der römische Priester ins Zwielicht gerückt worden. In dem Maße, wie die Chemie universelle Geltung erhält, verschmilzt der Wal mit einer neuen Klasse von Objekten. In einem kosmischen Rahmen ist er einfach ein Tier mehr und besitzt weder kosmische noch anatomische Einzigartigkeit. Melville kündigte das in seinem Drama schon an und nahm es auch auf andere Weise vorweg: zum Beispiel in den Diskussionen über die Taxonomie, Geschichte und Mythologie des Wales, die auf dieselbe Weise eine Interferenz zum Erzählfeld des Romans im neunzehnten Jahrhundert bilden, wie auch Faraday und Maxwell mit dem Newtonschen Feld einfacher, deskriptiv leicht darstellbarer Kräfte interferierten oder wie Janos Bolyai und Nikolai Lobačevskij das Euklidische Universum in ein Universum diskontinuierlicher Felder und Transformationen verwandelten. Melville konnte von der »zusammenlaufenden maßlosen Kraft des ganzen Wales« schreiben, »die sich in einem Punkt« seines Schwanzes konzentrierte.[9] Das war das neue Universum der Felder und Besonderheiten. Oder, an einer anderen Stelle in »Moby Dick«: »Schweigen herrschte auf dem vorher tumultuösen, jetzt aber verlassenen Deck. Eine intensive kupferne Ruhe entfaltete wie eine allumspannende gelbe Lotusblüte mehr und mehr ihre geräuschlosen, maßlosen Blätter über das Meer.«[10]

Die Leitern und Hierarchien des Taxonomen aus dem neunzehnten Jahrhundert, der über die inoffizielle Krönung des Wales den Vorsitz führte, erscheinen vor der umfassenden Taxonomie der Elektronen, Zellen, Polaritäten und Intelligenzen banal. Aber es ist falsch zu glauben, daß der Wal seine Krone nur deshalb verloren hat, weil die Sterne größer sind und wahrscheinlich in anderen Regionen noch größere ozeanische Tiere beherbergen, auch ist es verkehrt anzunehmen, daß ihm ursprünglich seine Größe das Recht auf die Krone verlieh. Die Weite des Himmels war auch vorher bekannt gewesen. Die Ursache liegt vielmehr darin, daß die Sterne den Walen im Grunde ähnlich sind. Deshalb werden die Wale nicht mehr benötigt, um die äußeren Grenzen der Morphologie und Mythologie zu kennzeichnen. Die Sterne und die Tiere baden in demselben Teich der Elemente. Die Sterne konkurrieren mit belebten Systemen in der Komplexität ihrer Transformationen und diskontinuierlichen Formen, vor allem Pulsare und Quasare. Zur gleichen Zeit, als die Wissenschaft die Kompliziertheit der Sterne entdeckt hat, hat sie ihre Einschätzung lebender und intelligenter Wesen einschneidend reduziert. Ethologie und Psychologie haben die

»freien Bewegungen« von Tieren und Menschen auf zutiefst zwanghafte Muster und Aktivitäten zurückgeführt. Deshalb sind die Sterne nicht »unbelebter« und weniger vom Willen gesteuert als wir.

6. Das Zeit-Raum-Kontinuum

Die letzte Jahrhundertwende ist durch vier Ereignisse symbolisch gekennzeichnet, die aus entgegengesetzten Richtungen der Unendlichkeit stammen. Im Jahre 1897 konnte der englische Physiker Joseph John Thomson zeigen, daß es negativ geladene Partikel, die Elektronen, gab, und er bestimmte das Verhältnis ihrer Ladung zu ihrer Masse. Atome waren nicht mehr nur Protonen; sie waren Systeme. Im Jahre 1899 entdeckte man, daß der Andromedanebel ein sonnenähnliches Spektrum hatte und wie unser eigenes Milchstraßensystem spiralförmig war. Das sanfte Leuchten in seinen »Armen« wies darauf hin, daß sie Sterne enthielten, die gerade im Entstehungsprozeß begriffen waren. Während desselben Jahres entdeckte der deutsche Physiker Max Planck, daß die Unstetigkeit, die in Wärmephänomenen und den Atomgittern der Materie erscheint, die sogenannte Unschärfe, nicht durch ungenaue Instrumente oder Interferenzen verursacht wurde, sondern eine elementare und durchgängige Eigenschaft der Natur war. Das Plancksche Wirkungsquantum ermöglichte es Wissenschaftlern, ein Modell dafür zu entwerfen, warum zwei aufeinanderprallende Atome nach dem Zusammenprall in ihren »normalen« Zustand zurückkehren, während dies bei zwei kollidierenden Planetensystemen offensichtlich nicht der Fall wäre. Das Atom verändert seine Energie nur in diskreten Quanten und kehrt deshalb zu seiner ursprünglichen Anordnung zurück. Darüber hinaus erzeugt die vom Atom ausgehende Strahlung wellenartige Interferenzmuster, aber teilchenartige photoelektrische Effekte. Und es war vollkommen unmöglich, entweder die Lage des Elektrons zwischen beliebigen zwei Beobachtungen oder sowohl seine Lage wie seinen Impuls zu beschreiben. Man braucht die Feinheiten dieser Problematik nicht zu verstehen, um die Komplexität der entstehenden Fragen zu erkennen. Im selben Jahr publizierte auch Sigmund Freud seine »Trauminterpretationen«. Solange wir nach außen blicken, sagte Freud (implizit), sehen wir nicht unsere wirkliche Situation, die gleichermaßen unendlich ist, nur in einer anderen Richtung:

> Man neigt dazu, [schrieb Freud], die Traumgedanken, die ans Licht gebracht worden sind, als das vollständige Material anzusehen, obwohl die Analyse, wenn sie fortgesetzt würde, noch weitere Gedanken enthüllen könnte, die sich hinter dem Traum verbergen. ... Tatsächlich kann man niemals sicher sein, daß ein Traum vollständig interpretiert ist. Selbst wenn die Lösung befriedigend und lückenlos scheint, bleibt die Möglichkeit bestehen, daß der Traum noch eine andere Bedeutung hat.[1]

Zu Beginn des zwanzigsten Jahrhunderts ist das nicht nur bei Träumen so, sondern auch bei Sternen, und im Grunde überall. In dem Maße, wie der Mensch versucht, das Universum gleichzeitig bewußt und vollkommen zu erfassen, entwischt es ihm auf eine vollkommen neue Weise, gegen die das ursprüngliche Paradox geringfügig erscheint. Wie König Sisyphos hat er seinen Felsbrocken nur dazu auf einen Berg im Hades hinaufgeschoben, um ihn wieder herabrollen zu sehen. Freud erklärte zwar, daß das Universum nicht bewußt und vollkommen erfaßt werden kann, aber er leugnete nicht, daß nicht doch der Versuch gemacht werden müsse. Und von diesem Zeitpunkt an mußten wir uns der Dunkelheit unserer tatsächlichen Stellung im Universum bewußt sein. Forschung konnte in ihren eigenen Begriffen nicht mehr länger vollständig sein:

> Die Rückkehr von der Überschätzung der Bewußtseinseigenschaft wird zur unerläßlichen Vorbedingung für jede richtige Einsicht in den Hergang des Psychischen. Das Unbewußte ist der größere Kreis, der den kleineren des Bewußten in sich einschließt; alles Bewußte hat eine unbewußte Vorstufe, während das Unbewußte

auf dieser Stufe stehen bleiben und doch den vollen Wert einer psychischen Leistung beanspruchen kann. Das Unbewußte ist das eigentlich reale Psychische, uns nach seiner inneren Natur so unbekannt wie das Reale der Außenwelt, und uns durch die Daten des Bewußtseins ebenso unvollständig gegeben wie die Außenwelt durch die Angaben unserer Sinnesorgane.[2]

Nun war Newtons Rätsel schließlich erwachsen geworden. Während immer mehr Einzelheiten über die Sterne und das Universum bekannt werden, beginnt zugleich das Gewebe, aus dem sie bestehen, in sich selbst zusammenzubröckeln. Es wird deutlich, daß das, was alledem zugrunde liegt, weder wahrnehmbar noch erkennbar ist. Die Newtonschen Gesetze hatten die Schöpfung in ein Laboratorium verwandelt, aber in diesem Laboratorium gab es für den Menschen keinen Platz, oder höchstens, wenn er die Verkleidung eines objektiven Wissenschaftlers annahm. Jetzt wird er an drei verschiedenen Stellen nach dem Faden suchen, der ihn mit dem verbindet, was er ist. Er wird bis zu den fernsten Regionen des Nachthimmels nach seinen Ursprüngen forschen; er wird in der Materie nach dem Prinzip der Gestaltwerdung suchen; und er wird mit Hilfe von Mathematik, Philosophie und Psychologie sein eigenes Bewußtsein ausloten. Weil diese drei Zugänge zum Rätsel gleichberechtigt sind, werden sie zu Facetten derselben Wirklichkeit. Der Nachthimmel ist auch die Nacht der Zellen und Atome wie auch das unbewußte Gewebe der Mythen, Träume und der Sprache.

Melville diagnostizierte die nahende Schizophrenie: »Lieber möchte man doch in die materiellen Räume jenseits der äußersten Bahnen unserer Sonne getrieben werden, als sich einmal in sich selbst wirklich schwebend zu fühlen!«[3]

Nicht die Weite des Himmels bedrohte den Menschen, sondern seine eigenen Schatten, sein eigenes exzentrisches Dasein.

Mit Freud erkennen wir allmählich, daß nicht die Sterne, sondern die Sternenbeobachter die Kosmogonie bestimmen. Die Sterne werden benötigt, aber sie sind nur ein Gesicht des Unendlichen, nicht das Unendliche selbst. Hier kommt ein Gesetz des Zen zur Geltung: je weiter wir mit Hilfe von Instrumenten in

Dinge blicken, die wir für begrenzt und erkennbar halten, um so mehr wird sich die Grundlage unseres Seins und des Erkennbaren verändern. Deshalb sind Sternenbeobachter und Zellenbeobachter wichtig; ihre Wahrheiten bestimmen unsere Beziehung zum Universum und seiner Bedeutung. Es bleibt uns nichts anderes übrig, als gleichzeitig zu lernen, daß der Boden bodenlos ist und daß das Reich der konkreten Erscheinungen seine eigenen Paradoxe niemals lösen wird. Es wird uns einfach immer weiter führen. Ohne Frage haben wir einige höchst intelligente Lösungen für Probleme, die Materie, Sterne und Ursprünge betreffen, aber es genügt nicht mehr, immer mehr Wissen hinzuzufügen; das Moment der Unvollständigkeit wird sich nicht ändern. Fast reflexhaft wenden wir uns wieder sozialen Problemen zu und sagen: »Was haben denn die Sterne mit uns zu tun?« Alles und nichts.

Gegenwärtig finden wir die strukturelle Anthropologie und ihre Forschungen auf dem Gebiet der Stern- und Pflanzentaxonomien und der Schöpfungsmythen befriedigend, denn in ihnen werden auch die Eigenschaften des Geistes und der Kultur gebührend berücksichtigt. Es ist wirklich die Suche, und sogar das Verlangen nach der Suche, die in uns ein tieferes Engagement erzeugt, als die Wahrheit am mutmaßlichen Grunde all diesen Seins. Wir sind uns unserer Gedanken bewußt, aber der Geist kann eben doch nicht unmittelbar erfahren werden. Wir erfahren ihn als Sterne, als Sternenmythen, als Sprache oder Anthropologie. Fast möchten wir den Augenblick vorziehen, in dem wir die Illusion wissenschaftlicher Wahrheit aufgeben und die mehr menschliche Wahrheit suchen, ähnlich dem Astronomen, der die Physik aufgibt, um zur Meditation zu gelangen. Daß so etwas möglich ist und auch stattfindet, ist selbst schon ein Beweis für unsere zutiefst doppelsinnige Situation. Wir können die Unlösbarkeit durch widersprüchliche Lösungen ersetzen, die miteinander nichts gemeinsam haben außer dem fernen und dunklen Bindeglied, das wir wahrnehmen und durch unser Sein weiterschmieden: Tiefenpsychologie, linguistische Philosophie, Zen-Physik, stellare Kunstformen – was immer wir wählen mögen. Wir sind unbewußt, und *es* ist auch unbewußt, darin also ereignet sich alles, das gilt für Wissenschaftler ebenso wie für improvisierende Tänzer. Mag auch der eine Modelle erzeugen und der andere Bewegungen: »Stars« sind sie beide.

Jeder Astronom kämpft nicht nur mit den Sternen, sondern auch mit seinen eigenen Alpträumen, seinen Beziehungen mit Männern und Frauen und seinem Überleben als irdisches Lebewesen, und das alles geht auch in seine Theorien ein, wie sorgfältig er auch arbeiten mag, um es draußen zu halten.

Im frühen zwanzigsten Jahrhundert wurde ein System zur Klassifikation von Sternen entsprechend ihrer Hitze entwickelt. Die heißesten und hellsten waren die blau-weißen Sterne mit einer Temperatur von 20000 Grad Celsius: typisiert durch einen Stern im Orion. Dann kam der alabasterweiße Sirius, der nur halb so heiß war; dann der blaßgelbe Polarstern, dann der gelbe Sol, unsere Sonne, die nur halb so heiß ist wie der Sirius, dann der kürbisfarbene Arcturus, der doppelt so heiß ist wie der mohnblumenfarbene Antares mit seinen zweitausend Grad. Im allgemeinen zeigt die Temperatur das Alter eines Sternes an: die jungen sind heiß, blau und weiß und die älteren rot. Es wurde eine Reihenfolge aufgestellt, aber nicht alle Sterne paßten in die hauptsächliche Abfolge von kleinen blau-weißen Sternen bis zu großen roten. Es gab einen Haufen von roten Riesen einschließlich Betelgeuse, der bis an die Umlaufbahn der Erde reichen würde, wenn er unsere Sonne wäre, und Antares im Skorpion, der selbst noch Mars schlucken würde. Eine viel kleinere Gruppe veränderlicher Sterne bestand aus den weißen Zwergen, unter denen auch der Begleiter des Sirius war, der im Jahre 1844 aufgrund der gewellten Spur des Sirius auf der Himmelsphäre entdeckt wurde. Man glaubte zunächst, dies sei durch seinen eigenen Umlauf um einen unsichtbaren Zwilling und die dadurch entstehende Verlangsamung verursacht. Der Begleiter des Sirius mußte ein Stern sein, denn für ein Planetensystem war er viel zu schwer. Zur Zeit der Klassifikation der Sterne erkannte man, daß er viel heller als unsere Sonne war, aber nur einen Bruchteil ihrer Größe erreichte. Da das »unmöglich« war, vermuteten die Wissenschaftler, daß sie irgendeinen Fehler begangen hatten, aber in den darauffolgenden Jahren wurden noch weitere weiße Zwerge gefunden. Nun hielt man sie für Sterne in den letzten Stadien ihres Leben, die bereits in sich selbst zusammengestürzt waren und ihre ganze Materie in ein dichtes Zentrum hineingezogen hatten.

Den Lebenszyklus der Sterne konnte man über den ganzen Himmel verstreut sehen – genauso, wie man den Lebenszyklus von Tieren im Ozean beobachten konnte: Embryos, Neugeborene, noch unreife Jungtiere, Erwachsene, ältere Exemplare, kürzlich verstorbene Lebewesen und Fossilien von ausgestorbenen Arten. Ebenso sahen die Astronomen interstellare Gaswolken, junge weiße Riesen, rote sterbende Sterne, die ihre letzte Energie verzehrten, exzentrische weiße Zwerge, und fast alle von ihnen waren von Natur aus Fossilien, Lichtfossilien.

Aber die Wissenschaftler waren mit schwierigeren Fragen konfrontiert: wie ist die Gestalt des Universums als Ganzes? Ist sie fest oder veränderlich, und das jeweils bis zu welchem Grad? Ist es eine einzelne Sterneninsel, oder gibt es viele Galaxien? Wie kann man die Tatsache erklären, daß die Materie im Universum sich nicht aufgrund der Gravitation ganz zusammenzieht? Wie weit sind die entferntesten Objekte, die wir noch sehen können, entfernt? Gehorcht alles denselben Gesetzen? Wie schnell bewegt sich die Materie? Wie entstand das Universum? Hatte es überhaupt einen Anfang? Und wie hat es diese besondere Gestalt angenommen?

Im frühen zwanzigsten Jahrhundert entdeckten die Astronomen bestimmte Sterne, deren Helligkeit sich aus Gründen, die in ihnen selbst lagen, veränderte. Es waren keine Doppel- oder dreifachen Sterne. Sie waren nur einfach veränderlich. Die beiden Amerikaner Harlow Shapley und Henriette Swan Leavitt konnten eine Kurve für die Leuchtkraftperioden dieser Sterne ableiten, die nach dem untersuchten Stern, dem Delta Cephai, als Cepheiden bezeichnet wurden. Mit anderen Worten, die Astronomen konnten nun die absolute Leuchtkraft der Sterne mit Hilfe ihrer Perioden berechnen, und wenn sie die absolute Leuchtkraft kannten, konnten sie, ausgehend von der erscheinenden Helligkeit, die Entfernung berechnen. Und plötzlich wurde die Milchstraße mehr als doppelt so groß, so daß Arthur Eddington sie im Jahre 1915 auf mehr als 15000 Lichtjahre schätzte. Damals war das eine überwältigende Zahl, heute ist es nur ein Bruchteil ihres gegenwärtig geschätzten Durchmessers. Im Jahre 1923 war es Edwin Hubble gelungen, Cepheiden in den spiraligen Armen der Andromedamilchstraße zu entdecken. Er bestimmte ihre Entfernung von der Erde mit 900000 Lichtjahren. Heute gehen wir von 2,1 Millionen Lichtjahren für die nächstgelegene Milchstraße aus.

Die Kosmologie des Universums im ersten Jahrzehnt des zwanzigsten Jahrhunderts bestand aus den überkommenen Resten der Newtonschen Mechanik, von der man annahm, daß sie allen neuen Phänomenen gerecht werden könnte. Die Newtonsche Physik hatte sich bei der Erklärung der Kraftwirkungen im Sonnensystem, der stellaren Mechanik und der Entstehung der Milchstraßen als durchaus befriedigend erwiesen. Trotzdem lagen Schatten über dem Newtonschen Modell. Einen dieser Schatten hatten die Arbeiten von Faraday und Maxwell geworfen. Das mechanische Modell ist nur dann vollkommen richtig, wenn die inneren Kräftewirkungen im Atom und die Beziehungen zwischen den Atomen nicht betrachtet werden. Aber es gab noch ein unmittelbareres Problem, das auch Newton bekannt war. Wenn das Universum endlich war, und die Materie gleichmäßig darin verteilt, und die Schwerkraft die einzige Kraft, von der die Beziehung der Himmelskörper abhing, dann mußte sich durch die gesammelte Kraft der Gravitation alles in einem Punkt zusammenballen. Nur wenn das Universum unendlich war, konnte dieses Schicksal vermieden werden. Das Problem mit der Schwerkraft wäre dann gelöst, dafür würde dann das neue Problem eines unendlichen Universums auftauchen. Jede noch so flüchtige Betrachtung dieses Problems war nicht nur im mathematischen Bereich umwälzend und erschütternd, sondern auch emotional abschreckend und schwindelerregend. Ein Universum, das sich in Ewigkeit immer weiter zieht, ist nicht nur riesig, es stellt Identität und Vernunft in Frage. Was nicht heißen soll, daß ein endliches Universum die erlösende Gnade besäße, erklären zu können, was danach geschieht.

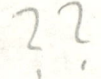

Inzwischen hatte man sich auch noch mit dem Dopplereffekt zu befassen. Die Rotverschiebungen der Sterne verhießen nichts Gutes. Im Jahre 1914 hatte Vesto Slipher, der am Lowell Observatorium arbeitete, gezeigt, daß sich die spiraligen Galaxien isotrop nach außen bewegen (also weg von uns und auseinander). Erst gegen Ende der zwanziger Jahre, als Edwin Hubble an den Geschwindigkeits-Entfernungs-Relationen zwischen unserer Milchstraße und anderen zu arbeiten begann, wurde dies ernst genommen. Immerhin konnte ein sich ausdehnendes Universum ein Problem lösen: Olbers' Paradox nämlich. Shapley hatte gefolgert, daß der Raum äußerst transparent sein mußte, zu transparent, um das Paradox lösen zu können, sonst würden nämlich andere Probleme bezüglich der Helligkeit entfernter kugelförmiger Sternhaufen entstehen. Damals äußerte er:»Entweder ist das Ausmaß eines von Sternen bevölkerten Raumes endlich, oder der Himmel wäre ein flammendes Lichtermeer.«[4] In Wirklichkeit aber war das Universum nicht nur unendlich, sondern dehnte sich sogar aus! Die Astronomie brauchte dringend einen Nachfolger für den großen Newton.

Von 1917 an bis zur Mitte des Jahrhunderts setzte sich Albert Einstein brillant mit diesen Schwierigkeiten auseinander. Das Newtonsche Universum, stellte er fest, mußte in seinem Mittelpunkt eine maximale Sternendichte aufweisen; es mußte »eine endliche Insel in einem unendlichen Ozean sein.«[5] Und er fügte hinzu, daß die Newtonsche Materie und das Faraday-Maxwellsche Feld nicht gleichzeitig theoretische Geltung beanspruchen könnten; übrig blieb dann das Feld.

Einstein stellte die Theorie auf, daß die Gravitation ebenso wie der Elektromagnetismus ein Feld ist. Die Masse ist selbst relativ und hängt von der Geschwindigkeit ab: je schneller sich etwas bewegt, um so massiver wird es. Die Zeit hängt von der Masse ab. Wenn die Schwerkraft stark genug wird, schreitet die Zeit langsamer voran. Das waren bittere Pillen: fast noch im selben Jahr wurde die Universität zu einem recht unsicheren Gelände, aber wenigstens gab es jetzt einen Ausweg aus der Himmelsmaschine.

Einstein fügte hinzu, daß die Gravitation von Dingen unabhängig ist, die alle anderen beobachteten Erscheinungen beeinflussen. Elektromagnetische Felder werden nur durch geladene Körper wahrgenommen. Die Schwerkraft wirkt überall auf alle Körper gleichermaßen ein ohne Rücksicht auf Temperatur, chemische Zusammensetzung und elektromagnetische Ladung. Was sie undurchdringlich macht, ist ihre Universalität. Wir können nicht in sie hineinsehen. Sie *ist* einfach.

Einstein konstruierte kein unendliches Universum. Mit Hilfe der Riemannschen Formel aus dem Jahre 1854 – Riemann hatte sie entwickelt als er ein Theorem von Carl Friedrich Gauss bearbeitete, um sich in dessen mathematischer Abteilung zu bewerben –, mit Hilfe dieser Formel also schuf Einstein ein Universum, in dem die Zeit als vierte Dimension eingeführt und die Materie gleichmäßig verteilt war (alle Blickpunkte waren isotrop). Das Gaussche Theorem hatte den zweidimensionalen Bewohnern einer zweidimensionalen Welt erlaubt, die Krümmung ihrer Welt in drei Dimensionen wiederzufinden. Riemann verallgemeinerte dieses Theorem algebraisch, so daß es in einem Raum mit beliebig vielen Dimensionen verwendet werden konnte, also dazu, die Krümmung eines unbekannten Raumes zu ermitteln.[6]

Einstein entwickelte einen gekrümmten Raum für sein Universum und setzte die drei Termini – *Raum, Zeit* und *Gravitation* – in gegenseitige Abhängigkeit. Die Gravitation wurde als eine Wirkung der Krümmung von Zeit und Raum »erklärt«, diese Krümmung wiederum begrenzte das Universum, außerhalb dessen es nichts gab. Die Lichtgeschwindigkeit gab dabei die Grenze an. Um das stark von der Schwerkraft bestimmte Feld eines Sternes könnte dann die Krümmung des Raumes größer sein als im interstellaren Raum. Es war keine äußerliche, sondern eine inhärente Krümmung.

Daß dieses Universum statisch war, also nicht in sich zusammenfiel, erklärte Einstein durch Abstoßung, die auch auf weite Entfernungen hin noch wirkt. Diese Kraft zwischen entfernten Objekten bezeichnete er als kosmische Konstante. Das sich ausdehnende Universum der Milchstraßen erforderte letztendlich auch einen sich ausdehnenden Raum, aber aufgrund seiner unendlichen Krümmung war das Einsteinsche Universum anpassungsfähig. Die Ausdehnung konnte Raum-Zeit erzeugen. Schließlich verlieh Einstein seinem Universum eine negative Krümmung mit einem offenen und unendlichen Raum wie ein Cowboysattel mit einem Krümmungsradius von fünf Billionen Lichtjahren.

Der deutsche Physiker Hermann von Helmholtz aus dem neunzehnten Jahrhundert sah dieses Universum als eine silbern glänzende Christbaumkugel voraus, deren Zerrspiegel den ganzen Raum um sie her auf eine Kugelfläche verlagert. Je weiter ein Gegenstand entfernt ist, um so winziger sieht er aus, und um so näher ist er dem Zentrum der Kugel. Wenn wir nähertreten, können wir auf der Spiegelung vorherrschen, verlieren aber gleichzeitig unsere eigene Form.

Die Relativitätstheorie ist *kein* metaphysischer Trick, keine jenseitige Vorstellung. Sie ist vielmehr eine physikalische Theorie, die beobachtete Tatsachen erklären und verschiedene Regeln in ein gemeinsames Gesetz zusammenfassen soll. Alle einzelnen Gesetze wie das über die Erhaltung von Masse und Energie oder das Trägheitsprinzip sind in die eine Gleichung der Relativität integriert. Ebenso sind alle besonderen Felder in das eine universelle Feld eingeschlossen, wo die Materie selbst eine Variable ist. Einstein stützte seine Theorie auf Fakten. Er sagte die Krümmung des Lichts in Sonnennähe voraus, obwohl diese Aussage durch ein einfaches Experiment hätte widerlegt werden können. Sein Vertrauen wurde bei der Sonnenfinsternis des Jahres 1919 gerechtfertigt. Die Relativitätstheorie erklärte auch, warum Merkur sich an seinem Perihel nicht erwartungsgemäß verhält, und warum der weiße Zwerg, der den Sirius begleitet, eine so große Rotverschiebung aufweist.

Einsteins Gravitationsraum wurde mit Hilfe der Mathematik entdeckt, und die Vorstellungen, die wir von ihm haben, entstanden erst hinterher. Wir können uns einen vierdimensionalen Raum nicht einfach per Analogie zum Übergang von einem zweidimensionalen zu einem dreidimensionalen Raum vorstellen. Eine andere Dimension würde dem Raum eine vollkommen neue Qualität verleihen. Dreidimensionale Gegenstände unterscheiden sich grundlegend von zweidimensionalen Gegenständen. Die vierte Dimension wird mathematisch durch Spuren von Materiepartikeln und Lichtstrahlen geoffenbart. Wir können ihre Koordinaten vorhersagen, aber ihr Wesen können wir nicht erfahren. Insofern als diese vierdimensionale Welt »wirklich« ist, sind Zeit und Raum, wie wir sie kennen, reine Konventionen. Ereignisse können sich zeitlich vorwärts oder rückwärts abspielen. Was wir als Kraft bezeichnen, ist vielleicht Interaktion. Vielleicht sehen zweidimensionale Wesen die dritte Dimension als etwas Zeitähnliches an, was auch Kraft anzieht, vielleicht bringt sie aber auch ein Element ins Spiel, das ihrer Welt vollkommen fremd ist. Es wurde sogar schon vorgeschlagen, daß die Gravitation die vierte Dimension ist, und daß sie deshalb von einer inhärenten, aber unsichtbaren Quelle aus überall gleichmäßig auf alles einwirkt. Sie verleiht unserem ganzen Universum Gestalt, und wir fühlen sie in unserem Inneren, aber wir können sie nicht sehen. Wie könnte sich eine vierte Dimension sonst verhalten?

Im Einsteinschen System ist die erscheinende Zeit auch wirkliche Zeit, und alle Zeit ist relativ zur Bewegung und dem Raum. Zuvor dachte man, daß die Zeit, die auf beweglichen Uhrzeigern erschien, ein lokales Trugbild sei. Das ist so. Aber es gibt auch keine andere »echte« Zeit.

Einstein demonstrierte die Grundbeziehung zwischen der Trägheit und der Energie: die elektromagnetische Energie, die vom Elektron gespeichert wird, steigert dessen Trägheit und folglich seine Masse. Anhand dieser Austauschbarkeit von Masse und Energie, die durch die Formel, die sie mit der quadrierten Konstante der Lichtgeschwindigkeit verbindet ($E=mc^2$), berühmt wurde, werden Stoff und Kraft zu zwei verschiedenen Aspekten derselben Sache.

Allgemein gesprochen vereinte Einstein die Phänomene der Gravitation, Masse und Energie in mannigfacher Weise in einer vierdimensionalen Raum-Zeit. Er begriff implizit auch das Wesen von Licht, Hitze und Materie, und war imstande, diese Entitäten mit dem Planckschen Quantum in Beziehung zu setzen. Er erkannte intuitiv, daß die Strahlung selbst in Quanten auftritt, und daß sie auch die Quelle des reinen Lichtes sind. Das Photon, das die chemische Energie von einem Elektrovolt pro Atom hat, stellt die eigentliche Fähigkeit des Sonnenlichtes dar, die Photosynthese zu vollziehen.

Aber Einstein wich vor dem Unschärfefaktor in der Quantentheorie zurück, denn er glaubte, daß es eine wirkliche äußere Natur gebe, die vollkommen unabhängig sei von Wahrscheinlichkeitsfunktionen. Er forderte einen objektiven Nachthimmel und eine natürliche Schöpfungslandschaft. Wegen seines Engagements mit dem Torso des Raumes war er imstande, den tiefsten Nachthimmel des Jahrhunderts zu malen. Zeit und Raum können nur als unzertrennliches Paar existieren, und der Nachthimmel ist ihre sichtbare Form.

Der Reichtum dieser relativistischen Zeichnung präsentiert sich wie der gestirnte Himmel selbst – bis zum äußersten bewegungslos, und trotzdem mit der Geschwindigkeit des Lichtes in Bewegung. Wir sind von Geburt an durch Einsteins Werke geprägt.

7. Das Atom

Der Nachthimmel des zwanzigsten Jahrhunderts ist ein Nachkomme des Feldes, das zum ersten Mal in den Werken von Faraday und Maxwell auftrat. Die Gravitation ging dem Elektromagnetismus voraus, aber dann wurden beide in dem größeren kosmischen Feld der Einsteinschen Theorie und dem späteren interatomaren Feld integriert. Und tatsächlich ersetzt das Atom bei der Formbestimmung und Sinnsetzung des Nachthimmels den Stern und übernimmt seine Bedeutung.

Im ersten Jahrzehnt des zwanzigsten Jahrhunderts beschoß Ernest Rutherford Atome mit Alphateilchen, die aus radioaktiven Substanzen stammten, und extrapolierte aus der Art, wie die Teilchen bei ihrem Durchgang durch das Atom abgelenkt wurden, die Atomstruktur. Es stellte sich heraus, daß die Atome nicht die harten Materiebausteine Demokrits waren. Sie enthielten viel leeren Raum, der auf einer anderen Ebene an die weiten Regionen des intergalaktischen Raumes erinnerte. Kleine planetenartige Ladungen bewegten sich um ein sonnenähnliches Zentrum, das sie mit elektrischer Kraft hielt – die Elektronen und der Atomkern, wie sie dann genannt wurden. Später entdeckte man, daß der Atomkern nur ein Hunderttausendstel von der Größe des ganzen Atoms ausmachte.

Als man dann während der zwanziger und dreißiger Jahre diese neue Grundeinheit erforschte, konnte die Existenz zweier subnuklearer Teilchen bestätigt werden, erst das (sogenannte) Proton, und dann das Neutron. Das Proton hatte eine positive Ladung, das Neutron keine Ladung. Beide aber verfügten über eine Masse, die zweitausendfach größer als die des Elektrons war, und sie waren dem Zentrum des Systems so nahe, daß sie ständig mit einer Geschwindigkeit von 75000 km pro Sekunde durch den Kern rasten. Diese Art der Geschwindigkeit in einem so winzigen Raum übersteigt unser reales Vorstellungsvermögen. Auch zeigt sie deutlich die Begrenztheit unserer Sinne und unserer Fähigkeit, die wirkliche Beziehung zwischen Materie und Energie zu erfassen. Wenn sich etwas so schnell bewegt, so ist es nicht »Materie«, auch wenn es Materie ist.

Newton hatte die Vorstellung verbreitet, daß es in der Natur eine weitere starke Anziehungskraft geben müsse, die die Körper zusammenhielt. Das Periodensystem hatte inneratomare Eigenschaften nahegelegt, und die unmittelbare Forschung ergab, daß alles chemische Verhalten aus den elektrischen Merkmalen der Atome resultierte. Die Elemente entstanden durch das Hinzutreten von Protonen und Neutronen zu den einfachsten Wasserstoffatomen. Die elektrischen Ladungen der Elektronen verliehen der Materie ihre jeweiligen Eigenschaften. So war zum Beispiel die lockere Anordnung von Elektronen in Metallen der Grund für ihre Leitfähigkeit. Umgekehrt drängten sich die Atome in ihrem Kampf um die verlorenen Elektronen eng zusammen, so daß die Metalle auf diese Weise hart und beständig wurden. Mit einer anderen Atomstruktur wären sie brüchig, leicht und porös.

Das Licht verstand man nun als eine sehr glatte Maske für das

Chaos der Elektronen, die sich gegenseitig vernichteten (aber auch das war nur eine der möglichen Interpretationen der komplexen Wechselwirkungen zwischen gegensätzlichen Ladungen). Die Lichtpartikel, die in der Sonne entstanden sind, tragen ihre elektrische Energie (oder Elektronenenergie) zur Erde, wo sie in lebendiges Gewebe umgewandelt werden. Dies geschieht durch Gebilde, die aus Atomen bestehen, welche ebenfalls von der Sonne und dem nächstgelegenen Sternennebel stammen. Die Erde erhält fortwährend einen winzigen Teil der Energie, die die Sonne verausgabt, um sie ihrem eigenen Gewebe einzuverleiben.

Aus der Arbeit von Werner Heisenberg, Niels Bohr, Paul Dirac, Wolfgang Pauli und ihrer Mannschaften entstand eine ganz neue Wissenschaft der Materie. Die Atome verwandelten sich aus kleinen harten Bällen in komplizierte Hüllen funkelnder Auren. Heisenberg entdeckte, daß es im Atom eine überschüssige Energie gab – nicht sehr viel, aber genug, um Lichtpartikel und Gammastrahlen zu erzeugen, deren Lebensdauer Bruchteile von Millisekunden betrug. Diese Energie war insofern fiktiv, als sie niemals in konkret lokalisierbarem Sinne existierte, real aber war sie deshalb, weil die Welt darauf aufbaute. Vielleicht war das Licht geborgt worden, aber seit Beginn des Universums war die Leihgabe zurückgezahlt worden. Ihre absoluten Grenzen wurden in einem Ausdruck angegeben, der von Max Planck gefunden worden war und als die Plancksche Konstante bezeichnet wurde. Zusammen mit Einsteins Umwandlung von Masse in Energie stellte dieser unerklärliche Prozeß die Basis für die Existenz der Natur dar.

Das Quantum war der Mittelpunkt, um den sich die Unschärfetheorie in ihrer formulierten Fassung entwickelte. In dem Maße jedoch, wie das zwanzigste Jahrhundert voranschritt, sollte die Unschärfe zu einer Lebensäußerung werden, die sich von den Sternen bis zu den Ghettos der großen Städte erstreckte. Das Licht stand am Anfang.

Diese »virtuellen« Teilchen waren das Licht selbst. Sie wurden zwischen elektrischen Ladungen hin- und hergezogen und transportierten die Botschaft der elektrischen Kraft, weil sie die elektrische Kraft *waren*. Elektrizität war ein recht »substantielles« Transmissionsband, sie wirkte nicht auf Entfernung. Wenn ein Elektron und sein Antielektron wirklich existieren, dann haben sie einander bereits vernichtet und ein Lichtpartikel geschaffen. Obwohl man also keine Antimaterie sehen konnte, war sie trotzdem zusammen mit der Materie irgendwie dafür verantwortlich, Teilchen entstehen zu lassen. Wissenschaftler und Science-fiction-Autoren stellten sich ganze Galaxien und Universen von Antimaterie vor, die gegenwärtig und notwendigerweise von den unsrigen getrennt sein müßten. In den dreißiger und vierziger Jahren hypostasierte man auf der Basis dieser geborgten Energie krafttragende Partikel. Später fand man sie in kosmischen Strahlen. Sie wurden Mesonen genannt und entstanden aus der gewaltsamen Zerstörung von Protonen, die zuvor den Atomkern zusammengehalten hatten. Teilchen und Kräfte wurden also tatsächlich identisch.

In dem neuen Universum der subatomaren Materie kollidieren ständig Teilchen mit hoher Geschwindigkeit. Sie zersplittern sich in neue Teilchen, die aber von ihnen nicht unterschieden, also nicht kleiner und nicht weniger sind. Sie sind neue Partikel derselben Art. Darüber hinaus gibt es keine weitere Teilbarkeit. Die Materie kann geteilt werden, weiter unterteilt und auseinandergerissen, aber sie zerfällt niemals in elementarere Teilchen, weil die Energie, die bei ihrer Zerlegung entsteht, neue Teilchen erzeugt. Der vollkommene Leim des Lichtes und des Teilchenfeldes hält die Materie zusammen.

Die Struktur der Atome verursacht noch andere Probleme, die wir in diesem Kapitel und den vorhergehenden berührt haben. Wir können das Vorhandensein eines Atoms zu einem bestimmten Zeitpunkt nicht feststellen, sondern nur die Wahrscheinlichkeit, daß es sich an einem bestimmten Platz aufhält. Hier liegt ein metaphysisches Problem zugrunde, das zeitweilig durch irgendein bestimmtes Experiment und im allgemeinen durch die Existenz einer Welt, die diese Wahrscheinlichkeitsfunktion verkörpert, gelöst wird. Wenn man versucht, den Ort, an dem sich ein Teilchen befindet, genauer zu bestimmen, so wird seine Geschwindigkeit an Unschärfe zunehmen.

Im Zusammenhang mit der Planckschen Konstante, die die Unschärferelationen einengt, sind es die Lichtquanten, die der Quantentheorie ihren Namen verliehen. Lichtquanten sind weder Wellen noch Teilchen, weder einzelne Objekte, noch eine Strahlung, die sich über den Raum verteilt, und trotzdem sind sie beides. Die Materie ist wie unsere Erfahrung von uns selbst geworden – sie hat eine Topologie mit Eigenschaften der Dimensionalität, der möglichen Orientierung und Unteilbarkeit. Aber sie hat keine Lokalisierbarkeit in Raum und Zeit. Teilchen sind keine Wellen im dreidimensionalen Raum und der Zeit, sondern im dreidimensionalen Rahmen sind sie Wahrscheinlichkeitswellen. »Isolierte Materiepartikel sind Abstraktionen«, schrieb Niels Bohr, »denn ihre Eigenschaften sind nur vermittels ihrer Interaktion mit anderen Systemen definierbar und beobachtbar.«[1]

Während des neunzehnten Jahrhunderts vermuteten Beobachter der Sonne, daß sie nur durch die Schwerkraft ihre Form erhalten könne und schrumpfen würde, sobald sie die in ihr enthaltenen chemischen Stoffe verbrannt hätte. Das könnte stimmen, wenn die Sonne ein normales chemisches Feuer wäre. Aber die Einsteinsche Theorie der Vertauschbarkeit von Masse und Energie und die Entdeckung einer starken nuklearen Bindungskraft erlauben es, der Sonne eine ganz andere Art des Feuers zuzuordnen. Unter dem Einfluß der starken Kernkraft brennt der Wasserstoff auf atomarer Ebene. Er verzehrt sich, strahlt ab und erzeugt dadurch neuen verzehrbaren Stoff, indem er neue Teilchen aus Energie entstehen läßt. Wenn die Sonne auch nicht unsterblich ist, so hat sie doch ein viel längeres Leben als der Sonnenstern des neunzehnten Jahrhunderts.

Aber was ist diese starke Kernkraft? Wir können diese Frage ebensowenig beantworten, wie wir sie in bezug auf die Schwerkraft beantworten können. Wir wissen, daß die starke Kernkraft im Herzen des Atoms, im Atomkern, wirkt und daß sie die Protonen und Neutronen zusammenhält. Sie ist millionenfach stärker als die elektromagnetische Kraft, die die Elektronen an den Kern bindet. Alle Teilchen, nicht nur die im Kern, haben starke nukleare Wechselwirkungen, davon ausgenommen sind nur das Photon, Neutrino, Elektron und Myon. Die letzeren drei werden in der Klasse der Leptonen zusammengefaßt, um sie von den anderen Teilchen zu unterscheiden, die als Hadronen bezeichnet werden, zu denen das Meson und das Baryon gehört. Die Leptonen interagieren vermittels der schwachen Kernkraft – eine vollkommen andere Art von Materiefeld. Sie neutralisiert in ungefähr der Hälfte der nuklearen Materie der Sterne die elektrischen Ladungen und ermöglicht auf diese Weise, daß schwerere Atome als Wasserstoff geschaffen werden, ohne daß sie gleich durch die elektrische Kraft zerstört werden. In gewissem Sinne erzeugt die schwache Kernkraft eine neutrale Materiebasis, indem sie Protonen in Neutronen verwandelt. Dies ist eine untergeordnete Leistung, die auf winzigem Raum durchgeführt wird, aber dieser kleine Platz ist überall und alles, und ohne ihn hätten wir nicht viel Universum vor uns. Im Inneren des Atoms ist es die schwache Kernkraft, die Veränderungen im Atomkern erzeugt: sie beschützt komplexe Elemente, während sie in den Sternen aufgebaut werden.

Die winzigen neutralen Partikel, die als Neutrinos bezeichnet werden, sind Nebenprodukte der schwachen Kernkraft. Bis 1980 glaubte man, sie hätten keine Masse, aber vor kurzem wurde eine infinitesimal kleine Masse entdeckt, die dann allerdings bedeutsam wird, wenn wir uns die Zahl der Neutrinos im Universum vor Augen halten. Trotzdem wandern sie ohne Interaktion mitten durch den Erdkern. Sie reagieren nur auf Schwerkraft (und aufgrund ihrer hohen Geschwindigkeit auch das kaum) und auf die schwache Kernkraft. Da diese wirklich schwach ist, werden sie überhaupt nicht sehr aktiv. Die Neutrinos wurden im Jahre 1930 durch Pauli vorhergesagt, aber erst im Jahre 1956 in einem Kernreaktor entdeckt. Sie sind viel zu flirrig, um eine Struktur aufzubauen, aber ohne ihre kleinen Verbesserungen wäre das Universum zu elektrisch gewesen, um komplexer zu werden und sich zu differenzieren.

In einem späteren Modell verstand man die schwache Kernkraft als eine Art metaelektrischer Entität. Wurde die elektrische Kraft zu stürmisch, so würde sich diese schwache Kraft durch sie hindurchkräuseln. Beim Tod eines Sternes würde der Neutrinodruck vermittels der schwachen Kernkraft Schwärme von Elementen erzeugen und schließlich ein Wellengekräusel in Gang setzen, um den Sternenkörper zu brechen. In einem sehr großen Universum schaffen solche gedrängten Zerfälle eine Menge komplexer Materie.

Verglichen mit all dieser nuklearen Aktivität und selbst mit der elektromagnetischen Kraft ist die Gravitation äußerst schwach, aber ihre Macht liegt in ihrer Universalität und ihrer Wirksamkeit über Entfernungen hinweg. Sie gleicht eigentlich gar nicht einer Kraft, sondern ist die kosmologische Konstante der ganzen Schöpfung, die Spinne, deren Gewebe das Licht und die Zeit sind, die sich in Ewigkeit vernetzen. Bei kleinen Objekten ist die Schwerkraft minimal, aber in dem Maße, wie die Materie dichter wird, setzt sie sich über alles andere hinweg und modelliert aus dem Rohmaterial Sterne, Galaxien, Planeten, Monde und deren Bestandteile, ohne dabei die subnuklearen Kräfte zu beachten, obwohl sie nur von ihnen Materie zum Anhäufen erhalten kann. Sie ist das Rätsel der Rätsel, das zentrale koan der Wissenschaft. Newton hatte recht.

In den sechziger Jahren kamen die Wissenschaftler allmählich von jener Auffassung ab, nach der die Protonen und Neutronen die grundlegenden und unteilbaren Bausteine der Materie sind, und gingen zu einer anderen Sichtweise über. Auf einer Ebene schien die schwache Kernkraft Protonen in Neutronen zu verwandeln. Auf einer anderen Ebene veränderte sie etwas im Proton, und zwar eine subatomare Entität, die man dann als Quark bezeichnete. Dieser Name stammte von Murray Gell-Mann, einem israelischen Physiker, der am California Institute of Technology arbeitete und die Bezeichnung »Quarks« aus einer Zeile von James Joyce entnahm: »Three quarks for a Muster Mark.«[2] Nun ging man davon aus, daß Protonen und Neutronen aus zwei verschiedenen Arten von Quarks bestünden, den Ups und den Downs. Die Protonen hatten zwei Ups und ein Down, die Neutronen zwei Downs und ein Up. Dadurch wurden sie zu dem, was sie waren. Der schwachen Kernkraft wurde ein besonderes Verhalten zugeschrieben: sie machte aus Ups Downs.

Obwohl man daraufhin weltweit nach den Quarks forschte und dabei auch Hadronen mit extrem hohen Energien beschoß, hat man sie noch nicht gefunden. Es ist möglich, daß sie nicht gefunden werden können, daß also die Protonen und Neutronen undurchdringlich sind. Darüber hinaus steht in Frage, ob es sie wirklich gibt, oder ob sie nicht nur eine Betrachtungsweise der Struktur subatomarer Interaktionen darstellen.

Und was heißt das für uns? In den Molekülen gibt es Atome, in den Atomen einen Kern, im Kern ein Proton, im Proton ein Quark. Aber ist das Quark die endgültige Einheit? Bedeutet die Tatsache, daß Quarks von den Protonen nicht getrennt werden können, daß es darüber hinaus nichts gibt? Inzwischen haben die Wissenschaftler Prä-Quarks, sogenannte Präonen hypostasiert, die den Quarks ihre besonderen Merkmale verleihen, aber das kann sehr leicht zu einer unendlichen Regression werden. Die ins Unendliche fortgesetzte Unterteilung der Materie ist, wie das unendliche Universum, ein Gegenstand der moralischen und kosmologischen Diskussion. So sprach sich Mao Tse Tung tatsächlich für die Quarks und Prä-Quarks aus, weil er der Ansicht war, daß sich das Universum bis durch die winzigsten Zonen ewig weiterziehen solle.

Die Vorstellung von den Quarks entstand aus der Notwendigkeit, eine grundlegende Symmetrie in der Welt der Teilchen zu erklären. Mit drei Arten von Quarks und Antiquarks konnten die Baryon- und Mesonmuster als Quarks-Interaktionen beschrieben werden. Die Quarks werden zu tatsächlich existierenden Punkten strukturloser Singularität, die aber jegliche Struktur erzeugen. Zwar konnten sie nicht wirklich gar keine Struktur haben, da sonst nichts Gestalt annehmen würde, aber sie mußten jenseits der Grenzen unserer Wahrnehmungsfähigkeit für Strukturen liegen.

Das erste musterbildende Merkmal von Protonen wurde in den sechziger Jahren noch vor dem Quarks-Konzept entdeckt und wurde von Gell-Mann »Strangeness« genannt. »Strangeness« war etwas wirklich Existentes, nicht eine Metapher, und nicht »irgendetwas anderes«, das auch merkwürdig war. Im Griechischen hat das Wort für »strange« (merkwürdig) eine gemeinsame Wurzel mit den Wörtern für »fremd« und »von außen kommend«. Merkwürdige Teilchen existieren länger als andere, aber ihre Fremdartigkeit kam schließlich doch zu einem Ende: sie wurden durch die schwache Kernkraft neutralisiert und wurden normal. Es gab nicht-merkwürdige Teilchen, merkwürdige Teilchen, doppelt merkwürdige Teilchen und sogar dreifach-merkwürdige Teilchen. Diese letzten drei Teilchenarten fuhren fort, ein, zwei oder drei zusätzliche Leben zu leben, bevor sie ihre »Merkwürdigkeit« verloren. Während dieses Prozesses gaben sie Teilchen ab. Am Ende fügten die Wissenschaftler noch ein »Sideways Quark« (welches Strangeness definierte) zu den Ups und Downs hinzu, um auf diese Weise eine triadische Struktur für die Quarks zu erzeugen. Das alles mag nach Puzzle- und Labyrinthspielen klingen, aber es ist durchaus real gemeint. Irgendwo in uns sind Teilchen dabei, Quarks herumzuschieben und wie Spielkarten zu mischen, und sie halten auf diese Weise nicht nur uns, sondern auch unsere Atome am »Leben«.

Um die Mitte der sechziger Jahre wurde eine weitere Kraft in das Reich der Quarks eingeführt: »Farbe«. Nicht, daß die Quarks als solche farbig wären (das konnten sie nicht, da sie ja dem Licht vorausgesetzt waren), aber in Beziehung zueinander verhielten sie sich in einer Weise, die dem Verhalten der Farben beim Aufbau des weißen Lichtes ähnelte. Die quark-dynamische Bindekraft konnte man sich als chromodynamisch vorstellen, wobei sechs metaphorische Farben vorkamen: Rot mit seiner Anti-Farbe Türkis, Grün mit seiner Anti-Farbe Violett und Blau mit seiner Antifarbe Gelb. Es paßt recht gut, daß in dem farblosen Heiligtum des Protons plötzlich farbartige Vorstellungen auftauchen sollten.

Dabei war die Farb-Kraft nichts Nebensächliches: wenn man die Quark-Theorie als vereinfachende Grundlage für die Theorie der Atomkerne verwendete, dann war die Farb-Kraft tatsächlich die Urquelle der starken Kernkraft.

Die Teilchen selbst hatten keine Farbe: sie waren weiß. Aber sie transportierten Farbe, und diese Farbe hielt sie zusammen. Ein jedes der Quarks konnte jede beliebige Farbe annehmen, und jedes der Anti-Quarks konnte jede beliebige Anti-Farbe annehmen. Die Farbbeziehungen stellte man sich fadenartig vor. Sie waren unauflöslich, wirkten in geringen Abständen und wurden von Kräften zusammengehalten, die als Gluonen bezeichnet wurden. Die Gluonen würden zwischen den Protonen-Quarks fließen, und dementsprechend würden sich die Farben verändern. Wenn man sich einem Quark immer mehr näherte, würde sich die Farbkraft aufgrund ihrer fadenartigen Beschaffenheit nicht verändern. Statt dessen würde sie schwächer, da Quarks in zu großer Nähe keine Straffheit besäßen. Wenn jedoch der Faden zerrissen wurde, würden sich an jedem Ende einfach wieder neue identische Teilchen bilden. Deshalb konnten die einzelnen Quarks nicht isoliert und freigesetzt werden. In der Symmetrie waren sie vorhanden, aber jede Störung erzeugte diese Symmetrie wieder von neuem.

Zu Upness, Downness und Strangeness kam im Jahre 1974 noch eine weitere Spielart, das »verzauberte« Quark (charmed quark). Die Eigenschaft dieses vierten Quarktyps bestand darin, die Erzeugungsrate von Teilchen der Protonenkategorie aus Kombinationen von anderen Quarks zu steigern. »Charm« war ein subtiles Geschöpf und wurde nach seinem Verhalten benannt. Obwohl man nicht wirklich zeigen konnte, was seine Eliminierung bedeuten würde, nahm man an, daß man ohne es ein vollkommen anderes Universum hätte. Es komplizierte die grundlegende Symmetrie der Materie, indem es zur Grundstruktur des Universums viele mögliche neue Teilchenarten hinzufügte.

Die »charmed quarks« vereinigten sich mit den strange quarks bei Interaktionen der schwachen Kernkraft. Sie waren schwerer und hatten mehr Energie als normale Quarks. Offen gesagt waren die »Charms« und »Strangenesses« miteinander verbunden und voneinander abhängig. Sie sind also in uns, die wir sie in ihrer Unsichtbarkeit so nennen wollen, miteinander verkettet. Die archetypische Phantasie geht so weit, daß manche sogar die Vermutung geäußert haben, daß die Linkseinstellung des molekularen Lebens aus der »Linkshändigkeit« der schwachen Kernkraft resultiert.

Im Augenblick des Urknalls, als das Universum noch eng und fest war, und die starke und schwache Kernkraft den wirklichen Himmel beherrschten, als das interstellare und intraatomare Feld noch identisch waren, gab es zweifellos charms und strangenesses im Überfluß. Charm ist ein überaus altes Merkmal des Universums. In Erdzeitaltern ausgedrückt, wäre es vorkambrisch, während strangeness eher dem Paläozoikum zugehören würde. Beide Kräfte zogen sich in den mikroskopischen Bereich zurück, als sich das Universum ausbreitete. Dann entstanden *wir* und sahen über uns den über langen Zeiträume hinweg zerstreuten Himmel und den ins Winzige verkürzten mikroskopischen Himmel. Charme und strangeness waren darin vereinigt, da sie nicht in die Dünne des Raumes austreten konnten. Wir stehen mit ihnen in einem Verhältnis gegenseitiger Abhängigkeit, denn sie brauchen Geschöpfe wie uns, um auf irgendeine Weise aus dem ewigen Fluß zu entkommen und als Symmetrien und Zahlenpaare definiert zu werden, und wir umgekehrt brauchen sie: denn ohne ihre quasi ewige Existenz wären Geschöpfe wie wir niemals entstanden, Geschöpfe, die imstande sind, sie zu beschreiben, und nicht nur so ein steriles oder vagabundierendes Universum.

Die Explosion, die das Universum erschuf, hatte keinen Mittelpunkt. Alles detonierte gleichzeitig. Der Mittelpunkt war überall. Alles explodierte aus allem anderem heraus und verbreitete das Lodern in den Raum. Aber die Ursubstanz war so dicht, daß es Billionen von Jahren dauerte, bis sie sich ausdünnte und die uns bekannte Anordnung des schwarzen Nachthimmels mit Flecken und Schöpfungsschlacken bildete. In dieser Aussage ist der Himmel ein Spritzer – aber nicht *gegen* etwas, wie weiße Farbe auf einer dunklen Wand, sondern ein Gespritztsein *in* Wellen der Gravitation und des Zeitraumes, das durch die elektroatomare Zusammensetzung der Materie selbst erzeugt wurde. Es verteilte sich in Wellen und Schwingungen. Und nun hängt es da, während die gegossenen Barren – die heißen Sterne – noch glühen. Einiges von dem ursprünglichen Brei klebt noch immer in Nebeln und Milchstraßen zusammen, aber auch sie rasen auseinander.

Diese Dynamik des Nachthimmels unterscheidet sich nicht so sehr von jener Dynamik, die in dem indianischen Schöpfungsmythos der Winnebagos erscheint, wo der Himmel von Coyote gegen das tiefe Schwarz »geschissen« wurde, wobei die Milchstraße der Hauptstrom der kosmischen Defäkation war. Das altgriechische Bild der Milch, die aus Heras Brüsten hervorspritzte und auf diese Weise die Via Lactea der alten Römer und des Mittelalters entstehen ließ, enthält ebenfalls dieses Element des Strömens und Sprinkelns. Eine Flut, die den ganzen Raum und alle Zeit gleichzeitig erfüllt, ist weder für die griechische Mythologie noch für die der Sioux im Bereich des Möglichen, Explosionen und Schwingungen aber sind es durchaus. Der Dichter Gary Snyder nimmt ein ostasiatisches Bild in eine kosmische Fruchtbarkeitsvision mit auf:

Unser Anteil am Feuer
   an diesem Ende der Milchstraße
(die Tun-huang-Fragmente nennen es Ewiges Licht)
Zwei Millionen Jahre von M 31 entfernt
   der Milchstraße in Andromeda –
Meine Augen reizen mit diesen Überresten.
Finger markieren die Zeit.
   Überall ist Sperma
Zwei Millionen Samen in einem Ruck.[3]

Die unabsichtliche Lüsternheit des Urknalls entspricht unserer Identifikation mit Sternengewalt und Sternenekstase. Die pulsierenden, hervorquellenden Eigenschaften des lebenden Gewebes verbinden ihn mit einem urweltlichen Pollen. Die Flut unseres Bewußtseins im Erwachen ist gleichzeitig auch die kosmische Dämmerung. Selbst das berühmte Ins-Gras-Pissen unter dem von weißglühender Asche erfüllten Nachthimmel bringt eine Einheit zuwege, die die Astronomen in ihrem Voyeurismus angesichts des unsterblichen Aktes nicht immer erfahren. Der bloße Verlauf auf dem Boden und die Wärme der Flüssigkeit lassen angesichts ihrer *chi*-Asche und ihres Molekülgewispers all das Feuer wiederum als Wasser erscheinen. Flughörnchen, Pinguin, Gibbon und Klapperschlange – allesamt fein gewirkt am Rückgrat von Yin und Yang – enthalten die Symmetrie des ursprünglichen Universums.

Die Isotropie entsteht durch die Art der Explosion: alles rast von allem anderen weg, und so erscheint es von jedem Punkt des Universums aus. Es gab in der Physik eine Zeit, wo man glaubte, wir wären wieder im Mittelpunkt der Welt: weil alles von uns wegraste. So ist es auch, aber darin haben wir kein besonderes Privileg.

Die Urknalltheorie wurde in den späten dreißiger und zu Beginn der vierziger Jahre nach Hubbles Interpretation der Rotverschiebung formuliert. Und mag auch diese Theorie undurchsichtig wie zu Beginn geblieben sein, ist sie doch mit uns mitgewachsen und hat in den letzten Jahren die Astronomie erobert. Wir hatten dazu keine wirkliche Alternative. Der Himmel war nicht statisch; in den Teleskopen und Radiowellen erschien er zurückweichend. Zuerst folgerte man daraus, daß irgendeine inhärente Kraft die Schöpfung in neue Regionen vorwärtsschleuderte, aber man fand keine solche Kraft. Das Universum dehnte sich aus, weil alles nach außen getrieben wurde. So seelenlos und unbarmherzig ist es. Und wir sind eben zufällig mittenhineingeraten – vielleicht bereits zu Beginn, jedenfalls aber zu der Zeit, als wir es bemerkten. Nun scheint es, daß all jene alten Büffel in den Höhlen von Lascaux, all jene ägyptischen Pyramiden, astrologischen Tempel der Mayas und Ming-Vasen auch zu dieser entsetzlichen Geschichte gehören. Wie auch die Traumzeittiere der australischen Eingeborenen und die Buschmänner, die Giraffen und Zebras jagen. Auf dem Times Square fand eine Schießerei statt – aber keiner wußte, wie es dazu kam und worum es eigentlich ging. So weit also sind wir gekommen.

Die Urknalltheorie bagatellisiert das Problem, ob das Universum unendlich ist oder nicht. Wenn es am Anfang unendlich war, dann war auch die Explosion unendlich. Wenn es nicht unendlich war, den Milchstraßen aber dennoch Geschwindigkeit mitgab, dann bewegten sie sich unendlich in eine Raum-Zeit, die durch ihre Eigenschaften, oder genauer, die Eigenschaften ihrer subatomaren Teilchen definiert ist.

Das Universum hat keine elektrische Nettoladung, es vernichtet sich nicht selbst elektrisch. Die Anzahl der Elektronen und Protonen muß im ganzen Weltall genau gleich sein, nicht zu 99,999% gleich, sondern genau gleich. Ohne diese Voraussetzung hätten wir überhaupt kein Universum, ohne sie würde sich keine Materie bilden, ohne sofort schon im Embryonalzustand zerstört zu werden. Es ist notwendig, daß eine gewaltige Elektrizität balanciert und gezähmt wird, damit die relativ schwachen Ladungen der Schwerkraft den Gestaltungsprozeß beginnen und ein »großes« oder zumindest ein verklumptes Universum schaffen können, dessen Atome kompliziert zusammengesetzte Kerne enthalten. Die elektrische Ladung ist so beschaffen, daß sie, wann immer sie an einem bestimmten Ort verändert wird, ihre Gegenladung in vollkommener und andauernder Balance wiederherstellt. Sie ist die starke Grundlage von Yin und Yang, die eine amorphe Oberflächengeographie zuläßt.

Wenn die Explosion nicht stark genug war, um die Galaxien für immer auseinanderzutreiben, dann wird sich das Universum schließlich wieder zusammenziehen, sich verdichten, um dann wieder nach außen zu schnellen. In einer solchen Perspektive gibt es keinen Unterschied zwischen unserer Vergangenheit und unserer Zukunft. Wir können in der Zukunft des Kosmos genau demselben Vorgang entgegensehen, der uns entstehen hat lassen. Plötzlich werden die näher gelegenen Milchstraßen allmählich eine Blauverschiebung erkennen lassen, während das ältere Licht der fernen Milchstraßen weiterhin eine Rotverlagerung aufweisen wird oder, richtiger gesagt: wir werden ihre Rotverschiebung länger sehen, weil die Information über die Veränderung lange Zeit brauchen wird, um uns durch das Licht zu erreichen. Millionen von Jahren werden vergehen, und die Zusammenziehung des Universums wird uns nicht mehr beunruhigen als seine gegenwärtige Ausdehnung. Der ganze Wasserstoff und ein großer Teil des Heliums, was jetzt Brennstoff für die Sterne ist, wurde im Urknall geschaffen. Wir kennen keine andere Art, wie Wasserstoff erzeugt werden könnte. Ohne den Urknall ist seine Entstehung ein vollkommenes Rätsel, und die angenommene Explosion ist auch nur eine

Verwaltung des Rätsels. In Millionen von Jahren wird der größte Teil des interstellaren Gases in den Sternen verzehrt worden sein, und nur einige wenige Sterne werden, wenn überhaupt, geboren werden. Wenn das Universum ein Hundertstel seiner jetzigen Größe erreicht haben wird, werden wir einen Nachthimmel haben, wie ihn Olbers einst in einer Scherzfrage oder auch einem Alptraum sah: so hell wie der Tageshimmel. Schließlich werden die Moleküle in Atome zerfallen, die Atome in Elektronen und andere Kerne. Große Veränderungen werden Tausende von Jahren brauchen, aber wenn der Kosmos zu Plasma wird, das eine Temperatur von Millionen Graden aufweist, wird er sich innerhalb von Tagen verändern, und stündlich um Millionen Grade an Hitze zunehmen. Es wird nicht nur alle Materie verschwinden, sondern mit ihr werden auch die komplexeren Teilchen verschwinden – das Werk der Sterne und Atome – und Sterne und Atome werden miteinander verschmelzen (das Teleskop würde genau dasselbe zeigen wie das Mikroskop); das Hintergrundrauschen der Mikrowellen würde in ein einziges heulendes Tosen zusammenstürzen. Das wird dann eine Ewigkeit oder einen Sekundenbruchteil dauern, je nachdem, wie man die Tilgung der Zeit betrachtet. Und dann wieder der Urknall.

So schrieb der Dichter Edward Dorn:

> *jede ortsveränderung*
> *die verschiebung eines jeden blattes*
>   *ist eine funktion*
>   *des universums welches*
> *auswärts treibt von seinem gefügten zentrum*
>   *40 bilynyrs. Und dann wiederkehrt...*
>   *unser vorhandener puls*
>   *schlägt innerhalb davon*
> *wir leben jeden augenblick*
>   *um diesen*
>   *KOSMOS*
>   *zu hören*[4]

Dieser Puls wird in jedem Gesang der Ainus auf den japanischen Bergen spürbar, in jedem Jongleur, der drei oder vier Bälle um sich herum in Bewegung hält, in jedem Liebespaar, das seinen Rhythmus sucht, in jedem Farn und Seestern, in jedem tanzenden Derwisch. Es geschah alles in einer sternenfunkelnden Nacht, und wir wissen nicht, ob er unsere Vision des Geistes von ferne ist, oder nur einfach die Kompliziertheit der Materie in uns, die am Ende des Universums sich abzeichnet. Die Schwerkraft setzt ihn im Gegeneinanderschlagen von Rädern und Eisen fort, wenn der Zug über die Gleise rattert.

Er ist unser Herzschlag. Er ist eine Lawine. Auch ist er über alle Maßen fein, und deshalb können wir ein Kopfweh zwar verspüren, aber nicht lindern oder lokalisieren. Wir müssen in einer Mannigfaltigkeit einhertreiben. Und dann:

> der augenblick
> naht, wenn alles das
> in einem rasenden tanz gestillt wird.[5]

Das Wellengekräusel im Teich ist auch die Explosion, die das Universum erzeugt. Es beginnt und endet und verweilt eine ewige Sekunde lang – dieselbe ewige Sekunde wie in uns, wenn die Erkenntnis kommt und wir uns als Einheit erleben.

Das Universum beginnt mit einer unvorstellbaren Temperatur von Millionen und Millionen von Graden. Ein solches Universum kann nicht einmal hypothetisch beschrieben werden, denn es ist ein Universum der Quantenmechanik, und nur das. Gravitationsfelder wären darin so stark gewesen, daß sogar Teilchen durch solche Felder geschaffen würden, aber das setzt wiederum voraus, daß das Konzept eines Teilchens bei einer solchen Temperatur überhaupt irgendeine Bedeutung hat. Keine Botschaft über irgend etwas könnte auch nur eine einzige Wellenlänge weit kommen, also wären Größe, Gestalt und Ort bedeutungslos. Es gäbe jeweils nur ein einziges von ihnen, und dieses einzige wäre alles und überall. Vielleicht ist es genau in diesem ersten Zehntausendstel einer Sekunde, daß etwas Elementares entsteht – die Quarks. Da schwirrten sie herum. Das war ihr Universum, ihre Heimat. Die starke und schwache Kernkraft hatte einen ebenso großen Wirkungsbereich wie die Schwerkraft und der Elektromagnetismus. Der Urknall mit seinem merkwürdigen (strange), quark-verzauberten (charmed) Universum ist der Augenblick der Strukturbestimmung, und die Millionen über Millionen von Jahren und sonstigen Zeiteinheiten seither sind nichts weiter als eben die Teilchen, die ihre Möglichkeiten entfalten, während Hitze und Druck sich verringern.

Damit sich das gegenwärtige Universum aus diesem Bad hocherhitzter Materie bildete, waren die ersten Minuten der Abkühlung enorm wichtig, wenn wir einmal die Ewigkeit von Minuten in diesem zeitlosen Fluß vor der Entstehung einer Sonne oder einer zeitbildenden Umlaufbahn akzeptieren. Zuerst kühlte sich die Temperatur genügend ab, daß in der Komplexität der Atomkerne Protonen und Neutronen bestehen konnten. Der Wasserstoff steht am oberen Ende der voratomaren Reihe, und zwar in einem Augenblick, wo es noch zweifelhaft ist, ob überhaupt Atome gebildet werden. Ist diese Krise einmal vorüber, stellen die kosmologischen und stellaren Kernsynthesen allmählich dichtere Kerne her.

Das frühe Universum der ersten paar Minuten bestand hauptsächlich aus Photonen, Elektronen, Neutrinos und Anti-Neutrinos. Es bestand aus Licht und Strahlung, demselben Licht, derselben Strahlung, die noch immer von den Sternenzentren hervorfließen. Ungefähr ein Millionstel davon wurde Kernmaterie, und zwar ausschließlich von Wasserstoff, rund 75%, und Helium. Nach ein paar Jahren, vielleicht auch Hunderten oder Tausenden, begann sich ein kühles Gas zu bilden, das Gas der Milchstraßen und Sonnen. Elektronen gesellten sich zu den Kernen, so daß nun Atome entstanden. Gasförmige Materie trieb in die Strahlung hinein, die Schwerkraft verteilte sie spiralig in die Milchstraße, und die Milchstraßen brachten regionalen Raum und Systeme von Sternen und Planeten hervor.

Ein möglicher Widerspruch der Urknalltheorie liegt in der folgenden Frage: warum explodierten die thermalen Bestandteile nicht in so kleine Teile, daß sie sich nicht mehr zu Milchstraßen verdichten konnten? Die theoretische Physik fordert, daß sich das Universum an einem bestimmten Punkt vor der Bildung von Milchstraßen und Sternen in einem Zustand eines statistischen thermalen Gleichgewichts befunden haben muß. Jede spätere Aussage über frühere oder spätere Zustände geht von der Vermutung eines dazwischenliegenden gleichförmigen Zustandes aus. In diesem Sinne ist die Urknalltheorie eine statistische Theorie – wie so viele andere moderne Theorien seit der Anwendung der natürlichen Selektion auf die Genetik sowie der Durkheimschen Entdeckung, daß Selbstmord in vorhersagbaren Prozentzahlen stattfindet.[6] Der Urknall ist nichts Konkretes. Er ist uns als Erklärung der Verteilung von Entitäten in Raum und Zeit und ihrer mathematischen Verhältnisse bekannt. Das Mikrowellenrauschen des Raumes bei drei Grad Kelvin, das zum erstenmal im Jahre 1965 als solches erkannt wurde, wird als ein Echo jener Explosion betrachtet, die zehn Billionen Jahre zuvor stattfand. Es ist eine Voraussage darüber, was man finden würde, wenn ein Gewebe, nämlich alles, sich durch ein entsprechend homogenes Erkalten um das tausendfache ausgedehnt hätte, und zwar ausgehend von einer Temperatur von 3000° Kelvin, bei der Zeit, Materie und Strahlung sich in einem thermischen Gleichgewicht befanden. Der universelle Hintergrund der Strahlung weist auf die Universalität der Explosion hin und auf die Gleichmäßigkeit der Zerstreuung von einem undurchsichtigen hocherhitzten Raum. In einem so reinen Universum der Hitze und der Zahl, entwickelt sich die Materie nur als Kontamination, als Verunreinigung. Dies ist bei den zeitgenössischen Kosmologen ein beliebtes Wort, und die ihm innewohnende Ironie muß wohl beabsichtigt sein. Es ist ein Glück, daß diese Kontamination schließlich doch fähig ist, eine relative Wärme zu spüren, im Gewebe der Materie die Portale der Zeit zu erblicken und »Zahlen« zu entwickeln, die auf irgendeine Weise grobe Abbilder des ursprünglichen Himmels sein müssen.

Sobald sich die Materie einmal in Klumpen und Inseln sammelt und formt, geht die Ausdehnungsrate an die Schwerkraft über. Kehren wir einmal geradezu nostalgisch zum Newtonschen Universum zurück. Wenn wir von hier aus zeitlich zurückgehen, brauchen wir wieder die Plancksche Quantenmechanik – das heißt, wir müssen in der physikalischen Theorie ein paar Jahrhunderte vorwärtsschreiten. Wenn wir von hier aus andererseits direkt Newton gemäß fortschreiten, passieren wir erst Laplace und kommen dann zu James Jeans, der die kleinste Masse mathematisch definierte, die der Verdichtung im Sinne der Schwerkraft fähig war, und dies führte wiederum zu einer Theorie der Sternenbildung. Von James Jeans' Masse schreiten wir vorwärts zu Heisenberg und Einstein, zum Raum-Zeit-Kontinuum, zur Unschärfetheorie und dem Mikrowellenhintergrundrauschen. Hat sich dieses Universum dann wieder genügend abgekühlt, können wir zu unserem täglichen Newtonschen Leben zurückkehren. All diese Bilder und Vorstellungen bewegen sich im Kreis und lassen einander gegenseitig entstehen.

Die Urknalltheorie ist unnachsichtig und unerbittlich. Wir sind in ihr gefangen, weil unser Bewußtsein, ähnlich dem Urnebel, zu dicht ist, um sie loszulassen, wie wir auch unfähig sind, uns von Materialismus, Fortschritt oder dem Verbrauch von Rohstoffen zu lösen... ja selbst von der Vorstellung, daß all diese Dinge ja noch irgendwie erklärt werden müßten. Wir klammern uns an diese Bilder, wie wir uns auch an den Krieg klammern. Und wenn uns unser Verstand von Krieg und Zerstörung wegzuziehen versucht, zwingt uns irgend etwas anderes, dahin zurückzukehren oder wenigstens zu riskieren, daß sich jemand anderes, und noch dazu zu unserem Nachteil, damit befaßt. Ebenso werden wir von pornographischen Ereignissen und Folter angezogen. Wenn es im Bereich der Möglichkeit liegt, müssen wir es tun; unser Bewußtsein will es, und wir sind ja niemals die ersten. Während wir es noch denken, ist da schon jemand, der es tut. Deshalb werden Menschen aufs Rad geflochten und zerrissen oder lebend hungrigen Hunden vorgeworfen.

Aber es gab auch einen Kosmologen des Nachthimmels, G. I. Gurdjieff, der es anders sah: wenn die Soldaten einer Armee *nur einen Augenblick lang* ihren wirklichen Platz im Kosmos sehen könnten, würden sie alle ihre Waffen wegwerfen und nach Hause gehen. Das heißt, wenn sie sich vor dem Hintergrund der Sterne und der Erde in diesem Universum und der Tatsache ihrer eigenen Geburt, ihrer Inkarnation in diesem Universum sehen könnten.[7]

Was wir naiv gesät haben, das mußten wir auch ernten. Aber wir haben von der materialistischen Maschine, die wir in Gang setzten, gelernt: und nur das, was wir gelernt haben, kann uns nun weiterhelfen. Wir könnten hier auch steckenbleiben, und dies ist ein ödes, dürres Land. Sollte das unser Schicksal sein, so bleibt uns weiter nichts als Selbstzerstörung, wie Diderot und Shaw es ahnten, denn es gibt keinen Grund mehr zu leben.

In der Urknalltheorie erhalten wir unsere Identität erst durch ein derart katastrophisches Ereignis, daß wir sie bestenfalls als Narbe betrachten können, als die eingebrannte Kennmarke eines Urtraumas, das die Individualität aller Dinge mit sich trägt. So war das Echo der Urängste in den Dschungel der archaischen Menschen auch das Echo unserer eigenen Materie. Es bildete sich als ihr gleichzeitiger Alptraum am Grunde unserer unbewußten Körper.

Die Steady-State-Theorie ist auch noch ziemlich gewalttätig, aber immerhin behauptet sie nicht eine einzelne große Vernichtung, sie läßt sogar Quellen der Kreativität in vielfältigen Dimensionen der Materie zu, sie gestattet Stabilität und eine gewisse Anmut. Es ist interessant und vielleicht erschreckend, daß das ganze neue Beweismaterial für den Urknall spricht. Aber ist dieses Erschrecken ein kosmisches oder nur ein kulturelles? Und fürchten wir den Weltraum mehr als unseren eigenen Nihilismus und seine Rückstände im Verlaufe unserer Zivilisation?

Kraftvoll, rührend, aber auch traurig ist das Ende der populären modernen Kosmologie in »Die ersten drei Minuten« von Stephen Weinberg. An den Stellen, wo Weinberg die Implikationen der Urknalltheorie darstellt, ist mein Büchereiexemplar von der Rebellion der Leser gezeichnet, die es vor mir in Händen hatten: Beschimpfungen am Rande und nach den einzelnen Absätzen. Anscheinend spüren die Leute, daß der Autor, hätte er im Sinne der Unschärfetheorie und der schwarzen Löcher etwas mehr Phantasie gehabt, auch ein »happy end« hätte schreiben können, etwa wie in den Szenen aus dem »Krieg der Sterne«, wo im Bodensatz dieses phyischen Universum ein psychisches Universum zutage tritt. Immer, wenn die Kriegstreiber und Materialisten fast zu siegen scheinen, taucht ein anderer Aspekt der Schöpfung auf, der meist durch hochentwickelte telepathische und sogar körperlose Wesen personifiziert wird, die Unsterblichkeit und ein kollektives Nirvana erlangt haben. Diese Happy-Ends haben für uns den Charakter einer Gehirnwäsche angenommen. Man hat sie uns genauso mitgegeben wie den Urknall, aber für einen Wissenschaftler, dem es ernst damit ist, über die Grenzen der gegenwärtigen Epoche hinauszublicken, gibt es nur jenes Resultat, auf das Weinberg sich beschränkt, wenn er schreibt:

Wie immer all diese Probleme auch gelöst werden, und welches kosmologische Modell sich auch als richtig erweisen wird, so gibt es in keinem von ihnen recht viel Trost. Es ist für die Menschen eine fast unwiderstehliche Verlockung zu glauben, daß wir zum Universum irgendeine besondere Beziehung haben, daß das menschliche Leben nicht nur ein mehr oder weniger farcenhaftes Resultat einer Kette von Zufällen ist, die bis zu den ersten drei Minuten zurückreicht, sondern daß wir irgendwie von Anfang an mit eingebaut waren. In dem Augenblick, wo ich dies schreibe, sitze ich in einem Flugzeug und fliege in einer Höhe von 9000 m über Wyoming von San Francisco zurück nach Boston. Die Erde unter mir sieht weich und freundlich aus – hier und dort flockige Wolken, im Licht der untergehenden Sonne färbt sich der Schnee rosa, Straßen ziehen sich quer über das Land von einer Stadt zur anderen. Es ist schwierig, sich klarzumachen, daß dies alles nur ein winziger Teil eines überwältigend feindlichen Universums ist. Noch schwieriger ist es sich vorzustellen, daß sich dieses gegenwärtige Universum aus einem unaussprechlich unfreundlichen früheren Zustand entwickelt hat und einer zukünftigen Zerstörung durch grenzenlose Kälte oder unerträgliche Hitze entgegensieht. Je verständlicher das Universum scheint, um so sinnloser bietet es sich dar.[8]

Da Quarks und Atome so wenig mit unserem gegenwärtigen Zustand zu tun haben – außer daß wir sie aus dünnem Beweismaterial zusammengeträumt haben und mit ihrer Mathematik umgehen – scheint es fast, als ob wir aus etwas uns Fremdem entstanden seien, was ohne moralische Werte ist. Die Kosmologie archaischer Völker und Stammeskulturen hatte dieses Problem nicht, denn sie gingen von moralischen Werten aus und übertrugen sie nach außen. Der mythische Held der Jicarilla-Apachen von New Mexico spricht:

> *Die Erde ist mein Körper. Der Himmel ist mein Körper. Die Jahreszeiten sind mein Körper. Das Wasser ist ebenfalls mein Körper. Die Welt ist so groß wie mein Wort. Und die Welt ist so groß wie meine Gebete. Die Jahreszeiten sind nur so groß wie mein Körper, meine Worte und meine Gebete. Dasselbe gilt für die Wasser: mein Körper, meine Worte, meine Gebete sind größer als die Wasser. Wer immer an mich glaubt, wer immer auf das hört, was ich sage, wird ein langes Leben haben... Glaubt nicht, daß ich nur im Osten, Süden, Westen oder Norden bin. Die Erde ist mein Körper. Ich bin hier. Ich bin allüberall. Glaubt nicht, daß ich mich nur unter der Erde oder oben im Himmel aufhalte, oder nur in den Jahreszeiten oder auf der anderen Seite des Wassers. Sie alle sind mein Körper. Es ist die Wahrheit, daß die Unterwelt, der Himmel, die Wasser alle mein Körper sind.*[9]

In der kabbalistischen Kosmologie geht die Schöpfung von Gott in einer solchen Weise aus, daß alles in allem enthalten ist. Ein einziger Gedanke des Göttlichen Bewußtseins wird zu vielen Gedanken, und die vielen Gedanken werden zu einer grenzenlosen Schöpfung. Auch das ist eine Isotropie. Wo immer irgend jemand steht, steht er im Mittelpunkt aller Welten. Vielleicht sind die Sterne die Trümmer einer Explosion, aber das ist nur die Illusion auf einer Ebene, die Sterne sind auch die Kerzen, mit denen die Engel die Welten erleuchten. Sie sind das Bild, durch das wir solche Kerzen sehen.

Für einige asiatische Philosophen entsteht die Illusion der Welt gerade durch unsere Inkarnation. In der Tradition des

Buddhismus sind diese Manifestation und unsere Sehnsucht danach identisch und stehen zueinander in einem Verhältnis gegenseitiger Hervorbringung. Aus dieser Perspektive ist der Urknall ein Paradox und eine Prüfung für den Menschen.

In seinem Buch zieht Weinberg die Schlußfolgerung:

Aber wenn in den Resultaten unserer Forschung kein Trost zu finden ist, dann wenigstens in der Forschung selbst. Männer und Frauen sind nicht damit zufrieden, sich mit Geschichten von Göttern und Giganten zu unterhalten oder ihre Gedanken auf die Vorkommnisse des täglichen Lebens zu beschränken; sie bauen auch Teleskope, Satelliten und Elektronenbeschleuniger und sitzen endlose Stunden an ihren Schreibtischen, um den Sinn der gesammelten Daten herauszuarbeiten.
Die Bemühung um das Verständnis des Universums ist eines der wenigen Dinge, die das menschliche Leben ein wenig über das Niveau der Farce hinausheben und ihm ein wenig von der Anmut der Tragödie verleihen.[10]

Die Farce und die Tragödie sind die beiden großen Musen, die in unserem Jahrhundert auftanzen, und sie tanzen immer zusammen. Samuel Beckett liefert uns dasselbe Axiom. Eine seiner Gestalten, Murphy, beginnt folgendermaßen: »Die Sonne schien, da sie keine Alternative hatte, auf nichts Neues.«[11] Und am Ende seines Stückes »Warten auf Godot« sagt Wladimir:

Sicher ist, daß die Zeit unter solchen Umständen lange dauert und uns dazu treibt, sie mit Tätigkeiten auszufüllen, die – wie soll man sagen – auf den ersten Blick vernünftig erscheinen können, an die wir uns aber gewöhnt haben. Du wirst mir sagen, daß es geschieht, um unseren Verstand vor dem Untergang zu bewahren. Klar. Aber irrt er nicht schon in der ewigen Nacht unergründlicher Tiefen? Das frage ich mich manchmal. Folgst du meiner Gedankenfolge?[12]

Diese Warnung fällt wie ein Schatten über die ganze menschliche Geschichte, von jetzt an und immer – denn wir wissen über alles so viel, und unsere Verzweiflung kann nicht einmal die Hoffnung auf ein zukünftiges goldenes Zeitalter bergen. Die formale Ernsthaftigkeit, mit der Stephen Weinberg das feststellt, stellt schon fast den wirklichen Ernst des Problems in den Schatten. Denn dieses Problem ist ja keineswegs neu, es ist kein neues Paradox. Vor Tausenden von Jahren bereits hätten die Weisen der hinduistischen Kultur vorhersagen können, was im Westen bei so groß angelegten staatlich subventionierten Programmen zur Erforschung des Weltalls herauskommen würde.

Estragon antwortet Wladimir: »Wir sind alle verrückt geboren. Einige bleiben es.«[13]

8. Pulsare, Quasare und Schwarze Löcher

Die Astronomen des frühen zwanzigsten Jahrhunderts, denen so gewaltige Durchbrüche in einen neuen Himmel geschenkt worden waren, wußten gar nicht, wie sehr sie sich noch an das alte Modell klammerten. Sie wußten, daß die Sterne ferne Sonnen sind, die aufgrund ihrer Temperaturen in verschiedenen Farben leuchteten, daß sie aus weißglühendem galaktischen Material entstanden waren, und daß die Planeten bei ihrer Entstehung durch Zentrifugalkraft von ihnen ausgeworfen werden. Aber sie glaubten noch immer an eine einfach erfahrbare Materie, an Zeit und Raum.

Das Mikroskop und das Zyklotron aber veränderten unser Verständnis von der Beziehung zwischen der ganzen Materie und der ganzen Energie und schufen die Basis, von der alles abgeleitet werden kann, wofür der Himmel die unbegrenzte Veräußerlichung ist. Sie hatten auch Mittäter am Himmel.

Der Fünf-Meter-Spiegel von Mount Palomar wurde bereits im Jahre 1928 geplant, aber der Plan blieb jahrelang liegen. Ursprünglich wurde das Glas von General Electric mit Kosten von einer halben Million Dollar aus Quarz gegossen, aber es sprang, und statt Quarz wurde dann Pyrex verwendet. Der Guß wurde von Corning Glass in New York State vorgenommen, dann wurde die teure Scheibe nach Pasadena geschickt, wo sie geschliffen und poliert und das Gestell gebaut wurde. Zwanzig Jahre, nachdem es geplant worden war, starrte dieses große Auge in den mit Milchstraßen erfüllten Himmel, und unmittelbar darauf standen die Menschen Billionen von Lichtjahren weiter draußen im Raum. Fast gleichzeitig begann aber der Himmel der Radiowellen zusammen mit den Röntgenstrahlen, dem infraroten und ultravioletten Himmel dem fernen sichtbaren Himmel sich zu nähern und ihn zu überschneiden.

Das antike Universum setzte sich aus Information von sichtbaren Lichtquellen und irdischer Interpretation zusammen. Und auch das moderne astronomische Universum bestand aus Licht und aus dem irdischen Laboratorium. Das postmoderne astrophysikalische Universum dagegen baut hauptsächlich auf Information auf, die von Radiosignalen und anderen unsichtbaren Wellenlängen stammt, sowie von Ergebnissen aus Experimenten mit subatomarer Materie und post-Einsteinschen Relativitätsgleichungen.

Wenn Radioteleskope in die Unendlichkeit des Raumes gerichtet werden, zeichnen sie Ereignisse auf, die Radiowellen aussenden; diese Ereignisse können auch Licht ausstrahlen, aber es gibt einige, die von hier aus entweder unsichtbar sind oder deren Wellenstrahlung ihre sichtbaren Bestandteile weit übersteigt. Radioteleskope wurden auf bestimmte Bereiche des Sonnensystems gerichtet und haben dort Störzonen in den äußeren Schichten der Sonne und das ungeheure Radiogeräusch des Jupiter aufgefangen, das vor allem dann – und zwar ausbruchartig – auftritt, wenn sein Mond Io vorbeizieht. Innerhalb unserer Milchstraße haben Radioteleskope die Stimmen der Trümmer explodierter Sterne, neuer embryonaler Sterne, pulsierender Sterne und von Sternen mit flammenden Protuberanzen aufgenommen; keiner dieser Sterntypen weist dabei ein dem Radiospektrum ähnliches sichtbares Spektrum auf – ausgenommen die optischen Pulsare, von denen sich einer im Crab-Nebel befindet. Wenn das Radio»licht« sichtbar gemacht werden könnte, würden diese Sterne an Helligkeit zunehmen und den Himmel verwandeln. Die Radioemissionen waren auch von

Nutzen, als man versuchte, durch den Wirrwarr des galaktischen Staubes »hindurchzusehen«, um die Strukturmerkmale der Milchstraße selbst aufzuzeichnen, vor allem im Bereich ihrer Spiralarme. Jenseits unserer Milchstraße aber entdeckt der Radioastronom Teile von anderen Galaxien, die in den Radiobereichen des Spektrums deutliche Töne hervorbringen, weil sie explodieren oder den Kollisionspunkt zweier Galaxien darstellen. Auch die Quasare machen sich bemerkbar, nur ist ihr Wesen wie auch ihr Aufenthaltsort vollkommen unsicher. Und überhaupt ist alles, was wir in unserem Ei hören, der Mikrowellenhintergrund, in dem das Echo jenes Feuerballes widerhallt, der unsere gegenwärtige Kosmologie geschaffen hat.

Die Töne aus dem elektromagnetischen Spektrum des Raumes waren zerreißend, verwirrend und menschlich beunruhigend. Wir hörten das Krachen und Knallen subatomarer Teilchen durch ihre Radiowellen und Röntgenstrahlen, denn diese befinden sich in den Zentren der Sonnen und beherrschen sie. Aus der Analyse der Träume und des Unterbewußten konnte Freud seiner Generation mitteilen, daß die Menschen eine unruhige, problembeladene Spezies sind. Kaum drei Jahrzehnte später zeigte das Radioteleskop, daß auch dieses Universum unruhig und von Störungen durchzogen ist – widersprüchlich und gewalttätig schon im Entstehen, unfähig, in seinen Teilbereichen Ordnung zu halten, und einer neuen Katastrophe entgegenschlingernd.

Wir bekamen schreckliche Gestalten zu sehen, die sich vielleicht gegenwärtig in einer sicheren Entfernung von uns befinden – diese wildwütigen, grausamen Biester –, aber gleichfalls uns schon auf den Fersen sind, denn das sich ausdehnende Universum kann sie nicht für immer im Zaum halten. Es ging nicht nur darum, selbst vielleicht von diesen Kreaturen verzehrt zu werden, sondern vielleicht das ganze Universum von ihnen verzehrt zu haben. Erregte Atome kreischen wie Gänse bei der Schlachtung, wenn Milchstraßen miteinander kollidieren. Zweifellos werden auch die Gänse oder quasi-weißgefiederten Vögel dieser anderen strahlenden Welten geschlachtet.

Wo waren nun die Götter? Wo waren die göttliche Kraft und

die vollkommenen Geometrien, die an ihrer Stelle herrschten? Wo waren die leidenschaftslosen, aber gerechten Gesetze der Natur? Anscheinend waren sie verschwunden und hatten ein Universum hinterlassen, in dem plötzlich alles möglich geworden war.

Die Träume und die Psychologie des Unbewußten hatten dem Menschen gezeigt, daß die Instinkte und Sehnsüchte jenseits seines Willens grenzenlos waren, und daß sie sich immer ausdrücken würden, auch wenn er sie nicht audrücken konnte. Sie erzeugten seine Gesellschaften, seine Gesetze, seine Kunst und seine internationalen Krisen. Aber wenigstens waren sie sinnvoll; wenigstens teilten sie mit dem Menschen seine innere Natur. Selbst ihre Grausamkeit war die Grausamkeit in seinem Schicksal, oder eben jene Grausamkeit, jene Widerstände, die er überwinden mußte, um sein Schicksal zu vollenden. Was immer in ihnen fremdartig war, konnte durch Internalisierung und Kathexis vertraut werden, selbst wenn es durch diese Vertrautheit sein Wesen änderte. Der Mensch wußte, daß er sein Schicksal und seine Bedeutung als Teil seiner selbst erfahren würde, und dies erreichen würde durch das Kontinuum von Assoziation und Bewußtsein in seinem eigenen Geist.

Der Himmel dagegen bietet wenig Vertrautes, und das, was wir von ihm entlehnen, täuscht uns auf eine Weise, wie unsere Träume es nicht vermögen. Die großtechnologische Anwendung des Himmelsmodells ist selbst apokalyptisch: die Atomenergie. Aber da ist noch ein Haken. Auch die Sonnenenergie ist Atomenergie – nicht die unmittelbare Explosion, die das Sterninnere nachahmt, sondern ihr heilkräftiges Nebenprodukt, das durch den Raum wandert. Wir können es ohne Angst vor Metapher oder Sentimentalität heilkräftig nennen, da der Prozeß der Photosynthese als vielgestaltiger heilkräftiger Prozeß geschieht. Er webt die Stränge, die zu den Zellen werden, die sich selbst zu heilen und zu reproduzieren vermögen. Er erschafft das Fleisch und Blut der Wissenschaftler und Ingenieure, die für die Kernkraft arbeiten, wie auch das Fleisch und Blut der Kernkraftgegner, die sich alle im atomaren Sonnenlicht gegenüberstehen. Das Problem der Rohstoff- und Energiequellen ist wesentlich komplexer, als die Argumente und Gegenargumente irgendeiner politischen Richtung es ausdrücken können. Wir sind Produkte von Explosionen, wir enthalten Explosionen und halten uns mit einem Pulverfaß in Gang.

Sonnenenergie zu akzeptieren und Atomenergie abzulehnen mag widersprüchlich erscheinen, aber es ist eine praktische Strategie. Sie bringt auch einen alten Mythos wieder zum Leben; Sonnenenergie gibt uns das Universum von selbst aus der Entfernung: Nimm dies, und du wirst erleuchtet sein, nimm dies, und du wirst geheilt sein. Und das hat sich noch nicht als falsch erwiesen. Wir haben darauf gewartet, geboren zu werden, und die Meere füllten sich mit Leben. Wir haben gewartet, während das Leben an Land kroch und sich dort einrichtete, und wir begriffen, daß wir nun schon geboren waren und traten dann stärker in unsere Existenz ein, bauten unsere Bauernhöfe und Landsitze, unsere astronomischen Observatorien und unsere Städte. Und dort begannen wir die Sonne wieder neu zu verstehen, die Sonne, die unseren Platz im Kosmos angibt – einfach nur in ihren Einheiten auf einer Sonnenuhr, in den Gerste- und Bulgurfeldern des Nahen Ostens und dem riesigen Regenbogenmais der Neuen Welt. Unsere Sonnengesellschaft hat jahrtausendelang existiert. Es war eine Gesellschaft von Blumen, Korn, Fischteichen, Stimulantien, Spiegeln und feinem Pergament. All das kam von jenem nackten Abgrund feuriger Wasserstoffgase, der nur einen Steinwurf weit entfernt ist. Die Schwerkraft deckte ihn zu und das Licht zerstreute sich durch den Himmel in Farben, die Augen entstehen ließen, um sie zu sehen. Es hätte kein besseres Universum sein können. Es sagte: Warte und ich werde geschehen. Und so war es auch.

Das neue atomare Universum der Radioastronomie und der Teilchenphysik verbreitet Entsetzen, und wir sind seine etwas dümmlichen Zielscheiben geworden. Wir sind blind für die Teilchen, denen wir eigentlich ausweichen müßten, nämlich der Radioaktivität und dem atomaren Abfall, und wir können selbst mit unseren besten Teleskopen das Chaos und die Gewalt, die den Kosmos zerstört, nicht sehen. All seine Warnungen und

Prophezeiungen betreffen uns, und trotzdem werden wir noch verschont und dürfen in einer Welt weiterleben, die im Grunde eine griechische Polis ist.
Die Priester konnten uns nichts geben. Sie haben uns im Stich gelassen. Der bloße Klang des Radiogeräusches im Himmel ist das Knistern unserer eigenen Angst, wie auch das Knistern unserer gegenwärtigen kosmologischen Mangelhaftigkeit. Die große Gewalt, die wir im Raum wahrnehmen, könnte mehr bedeuten, als unsere eigene Destruktivität; sie könnte auch die Unterdrückung unserer kreativen Fähigkeiten darstellen, den inneren Raum zu ernten, eine Wahrnehmung also, daß die inneren Räume im Aufruhr und wir von ihnen abgeschnitten sind. Aber wenn es nicht so ist? Wie schrecklich die Verantwortung, die dann auf uns zukommt, nämlich eine anständige Welt zu erschaffen und unser Geburtsrecht zurückzuerobern.[1]
Wir stehen vor einer unglaublich großen Aufgabe. Selbst für einen Planeten voll von Supermännern, die den Raumflug beherrschen, wäre sie nicht leicht. Wir müssen, wenn auch wir überleben wollen, die Zerstörung des Universums abwenden. Wir müssen den Urknall umkehren. Anders ausgedrückt, wir müssen die Zerstörung unseres eigenen Planeten und seiner Bedeutungssysteme verhindern. Wir müssen durch den Urknall ebenso hindurchgehen, wie wir auch durch den Existentialismus, Marxismus, Kapitalismus, Materialismus und all die übrigen Tricks des Atomzeitalters hindurchgehen müssen, und wir müssen ein neues Universum schaffen, eines wie das der Ionier und Hindus, aber ohne jene Züge, die unausweichlich und folgerichtig zum gegenwärtigen Zustand geführt haben. Zur Dunkelheit können wir nicht zurückkehren. Gerade ihr Rätsel ist unser Schicksal.

Die Pulsare wurden im November 1967 von der graduierten Studentin Jocelyn Bell entdeckt. Wegen der großen Regelmäßigkeit ihrer Strahlungsausbrüche hielt man sie zuerst für intelligente Signale von Zivilisationen aus dem Weltraum. Jede mögliche Quelle für einen solchen Puls wurde überprüft: die Statik der Umgebung, Fehlfunktionen in den Geräten, Taubennester im

Teleskop. Ganz zuletzt erst argwöhnte man, daß es vielleicht Sterne sein könnten.

Da es als akzeptiert galt, daß Sterne sich zusammenziehen und sterben, vermuten die Astronomen, daß ein sehr großer Stern, dessen Dichte ausreiche, um sein Material in Neutronen umzuwandeln, in ein überdichtes Objekt zusammenstürzen könnte, anstatt zu einem weißen Zwerg zu werden. Solch ein Neutronenstern würde im Himmel pochen und Radiogeräusch und strahlende Röntgenemissionen abgeben.

Der amerikanische Astronom Thomas Gold entwickelte eine Hypothese, nach der ein rotierender Stern in einen Neutronenstern zusammenstürzt. Ein alter Stern, dessen Material reif sei, würde sich mehr als hundertmal pro Sekunde um sich selbst drehen, und während er seine Überreste abwürfe, würde sich sein Pulsieren schrittweise verlangsamen. Das Pulsieren selbst käme von der wirbelnden Plasmahülle, die durch ein magnetisches Feld an den Stern gebunden sei. Und dieses Feld würde durch die Verdichtung des Materials und die Erhaltung von dessen magnetischen Kraftlinien zehn Billionen Mal verstärkt.

Der allererste Pulsar tauchte – in den Worten seiner Entdeckerin – als »dieses sonderbare Häufchen Dreck« im Sternbild Vulpecula (Füchschen) auf. Dies ist eine moderne Konfiguration, die der polnische Astronom Johannes Hevelius im 17. Jahrhundert zwischen dem Pfeil und dem Schwan einzwängte, und zwar an einem Punkt, wo sich die Milchstraße in zwei Spiralarme verzweigt. »Ich wollte«, sagte Hevelius, »in diesen Himmelsraum einen Fuchs und eine Gans setzen, die gut dazu passen; denn diese Tiere sind sehr listig, gefräßig und grimmig. Aquila und Vultur sind von derselben Art, räuberisch und gierig.«[2]

Der schnellste und aktivste Pulsar ist der im Crab-Nebel; vielleicht hat er sogar die Grasfasern, aus denen der Nebel besteht, aneinandergereiht. Ein weiterer, junger Pulsar liegt in der Konstellation Vela im Sternbild Argo.

Thomas Gold nahm die Pulsare recht früh in seine Überlegungen mit auf: mit ihrer Hilfe erklärte er die kosmischen Strahlen, die das Universum mit Geschwindigkeiten durchwandern, die fast die Lichtgeschwindigkeit erreichen. Diese Strahlen, die fast vollständig aus Atomkernen bestehen, werden in Minen aufgezeichnet, die tief im Erdinneren liegen. Aber wodurch erhielten sie ihre Beschleunigung? Gold dachte an Pulsare, verglich die Dichte dieser kosmischen Strahlen mit der Dichte der Pulsare in der Milchstraße und fand, daß die beiden entsprechenden Zahlen genau miteinander in Zusammenhang stehen. Der Wissenschaftsautor Nigel Calder vergleicht die Brauchbarkeit von Supernovae zur Erzeugung von Pulsaren mit der Brauchbarkeit von Bomben, um gläserne Pokale herzustellen.

Die Neutronensterne und Pulsare sind noch immer Modelle, die auf dem Konzept eines dichten Sternenkörpers beruhen, der jedoch nicht über genügend Masse verfügt, um nach seiner Supernova-Explosion ein schwarzes Loch zu bilden. Sein Inneres stirbt, aber seine Haut brennt weiter und gibt Teilchen ab. In dem beständigen Zerfall und der Regeneration von Sternenmaterial gibt es viele verschiedene Arten katastrophischer Ereignisse, von denen jedes seine eigene Materieart zu der Milch der Nebel und Galaxien beisteuert, aus der dann neue Sterne und Sonnen geboren werden. Die Wissenschaftler können die vermutlichen Quellen vorhersagen, aber den eigentlichen Akt des Säens kann man nicht wahrnehmen.

Im Jahre 1968 besuchte ich eine der ersten Vorlesungen von Thomas Gold über Pulsare in Ann Arbor, Michigan. Einer der dort tätigen Radioastronomen hatte mich eingeladen, und ich wiederum erhielt seine Erlaubnis, die ortsansässigen Astrologen einzuladen. Am Ende des Vortrages bildete sich eine ganze Schlange von Leuten, die Gold zu seiner Entdeckung gratulierten. Die Astrologen hatten gesehen, was sie sehen wollten: Sterne, die riesige Energiemengen abgeben. Auch sie gratulierten Gold – was ihn erschreckte und unbehaglich stimmte: er konnte darin noch nicht einmal das humoristische Element, geschweige denn die Ironie, wahrnehmen. Im Laufe der nächsten zehn Jahre fuhren diese Astrologen mit Hilfe der Computer der Universität von Michigan fort, die Astrologie von hochenergetischen Radioquellen im Himmel zu dokumentieren und in gewissem Sinne eine Radioastrologie zu schaffen.[3]

Die Entdeckung des ersten Quasars lag zeitlich um sieben Jahre vor der Entdeckung des ersten Pulsars. Zuerst wurde dieser Quasar als eine sehr starke Radioquelle registriert, aber es gab kein sichtbares Himmelsobjekt, das damit verbunden war. Er konnte mit keinem Stern und keiner Milchstraße identifiziert werden. Die Emissionsfläche wurde durch ein Experiment, das während der Verdunklung der Radioquelle durch den Mond stattfand, genau lokalisiert.

Mit einem Fünf-Meter-Reflektor am Mount Palomar-Observatorium wurde die fragliche Himmelsgegend neunzig Minuten lang aufgenommen. Und es zeigte sich 3 C 48, ein bläulicher Stern, der von einem länglichen Materiesprenkel begleitet wurde, welcher ungefähr auf die 2^{00}-Richtung einer Uhr zeigte. Es war ein normaler schwachleuchtender Stern, dem im Cambridge-Katalog eine Nummer zugeteilt ist. Seit 1886 war er Tausende Mal photographiert worden, aber obwohl sich seine Helligkeit im Verlaufe dieser Zeit stark verändert hatte, war diese Abweichung nicht bemerkt worden. Schwachleuchtende Sterne sind im nicht vergrößerten Himmel sehr häufig. Wird der Himmel mit dem Teleskop vergrößert, so sind es viel zuviele, als daß man sie alle aufzeichnen könnte.

Gleich von Anfang an verursachte 3 C 48 Schwierigkeiten. Es erschienen keine der für Sterne üblichen Spektrallinien; trotzdem betrachtete man ihn als Stern. Zum einen nämlich variieren Milchstraßen, die aus Hunderten von Billionen verschiedener Lichtquellen bestehen, in ihrer Helligkeit nicht drastisch. Seyfert-Galaxien ähneln zwar manchmal Sternen, weil ihre Zentren soviel heller als ihre Arme sind, und weil sie eine gewisse Variabilität haben, aber sie sind nicht annähernd so hell wie Quasare. Als man mehr von diesen seltsamen Objekten identifizierte, erkannte man, daß es keine Sterne waren. Sie rotierten nicht mit der Milchstraße, also lagen sie außerhalb von ihr; und sie hatten eine enorme Rotverschiebung – ein Hinweis darauf, daß sie sich mit einem sehr großen Bruchteil der Lichtgeschwindigkeit von uns wegbewegten. Uns sind unter den Sternen und Milchstraßen keine Objekte bekannt, die uns instand setzen, all die Probleme dieser quasi-stellaren Lichtquellen zu lösen.

Spätere Forschungen an 3 C 273 aus Australien zeigten, daß das Radiogeräusch von einem Quasar zwei Bestandteile enthält; der eine Bestandteil, der vom Stern selbst kommt, ist stärker und anderen Radioquellen ziemlich ähnlich, der andere stammt von dem danebenliegenden Schweif und ist absolut atypisch. Der Schweif entfernte sich sogar geradlinig von dem Stern; er glich einem Strahl, der aus dem Stern hervorschoß. Dies wurde zum charakteristischen Bild des Quasars: ein ungewöhnlicher Stern, der von einem Strahl begleitet wird.

Die frühesten Spektren, die man von den Quasaren erhielt, waren undeutlich und ohne Beweiskraft. Spätere Spektren zeigten eine ungewöhnlich starke Rotverlagerung. Die grobe Schätzung ihrer Entfernung von uns lag zunächst zwischen einer und zwei Billionen Lichtjahren und vergrößerte sich dann schnellstens. Als man später von neuem die Spektrallinien der Quasare untersuchte, stieg die geschätzte Entfernung auf einen Wert, der zwischen drei und zehn Billionen Lichtjahren lag; zum Beispiel entfernte sich 3 C 286 mit 55% der Lichtgeschwindigkeit von uns. Das heißt, daß wir diese Objekte sehen, als sie dem Beginn des Universums sehr nahe waren. Sie sind die Titanen oder – wegen ihrer Asymmetrie – die Zyklopen, riesenhafte Wesen also, die aus einer früheren Kosmologie zurückgeblieben sind, einer Kosmologie, die vor unserer modernen Welt bzw. vor dem uns bekannten Universum lag.

Wir sollten vorsichtig sein, wenn der Buchstabe Q erscheint. In Sprachen, die vom Lateinischen kommen, ist das Q berüchtigt. Es kündigt Probleme an. Immer wenn wir mit einem elementaren Geheimnis in Berührung kommen, erscheint das Q.

Die Quarks und Quasare mögen ihre Entschuldigung haben, das Q weiß es besser. Wenn es nicht bewußt gewählt wird, dann bestimmen unbewußte Vorstellungen sein Erscheinen.

Apokryph oder nicht, jedenfalls soll das Q vom Apfel gekommen sein, dem es nachgebildet wurde – jenem Apfel, in vielen der alten Sprachen »quert« genannt, den Adam und Eva aßen, um am Beginn der mythischen Raum-Zeit den Dingen auf den Grund zu kommen. Man braucht nur die Q's zu betrachten, die wir vom Lateinischen haben:

Quis: Wer? Quid: Was? Quantum: Wie groß? Quinam: Welches? Quando: Wann? Quam: Wie? Quanam: Wodurch? Quia: Warum? Quoties: Wie oft? Quot: Wie viele? Quotus: Der Wievielte? Quorsum: Wohin? Qualis: Welcher? Qua: Wo? Quin: Warum nicht?

Wenn wir »Quasar«, also »quasi-stellares« Objekt sagen, beschwören wir die Wortwurzel: »Wo, wenn?« »Was, wenn?«

Aber nicht nur die geschriebenen Buchstaben verraten uns, sondern auch die gesprochenen Laute, wenn auch auf ganz andere Weise. Wenn die Buchstaben Archetypen sind, so sind die Laute Geschöpfe und zudem Archetypen. »Who?« (»Wer?«) ist semantisch recht einfach. Aber intonieren sie es einmal mit einem normalen rhythmischen Atem, der tief aus der Kehle, dem Brustkorb und dem Bauch kommt, wo dieser Laut entsteht. Jedes Ausatmen wird es verändern, bis schließlich ein Wesen, welches Sie kaum kennen, die wirkliche Frage stellt, die Sie nicht beantworten können. Vielleicht klingt es dann auch wie »Ha«. Der Klang verwandelt sich in einen Ausbruch, der aus der Mitte des Seins hervorquillt, so, als ob ein embryonales Selbst schon durch seine Windungen zu sprechen begänne.

Aus dem Schoße des Kosmos kommen Klänge und Lichter. Die astronomischen Modelle sind nur die Produkte hochbezahlter Forscher, die den wahrnehmbaren Schleier auszuspähen versuchen. Was da draußen wirklich vor sich geht, ist unbekannt und wird unbekannt bleiben. Die bloße Tatsache, daß wir keinen Zugang zu Radioteleskopen haben und nicht alle Mathematiker sind, heißt noch lange nicht, daß wir sie nicht hören.

Die Beziehung zwischen der Musik und dem Nachthimmel ist archaisch. In ihrem Schweigen sind die Sterne im Vakuum des Raumes auch ein ewiges Wellenbündel des Klanges – und der Klang wurde zum ersten Mal im pythagoräischen Zahlensystem behauptet und von Kepler in der Sphärenmusik orchestriert. Der Klang erscheint auch im System des russischen mystischen Wissenschaftlers Gurdjieff: die tiefen Oktaven transportieren etwas, was vor der Materie liegt, durch die Dimensionen der Schöpfung in dieses gegenwärtige Reich der Sternensonnen, und diese empfangen sie wie Heuschober auf einem Feld, transportieren sie als »Sonnenblumen« durch die Photosynthese eine Oktave tiefer, so daß aus der Weiterentwicklung Materie entsteht. Als die Astronomie des zwanzigsten Jahrhunderts bereits heraufdämmert, ist die Sphärenmusik noch immer das Bild eines harmonischen und geordneten Universums. Die Musik von Bach, Mozart und Haydn ist sternenhaft in der Tradition Keplers und Newtons, und selbst die chinesische klassische Musik läßt ein höchst geordnetes ätherisches Reich ahnen. Aber dann begannen die Radioastronomen dieses Licht und diese Strahlung zu »hören«, diese dissonanten Geräusche aus den Bäuchen sterbender Galaxien und Sterne. Der moderne Kosmos der Quasare und Pulsare ist auch der Urkosmos in seinen Geburts- und Todeskonvulsionen. Er ist die Musik der primitiven Erde: afrikanische Trommeln, ballinesische Ketchak, die Emu-Gesänge der australischen Eingeborenen und die Mantras der zweigehörnten Hopipriester hinter den Kachinatänzern. Heutzutage stellt als Modernisierung der Folkloreformen der Jazz die Sterne dar.

Die menschliche Schöpfung muß irgendwie den tiefen kosmischen Himmel reflektieren. Der Künstler ist ein »Radioteleskop« auf Zellebene. Er kann Geburt und Tod von Sternen und die Wanderung von Stoffen durch die Dimensionen weder sehen noch hören, aber er ist das Geschöpf, in dessen Sinnesorganen diese Muster aufgezeichnet und geordnet sind, und er ist das innere Gewebe des Sternenmaterials, aus dem auch weit entfernte Atome und Sonnen bestehen. Kubistische Entwürfe zeigen einen Aspekt des Atomaren; impressionistische Landschaften einen anderen. Der abstrakte Expressionismus hat stellare Koordinaten: Joan Miros Geschöpfe sind nicht Science-fiction, sondern Aspekte unserer Inkarnation. Wir brauchen nur Hülle um Hülle abzustreifen mit Richtung auf das Unbewußte, Molekulare und den Ursprung des Denkens. Tänzer lassen plötzlich ihr Gewicht sinken: fallen, dann fegen sie über den Boden. Ein Arm streckt sich in die eine Richtung, ein Bein woandershin. Ein Tänzer trägt einen anderen asymmetrisch. Warum? Ist das nur dekorative Ästhetik, oder strecken sich sowohl Tänzer wie auch Publikum aus nach den Grenzen der Schwerkraft und der Anatomie? Was existiert noch, wenn sich diese Grenzen treffen?

Wenn eine Jazzgruppe spielt, scheinen Atome und Elektronen aus ihren elementaren Tonsequenzen hervorzufliegen. Mittelpunkte bilden sich und verschwinden wieder. Aus Saxophon und Keyboard knirschen Klänge heraus, wir hören die gewaltsame, atonale Geburt von Sternen. Wir hören die archetypische Melodie, die in das gegenwärtige Chaos der Materie einzubrechen versucht. Die Trommeln führen Protonenausbrüche in Energie über, und über das Nachtschwarz hinweg setzt der Baß das Gewicht der Schwerkraftfelder durch. In seiner Rhapsodie für den Musiker McCoy Tyner schrieb der Dichter James Bogan:

> *Neptuns Mond*
> *und Aldebaran, rot,*
> *und Herkules, so fern*
> sind uns jetzt
> nahegerückt
> *das Leiden unserer Schwester,*
> *der Galaxie Andromeda*
> *ist fühlbar in spiraliger Entsprechung.*[4]

Quasarspezialisten haben sich vorgestellt, daß am Rande des Raumes Kollisionen zwischen Galaxien aus Antimaterie und Galaxien aus normaler Materie stattfinden. Sie haben davon gesprochen, daß schwarze Löcher aus dem Universum Materie hervorquetschen, die dann genau auf die Entfernung der Quasare zurückschließt. Sie haben Lecks in einem Universum erörtert, das bereits weiter in der Zukunft liegt als das unsrige, ein zukünftiges Universum also, das über die Zeitgrenze zurückgleitet. Sie haben Kollisionen von ungeheuer großen Gruppen riesiger Sterne oder von vielfachen Supernovae behauptet. Sie haben die Vorstellung geäußert, daß die Quasare die Überreste von schwarzen Löchern oder aber riesige Materiemengen sind, die sich zu einem schwarzen Loch verdichten. Vielleicht sind sie sogar rohe Stücke dichter Materie, die sich noch immer aus der Explosion zu Anfang des Universums herausspulen (falls es eine solche Explosion oder einen solchen Anfang gegeben hat). Vielleicht sind sie die Überreste eines vergangenen Universums, die mit dem Urknall nie etwas zu tun hatten, weil sie sich zu weit in den Raum hinaus verflüchtigten und eine neue Dimension von Raum und Zeit schufen.

Schwarze Löcher sind das extremste Beispiel für theoretische Objekte. Sie sind mathematische Voraussagen darüber, was geschehen könnte, wenn die Materie so sehr zusammengequetscht würde, daß ihre innere Struktur zu unendlicher Dichte in sich zusammenbräche. Wenn das Gravitationsfeld stärker und stärker wird, schrumpft die ganze Masse eines Objektes, egal, wie groß es ursprünglich war (es kann so groß wie das ganze Universum sein), auf einen winzigen Fleck zusammen. Da die Wirkungen der Relativität mit der Dichte zunehmen, würde sich die Krümmung des Raumes mit einer unendlichen Rotverschiebung in sich selbst zusammenschließen. Dieses Objekt wäre dann so dicht, daß mehrere Billionen Tonnen oder mehr in ein Objekt von weniger als der Größe eines Stecknadelkopfes passen würden. Das schwarze Loch hätte weiterhin die Masse seines Inhalts in sich, aber die Materie selbst würde zerstört werden. Deshalb könnten einige Sterne, wenn sie ausgebrannt sind, dann weiterhin bis zur Unendlichkeit in sich zusammenstürzen. Die durch die Schwerkraft gebeugten und verlängerten Lichtwellen würden unendlich werden, so daß keine visuelle Information über die Vorgänge innerhalb des schwarzen Loches entweichen könnte. Ein schwarzes Loch hinterläßt also tatsächlich nur seine Schwerkraft. Alle Strahlen würden wieder zurückfallen, wie auch das Wasser eines Geysirs wieder zum Boden zurückkehrt. Bezogen auf diesen Stern wären wir selbst nirgends.

Diese Hypothese stammt unmittelbar aus der Einsteinschen Mathematik und wurde ursprünglich von dem deutschen Astronom Karl Schwarzschild im Jahre 1915 aufgestellt. Sie sollte nur theoretischen Status haben und war aus der Überlegung entstanden, wie supernukleare Dichten und große Gravitationsfelder möglicherweise genutzt werden könnten.

Im Jahre 1935 hatten Einstein und Nathan Rosen behauptet, daß Punkte von unendlich kleiner Ausdehnung, wie zum Beispiel atomare Teilchen, als Besonderheiten betrachtet werden könnten, innerhalb deren die Dichte unendlich werden könnte. Eine absolute Besonderheit würde ungeheure Schwierigkeiten erzeugen, also vermuteten sie, daß die von der Schwerkraft beeinflußte Krümmung des Raumes sich so sehr verziehen würde, daß sie sich in eine ganz andere Ebene der Raum-Zeit biegen würde, bevor sie wirklich in diese unmögliche Besonderheit eingehe. Das ist der berühmte Bach, der in einem anderen Universum oder in der unterstellten vierten Dimension hervorsprudelt.

Einstein und Rosen hatten über die Quantenwirkungen von Teilchen im subatomaren Bereich gesprochen. Sie beschäftigten sich nicht mit massiven zerschmetterten Sternen. In den psychedelischen sechziger Jahren war die Vorstellung einer Brücke zwischen verschiedenen Bereichen des Zeit-Raumes zu einem modischen Zierrat für Astrophysiker, Science-fiction-Autoren und Populärmetaphysiker der Wissenschaft geworden.

Schwarze Löcher mit ihren geschlossenen Ereignishorizonten, Licht, das zurückgesaugt wurde, Wurmlöcher in andere Universen und die Krümmung von Raum und Zeit – das sind die kuriosen Mischungen aus beobachtbaren physikalischen Wirkungen im Reich der Sterne und den Konsequenzen der Anwendung der Mathematik auf dessen Ortsbeschreibung. William H. Press vom California Institute of Technology stellte fest, daß die Gesetze, die die Natur und ihre Phänomene steuern, ganz und gar zusammenbrechen würden, wenn durch irgendeine Asymmetrie oder Deformation der Ereignishorizont einer Besonderheit plötzlich aufbrechen würde. Aus einem schwarzen Loch irgendwo im Universum könnte alles hervorkommen, sogar, sagte Press, Gegenstände, die »von Fernsehapparaten bis zu Büsten von Abraham Lincoln« reichten.[5] Es ist schwer festzustellen, ob Science-fiction-Autoren sich das schon ausdachten, noch bevor die Wissenschaftler es aussprachen, oder ob es von der Wissenschaft entlehnt wurde oder gleichzeitig entwickelt wurde. Ganz offensichtlich führte diese Abraham-Lincoln-Büste, verbunden mit der Möglichkeit, auf schwarzen Löchern in andere Dimensionen der Realität zu reisen, schließlich zum

»Krieg der Sterne«. Diese Vorstellung entwickelte sich sogar zum Gegenstück jener anderen Auffassung, nach der der Geist allmächtig ist und alles beherrschen und verändern kann, was die materielle Welt ihm präsentiert. Der Schamanismus der Yaqui-Indianer und die schwarzen Löcher wurden zu gleichberechtigten Pfaden in eine andere Welt. Aber das ist eine Vereinfachung und eine sehr optimistische Deutung unseres Schicksals. Denn Schwarze Löcher sind auch wirklich schwarz, und sie haben unsere Lebensauffassung mehr verdüstert als erhellt. Eigentlich haben wir in ihnen ein destruktives Vermögen kennengelernt, das alle Grenzen der Vorstellungskraft übersteigt, deshalb haben wir zu hoffen begonnen, daß wir die Zerstörung in uns selbst transzendieren können. Die Chance, daß wir unser destruktives Potential ausagieren und mit ihm in die Luft gehen, scheint viel größer zu sein, als uns davon zu distanzieren. Diese Art der Transzendenz ist es, die die schwarzen Löcher suggerieren. Wenn wir dieses Universum einmal in Schutt und Asche gelegt haben – wenn wir es wirklich vollkommen zerstören –, dann werden wir in ein anderes Universum katapultiert werden. Aber darauf zu vertrauen, wäre doch etwas tollkühn. Es würde an das Ende von »Dr. Strangelove« erinnern, wo das Lied, das die Detonation der Atombomben begleitet, lautet: »We'll meet again, don't know where, don't know when.«[6]

Schwarze Löcher müssen nicht notwendigerweise durch in sich zusammenstürzende Sterne geschaffen werden; dem britischen Astronomen Stephen Hawking zufolge könnten sich die winzigen unter ihnen in großer Zahl beim Urknall gebildet haben, der zur Entstehung des Universums selbst führte. Der Meteorit, der im Jahre 1908 in Sibirien niederging, könnte, falls es nicht ein in der Erdatmosphäre explodierender Komet war, ein schwarzes Loch gewesen sein, das seinen Weg mitten durch die Erde hindurch fortsetzte. Das ganze Sonnensystem könnte sich gleichzeitig mit der Sonne um ein schwarzes Loch drehen, oder mehrere winzige schwarze Löcher könnten in großen Abständen wie Planeten um die Sonne kreisen. Dies wäre dann die Spezies der »Sehr-kleinen-schwarzen-Löcher«, die im Urknall entstanden sind, denn alle Objekte mit mehr Masse hätten eine spürbare Schwerkraftwirkung auf die Himmelskörper des Sonnensystems. Die meisten dieser »Sehr-kleinen-schwarzen-Löcher« sind inzwischen wohl verdampft (wenn es sie überhaupt gegeben hat). Es wurde auch vermutet, daß das Universum selbst ein schwarzes Loch ist, das aus einer Singularität explodiert ist. Oder vielleicht ist die Materie für unser Universum von schwarzen Löchern in anderen Universen hereingebraust. Dementsprechend sind auch Quasare mögliche Ventile oder auch weiße Löcher am Ende von Zonen, die verschiedene Ebenen der Raum-Zeit verbinden. Einige Astronomen haben vorgeschlagen, daß eine Art der schwarzen Löcher mit einer Ergosphäre eingefangen werden und zur Energiegewinnung verwendet werden könnte. Sie könnten als Abfallbehälter funktionalisiert werden, und die Energie, die durch die Ansammlung von Masse frei würde, könnte durch ihre Beschleunigung beim Austritt aus dem Loch nutzbar gemacht werden. Eine der möglichen Zukunftstechnologien basiert auf einem dynamischen Netzwerk, das den Rückstoß von eingefangenen »Sehr-kleinen-schwarzen-Löchern« ausnützt. Charles Misner, Kip Thorne und John Wheeler beschrieben, vielleicht in spielerischer Phantasie, ein schwarzes Loch, das in einer Kugel aufbewahrt wird, auf der eine große Stadt erbaut ist. Dabei bildet die Schwerkraft aus diesem Loch ein festes Fundament für die Stadt.

Hawking hat auch sehr viel zu der Theorie über das Entweichen von Teilchen aus schwarzen Löchern und die Zerstörung ihrer Information beigetragen. Während dieser Zeit war er aufgrund einer Nerven- und Muskelerkrankung an den Rollstuhl gefesselt, und es scheint fast, als entstünde die lähmende Komplexität des Systems aus den Tiefen seines eigenen Mandalas, aus einem Gefühl, daß von Anbeginn der Zeit eine Urkraft – jenseits von Denken und Gefühl – ihn verschlingt und die Information an der Oberfläche gefangen bleibt. Das soll seine Leistung nicht schmälern. Im Gegenteil: er muß für seinen Mut geehrt werden, in einer so dunklen Phase mit einem Universum in Berührung zu bleiben, das durch ihn hindurchging, und aus dieser Verstrickung heraus so genaue Auskünfte zu geben.

Wissenschaftler erfinden wahrscheinliche Orte für Elektronen, zwängen Tonnen von Materie in das Volumen eines Fingerhutes, nicht weil sie diese Dinge im Universum vorfinden, jedoch auch nicht aus reiner schöpferischer Phantasie. Diese Dinge entstehen aus der wiederholten Unfähigkeit, physikalische Phänomene in konventionellen mathematischen oder experimentellen Begriffen auszudrücken. Und diese Unfähigkeit resultiert nicht aus einem Mangel an Instrumenten oder aus einer primitiven Technologie; sie ist vielmehr die Folge der ganzen Tradition der westlichen Logik und Wissenschaft.

Die gegenwärtigen Physiker und Astronomen sind den Ptolemäern nicht unähnlich, die sich abkämpften, um genügend Epizykel zu finden, damit die Erscheinungen ohne Aufgabe des vollkommenen Kreises gerettet würden. Nur ist es in diesem Fall die gesamte westliche Logik, die sie zu retten versuchen, und das zu einer Zeit, wo die Zukunft der industriellen Gesellschaft auf der Anwendung eben dieser Logik basiert. Als Ptolemäus »die Erscheinungen« des Sternenhimmels seiner Zeit »rettete«, versuchte er, die Welt der Sinnzusammenhänge, die sich unter diesem Himmel gebildet hatten, zu retten. Subatomare Partikel, schwarze Löcher, Antimaterie, Pulsare, Quasare und die Ausdehnung des Universums sind mythische Darstellungen der gegenwärtigen Bedeutung physikalischer Sachverhalte. Wenn wir zugeben, daß wir diese Dinge nicht in ihrem Wesen erkennen können, sondern Modelle erzeugen müssen, die sie darstellen, wie sie vielleicht sein könnten, dann sind wir zu einem Universum zurückgekehrt, in dem unbekannte Dinge idealisiert wiedergegeben werden.

VII

Sprache, Geist und Astrophysik

Wir leben in einer bewegten Zeit, in der ehrgeizige Behauptungen aufgestellt werden und die Wissenschaftler und Philosophen die Phänomene des Geistes und der Natur in kühnem Bogen in eins setzen. Wir erheben den Anspruch, daß wir bereits vor den Grenzen der Wirklichkeit selbst stehen, aber vielleicht gibt es innerhalb des Denkens und der Sprache noch besondere Grenzen, die den Grenzen des Ganzen nur ähnlich sehen. Als die Geometrie ihre Probleme mit dem gekrümmten Raum hatte, erweiterten wir sie zu einer nicht-euklidischen Geometrie. Und jetzt erfahren wir, wie einst auch Kepler, daß keine Geometrie alle Probleme lösen kann. Auch keine Mathematik.

Die Dinge existieren ebensosehr aus ontogenetischen und epistemologischen Gründen wie aus kosmologischen. Auf vielerlei Art ist die neue Physik zuallererst eine Untersuchung der Ursprünge des westlichen Denkens. Um ein objektives Modell des Universums herzustellen, handhabt diese Art des Denkens mit größter Strenge ihr Instrumentarium zur Messung der Oberflächenphänomene und korrigiert selbst ihre Methoden, sobald neues Beweismaterial auftritt. Aber dennoch beinhaltet dieses Modell auf Schritt und Tritt die Widersprüche, die bei jedem Objektivierungsversuch erscheinen, und die Wissenschaftler sind gegen ihren Willen in ihren eigenen Gleichungen enthalten. So haben wir schließlich zwei sich überschneidende Systeme vor uns: eines davon ist eine Kosmologie, die auf den scheinbaren Eigenschaften der Materie und Energie beruht und die störende Rolle des Beobachters oder des Erfinders von Denkmodellen im wesentlichen ignoriert (dazu gehört die Erforschung der Sterne, der Atome, des Lichtes, der Schwerkraft, der Elektrizität, der Strahlung usw.); das andere System ist jene Erkenntnistheorie, die die Verbindung zwischen dem Beobachter und den Gegenständen der Beobachtung hervorhebt.

Man muß einfach zugeben, daß die Wirklichkeit ohne die Teilnahme der menschlichen Intelligenz und ethnozentrischen Aussageweisen nicht beschrieben werden kann. Schwerkraft, Raum, Zeit und sogar die Sterne sind nichts Absolutes; es sind Bilder von einer weiten und unbekannten Welt, die der Mensch aus seinem Inneren bezieht. Andere Lebewesen würden ein vollkommen anderes Universum wahrnehmen, selbst, wenn sie in diesem mit uns lebten. Wenn wir Steine auf dem Mond wären, wäre das nicht der Mond, und wir wären keine Steine. Schon die Sprachgeschichte kann das bezeugen. Ohne Zweifel gibt es eine konkrete Wirklichkeit, aber sie ist unaufhörlich im Fluß und steht in ständiger Wechselwirkung mit Kategorien des Denkens, der Sprache und des Glaubens, so daß dann jeweils das Universum eines bestimmten Volkes oder Systems entsteht.

»Wir sind übereingekommen«, sagte John Wheeler bei einem Symposium über das Wesen der Zeit an der Cornell University, »daß die Welt nach bestimmten Regeln aufgebaut ist. Die Frage, warum die Regeln so sind, wie sie sind, können wir nicht beantworten, aber daß sie aus unserer Erfahrung kommen, das konnten wir nicht leugnen. Im kleinen sind wir mit dem Problem des Menschen konfrontiert, im großen mit dem Problem des Universums. Diese beiden Pole sind nicht vollständig unabhängig voneinander, denn damit das Leben mit seinem der Entropie entgegenwirkenden biologischen Mechanismus existieren kann, muß es einen Temperaturunterschied geben. Ohne die Sonne könnten wir nicht lange existieren. Deshalb ist der Mensch von diesem Standpunkt aus der Schwanz, mit dem das übrige Universum wedelt. Aber von einem anderen Standpunkt aus ist das Universum der Schwanz, mit dem der Mensch wedelt; wenn ein Mensch beobachtet, schafft er eine Trennungslinie zwischen ihm selbst und dem, was er in seiner Umgebung sieht, und diese Trennungslinie wird von ihm selbst beherrscht.«[1]

Es ist der Mensch, der das übrige Universum und seine riesige Materieansammlung im Gleichgewicht hält. Er ist das ganz spezifische Gegengewicht zu den Sternen.

R. Buckminster Fuller erklärt diese Einsicht:

Im Jahre 1951 war ich in der Situation, daß ich in einem Buch, das ich gerade publizieren wollte, schreiben mußte, daß der menschliche Geist in der fortgeschrittensten Phase der Antientropie zu sein schien, die im Universum anzutreffen ist. Und wenn es ein sich ausdehnendes Universum gibt, dann gibt es logischerweise auch ein sich zusammenziehendes Universum. Möglicherweise wirken der menschliche Geist und seine Verallgemeinerungen, die kein physisches Gewicht haben, dann, wenn das Universum sich in seinem feinsten Zustand der Zusammenziehung befindet. Die Metaphysik balanciert die Physik. Der physikalische Teil des Universums dehnt sich aus und erzeugt dadurch Entropie. Der metaphysische Teil zieht sich zusammen und erzeugt Antientropie.[2]

In seiner Kopenhagener Interpretation der Quantentheorie erinnert uns Werner Heisenberg daran, daß die Art, wie die klassische Physik das Universum betrachtet, aus zwei verschiedenen Quellen herrührt: einerseits von unseren Deutungen der Natur und der Wirklichkeit, wie wir sie von den Griechen ererbt haben, und die über sie zurückgehen bis zum Ursprung des Menschen selbst, und andererseits von unserer gegenwärtigen Interaktion mit den Phänomenen der existierenden Realität. Die Physik versucht uns von unserer Voreingenommenheit zu befreien, aber das ist unmöglich. Ohne unsere Voreingenommenheit, unsere subjektiven Tendenzen gäbe es keine Geschichte und keine begriffliche Grundlage für das Verständnis der Welt. Durch verborgene syntaktische Strukturen ist auch die Sprache auf bestimmte Vorurteile fixiert. Sie ist kein neutrales Werkzeug. Sie erzeugt Wirklichkeit. Die komplexen Strukturen von Nomina, Verben, Konjunktionen, Zeiten und Modi und deren Äquivalente in anderen Sprachen zwingen uns bestimmte Wahrnehmungsweisen von Bewegung, Zeit und Beziehung auf, die für das jeweilige Sprachsystem typisch sind. Vielleicht ist die Mathematik rein, aber auch sie ist von den linguistischen Mustern der Mathematiker kaum zu trennen.

Benjamin Lee Whorf zeigt in seinen linguistischen Erörterungen aus den vierziger und fünfziger Jahren unseres Jahrhunderts anhand grammatikalischer Kategorien der Hopisprache, wie das Universum auf eine nicht-westliche Weise syntaktisch eingeteilt wird. Zum Beispiel haben die Verben der Hopisprache viele »Aspekte«, die das Universum implizit in einem Zustand der Bewegung und Entfaltung darstellen, für dessen Wiedergabe wir semantische Veränderungen brauchen würden. Mit anderen Worten, die Verwandlung wird eher unbewußt in den Regeln der Konjugation der Verben mitgetragen, als in einem bewußten Akt der Sinnsetzung formuliert. Ein Ensemble grammatikalischer Regeln betrifft die punktuellen bzw. die Verlaufsformen der Verben. Der punktuelle Aspekt »ri'pi« (es blitzt auf) erzeugt den Verlaufsaspekt »ripi'pita« (es funkelt). Allein diese Eigentümlichkeit garantiert, daß kein »native speaker« der Hopisprache jemals denselben Nachthimmel wahrgenommen hat, den ein Englisch oder Französisch Sprechender wahrnimmt. Diese Unterschiede sind von den Romantikern, die sich Whorfs in den sechziger Jahren bedienten, vielleicht übertrieben worden, aber winzige Unterschiede können im Aufbau einer Wissenschaft ungeheuer große Unterschiede erzeugen, das wußten auch Kepler, Newton und Einstein. Whorf präsentiert weitere Beispiele für die punktuellen Aspekte und die Verlaufsaspekte: »pa'ci« (es ist eingekerbt) versus »paci'cita« (es ist gezahnt); weiterhin »ha'ri« (es ist in einem abgerundeten Winkel gebogen) versus »hari'rita« (es liegt in einer Mäanderlinie und beschreibt aufeinanderfolgende abgerundete Winkel).[3] Einige bemerkenswerte Beispiele aus der Zeit vor Whorfs Forschungen erscheinen in einem unbekannten Lexikon am Ende von Alexander Stephens »Hopi Journal« aus dem Jahre 1982: »ta'pa« (es knallt) versus »tapa'pata« (es knallt in einem fort, böllert); oder »re'ke« (es macht ein kratzendes oder schabendes Geräusch, das bei den Hopis »rek« genannt wird) versus »reke'keta« (es kratzt und schabt in einem fort).[4]

Whorf faßt seine Folgerungen so zusammen:

Sprache ist zunächst eine Klassifikation und Anordnung des Stromes der Sinneserfahrung, die eine bestimmte Welt-Ordnung zur Folge hat, einen bestimmten Weltausschnitt, der mühelos durch die Art der symbolischen Bedeutungen ausgedrückt werden kann, die die Sprache verwendet. In anderen Worten, Sprache bewirkt in einer gröberen, aber auch allgemeineren und vielseitigeren Weise dasselbe wie die Wissenschaft... Die Hopisprache arbeitet ein bestimmtes Gebiet aus von etwas, das man als ursprüngliche Physik bezeichnen könnte.[5]

Man sollte sich bewußt sein, daß dies durch Sprache bewirkt wird, und zwar *vor* jeder bewußten Haltung zum Aufbau der Natur oder der Bedeutung von Naturphänomenen.

Im ersten Buch seiner Science-Fiction-Trilogie »Out of the Silent Planet« beschreibt C. S. Lewis die Verwirrung eines der Akteure namens Ransom, der als Opfer einer Entführung auf dem Mars landet. Weil er für die Erscheinungen, die er sieht, keine Sprache hat und den Vordergrund nicht vom Hintergrund trennen kann, weiß er nicht, was die Dinge eigentlich sind, und nicht einmal, wie fern oder wie nahe sie liegen. Er sieht eine violette Masse und hält sie zuerst für einen mit Heidekraut überwachsenen Berg. Aber es könnte auch ein Tier oder ein Haus in der Nähe sein. Es erscheint eine rosafarbene Wolke, deren Form und Farbton ihm ganz besonders gefällt; sie gleicht einem roten Blumenkohl oder einer Schüssel mit roter Seifenlauge, die sich vielleicht über ihm und jenseits von einigen unbegreiflichen gezackten und hochragenden Formen befindet. Er blickt auf die »Wolke«, dann wieder auf den »Berg« und sieht mit Verblüffung, wie dieser auf langen dünnen Stelzen sanft entschwebt wie ein Unterwasserdschungel in der Luft.[6] Das ist Science-Fiction vom Mars, aber es hilft uns, wenn wir versuchen, uns vorzustellen, wie die Hopis zum erstenmal in Arizona einwanderten und in der Ferne den Sand über die Hochebenen treiben sahen, wo sie dann ihre Jahrtausende währenden Wohnplätze aufschlagen sollten; oder wie die Apachen auf ihrer Wanderung von den Gebirgshöhen in die Prärie zum erstenmal auf eine Büffelherde stießen; wie die Tlingits in jenem »ersten nebligen Frühling« nach der Eiszeit an der Pazifikküste hinunterzogen; oder wie die alteuropäischen Völker der Kelchglas-Kultur, als sie den weiten Atlantik erblickten, der hinter den Küstenebenen von Portugal begann. Vielleicht denken wir auch an den Augenblick, wo wir zum erstenmal die infrarote Sonne oder das Fließen und die Bewegung innerhalb einer Zelle erblickten. Die Syntax spiegelt beides wider, sowohl die frühere Syntax wie auch die neue Realität. Wenn wir uns heutzutage die extraterrestrischen Bereiche vorstellen, so drücken wir gleichzeitig den Wunsch aus, die Ursprünge und Bedeutungen unserer eigenen Denkstrukturen kennenzulernen.

»Die Hopis«, schreibt Whorf, »haben tatsächlich eine Sprache, die besser ausgerüstet ist, mit Oszillationsphänomenen (wie Wellen, Schwingungen und chemischen Prozessen) umzugehen, als unsere neueste wissenschaftliche Technologie.« Die Verbformen der Hopisprache zwingen »die Hopis, Schwingungsphänomene wahrzunehmen und zu beobachten, und darüber hinaus... Bezeichnungen und Klassifikationen für solche Phänomene zu finden...«[7]

In der Perspektive der Hopi verschwindet die Zeit, und der Raum ist verändert. Er ist nicht der homogene, zeitlose Raum unserer angeblichen Anschauung oder der klassischen Mechanik NEWTONS. Auch kommen neue Begriffe und Abstraktionen ins Bild, die der Beschreibung der Welt ohne Bezugnahme auf Zeit und Raum zu dienen in der Lage sind. Es sind Abstraktionen, für die wir keine angemessenen Termini haben...
Sieht man von der jungen und ganz anderen Metaphysik in der Relativitätstheorie der modernen Physik ab, so drückt die Metaphysik, die in unserer eigenen Sprache,
Denkweise und modernen Kultur liegt, dem Universum

*zwei große KOSMISCHE FORMEN auf: Raum und Zeit.
Es sind ein statischer, dreidimensional unendlicher Raum und
eine kinetische, eindimensional gleichförmig und ewig
fließende Zeit...
Auch die Hopi-Metaphysik... drückt dem Universum zwei
große kosmische Formen auf, die man in erster Näherung
MANIFESTIERT und MANIFESTIEREND (oder UNMANIFE-
STIERT) nennen könnte oder auch mit den Worten OBJEKTIV
und SUBJEKTIV bezeichnen kann. Das Objektive oder
Manifestierte umfaßt alles, was den Sinnen zugänglich
ist oder war, das ganze historische physische Universum,
ohne Andeutung eines Unterschiedes zwischen
Vergangenheit und Gegenwart, aber mit völligem
Ausschluß all dessen, was wir Zukunft nennen.
Die Zukunft wird vollständig von dem Subjektiven
oder Manifestierenden umfaßt. ABER NICHT NUR SIE.
Das Subjektive oder Manifestierende schließt ebenso
und ununterscheidbar auch alles ein, was wir bewußt
nennen – alles, was im Bewußtsein erscheint oder
existiert. Der Hopi würde statt »im Bewußtsein« allerdings
lieber »im Herz« sagen und damit nicht nur das des
Menschen, sondern auch das der Tiere, Pflanzen und
Dinge und dahinter – in allen Formen und Erscheinungen
der Natur – das Herz der Natur meinen. Ja, wenn auch
ein Hopi selbst dies wegen der religiösen und magischen,
furchterregenden Ehrwürdigkeit des Gedankens nie
aussprechen würde, mehr als ein Kulturanthropologe fühlte
sich schon zu der Interpretation gedrängt: es handelt sich
für den Hopi letztlich um das innerste Herz des Kosmos selbst.*[8]

Was wäre, wenn die ganze klassische Physik von Sprechern der Hopisprache entwickelt worden wäre? Hätten sie nicht alle manifesten Dinge von Anfang an anders wahrgenommen und wären so auf eine ganz eigentümliche Art zu den Paradoxa, den subatomaren Teilen, der Quantenbeziehungen und Quasare gelangt, oder vielleicht nicht einmal? Vielleicht würden die Hopis hypothetisch gesehen den Andromedanebel noch vor dem amerikanischen Space Program erreichen, wenn man beiden eine Billion Jahre geben würde (obwohl die Amerikaner sie auf der Reise zu den Planeten und vielleicht sogar einigen naheliegenden Sternen schlagen würden), denn Raum ist im Universum dasselbe wie Zeit, und vielleicht würden die Raum-Zeit-Verben der Hopis schließlich ein fahrzeugähnliches Organ erzeugen können, das alle Zeiten im Universum gleich und gleichzeitig machen würde: dann könnte ein Individuum selbst seinen Ort im Universum bestimmen. In anderen Worten, es gibt gewisse Distanzen, die ein Mensch nur dann überwinden kann, wenn er von der Last der Phänomene und der Masse, wie wir sie kennen, befreit ist.

Dies ist natürlich ein unmöglicher Vergleich, der nur in der Phantasie existiert. Wenn wir versuchen, uns eine alternative Hopiphysik vorzustellen, so ist dies auch ein Versuch, uns aus dem Dilemma unserer eigenen Physik und linguistischen Theorie über amerikanische Indianer herauszuarbeiten, aber auch aus dem moralischen Dilemma unserer Zeit, mit dem diese beiden anderen Dinge zeitlich zusammenfallen. Daß die Metaphysik der Hopiverben in verschwindend kleinen Ackerbaugemeinschaften auf den Hochebenen von Arizona »verborgen« liegt – wo Maisjungfrauen und tanzende Kachina-Götter verehrt werden, wo man bunte Gebetsstöcke und Rasseln verwendet und Regenwolken in den Sand malt, diese Tatsache verbindet unsere kosmische Projektion mit unseren ökologischen Idealisierungen. Wir haben einfach das Gefühl, daß das, was im metaphysischen Bereich komplexer ist, auch auf der ökologischen Ebene einfacher und ausgewogener ist. Und das heißt, daß die Kräfte, die wir unbekannten übernatürlichen Wesen oder den Außerirdischen zugestehen, gerade jene sind, die wir selbst verloren haben. Die gleichzeitigen Besuche der Hopipriester und marsischen Zauberer in der westlichen Kultur liegen auf einer Ebene: es geht um die Suche nach dem verlorenen Universum. In diesem Sinne sind wir bereits auf vielen Planeten gewesen, ohne aber unseren eigenen jemals verlassen zu haben.

Der französische Anthropologe Claude Lévi-Strauss überträgt diese Hypothese jenseits der Sprache auf primitive Systeme der Ethnowissenschaften und totemistischen Klassifikationen. Er legt dar, daß diese mindestens so komplex sind wie irgendeine Mathematik oder Physik, die wir ableiten. Daß sie unseren Systemen dennoch unterlegen sind, liegt nur am Mangel einfacher Daten, meist über Mikro- und Binnenstrukturen, ein Wissen, das wir nur schrittweise durch die Verwendung wissenschaftlicher Instrumente erlangt haben. Die Kosmologie der Eingeborenen erkennt Verbindung, Zusammenhang und Verwandlung, durch die sich die natürliche Welt manifestiert, unterscheidet aber üblicherweise nicht zwischen komplexen Informationsbündeln und solchen Informationen, die im physikalischen Sinn deterministisch sind. Die Interpretationsprinzipien stehen mit dem Wesen der Wirklichkeit vollkommen im Einklang und sind für uns deshalb potentiell so nützlich, weil sie uns Aspekte und Merkmale von Dingen enthüllen, die uns für immer verborgen bleiben. Es ist kaum verwunderlich, wenn wir eine latente Beziehung zwischen dem Geheimnis der Quantenphysik und dem des Totemismus erblicken. Unsere Vorstellungen von den Dingen, die sich zwischen den Sternen und innerhalb des Atoms abspielen – schwarze Löcher, Geisterteilchen usw., erzeugen selbst wieder Zeremonien und Symbole, anthropologische und linguistische Formen; und diese beginnen den totemistischen Kategorien des nicht-westlichen Denkens zu ähneln, die aus exotischen Sprachen und ethnischen Sittengesetzen auftauchen und auf die einfachsten und unschuldigsten Erscheinungen angewendet werden: Insekten, Pflanzen, Tiere, Wolken, Sternbilder, auf das Nordlicht. Deshalb sind auch die Ethnobotanik und die mythischen Zyklen notwendigerweise astronomisch und kosmisch.

Der Sinnzusammenhang eines jeden dieser Systeme ist einzigartig, und obwohl sie sich alle auf einen bestimmten Wirklichkeitskern in der Natur beziehen, kann man sie nicht untereinander übersetzen; sie haben wenig gemeinsame Züge. Zum Beispiel werden in der Kosmologie der Osagen-Indianer belebte und unbelebte Dinge in drei Kategorien aufgeteilt: Himmel, Wasser und trockenes Land. Der Himmel beinhaltet die Sonne, die Sterne, Kraniche, andere Himmelskörper, Nacht, die Plejaden, und in einigen Riten hat er einen bedeutsamen Bezug auf Truthähne. Im Gegensatz zum Kranich aber ist der Adler wie auch das Stachelschwein, der Schwarzbär und der Hirsch ein Lebewesen des trockenen Landes. Lévi-Strauss erklärt dies folgendermaßen:

Die Stellung des Adlers wäre unverständlich, wenn man nicht den Weg des Denkens der Osage kennen würde, der den Adler mit dem Blitz verbindet, den Blitz mit dem Feuer, das Feuer mit der Kohle und die Kohle mit der Erde: der Adler ist also, als einer der »Herren der Kohle«, ein »Erd«-Tier....
Oft wird in den Riten ein Tier ohne jeden praktischen Nutzen beschworen: die Schildkröte, die einen sägeförmig gezackten Schwanz hat. Nie würde man ihre Bedeutung verstehen können, wenn man nicht wüßte, daß die Ziffer 13 für die Osage einen mystischen Wert hat. Die aufgehende Sonne sendet 13 Strahlen, die sich auf eine Gruppe von 6 und eine Gruppe von 7 verteilen, welche jeweils zur linken und zur rechten Seite, zur Erde und zum Himmel, zum Sommer und zum Winter gehören. Die Zahl der Einschnitte am Schwanz dieser Schildkröte soll nun aber je nachdem 6 oder 7 betragen, die Brust des Tieres stellt also das Himmelsgewölbe dar und die graue Linie darauf die Milchstraße.[9]

Enge Beziehungen zu Sternen werden von den ältesten und daher überlagertsten Systemaspekten hergestellt. Lévi-Strauss gibt in seinem Buch »Vom Honig zur Asche« folgende Sternverwandlung aus der südamerikanischen Indianermythologie wieder:

Wir wissen, daß Stern ein Opossum ist, zuerst ein Waldopossum in seiner Eigenschaft als Amme, dann ein Steppenopossum als beschmutztes und beschmutzendes Tier, das den Tod gibt, nachdem es den Menschen das Leben gegeben hat, als es ihnen die Kulturpflanzen offenbarte.... In astronomischer Hinsicht zeigt das Opossum eine Affinität zu den Plejaden, da einem Mythos vom Rio Negro zufolge das Opossum und das Chamäleon den Tag des

ersten Aufgangs der Plejaden wählten, um ihre Augen mit Gewürzen auszubrennen und sich den Wohltaten des Feuers auszusetzen.
So wie das wirkliche Opossum, eine gute Amme, dem Bienenhonig kongruent ist, ist demnach die Mutter, eine schlechte Amme (ein Opossum im übertragenen Sinn), der Wespe kongruent, deren Honig bekanntlich sauer, wenn nicht giftig ist.[10]

Durch weitere wechselseitige Gegensätze, die sich auf den Ursprung des Honigs, des Bienenwachses (der trockenbleibende Teil des Nestes), der Ananas und der Pflaumen beziehen (die die Übergänge zwischen den trockenen und regnerischen Jahreszeiten markieren), gelangen wir zu einer Transformation, in der das Opossum zu einer guten Amme wird mit einem Euter, das eine honigsüße Milch erzeugt, aber auch mit einem so starken Verlangen nach Honig, daß es seine Zunge in den Anus der Schildkröte steckt. Dadurch kommt es zu einem weiteren Ensemble von Beziehungen, in denen es um den Ursprung der Sterne, das Feuer beim Kochen und um Krankheiten geht.

Diese Paare, die nur zum Teil aufgehen, sind natürlich und symbolisch zugleich und entsprechen der ewig unfertigen Kosmologie des Universums, des Raumes und der Zeit. Und sie zeichnen zugleich die verschiedenen Stämme und Zivilisationen von Männern und Frauen auf, wie sie sich in den Pampas und Dschungeln Südamerikas verteilt und transformiert haben. Sie gleichen den Sternen des sich ausdehnenden Universums. Die Botschaften und Bedeutungen ihrer Mythen, die zunächst durch unbewußte Prozesse und die natürlichen Unregelmäßigkeiten der Beziehungen, die sie unbewußt auszudrücken suchten, verzerrt wurden, werden ferner verzerrt durch die physische Abkoppelung zwischen den einzelnen Stammesgruppen. Dazu kommt die Trennung einer jeden Version einer Geschichte von den vielen historischen Versionen, die bereits hinter ihr liegen. Und alles das wird durch verschiedene Sprachen, Umgebungen und Wechselwirkungen zwischen historischen Volksgruppen, die die Versionen von prähistorischen Sittengesetzen mit sich führen, noch weiter umgestellt. Und wir haben die wirklichen Schichten und topologischen Verschiebungen noch gar nicht wirklich berührt. Die Indianer scheinen aus einem Reich der Dunkelheit zu uns zu kommen, in das wir mit unserem Tageslicht nicht hineinsehen können; sie, beziehungsweise ihre Erzeugnisse, Bräuche und Geschichten werden für uns zum Nachthimmel, und genauso ergeht es ihnen auch mit uns, nur in anderer Weise. Wir sollten nicht davor zurückschrecken, diese komplizierten Muster mit der Astrophysik unseres modernen Kosmos in Beziehung zu setzen, denn ganz ähnlich, wie auch die Plejaden und der Honig durch das Opossum miteinander verbunden sind, sind auch sie Teil des Nachthimmels. Konstellationen und sprachliche Muster werden im Laufe der Geschichte entwickelt, und durch diese Strukturen, so willkürlich sie auch sein mögen, können uns so ferne Dinge wie Quasare und andere Galaxien vom Nachthimmel aus überhaupt erreichen. In dieser Sache haben wir keine Wahl: dies ist einer der natürlichen Einweihungswege der westlichen Welt, wie William Blake sogar zu seiner Zeit erkannte. Auf diese Weise entstand die Grundlage für die kosmische Vision der sechziger Jahre mit ihren Milchstraßen und Lotosblumen, ihren Göttern, Göttinnen und nackten Torsos, der Rockmusik und der inneren Weisheit der Pflanzen. Das Göttliche erforschen wir in uns selbst, und so war es schon immer. Die Tragödie in unserer Kultur besteht nur darin, daß diese Einweihung so isoliert und weitgehend ohne Führung stattfindet, unsere Weisen, die von dieser Einweihung sprechen, laufen davon, wenn sie tatsächlich einmal stattfindet; oftmals wird sie im Kapitalismus der Popkultur, in kosmischen Gags, die ihre Verbindung zum Archetypus verlieren, vergeudet, oder aber man spritzt sie sich, um jene endgültige Bestätigung zu erlangen, die sie nicht vermitteln kann: halluzinogene Drogen führen weder zu den Sternen noch zu jenen Archetypen, die den Himmel stützen, auch wenn ausgebildete Schamanen und Priester mit ihrer Hilfe auf Sternen- und Astralreisen gehen. Die Verbindung von Popkapitalismus und Drogenkultur führt auch zu Heroin und Krieg, und dies ist eine andere kosmische Funktion.

Trotzdem bleibt in der Vision der sechziger Jahre noch die

Möglichkeit einer Leitung durch eine entkörperlichte und überpersönlich gewordene Intelligenz (die eigentlich aus uns selbst hervorging): es ist, als versuche ein westlicher kollektiver Magier, uns zu erreichen und in Berührung zu bringen mit all der Freude, mit all den Wundern, die dieser Planet durch den Mut zur Inkarnation verdient hat. Wir können auch zeremoniell mit den Sternen tanzen und ihre Walmelodien singen. Wir können wahrnehmen, auf welche Weise wir alle Sterne sind. Dies ist eine Theophanie des Komsos, die uns erschrecken und aufrütteln kann, aber sie ist viel weniger entfremdend als der Urknall. Ihre Nacktheit und Sterblichkeit ist auch die unsrige, und jene, die sie wie die Priester der Hopis und Osagen ganz erfahren, kehren niemals wieder zum alten Universum zurück.

Die große Synthese aller Wissensformen wird unser Zeitalter wohl nicht verkünden; bestenfalls wird es seine eigenen Paradoxe mit knapper Not überleben. Es geht nicht anders: wir müssen Entsprechungen zu der Materie und den Sternen in der abstrakten Mathematik, der Topologie, der östlichen Religion, in den Träumen und der Parapsychologie finden, denn dies sind irdische Dinge, und in dem Maße, wie wir uns dem Nachthimmel nähern, nähern wir uns auch den Grenzen des Denkens und der Sprache, wo das Himmlische und das Irdische wie zwei nicht-euklidische parallele Linien konvergieren. Allerdings sollten wir nicht glauben, daß wir die zugrundeliegende Einheit enthüllen können, indem wir ein »Tao der Physik« verkünden. Wir können dem Rätsel nicht ausweichen, indem wir behaupten, es lösen zu können, auch nicht, indem wir behaupten, es löse sich selbst kollektiv und unbewußt über die indoeuropäischen und westöstlichen Räume hinweg.

Wie Sir James Jeans haben wir erkannt, daß das Universum eher einer großen Idee als einer großen Maschine gleicht, daß das, was wir von ihm beschreiben, mehr Ähnlichkeit mit Gedanken als mit unintelligenter Materie hat. Doch meinen wir nicht mehr das Denken einer bestimmten Gottheit oder engelhaften Energie in der Schöpfung wie etwa Kepler oder Newton; sondern wir meinen damit, daß eine Art von Intelligenz im ganzen Universum zugegen ist, vielleicht auch, daß wir den Erzeuger unserer eigenen Intelligenz in der Ausdehnung des Raumes und der Materie spüren – daß Gedanken wie die unsrigen dem Universum seine Gestalt verliehen. Aber warum und wie kam es zu dieser Anordnung? Waren wir schon zu Beginn vorhanden, oder konnten wir nur durch die Milderung der Eigenschaften der Materie entstehen? »Die Atome und Moleküle, aus denen die Seiten dieses Buches bestehen, sind auf ihrer Ebene auch bewußt«, sagte Seth durch sein Medium Jane Roberts.[11] Das Bewußtsein geht der Materie voran und erzeugt sie. Muß man sich über jene Erzählungen wundern, wo Yogis aus der »Luft« Nahrung materialisierten, um hungrige Menschen zu speisen – allerdings nicht oft, heißt es: wegen der kosmischen Folgen, die das hätte.

Die Mystiker aller Religionen haben uns gesagt, daß der Geist Materie erzeugen kann, daß wir alles erreichen können, was wir brauchen. Aber um dies zu tun, müssen wir unsere Inkarnation ernst nehmen und nicht nur so tun, als lebten wir. Science Fiction verspricht uns eine ganze Menge: wir erlangen die große Geisteskraft über die Materie, aber nicht durch persönliche Übung und Konsequenz, sondern als Ergebnis eines kollektiven äußerlichen Abenteuers oder einer technischen Erfindung. Die Parapsychologie hat uns die möglichen Rudimente des Geistes gezeigt, die bei der Psychokinese, Telepathie und anderen Psi-Phänomenen die Materie beeinflussen. Unter denen, die daran glauben, daß der Mensch das Irdische letztlich transzendieren wird, verläuft die Frontlinie zwischen den Verfechtern eines individuellen, asketischen Weges und jenen anderen, die behaupten, daß die menschliche Rasse noch im Ganzen transformiert werden könne.

Im Augenblick ist es die große Mode darzulegen, daß die moderne Physik und die östliche Philosophie denselben rätselhaften, hochenergetischen Yin-Yang-Tanz zum Thema haben. Die Schwierigkeit aber liegt darin, dieses Bild wirklich lebendig zu erfahren, so daß es überhaupt sinnvoll für uns werden kann. Gegenwärtig ist es kaum mehr als ein Kennzeichen des weltweiten Kapitalismus und der New Age-Kultur.

Das Universum ist nur in bezug auf das menschliche Bewußtsein äußerlich. Und das menschliche Bewußtsein wird nur deshalb als innerlich erfahren, weil es auch die äußerlichen Formen der Natur wahrnehmen kann. Unser Atem und unsere Wahrnehmung verändern das Universum, aber auf sie stürzen ständig Erscheinungen ein und verändern sie ebenfalls. Es ist kein Wunder, daß die Meditation und die Wissenschaft inzwischen ähnliche Ereignisse beschreiben. Die aufmerksame Wahrnehmung des Atems und die Entdeckung der Quasare entsprechen sich nicht deshalb, weil ihre Systeme von gleicher Gestalt sind, sondern weil ein und dasselbe Universum ein und dieselbe Krise der Wahrnehmung erzeugt.

Sowohl die moderne Physik wie auch die östliche Philosophie begreifen, daß wir sowohl im Nachthimmel wie auch in uns selbst auf den Nicht-Anfang blicken. Es gibt keine Rechtfertigung und keinen rationalen Grund für den gegenwärtigen Zustand außer eben den gegenwärtigen Zustand selbst. Auf das Denken gibt es keine Antwort. Wir existieren im Nachthimmel ebenso wie wir auch im Atem existieren. Durch den Himmel gleiten Bilder, und wir können sie zeitweilig verwenden, um die Schöpfung zu erklären. Während wir versuchen, ein Ego oder eine Persönlichkeit zu erzeugen, geht die Statik des Mentalen durch uns hindurch. Wir stellen uns vielleicht andere Milchstraßen und Planeten vor, die um andere Sonnen kreisen, oder entwickeln ein Modell für den Ursprung des Universums; es entspricht den Reichen der östlichen Ikonographie. Wir stellen uns Götter vor, wie wir uns auch Elektronen und Neutronensterne vorstellen. Wir haben ein Modell für die Erlösung und ein Modell für die Schöpfung. Aber das sind sekundäre Bilder. Buddhismus und Astronomie sind gleichzeitig auch reine bilderlose Wissenschaften.

Die Astronomie hat einstmals ein reiches und geschmücktes Universum erfunden und versucht, uns auf immer in einem Füllhorn wohnen zu lassen. Manchmal hat auch der Buddhismus denselben Überfluß zwar nicht in den Sternen, aber doch in den göttlichen Reichen und Manifestationen entdeckt. Jede der beiden Seiten ist gegenwärtig das Heilmittel für die andere.

Zwar beeinflußt der Buddhismus die Wissenschaft nicht direkt, aber die unbewußte Einwirkung der Geisteshaltung, die hinter der Meditation liegt, entleert den Himmel der Hoffnung und lehrt uns, nichts außer der Zerrissenheit und den Störungen, die wir wahrnehmen, zu erwarten. So hat der Osten die Sterne gereinigt und den Nachthimmel geschwärzt. Der Westen aber hat die Ökonomie und Technologie seiner Veräußerlichung dem Osten wie ein Joch aufgezwungen, so daß die blühenden Gottesreiche nicht mehr existieren. Die gegenwärtige weltweite Epidemie der Veräußerlichung hat tatsächlich jene Länder, in denen die inneren »Astronomen« traditionsgemäß verweilten, verarmen lassen. Die Tantrasymbole und Mandalas werden nun dazu verwendet, Atome und Sterne zu vereinheitlichen, wie auch Atome und Sterne (im Westen) auf bloß kognitive Verzerrungen und zeitweilige Denkweisen reduziert werden. Lamas in Nordamerika, Physiker in Neu-Delhi und Astronomen in Peking – zum erstenmal seit der eurasischen Spaltung, die die Denkpole der Alten Welt erzeugte, wird es nun möglich, durch den Osten oder den Westen zu jenem Stern oder archetypischen Bild emporzublicken, das hinter beiden leuchtet. Aufklärung und Wissen beginnen allmählich, denselben Atem zu teilen.

Die balancierten Kräfte, die das Universum bilden, *sind* zu jedem bestimmten Zeitpunkt dieses Universum, ob wir das nun wissen oder nicht. Die Sonne, die Planeten, die Milchstraßen, die sogenannte Schwerkraft und der Elektromagnetismus existieren und folgen ihrer Natur. Wir folgen unserer Natur, indem wir sie uns vorstellen. Der Atem trennt das Bewußtsein von seiner Bindung an Bilder und Formen; dann treten beide in das ewige Nichts, die ewige Einzigartigkeit ein. Ein Äußeres wird immer größer und komplexer, je mehr wir darauf blicken; das Innere verändert sich, wenn wir durch es hindurchgehen. Etwas anderes gibt es nicht.

Wir projizieren unseren Pessimismus auf den Nachthimmel und die Götter, wenn wir sehen, daß unsere Ziele für sie nichts bedeuten und sie sich um uns nicht kümmern. Wir fürchten alle diese Entitäten und halten sie für grausam. In unserem Verlangen, Götter zu erschaffen, die unsere Werte und unser Schicksal teilen, haben wir Feinde erschaffen, die sich wider uns gewendet haben. Wenn wir zulassen, daß das bestehende Universum uns wie Wellen in unserem eigenen Schweigen berührt – durch unsere Zellen und durch die Radioteleskope – so zeugt dies von einer neuen Vernünftigkeit. Wir können versuchen, mit feineren Instrumenten tiefer zu blicken, und indem wir dies tun, verfeinern wir uns selbst. Auch sehen wir unmittelbar ins Universum. Wir veranlassen das Nichts, Form anzunehmen, aber das Nichts erzeugt von sich aus schon Form. Wir fürchten uns vor der letztendlichen Zerstörung unserer selbst und aller Dinge, aber selbst die Wahrnehmung unserer Existenz ist eine Abirrung in der ruhenden Leere. Wir versuchen, die konkrete Realität der Materie wahrzunehmen, aber es gelingt uns nur, die beständige Verwandlung von Energie zu erleben. Wir erhalten sowohl über die Sterne als auch über den Ursprung des Seins keine Klarheit, aber Klarheit bricht auch wie ein plötzlicher Wind über uns herein, der wie Eis an die Wurzeln der Existenz schlägt.

Die Phantasie des Westens besteht darin, diese Langeweile mit Raketenträgern zu lindern, in eine Unendlichkeit von Erscheinungen einzutreten und sie zu erforschen. Selbst ein Raketenträger – unbemannt oder bemannt, oder auch mit Frauen bemannt, mit Menschen, die über Bewußtsein verfügen, hat eine direkte und schmucklose Konsequenz: er ist das, was er ist. Wir haben also Glück: das Objekt erscheint immer wieder auf einem anderen Hintergrund der Wahrnehmung. Sonst würden wir uns erfolglos damit abmühen, uns einen Weg in ein Universum zu erzwingen, das vielleicht nicht einmal existierte. Die Gewißheit der Sterne und der Materie, der Anschein einer Ähnlichkeit zwischen dem Buddhismus und der Astronomie, der scheinbare logische Faden in diesem Buch, das sind alles Bluffs, sie laufen nur in den gesammelten Täuschungen von Zusammenhang und Identität zusammen. Der Reichtum der Erfahrung muß letztlich für sich selbst als Wirklichkeit stehen. Und das ist die grundlegende Sehnsucht und Anziehung der Sterne.

Die grenzenlose Energie, die uns im Universum von außen her gegenüberzustehen scheint, ist auch in uns und am Grunde unserer Persönlichkeit. Wir erkennen den Kosmos durch eine Projektion unserer Psyche. Wir sind nicht nur atomare Wesen, sondern die Summe aller atomaren Felder überall stellt ein umfassendes kollektives Unbewußtes dar, aus dem wir unbegrenzt Kraft schöpfen. Die Illusion besteht darin, daß wir meinen, den Grenzen unterworfen zu sein, die wir uns jeweils selbst auferlegen: materielle Grenzen in einer materiellen Zeit. Aber die Sterne präsentieren uns auch eine Größe, gegen die wir selbst groß sein können. Sie enthüllen uns, daß das Bewußtsein in uns nichts Alltägliches ist, oder wenn, dann ist dieses Alltägliche kosmisch und grenzenlos.

Wenn wir versuchen, in unser Nervensystem zu blicken, so beginnen wir zu ahnen, daß unsere Fleischlichkeit, unsere Inkarnation in der Materie ähnliche Eigenschaften wie das elektrische Netzwerk aufweist, das wir uns im Raum vorstellen. Es ist, als läge eine einzige Ursprungsidee am Mittelpunkt der Milchstraße, wo die Zeit selbst in sich zusammengekrümmt ist, und die heißesten und nächstliegenden Feuer in ihrem Brand so dicht miteinander verbunden sind, daß sich alles, sobald es existiert, in Billionen von Dimensionen verästelt.

Die Komplexität des Raumes wie auch die des Bewußtseins stellen ein und denselben Ausdruck für das Nervensystem dar. Neutronensterne und schwarze Löcher beschreiben den Druck, den wir in uns verspüren. An der Oberfläche stieben unsere Gedanken wie Staubkörnchen oder Sprühregen umher, aber wir verspüren den kraftvollen Sog in der Tiefe, der uns mit allem, was es nur gibt, verbindet. Wir wissen, daß wir uns unsere Existenz nicht gewähren können. Wir müssen an den Rätseln der Schöpfung arbeiten, so wie sie in uns erscheinen, und wenn wir nicht selbst an ihnen arbeiten, so werden sie eben an uns arbeiten, wie sie auch daran arbeiteten, uns und die müßigen Gedanken, die wir mit uns schleppen, entstehen zu lassen. Dies ist der Grund, weshalb die Weisen des Westens Astronomie praktizieren. Wir können der Schwerkraft, die uns zum Zentrum zieht, nicht ausweichen. Wenn wir Maschinen bauen, so müssen wir lauthals verkünden, daß sie ihre Entsprechung im Himmel haben.

Weite und Komplexität sind die Eigenschaften der inneren Organe, aber nicht nur in ihrem organischen Dasein, sondern in der Gesamtheit des Raumes, der sich zwischen ihnen und in ihnen ausbreitet, zwischen ihnen und dem umfassenden Nervensystem und dem Gehirn. Das Bewußtsein bewohnt die Dichte und die Stetigkeit, wenn der Atem und das Blut mit ihm durch den Körper reisen. Derselben Regel zufolge ist die astrale Projektion die mikrokosmische Entsprechung der astronomischen Raumfahrt. Der Astralreisende nimmt ungeheure Räume in sich wahr und betritt sie in genauer Entsprechung des gesamten Universums: Planet für Planet, Stern für Stern. Vielleicht ist es nicht dasselbe Universum wie das äußere, aber immerhin ist es mit seinem verinnerlichten Bild des äußeren Universums identisch.

Wir bestehen aus unseren Organen und unseren Zellen, und es ist absurd zu denken, wir könnten unabhängig von ihnen Vorstellungen entwickeln. Zwar geben wir sie nicht in einfachen wortgetreuen Symbolen wieder: die Sterne als Augen, die Milchstraße als unser Blutkreislauf usw., aber wir projizieren unser ererbtes kollektives Organsystem auf die äußere Welt. Die Milchstraße entspricht zwar nicht unseren Eingeweiden, aber die tiefe innere Erfahrung eines solchen langen gewundenen Ganges ist die Grundlage dafür, daß wir uns das Innere einer solchen Spirale überhaupt irgendwo vorstellen können. Kleine Hohlräume in unserem Körper erzeugen die Unendlichkeit, die wir uns im Weltraum vorstellen.

In einer Erörterung der Alchemie legt Charles Stein eine Methodologie für die intuitive Einsicht in astronomische Zusammenhänge dar:

Unser ganzes Fortbestehen beinhaltet Bereiche, die jenseits jeder möglichen Stufe der Wahrnehmung liegen, aus denen aber nichtsdestoweniger unsere ganze mögliche Erfahrung stammt und in gewissem Sinne sich konstituiert. Da wir ferner, selbst in der Sichtweise der Wissenschaft, physikalische Wesen sind, haben wir davon so etwas wie eine Urerfahrung, wir verspüren eine Verbindung. Wenn man über Mikrophysik oder astronomische Räume

oder Zeitperioden liest, die in Billionen von Jahren gerechnet werden, so erzeugt das eine besondere Reaktion, die einerseits eingebildet, andererseits gerade imaginär ist.
Die Welt der Phantasie, die in einem erwacht, wenn man zehn Billionen Jahre denkt, unterscheidet sich ganz exakt von der Welt der Vorstellung, die dann entsteht, wenn man sechstausend Jahre denkt. Das hat etwas mit den gegenwärtigen physikalischen Daten des Universums und unserer Beziehung dazu zu tun – wie bei jeder Art von wirklichen Daten. Die subjektive Phantasie braucht als Prozeß letztlich nicht von dem Prozeß der Erforschung der Natur abgelöst und getrennt zu werden. Die tatsächliche Erforschung der eigenen subjektiven Erfahrungen im Bezug auf die Materie ist in sich selbst höchst wichtig, denn der Inhalt der eigenen Phantasien wird auch für das physikalische Universum zutreffen. Sie sind Wege der Strukturoffenbarung, zugehörig zu der besonderen Weise, in der unser Wesen bezogen auf die übrige Welt existiert... Die wissenschaftliche Sichtweise, die die Phantasie gründlich von den konkreten Daten trennen möchte, um allgemeine, universelle, äußere Strukturen festzulegen, ist selbst nur eine Phase des Prozesses, der wieder geeint werden muß.[12]

Für Wilhelm Reich beinhalteten die spiraligen Formen der Milchstraßen eine Reihe von kosmischen Überlagerungen, in denen die kollektiven Felder der Sterne mit sexueller Energie (dem Orgon) hochbrandeten und frische Sterne zu vereinen und zu ernähren suchten. Wenn der Mensch durch Teleskope blickt, sagte Reich, entfernt er sich von seiner ihm innewohnenden Menschlichkeit und nimmt nur stellvertretend an einer kosmischen Harmonie teil, die er ausdrücken würde, wenn er seine natürlichen menschlichen Funktionen frei ausleben könnte. Die Spasmen in der sexuellen Begegnung sind im Rhythmus der Milchstraßenbildung nicht nur vorgeformt: vielmehr finden diese beiden Ereignisse *gleichzeitig* als Aspekte desselben Pulsschlages an den entgegengesetzten Enden der Schöpfungsskala statt. Genauso wie die Milchstraßen Sterne ausstoßen, bringen

Lebewesen ihre Nachkommenschaft zur Welt. Genauso wie die Milchstraßen sich danach sehnen, sich zu überlagern und ihre Orgonströme zu vereinen, sehnen sich Männer und Frauen danach, sich zu lieben, ihre Orgonströme miteinander zu verbinden und sich durch diese natürliche Medizin entweder zu heilen oder neue Männer und Frauen zur Welt zu bringen. Die großen äußeren Energieströme erzeugen das Universum, die inneren Ströme erzeugen Zellen und Gedanken. In seinem Bewußtsein und seinen Organen verspürt der Mensch das Verlangen zu zeugen, fortzupflanzen; es ist das ursprüngliche Verlangen des Universums, sich auszubreiten und zu differenzieren. Der Aufbau sexueller Erregung vor der Entspannung ist das Universum selbst, wie es aufbrandet, um sich fortzupflanzen, neue Samen auszustoßen und sich selbst mit seinem eigenen Elixier zu durchfluten.

Reich sah schließlich Hurrikane, Milchstraßen, Nordlichter, Zellenwachstum, Quallen, Würmer und den Orgasmus als ein und dieselbe Funktion an. Diese Spirale beinhaltet Erregung, Begegnung und Erfüllung auf jeder Stufe. Selbst die Saturnringe sind ein Aspekt dieses Prozesses. Der blaue Himmel ist nicht nur eine Beugung des Lichtes, sondern auch die Farbe des Orgons in der Atmosphäre, das auf die Erde herabkommt. Es wird in das gelbe Harz des bionischen Sonnenwassers eingesaugt und wird dann grün wie in den Pflanzen. Aber die Pflanzen geben ihr Orgon im Winter an die Atmosphäre ab und werden gelb oder braun.[13]

In dem Roman »Der Regenbogen« läßt D. H. Lawrence Ursula nach einer Liebesszene hinaustreten unter einen großartigen Nachthimmel, nur um festzustellen, daß die Großartigkeit verschwunden ist: »Nach und nach bemerkte sie, daß die Nacht normal und gewöhnlich war, daß es die große, glühende, transzendente Nacht nicht wirklich gab.«[14]

Sie hatte sie in sich selbst gefunden, deshalb mußten die Sterne sie nicht mehr vertreten. Sie war ohne sie zum Zentrum der Schöpfung gelangt.

Wenn die Nacht in Träumen erscheint, wird das unendliche Universum durch die Vorstellung des unendlichen Raumes in der kollektiven unbewußten Dichte der Zellen projiziert. Der Traum ist tief in unserem eigenen Gewebe angesiedelt, wie auch umgekehrt die Sternenbeobachtung in das Gewebe des Universums hinausdrängt, und beide Verfahren verschmelzen zu einer einzigen Vision.

Manchmal ist der Traumhimmel schwärzer als die Nacht; eine schwere Finsternis durchzieht selbst die Luft. Wir entdecken, daß das Seeufer ebenso schwarz ist wie der Wald, aus dem wir eben hervorgekommen sind. Die verstreuten Sterne im Himmel scheinen recht unschuldig, aber jeden Augenblick wird eine strahlende und intelligente Gruppe von Konstellationen ihren Weg durch die Unwissenheit brennen und auf uns niederleuchten. Wir müssen bereit sein oder fliehen. Fliegende Untertassen suchen nach uns; wenn sie näherkommen, werden sie riesig und unerträglich werden. Sie wollen uns in das geheime System der Planeten und Sonnen entführen. Aber sind wir bereit?

Nein, wir sind es nicht. Wir sind nicht bereit, wie es Moses war vor dem brennenden Dornbusch. Wir müssen unsere Augen vor der Dunkelheit schließen, wir müssen straucheln und aufwachen. Und es bleibt die Frage: War das das astrale Universum, in dem unser Dasein so klar und erschreckend war? Oder war es ein anderes Universum, dessen Namen und Ort wir nicht kennen? Ist dieser Himmel eine Aufblähung unseres eigenen Zellgewebes, das auf symbolische Weise zur Nacht wurde? Oder ist es irgendein fremder und ursprünglicher Himmel, der als Erinnerung in der DNA unserer Spezies verblieben ist?

Sternenträume sind selten und meist mythisch. Ein bemerkenswerter Traum stammt von dem Dichter Robert Duncan vom 24. April 1963:

Alle Sterne des Kosmos waren aus den entferntesten Regionen in sichtbare Nähe gekommen. Zuerst war ich von der Leuchtkraft des Orion tief beeindruckt, aber als ich weitersah, war das Feld mit Sternen, dicht gedrängten Bildelementen und schließlich den fast tierischen Konstellationen des Nachthimmels übervölkert. Es war, als sähen wir die ganze übervölkerte Spezies des Menschen, und in dieser Schar der Lebenden und Toten, der sichtba-

> ren und unsichtbaren Mitglieder des Ganzen begannen wir, die Muster des Menschen herzustellen, tierische Entitäten, deren Zellen lebende Seelen waren.
> »Wir sehen diesen Himmel hier«, sagte die Dichterin, »weil wir der Zerstörung der Welt sehr nahe sind.«[15]

Der Dichter hat den normalen Raum und die Zeit verlassen. Er befindet sich an einem Ort, wo mehr Konstellationen sichtbar sind als die, die mit dem bloßen Auge wahrgenommen werden können. Vielleicht deshalb, weil er die verschiedenen Gestalten des Himmels in der ganzen Geschichte der Erde auf einmal sieht, d. h. immer dieselben Sterne in ihren vielfältigen Erscheinungsformen, was aus der Präzession der Tagundnachtgleichen herrührt. Vielleicht aber auch deshalb, weil er durch die Nacht und durch die Grenzen der Lichtgeschwindigkeit bis in die Zentren der Schöpfung hindurchsieht, die dem Wahrnehmungsfeld unserer Sinnesorgane verborgen bleiben.

Diese »tierischen Entitäten, deren Zellen lebende Seelen waren«, müssen auf der einen Ebene die Konstellationen des Himmels sein, dessen Zellen aus Sonnen und Planeten bestehen. Wenn wir uns von der Erde und dann von diesem Sonnensystem entfernen und zu anderen Stellen im Universum gelangen, wird die Sonne zum Bestandteil unserer vertrautesten Himmelswesen: Kassiopeia, der Große Bär, der Adler, der Wal. Diese Gestalten, die als Tiere und mythologische Wesen kodiert sind, sind so groß, daß sie uns auch dann noch einschließen, wenn wir uns außerhalb von ihnen befinden. Wenn wir weit genug gehen, um den Kontakt mit ihnen zu verlieren, fallen sie nur schrittweise auseinander, und während dieses Vorganges lassen sie andere Figuren in anderen Himmeln entstehen. Die Vision des Dichters scheint diese Verwandlung anzudeuten. Indem er die astrale und zelluläre Intelligenz sowie die Intelligenz der Engelswesen intuitiv wahrnimmt, erkennt er – und erzeugt er sogar – die Tierkreise und Sternentempel anderer Planeten und anderer Milchstraßen. Er zwingt sie nicht wissentlich ins Sein, wie es ein Science-Fiction-Autor tun muß. Es kommt zu ihm buchstäblich aus dem Zentrum des Wirbels, denn er läßt es zu, in ihn hineingezogen zu werden, sein Unbewußtes wird zu den Blütenblättern dieses Wirbels, und er verläßt seine soziale Identität und reist in Gegenden, die die Menschen normalerweise nicht kennen. Man hat das Gefühl, daß mythologische Wesen wie die Titanen selbst immer noch fortwähren müssen, auch wenn diese Geschöpfe schon längst von der Erde mit ihren aufeinanderfolgenden Zeitaltern verschwunden sind, auch wenn all unsere scheinbaren Zwangsvorstellungen uns schon längst zerbrochen haben oder selbst in den Katakomben des Erdinneren zerbrochen sind.

Fern vom Nachthimmel selbst kehren die Sterne wieder zurück: als Körperorgane, göttliche Aspekte, Totemmasken, Bilder, Archetypen, Zellen, Lücken im Denken und in der Sprache und als Besucher in Traumhimmeln. Dies ist die echte Textur der Gestirntheit – Blut und Rinde genauso wie kaltes Feuer und ferne Konstellationen. An dem Platz, wo wir stehen, können die Sterne stumme Bilder sein, die sich uns mit Kräften der Weissagung und mit Zeichen nähern, oder aber kosmologische Brennöfen.

Ich möchte noch meinen eigenen Traum vom November 1975 erzählen.[16] Ich bin dabei, das Wasser zu filmen, das sich in den Peacham Weiher bei Vermont ergießt. Plötzlich verwandelt sich das Bild in den Linsen der Filmkamera in wilde dicke Käfer, die in orangen, gelben und roten Klecksen explodieren; die wiederum werden geädert und beginnen zu leuchten. Sie scheinen zu einer Musik, die ich jedoch nicht hören kann, zu tanzen. Jetzt sehe ich einen alten Wald. Durch ihn fließt ein Sternenfluß hindurch. Riesige kahle Bäume erheben sich über dem schwarzen Humus; sie hängen über die Kante von irgend etwas Feuchtem, Wurzelartigem und Gekräuseltem.

Durch einen Lautsprecher ertönt ein Kriegsbericht aus einem fernen Land, vielleicht ist es das Heilige Land. Ganz unerwartet erscheinen Düsenjäger am Himmel, ihre Form und die Dichte ihres Auftretens ist wechselhaft. Sie nähern sich uns nicht durch Motorenkraft, sondern weil unsere Welt an sie herangezogen wird. Sie sind von Konstrukteuren hergestellt worden, deren handwerkliches Können weit über dem unsrigen liegt: einzelne

Düsenjäger mit Leuchtsignalen und Doppelhanteln. Es nähert sich eine Gruppe von sieben oder acht, sie werden stachelig und körnig, und ich erkenne, daß sie als die Plejadenflotte bezeichnet werden. So nahe ihre Körper auch sein mögen, trotzdem sind sie ausgedehnt und »fusselig«, in der Art, wie ungeheure Vergrößerungen von schwachleuchtenden Sternenhaufen.

Dennoch sind sie keine Sterne. Sie sind Düsenjäger, silbergraue Düsenjäger, die auf ihren himmelwärts gerichteten Seiten Embleme tragen, die eigentlich Konstellationen sind, der Himmel ist verdunkelt. Dieses Bild ersetzt das vorige und wird dann wieder von ihm verdrängt; irgend etwas scheint diese beiden Bilder zusammenzuhalten.

Auf den ersten Blick sind die Figuren unregelmäßig und amorph. Ich spüre, daß sie auf eine Art, die ich nicht verstehen kann, im Grunde regelmäßig sind.

Jetzt bin ich in einem tieferen Universum. Die Düsenjäger starten in klarer Formation von ihrem extradimensionalen Flughafen. Ihre Leuchtsignale springen aus der Dichte hervor und biegen sich durch den Raum selbst zurück. Ich sehe jetzt, daß einige von ihnen vollkommene Kreise mit einzelnen Lecks und andere verdrehte Ringe darstellen.

Sie bombardieren unser Land nicht, aber das sagt nichts über ihre Absichten und endgültigen Pläne aus. Sie brauchen nicht anzugreifen, denn ihre Positionen sind vollkommen, und sie werden in die menschliche Geschichte hineingezogen.

Ich glaube, daß ich sie schließlich doch gefilmt habe, diese Ankunft der Armada. Dann sehe ich, daß ich die Kamera in meiner Eile versehentlich geöffnet habe. Vielleicht habe ich den Film dem Licht ausgesetzt. Die Filmpatrone ist eine vollständig versiegelte Pyramide, und ich kann sie nicht öffnen, um den Film umzudrehen und die andere Seite zu belichten. Meine unmittelbare Reaktion besteht in dem Versuch, das alles zu ändern, indem ich die Kamera schließe, weiterdrehe und dabei so tue, als sei ein Film drinnen. Während dieses Zwischenspiels hat sich der Himmel verändert. Es erscheinen ungeheuer große Cirrus- und Altocirruswolken, aber sie sind so fein gezeichnet, so wild und gefasert, wie ich es nie zuvor gesehen habe. Die Farbe des

Himmels ist ein fast irisierendes Edelsteinblau. Weit in der Ferne ziehen sich andere Wolken in langen Bändern, sie haben sich peitschenförmig zu Spiralen zusammengezogen und zu Kegeln aufgetürmt, die wie Berge über dem ganzen Planeten ruhen. Im Vordergrund erscheinen fein geschnitzte Elfenbeinfiguren, die den Werken einer mesolithischen Handwerksgilde ähneln. Sie beginnen als Miniaturstatuetten und dehnen sich dann aus; sie behalten ihre Formen bei und werden zu weißen Meeressäugetieren, zu Jägern mit Harpunen und sogar zu alten Europäern, die mit Pelzen bekleidet sind: sie sind Mitglieder derselben Maglemosianischen Gemeinschaften, die die Figuren schnitzten.

Die Kegel sind glatt und ewig, ohne den geringsten Einschnitt oder Kratzer. Die Luft hinterläßt in ihnen kein Kräuseln.

Ich erkenne, daß ich in die mythische Welt der Quasare geblickt habe, und daß sich diese Welt von der Tapisserie der sichtbaren Sterne unterscheidet. Ich bemerke, daß die ganze Geschichte hindurch etwas über die Quasare vorhergesagt wurde, und ihre unregelmäßigen Gestalten, die wie Krebsgeschwüre alter verbrauchter Gegenstände wirken, ihre behauptete Radioaktivität und Gewalt sind nicht modern, sondern sie sind eine Prophezeiung unserer menschlichen Rasse aus Schöpfungen, die vor uns lagen. Ihre Unerforschlichkeit verschmilzt mit der Unerforschlichkeit der Sphinxen, der Pyramiden und der riesenhaften Köpfe auf den Osterinseln, die aussehen, als blickten sie, wenn nicht auf uns, so doch auf etwas, das jenseits von uns ist. Und doch blicken sie auf uns.

VIII

Die Astrologie

Die Astrologie ist eine uralte Wissenschaft; ihre Existenz reicht von unbekannten Ursprüngen in prähistorischen Zeiten bis zur Gegenwart, wobei ihre Form kulturellen und epochalen Wandlungen unterworfen war. Sie ist eine archetypische Wissenschaft: wir können ihre Form letztlich nicht bestimmen, denn wir kennen sie nur unter dem Aspekt, den sie zu einer jeweiligen Zeit offenbart. Es ist falsch, ein Stereotyp der Astrologie zu entwerfen, etwa in der Form von Tageshoroskopen, wie sie in den Zeitungen erscheinen, oder in irgendeiner der antiken Varianten, die uns aus archaischen, mittelalterlichen oder aus Renaissancekulturen überliefert sind. Jede dieser Formen, einschließlich der gegenwärtigen philosophischen und psychologischen Astrologie, versucht, die zeitgegebenen und lokalen Bilder mit den dahinterliegenden kosmischen Bildern in Einklang zu bringen. Deshalb haben wir unzählige Astrologien, die alle einen gemeinsamen gedanklichen Kern haben und an die jeweiligen Umstände ihres Auftretens angepaßt sind.

Wenn wir die Astrologie als »Wissenschaft« bezeichnen, meinen wir damit nicht eine Wissenschaft im Sinne der Chemie oder Physik. Vielmehr ist sie eine Wissenschaft in dem alten etymologischen Sinn eines »Wissenssystems«. Sie ist auch eine Wissenschaft in einem mathematischen Sinn, nämlich der Messung von Quantitäten. Die moderne Physik könnte die behauptete Beziehung von Ursache und Wirkung, die hinter diesen Messungen steht, in Frage stellen, aber die grundlegende Berechnung des Horoskops und der Planetenbeziehungen könnte sie nicht angreifen. Uralte Wissenschaften helfen bei der Entstehung moderner Wissenschaften und haben oftmals Teile des Namens mit ihnen gemeinsam. So hat auch die Astronomie etwas in ihrem Ursprung und ihrer Technik mit der Astrologie gemeinsam, im Grunde aber verfolgt sie eine eigene Entwicklung, die kein astrologisches Denken erfordert. Deshalb ist es irreführend, wenn man die Astrologie für eine archaische oder primitive Astronomie hält. Es *gab* eine archaische und primitive Astronomie, aber es ist korrekter, sie als Archäoastronomie oder Ethnoastronomie zu bezeichnen. Es gibt Archäoastrologien und Ethnoastrologien, die mit ihren astronomischen Entsprechungen parallel laufen und interagieren, trotzdem gehören sie im wesentlichen zu einem anderen System der Untersuchung und Anwendung. Die Archäoastronomie führt zu Kalendersystemen, zu Zeitmessungen und schließlich zur Astrophysik. Die Archäoastrologie führt zu astraler Astrologie, kabbalistischer Magie und der gegenwärtigen Persönlichkeitsastrologie.

Die offensichtlichste andere uralte und archetypische Wissenschaft ist die Alchemie.[1] Diese okkulte Wissenschaft spielt als solche in der modernen Welt eine wesentlich geringere Rolle, hauptsächlich deswegen, weil sie als physikalische Wissenschaft so wichtig geworden ist. Bestandteile der Alchemie – Laboratoriumsmethoden und Elementenlehre – gingen unmittelbar in die Chemie, die Physik, die Astronomie und die industriellen Produktionsprozesse ein. Tatsächlich ist die Alchemie ein viel bedeutsamerer Vorläufer der Astrophysik als die Astrologie. Die Verwendung der physikalischen Alchemie für die moderne Technologie hat die Position der antiken und mittelalterlichen Alchemie als frühe historische Form der Chemie und Physik legitimiert. Aber genau jene Elemente, die die Alchemie mit der Astrologie teilt, wurden *nicht* in das moderne Denken integriert; der geistig-vitale Ursprung der Elemente, die Lebenskraft, die Möglichkeit der Verwandlung von Materie und der Astralkörper.

Die uralten Wissenschaften der Medizin und Botanik teilen das Schicksal der Alchemie: ihre mechanischen Züge wurden zur Basis für ihre industriellen Entsprechungen, und ihre traditionellen und geistig-vitalen Züge wurden als primitiv-magisches Denken aufgegeben. Die Kräuterkunde wurde wegen der in ihr enthaltenen Chemie ausgenutzt und geplündert, aber ihre Rolle in der ganzheitlichen Medizin wurde ignoriert. Heilen wurde zu einer Übung in konkreter Anatomie und Pharmazie, und die Medizin spaltete sich von der Kunst des Schamanen ab. Dennoch bewahren Kräuterkunde und Heilkunst noch nach Jahrtausenden ihre »primitiven« Züge, und sie werden zweifellos in anderer Gestalt in der Zukunft wieder erscheinen. Selbst heute schon sind einige ihrer Aspekte anerkannt, werden aber als parapsychologisch bezeichnet, um die scheinbaren, wissenschaftlich noch ungeprüften Wirkungen des Geistes auf die Materie von den archaischen Künsten und Ritualen zu unterscheiden, die solche angeblichen Wirkungen zur Heilung von Menschen, zum Regenmachen und zur Voraussage der Zukunft verwendeten. So werden uralte Wissenschaften neu benannt und neu entdeckt. Wenn die Astrologie jemals von einer größeren wissenschaftlichen Gemeinschaft praktiziert wird, wird sie vielleicht nicht mehr als Astrologie bezeichnet werden. Tatsächlich gibt es gegenwärtig Bestrebungen, sie als »Astrobiologie« neu zu definieren. (Einfaches Hellsehen und spirituelle Praktiken verwandeln wir in Philosophie und Therapie, das ist eine andere unserer modernen Antworten auf das Okkulte.)

Der Komplex der uralten Wissenschaften ist eine Einheit in sich selbst, er beinhaltet Aspekte esoterischen Wissens über Pflanzen, Tiere, Mineralien, Elemente und Sterne. Magie und Heilen sind dabei die »Technologien«. Wenn sich das Heilen in eine orthodoxe industrielle Medizin verwandelt hat, so wurde die Magie unter der Ägide der Physik vollends vernachlässigt, oder aber die Physik ist deren gegenwärtige Form. Aleister Crowley und die Wissenden des Golden Dawn praktizierten eine an das zwanzigste Jahrhundert angepaßte Version der traditionellen Magie. Dabei stellten die Axiome der sympathischen Wirkungen die grundlegendsten Gesetze des physisch-spirituellen, d. h. des wirklichen Universums, dar, und die spezielle Anwendung dieser Gesetze in der Physik und Chemie war ihrer Meinung nach nur ein Bündel von Begleiterscheinungen. Für Crowley und seine Mitarbeiter war die Magie die wirkliche Wissenschaft, die Physik aber nur eine vorübergehende Form der Magie, wenn auch Physiker ganz offensichtlich atemberaubende neue Anwendungen des magischen Gesetzes zuwege brachten.

In einer ganzheitlichen Zivilisation würden die uralten Wissenschaften mit den gegenwärtigen Technologien und in gewissem Maße auch miteinander verschmelzen. Die medizinischen Anwendungen der Astrologie würden sich vollkommen mit der Kräuterkunde und der Psychiatrie vermischen, und die Astrophysik würde sich mit den Theorien über die Himmelseinflüsse vereinigen. Das gegenwärtige Zeitalter ist in dieser Hinsicht eine finstere Epoche, denn alles ist fragmentiert und zersplittert, und das Wissen ist zu einem Chaos nutzloser Daten geworden. Aber wenn in einem so dunklen Zeitalter irgend etwas überlebt, dann sind es diese uralten Wissenschaften. Sie verbindet mit vorübergehenden Erscheinungen keine Loyalität, deshalb werden sie auf der Basis ihrer universellen und archetypischen Prinzipien wiedererscheinen. Entweder sie werden von den alten Texten geleitet oder intuitiv wieder neu erfaßt. Manche Vitalisten bedauern vielleicht den gegenwärtigen Zustand, aber durch ihre Degeneration und abergläubischen Entgleisungen während des Mittelalters und der Renaissance haben die alten Wissenschaften selbst zu diesem Zustand beigetragen. Sie verbanden sich mit der Religion und okkulten Orthodoxie in einer Weise, die die Menschheit in nutzlosen Autoritäts- und Phantasiesystemen einschloß. Wenn der Vitalismus nach dem Zeitalter der Mechanik und Technologie wieder zurückkehren kann, wird es ein viel strengerer und stärkerer Vitalismus sein, der die Lektionen der Physik und Chemie dazu verwenden wird, um eine Harmonie des Menschen auf der Erde wiederherzustellen. Der frühere Vitalismus hätte das nicht vermocht.

Der gegenwärtige Nihilismus, in dem vor allem die Astrophysik sich hervortut, hat jedenfalls reinen Tisch gemacht. Er hat vielleicht eine Menge von Priestern umgebracht und die Erde noch vor ihrem Ende so gut wie unbewohnbar gemacht, aber dem physikalischen Determinismus und der davon abgeleiteten Macht ist der Boden entzogen. Revolutionäre Banden werden es so leicht nicht schaffen, die Menschheit wieder zurückzubewegen – vor allem, wenn die Vitalisten wieder imstande sind, einen Garten anzupflanzen und Energien aus dem Kosmos zu beziehen.

Vielleicht hat Goethe dies intuitiv erkannt, als er die Fackel in die Hände der Botanik legte und von ihr forderte, die Flamme durch den herannahenden Winter des mechanistischen Zeitalters zu tragen. Kant hatte ihn und auch sich selbst im Stich gelassen; er hatte die Notwendigkeit einer moralischen Ordnung im Universum nicht festgestellt. Die willkürlichen und gewalttätigen Galaxien eines amoralischen Universums standen schon kurz vor der Invasion, nur ihnen diente das Maschinendenken auf Erden. Auch Blake erkannte dies, und er wandte sich an die Leser einer zukünftigen Zeit, nicht unmittelbar danach, sondern noch später, wenn das alles aus und vorbei sei. Obwohl Goethe selbst eine Farbenlehre entwickelt hatte, traute er der Physik nicht über den Weg, die Botanik aber sollte die erste Wissenschaft sein, die sich zur Suche nach dem Leben und dem Prinzip des Lebens zurückwandte, und das in einem Universum, das von Ruß und Maschinen geschwärzt war. Wenn Goethe von der Wurzel des Lebens sprach, konnte man meinen, daß es um einen Archetypus ging. War die Urpflanze eine Idee, eine Schablone für die Form aller späterer wirklich existierenden Pflanzen (etwa im Sinne von Platos Ideen)? Nein, sagte Goethe, die Wurzel des Lebens ist nicht nur philosophisch oder archetypisch, es ist eine echte lebende Pflanze. Und er überquerte die Alpen und reiste nach Italien, um in Europas ältestem botanischen Garten bei Padua seine Urpflanze zu finden. Er erkannte sie in der »geringen« oder Zwergpalme (Chaemerops humilis). Dieser Baum ist nun vierhundert Jahre alt, steht hinter Glas und trägt den Namen »Goethes Palme« oder »die vitale Wurzel der Existenz«.[2] Die Botanik sollte diese Klassifikation später mit ihrer eigenen Taxonomie verwischen: die Palme wurde zwar als primitiv, aber nicht als primordial eingestuft. Als Rudolf Steiner erschien, war die spirituell-vitalistische Tradition bereits »okkult« und suspekt geworden; die überlieferte Wissenschaft war von der modernen Wissenschaft abgespalten worden. Aber Goethe hatte die Flamme entzündet und weitergereicht. Sie wurde vielerorts aufgenommen, vor allem seit der kurzen spiritualistischen Renaissance der sechziger und frühen siebziger Jahre, deren Glut noch fortdauert – zum Beispiel im New Alchemy Institute in Woods Hole, Massachusetts, sowie auf Prince Edward Island; ferner in den biodynamischen Gärten von Alan Chadwick in Santa Cruz, California, und den verschiedenen homöopathischen und naturheilkundlichen Einrichtungen, die in California und entlang der Nordwestküste wie Pilze hervorschießen. Das sind keine Symbole einer Renaissance, es sind die buchstäblichen Samen der Urpflanze.

Die Astrologie nimmt dabei eine Sonderstellung ein. Sie hat an der Renaissance teilgenommen, aber sie existiert in einer authentischen archaischen Form, die nicht eine solche Überhäufung mit New Age-Bildern erfordert. Eher liefert sie selbst New Age-Vorstellungen, besonders die Vorstellung eines synchronisierten und ganzheitlichen Kosmos. Die esoterische Astrologie nimmt die »Wassermann«-Renaissance als eine ferne Widerspiegelung einer Epoche, die erst noch kommen wird, vielleicht ihre fernste Widerspiegelung in den dunklen Zeiten, die ihr vorangehen. Diese Wassermannbewegung war als Erschütterung noch kaum zu spüren, also wird jede folgende Erschütterung tiefer und klangvoller werden – das sei eine Warnung für jene, die prätentiös behaupten, daß die »Hippie-Bewegung« vorüber sei. Vielleicht ist das der Fall, aber das Wassermannzeitalter muß erst noch kommen, und dann werden wir das Wissenschaftliche vom Okkulten nicht mehr trennen können. Vielleicht hat uns das, was geschehen ist, verletzt, aber das ist nicht endgültig: die große Medizin wartet auf uns oder unsere Nachkommen. Nach esoterischer Tradition wird sie um das Jahr 2376 über die Schwelle treten.

Ganz offensichtlich ist die Astrologie geduldig und ausdauernd. Ihre Bilder versuchen große dynamische Zeit-, Raum- und

Persönlichkeitseinheiten zu koordinieren, und darin besteht ihr einzigartiger Anspruch. Es ist ein Versuch, das Unmögliche auszudrücken. Es ist ein System, um das Unmeßbare zu messen. Wenn dieser Versuch mißlingt, dann ist die größte Aufgabe überhaupt mißlungen: die gleichzeitige Bedeutung und Beziehung von Leben, Denken, Schöpfung und Raum-Zeit zu bestimmen. Es ist besser, eine solche Messung anzustreben, als so zu tun, als sei sie vollkommen unwichtig. Die weltlicheren Anwendungen der Astrologie sollten keinesfalls als Minderungen ihrer kosmischen Perspektive aufgefaßt werden.

Astrologie ist für uns ein System der Sternenweissagung, das von den Zivilisationen des Nahen Ostens von einer älteren archaischen Welt übernommen und durch die Vermittlung der Griechen in der alexandrinisch-ptolemäischen Kosmologie an das mittelalterliche Europa weitergegeben wurde, wo man es mit den lokalen Sternenmythologien und der allgemeinen hermetisch/gnostischen Wissenschaft verband. In der ganzen alten Welt waren der Tierkreis, die Konstellationen und Formen der Sternenweissagung allgemein verbreitetes Wissen. Sehr alte Systeme erscheinen bereits zu Beginn der chinesischen und ägyptischen Zivilisation, und ähnliche Sternkarten und -kulte gibt es auch bei den Mayas und Azteken. Möglicherweise liegt ein noch älteres System aus der Steinzeit – zumindest teilweise – diesen Systemen zugrunde, vielleicht haben die astrologischen Systeme der alten Welt eine relativ junge gemeinsame Wurzel (etwa zehn- bis zwölftausend Jahre alt), von der sich die Systeme der neuen Welt deutlicher abgesetzt haben. In Kapitel 3 haben wir anhand des Ursprungs des Alphabets die Verbindung dieser Astrologien erörtert.

Die neolithischen Menschen erbauten Stonehenge, Woodhenge, den Caracol, den Monks Mound, den »Akus« von Eastern Island und die verschiedenen Menhire, Cairns und astronomischen Tempel auf dem ganzen Planeten. Der gestirnte Nachthimmel war das ursprünglichste Sakrament und das erste Gesetz unserer Spezies. Die Sterne waren eine göttliche Spiegelung der irdischen Tätigkeiten, denn sie kehrten in bestimmten Abfolgen wieder, entweder mit den Jahreszeiten oder nach esoterischen mathematischen Formeln. Die Völker konnten langsam über den eurasischen Kontinent wandern und sogar die Neue Welt erreichen, die Fluten konnten Grenzsteine und Orientierungszeichen auswischen, die Ahnen konnten sterben, aber die Himmelskennzeichen blieben und veränderten sich nur unendlich geringfügig.

Wie die Götter und Planeten eins wurden, ist eine sinnlose Frage. Sie waren eins fast von Anbeginn an. Das Leben der Götter auf Erden könnte fast menschlich erscheinen, mit all den Geschichten über Verrat, Heldenmut und Spannung, aber ihr Leben im Himmel, also ihre wirklichen Bewegungen als Planeten sind fest, unerbittlich und vorhersagbar. Sie wandern durch die Häuser und heiligen Stellen und setzen die Grenzen und Bedingungen für alle Ereignisse in unserer irdischen Sphäre, die innerhalb des Tierkreises liegt und ihm unterworfen ist. Der Rest ist Folklore. Es ist offensichtlich, daß es zu viele Menschen und zu wenige Götter gibt, als daß sich die letzteren gleichzeitig mit dem Leben aller Menschen befassen könnten. Also muß es einen anderen Weg geben. Merkur und Jupiter sind im Himmel beschäftigt; wenn sie sich als Erdenwesen manifestieren, können sie zu einer bestimmten Zeit nur an einem Ort sein. Wenn sie aber in uns, in unserer eigenen Persönlichkeit gebildet werden, dann könnte ein einzelner Gott seinen Aspekt der Welt gleichzeitig auf viele Menschenleben, ja sogar alle Menschenleben und alles Leben überhaupt einwirken lassen. So gesehen stammt die Vorstellung, daß Aspekte unserer Persönlichkeit und unseres Schicksals Planetenarchetypen widerspiegeln, aus der Tatsache, daß die Planeten in unserer Erfahrung genau in demselben Augenblick aufzutreten scheinen, in dem sie am Himmel vorüberziehen.

Der Tierkreis, den wir kennen und auf den wir in unserer westlichen Kultur aufgebaut haben, stammt von den Chaldäern und den noch älteren sumerischen und akkadischen Völkern Assyriens und Babyloniens. Die Systeme der Ägypter und Chinesen haben davon stark abweichende Konstellationen, eine eigene Symbolwelt und charakteristische Methoden der Weissagung. Obwohl diese im weitesten Sinne auch von Bedeutung sind, stammen die astrologischen Bilder des Westens hauptsächlich aus der babylonischen Kultur. Von ihnen haben wir ihre Ahnung von Licht und Dunkelheit, den Charakter der Tierkreiszeichen (obwohl wir viele von ihnen abgewandelt haben) und den zwölfstufigen kosmischen Zyklus, in dem die Natur manifestiert war. Die Chaldäer glaubten, daß die Planeten die sichtbaren Körper der Götter seien. Wir haben die Symbole übernommen, die in diesem Glauben gebildet wurden.

Die Astrologie repräsentiert eine Synchronizität zwischen den alten Kalendern der bäuerlichen Gesellschaften des nahen Ostens und einer Theorie kosmischen oder himmlischen Einflusses. Aus unserer Sicht mögen es zwei verschiedene Systeme sein, vielleicht waren es auch zu bestimmten Zeiten zwei verschiedene Systeme, aber de facto nimmt die Astrologie diese beiden Systeme als eines. Solange der Himmel göttlich ist und die Planeten Götter sind, die auf das Schicksal einwirken, ist ihre Zeitmessung mit den Einflüssen, die sie ausüben, identisch. Zeitmessung als solche erfordert jedoch keine Theorie über Himmelseinflüsse. In der Steinzeit und den alten Zivilisationen waren diese beiden Pole verbunden, aber am Ende wird die Zeitmessung zu einem säkularen Vorgang. Die Kalender werden zu astronomischen Hilfsmitteln, mit irgendwelchen Systemen von astralen Zyklen und Rhythmen haben sie nichts mehr zu tun. Aber die Astrologie hat die Zeitmessung heilig gehalten, oder in der Sprache der Gegenwart ausgedrückt, sie hat ihren psychischen und archetypischen Gehalt bewahrt, die Zeit gilt ihr als Grundharmonie in der Verbindung des Mikrokosmos und Makrokosmos und dem einheitlichen Ablauf des Universums. Als sich die Zivilisation aus dem liturgischen und zeremoniellen Raum herausbegab und nun in Tage, Monate und Jahre eintrat, die rein politisch, militärisch, ökonomisch und wissenschaftlich waren, ging das Gefühl für die Heiligkeit der Zeit verloren. Die Theorie der Himmelseinflüsse erfordert gerade die Verwendung von Kalendern und Ephemeriden, denn sie sind die mathematische Wiedergabe der Ganzheit und der inneren Verflochtenheit des Kosmos. Ohne sie kann die Idee eines Himmelseinflusses zwar bewahrt und gewürdigt werden, aber es gibt dann keine »wissenschaftliche« Methodologie für die Aufzeichnung und Interpretation dieser Muster, es wäre unmöglich, sie als spezifische funktionale Rhythmen und Zyklen wahrzunehmen, sie bleiben abstrakte Überzeugungen. Deshalb beinhaltet die Astrologie nach wie vor den theoretischen Anspruch, daß alle Ereignisse in der Schöpfung in synchroner Beziehung zueinander stehen, und daß sie selbst durch ihre Beziehungen zum Ganzen die Methodologie der Voraussage und das Verständnis der Fragmente liefert. Als projektiver Hintergrund der Schöpfung repräsentieren die Sterne das Ganze, und der Tierkreis – der Weg, dem die Götter bei der Herstellung von Harmonie durch Bewegung folgen – ist der Verlauf des unmittelbar erfolgenden irdischen Schicksals.

Wenn die Bewegungen der Planeten, der Sonne und des Mondes im Tierkreis einmal transskribiert sind, braucht der Astrologe nicht mehr auf den wirklichen Nachthimmel zurückzugreifen. Vor dem Hintergrund von Jahrtausenden ist dies ein schwerwiegender Mangel der modernen Astrologie. Die Ephemeriden interessieren den Astrologen mehr als der funkelnde Nachthimmel. Dabei kamen die ursprünglichen, intuitiven oder gefühlsmäßigen Inspirationen gerade aus der Beobachtung des Nachthimmels. Das tiefe Verständnis der Welt, durch das die Astrologie mehr ein philosophisches System als nur ein Puzzle von Persönlichkeitstypen wurde, entsprang ihrer täglichen und direkten Verbindung mit dem Kosmos. Sonst hätten Astrologen wie Kopernikus und Kepler nicht die Position der Sonne und die Umlaufbahnen der Planeten entdeckt. Ohne die Verehrung, die Herschel, Adams, Leverrier und Lowell dem Nachthimmel zollten, hätten die Astrologen keine uranischen, neptunischen und plutonischen Faktoren, die in ihren Horoskopen heutzutage so wichtig sind. Ebenso wie sich die Astrologie mit den Zeitaltern verändert, bedient sie sich auch der jeweils neuen Sterne. Was im einzelnen entdeckt wird, ist unvorhersagbar, aber alles das, einschließlich der Quasare und Pulsare, hat irgendeinen Platz im Universum oder im menschlichen Modell des Universums und muß deshalb in das dynamische Horoskop des Ganzen mit eingeschlossen werden. Die Astronomie hat immer neue Bilder in die Astrologie eingebracht, und die Astrologie hat sie in ihren eigenen traditionellen Begriffen interpretiert. Gleichzeitig nimmt die Astrologie an, daß die Sterne unmittelbar zu uns sprechen – nachts in ihrer wirklichen Gestalt am Himmel, als Symbole und im Leben unserer Freunde, Liebhaber und Verwandten – und daß wir diese Sternenweisheit auch ohne eine Kenntnis der Astrologie aufnehmen. Weil die Astrologie die »Wissenschaft« des Ganzen ist, kann sie die grundlegende Einheit aller Ereignisse und Bilder und ihre Beziehung zu dem größten aller Felder annehmen.

Der Zeitpunkt ist in der Astrologie entscheidend, denn er ist der genaue Maßstab, durch den die Verbindung der Ereignisse hergestellt wird. Ereignisse sind miteinander verbunden, weil sie vermittels der Zeitachse der Schöpfung gleichzeitig stattfinden. Zum Zeitpunkt der Geburt eines Individuums wird auch der Himmel neu »geboren«. Er enthält eine einzigartige Anordnung, und darin kann das Potential dieses Individuums abgelesen werden, die Aspekte des Universums, die er oder sie in Kleinausgabe verkörpert. Obwohl einige astrologische Systeme Argumente für einen direkten, telepathischen oder schwerkraftartigen Einfluß der Planeten anführen, ist dies nicht notwendig. Man muß lediglich einen Augenblick in der absoluten Zeit finden, auf den bezogen man verschiedene Ereignisse im Kosmos lokalisiert. Für den archaischen Menschen besorgten das die Sterne – und vor allem die Planeten im Tierkreis. Theoretisch hätte jedoch dasselbe Muster aus den Zellen in einem Blatt oder aus dem Gehirngewebe entnommen werden können. Die Astrologie ist einfach ein System von Geburtshoroskopen, das vor dem Hintergrund des Himmels gesehen wird, und von Anfang an sind die symbolischen Bedeutungen vermittels dieser Bilder ausgearbeitet worden. Sie ist die einzige, uns noch erhaltene historische Aufzeichnung, wie ein symbolisches System auf sukzessive Zeitpunkte angewendet wurde.

Geburtshoroskope sind nicht das einzige Beispiel astrologischer Arbeit. Es können auch Empfängnishoroskope erstellt werden, wenn der Augenblick bekannt ist. Auch Todeshoroskope können berechnet werden, um zu erkennen, was der Tod eines Menschen in das weite Kollektiv des Himmels mitnimmt, was das Universum vom Leben dieser Person »gelernt« hat und auf diese Weise an die Einheit der Ungeborenen weitergeben kann, die aus seinem ewigen Feld hervorkommen werden. Für das Potential eines jeden Augenblicks kann ein Horoskop erstellt werden, und die exakte Wissenschaft, die sich damit beschäftigt, wird als Stundenastrologie bezeichnet. Marc Edmund Jones erklärt dies folgendermaßen:

> *Das Universum ist geordnet, weil es für alles und jedes einen Platz hat, ja nach den besonderen Zeit- und Raumerfordernissen all der allgemeinen und spezifischen Beziehungen, die in der Erfahrung zusammengebracht werden, d. h. einen Brennpunkt in einer identifizierbaren Situation erhalten. Die Stundenastrologie nimmt den Augenblick eines Ereignisses im geordneten Ablauf des Universums, der ganz wörtlich für alle menschlichen Wesen durch die Bewegungen der Erde als Himmelskörper gewährleistet ist, und mißt die Beziehungen dieser Himmelsbewegungen mit jenem Horizont auf der Erdoberfläche, der seinerseits wieder durch den Ort des Ereignisses bestimmt ist.*[3]

Die Synchronizität spielt in jeder Erklärung eines astrologischen Einflusses eine wichtige Rolle. Wir stellen uns nicht mehr vor, daß die Sterne die Menschen mit unsichtbaren Strahlen berühren oder sie mit magnetischen Zügeln lenken. Die Beziehung der räumlichen Gegenwart zwischen Erde und Himmel ist tiefreichend genug und wird deshalb zu einer Beziehung von tiefster Bedeutung. Carl G. Jung versuchte sowohl allein wie auch in Zusammenarbeit mit dem Physiker Wolfgang Pauli ein Modell der Synchronizität zu entwickeln, das im Sinne eines Gesetzes mit der Kausalität gleichrangig sein sollte. Ereignisse, die keinen anderen Zusammenhang hatten, könnten allein schon durch die Möglichkeit ihres Stattfindens oder durch ihr gleichzeitiges Stattfinden verbunden werden. Diese Beziehungen könnten wir nicht unmittelbar sehen, höchstens als zufälliges Ereignis oder willkürliche Überschneidung, man könnte sie aber auf einer unbewußten Ebene erkennen, wo der Mensch sich in psychosomatischer Identität mit dem Universum befindet. Dies ist die Rechtfertigung der Symbolismen des Tierkreises und der Konstellationen durch die analytische Psychologie. Diese Symbole repräsentieren das kollektive historische Wiedererkennen des elementaren unbewußten Prozesses im Universum. Die Verständlichkeit und Ordnung, die im Nachthimmel und in der Natur sichtbar werden, kommen auch psychogen zum Vorschein, wenn die Formen aus dem Unbewußten in Bilder und Ideen übergehen.[4] Im zweiten Buch seiner Trilogie »Perelandra« zitiert C. S. Lewis die alte hermetische Prophezeiung, daß »so etwas wie Zufall oder Schicksal jenseits des Mondes nicht existiert«. Obwohl der Name des Raumfahrers Ramson viele Zeitalter zuvor entstand, als seine vergessenen Ahnen ihn in seiner etymologischen Wurzelform erhielten, wird dieser Name zum Leitfaden auf seiner Reise zur Venus, und zuletzt figuriert er als »Zahlung, die Befreiung bringt«. Seine plötzliche Erkenntnis dieser unmöglichen Wahrheit rettet ihn. »Bevor die Welt geschaffen wurde«, schreibt Lewis, »waren all diese Dinge in Ewigkeit so fest miteinander verbunden, daß die Bedeutsamkeit des Musters gerade darin lag, daß sie sich genau in dieser Weise anordneten.«[5] Es ist, als ob der Urnebel, in dem sich die physischen Atome vereinten, auch einen psychischen Nebel darstellte, der sich seither ausgedehnt hat, um Zeit und Raum zu umfassen.

Synchronizität bedeutet mehr als ein Gesetz. Sie soll das ausdrücken, was unmöglich und dennoch zu geschehen scheint. Ursache – Wirkung stellt nur eine Weise dar, in der zwei Ereignisse einander bestimmen können. Sie können auch durch »Gleichzeitigkeit und Bedeutung« verknüpft sein. Das trifft auf alle Divinationssysteme zu, einschließlich dem System des I Ging, bei dem die Teilnehmer durch eine Methode des Schafgarbenwerfens Orakelsprüche aus einem Buch von Hexagrammen beziehen, und der Skapulomantik, durch die man Knochensprünge liest, die über dem Feuer entstanden sind und die irgendwie den Wildspuren im Wald entsprechen. Eingeweide, Muskel und Organe werden gleichfalls in bezug auf Gleichzeitigkeit gedeutet. Und, natürlich, der Himmel. Wenn wir fragen, was heißt Astrologie, fragen wir in Wirklichkeit: was heißt Bedeutung an sich? Dane Rudhyar schreibt:

> Es kommt nicht darauf an, ob solche Symbole Träume, mystische Visionen, Omen oder okkulte »Signaturen« sind oder irgendeine jener Formen der Lebensdeutung oder gar Wahrsagerei, die seit Jahrtausenden benutzt werden. Es geht darum, daß alle Lebens-Begegnungen mit Sinn erfüllt werden. Der Mensch wird so zum Interpreten und Seher. Er lebt in einer Welt von Seelen – in einer Welt bedeutsamer Ganzheiten, weil durch sein Bewußtsein Ganzheitlichkeit oder Holismus wirksam wird.
> Wenn die Wirkungsweise vollkommen wird, dann besteht in der intuitiven Interpretation der Symbole des Augenblicks dieselbe Sicherheit, die den biologischen Instinkt ausmacht. Eine Sicherheit, die der Intellekt nur in Logik und reiner Mathematik kennen kann – in der Sicherheit einer Tautologie – eine Sicherheit, die aus offenbarer Identität erwächst.
> Die vollkommene Intuition ist ebenfalls das Resultat einer Identifikation (absoluter »Sympathie«, wie Bergson schrieb) zwischen der wahrnehmenden individuellen Ganzheit und der wahrgenommenen ganzheitlichen Situation.[6]

Die nach-Einsteinsche Astrologie ist eifrig bemüht zu erklären, daß es keine Weltlinien und Zeitlinien gibt, die das Universum durchqueren und seine Teile miteinander verbinden. Wenn wir uns in genügend starken Raumschiffen schnell genug fortbewegen könnten, nahezu mit Lichtgeschwindigkeit, so könnten wir tatsächlich innerhalb unserer Lebenszeit die entferntesten Milchstraßen erreichen, die wir uns nur vorstellen können. Wir sind einundzwanzig Lichtjahre vom Zentrum unserer eigenen Milchstraße entfernt und achtundzwanzig Lichtjahre von einer anderen Milchstraße. Wenn wir ein Raumschiff bauen würden, das sich auf der Basis interstellarer Partikel und Strahlung nahezu mit Lichtgeschwindigkeit fortbewegen würde, dann könnten wir in kosmisch fernen Gegenden ankommen, die uns aufgrund unserer Geburt in diesem Teil der Milchstraße eigentlich für immer versagt geblieben wären. Wir könnten miterleben, wie Wasser in einer Höhle auf einem anderen Planeten in einem anderen Sonnensystem in einer anderen Milchstraße herabtropft. Und wenn wir Millionen Jahre später zur Erde zurückkehren würden, wären die Konstellationen verdreht, aus der Form geraten, und nichts wäre auf unserem Heimatplaneten aus unserer Zeit übrig geblieben, nicht einmal archäologische Überreste. Nur wir selbst hätten überlebt.

Dies ist vielleicht nicht möglich, und wenn nicht, dann aus technischen Gründen, und wir können uns noch keine andere Technologie vorstellen, die dies leisten könnte; wir können es auf Jahre hinaus in die Zukunft vorverlegen oder es Menschen aus anderen Milchstraßen überlassen, die uns allem Anschein nach mit ihren UFOs besuchen. Das Entscheidende ist, daß es kosmisch möglich ist. Und so ist unsere Gefangenschaft in der Materie entlang einer feinen Kurve doch offen. Dieses Universum besteht auf irgendeine Weise aus Gegenwart, die sich in Ewigkeit ausdehnt und streckt. Wir können die planetarische Zeit durchbrechen und in verschiedene Zeitbereiche eintreten. Wir können diese Welt auch als biologische Entitäten überleben, und wir tun dies auch wirklich auf langen Flügen über die Oberfläche der Erde: dort gewinnen wir vielleicht den Bruchteil einer Sekunde verglichen mit der Zeit anderer Menschen.

Die gegenwärtige Astrologie und Astrobiologie versuchen auch, eine physikalische Basis für Himmelseinflüsse aufzudecken. So könnten zum Beispiel die Sonne, der Mond und die Planeten in Kontakt mit den verschiedenen Organen und hormonalen Zentren des menschlichen Körpers stehen, den Säftefluß auslösen und den grundlegenden Rhythmus für die Verbindung von anatomischen Zentren und embryonalem Gewebe zu Persönlichkeitselementen bestimmen.

Einige astrobiologische Beziehungen sind elementar: Die Erde besteht aus Sonnenmaterial; jede biologische Substanz auf der Erde wird durch die Interaktion von Sonnenlichtpartikeln mit Pflanzen, also durch Photosynthese erzeugt. Auch hält die Sonne die Erde in der richtigen Umlaufbahn, so daß sie die richtige Licht- und Wärmemenge für unser Überleben erhält.

Der Mond bewirkt nicht nur die Gezeiten, sondern beeinflußt auch die Flüssigkeiten unseres Körpers und Gehirns. Da diese hauptsächlich aus Wasser bestehen, sind sie einem starken Mondeinfluß unterworfen. Man beobachte die Wellen am Ufer. Obwohl sie anschwellen und sich geräuschvoll überschlagen und brechen, entstammen sie doch der leichtesten Berührung, jener Berührung, die auch in uns wirkt und auf der Ebene der Zellen »Wellen« hervorruft. Mit seinem monatlichen (also »mondlichen«) Zyklus erzeugt der Mond eine Reihe von Gravitationspunkten, um die sich die biologischen Rhythmen organisieren. Würde man den Mond vom Himmel entfernen, so würden die irdischen Landmassen von den Ozeanen katastrophal überflutet werden. Selbst wenn das Leben eine solche Katastrophe überdauern könnte, so wären doch seine subtilen chemischen und hormonalen Rhythmen zerschmettert. Vielleicht hätte das Leben eine andere biologische Uhr verwenden können, um sich zu organisieren, aber da es den Mond gab, war die Wahl klar, und nun ist es zu spät, um unsere Biologie aus dem Mondzyklus herauszulösen.

Zum Beispiel haben Experimentatoren herausgefunden, daß Muscheln aus Long Island Sound sich in Evanston, Illinois öffneten und schlossen, und zwar »zu der Zeit, wo die Gezeitenflut Evanston überflutet hätte, wenn es am Meeresufer gelegen hätte – d. h. dann, wenn der Mond den Ortsmeridian passierte.«[7] Der Palolowurm von den Korallenriffen des Pazifischen Ozeans richtet sich während der Monate Oktober und November nach dem Mond. Im letzten Viertel bei zunehmendem Mond steigt die hintere Hälfte des Wurmes mit ihrem genitalen Material an die Oberfläche, während der Rest auf dem Riff zugrundegeht. Die Eier und Spermatozoen schwimmen miteinander im Wasser und verbinden sich mehrere Tage lang bei Ebbe. Der Paarungsvorgang ist bei dieser Spezies jahreszeitlich bedingt, und das ganze Meer verändert seine Farbe. In Samoa wird dieses Ereignis nach dem heiligen Kalender gefeiert. In Florida schwärmen die Aale im letzten Viertel bei zunehmendem Mond. Es wurde gezeigt, daß Insekten, Molche, Würmer, Krabben und Seetang schon auf äußerst geringe Veränderungen der

Gravitation, der elektrostatischen Felder und des Magnetismus reagieren, dabei sind diese Veränderungen unendlich viel kleiner als die lautstarke Information, mit der sie ständig überflutet werden. Die einzige Erklärung dafür ist die, daß Lebewesen in Jahrtausenden der Evolution für die genauen Mikrorhythmen sensitiv geworden sind, die sie für ihr Überleben benötigen. Diese Rhythmen sind in ihnen von Geburt an aufgespult und existieren nicht in der groben Physiologie selbst nicht des Gehirns, wohl aber in der Empfindlichkeit des Zellengrundplasmas. Diese Einflüsse sind so flüssig und »gelöst« wie das Leben selbst.[8]

Obwohl die Reaktionen auf die Planeten des Sonnensystems experimentell nicht so leicht demonstriert werden können wie die Muster, die Sonne und Mond erzeugen, können wir nicht übersehen, wie viel elektrisches, magnetisches und Gravitationsmaterial von ihnen geliefert wird, vor allem von den uns nächsten Planeten wie Mars und Venus oder den besonders großen wie Jupiter und Saturn. Alle diese Körper tragen dazu bei, das Gesamtgleichgewicht des Sonnensystems aufrechtzuerhalten, und alle geben sie verschiedene Kräfte ab, wenn sie die Erde in geringerer oder größerer Entfernung passieren. Jupiter kann von einem Vogel im Flug nicht gesehen werden, und Mars kann von einem Maulwurf in seinem Tunnel nicht gehört werden, trotzdem erzeugen diese Planeten eine Resonanz auf der Erde, und diese Resonanz stellt einen Teil des gesamten Umwelthintergrundes dar, in dem die Erde sich befindet. Ohne Frage ist der Einfluß Jupiters auf uns verschwindend, um so mehr noch die Einflüsse von Uranus und Neptun, aber sie sind nicht gleich Null. Es kommt nicht so sehr auf die gegenwärtige Resonanz als vielmehr auf die Wiederholung desselben komplexen Musters über Jahrmillionen hin an. Dies kann auf der Erde fein, aber dauerhaft im Zellengrundplasma aufgezeichnet werden.

Der Tierkreis ist selbst die Systematisierung einer Verwandlungssequenz mit zwölf Aspekten – von jenem Augenblick im Widder an, wenn das Universum in die Existenz explodiert, bis zur vollkommenen Vernichtung aller Dinge in den Fischen, nach denen der Zyklus wieder von neuem im Widder beginnt.[9]

Dies beschreibt nicht nur das Universum als Ganzes, sondern auch jedes einzelne Kalenderjahr, das genau genommen im Widder (März) beginnt und in den Fischen (Februar) endet. Diese Aspekte sind auch in jede Persönlichkeit, jedes Ereignis, jede Nation und jeden nur vorstellbaren Aspekt der Existenz auf allen Ebenen verwoben. Der Astrologe Walter Sampson schreibt dazu: »Aus den Fischen, dem Zwischenhimmel verfallener Welten, dem Trümmerhaufen früherer Schöpfungen, diesem Chaos entkörperlichter Entitäten, aufgelöst, zergliedert, vergangen, brennt das kreative Feuer, der schockhafte Impuls des Widders, den Unrat hinweg, schmilzt die Überreste auf ihre ursprünglichen Elemente zusammen und erzeugt daraus eine neue Materie, und das ist der Stier.«[10] Der Stier ist bewahrend und verleiht Gewicht und Würde. Wie die Pyramiden steht er herausfordernd auf festem Grund und denkt: »Ich bin alles, ich werde immerwährend sein, ohne Auflösung oder Degeneration.« Der Skorpion aber, der den Antares auf seinem Rücken trägt, wartet im Herbst genau gegenüber dem Stier im Umlauf der Erde. Der Skorpion ist die Verwandlung. Er antwortet dem Stier, indem er sagt: »Nichts ist ewig.« Dann beginnt er das Werk des Taurus zu zerstören, um es verwandelt wieder auferstehen zu lassen. Kein Wunder, daß er mit Leidenschaft, Sexualität und Zauberei assoziiert wird. Die Zwillinge folgen dem Widder und Stier vor der Sommersonnenwende: die Zwillinge entwickeln Beziehung und verteilen Ideen. Dann durchwirkt der Krebs diese drei primären Aspekte mit seinem wässrigen Eros, er zerlegt und verwandelt sie in eine wirkliche und bewohnbare Welt. Der Löwe, der die Sonne im Herzen der Existenz verkörpert, entsteigt der krebshaften Kollektivität und inkarniert sich kühn. Er rebelliert gegen die Einheit der Natur und erklärt seine Individualität und Freiheit. Die Jungfrau empfängt am Ende die Wirkungen des Löwen und pflegt und erhält sie. Der Löwe ist ehrgeizig und idealistisch; die Jungfrau führt ihn fort zu erhaltender Arbeit. Die Waage steht dem Widder gegenüber, sie folgt auf die Jungfrau und bringt Harmonie und Gleichgewicht in den Tumult. Dem Schock der Schöpfung antwortet sie, indem sie gerechte Verteilung, Heiterkeit und Raum gewährt – die Überzeugung, daß dies alles, so wie es ist, richtig ist. Die Waage macht die Schöpfung erträglich und sogar angenehm. Dann kommt die Überraschung und die seltsame Energie des Skorpions, der in Babylon ein Adler war.

Der Schütze leitet die letzte Phase des Tierkreises und des Jahres ein, es ist die kollektive Phase. Der mit Pfeil und Bogen ausgestattete Kentaur ist die Summe aller Wahrheiten und menschlichen Weisheiten, ganz unabhängig von Kultur oder Weltanschauung. Er kennzeichnet den Zusammenbruch des Eigeninteresses und der Vielpoligkeit der Zwillinge sowie den Beginn selbstloser Liebe und kollektiver Verantwortung. Dann folgt der Steinbock, er kristallisiert, er ist das kollektive Wissen im Sinne einer Quelle der Autorität und repräsentiert Wissenschaft, Technologie und Staat. Er ist »die abschließende Form, die weiteres Wachstum verbietet«.[11] Gewissen astrologisch-esoterischen Zirkeln zufolge soll der nächste große Weltenführer ein Steinbock sein. Er ist vielleicht schon geboren oder wird morgen geboren werden oder am Anfang des nächsten Jahrhunderts. Er verspricht, die Welt zu vereinen, den kriegführenden Nationen Frieden zu bringen und die Hungrigen zu speisen; er bringt die Technik zum Funktionieren, und das Ergebnis sind allgemeiner Wohlstand, unbegrenzte Ressourcen und eine utopische Weltgesellschaft immerdar. Als Gegenleistung verlangt er nur, daß er als der einzige jetzt und in der Zukunft anerkannt wird. Er fordert die Aufgabe aller spirituellen Systeme, nur dieser eine Volltreffer gegen die Sterblichkeit, nur dieses eine Utopia soll noch Geltung haben. Aber kein einzelnes Zeichen kann den ganzen Tierkreis einnehmen. Auf den Steinbock folgt der Wassermann, er steht dem Löwen gegenüber. Er ist der Wasserträger und bringt eine den ganzen Planeten umspannende Einheit, eine wirkliche Weltkultur und das Ende aller Autorität in kreativer Intelligenz. Es sieht nur so aus, als wäre die ewige Herrschaft des Wassermannes schön, aber so schön wäre es eben doch nicht, denn nun kommen die Fische und mit ihnen die Zerstörung aller Dinge in universeller Bewußtlosigkeit, im Vergessen, in jenem Raum, der zwischen zwei Universen besteht. Sampson schreibt dazu:

Dies ist ein Ort von Schatten, seltsamen Formen, Ungeheuern, von Träumen voll unirdischer Schönheit und quälender Prägnanz. Es ist eine düstere, unbestimmte Gegend, die in opalfarbenem Licht schimmert, in der die Formen kommen und gehen, durch die die Nebel schweben, durch deren Schleier alles unsicher erscheint... Es ist der Ort des Verschwindens, wo alle Dinge sich im Universum vermischen und verschmelzen und zu ihrem Schöpfer zurückkehren... Es symbolisiert die abschließenden Verwesungsprozesse, durch die die Dinge in ihre primären Elemente aufgelöst, zergliedert und zerschmettert werden, und ihre Identität vollständig verschwindet.[12]

Der Tierkreis ist ein Weg, auf dem sich Sonne, Mond und Planeten zu bewegen *scheinen*, weil das Sonnensystem auf einer einzigen Ebene liegt. Die Bilder und Bedeutungen der Zeichen entsprechen den zwölf Sternengruppen, so, als ob die letzteren dieselbe Größe und Dauer besäßen. Dabei sind sie in Wirklichkeit sehr unterschiedlich groß (der Krebs ist klein, die Fische sind dagegen riesig). Aber das läßt sich durch die Synchronizität zwischen einem System archetypischer Psychologie und einer anscheinend willkürlichen Gruppierung von Sternenmustern erklären. Wenn das System einmal aufgestellt ist, können die Menschen in seinen Begriffen denken, und neue Bedeutungsschichten hüllen die ursprünglichen Bedeutungen ein. Sie alle stehen weiterhin in Wechselwirkung, bis die mythisch-historische Größe des Systems, innerhalb unseres Maßstabs als Spezies, der Größe des Himmels gleicht.

Wenn die Kritiker den einen oder anderen Aspekt der Astrologie angreifen, dann entgeht ihnen sowohl die Absurdität wie auch die Großartigkeit des ganzen Entwurfes.[13] Die Zodiakalastrologie nimmt jede Konstellation als einen Bereich, der die gleiche Anzahl von Graden aufweist, bzw. die gleiche Fläche des erscheinenden Himmels einnimmt, und sie beschreibt nur die genaue Wiedergabe der wirklichen Sterngruppen und Kalenderperioden (Zeichen), die einstmals vor Tausenden von Jahren vorhanden waren. Die Entmystifizierer haben die Astrologie satirisch als ein Apartmenthaus dargestellt, in dem jeder

Bewohner in das Apartment direkt über ihm umgezogen ist, wobei die Bewohner des obersten Geschosses den Kreis dadurch schlossen, daß sie ins Erdgeschoß übersiedelten. Das einzige Problem besteht darin, daß niemand die Namensschilder an den Türen verändert hat, und deshalb geht die Post nun an die falschen Leute, die Besucher betreten die falschen Wohnungen, und alle täuschen vor oder scheinen den Unterschied nicht zu bemerken. Unter veränderten Namen gehen die Geschäfte wie üblich voran. Wenn sich die Astrologie in Entsprechung zum Himmel verändern würde, so verlöre sie die Verbindung zwischen Geburtsdaten und Zeichen, wie auch ihre jahreszeitlichen Entsprechungen.

Für dieses Problem hat die Astrologie eine interessante Antwort, die auch im Rahmen ihrer eigenen Prinzipien und ihres Aussagebereiches bleibt. Die traditionelle Formel wird der Disziplin der Zodiakalastrologie zugeordnet, und das korrigierte System der Zeichen und Konstellationen erhält nun einen eigenen Bereich, nämlich die Konstellationsastrologie. Die Konstellationsastrologie korrigiert im besonderen diese beiden Fehler, aber indem sie dies tut, beschädigt oder eliminiert sie nicht die Zodiakalastrologie. Es wird angenommen, daß der Tierkreis fest in der Geschichte der Erde verankert ist und daher Realitäten und Potentiale ausdrückt, wie sie in dieser Geschichte tatsächlich vorkommen, d. h. also auf einer Erde, die den Verbindungen zum Himmel widersteht und eine lokale Ordnung aufrechterhält. Die Bedeutungen der Zodiakalastrologie sind gesellschaftlich, beruflich, künstlerisch, politisch usw., beziehen sich also auf die meisten Dinge, um deretwillen die Menschen die Astrologie befragen. Tatsächlich hat die moderne Gesellschaft den Kontakt mit dem Himmel verloren, und obwohl man sieht, daß die Konstellationen nicht mehr an ihren früheren Orten stehen, interessiert man sich dafür nur wenig. Man kümmert sich mehr darum, ihre Bedeutungen von Tag zu Tag aufrechtzuerhalten. Aber dann kommt eine Revolution im Iran zustande, und in Washington bricht ein Vulkan aus. Diese Ereignisse sprengen buchstäblich den Tierkreis.

Der Tierkreis bleibt innerhalb der irdischen Geschichte und

versucht, ihre Bedeutungen festzuhalten, aber der Himmel stürzt in eine neue Zeit voran. Aber schließlich paßt sich die Erde gewissermaßen ihrem wirklichen Platz im Himmel an, und die beiden Astrologien kommen wieder zusammen. Das ständige Muster des Auseinandergehens und Sichwiederannäherns erzeugt eine Art Moiréemuster, so daß die Wahrheit einer jeden Situation irgendwo zwischen den beiden Polen liegt, je nachdem, wie getreu sich eine bestimmte Kultur oder Geschichtsepoche an ihre absolute Bedeutung in einer objektiven Perspektive des Himmels hält.

Die Konstellationsastrologie beschreibt das kosmische Potential der Erde in bezug auf ferne Sterne und Milchstraßen. Über weltliche oder historische Schicksale hat sie wenig zu sagen; ihre Informationen sagen voraus, wie sich die Erde an reale Bedingungen und die daraus folgenden globalen Veränderungen anpaßt. Ihre Kunst und Psychologie ist radikal, sie nimmt eher die Geburt neuer Formen als eine Entwicklung innerhalb der alten Formen an. Diese Formen sind auf den gegenwärtigen vollen Schmuck des Himmels abgestimmt und nicht auf die ständige Eile der Erde, um aufzuholen. Zum Beispiel betrachtet man in der Zodiakalastrologie den Boom der Ölländer und die daraus entstehenden politischen und sozialen Systeme nach den Ereignissen, die in diesen Ländern tatsächlich stattfinden und für das zu ihnen gehörige Sternzeichen typisch sind. In der Konstellationsastrologie jedoch werden diese Ereignisse nur im Sinne der beschränkten Ölreserven der Erde und dem Beitrag beurteilt, den sie zu der Anpassung der Erde an ihre ganze Geschichte, ihr ganzes Schicksal im Kosmos letztlich leisten.

Wie die Relativitätstheorie macht die esoterische Astrologie nicht mehr Halt, wenn sie einmal die erste Verzerrung zweier gleichzeitiger Zeitpunkte entdeckt hat. Wenn es schon schwierig ist, sich Ereignisse der Konstellationsastrologie vorzustellen, dann ist die neue heliozentrische Astrologie fast unbegreiflich. Dort wird der Brennpunkt von der Erde auf die Sonne verlegt, dem Gravitationszentrum des Sonnensystems, und so wird nun von Ereignissen gesprochen, deren Mittelpunkt die Sonne ist. Die Erde ist dabei nur ein Einflußfaktor. (Nach diesem Vorgehen könnte es schon im Sonnensystem eine beliebige Menge von Astrologien mit jeweils verschiedenen Zentren geben: für jeden Planeten, Mond, Asteroiden, Kometen usw.). Zeitgenössischen Astrologen zufolge wendet sich die heliozentrische Astrologie an die elementare und konkrete Realität der Materie bis hinab zu einer subatomaren Ebene. Ihre Horoskope sprechen über die Beziehungen zwischen den Planeten über Jahrtausende hinweg, vielleicht auch über die Kommunikation vernunftbegabter Wesen in der ganzen Milchstraße. Sie ist auf den Gravitationszustand des Sonnensystems eingerichtet und kann deshalb nicht an die Dimension eines individuellen Lebens in einem Land auf einem Planeten geheftet werden. Aber trotzdem muß sich dieses Leben irgendwo mit der Ebene der Sonne schneiden, ob die Person nun jemals diesen Augenblick bewußt wahrnimmt oder nicht.

Wenn wir ein galaktisches Zentrum als astrologischen Bezugspunkt finden könnten, wären wir fähig, nur von galaktischen Potentialen zu sprechen. Diese lägen auf der physischen Ebene tiefer als die subatomaren Quarks und wären von so feiner Intelligenz, daß man sie nur als vormaterielles, vorvernünftiges Maß für all das nehmen könnte, was jetzt materiell und vernünftig ist. Natürlich existiert ein solches Zentrum, und seit Beginn des zwanzigsten Jahrhunderts wissen wir, daß es von unserem Blickpunkt aus gesehen draußen in der hellen Schützegegend liegt, direkt gegenüber der Jungfrau. Und alle 250 000 000 Jahre vollendet die Sonne einen Umlauf um dieses galaktische Zentrum.

Ohne Zweifel kreisen auch die Milchstraße und ihre Schwestermilchstraßen um ein übergalaktisches Zentrum, von dem man gegenwärtig annimmt, daß es genau in der entgegengesetzten Richtung, nämlich fünfzehn Millionen Lichtjahre unendlich hinter dem Sternbild Jungfrau liegt. An jedem verschwindend kleinen Punkt wäre das astrologische Netz noch feiner, noch exakter. Dies liegt jenseits unserer Erfahrung, aber nicht jenseits unserer Vorstellung. Die alte Astrologie hat dies intuitiv erfaßt. Die moderne Astrologie verwendet das Material der relativistischen Physik und Radioastronomie, um dies noch einmal zu sagen. Unser Leben ist an eine unsichtbare Harmonie, einen unsichtbaren Rhythmus gebunden; der Tierkreis ist das grobe irdische Zwölferschema dieses Rhythmus, das vom einstmaligen babylonischen Ortshimmel stammt, und für die Zwecke der alltäglichen Weissagung genügt es. In den Worten des taoistischen Astronomen:

> *Das Netz des Himmels ist weit;*
> *Grob sind die Maschen, doch nichts schlüpft hindurch.*[14]

Kein Wunder, wenn man die Ereignisse betrachtet, mit denen wir es zu tun haben.

Die Sterne modellieren das Universum in drei Dimensionen des Raumes und der Zeit. Die ursprünglichen Nuklearfeuer sind im Atom zusammengefaßt worden, und vom Webrahmen der Schwerkraft hebt sich ein dünner Rauch und zieht hinweg; es bleiben helle, farbige Wellen zurück: wilde Kleefelder, Schlangen, Ringelgänse, Fliegen und Meere von Flüssigkeit und Luft. Durch den Flug des Space Shuttles »Columbia« wurde die Komplexität der Sternenrhythmen demonstriert. Wir können den Raum noch nicht mit unseren Städten überziehen und zu anderen Welten wegfliegen. Es gibt eine Barriere, die eine solche Ausdehnung verhindert. Wir müssen uns in der exakten Anpassung an die Schwerkraft üben und Schritt für Schritt durch ihr Labyrinth vorwärtsschreiten. Die Lösung für »Columbia« liegt Hunderte, vielleicht Tausende von Jahren in der Zukunft. Aber wenn wir nicht in einem noch so kleinen Maße in das Sternennetz kriechen, werden unsere Nachkommen enterbt werden. Es gibt keine Abkürzung, und niemand kann es für uns tun. Was das Space Program verdeutlicht, haben die T'ai Ch'i-Meister schon seit Generationen gewußt: es gibt nur eine Form, eine Achse, einen Mittelpunkt; nachdem jede Bewegung internalisiert worden ist, kommt eine noch tiefere Bewegung, und noch eine und so weiter ohne Ende, und alles in genauer und vollkommener Aufmerksamkeit auf die Schwerkraft – ob man nun einen Energieball vom »tan t'ien« die Wirbelsäule hinaufschiebt oder in einem riesigen Segelflugzeug wieder in die Welt der Winde zurückkehrt. Wir kratzen an der Oberfläche vielleicht einer vierten Dimension, deren nackte Kraft uns in eine andere Milchstraße versetzen oder einen Gegner fünfzehn Meter in die Luft schleudern könnte. Wir können diese Kraft ebensowenig bewegen, wie eine Amöbe aus Ebbe und Flut schwimmen kann, aber wir können ihrer Strömung erlauben, uns Stück für Stück übers Meer zu tragen.

Die Astrologie ist unsere Rune auf der hohlen Oberfläche der Unendlichkeit, oder aber wir sind das Schattenspiel der Astrologie auf dem Traum der kosmischen Nacht.

IX

Die Planeten

1. Das Sonnensystem

Wenn wir an das Sonnensystem denken, dann erinnern wir uns an die neun Planeten – an sie und ihre Monde, an die verkehrenden Kometen, Asteroide, Meteorschwärme und jenes Meer aus aufgewühltem Feuer, um das sie alle kreisen. Am Nachthimmel würde das Sonnensystem wie ein paar Nadeln in einem Heuhaufen erscheinen, einige wären die meiste Zeit unsichtbar, der größte Teil wäre jedoch ständig unsichtbar. Die Entdeckung der äußeren Planeten, ihrer Monde, und der Asteroiden waren heroische Leistungen, und trotz aller Absichten und Pläne bleiben sie für die Menschen ohne Teleskope unsichtbar.

Man kann sich das Sonnensystem auch anders vorstellen: als das Gravitationsfeld, das in der Sonne entsteht. Nur dadurch bleiben die Planeten »am Leben«. Ohne die Sonne wären sie tote Steine, die durch den Raum treiben oder bewegungslos verharren, je nachdem, wie man ihre Trägheit in der Unermeßlichkeit des Raumes interpretieren möchte.

Das Sonnensystem ist im wesentlichen leerer, interstellarer Raum. Es ist ein Schleier, ein fast vollkommen durchsichtiger Schleier, der das Gravitationsfeld beheimatet, durch das wir auf den Hintergrund des Kosmos blicken. Gäbe es nicht das Sonnenlicht und seinen chemischen Schweif, so würden wir durch eine vollkommene Transparenz blicken. Das Licht verstreut sich in der Atmosphäre und erzeugt diese opake blaue Hülle, und der Sonnenwind bläst gegen die Gase und Teilchen und erzeugt dadurch die schwache Ionisation der Nacht. Selbst in der schwärzesten Nacht läßt die Strahlung der Sonne Struktur entstehen. Zwischen uns und dem Kosmos hängt ein Himmel. Er kann so feurig sein wie das Nordlicht oder auch so gedämpft wie das ferne Funkeln der Sterne.

Verglichen mit den Sternen sind die Planeten winzig klein, und sie verfügen über kein eigenes Licht. Sie füllen die Leere zwischen hier und der Ewigkeit, indem sie mit ihren metallischen und gasförmigen Körpern das Licht reflektieren – ein Bruchteil der fortwährenden Wellen, die ihre Küsten erreichen. Diese reflektierten Wellen teilen uns mit – wie sie es auch dem archaischen Menschen in anderer Weise erklärten –, daß der Sonnenschleier kleine Materiestückchen enthält, die wie Edelsteine in ihm stecken. Im Grunde wirft der Nachthimmel Billionen über Billionen von interstellaren Raumkilometern in alle Richtungen in eine einzige Schwärze, während die Planeten, Asteroiden und Kometen als einzige bewegte Objekte hervorstehen und unter den Sternen von der Sonne erleuchtet werden.

Als Galilei und Herschel zum erstenmal durch das Teleskop auf die Planeten blickten, sahen sie Oberflächen. Die Sterne blieben fern, aber die Planeten schwollen zu konkreten Objekten an. Ihre Eigenschaften bewiesen, daß sie nicht selbst die Quelle ihres Lichtes waren, sondern vielmehr Welten wechselnder Zusammensetzung, die vom Tageslicht erleuchtet wurden. Anders als die Sterne, die alle mit ihrem eigenen Licht scheinen, beziehen sie ihre Sichtbarkeit von der Sonne.

Ein Gravitationsfeld können wir nicht sehen, aber wir können seine Existenz aus den Dingen erschließen, die in ihm gehalten werden und sich genau nach seiner Größe in der Sonnenmasse bewegen. Mit der Entdeckung des Neptun dehnte sich das Sonnensystem weiter aus und wurde zu einem Feld, das die dreißigfache Distanz zwischen der Erde und der Sonne einnimmt (die selbst durchschnittlich 149,6 Millionen Kilometer mißt). Zu dieser Zeit wurde dieser unglaubliche Betrag als äußere Grenze angenommen. Aber mit der Entdeckung des Pluto wuchs dieses Feld auf das Vierzigfache des Bahndurchmessers der Erdumlaufbahn. Und allmählich haben wir begriffen, daß es noch viel weiter reicht, und daß das tatsächliche Gravitationsfeld der Sonne mehr als ein Drittel der Entfernung zum nächsten Stern, dem Alpha Centauri, einnimmt.

Für die Riesenhaftigkeit des Sonnensystems legen die Kometen ein erstaunliches Zeugnis ab. Sie kommen scheinbar aus den Tiefen des Raumes und wandern zum Herzen des Sonnensystems. Ihre exzentrischen Bahnen werden dabei leicht von den Planeten gestört, und zwar entsprechend ihrer Größe und dem Grad ihrer Annäherung. Manche Kometen entfernen sich von der Sonne nicht einmal so weit wie die Umlaufbahn des Jupiter, aber ihre fernen Kurven können sie bis zu einem Aphel tragen, der 150 000 mal weiter draußen im Raum liegt, als die Entfernung von der Erde zur Sonne beträgt. Von dort aus könnte man die Sonne nur als einen von vielen Sternen wahrnehmen. Aber die Schwerkraft ist stark genug, um diese Kometen innerhalb des Sonnensystems zu halten.

Der holländische Astronom Jan Oort stellte die Hypothese auf, daß die Kometen von demselben explodierenden Planeten zwischen Mars und Jupiter ausgestoßen wurden, der auch den Asteroidengürtel schuf. Der größte Teil seiner Materie sei aus dem System herausgeschleudert worden, während der Rest, der gerade noch zurückblieb, eine Eiswolke an der Grenze des Sonneneinflußbereiches bildete. Daraus entstehen nun die Kometen, und dorthin kehren sie zurück.

Obwohl die Vorstellung eines explodierten Planeten allgemein verworfen wurde, existiert die Oortsche Wolke mit ihren fernen Kometen ganz offensichtlich, denn regelmäßig erscheinen unbekannte Kometen, die diese Gegend des Sonnensystems zuletzt während der Vorgeschichte des Menschen besucht haben mußten. Die Kometenwolke, die das Sonnensystem umgibt, ist wahrscheinlich der äußerste Ring des ursprünglichen Solarnebels, aus dem die Planeten und Monde geboren wurden. Die leichtere Materie wurde durch die Strahlung der sich zusammenziehenden Proto-Sonne zu diesen fernen Umlaufbahnen geschleudert. Wenn sich die Kometen der Sonne wieder näherten, entzündet sich das feine Gas und der Staub, den sie hinter sich lassen, und der Schutt vom Rande der Urwolke brennt von neuem.

Zwischen Pluto und den Kometen gibt es vielleicht noch andere Planeten, die für uns aus demselben Grund unsichtbar sind, aus dem auch Planeten, die um andere Sonnen kreisen, für uns unsichtbar sind: ihr schwaches reflektiertes Licht erreicht uns nicht. Ihre Größe müßte notwendigerweise so gering sein, daß ihre Gravitationswirkungen im übrigen Sonnensystem kaum erkennbar wären. Früher im zwanzigsten Jahrhundert zogen diese Planeten mehr Aufmerksamkeit auf sich als jetzt. Aus unerklärten Strömungen in den Umlaufbahnen von Neptun, Uranus und selbst Saturn, und aus Anomalien in den Kometenbahnen wurden sie fortwährend von den Astronomen »erfunden«. Der amerikanische Astronom William Pickering, der in Harvard arbeitete, war der berüchtigste Planetenmacher. Sein erster Planet »O« wurde in einer Entfernung lokalisiert, die das 52fache der Entfernung der Erde von der Sonne betrug. Er umrundete die Sonne in einem Zyklus von 373,5 Jahren, und seine Masse betrug das Doppelte der Erdmasse. Pickering leitete »O« im Jahre 1908 lediglich aus unerklärten Restphänomenen in der Umlaufbahn des Uranus ab. Einige Jahre später kündigte er drei weitere Planeten an: »P« lag in einer Entfernung, die das 123fache des Erdabstandes von der Sonne betrug, hatte eine Umlaufperiode von 1400 Erdenjahren und wurde aus Variationen in den Kometenumlaufbahnen abgeleitet. »Q« lag in einer Entfernung, die das 875fache des Erdabstandes von der Sonne betrug. Seine Masse betrug das Zwanzigtausendfache der Erdmasse, eine Umlaufperiode betrug 26 000 Erdenjahre. Ferner war seine Umlaufbahn exzentrisch und stark geneigt. »Q« war groß genug, um das ganze System zu balancieren und im Sinne der Gravitation als eine zweite unsichtbare Sonne zu fungieren. »R« lag in einer Entfernung, die das 6000fache des Erdabstandes von der Sonne betrug. Seine Masse betrug die Hälfte der Masse von »Q«, und seine Umlaufperiode lag bei einer Million Jahre.[1]

Die »Planeten«, die Pickering in den Jahren zwischen 1928 und 1931 behauptete, waren auch sonst recht seltsam. »S« lag in einer Entfernung, die das 48fache des Erdabstandes von der Sonne betrug, besaß das Fünffache der Erdmasse und eine Umlaufperiode von 336 Erdjahren. »T« wurde erfunden, um die wenigen, noch verbleibenden Anomalien in der Uranusbahn zu erklären und wurde unmittelbar außerhalb der Neptunbahn angesiedelt. »U« wurde später außerhalb der Jupiterbahn lokalisiert, seine exzentrische Bahn trug ihn manchmal näher zur Sonne als den Riesenplaneten Jupiter; er selbst betrug aber nur 4,5% der Erdmasse.[2]

Pickerings Sonnensystem ist nicht zuletzt deshalb interessant, weil es zeigt, daß wir uns eine der sichtbaren Konfiguration entsprechende Anordnung von Himmelskörpern vorstellen können, die lediglich auf der Analyse des Gravitationsfeldes beruht. Die Bewegungen der bekannten Planeten, Monde und Kometen offenbaren dieses Feld, aber sie lassen auch andere unsichtbare Einflüsse erahnen.

Die Milchstraße besteht keineswegs nur aus verstreuten einzelnen Sonnensternen, vielmehr stellt sie eine Reihe von riesigen, sich überlagernden Ozeanen dar, in deren Mitte sich jeweils Sonnen befinden. Mit Ausnahme der Sonnen sind diese Meere für uns unsichtbar, aber die Universalität der Schwerkraft ist eine Garantie für ihre Existenz. Sehr wahrscheinlich gibt es dort auch Planeten, Asteroiden, Meteore usw., wenn wir unser Sonnensystem als Beispiel nehmen können. Einige dieser Meere enthalten sowohl leuchtende wie auch dunkle Wolken, galaktischen Nebel aus Metalldämpfen und universellen rohen Wasserstoff. Auch gibt es dort kosmischen Staub und Sternentrümmer. Gelegentlich, entsprechend der Newtonschen Formel, erreichen Himmelsobjekte die notwendige Geschwindigkeit, um aus diesen Wassern zu entkommen, und sie treiben im leeren Raum, bis sie ein anderes Meer erreichen. Ihre hyperbelförmigen Bahnen tragen sie in den Raum zwischen den Sonnensystemen. Sie können auf ihrer Reise durch den Raum zahllose Sonnensysteme durchwandern, sie können auch einer Perturbation unterliegen und in Umlaufbahnen in den von ihnen betretenen Systemen geraten, oder sie werden von Sternen eingefangen und verzehrt. Die meisten Körper tragen nur die Archäologie ihres eigenen Sonnensystems und einer universellen Chemie mit sich, aber Wanderer aus anderen Sonnensystemen würden Botschaften von der Entstehung der Materie in anderen Sternenwolken mit sich führen, und sie würden uns ohne Zweifel mit einem noch älteren gemeinsamen Ahnen in der Milchstraße verbinden. Von Braun und Ordway nehmen einen solchen Ursprung für den Mond an.

Verglichen mit den Wasserozeanen der Erde erscheint das Sonnensystem trocken und steril, aber dies ist irreführend und sogar widersprüchlich. Die Ozeane und Meere der Erde sind ein Teil des Sternenozeans. Ebenso die Wälder der Erde und die Zellen ihrer Lebewesen. Dieser Ozean der Strahlung und Gravitation erzeugt die nährende Atmosphäre und Chemie unserer Terra und erhält sie in feinen Akkorden. Wenn das bei anderen Planeten nicht der Fall zu sein scheint, so sollten wir daran denken, daß Eden auf unsere Bedürfnisse abgestimmt ist, und was unseren botanischen oder zoologischen Garten nährt, könnte für andere Lebensformen giftig sein. Wenn die Erde der einzige Planet im Sonnensystem ist, der Leben beherbergen kann, so ist diese Fähigkeit noch immer eine Wirkung des Sonnenmeeres. Es hält die Algen und die Wälder grün und nährt sie mit seinem Licht, und davon nähren wir uns und entwickeln die Visionen der Philosophen und Alchemisten. Wenn man diesen Planeten aus dem Sternenmeer herausnehmen würde, so würde sich die belebte Schicht augenblicklich zusammenziehen und in ein schwarzes Fossil gefrieren.

In den frühen Tagen der Sonne und der Nebelwolke, in deren Herz die Sonne sich zusammenzog und brannte, gab es auch eine Vielzahl von winzigen Körpern, die nicht zu ganzen Planeten oder Planetoiden kondensierten. Man kennt sie als Planetesimals, also »infinitesimale« oder winzige Planeten. Im Anfang so dicht wie ein Mückenschwarm, bombardierten sie das ganze Sonnensystem. Die meisten von ihnen prallten mit Planeten und Monden zusammen, und der Himmel enthält nur noch

Überreste von Meteorschauern und Kometen aus seiner Vorgeschichte. Die Photographien von Merkur von der Raumfahrt des Mariner 10 aus dem Jahre 1974 zeigten die uralten Krater auf dem innersten Planeten. Dies war ein Beweis dafür, daß diese Planetesimals bis zum Kern des Sonnensystems vorgedrungen waren. Jeder Planet, Asteroid oder Mond mit einer festen Oberfläche trug Narben davon, aber in einigen Welten wurden die Wunden später von Lava bedeckt oder durch Winde und vom Wasser abgerieben. Wir messen das Alter von Besonderheiten innerhalb des Sonnensystems durch die Existenz oder das Fehlen von Planetesimalkratern.

Die Meteoriten sind die Moränen dieser alten Armada. Einige kohlenstoffhaltige Meteoriten enthalten Aminosäuren und andere organische Bestandteile, und dies könnte darauf hinweisen, daß diese Art der Chemie bereits im Urnebel des Systems vorhanden war. Es ist schwer festzustellen, was dies entweder in mechanischen oder vitalistischen Begriffen bedeutet, aber es ist unerwartet. Die kohlenstoffhaltigen Meteoriten könnten auch Abbrüche von anderen Systemen hierher tragen. Dann wäre die Erde vielleicht mit Lebensketten überschauert worden, die hier nicht ursprünglich entstanden sind, und wir wären vielleicht Fremde und Invasoren in unserer eigenen Welt. Natürlich wird dadurch nicht das Rätsel der Entstehung des Lebens gelöst; es wird nur in eine andere Welt verlagert.

Die ursprünglichen Gase des Sonnensystems waren eine Art Plasma. Als sich die Spiralen abkühlten, wurde Materie wie Eis hinausgeschleudert. Diese Materie finden wir nun in verschiedenen Zuständen, von Staubmikrometeoren bis zu den Gasen der großen, dem Jupiter ähnlichen Planeten. Der größte Teil der Masse ist noch immer in der Sonne. Nur wenn wir sehr genau hinschauen würden, könnten wir die Felsbrocken und Kiesel entdecken, die rings um die Sonnenscheibe verstreut sind. Wir könnten sie durchaus übersehen, mit Ausnahme der vier größten Planeten: Jupiter, Saturn, Neptun und Uranus. Unser eigener blau-grüner Edelstein ist ein sehr kleiner, wenn überhaupt erkennbarer Kiesel.

Die größeren Planeten enthalten mehr von dem ursprünglichen Sonnenmaterial. Die kleineren Planeten sind fast vollständig felsig. Aber auf der Erde ist der Felsen mit anderen Schichten überlagert und der Geschichte einverleibt worden. Der historische Prozeß umfängt und zeugt uns, aber er geschieht nur örtlich begrenzt. Außerhalb von ihm liegt alles andere, lebendig oder nichtlebendig. Es ist Leben, sind biologische Formen erforderlich, um eine solche Geschichte zu weben, und wenn sie einmal geschehen ist, dann ist sie endgültig, bis sie wieder zerstört wird. Der Felsen der Erde enthält die enzyklopädisch registrierbaren Regionalgeschichten unseres Planeten über Generationen und Äonen hinweg von massiven, durchlaufenden Zügen wie Ebenen und Bergketten bis zu den Schichten einer einzelnen Stelle neben einem Teich, selbst, wenn er unbewohnt oder nur von stummen Geschöpfen besiedelt ist. Ein Felsen, in dem keine Fossilien einst lebender Wesen eingebettet sind, enthält die frühere Geschichte von Gegenden, wo Tierarten und Menschenstämme später entstanden, oder auch nicht, und wo sich im Einklang mit dem Klima und den vorhandenen Naturressourcen ökologische Ketten entfalteten, die alle in nachfolgende Systeme und Technologien integriert wurden. Wenn wir an die Böden von Kansas, das Zinn Boliviens, das Uran von New Mexico, die Harpunen Grönlands oder selbst das arktische Eis denken, aus dem die Eskimos ihre Häuser bauen, dann erscheint uns das alles nicht als Urnebelmaterie, und dennoch ist alles galaktischer Felsen und Staub, der sich an verschiedenen Orten des Webstuhls verdichtet hat und dann den Härten und der Gesetzlichkeit der irdischen Geschichte unterworfen wurde. Der Mais der Eingeborenen von Mexiko und die Gerste und der Roggen Mesopotamiens haben diese Erbschaft miteinander gemeinsam. Die Sonnenmaterie arbeitet sich unablässig in unser Fleisch und in die Atome und Moleküle dieses Planeten hinein. Dies ist unsere grundlegende kosmische Identität.

Die Maiskörner sind Nahrung, nicht Sonne, aber von ihrem Ursprung her sind sie Sonne. Der Sonnenaspekt in uns erkennt sie als eßbar. Jene Zucker und »Vitamine«, die wir assimilieren, sind ihr Sonnenaspekt. Und alles andere in uns und ihnen ist eine andere Art von Sonnenaspekt. Wenn der Kern Sonne ist, dann ist es auch die Schale. Wenn das Gold eine Ausscheidung der Sterne ist, die im Netzwerk des Urnebels lag, dann ist es auch die schwarze Lava, die noch die Hitze der Wolke hat. Und stachelige, spinnenhafte Goldschmiedgeschöpfe hämmern auf den Goldbarren im Schmiedefeuer herum und versuchen, etwas herauszuarbeiten und darzustellen, was schimmernd im Archetypus der Sonne sitzt.

Alle Eigenschaften dieser Welt beruhen auf der ursprünglichen Materie, ihrer Zusammensetzung, Dichte und Entfernung von der Sonne. Planeten, die zum größten Teil aus verdichtetem Felsen bestehen und von den Narben durch Planetesimal- und Meteoriteneinschlag gezeichnet sind, erscheinen uns nicht als wirkliche Welten. Wenn sie wie der Mond oder Merkur keine Atmosphäre haben, dann beginnen wir zu zweifeln. Werden wir lediglich auf einer steinigen Plattform im leeren Raum stehen, oder werden wir in einer Eiweißhalbkugel weilen? Auch die Gasriesen mit ihrer starken Schwerkraft erscheinen uns nicht als lebbare Welten, denn ihre Atmosphäre trifft auf keinen Boden und ihre Stofflichkeit wird nirgends dünner.

Wenn der Mond sich an Ort und Stelle gebildet hat, dann müßten uns Brocken vom Mondgestein eine Entstehungsgeschichte dieser ganzen Region vermitteln, denn sie haben sich seit dem ersten Augenblick erhalten. Keine intensive vulkanische Tätigkeit, weder Wasser noch Leben hat sie besonders bearbeitet oder verändert, nur die Wirkung der Meteore. Sie haben sozusagen in unterbrochener Belebtheit in der Kühltruhe des Raumes gelegen, sind Fossilien einer ursprünglichen Kosmogonie. Die Sterne sind noch einfachere Vertreter eines noch älteren Zeitalters.

Unser persönlicher Sinn für Komplexität (mit Ausnahme der topologischen und atomaren Komplexität von Quasaren, Quarks und ähnlichem) entstammt dem Leben und der Geschichte innerhalb einer Welt, stammt viel mehr von Flußläufen und Familienstammbäumen als den Milchstraßen. Aber wenn man das wegläßt, dann haben wir es mit einfacheren und älteren Ereignissen zu tun. Die Geschichte des Universums und die

Entstehung des Sonnensystems sind leichter zu entwirren als die Migrationswellen der australischen Eingeborenen über den Pazifik oder die Wanderung indianischer Volksgruppen von Nordamerika nach Südamerika. Die Blutgruppen, Sprachen und Mythen dieser Völker sind noch komplexer. Als Alex Haley den Weg seiner Herkunft durch Generationen von Sklaven zurückverfolgt hatte bis zu jenem Fluß in Gambia, dessen Name ihm überliefert worden war, zusammen mit dem Clannamen seines afrikanischen Vorfahren, hörte er, wie der Barde von der Geschichte seines Stammes sang, bis zurück zu jenem Augenblick, wo Kunta Kinte im Wald war, um eine Trommel zu bauen, und dabei gefangen wurde. In diesem Augenblick wurde ein Aspekt der Schöpfung von dem anderen getrennt, es geschah etwas, was viel durchdringender war und viel tiefer ging als der Urknall, der doch eigentlich der Schöpfung zugrundeliegt.[3] Kein Wunder, daß Haley weinte. Er hatte den Verlust unseres Ursprungs, den Bruch in der Kette tief und intensiv erlebt. Es war, als hätte er in diesem Augenblick erkannt, daß wir tatsächlich irgendwo einen Ursprung haben, daß wir mehr sind als Waisenkinder aus Schwemmschlamm und galaktischem Staub. Selbst die davon sehr unterschiedliche Entdeckung des Australopithekus auf einem Berg in Südafrika, die die Verwandtschaft des Menschen mit den wilden Lebewesen dieser Erde beweist, ist überwältigender als der Ursprung des Sonnensystems. Vielleicht hat Haley nicht einmal die Wahrheit erfahren, und selbst wenn er sie erfahren hat, ist das noch nicht einmal eine Kerze angesichts der Dunkelheit, die hinter uns liegt. Aber die wirkliche Geschichte des Universums und seine Komplexität liegt in unserem Unbewußten, und der Teil in uns, der sie kennt, ist uns ebenfalls unbewußt. Deshalb erleben wir es als Kopie in den Fragmenten und Wurzeln, die bewußt und sichtbar gemacht werden können. In ihnen liegen unser Zittern und unsere Tränen, angesichts unserer ganzen Lage.

Die Vorstellung, daß die ursprünglichen fünf Planeten Lebensbereiche, bewohnbare Welten sein könnten, kam in der europäischen Geschichte sehr spät auf, ungefähr zwischen Kopernikus und Galilei. Kopernikus legte dar, daß es mathematisch einfacher war, die Erde als einen von den Planeten zu behandeln denn als einen Körper, der in ihrer Mitte lag; in gewissem Sinne bezeichnete dies bereits die Entdeckung unserer Erde als sechsten Planeten. Kepler zeigte dann, daß all diese Planeten zu einem System gehören. Bruno und Cusanus hatten zwischen geistigen Reichen und wirklichen Welten nicht unterschieden. Galilei aber machte es deutlich: die Planeten waren Orte, die man vielleicht physisch aufsuchen konnte. Bevor man die meteorologischen Bedingungen des Lebens vollständig erkannte, konnte man sich die exotischen Bewohner dieser alten Globen noch lebhaft ausmalen. Die neue Welt Amerikas mit ihren »Indianern« lag noch in der europäischen Psyche, und Asien selbst war so denkbar fremd wie Jupiter oder Saturn.

Aber die Vorstellung, daß der Mond bewohnt ist, ist sehr alt und geht zeitlich einem klaren Bewußtsein von den Hemisphären der Erde durchaus voraus. Jahrhundertelang stellten die Menschen sich vor, daß der Mond eine Fortführung der irdischen Ländereien sei, und wenn er nicht zu Lande oder zur See erreichbar war, dann mit Hilfe eines topographischen Prinzips. Die Sonne bildete gelegentlich eine Ausnahme, aber ansonsten war der Mond der einzige Ort im Himmel, den man erreichen konnte, ohne in einen Geist verwandelt zu werden.

Für Plutarch war der Mond ein Kontinent, der nahe genug lag, um als Teil der irdischen Ländereien betrachtet zu werden. Er schrieb von Selenes großen Tälern und den Gegenden, die von den Mondgebirgen überschattet wurden. Die Mondbewohner badeten in dunklen Ozeanen, deren lateinischer Name uns in den »Maria« erhalten geblieben ist, jenen Dürregebieten des gegenwärtigen Mondes.

Die Verbindungswege, die die Science Fiction-Autoren gegenwärtig zwischen den Milchstraßen legen, und jene Grenzbereiche, die die Magier und Zauberer zwischen Terra und Luna ansiedelten, unterscheiden sich nicht so sehr voneinander: es sind Strudel und magische Höhlen, die diskontinuierliche Gegenden verbinden, telepathische Knotenpunkte, die die Körper durch den physischen Raum tragen und so weiter.

Keplers »Somnium« beschrieb eine Reise zum Mond, die durch die nördliche Polargegend der Erde führte. Diese Reise beinhaltete magische Elemente, aber im wesentlichen war es eine weltliche Reise zu einem physisch konkreten Ort. Brunos Welten konnten dagegen nur durch sympathische Magie auf kosmischer Ebene erreicht werden: kein unwissender Laie oder primitiver Astronaut konnte in ein solches Universum reisen. Obwohl diese Konzeption als Häresie verdammt wurde, hatte sie im Grunde neuplatonisch-christliche Wurzeln.

Kepler nannte seine Reise einen »Traum«, wahrscheinlich, um seine heidnisch kopernikanische Sicht vor der kirchlichen Hierarchie zu beschützen. Sie ist auch ein Märchen, in dem die unterweltlichen Elemente aus dem Europa des siebzehnten Jahrhunderts vorkommen: eine Magierin, die auf isländisch Beschwörungssprüche gegen Dämonen ausspricht, und die Reisenden verlassen die Erde an der Arktis neben den berühmten Abgründen des Berges Hekla. Immerhin blickte Kepler auf die Oberfläche des Mondes und sah dort Landschaften, Berge und Täler und Lebewesen. Einige Jahre später sollte Galilei durch ein Teleskop spähen und in den Schatten der Mondgebirgsketten wandern. Wenn der Mond Land war, dann auch die Planeten und ihre Monde, meinte Galilei.[4]

Keplers »Mondschiff« war aus dem Turgor von Opiaten und dem Aufwärtsdrang der unbelasteten Masse konstruiert, es war magisch, denn niemand konnte sich damals noch ein Gefährt vorstellen, die in den Raum vordringen könnte:

Der Körper entflieht zweifellos der magnetischen Kraft der Erde und tritt in die des Mondes ein, so daß die letztere die Oberhand gewinnt. An diesem Punkt befreien wir die Reisenden und überlassen sie ihren eigenen technischen Kunstgriffen: wie Spinnen werden sie sich ausstrecken und zusammenziehen und durch ihre eigene Kraft vorwärtsstoßen – denn da die magnetischen Kräfte der Erde und des Mondes beide den Körper anziehen und ihn schweben lassen, ist die Wirkung so, als ob keiner von ihnen ihn anzieht – deshalb wird am Ende seine Masse von selbst dem Mond zusteuern.[5]

Kepler sprach hier von Gravitation, erkannte es aber nicht.
Während die Alchemisten die Stadien der Nigredo, Albedo und Solutio beobachteten, erträumte Kepler einen Mond der Stürme und Meere mit raschen und plötzlichen Veränderungen von Kalt zu Warm. Sein Mond ist schwammartig, labyrinthartig und von »Gruben und langgestreckten Höhlen« durchzogen. Die Lebewesen haben Muschelschalen, sind langbeinig und schlangenähnlich, die labyrinthartigen Bereiche unterhalb der Mondoberfläche wimmeln von Wassertieren, die den Strömungen der Gewässer und ihrer eigenen Körperfeuchtigkeit vollkommen unterworfen sind – die Anziehungskraft der Erde bringt sie am kalten Abend an die Oberfläche, während des heißen Mondtages aber läßt die irdische Schwerkraft nach und läßt sie in das tiefe Innere des Mondes hinabsinken. »Das Wachstum ist sehr schnell; alles ist kurzlebig, obwohl es zu einer riesigen Körpermasse heranwächst.« Dies ist Keplers Kompromiß zwischen einem okkulten Mond und seinen möglichen physikalischen Eigenschaften.[6]

Der Kaiser Rudolf fragte Kepler eines Nachts, als sie in das Himmelsrund blickten, ob der Mond kein Spiegel sei, in dem die Länder der Erde reflektiert würden; er zeigte auf Italien. Nein, sagte Kepler, der Mond sei ein eigenes rauhes und wildes Land. Es liege im Norden aller bekannten Zivilisationen, nördlicher als der Norden. Nur deshalb erscheine der Mond im Himmel, weil die Luft und andere besondere Kräfte ihn gehoben hätten.

Als man sich im siebzehnten Jahrhundert mit den Planeten zu befassen begann, waren sie kein unbeschriebenes Blatt mehr. Seit Jahrhunderten waren die Planeten astrale Entitäten gewesen, und davor Götter, Wirkungskräfte, Geister und mythische Helden. Jede dieser Welten war bereits mit Schichten von Bildern und Assoziationen bedeckt und besaß in gewissem Sinne auch ihre Bevölkerung und ihre Landschaften. Und diese jeweiligen Planetenszenerien stellte man sich nach dem Muster ihrer astralen und astrologischen Einflüsse auf die Erde vor. Von Anfang an war Mars martialisch, rot und blutig. Auch Venus konnte man im Nachhinein nicht vom Bild der »Primavera« und der Frühlingsriten trennen. Jeder Planet bedeutete bereits ein Metall, verschiedene Pflanzen und Tiere und ein Körperorgan. Und daraus entnahm man das ursprüngliche Wesen der Planeten.

Es ist fast unmöglich, gleichzeitig der astrologischen Tradition der Planetenbilder und den späteren Planetenlandschaften treu zu bleiben. Die ersteren erstrecken sich tief in die Vergangenheit und werden reicher, gewinnen noch mehr an Assoziationen hinzu, je weiter wir zurückgehen. Die letzteren aber beginnen als gigantische Inseln der Fremdheit, als dunkle Kähne, die in ihren Umlaufbahnen gezogen werden. Aber diese Fremdheit, diese Eigenschaftslosigkeit trifft nur zu, wenn wir zur Kindheit der objektiven Astronomie zurückgehen, dort, wo man noch im Bereich der Vorstellung verharrte. Aber die Landschaften sind immer funkelnder und flammender gewesen (durch eben die Eigenschaften eben der Linsen, durch die Meere von Virenmolekülen in ihrer spiraligen Feinstruktur erkannt werden können) als jene nur spekulativen Reiche, denen wir Ferne und Ungastlichkeit zuschreiben.[7] Sie brennen von Anfang an. Es geht gar nicht anders: sie müssen aus der Symbolik des Astralen hervorgehen.

2. Merkur und Venus

Merkur ist der innerste Planet des Sonnensystems. Eine exzentrische Umlaufbahn bringt ihn in eine Sonnennähe von 45,8 Millionen Kilometern und führt ihn dann zu einem Aphel, das 70 Millionen Kilometer von der Sonne entfernt ist. Während der rauschhaften Suche nach dem »neuen Planeten« während des neunzehnten Jahrhunderts wurde angeblich ein Planet entdeckt, der der Sonne noch näher war – Vulkanus, mit einem Sonnenabstand von 20,9 Millionen Kilometern und einem Durchmesser von 1600 Kilometern. Er wurde von Leverrier selbst erwähnt, aber es ist zweifelhaft, ob er jemals gesehen wurde. Was einigen Beobachtern als Vulkanus erschien, waren vielleicht Sonnenflecken, und das Schicksal dieses angeblichen Planeten bleibt jedenfalls unbekannt. In der Geschichte teilt er seinen Platz mit jenem anderen geheimnisvollen Planeten, der innerhalb der Erdumlaufbahn die Sonne so umkreist, daß die Sonne uns ständig den Blick auf ihn verwehrt. Es ist die sogenannte Antiterra, von deren Existenz man aber schon seit langem abgekommen ist.

Merkur ist schwer zu sehen. Er ist nicht nur klein, sondern reflektiert auch nur ein Zwanzigstel des Lichtes, das seine Oberfläche erreicht. Wenn er der Erde am nächsten ist, haben wir nur seine unbeleuchtete Seite vor uns; und wenn er der Erde am fernsten ist, wird er durch das gleißende Licht der dazwischenstehenden Sonne verfinstert. Da Merkur und Venus beide innerhalb der Erdumlaufbahn kreisen, sind sie beide sowohl Morgen- wie auch Abendstern, die sich nur wenig von der Sonne entfernen. Aber die Venus ist uns näher, sie ist größer, reflektiert mehr und ist dementsprechend sehr hell. Merkur dagegen wird ganze Jahreszeiten vom Licht der Sonne zum Verschwinden gebracht und ist ansonsten so dunkel und schwer faßbar, daß Kopernikus noch auf seinem Totenbett darüber klagte, daß er ihn nie gesehen habe – eine merkwürdige Art von Jungfräulichkeit für einen so leidenschaftlichen Astronomen. Sogar der Astronom Giovanni Schiaparelli, der im neunzehnten Jahrhundert sowohl Merkur wie auch Mars kartographierte, gab an, daß er mit einem fast unsichtbaren Himmelskörper zu kämpfen hatte. Von den fünf planetenartigen Sternen der alten Kosmologie ist Merkur der am wenigsten sichtbare, und es zeugt von der Scharfsichtigkeit der Alten, daß sie ihn nicht nur sahen, sondern auch als ebenbürtigen Genossen der vier anderen Wandelsterne erkannten.

Ironischerweise haben Schiaparellis Karten von Merkur der Zeit besser standgehalten als die vom Mars. Sie sind nicht genauer, dafür aber weniger ehrgeizig, und an ihrem Grundmuster mußte kaum etwas verändert werden. Dagegen führte sein Bild vom Mars, der angeblich von »Kanälen« durchzogen war, zu einer ganzen Mythologie von Marsmenschen, die man später wieder aufgab, auch die »Kanäle« wurden nie gefunden. Schiaparelli war auch an der Entstehung einer davon unterschiedenen Merkurmythologie beteiligt. Nachdem er den Planeten lange Zeit sorgfältig beobachtet hatte, entschied er, daß Merkur wie der Mond nur eine seitlich fixierte Rotation besitze. Das bedeutet, daß immer nur dieselbe Seite der Sonne zugekehrt ist. Diese Annahme basierte auf dem Eindruck, daß sich die Oberflächenmerkmale nicht veränderten, und so schrieb er dem Merkur einen Tag und gleichzeitig ein Jahr zu, das achtundachtzig Erdentage dauerte. So könnten wir also einen Planeten mit einer ausgedörrten und geschmolzenen Seite und einer gefrorenen Seite erwarten. Dazwischen läge möglicherweise eine Zone des Dämmerlichtes. Wenn es diese Zone wirklich gab, so hatte sie vielleicht gemäßigte klimatische Bedingungen. Die Science Fiction-Autoren bevölkerten den Merkur mit Feuerwesen, die gegen Eiswesen Krieg führten, und mit Stämmen von blinden Höhlenbewohnern in der mittleren Region, einer unterirdisch lebenden Art, die die Sonne verehrte und zur Oberfläche des Planeten dieselbe Beziehung hatte wie wir zum Weltraum. In einigen Versionen wohnt in der mittleren Region ein Volk von Weisen, die aus ihrer Nähe zur Sonnenquelle eine Weisheit beziehen, die alles andere im Planetensystem übersteigt. Das ist auch der astrale Merkur, der Götterbote, der das Sonnenwissen verwaltet.

Im Jahre 1965 verschwand dieses Bild aufgrund stärkerer Übertragungstechniken aus der Astronomie. Von einem Radarradioteleskop in Arecibo, Puerto Rico, aus wurde der Planet kartographiert, und man entdeckte, daß er eine Rotationsperiode von 58,65 Tagen hatte. Damit entsteht ein vollkommen anderes Merkurklima.

Bevor die Achsendrehung des Merkur errechnet wurde, hatte man bereits ein Wackeln des Planeten entdeckt, was aufgrund der exzentrischen Umlaufbahn schon von Beobachtern im neunzehnten Jahrhundert vorausgesagt worden war. Auf der Basis der alten Achsendrehungsperiode würde ein Viertel der Merkuroberfläche (bei einem Durchmesser von 4800 Kilometern) zu Dämmerregionen, die beim Umlauf des Planeten um die Sonne abwechselnd heiß und kalt würden. Auf der einen

Seite des Merkur würde eine Temperatur von fast 435° Celsius Blei und Zink schmelzen, während auf der anderen Seite bei etwa – 175° Celsius die möglichen Gase in der Atmosphäre teilweise zu Wasser und Schlämmen verflüssigt und verfestigt würden.

In Wirklichkeit hat Merkur aber eine so dünne Atmosphäre, daß er im Grunde keine Lufthülle besitzt. Bis dies durch die Photographien von Mariner 10 im Jahre 1974 bestätigt wurde, schuf eine Schule von Planetenkundlern ein Modell von einem stürmischen, giftigen Merkur, und zwar ausgehend von der dünnen Aura, die auf der Planetenscheibe gegen die Sonne erschien. Jetzt wissen wir, daß der Sonnenwind zusammen mit der geringen Fliehkraftgeschwindigkeit des Merkur diese Art der Materie seit langem weggetrieben hat, aber dieses Modell ist an sich interessant. Es vermittelt ein Bild, wie man sich Merkurs Achsendrehung vorstellen kann und dient als Hypothese für irgendeinen anderen merkurartigen Planeten, der allerdings etwas größer wäre.

Auf diesem hypothetischen Planeten würde der hohe Temperaturunterschied bewirken, daß die Winde ständig mit der Kraft eines Hurrikan tobten und dabei gasförmige und geschmolzene Metalle verfestigten und exotische Kombinationen von metallischen Gasen freisetzten. Die relativ dünne Atmosphärenschicht ließe die Hurrikane im Vergleich mit der gleichen Geschwindigkeit von Stürmen auf der Erde sanft erscheinen, trotzdem wären sie nicht zu unterschätzen, vor allem wegen ihres metallhaltigen Graupels.

Eine Rotation von 59 Tagen ist schnell genug, um eine nur heiße und nur kalte Seite zu verhindern, aber sie ist nicht schnell genug, um die Klimata vollständig auszubalancieren. Obwohl man die Temperaturen auf der Sonnenseite des Merkur jetzt auf »gemäßigte« 315° Celsius schätzt, ist die beleuchtete Seite heißer, wenn sich der Planet in Sonnennähe befindet; in Regionen, die am längsten in der Sonne verweilt haben, können die Temperaturen bis auf 1130° Celsius steigen. Die Nachtseite sieht im Laufe vieler Erdenmonate die Sonne überhaupt nicht, und obwohl sie der Sonnenscheibe viel näher ist als alles, was auf unserem Äquator liegt, kann ihre Temperatur niemals höher als – 45° Celsius steigen. Fels und Metall sind ein wirksamer Hitzeschild.

Eine Rotation von 59 Tagen ist ziemlich langsam, deshalb wird die Sonne auf einem nahezu schwarzen Himmel 176 Tage lang in einem leichten Zickzackkurs über den Himmel kriechen und dann unter den Horizont sinken, und nun beginnt eine Periode von 176 nächtlichen, unbeleuchteten »Tagen«. Wegen der Umlaufbahn des Merkur wandert der Planet an seinem Perihel schneller, als er sich dreht, so daß einige Merkurgegenden an einem Tag zwei Sonnenaufgänge und -untergänge haben, und die Sonne rückwärts zu wandern scheint.

Die ursprünglich angenommene dünne, aber heftige Merkuratmosphäre enthielt Schwefeldämpfe, Schwefeldioxid, Krypton, Xenon, Joddämpfe und ähnliches – ein giftigeres Gemisch läßt sich für irdische Lungen, irdisches Blut kaum vorstellen. In dem Maße, wie sich der Tag im Zeitraum von neunzig Erdentagen dem Mittag näherte, würden sich diese Stoffe immer schneller in der Atmosphäre verteilen. Bricht die Nacht herein, so würden sie sich in einem schmutzigen Regen, der sich bald in metallischen Schnee verwandelte, aus der Atmosphäre herauskristallisieren. Wenn die vulkanische Aktivität des Planeten ein wenig Quecksilber (Merkurium) freisetzen würde, so würde dies während des Tages natürlich verdampfen und sich als eines der ersten Metalle wieder in silbrigen Regen zurückverwandeln. So brausen also Staub, Schwefel und Metallwinde auf die dunkle Seite zu, und von der dunklen Seite kommen die kochenden Gase, wenn die Sonne mit voranrückendem Tageslicht die feste Kante abschneidet.

Auf dem Merkur, wie wir ihn heute kennen, gibt es wahrscheinlich nicht genügend Atmosphäre, um den Nachthimmel vom Tageshimmel zu unterscheiden; beide sind sie schwarz, nur steht im Tageshimmel eine riesige Sonne, deren Korona vollständig sichtbar ist. Aus dieser Entfernung ist die Sonne ein Ozean mit turbulenten Wellen, und ihr »Wind« schleudert die meisten noch übrigen oder neuen Gasmoleküle in den Raum. Würden irdische Kolonisten oder Wissenschaftler versuchen, was gegenwärtig unmöglich scheint, nämlich eine bewohnte

Zone auf dem Merkur zu errichten, so müßten sie wahrscheinlich unterhalb seiner Oberfläche leben, um der Sonnenstrahlung zu entgehen. Dabei ginge es darum, die Hitze des langen Tages zu nutzen, um Energie für die lange Nacht zur Verfügung zu stellen. Es wäre ein Paradies der Sonnenenergie, der Inbegriff unbegrenzter Energie, aber verbunden mit all den Gefahren einer riesigen Kernkraftanlage. Auf dem Merkur ist das Paradox der Sonnen-Atomenergie voll verwirklicht.

Abgesehen von dem Bemühen, mit der großen Energiequelle fertigzuwerden und sie zu nutzen, könnte der Mensch dort oben ohnehin nur wenig anfangen. Das zeigt auch die Absurdität des Verlangens nach unbegrenzter Energie. Unser Vorstellungsbild von Merkur enthält viel von unserer gegenwärtigen Gier nach Ressourcen, und das paßt zu der mythologischen Interpretation des Planeten Hermes als Dieb, der alles von überall stiehlt. Merkur ist auch eine Schmiede für Metalle, die bereits zurechtgeschmolzen und auf einem niedrigen Gravitationsniveau verfügbar sind. Gäbe es einen Planeten Vulkanus, so wäre dies ein noch heißerer Schmiedeofen. Schon an seinem Himmel würde das Feuer lodern.

Das Raumschiff Mariner 10 kam gegen Ende März des Jahres 1974 dem Merkur nahe genug, um die ersten Photoaufnahmen von ihm zu machen. Auf den ersten Blick erfüllte der Planet die Erwartungen und zeigte eine »Mond«oberfläche mit sehr alten und einigen strahlenförmig strukturierten neuen Kratern – die Strahlen waren Streifen von leichten neuen Stoffen, die sich über die alte dunkle Materie breiteten. Genaue Untersuchungen und zusätzliches Photomaterial ergaben, daß Merkur dem Mond nicht vollkommen ähnlich ist. Seine Kliffs und Abhänge bewiesen, daß er sich nach seiner Entstehung zusammengezogen hatte, was auf seiner festen Oberfläche Falten erzeugte. Merkur hat auch ein Magnetfeld. Wie es ohne eine schnellere Rotation entsteht, ist noch immer ungewiß. Auch gab es in der Magnetsphäre des Merkur keine Radiosignale, sie entstand eher durch den Planeten selbst als durch den Sonnenwind.

Als das Raumschiff ein Jahr danach ein zweites Mal am Merkur vorbeiflog, näherte es sich seiner Oberfläche auf weniger als

300 Kilometer. Man konnte nun sehen, daß Merkur heller als der Mond war und eine Kraterlandschaft besaß, die der des Mondes ähnelte. Aber es gab auch sehr alte Ebenen, die den Kratern unterlagen, darunter einige glatte lavaartige Ebenen, die von Bergrücken und schroffen Abhängen durchzogen waren. In der heißen Gegend des Merkur gab es eine Felsbildung, die als Caloris Becken bezeichnet wurde: ein Krater, dessen Boden unüblicherweise mit Lava bedeckt ist und der mit einem Durchmesser von 1280 Kilometern das größte Gebilde des Planeten darstellt. Möglicherweise wurde er durch einen Asteroidenaufprall erzeugt. Sein Boden hat Rillen und Erhebungen und komplexe sternförmige und konzentrische Zeichnungen, die wie ein ausgetrockneter Teich innen voller Risse sind.

Am meisten sticht ins Auge, daß die Vorstellung von einem stürmischen Merkur durch das Raumschiff beendet wurde. Es gab keine besonders bemerkenswerte Atmosphäre, also mußte man die Metallhurrikane entweder dem Mythos oder irgendeinem anderen Planeten in einem unbekannten Sonnensystem überlassen. Man weiß nun, daß Merkur wie der Mond ist, nur dichter, heißer und geologisch komplexer und unruhiger. Merkur ist ein dramatisches Fallbeispiel für den Freudschen Satz: »Anatomie ist Schicksal«, wenn man ihn auf ganze Welten anwendet. Aber das werden wir auch bei den folgenden Planeten immer wieder sehen.

Der vorplanetarische Merkur ist nicht nur der Götterbote, sondern auch die späte europäische Inkarnation von Hermes-Thoth, die das magische Erbe des Nahen Ostens brachte und unmittelbar mit dem Ursprung der Sprache assoziiert wurde. Hermes-Thoth ist ein weiser, aber gefährlicher Zauberer, der die Dinge zu schnell entstehen läßt, als daß sie jemals angewendet werden könnten, wie zum Beispiel das Sonnenlicht, das die Menschen erblinden läßt, und Ströme von Thorium, Blei, Wismut und Antimon. In der okkulten Tradition vertritt Merkur den Intellekt, es wird ihm die Farbe Gelb zugeschrieben, in der Tarotkarte bricht das Weiß der Magie durch das rote Gewand der sinnlichen Erfahrung. Die Karte stellt ein transparentes Bewußtsein als Gefäß für die reine Kommunikation dar, somit den Merkur als den Überbringer der göttlichen Botschaften und jener Botschaften, die aus dem tieferen Unbewußten kommen.

Merkur »erfand« die Astrologie, Astronomie, Mathematik, Geometrie, Medizin, Grammatik und Musik. Als unmoralischer Zerstörer ist Merkur auch ein höchst fähiger Heiler. Auf der psychologischen Ebene ist er schnell und brillant, geistreich und zersplitternd, voller heiterer Gedanken, Wortspiele, halber Worte, Klänge, Phoneme an der Grenze zur Bedeutung, aber bevor sie sich einstellen kann, hat er schon die Trennung vollzogen. Das zum Merkur gehörige Metall Quecksilber (Mercurium) ist selbst beweglich und bildet kleine weiche Kügelchen. Es steht für die Lungen, die symbolisch ein merkurischer Wald von Tröpfchen sind, durch die alles miteinander verbunden ist, was auf Erden Sauerstoff atmet, um zu leben.

Venus ist der erdnächste Planet und außerdem der hellste »Stern« am Nachthimmel. Sie reflektiert zwölfmal soviel Licht wie der Merkur und zweimal soviel Licht wie die Erde. Die Venus ist mit weißen Wolken bedeckt, die einen Schimmer verbreiten, als seien sie eine Schneedecke, die den ganzen Planeten umspannt. Daß wir überhaupt erkannten, daß dies kein Schnee war, lag daran, daß diese weiße Schicht für eine Planetenoberfläche viel zu glatt war.

Wie der Merkur begleitet auch die Venus aus der Perspektive der Erde die Sonne und wird in der Morgen- und Abenddämmerung am Himmel sichtbar. Bis zur Zeit des Pythagoras hielt man sie üblicherweise für zwei Sterne, in Ägypten waren es Tioumoutiri und Quaiti, im griechischen Raum Phosphoros und Pesperos, der Morgen- und Abendstern.

Seit Beginn der astronomischen Beobachtung war diese Kytherische Wolkendecke das beherrschende Kennzeichen dieses Planeten. Mars und Merkur hatten Oberflächenstrukturen, und Jupiter und Saturn wiesen Wolkenmuster auf. Venus dagegen gab nichts preis. Sie war ganz einfach ein in Nebel gehüllter, glänzender weißer Stern. Ansonsten hatte sie mehr Ähnlichkeit mit der Erde als jeder andere Planet. Ihr Durchmesser von 12400

Kilometern liegt nur um gut 300 Kilometer unter dem der Erde. Ihr Jahr beträgt 224,7 Erdentage. Von der Sonne ist sie 108,2 Millionen Kilometer entfernt und nähert sich der Erde bis auf fast 44 Millionen Kilometer. Optimistisch gesehen mußte sie eine wärmere, feuchtere Erde sein. Und so sah man sie tatsächlich auch während der ganzen frühen Zeit der Astronomie. Das schwache bläuliche Licht (die Aureole), das die Venus abgibt, wenn sie das Antlitz der Sonne passiert, deutet auf eine reiche Atmosphäre hin, dies wurde bereits in der Mitte des achtzehnten Jahrhunderts registriert. In seinem Werk »Das Schicksal der Sterne«, das im Jahre 1918 veröffentlicht wurde, schrieb der schwedische Chemiker Svante Arrhenius, daß die Venus ein warmes, nebliges Land sei.[2] (Arrhenius vertrat auch die Theorie, daß das Leben in Sporen von anderen Systemen auf die Erde gebracht worden sei, die sogenannte Panspermientheorie.) Die Sümpfe auf der Venus würden denen ähneln, die es während des Reptilienzeitalters auf der Erde gegeben habe. Die Vegetation sei unvorstellbar fruchtbar, da die Feuchtigkeit sechsmal so hoch liege wie auf der Erde. Später in diesem Jahrhundert behaupteten einige Wissenschaftler, daß Venus ein einziger Ozean sei, der den ganzen Planeten umfasse. Er sei von Vegetation bedeckt und von einem unvorstellbaren Artenreichtum an Meerestieren erfüllt. Es war kaum vermeidbar, von der Venus, der Göttin der Liebe und Schönheit, zu einem paradiesgartenartigen Planeten mit dinosaurierähnlichen Geschöpfen und zivilisierten Fischwesen überzugehen. Vielleicht hatten diese Geschöpfe den Himmel nie gesehen, denn soweit wir wissen, haben sich die Wolken über der Venus in all den Jahren, in denen wir sie beobachtet haben, nie auch nur einen Augenblick lang geteilt. Die Venuslebewesen also hätten die Sonne nie gesehen und hätten keine Erklärung für den Wechsel von Licht und Finsternis. Auf der Venus gibt es keinen gestirnten Nachthimmel. Man kann sich ausmalen, wie unglaublich eine solche Nacht ausgesehen hätte, wenn sich die Wolkendecke zu irgendeinem Zeitpunkt geöffnet hätte. Wofür hätten die Bewohner dieses Planeten die Sterne gehalten? Und was hätten sie von dieser wundersamen Vision aus uralten Zeiten weitergegeben?

Da die Venus der Sonne näher ist als wir, hat man sie für unsere eigene mythische Vergangenheit gehalten, als die Erde noch jünger und mit wilder Vegetation überwuchert war, als nur ihre Meere von Tieren bevölkert waren. Die Kytherische Science Fiction nimmt dieses Bild wieder auf. Die »Perelandra« des C. S. Lewis ist die Venus:

> *Ungeheure violette Wolken trieben heran und schoben sich zwischen ihn und den goldenen Himmel, und ohne irgendwelche anfänglichen Tropfen begann ein Regen niederzugehen, wie er ihn noch niemals erlebt hatte. Es gab in ihm keine Wasserschnüre, das Wasser über ihm erschien lediglich weniger kontinuierlich als das Meer, und das Atmen wurde ihm schwer. Unablässig zuckten die Blitze. Wenn er dazwischen in irgendeine Richtung (außer zu den Wolken) blickte, sah er eine vollkommen veränderte Welt. Es war, als sei er im Zentrum eines Regenbogens oder in einer Wolke aus vielfarbigem Dampf... Alle möglichen Dinge schienen im Regen herabzukommen – offensichtlich waren es Lebewesen. Sie sahen wie übernatürlich luftige und anmutige Frösche aus... und besaßen die Farbe von Libellen.*
>
> *Den ganzen Tag lang hatte sich nirgendwo an dem goldenen Dach irgend etwas verändert, was die Position der Sonne angezeigt hätte, aber jetzt begann die ganze eine Hälfte, sie freizugeben. Die Sonnenscheibe selbst blieb unsichtbar, aber am Rande des Meeres hielt sich ein so leuchtender grüner Bogen, daß er ihn nicht einmal ins Auge fassen konnte, und dahinter breitete sich bis fast zum Horizont ein großer Farbfächer aus, der einem Pfauenschwanz ähnelte. Wenn er über seine Schulter blickte, sah er, wie die ganze Insel in feurigen Farben leuchtete, und über die ganze Insel hin und jenseits der Insel bis zum Ende der Welt sah er seinen eigenen riesenhaften Schatten.*[3]

Man stellte sich die Venus als eine Welt von Regenwäldern, Dschungeln, sich auftürmenden Wolken vor, mit riesigen Pflanzen wie Baumfarnen, mit Volksstämmen, die sich untereinander telepathisch verständigten, mit Undinen. Aber aus den ersten spektroskopischen Analysen im Jahre 1920 ließ sich kein

Wasserdampf in der Atmosphäre ableiten; statt dessen gab es reichlich Kohlendioxid. Nur widerstrebend ließen die Astronomen diese anziehende feuchte Welt fahren, deren Existenz wir uns so sehr gewünscht hatten. Es gab viele Gründe, weswegen man vielleicht keinen Wasserdampf entdeckt hatte, aber daß man im Zusammenhang damit auch keinen Sauerstoff gefunden hatte, war ein ominöses Zeichen. So entstand nun ein neues Bild von der Venus: eine Wüste mit heftigen Stürmen, die Staub und Salz in die Atmosphäre peitschten.

Die Meinungen der Wissenschaftler über die Länge des Venustages waren so unterschiedlich, wie man es sich nur vorstellen kann. Einige dachten, er sei so kurz wie der Erdentag, andere vermuteten, daß die Venus auf ihrer Umlaufbahn der Sonne immer nur dieselbe Seite zukehre, daß ihr Tag also genauso lang sei wie ihr Jahr, nämlich 225 Erdentage. Aufgrund der Wolkendecke konnte bis 1965 nicht festgestellt werden, wer recht hatte, dann wurde die Rotation der Venus von Arecibo aus gemessen, und das Ergebnis war überraschend, niemand hatte es vorhergesagt. Wie sich zeigte, war ihr Tag länger als ihr Jahr, nämlich 247 Erdentage. Außerdem entdeckte man, daß ihre Achsendrehung gegen den Drehsinn ihres Sonnenumlaufes erfolgte. Im Sonnensystem sind mehrere Monde rückläufig, aber Venus ist der einzige Planet, bei dem dies so ist. Man hat dafür noch keine Erklärung gefunden. Die Sonne geht auf der Venus im Westen auf und im Osten unter, nur, daß man sie überhaupt nicht sieht.

Während der sechziger Jahre wurden sieben russische und amerikanische Raumsonden in Richtung Venus geschickt, und vier der russischen Sonden prallten auf dem Planeten auf bzw. landeten weich. Und aufgrund dieser Untersuchungen mußte die Vorstellung einer wunderschönen ozeanischen Venus für immer begraben werden. Die spektroskopische Analyse hatte nur ergeben, daß in der Venusatmosphäre Kohlendioxid vorhanden sei, und die Forscher glaubten, daß drei Prozent – das Hundertfache des Kohlenstoffgehaltes in der Erdatmosphäre – schon viel sei. Aber durch die Ergebnisse von Mariner 5 wurde klar, daß die Venusatmosphäre 90 Prozent Kohlendioxid enthielt, was einen Treibhauseffekt von unvorstellbarem Ausmaß bedeutete. Man wußte nun, daß die Venus sehr heiß ist, es wurden Temperaturen von 520° Celsius gemessen. Die Wolkendecke war fest und dicht und etwa dreißig Kilometer stark. Sie breitete sich bis in die Höhe von 70 Kilometern über einer felsigen oder sandigen Oberfläche aus. Offensichtlich brachte die starke Hitze das russische Raumschiff Venera 4 zum Schmelzen. Wenn man auf der Venus leben würde, so entspräche das einem Aufenthalt in einer Tiefe von mehr als 10 Metern unter dem Boden eines irdischen Ozeans, denn der Oberflächendruck der Venusatmosphäre beträgt das Neunzigfache unseres Atmosphärendrucks. Die Dichte der Atmosphäre beugte die von Mariner 5 ausgestrahlten Radiosignale so stark, als er hinter dem Planeten vorbeiglitt, daß sie die Venus umkreisten, zum Sender zurückkehrten und die Erde überhaupt nicht erreichten. Es ist überflüssig zu sagen, daß Wolken, Winde, Staub und Druck aus Venus einen höchst dürren, wüstenartigen Planeten mit messerscharfen Stürmen machen. Selbst Raumschiffe werden geschmolzen und zerstört, manche, noch bevor sie den Boden erreichen.

Im Juni 1975 gelang es den Russen schließlich, von Venera 9 aus eine Kapsel mit dem Fallschirm zur Landung zu bringen, die dann die Oberfläche junger unregelmäßiger Felsen photographierte. Das Raumfahrzeug schien auf einem Berg gelandet zu sein, von dem Felsbrocken herabrollten (33° nördliche Breite und 293° Länge in einer Gegend, die aufgrund der Radarkartographie als dunkel registriert wurde). Venera 10 landete im Oktober 1975 auf einer älteren Ebene und fand dunklen Boden und von Löchern durchsetzten Felsen, der auf Erosion und Verwitterung hinwies. Auch war der Planet nicht so dunkel, wie die Russen erwartet hatten. Am Venusboden gab es mindestens soviel Sonnenlicht wie an einem nebligen Junitag in Moskau, und einzelne Details und Gegenstände konnten in einer Entfernung von 300 Metern noch wahrgenommen werden.

Die Luft unmittelbar über der Oberfläche stellte sich als relativ ruhig heraus, aber die ungeheure höhere Atmosphäre peitschte innerhalb von vier Tagen um den Planeten und übte zusätzlichen Druck auf die Oberfläche aus. Den Raumsondenberichten zufolge schienen die Wolken in ihren mittleren Regionen aus Eis oder Quarzstaub zu bestehen. In einer Höhe von 48 Kilometern erreichen die Winde eine Geschwindigkeit von 257 Kilometern pro Stunde, während sie auf der darunterliegenden Oberfläche mit nur 2 Kilometern sanft wehen. Dagegen bewegen sich die obersten Wolken mit einer Geschwindigkeit von über 400 Kilometern pro Stunde. Mariner 10 entdeckte eine besondere Polkappe und komplizierte Zirkulationsmuster, die sich über den ganzen Planeten ziehen. Die Gegend, wo die Sonne direkt einfiel, war besonders stürmisch. Im Jahre 1973 erkannte man mit Hilfe neuer photographischer Techniken im Infrarotbereich, daß die oberen Wolken zu 75% aus Schwefelsäure bestanden, der Rest war Wasser. Da in der Atmosphäre auch Fluor vorhanden ist, führt dies zu ätzenden Wolken von Fluorsulfonsäure. Dieser ganze Prozeß ist außerordentlich kompliziert: denn die oberen Wolken werden vom Sonnenlicht erhitzt, während die niedrigeren Schichten durch die Oberfläche und chemische Reaktionen aufgeheizt werden.

Venus wies auch keine Magnetosphäre auf, hatte aber einen ungeheuren Sog vom Sonnenwind.

Obwohl die Hitze und die chemischen Vorgänge die Vorstellung vom Paradiesgarten eigentlich schon zerstört hatten, war es trotzdem noch überraschend, als Radarkartographien ungeheure Krater zeigten, allem Anschein nach die Spuren von Billionen von Jahren altem Planetesimaleinschlag. Sie waren weder von Erosion noch von vulkanischem Material berührt worden. Trotzdem erschienen auf den Karten einige Berge, Abgründe und sehr lange Lavaströme sowie ein Vulkan mit einem Krater. James Maxwell hat die Ehre, daß sowohl der Hunderte von Kilometern lange Maxwell Lavastrom wie auch der höchste Berg auf der Venus seinen Namen trägt: Maxwell Montes erhebt sich 10789 Meter über Ischtar Terra, einer Hochebene der nördlichen Hemisphäre.

Am vierten Dezember 1978 trat ein amerikanischer Pioneersatellit in die Kytherische Umlaufbahn ein und fuhr mit der Kartographierung der Planetenoberfläche fort. Man hat auf der Venus keine getrennten Kontinentalplatten in der Kruste der Venus gefunden – also auch keine mahlenden Kollisionen, die Erdbeben oder Vulkanausbrüche erzeugen könnten. Es ist ein zusammenhängender Kontinent. Die Felsen der Venusoberfläche sind viel dicker als die der Erde, und die heiße plastische Materie darunter kann nicht durchbrechen. Der Satellit hat auch eine Verwerfung aufgezeichnet, die 2252 Kilometer lang und knapp 3000 Meter tief ist und sich quer durch Aphrodite Terra zieht.

Es scheint, als sollte die Venus Ähnlichkeiten mit der Erde haben, aber das ist nicht der Fall. Wenn beide mit derselben Menge von Kohlendioxid begonnen haben, so hat die Erde ihren Vorrat im Kohlenstoff der Felsen in der Erdkruste eingeschlossen, beziehungsweise mit dem Sauerstoff in der Atmosphäre ausgeglichen. Auch haben die ursprünglichen Meerestiere und auch das Wasser selbst Kohlenstoff aus der Luft genommen und in den Boden gebracht. Da allem Anschein nach der Kohlenstoffzyklus auf der Venus niemals stattfand, vielleicht wegen der größeren Hitze, die den Kohlenstoff in der Atmosphäre hielt, könnten dieselben Grundvoraussetzungen dazu geführt haben, daß das Kohlendioxid in seinem freien gasförmigen Zustand erhalten blieb und auf diese Weise die Hitze des Planeten noch verstärkte. Während der Kohlenstoff auf der Erde zum Lebensspender wurde, weil er den innersten Kern der Protoplasmaketten bildete, war er auf der Venus lebensfeindlich. Vielleicht verband sich der Sauerstoff, der aus dem kochenden Wasserdampf auf der Venus frei wurde, mit Kohlenstoff, der nicht in der Kruste des Planeten gebunden war, so daß noch mehr Kohlendioxid entstand.

Zumindest für uns ging auf der Erde alles seinen richtigen Weg: Wasserstoff und Sauerstoff verbanden sich zu Waser, der Kohlenstoff ging in Kalkstein oder andere Felsen ein. Auf der Venus blieb das Kohlendioxid gasförmig, die Hitze nahm zu und Wasserdampf erreichte die obere Atmosphäre, wo die Moleküle ihren Wasserstoff verloren, und somit eine Wasserstoffkorona entstand. Die Erde verliert ihr Wasser nur zu einem Bruchteil, aber die Venus, die bereits fast ausgedörrt ist, verliert noch immer Millionen Tonnen pro Tag. Der Treibhauseffekt ist ein Circulus vitiosus, doch könnte er von einer nur geringfügig wärmeren Anfangstemperatur ausgegangen sein. Dies ist die subtile Natur der chemischen Vorgänge eines Planeten.

Gegenwärtig ist die Venus alles andere als ein Garten Eden. Vielmehr stellt sie eine Warnung dar: So könnte das Schicksal der Erde aussehen, wenn industrielle Abfallprodukte weiterhin in die Atmosphäre abgegeben werden, so daß das Kohlendioxid in der Luft noch zunimmt, während gleichzeitig die Wälder Afrikas und Südamerikas, die den Kohlenstoff der Atmosphäre entnehmen, mit Bulldozern entfernt werden. Einerseits droht uns vielleicht eine zweite Eiszeit, aber andererseits kann uns die Venus warnend darauf aufmerksam machen, daß ganze Ozeane verdampfen können, und daß dies mit einem subtilen Temperaturunterschied beginnt.

Einige Planetologen haben vorgeschlagen, daß man in der Venusatmosphäre kohlenstoffverzehrende Algen ansiedeln könnte, die auch in hohen Temperaturen gedeihen. Wenn sie sich auf der Venus wohlfühlen würden, und wenn es (zumindest in der oberen Atmosphäre) kein eingeborenes Leben geben würde, das sie bedrohen könnte, so würden sie sich vervielfältigen und den Kytherischen Himmel bedecken. Der Himmel würde sich grün färben, und sie würden dann in der Atmosphäre ihren Weg nach unten nehmen. Da diese Algen in heißen Quellen gedeihen, könnten sie vielleicht die Temperaturen auf der Venus überleben. Die Photosynthese würde Sauerstoff freisetzen, und große tausendjährige Regenfälle würden beginnen. Tausende von Jahren würde es vielleicht auf der Venus regnen, und wir hätten schließlich doch noch unseren Paradiesgarten.[4] Vielleicht. Diese Idee ist möglicherweise eher ein Symptom für unseren eigenen Zustand als eine realistische Antwort auf eine andere Welt, aber wer darf über Menschen reden, die in dieser Art zu denken so weit gekommen sind?

Immanuel Velikovsky, ein oft diskreditierter Wissenschaftler, interpretierte die Zustände auf der Venus ganz anders.[5] Lange vor den gegenwärtigen spektroskopischen- und Radarentdeckungen stellte Velikovsky die Theorie auf, daß die Venus keineswegs eine Schwester der Erde sei, sondern ein Komet, der aus dem Planeten Jupiter herausgerissen worden und vor dreitausend Jahren in die Nähe der Erde geraten war, wo er unser magnetisches Feld umkehrte und umfassende Katastrophen auslöste. Velikovsky spürt im besonderen die Verbindung dieses Planeten zu Athene auf, die aus dem Haupte des Jupiter geboren wurde, wie auch zu Astarte mit ihren beiden Schweifen. Er zitiert auch anderes mythologisches Beweismaterial von Kulturen auf der ganzen Erde.

Diese Art der Entstehung könnte das Klima und die Zusammensetzung der Venus erklären, ihre Unähnlichkeit mit der Erde, ihre Rückwärtsdrehung und das Fehlen eines Magnetfeldes. All diese Züge werden durch die gegenwärtige Theorie höchst unzureichend behandelt. Velikovsky starb verbittert darüber, daß seine Theorie pauschal abgelehnt wurde, zu einer Zeit, als neues wissenschaftliches Material nach einer Revision der Modelle von der Venus zu schreien schien. Ein Szenario von Planeten, die wie Schauspieler auseinander hervorspringen, war zu merkwürdig und radikal, und das genügte schon, um alle zufällig positiven Beweise abzutun.

Sein Komet Venus hatte eine heftige Geschichte, nachdem er aus dem Jupiter hervorgekommen war. Er störte Mars auf seiner Umlaufbahn und überschüttete sowohl den Mars wie auch die Erde mit Radioaktivität. Ein Teil seines Schweifes wurde vom Mars eingefangen, ein anderer Teil wurde durch die Erde losgerissen und verwandelte sich in Petroleumwolken, die in den Boden sickerten. Velikovsky nahm an, daß das Petroleum aus der Verwesung einer bestimmten Ungezieferart stammt, die auf dem Jupiter und der Venus lebt. Das würde bedeuten, daß unsere reichsten Ölressourcen nicht irdischen Ursprungs sind, sondern vom Jupiter kommen und von einem Planeten hierhergebracht wurden, der dann zur Venus wurde. Indem Venus ein wenig vom Sauerstoff der Erde stahl, entzündete sie ihr eigenes Petroleum, das nun immer weiter brennt und dadurch die weißen Kohlenstoffwolken freisetzt. Velikovskys Anhänger haben aus diesem Planetenereignis eine ganze Theologie geschaffen. Der folgende Text stammt aus einem Flugzettel, der im Jahre 1964 in New York City verteilt wurde:

Niemand hat gesündigt, nicht einer. Niemand muß für irgendwelche Greuel der vergangenen 6000 Jahre getadelt werden, noch für irgendwelche zukünftigen Schrecklichkeiten. Es gab keine Sünde in Sodom und Gomorrha. Die Flammen gingen von einem Planeten nieder. Niemand war daran schuld, daß die Flut kam. Das Wasser stammte von einem Kometen und nicht einem Gott. Es war ein Komet, keine Person, keine Hand, kein Adler, keine Schlange, kein Dämon, kein heiliger Vater, keine heilige Mutter, keine Hexe, keine Katze, kein Wolf, kein Geist, kein Vampir, kein Drachen, kein Schwert, kein Stier, kein Kreuz, kein Engel, kein Phantom, nichts von alledem.
Es war ein blinder, unintelligenter und verständnisloser Komet. Er wurde von niemandem geschickt. Er beabsichtigte nichts Böses und nichts Gutes. Bezogen auf die menschliche Spezies hatte er überhaupt keine Absichten. Er hörte auf keine Gebete und nahm keine Opfer an. Er machte keine Versprechungen und erwählte keine besonderen Menschen. Die, die vernichtet wurden, wurden nur durch Zufallswahrscheinlichkeit vernichtet. Diejenigen, die verschont wurden, wurden nur durch Zufall verschont.... Es war ein Komet, kein Gott.[6]

Dies ist ohnehin die moderne Einstellung, auch wenn sie nicht auf der Theorie beruht, daß die Venus als Komet aus dem Jupiter entsprungen ist.

In der okkulten Tradition ist Venus die Göttin der Liebe und des Reifens, der Ruhe und der Heiterkeit. Sie stellt in der Natur das Verlangen nach Wachstum und Ausbreitung dar, nach der Entstehung von wilden Pflanzenfeldern und Tierherden. Sie ist das Unterbewußte, die Erzeugung von Ideen, die Ausgestaltung merkurischer Gedankenfragmente. Selbst die Minerale werden durch die archetypische Intelligenz der Venus hervorgebracht.

Das Venusmetall ist Kupfer, es ist sowohl mit dem Wasser wie auch mit den Pflanzen verbunden – mit dem Wasser aufgrund seiner Fähigkeit, Flüssigkeit aufzunehmen, und mit den Pflanzen wegen seiner grünen Farbe. Die Göttin Venus entstieg dem Ozean wie Kupfer im Meerschaum.

Venus war einst Zusammenhang und Schönheit, Zeugung durch Eros. Aber jetzt haben wir eine Liebe des zwanzigsten Jahrhunderts in Form eines hitzegegerbten Infernos, Schönheit als Wüstenhölle. Die traditionellen Symbole lügen nicht. Ist dies die Enttäuschung der Industriegesellschaft, die sich in dem Rätsel einer Radarvenus spiegelt, die noch immer unter unerklärlichem weißen Nebel liegt? Ist dies der Schrecken, in den wir die Liebe verwandelt haben, weil wir wie rasend danach streben, außerhalb und jenseits unserer selbst zur unsterblichen Maschine zu werden?

3. Der Mond, die Erde und Mars

Kein Himmelskörper ist mehr abgewertet worden als der Mond, als man in der Moderne vom spirituellen Himmel abrückte. Einst war Luna ein ebenbürtiger Partner der Sonne. Sol herrschte am Tag, Luna in der Nacht. Alchemistisch gesehen war die Sonne Gold und der Mond Silber; die Sonne war der König, der Mond die Königin. Zusammen erzeugten sie die Metalle. Die Sonne brachte feurige Intelligenz und den Samen des Bewußtseins, der Mond dagegen Gedächtnis und unbewußtes Wachstum. Aus der Spannung zwischen ihnen entstand der Mensch. Von diesem Thron ist der Mond herabgestürzt und gibt nun das Bild eines rohen Felsens ab, der seit seiner Entstehung von Meteoriten behauen wird.

Für die alten Astronomen sah es so aus, als habe der Mond dieselbe Größe wie die Sonne. In Wirklichkeit beträgt sein Durchmesser nur ein Viertel des Erddurchmessers. Nicht weil er so groß ist, sondern weil er uns nahe ist, nimmt er in unseren mythologischen und physikalischen Systemen eine zentrale Stellung ein. Als Satellit ist der Mond eine Anomalie. Kein anderer Planet hat einen Mond, der einem Viertel seiner eigenen Größe auch nur nahekommt; Erde und Mond beinhalten tatsächlich ein doppeltes Planetensystem, jeder von beiden hat auf den jeweils anderen Körper einen deutlichen Einfluß.

Die überwältigende Masse des Mondes macht die Erde offen für seinen starken Einfluß. Die Verbindung zwischen beiden erfolgt in der einzigen Weise, die für Himmelskörper im Raum möglich ist: durch die Schwerkraft. Unsere Oberflächengewässer, unsere Gewebsflüssigkeiten und geschmolzenen Metalle werden vom Mond hin und her gezogen. Bei den unbelebten Stoffen wird diese Kraft durch die Großstrukturen aufgezeichnet, in denen sie sich auf der Erde anordnen: die Mondrhythmen werden in große Topographien, in Mondgrotten und Paläste umgewandelt. Höhlen werden durch die Gezeiten des Mondes ausgeschürft und Sedimente in Mondzyklen aufgeschichtet. Die Gletscher bewahren die Eiszeiten in sich. Belebte Stoffe »erinnern« den Einfluß des Mondes und nehmen ihn in ihren zellulären und psychischen Phasen auf, die selbst dann noch im Leben der Organismen und der Geschichte der Spezies weiterlaufen, wenn sie aus dem Rhythmus des tatsächlichen Mondes herausgefallen sind. Die unbelebten Gezeiten können auf den Mond nur direkt reagieren. Lebewesen dagegen können die Musik des Mondes aufzeichnen, in anderen Phasen dazu tanzen und sie vermittels ihrer Chromosomen ihren fernen Nachkommen weitergeben, so daß *diese* sowohl den alten Mond wie auch den für sie gegenwärtigen Mond in sich verkörpern. Zwischen den alten und den neuen Phasen entwickeln sich komplexe Mondmuster. Und der sichtbare Mond wird in die Folklore und den Mythos aufgenommen. Dort findet er sich wieder, steht als Symbol den biologischen Rhythmen gegenüber und wird mit neuen Mythen, einer tieferen und ferneren Mondmusik und den traditionellen Kelchen, Münzen, Göttinnen und Tempeln neu geboren.

Die Mondwirkungen sind so verstreut und überlagern einander melodisch und amelodisch einfach und mehrfach so sehr, daß wir sie nicht mehr auffinden können. Aber in uns allen, in jedem Naturereignis, in jedem Stein und in jedem Staubkörnchen ist ein Mond gegenwärtig – und er ist bedeutsam. Der Mond führt feine psychosomatische Ströme durch unser Wachsein und unseren Schlaf, unser Bewußtsein und Unterbewußtsein. Wenn er oben am Himmel vorbeizieht, erleichtert er den

Ozean um ein Zehntausendstel seiner Masse. Das ganze Wasser wird zusammenhängend angehoben, und die Gezeiten gleiten über die Ufer. Auf der molekularen Ebene findet das auch bei den Körperflüssigkeiten statt, und durch die Hochdruckkapillaren wird die Reaktion auf den Mond noch verstärkt. Mondfühligkeit kann quälend sein. Wenn wir das Wasser an einer kahlen Felsbank betrachten und zusehen, wie das Meer zurückweicht und lange Gezeitenstrände und Muschelbänke freigibt, so nehmen wir die Gezeiten vielleicht als neutrales Ereignis wahr, aber in uns selbst löst jede innere Verschiebung tiefe Empfindungen, Bilder und Gestalten aus, die die elementarsten Aspekte unseres Seins verwandeln. Der Mond regt Lebewesen zu unbeabsichtigten Bewegungen an, zu endloser Aktivität oder zum Schlafwandeln. Im ganzen Sonnensystem sind Gravitationswirkungen ineinander verflochten, aber die des Mondes sind am stärksten, weil er die Umlaufbahn mit der Erde gemeinsam hat. Diese beiden Körper mahlen aneinander, um eine Harmonie aufrechtzuerhalten. Wenn die Erde belebt und der Mond tot ist – und das ist mit Sicherheit nur die halbe Wahrheit –, so muß die Erde an der Leblosigkeit des Mondes teilhaben, und der Mond am Leben der Erde. Die ersten Fotografien von der Erde, die vom Mond aus aufgenommen wurden, erinnern an ihre elementare Unteilbarkeit.

Der okkulte Mond repräsentiert den Bewußtseinsfluß, der zwischen der manifestierten und der verborgenen Welt fließt. Als spirituelles Silber ist er die Quelle der Regeneration und Reproduktion: in Kristallen, als somatisches Zellmaterial und als Gedanken, Zahlen, Bilder, Ideen. Er verkörpert die kolloidale Grundlage des Lebens und des Bewußtseins. Die Verwendung von Silber in der Fotografie erinnert uns daran, daß der Mond selbst wie eine Fotografie des Kosmos ist. Sonnenlicht, Sternenlicht und die Zerfallsprodukte von Meteoren fallen auf ihn, und er ist ein vollkommener Spiegel, eine Fotografie von allem, was sich ereignet hat. Der autonome Mond fungiert in bezug auf die Persönlichkeit als Instinkt, als das Verlangen zu berühren, auch als Angst und Flucht. Das sind schnelle silbrige Verhaltensweisen. Astrologisch extrahiert der Mond aus den anderen Planeten ihre stärksten Tendenzen. Er ist ein Spiegel, und diese Spiegelung ist eine ewige Vertiefung ihrer eigenen Individualitäten.[1]

Es gibt einen alten hermetisch/astrologischen Glauben, daß die Erde vom Mond gefesselt und eingekerkert wurde. Die okkulte Praxis verlangt, daß blind reaktive Bewegungen bewußt gemacht werden. Die Disziplinen, die dem Mond entgegengesetzt sind, sind für Männer wie für Frauen am schwierigsten zu meistern, aber sie sind enorm wichtig. Darunter fallen Meditation, Erwachen innerhalb eines Traumes, genaue Choreographie, vorgeschriebene Zeremonien, Poesie, Kampfkünste und alle anderen Disziplinen, die versuchen, mit dem Mond zu brechen, indem sie ihn nachahmen und auf sich selbst zurückführen. Ein winziger Teil der Existenz wird bewußt gemacht, und dadurch gewinnt der Mensch an Gerichtetheit in seinem Leben.

Luna repräsentiert die Knechtschaft des menschlichen Willens durch blinde destruktive Aktivität, durch mechanisches und gewohnheitsmäßiges Verhalten. Der Mond erhält das Leben, aber wenn die Energieströme des Mondes nicht kontrolliert werden, werden sie nur zu Qual und Krampf. William Faulkner schreibt davon, daß man geboren wird, versucht zu handeln, dann aber feststellt, daß einem all diese anderen Menschen mit ihren Armen und Beinen, aber auch die eigenen Arme und Beine im Weg stehen und alles wie an Marionettenfäden gezogen lebendig scheint.[2] Obwohl er es nicht beabsichtigt hatte, ist dies eine Beschreibung des negativen astrologischen Mondes in der kollektiven Persönlichkeit der Erde.

In der Gurdjieffschen Philosophie saugt der Mond die Seelen der Menschen im Augenblick ihres Todes in seinen Körper, und dieser ewige Übergang ist die lebendige Verbindung zwischen der Erde und ihrem toten Beweger. Es ist die letztendliche Basis für die Assoziation des Mondes mit dem Tod. Die Seelen sind lebendige elektrische Wesen, die durch die Verwandlung von Sternenmaterie bei der Verdauung und Atmung zu Gedanken und Geist gebildet werden; sie können magnetisch und physikalisch durch einen naheliegenden Körper angezogen werden.[3] Dieser Körper braucht nicht vernünftig zu sein; er kann für

Träume und Phantasien ebenso unzugänglich sein wie ein Komet, aber er wird die Seelen verschlingen, wie wir die Tiere essen, die wir töten. Der Mond ist eines der Wesen, vor denen Juan Matus Carlos Castaneda warnte: sie stellen uns nach, und wir sind eine Beute für sie, ebenso, wie die Kaninchen in unserer Falle eine Beute für uns sind.[4]

Der Mond ist das erste Hindernis, das die Seele zu überwinden hat, nachdem sie sich von der organischen Natur getrennt hat, da sie erkennen muß, daß sie in ihre eigenen Gewohnheiten und automatischen Reaktionen zurückgesaugt wird und somit jegliche Individualität, die sie entwickelt hat, vergißt. Die Gurdjieffschen Tänze arbeiten die Mondunterjochung weg und lehren die Tänzer einzelne freie Bewegungen, die von Mondbewegungen herrühren, die diese als herausfordernde Nachahmung zurücksenden. Freiheit besteht aus bewußtgewordener Mondaktivität. Ansonsten sind alle freiheitlichen Ausbrüche lediglich sublimierte mondhafte Gesten.

Gurdjieff war ein strenger und skrupelloser Guru, weil er der Meinung war, daß die Chance, irgend etwas von alledem auch nach dem Tod noch zu behalten, von unablässiger, konzentrierter Übung abhing, damit der gewohnheitsmäßige Zug des Mondes gegenüber dem irdischen Leben durchbrochen werden könne. Tätigkeit sollte bewußt werden. Die Menschen sollten ihre wirkliche Situation im Universum erkennen. »Die Erde«, sagte er, »ist aus kosmischer Sicht ein sehr schlechter Platz – sie entspricht dem entferntesten Teil Nordsibiriens, von überall her ist sie sehr fern, sie ist kalt, und das Leben ist hart. Alles, was an einem anderen Platz entweder von selbst kommt oder ohne Schwierigkeiten erlangt werden kann, kann man hier nur durch harte Arbeit erreichen; sowohl im Leben wie auch in der Arbeit muß man für alles kämpfen.«[5]

Er hatte kein Mitleid für die Leidenden. Der Schmerz war ein Mittel, um die Menschen aufzuwecken, sie einen Augenblick lang aus der Tyrannei des Mondes aufzurütteln. Die Leidenden brauchten kein Mitleid, sondern harte Übung, damit sie sich ihr Leiden bewußt machen konnten. Der Schmerz gab ihnen einen Platz im wirklichen Universum.

Alles verzehrt und verwandelt. Der Mensch muß die elementare Materie in spirituelle Substanz zurückverwandeln, wenn er nicht unerlöst sterben soll.

Aber vielleicht gibt es auch eine Boddhisattva-Funktion im Universum: vielleicht gibt es einen, der selbst nicht ins Paradies eingeht, bevor nicht alle anderen Seelen soweit sind. Er muß lange warten. Die Kühe auf dem Feld sind vernunftbegabt, sie tragen in der Hitze nur ihren eigenen schweren Körper, während ihre Schwänze die Fliegen verjagen. Er wird auf sie warten. Fichtennadeln, Ahornblätter, Weidenkätzchen und kurz aufblühende Blumen. Er wird auf sie warten. Drei Männer erschossen in Los Angeles vom Auto aus ein Kind, das auf dem Gehsteig ging. Zum bloßen Vergnügen. Er wird warten.[6] »In jedem Staubteilchen«, heißt es, »sind unzählige Buddhas gegenwärtig.«

Der astronomische Mond repräsentiert deutlich die Anfänge dieses gegenwärtigen Systems. Einige behaupten, daß er aus derselben Nebelwolke stammt, aus der auch die Erde gebildet wurde. Andere sind der Meinung, daß er aus der Tiefe des Raumes eingefangen wurde. Er ist nicht ganz so dicht wie die Erde, das heißt, daß er entweder aus der leichteren Materie des Wirbels entstand oder von woanders herstammt.

Der Mond ist mehr als unser Nachtlicht, mehr als ein Fluterzeuger, mehr als ein erstarrter lebloser Trabant – eine Urkunde vom ersten Schöpfungstag, vielleicht noch vor der Erschaffung des Lichts. Er trägt eine Runenschrift, die uns erzählt, wie in der Dunkelheit des allerfrühesten Werdens die Himmelskörper des Planetensystems samt Monden und samt Erde aus dem Urnebel geboren wurden und heranwuchsen in einem Meteorenhagel.[7]

In dem Szenario, das von einem eingefangenen Mond ausgeht, tobten auf der ursprünglichen Erde radioaktive Feuer; Wasser aus unterirdischem Dampf begann sich in Becken zu sammeln, und es bildete sich der Urozean. Es regnete und regnete und regnete, Felsen wurden erodiert, es entstanden Lehm, Schlamm und Sümpfe. Uferlinien zeichneten sich ab. Berge türmten sich im Ozean auf. Ungeheure Kumulus- und Nimbuswolken zündeten Blitze in die Sintflut, ultraviolettes Licht regnete von der Sonne nieder, und die ersten Aminosäureketten purzelten durch die Brühe. Das fruchtbare Wasser spülte über den Lehm, wo neue Elemente in die DNA-Stränge eingebaut wurden. Dann geriet dieser Ausreißerplanet in das Gravitationsfeld der Erde und verschluckte die ursprünglichen Monde in gewaltigen Explosionen. Die Schwerkraft ergriff ihn, zog ihn heran und hält ihn noch immer mit einer Seite der Erde zugekehrt. Heiße Lava spritzte aus dem Bauch dieses toten Körpers und breitete sich über seine Urkrater aus. Jetzt waren zwei Planeten in einer Umlaufbahn zusammengeschlossen, die 150 Millionen Kilometer vom Sonnenstern entfernt war, und diese beiden Himmelskörper umkreisen einander in einem Abstand von 386 000 Kilometern, ihr Sonnenumlauf betrug 365 1/4 Tage.

Ein lokaler Ursprung des Mondes ist viel wahrscheinlicher. Auf jeden Fall aber ist unser Satellit ein Beispiel dafür, was mit Sternenmaterie geschieht, wenn sie abkühlt und ohne Atmosphäre bloßliegt. Nichts hält die Meteoriten fern, und nichts löscht ihre Spuren aus. Trillionen Tonnen von Felsen haben den Mond seit seiner Entstehung erreicht und eine Welt von Kratern und Kratern in Kratern zurückgelassen. Der größte davon hat einen Durchmesser von 1287 Kilometern, ist jetzt mit Lava angefüllt und wird als »Meer« bezeichnet. Der Einschlag muß den Mond nahezu gespalten haben. Die nächstgroßen Krater haben einen Durchmesser von 300 Kilometern, und die kleinsten kann man in den Mondgesteinsproben sehen, wenn man sie durch das Elektronenmikroskop betrachtet. Die Meere (Maria) sind eigentlich Krater, die vor sehr langer Zeit entstanden und jetzt mit Lava gefüllt sind. Ein Drittel der uns zugekehrten Mondhalbkugel besteht aus diesen Meeren, aus Seen (Lacus) und Sümpfen (Paludes). Sie bestehen alle aus Lava und sind von einer Staubschicht bedeckt.

Daß der Mensch mit seinen Raumschiffen zum Mond gefahren ist, aus seinem leibhaftigen Körper Steine gesammelt hat und auf die Erde zurückkehrte, um davon zu erzählen, das ist ein großes Ereignis, ein Ereignis auch, das ein Pawneepriester mit seinen alten Medizinsteinen zu schätzen wüßte. Durch unsere Geschichte sind wir an Kunstgegenstände gebunden, die ältesten Dinge haben für uns großen Wert: Münzen aus ägyptischen Gräbern, die Jade der konfuzianischen Kaiser, und die Gold- und Silberkessel Kleinasiens. Die Archäologen haben den Staub der Erde durchsiebt, um die Überreste vergangener Zivilisationen und der frühen Völker der Neuen Welt zu finden. Es geht nicht mehr um Rubine und Gold, und im Grunde ging es darum auch früher nicht. Viel wertvoller sind die abgesplitterten Steinwerkzeuge und Mahlzähne von Lebewesen, die vor Millionen von Jahren gelebt haben und gestorben sind, deren Gedanken wir uns nicht vorstellen können. Dennoch sind sie es, die mit dem Denken begannen, und deshalb müssen sie rudimentär und elementar in unserem eigenen Denken enthalten sein. Auf der Suche nach Wanderungen, die sich nach den geheiligten Konstellationen richteten und in dieser Weise über ganze Kontinente zogen, haben wir die Great Plains, den Borax Lake, Frightful Cave und Five Mile Rapids durchstreift. Wir haben Clovisspitzen, Manos, Hammersteine, Schulterblattknochen, Thuleharpunen, Medizinbeutel, Gebetsstöcke und die Pfähle der Mandanen gesammelt. Auf diese Weise sind wir schon vorher zum »Mond« gereist, oder zu jenen Plätzen der Ureinwohner, die unserer Nachfolge erst Sinn verleihen. Aufgrund der westlichen Wissenschaftsgeschichte haben die Mondgesteine eine Bedeutung, die sie in der Hopi- oder Pawneekultur niemals haben könnten. Sie sind der wirkliche Mond. Sie sind das Ende einer Frage, die jahrtausendelang gestellt wurde.

Wenn wir die Monderzeugnisse analysieren, sind wir eben dieselben, die auch die Abfolge der indianischen Kulturen im Great Basin mit Hilfe ihrer zerbrochenen Werkzeuge rekonstruieren. Wir gehen davon aus, daß die Materie zumindest in unserer Zeit niemals erschaffen, noch zerstört wird. Der Mond ist eine andere Version unserer selbst mit einem von dem unsrigen unterschiedenen Schicksal. Im Mondgestein sehen wir den Abdruck des Ursprungs der Zeit – die Bildung unserer eigenen Welt und der anderen Welten in diesem System. Und wir haben die Konsequenz aus dieser Art der Logik gezogen, indem wir dorthin gingen, um sie zu holen.

Es wurden mehrere verschiedene Gesteinsarten zurückgebracht. Eruptivgestein, das hauptsächlich aus Kalzium und Aluminiumsilikaten bestand, zeugte von einem Mond, der einst geschmolzen war, und von den Planetesimal- und Meteoritenablagerungen, die bereits bei seiner Entstehung vor mehr als vier Billionen Jahren einsetzten. Als sich die Kruste des Mondes bildete, fielen Meteorite in seine rotglühende Schmelzmasse. Obwohl der Mond keine vulkanischen Kegel aufweist, ist er insofern vulkanisch, als das eruptive Material durch Spalten in der Mondoberfläche herausbricht. In den darauffolgenden Billionen Jahren entstanden aus den tiefen Lavamassen, die sich zur Oberfläche heraufarbeiteten, Basalte und Gesteine, die aus Kalium, Phosphor und seltenen Erden bestanden. Die ältesten Basalte weisen hohe Prozentsätze von Titan auf, was noch immer nicht erklärt werden konnte. Auch die glas- und perlenartigen Gesteine weisen auf irgendeine unbekannte Wirkungskraft hin. Trotzdem, und obwohl der Mond keinen Eisenkern hat, ist der chemische Aufbau der Erde und des Mondes auffallend ähnlich. Und dies legt die Vermutung nahe, daß diese beiden Welten in demselben Wirbel des kosmischen Nebels entstanden.

Da der Mond kein Leben beherbergt und keine Lufthülle aufweist, hat man ihn als planetarischen Abfallhaufen betrachtet, aber dann stellte sich heraus, daß die schöne Venus noch viel wüstenhafter war, und außerdem hat der Mond auch andere Eigenschaften, die ihn wieder erträglicher erscheinen lassen. Diejenigen, die sich für die Errichtung von Raumstationen einsetzen, verweisen auf die niedrige Schwerkraft des Mondes, seinen Reichtum an Metallen und die Tatsache, daß die tägliche Sonnenenergie ihn ungehindert erreicht. Rohstoffe, die man auf der Mondoberfläche schürfen könnte, könnten mit entsprechenden Maschinen unmittelbar in den Raum geschleudert werden; dort könnten sie durch das bloße Sonnenlicht geschmolzen werden und in der Leere des äußeren Raumes, in der so gut wie keine Gravitation vorhanden ist, zu riesigen Wohn- und Forschungseinheiten verarbeitet werden. Mit viel weniger

Energie als auf der Erde könnten Millionen von Menschen mit Wohnungen und Nahrung versorgt werden. Mit Hilfe des Mondes nähern wir uns der lebenspendenden Sonne. Und wir beginnen, die Superzivilisationen unserer Science Fiction nachzuahmen, die rings um ihre Planeten in allen Richtungen riesige Räder und Röhren errichten, komplizierte kosmische Mandalas, vor denen die ursprüngliche Welt zwergenhaft erscheint.

Aber wenn wir Lebenswelten auf Bergwerke reduzieren, verraten wir unsere Voreingenommenheit für die unablässige Ausbeutung der Rohstoffe und grenzenloses Wachstum. Wir alle, auch die Kommunisten unter uns, sind abgebrühte Kapitalisten. Wir werden alles ausnützen, worauf wir Ansprüche geltend machen können. Darin sind wir höchst begabt. Wenn es keine Seleniten oder Marsmenschen gibt, denen man ihren Besitz abjagen muß, dann ist die Aufgabe um so leichter. Aber das heißt nicht, daß wir lange und intensiv nach ihnen Ausschau halten würden und sie in Gegenden suchen würden, wo Menschen nicht gerne hingehen. Wir werden zuerst schießen, und dann Fragen stellen.

Ist der Ausbau des Weltraums der nächste Schritt in unserer kulturellen Evolution? Oder ist das Industriezeitalter die falsche Spur, die ihrer Definition nach nur zu ihrer eigenen Entropie führen kann? Kann die Biosphäre der Erde bis zu den subtilsten Lebensketten, bis hinab zu den Insekten, zu kritischen Spuren im Boden und zu Bakterien auf künstlichen Planetenmonden nachgeahmt werden? Konnte sie von den Agrarindustrien mit ihren Monokulturen nachgeahmt werden? Oder sind sie ebenfalls ein Fehler, der im Austausch für zeitweilige Fülle letztlich die Hungersnot nach sich zieht? Gurdjieff argumentierte, daß wir nicht eine Mine in die Erde treiben können, ohne unser psychospirituelles Leben durcheinanderzubringen. Denn alle mineralischen und metallischen Vorkommen haben ihre lebendigen Entsprechungen in der balancierten Persönlichkeit des Planeten. Die weltweite Zerrissenheit kommt gerade aus der Entblößung der mineralischen Psyche der Erde. Jedenfalls ist klar, daß die industrielle Gesellschaft und die kollektive Rettung, die sie verspricht, sich nur in den äußeren Raum ausdehnen können. Und wenn der Weg dorthin versperrt ist, kann sie uns nicht weiter führen, und ein anderes Modell der Gesellschaft, eine neue Prophezeiung wartet auf uns.

Die lunare Bilderwelt, die wir in uns angesammelt haben, können wir letztlich nicht verunreinigen. Das Wesen des Mondes können wir durch unsere Raumflüge ebensowenig verändern, wie wir die wirkliche Natur der Erde durch unsere Fabriken und Städte verbergen können. Die alten Naturmythen und Naturgötter bleiben, sie sind in unserem Inneren und in den heiligen Gegenden verborgen. Auch die Mondgöttinnen bleiben, und der Mond selbst, der am Himmel zieht, wird uns weiter gestalten und initiieren.

Sie hat einen Durchmesser von etwa 12 700 Kilometern, ist leicht abgeplattet, ihre Achse ist etwas geneigt, sie ist 8 $1/3$ Lichtminuten von der Sonne entfernt, und sie ist ein von Leben erfüllter Planet, geologisch wie biologisch. Es ist die Erde. Wie die anderen Planeten ist sie aus einem geschmolzenen Ball entstanden, und ihre festen Teile bildeten sich aus Platten, die auf der ursprünglichen Weißglut schwammen. Unaufhörlich bricht innen neues Magma hervor, das die Platten bewegt und die Kontinente an andere Stellen schiebt. Sie prallen aufeinander, lassen Berge aufsteigen und Küstenlinien absinken. Kalifornien und Ägypten sind nur vorübergehende Länder in einer Welt, die Atlantis und Lemurien tausende Male hat kommen und gehen sehen.

Aufgrund ihrer biologischen und den entsprechenden chemischen Vorgängen wird die Erde zu dem, was sie ist. Durch die Photosynthese nehmen die Pflanzen das Sonnenlicht auf und erschaffen eine Schicht des Lebens über dem Felsen. Der Sauerstoff, den sie abgeben, ist für die ersten Arten von Lebewesen vielleicht giftig gewesen, aber später verwendeten sie die Oxidation, um aus Materie Energie freizusetzen, und daraus entstanden schließlich komplexe Vierzeller. Diese bildeten dann eine neue Schicht, die sich mit dem Pflanzenreich wechselseitig durchdrang.

Für die chemischen Kreisläufe, die über der Lithosphäre stattfinden, ist das Wasser der Schlüssel. Das Wasser bedeckt drei Viertel der Erdoberfläche, und davon ist das meiste Meerwasser, in dem sich Salze, Metalle und gelöste Gase – sechzig von den zweiundneunzig natürlich vorkommenden Elementen – befinden. Weniger als ein Prozent des Wassers auf dem Planeten ist frisch, zwei Prozent sind in den Gletschern und Polkappen als Eis vorhanden. Einiges befindet sich in der Atmosphäre, und zwar in komplexen Wolkenstrukturen, die durch Temperaturzonen und die Meeresströmungen zu zusammenhängenden Wettersystemen integriert werden.

Das Wasser hat eine ständig mäßigende Wirkung auf das Klima: es kühlt die heißen Gegenden und wärmt die kälteren Regionen auf.

Der Sauerstoff in der Atmosphäre ist für die meisten Lebewesen lebensnotwendig, aber er ist mit der dreifachen Menge des chemisch trägen Gases Stickstoff vermischt. In den oberen Schichten der Atmosphäre wird der Sauerstoff ionisiert und bildet eine Ozonschicht, die die Erdoberfläche vor Strahlung schützt.

Blaue Ozeane, weiße Wolken und rotbraune Landmassen herrschen auf der Erde vor, wenn man sie vom Weltraum aus betrachtet. Trotz allem, was wir in unseren zersplitterten Nationen und Philosophien anstellen, erschaffen wir dieses wunderschöne zusammenhängende Gewebe und leben in seiner nährenden Obhut. Man kann der Illusion erliegen, sagte der Astronaut Michael Collins, daß es irgendwie viele Welten und viele Möglichkeiten dieser einen Welt geben könnte, schon allein aufgrund der Vielzahl der Photographien dieser Welt und den vielen verschiedenen Arten und Weisen, wie man über sie spricht und argumentiert. Und dennoch ist sie weder willkürlich noch vervielfältigbar. Collins sah diese eine Kugel da draußen im Raum, während ihre Wolken und Ozeane sich veränderten.

Zwei Jahrtausende früher sah Lukrez dieses irdische Reich von der Erdoberfläche aus folgendermaßen:

Die Regengüsse werden vernichtet, wenn der Vater Äther sie in den Schoß der Mutter Erde hinabgeschleudert hat. Aber die Feld-

früchte springen frisch und heiter hervor, die Zweige auf den Bäumen treiben Blätter, die Bäume selbst wachsen und werden von ihrer Frucht niedergedrückt. Von daher beziehen Mensch und Tier ihre Nahrung. So sehen wir blühende Städte, die mit Kindern gesegnet sind, und aus jedem belaubten Gestrüpp ertönen die Stimmen einer neuen Singvogelbrut. Von daher werfen die Kühe, müde von der eigenen Masse, ihren Körper auf den üppigen Weiden nieder, und der weiße, milchige Saft träufelt aus ihren prallen Eutern. Von daher tollt eine neue Generation auf staksigen Beinen ausgelassen durch das frische Gras, ihre junge Seele trunken von unverdünnter Milch. Deshalb vergehen sichtbare Dinge nicht vollständig, denn die Natur stellt ein Ding aus dem anderen her und erlaubt nicht, daß ein Ding geboren wird, ohne daß ein anderes stirbt.[8]

Mit einem Raumschiff in die Erdatmosphäre einzutreten, ist eine Erfahrung, die einen erschüttert und beben macht, und so sollte es auch sein. Die Schwerkraft behütet diesen besonderen Ort, diese Region, die von ihrer Umgebung durch mehr als nur durch einfachen Raum entfernt ist, und die unsichtbaren Felder und Zonen, die davon ausgehen. Es ist eine feuchte Senke in einer Wüste, die sich in allen Richtungen Trillionen von Kilometern ausdehnt. Und in diesem größeren feuchten Zusammenhang befinden sich Billionen feuchter Körper, Gallerten, die durch hydrostatische Spannung und eigene Zellgewebe, die für einfaches Wasser undurchdringlich sind, zusammengehalten werden. Und in ihnen befinden sich noch winzigere Körper: Eier, Sporen, Gene.

Es ist auch eine erschütternde, überwältigende Erfahrung, durch diese Materiekette in die Erde hineingeboren zu werden. Das neugeborene Kind schlüpft wie ein heidnischer Wassermolch aus seiner Mutter heraus, sein eigenes Blut benimmt ihm den Atem. Und es ist wie ein Astronaut, der sich dieser Welt in einem Raumschiff nähert, das aus den feinsten Stoffen besteht: Erde, Luft, Feuer und Wasser. Für uns ist die Erde der Ort, wo sich Inkarnation und Schöpfung treffen. Wir liegen hier und beobachten, wie sich die Formen bilden und auflösen: sie gleichen den Kumuluswolken, die vom Meer hereingeweht und über die Berge getrieben werden.

Genauso folgerichtig, wie die jüngere und der Sonne nähere Venus zur mythischen Vergangenheit der Erde wurde, so wurde der Mars zu unserer legendären Zukunft – eine sterbende Zivilisation auf einem altgewordenen Planeten, dessen Magma sich früher abgekühlt hatte, dessen Leben sich früher entwickelt hatte. Dieser Planet beherbergte schon Zivilisationen, als die Erde lediglich Einzeller trug, er verausgabte seine Luft und sein Wasser früher und befindet sich jetzt, nach einer Millionen von Jahren währenden Geschichte, in den letzten Zügen seines Daseins. Unsere hypothetischen Marsmenschen waren entweder weise und friedfertig oder expansiv und aggressiv. Einige von ihnen glichen den Irdischen, andere bestanden chemisch gesehen hauptsächlich aus Silizium, denn dieses Mineral hat eine verpflichtende Affinität zum Kohlenstoff und ist allem Anschein nach im Marssand reichlich vorhanden.

Im Jahre 1877 entdeckte Schiaparelli die Marslinien, und Percival Lowell – es war Wasser auf seine Mühlen – konstruierte daraus gleich eine alte Zivilisation, die sich selbst zu erhalten suchte, indem sie den Polkappen Wasser entzog. Mars war in unserer Vorstellung ein bewohnter Planet. Die Marsmenschen waren unsere kosmischen Nachbarn, und wir bemühten uns darum, eines Tages das Vergnügen zu haben, mit ihnen zusammenzutreffen.

Es ist darauf hingewiesen worden, daß die Vorstellung von den »Marskanälen« zuerst aus einer Fehlübersetzung von Schiaparellis Ausdruck »canali« resultierte: man verstand es buchstäblich als »Kanäle« und nicht als »Rillen« oder »Verbindungslinien«. Lowell begriff sie als künstliche Gebilde und publizierte zwei provozierende Bücher: »Mars und seine Kanäle« und »Mars als Heimstätte des Lebens«. Die Marsmenschen, spekulierte er, hatten nicht nur diese Kanäle gebaut, um ihren zunehmend trockenen Planeten zu bewässern, sondern auch zwei Satelliten, die Monde Deimos und Phobos, in Umlauf gebracht. In Lowells eigenen Worten hört sich das so an:

... *Die Linien gehen von Punkten an der Küste der blau-grünen Regionen aus [im allgemeinen deutlich abgesetzte Buchten] und setzen sich geradlinig bis zu Punkten fort, die Mittelpunkte in der Mitte des Kontinents zu sein scheinen, denn ganz erstaunlicherweise treffen sie sich dort mit anderen Linien, die zu derselben Stelle mit anscheinend der gleichen Absicht gekommen sind... Die Linien erscheinen entweder vollkommen gerade von einem Ende zum anderen oder in einer ebenfalls gleichförmigen Art gekrümmt. Es gibt nichts Zufälliges im Erscheinungsbild irgendeiner dieser Linien...*
Ein keineswegs primitiver Geist scheint über das System, das wir sehen, gewacht zu haben – ein Geist, der sicherlich umfassender war als der, der die verschiedenen Abteilungen unserer eigenen öffentlichen Arbeiten kontrolliert. Parteipolitik hat in diesem System jedenfalls keinen Platz; denn es zieht sich über den ganzen Planeten hin.[9]

Lowells Mars zeugte die »mittelalterlichen« Wüstenzivilisationen eines Edgar Rice Burroughs, zu denen sein Romanheld John Carter eine Astralreise unternahm. Dieses Reich wich den friedlicheren telepathischen Reisen eines Robert Heinlein und Ray Bradbury, aber hinter allen von ihnen stand Lowell. So zwingend war sein Bild.

Bis zu den ersten Raumsonden war ein Mars nach Lowells Vorstellung noch immer möglich, obwohl Analysen der Dichte und Zusammensetzung der Marsatmosphäre, die während der fünfziger Jahre vorgenommen wurden, damit schon fast aufräumten. Die spätere Version war vielleicht nicht ganz so, wie Lowell sie sich ausgedacht hatte, sondern eher ein Mittelding zwischen seiner und Bradburys Konzeption und den Konzeptionen von Hunderten anderer Science Fiction-Autoren. Wenn der rote Planet schon keine intelligenten Wesen beheimatete, so mußte es auf ihm wenigstens Leben geben – eine Tatsache, die in ihrer Aktualität fast ebenso überwältigend wäre wie die imaginären Denkmäler lang verstorbener Zivilisationen. Mars hat uns von Anfang an betrogen, und zwar fast genau in derselben Weise, wie uns die ganze zweite Hälfte des vorigen Jahrhunderts betrogen hat. Aber das ist die Art, wie wir uns selbst betrogen haben.

Mariner 4 erreichte den Mars am 14. Juli 1965. Es wurden zweiundzwanzig Aufnahmen gemacht, die etwa ein Prozent der Oberfläche erfaßten. Der photographierte Teil war stark mit Kratern besetzt und der Mondoberfläche nicht unähnlich. Durch Mariner 4 wurde auch deutlich, daß kein magnetisches Feld bestand, um den Sonnenwind abzulenken, die Atmosphäre war sogar noch dünner, als man befürchtet hatte, sie entspricht 0,4 % der Erdatmosphäre.

Im Juli und August 1969 erreichten Mariner 6 und 7 den Mars. Obwohl sie eine komplexere Landschaft, darunter auch Berge und Wüsten zeigten, bestätigten sie im wesentlichen die frühere Botschaft: Der Mars war mit Kratern bedeckt. Es gab nichts außer den dunklen Kraterböden, das die dunklen Linien auf den Fotos erklären konnte, die von der Erde aus aufgenommen wurden. Es stellte sich heraus, daß die Atmosphäre zu neunzig Prozent aus Kohlendioxid bestand und ein wenig schwerer war, als man vorher gedacht hatte. Auch gab es ein wenig Nebel aus Wasserdampf. Die Temperaturen am Südpol sanken bis auf $-122°$ Celsius, während ein heißer Tag am Äquator 20° Celsius erreichen konnte, eine brütende Hitze für marsische Verhältnisse.

Im November 1971 kam Mariner 9 auf dem Mars an: der Planet war vollständig von einem Staubsturm bedeckt, der ein paar Monate zuvor auf der südlichen Halbkugel entstanden war, als das Raumschiff einen Teil des Weges zum Mars zurückgelegt hatte. In der Wüste und Kraterregion Noachis, unmittelbar im Westen einer gebirgigen Zone, die auf den frühen Karten als Hellas bezeichnet wurde, tauchte eine gelbliche Wolke auf. Als der Mars sich an seinem Perihel befand und die eingeschlossene Hitze die Winde verstärkte, erreichte der Sturm eine Geschwindigkeit von 150 Kilometer pro Stunde und brauchte einen Monat, um sich zu beruhigen, während der Planet sich langsam von der Sonne entfernte. Als sich der Sand legte, erschien eine vollkommen neue Welt. Jetzt, wo wir den Lowellschen Mars schon endgültig aufgegeben hatten, kam eine merkwürdige, gar nicht mondähnliche Landschaft zum Vorschein. Über dem Sand standen vier dunkle Flächen mit tiefen ringförmigen Kraterlinien hervor. Aber es waren keine Krater, die durch Meteoreinschlag entstanden waren, sondern vulkanische Krater – die größten Vulkane, die man jemals irgendwo gesehen hatte. Der größte davon, Nix Olympica, dehnte sich an seiner Basis durch den Lavafluß 480 Kilometer aus und ragte 28 Kilometer in die Luft. Dementsprechend wurde sein Name geändert: statt »Olympischer Schnee« hieß er nun »Berg Olymp« (Olympus Mons). Ein anderer Vulkan, der aus dem Sand auftauchte, hatte an den Felsen seiner Basis einen Durchmesser von 1464 Kilometern.

Aber diese vulkanischen Calderen waren noch nicht alles. Der Mars war mit Kanälen und komplexen geographischen Linien bedeckt. Irgend etwas hatte die Kruste in einigen Gegenden angehoben; in anderen Regionen hatte Erosion stattgefunden. Und da gab es auch Dinge, die verdächtig nach ausgetrockneten Flußbetten aussahen, die sich schlängelten und federartig verzweigten. Spätere Raumschiffe sahen noch mehr. Der Mars hatte einen so riesigen Canyon, daß seine im Vergleich dazu winzigen Seitenarme noch immer größer waren als der Grand Canyon. Er erstreckte sich in der Länge des Mississippi über den Äquator. Es stellte sich auch heraus, daß die Polkappen über einer ständig gefrorenen Schicht von Kohlendioxid eine beträchtliche Wassermenge enthielten. (Das Wasser verdampft jahreszeitlich.) Dann gab es deutliche Beweise für Wassererosion in der Canyongegend unterhalb des Olympus Mons, baumartig verzweigte Muster, die sich in 724 Kilometer langen Kanälen über 4800 Kilometer hinzogen. Sie schienen flußabwärts tiefer und breiter zu werden. Das waren alte, jetzt wasserlose Marsflüsse, die an Lowell erinnerten. Mars war ein dürres Land, das von Wasser geformt wurde und mit Wasserrinnen und Canyons wie der amerikanische Südwesten durchzogen war. Wohin dieses Wasser verschwunden war, wußte niemand zu sagen.

Als die ganze Oberfläche photographiert war, zeigte sich, daß es ebenfalls sehr viele Krater gab, aber es gibt auf dem Mars weite Flächen, die wie auf der Erde nicht von Wasser bedeckt sind und den irdischen Landmassen auch größenmäßig entsprechen. Deshalb gibt es genügend Land für unterschiedliche Topographien, Klimate und Regionen. Der Nordpol war von einem gigantischen Dünenfeld umgeben, das wahrscheinlich vom Wind gebildet wurde. Eine andere Gegend war voll von unerklärlichen »Pyramiden«. Ausgedehnte Wassereiswolken bedeckten die Spitzen der Vulkane. An einem Tag zog sich sogar ein Himmel mit Schäfchenwolken über dem Labyrinthus Noctis. In einigen Gegenden waren die Wolken sehr komplex; Zirrokumulus- oder Kumuluswolken mit Nebel und Dunst darunter oder zyklonartige Spiralen, aus denen in der Dämmerung Vulkanschilder dramatisch hervortauchten, während das Raumschiff quer über Sonne und Dunkelheit raste. Die Gegend am Südpol wies an ihrem Eis Gesimse und Winderosion auf. Der Mars war keine ewige Photographie wie der Mond; er hatte Tage, die sich von anderen Tagen unterschieden, und zwar aus lokalen Gründen, nicht, weil irgendein neuer Meteorit eingeschlagen hatte.

Die Bewölkung in einer so dünnen Atmosphäre deutete tatsächlich auf eine unglaublich hohe Feuchtigkeit hin, denn die Atmosphäre war fast gesättigt, und überall lag Bodennebel. In allen Gesteinsproben, die von den Sonden untersucht wurden, war Wasser vorhanden. Aber der größte Teil der potentiellen Marsatmosphäre war in den Polkappen gefangen.

Der Mars liegt in etwa innerhalb der irdischen Temperaturzone; an seinem Perigäum ist er 56,3 Millionen Kilometer weiter von der Sonne entfernt, an seinem Apogäum 96,5 Millionen Kilometer. Er ist etwas kleiner als Erde und Venus, sein Durchmesser beträgt 6783 Kilometer. Schiaparelli und alle späteren Beobachter erkannten auf dem Mars auch Jahreszeiten, in deren Verlauf die Polkappen schrumpften oder sich ausdehnten. Aber »Jahreszeiten« müssen nicht große Mohnfelder oder bewässertes Getreide bedeuten. Auf dem Mars sind die Jahreszeiten offenbar Staubstürme, die durch ihre Bewegung im Jahreszyklus klimatische Veränderungen widerspiegeln. Sie werden durch die Achsenneigung des Planeten intensiviert. Wegen der geringen Dichte der Atmosphäre fällt die Temperatur nach Sonnenuntergang rasch ab. Auch an einem warmen Sommertag liegt die Nachttemperatur auf dem Mars ein gutes Stück unter Null. Das heißt, daß jedes etwaige Leben diesen Temperaturunterschied aushalten müßte. Da die Polkappen nachts eigentlich zufrieren müßten, deutet ihre rasche jahreszeitliche Schrumpfung darauf hin, daß sie ziemlich dünn sind.

Die erste der Vikingsonden kam in einer Wüste in Chryse Planitia an, die mit Felsblöcken in allen Größen und niedrigen Hügelketten übersät war. Der Sonnenuntergang in dieser sommerlichen Ebene verbreitete ein strahlendes Magentarot, und dies war die Farbe unseres ersten auswärtigen Himmels. Die topographischen Umrißlinien auf der Photographie erzeugten den Eindruck einer mit Edelsteinen gefüllten Geode, die in konzentrischen Kreisen von feinen rosé-, violett- und magentafarbenen Schattierungen strahlten, bis der letzte Ring in der ebenholzschwarzen Marsnacht verschwand. Das Rot des Bodens stammte von einer relativ dünnen Schicht aus hydriertem Limonit. Das Eisenoxid beeinflußte das Bild vom Mars von Anfang an. Im Jahre 1644 entstand ein neues Bild von diesem Planeten, und der Jesuit Athanasius Kircher beschreibt ihn in seinem Buch »Mundus Subterraneus« folgendermaßen:

Die Oberfläche ist extrem hart, rauh, rußig und schwefelig, aber unverbrennbar, sie schwitzt Teer und Petroleum aus und ist von giftigen Dämpfen umgeben. Aus den Gebirgsschluchten brechen mit gräßlichem Gestank bräunliche Flammen hervor; die Meere bestehen aus zähflüssigem schwefeligem Schlamm.«[10]

Tatsächlich enthält der Mars hundertmal soviel Schwefel wie die Erde.

Die zweite Vikingsonde kam in der nördlicheren Tundra der Utopi Planitia inmitten der Kanäle zum Stehen. Dort gibt es keine Felsen. Die Suche nach Leben hatte zwiespältige Resultate. Die Sonde nahm ein wenig Marsstaub in ihr Labor auf und berichtete, daß es auf dem Mars von mikroorganischem Leben oder winzigen Insektoiden gewissermaßen wimmelte. Nach den vorhergehenden Enttäuschungen war das fast zu schön, um wahr zu sein. Wir hatten uns schon mit einem dürren, sterilen Mars abgefunden; und dann entstand ein neues Geheimnis. Natürlich war der Ausdruck »Leben« nur eine Interpretation der gesendeten Kodes, und eine spätere Interpretation formulierte es so, daß irgendein Stoff im Marsboden das Leben »nachahmte«, um die Worte der Planetologen zu verwenden. Wie kann irgend etwas das Leben nachahmen? Wollten sie sagen, daß das Experiment gescheitert war? Oder bedeutete es, daß sie etwas gefunden hatten, was weder tot noch lebendig war?

Schließlich folgerten die Experten, daß es auf dem Mars nicht einmal die organischen Bestandteile gab, die man in einigen Meteoriten gefunden hatte. Der Mars war so tot wie nur möglich. Was diese beobachtete Aktivität betraf, entschieden sie, daß irgendein Aspekt des Marsbodens aus unbekannten Gründen das irdische Angebot organischer Moleküle zu verdauen schien.

Wenn die »Marsmenschen« sich von uns grundlegend unterscheiden würden und eine Sonde hierherschicken würden mit der Frage: »Gibt es Leben auf der Erde?«, würde sie dann vom marsischen Standpunkt aus berichten, daß wir das Leben nur nachahmen? Gegenwärtig nehmen wir an, daß sie erkennen würden, daß es auf der Erde von lebenden Organismen nur so wimmelt, und selbst wenn ihr Raumschiff auf den arktischen Ebenen landen würde, würde es die Existenz von Mikroorganismen aufzeichnen. Und das ist der Grund, warum *unser* Experiment zu dem Schluß kommt, daß es auf dem Mars kein Leben gibt.

Die Marsmonde wurden im August des Jahres 1877 von dem amerikanischen Astronomen Asaph Hall entdeckt, der schon vorher den mondlosen Zustand des Planeten beklagt hatte. Deimos wurde am zehnten August gefunden, Phobos einige Tage später. Beide sind außerordentlich schwachleuchtend, und Phobos (als einziger unter allen Monden des Sonnensystems) saust schneller um den Planeten, als dieser seine Achsendrehung vollziehen kann. Hall nannte sie nach den Begleitern des Mars (Furcht und Schrecken), und Lowell betrachtete sie später als Satelliten, die durch seine intelligente Zivilisation in Umlauf gebracht worden waren. Die Mariner-Befunde ergaben, daß diese Monde aus einem der dunkelsten uns bekannter Stoffe bestanden, daß sie stark von Kratern gezeichnet, von unregelmäßiger Gestalt und sehr alt waren. Sie unterscheiden sich sehr deutlich von unserem irdischen Mond, wahrscheinlich sind es eingefangene Asteroiden, die aus dunklem kohlenstoffähnlichem Material bestehen.

Und doch, wir haben einen anderen Planeten erreicht, standen unmittelbar auf seinen Ebenen, beobachteten seinen rosafarbenen oder blauen Himmel und sahen zu, wie die Sonne auf ihm unterging. John Carter und seine »Marschroniken« waren damit nicht gestorben, aber offensichtlich gehörten sie anderswohin, oder aber sie gehörten in einer anderen übernatürlichen Weise zu dieser marsischen Welt. Die Fragmente verschiedener Marsromane rasen vorbei: die Computer des Deimos; das auf den Kanälen heimwärts Schlittschuhlaufen in der kalten Marsnacht bei Minusgraden; pelzbewachsene kugelige Lebewesen, die über die Wüste gleiten; Kolonien am toten Meer; die Windschiffe, die wundervollen Windschiffe, die nacheinander wie große phönizische Fahrzeuge über den roten Sand gleiten; die metallenen Bücher mit ihren leicht erhabenen Hieroglyphen; die elektrischen Spinnen; die Paläste; die Kämpfe auf ausgetrockneten Meeresböden; die Giftduschen, zu denen die Marsdiktatoren Flash Gordon zwangen; die eisigen Dämmerungen mit den beiden Monden; der Raub des Phobos; die Steinruinen in den weiten Wüsteneien; die Hypnotiseure, die dort oben Städte wie in Illinois erschufen; die verbliebenen Juwelen der Marsdynastien; die unsichtbaren Telepathen in der Atmosphäre; und schließlich die aufgegebenen irdischen Kolonien, die wie diejenigen des Lowellschen Mars in Ruinen zerfielen, und darauf von Sand, Kratern und Felsblöcken bedeckt wurden, als ob sie nie existiert hätten, so daß wir selbst in den sechziger Jahren Amerikas und des Westens unter ganz anderen Voraussetzungen zum Mars gelangen.

In den Worten von John Carter:

Ich bin von einer anderen Welt, dem großen Planeten Erde, der unsere gemeinsame Sonne umkreist und innerhalb der Umlauf-

bahn eures Barsum, den wir als Mars kennen, als nächster folgt. Wie ich hierher kam, kann ich euch nicht sagen, denn ich weiß es nicht; aber ich bin hier, und da meine Anwesenheit mir erlaubt, Dejah Thoris zu dienen, bin ich glücklich, daß ich hier bin.[11]

Aber das war ein anderes Amerika: noch vor dem Zweiten Weltkrieg, und es war auch ein anderer Mars. John Carters Machenschaften klingen ebenso unglaublich wie der Heroismus der CIA in den sechziger Jahren. Und der ältere Mars ist durch die Weltraumwissenschaft der Nachkriegszeit ums Leben gekommen.

In okkulten Begriffen ist Mars für Transformation und Regeneration zuständig. Natürlich ist er der blutige Planet des Krieges – aber nicht des Krieges um seiner selbst willen, sondern des Krieges als des unvermeidlichen Konflikts von Kräften, die an der Veränderung arbeiten. Der Mars hat eine wachsame und eine dynamische Qualität. Er ist eine gesetzgebende Kraft, der die Struktur gehorchen muß; der Mars ist unerbittlich. Wenn er sich erweichen ließe, um auch nur einen einzigen Sperling außerhalb des Gesetzes zu verschonen, würde die Struktur der Materie selbst in sich zusammenbrechen, und alles wäre verloren.

Der Mars ist ebenso rhetorisch wie auch gesetzgebend, und bezieht sich auf Sozialordnung und persönliches Eigentum. Er ist ein Planet der Verkörperung, sein Metall ist Eisen, das der Materie Form und Struktur verleiht und sphärische und radiale Formen erzeugt. Gleichzeitig wird das Eisen auch mit Blut und Magnetismus assoziiert, mit dem Dodekaeder des Pyrits und dem eisernen Willen. Es bildet sehr starke chemische Verbindungen. Diese werden im martialischen Bereich des Krieges als eiserne Waffen angewandt. Das hat vielleicht nicht direkt mit dem Planeten Mars zu tun, aber es wirkte auf die bildlichen Vorstellungen ein, mit denen Burroughs seine Marswelt ausstattete, nämlich Kampf und Rittertum, und es diente den unerbittlichen Absichten der Invasoren vom Mars, die plötzlich am dreißigsten Oktober 1938 im Radio auftauchten, als »Der Krieg der Welten« ausgestrahlt wurde.

Als ich hereinkam, sagte mein Sohn: »Mutter, irgend etwas ist vom Mars heruntergekommen, und die Welt geht zu Ende.«... Ich hörte, daß vierzig Menschen getötet wurden, und daß alle am Gas erstickten.[12]

Der riesige Zwischenraum zwischen Mars und Jupiter ist mit Tausenden von kleinen Felsen ohne Lufthülle angefüllt; der größte von ihnen, Ceres, hat einen Durchmesser von 724 Kilometern. In gewissem Sinne gleicht der Asteroidengürtel dem verlorenen Kontinent Atlantis. Vielleicht bestand hier einmal eine große Welt, die dann explodierte. Oder vielleicht sind die Asteroiden die noch übriggebliebenen Planetesimale, Embryos, die durch die Masse des Jupiters daran gehindert wurden, ihre eigene Welt zu entwickeln. In diesem Falle wären sie der offenkundige Querschnitt durch den Ursprung des Sonnensystems, wie auch die Olduwaischlucht die Geschichte Afrikas und den Ursprung des Menschen bloßlegt. Sie sammeln sich in Haufen, von denen einige sehr starken Störungen durch Jupiter unterliegen, wie zum Beispiel die Trojanischen Asteroiden, die mit ihrem riesenhaften Nachbarn kollineare Librationsstufen entwickelten.

Vielleicht enthalten die Asteroiden Überreste der vorbiologischen chemischen Struktur des Nebels, vielleicht beherbergen sie aber auch die kaum erkennbaren Überreste einer Zivilisation, die sich selbst zerstörte oder zerstört wurde. Es wäre ein trauriger und erschreckender Augenblick, wenn man erkennen würde, daß hier das erste Sonnenreich lag und daß es von irgendeinem katastrophischen Ereignis überfallen wurde, noch bevor wir geboren wurden. Wir würden uns fragen: sind wir die Überlebenden? Wahrscheinlicher ist, daß wir nur Felsen und Ödland vorfinden, wie es auch das Science Fiction-Bild vom Asteroidengürtel will: eine Art Vorposten der Goldgräberdörfer im Busch, wo sich die Outlaws verstecken.

Wenn wir Mars und den Asteroidengürtel hinter uns lassen, verlassen wir auch das goldene Zeitalter der Science Fiction und die erdähnlichen Planeten, wir treten nun in das wirkliche Zentrum unseres Systems ein. Mars und Venus stellen die Mythen einer vergangenen Generation dar. Das äußere Sonnensystem aber vertritt die achtziger Jahre und das, was nach ihnen kommt.

4. Jupiter und seine Monde

Von allen Planeten hat der Jupiter im vergangenen Jahrzehnt die schärfsten Konturen in unserer Vorstellung angenommen. Lange Zeit überschattete seine bloße Riesigkeit alle anderen Wahrnehmungsqualitäten: in einem Sonnensystem, wo wir nach solchen Feinheiten wie der Erde forschen, war Jupiter ein Ungeheuer, ein empfindungsloser Tyrann, der unterschiedslos Monde einfing und alles zermalmte, was ihm in den Weg kam. Unsere Vorstellungen vom Mars waren so entwickelt, daß es fast schien, als sei er größer, aber in Wirklichkeit ist Jupiter tausendmal so groß wie Mars. Über diesen Riesenplaneten gab es wenig zu sagen, außer, daß er ein Ozean kalten, giftigen Gases war.

Durch die Teleskope erscheint Jupiter in vielfältig farbigen Bändern: braun, hellorange, gelbbraun und rötlich. Der Große Rote Fleck darauf ist ein ständiges, besonderes Merkmal, das wissenschaftlich noch nicht geklärt wurde. Er könnte allein schon mehr als drei Erden in sich aufnehmen; dreimal der Durchmesser unseres ganzen Planeten, unserer ganzen Welt könnte in dieses eine Merkmal eingepaßt werden (wobei noch Raum übrig bliebe), und mehr als eintausenddreihundert Erden fänden insgesamt im Jupiter Platz.

Daß er gasförmig ist – vorherrschend sind dabei Helium und Wasserstoff – ist bereits sehr interessant. Mars, Merkur und Mond erscheinen öd und leblos. Nachdem diese Körper in unserer Vorstellung zu möglichen Lebenswelten avanciert waren, haben sie viel von dieser Qualität verloren und hängen nun als riesige Metallstücke im Raum, die von zufällig einschlagenden Steinen bombardiert werden. Sie haben praktisch keinen Himmel, es fehlt ihnen die interessante Weichheit des Flüssigen bzw. fehlen ihnen die subtilen Übergänge und Perspektiven vor einem reichen Himmel. Die Venus hat eine Atmosphäre und einen Himmel, aber das ist gerade ihr Fluch.

Jupiter ist wenigstens feucht. Wenn wir an einem Platz auf dem Jupiter, wo es eine Oberfläche gäbe, in einem imaginären Haus säßen, würden leuchtende farbige Flüssigkeiten mit ungeheuren Geschwindigkeiten an die Fenster peitschen. Die Stürme würden umherspritzen, ineinandergreifen, und das Licht aus diesem Gewitter wäre eine ständige Abwechslung zwischen dem Schimmer der Morgenröte und schwachen Regenbogen aus flektiertem Sonnenlicht. Photonen, die auf die Erde zurasen, schlagen in den blauen Himmel ein, fallen in die Ozeane, und einige von ihnen werden von grünen Pflanzen getrunken. Photonen, die auf den Jupiter fallen, werden in einem fortwährenden Sturm mit einer Geschwindigkeit von fünfhundert Kilometern dahingefegt, in einem Sturm, der alles aufgewühlt hat von Ankerplätzen, die selbst durch nichts jemals festgehalten wurden, und innerhalb von Millionen Jahren ein Gleichgewicht gefunden hat, in dem alles ins Chaos Gerissene in genaue Gürtel von Ähnlichkeit und Ordnung sinterte. Das Licht tritt ein und wird in die Farben zerrissen, die dieses Muster speisen.

Wir wissen jetzt auch, daß Jupiter nicht ganz so kalt ist, wie er es aufgrund seiner Entfernung von der Sonne unserer Vorstellung nach eigentlich sein müßte. Er gibt mehr Hitze ab, als er empfängt, und in gewisser Weise ist er eine Miniatursonne, die nicht groß genug ist, um zur Weißglut zu explodieren, groß genug aber, um so etwas wie Sonnenhitze aus dem Planetenkörper zu entlassen. Die Sonne ist selbst Feuer, Jupiter aber ist flüssig und luftförmig, was einen großen Unterschied darstellt. Auf der Sonne ist alles einfach und wird unterschiedslos gelöscht. Jupiter dagegen spielt mit der Komplexität der Materie bis zu ihrem innersten Kern. In einem wilden chemischen Tanz hält er die Materie auf unserer Seite des Sonnenhaften, erforscht sie in der Alchemie des Methans und des Wasserstoffes und wirbelt sie in spiegelbildlicher Nachahmung von Sonnenstürmen umher. Einen Brennofen können wir uns nicht als Lebenswelt vorstellen, aber einen Sturm können wir doch immerhin akzeptieren, denn wir haben gesehen, wie erschreckend die Erde selbst ihre Farben verändern und Hurrikane auf den Plan rufen kann, die chemische Stoffe auf Schiffe und Häuser wehen und alles in Trichter von Flüssigkeit, Wind und Licht emporzuwirbeln beginnen. Wenn der Sturm sich legt, blicken wir auf die Trümmer, die verstreuten Bretter und zerrissenen Fetzen. Welch einen Zufluchtspunkt der Ruhe könnten wir den Trümmern auf dem Jupiter in einer unaufhörlichen Brise versprechen?

Mit Jupiter treten wir in eine andere Bedeutungsebene ein, denn er ist ein Planet ohne Oberfläche; vielmehr eine Kugel von umherwirbelnden und zusammengehaltenen Gasen, die nur am Grunde eines ungeheuer dichten Meeres fest genug werden könnten, um einen Boden zu formen. Nichts hätte uns auf das tumultuöse Gestrick der zyklonischen Bewegungen vorbereiten können, die in den Voyagerphotographien auf allen Ebenen des Jupiter erschienen. Wir sahen ein Land – in dem sämtliche kleinen Unterstrukturen und Muster größer waren als die Erde – voll von unablässiger heftiger Bewegung, in dessen Innerem ein geheimnisvoller Zusammenhang herrschte. Aus der »Whole Jupiter«-Perspektive des Voyager konnten wir diese Mahlströme als die miteinander verbundenen Ströme eines komplizierten meteorologischen Systems erkennen; zudem enthielt ein jeder von ihnen Muster und Strukturen, die ebenso komplex und kohärent waren wie das ganze System, und jedes von diesen Strukturgebilden enthielt weitere Unterstrukturen. Die sichtbaren Wirbel wurden von unsichtbaren Wirbeln gestrickt, bis hinunter zur Größe eines irdischen Ozeans, der nach Jupiterstandards nur ein Tümpel wäre, und von da bis hinunter zu winzigen Teichen. Alles das verschmolz in dem einen großartigen Bild, das in der nächtlichen Entfernung leuchtete.

Aus dem Großen Roten Fleck kamen weiße Flecken hervor und gingen wieder in ihn zurück, sie lösten sich auf und bildeten sich wieder neu. Wie? Strömungen zirkulierten in Kreisen und Gegenkreisen wie Farbe in einem Wasserstrudel. Einige der Wellen nahmen sich mit ihren Schaumspritzern und ausgezogenen Schnörkeln, die sich über achtzigtausend Kilometer dahinziehen, schon fast schmuck und behaglich aus, als trügen sie sanfte Jupiterschöße in ihrem Mittelpunkt. Strahlend blau und grün tosten ihre Gegenwellen hinter ihnen hervor. Rote, weiße und grünliche Sturmspiralen mit schwarzen trennenden Kanälen donnerten gegen und durch diese Schnörkel. Etwas Zähflüssiges war die Oberseite des roten Flecks, diese letzte Dotterschicht, und färbte sich dabei gelb, blau und weiß. Dann platschte es über eine Entfernung, in der ganze Planeten Platz fänden, in eine strahlend weiße Flut unter einem weißen Oval hinab, das von einer ähnlich gefärbten Welle ausgestoßen worden war.

Strudel und Wogen prallten gegeneinander, und jede dieser Begegnungen erzeugte ein Vorherrschen des einen oder anderen Musters, oder aber sie lösten sich auf, so daß eine vollkommen neue Struktur entstand.

Und das beschreibt nur die eine Gegend rings um den Großen Roten Fleck. Die Komplexität der Chemie widersetzt sich jeglicher Beschreibung. Wenn wir den Eintritt in den Planeten Jupiter überleben würden, schien Arthur Clarke am Ende seiner »Space Odyssey« sagen zu wollen, würden wir durch einen unendlichen, in Wellen bewegten Regenbogen wandern, in dem immer neue Gebiete auftauchen würden, wo die Oberflächen schimmern. Und alles würde in immer tiefere Luftspiegelungen und Verzerrungen hinweggeschwemmt werden, bis sich Zeit und Raum in irgend etwas anderes verwandelt hätten.

Die neuen Vorstellungen vom Jupiter kommen aus der Gegenkultur der sechziger Jahre, eigentlich aber sind sie viel älter und archetypischer. Es gibt darunter den »bewohnten Jupiter«, »die Jupiterressourcen« wie auch den Jupiter, der »das Tor zu den äußeren Welten« darstellt.

Die Vorstellung, daß Jupiter bewohnt sein könnte, entstand, als wir das Vorurteil fahren ließen, daß diese unsere affenartige Gestalt die einzige intelligente Symmetrie ist, die die Natur erschaffen konnte. In früheren Jahrzehnten hatten wir uns menschenähnliche Wesen vorgestellt, die die Kanalsysteme des Mars instand hielten und so ihre sterbende Zivilisation nährten. UFO-Begegnungen fanden meist mit Lebewesen menschlicher oder teilweise menschlicher Gestalt statt. Und ob wir nun an die Theorie der alten Astronauten glauben oder nicht – vorgestellt haben wir sie uns nach unserer Fasson. Sie waren menschenähnlich, ihre Abbilder, die in die Steine und in die Tempel Südamerikas gehauen waren: Erich von Dänikens große weiße Götter.

Aber als wir andere Arten auf unserer eigenen Welt beobachteten und feststellten, daß das Verhalten des Menschen in der heimatlichen Ökosphäre alles andere als ruhmvoll war, wurden wir etwas objektiver, was die »Engel des Schicksals« betrifft. Die Wale und Delphine der irdischen Meere sind intelligente Lebewesen anderer Art. Warum sollten nicht auf einem anderen Planeten intelligente Wasserlebewesen entstehen können?

Die Evolution des Geistes ist bis auf den Boden der kosmischen Rohmaterie zurückgeführt worden: Wasserstoff, Sauerstoff, Stickstoff, Kohlenstoff und Silizium. Der toxische Wirbelwind des Jupiter ist zu einem blutigen und fruchtbaren Ei geworden. Methan-, Wasserstoff und Ammoniakgase begreift man jetzt nach ihrer Ähnlichkeit mit dem Leben, mit der kristallinen Matrix der lebenden Zellen, weniger in dem Zusammenhang, daß sie tödliche Konsequenzen zeitigen, wenn sie von menschlichen Lungen eingeatmet werden.

»Wir können uns nicht vorstellen, daß Jupiter bewohnt ist«, schrieb ich in einem Aufsatz über diesen Planeten in einem Buch über ökologisches Denken im Jahre 1968. »Dagegen stellen wir uns die alten Wüstenstädte des Mars vor, als seien sie oaxakisch oder ägyptisch, indem wir die Kanäle für Wasserleitungen halten, die von den polaren Eiskappen zu einem sterbenden Imperium führen. Wir können die Venus mit dichten Dschungeln ausschmücken, mit Generationen von samentragenden Farnen und Eidechsen, Regenwäldern und zitternden Sümpfen. Aber welche Kreatur atmet Ammoniak und schwimmt unter Tonnen eisiger Atmosphäre?«[1]

Da ist wieder das alte Vorurteil, die prahlerische Sicherheit über unseren privilegierten Stand auf der Temperaturskala des Sonnenmeeres, unsere Richtigkeit als Spezies. Aber dann mußten wir für Jupiter Fürsprache halten, nicht um der Jupiterbewohner willen, sondern wegen der gefährlichen Simplizität unseres Selbstbildes.

Auf dem Jupiter gerinnt das Universum nicht gerade zu etwas Interessantem; es wird zu sich selbst, zu dem, was es in dieser Entfernung und bei diesem Druck ist, wie auf der Erde. Aber wir glauben vor allem an unser eigenes Melodram, nämlich den Paradiesgarten zwischen Feuer und Eis, zwischen Wasser und Stein, zwischen Dschungel und Wüste. Aber auch Jupiter ist ein Garten. Das Leben bricht auf wie ein Kristall, wächst nach außen wie eine Knospe, die einen schützenden Haarsaum abstreift, kennt sich selbst im sexuellen Feedback; das Leben ist Methan und Ammoniak, denn Methan und Ammoniak sind ebenso Kinder der Sonne wie Sauerstoff und Kohlenstoff, auch sie sind von Bewußtsein erfüllt, nur in anderer Richtung. Jupiter steckt jetzt mitten in seiner Ammoniak- und Methanzeit...
Die Karte des Jupiter, über die sich der Breite nach farbige Gürtel ziehen, ähnlich den Wäldern, Tundren und Wüsten der Vegetationszonen, ist ein historisches Rätsel, eine Karte, die von den unbekannten Meeresfürsten einer anderen Welt noch geblieben ist, an die wir uns ständig dunkel erinnern, eine Karte, die wir nicht ableugnen können, indem wir sie ganz buchstäblich auf chaotische Vektoren reduzieren.
...Die Geschichte des Jupiters ist ebenso tragisch und unsicher wie die unsrige, sie bedarf ebensosehr der Erlöser und Weisen; diese Ammoniak-Wasserstoff-Formen des Lebens nehmen kristalline Körper an, werden Fleisch, aber ihr eigenes Fleisch.[2]

Dieses Bild läßt uns weicher werden und bringt uns in ein lebendes Universum zurück. Wir sind nun nicht mehr zuallererst Astronomen; wir sind Lebewesen, und unsere Astronomie ist ebensosehr eine Emanation des Lebens wie die Knorpel des Haifisches und die Federn der Eule. Wenn sie auch etwas über den Jupiter zu sagen hat, um so besser, aber es ist immer noch die Erde, die vermittels der Möglichkeiten, die Jupiter bietet, auf die Erde zurückblickt.

Wenn wir nach dem bewohnten Planeten Ausschau halten, müssen wir einsehen, daß von jedem beliebigen geschlossenen Bewußtseinszustand aus jeder andere, der auf anderen chemischen

Ketten beruht, wie eine chemische Hölle aussieht, wie etwa die Erde, wenn sie vom Jupiterlaboratorium auf der Io aus gesehen wird. Sie würden behaupten, daß niemand in Wasserstoff, Sauerstoff und Kohlenstoff leben könnte; niemand könnte auf einer so leichten Welt leben; alle würden zum Himmel entschweben... Jupiter hinterläßt auf Kodachrom eine Signatur von Geschichte, von Brauchtum, von bewußtem Traum, um das Rätsel zu entwirren. Und wie wir, so brüten auch die Jupiterbewohner sanft vor sich hin und hören im Inneren auf die Stimme ihres Planeten. Sie hören bis in die Nordpolgegenden, ja, und in den nordnördlichen gemäßigten Klimagürtel, sie hören auf die Nationen am Äquator und die Schulen der südlichen tropischen Zone. Sie sind keine Eskimos und Polynesier; sie sind Geschöpfe aus Ammoniak, sie atmen Ammoniak und lieben Ammoniakkörper, auch wenn es der Fluch des Fleisches ist, und ihre Träume sind die ewigen Träume, die im Ammoniakkristall und den Ammoniaknerven enthalten sind.[3]

Wenn wir ein freundliches Gemüt hätten, würden wir auf die unbekannten Bewohner des ewigen Jupiter dieselben Friedenswünsche, dieselbe Ehrerbietung ausdehnen, die wir selbst von »ihnen« erwarten, dieselbe menschenfreundliche Neugierde, die wir westlichen Menschen vermissen ließen, als wir die Völker Afrikas oder die der Pazifikinseln in Untermenschen verwandelten und vorgaben, daß wir sie aufgrund biblischer Mission versklaven und ausplündern mußten. Die Jupiterbewohner sollten dies als Warnung nehmen. Und auch wir sollten gewarnt sein. Die große Angst der Air Force vor den UFOs besteht darin, daß sie vielleicht wirklich große Gallonen mit Konquistadoren sind, die ersten Fahrzeuge einer Armee, die die unseren an Größe übertrifft, der wir hilflos ausgeliefert sind. Ist dies eine Projektion eines archaischen kosmischen Schreckens? Sind wir über das, was wir getan haben, so verlegen, daß wir es auch weiterhin tun müssen? Sollten wir nicht zuerst unser eigenes kosmisches Mitleid finden und unsere Würde auf Erden zurückgewinnen, bevor wir überhaupt Vorstellungen darüber entwickeln, wer dorthin zwischen die Planetensphären gehen wird?

Die Vorstellung, den Jupiter zu »stehlen«, ist nicht so fern, wie es scheinen mag. Es liegt außerhalb unseres gegenwärtigen Vermögens, aber nicht außerhalb der Begrifflichkeit unserer Technik, auch nicht außerhalb des Bereiches, den unsere Gier beschreibt. Zum Beispiel schlug Freeman Dyson in den sechziger Jahren vor, daß wir den Jupiter vollständig verdampfen und seine Materie dazu verwenden könnten, um ein Gehäuse um die Sonne aufzubauen. Wir, d. h. die menschliche Spezies, die Erdenbewohner – würden auf der Innenseite dieser Schale wohnen, deren Oberfläche eine Billion mal größer wäre als die der Erde, und wir würden jedes einzelne Photon verwenden können, das von der Sonne abgegeben wird.[4] Dies ist nun sicherlich die gegenwärtige Supertechnologie in Großbuchstaben, angewandt auf die beiden möglichen Hauptenergiequellen in unserer Reichweite: den Jupiter und die Sonne. Wenn wir auch kein so riesiges Gehäuse herstellen, dann könnten wir zumindest eine Gaspipeline unterhalten, die unmittelbar von der Ammoniak-Wasserstoff-Atmosphäre hierherführen würde. Diese Bilder sind Fiebersymptome. Ob wir nun Astronomen, Raumphysiker oder einfache Bürger sind, unser Gefühl für die Erde des zwanzigsten Jahrhunderts führt uns nicht nur dazu, zu einfacheren, mehr pastoralen Zeiten zurückzublicken (wenn es sie jemals gegeben hat), sondern auch dazu, unendliche Gewinne aus neuen Zufallstreffern zu phantasieren. Unsere Völker erscheinen zu zahlreich, unsere Bomben zu groß, unser Öl zu erschöpft, und unser Planet ganz allgemein zu klein. Zu klein wofür, das wissen wir nicht.

Aber die Ausmaße und die Zusammensetzung des Jupiter sprechen unsere irdische Identität anders an. Jupiter ist nicht nur eine Ansammlung von verschiedenen Stürmen, von Wolkenschichten verschiedener Färbung, von inneren Energiequellen und Zwischenphasen, was alles um ein Vielfaches größer ist als die Erde. Er ist ein einzelner Planet und gibt uns eine Vorstellung von unserer eigenen Größe, nicht durch seine riesenhaften Ressourcen, auch nicht dadurch, daß er unseren Umfang zwergenhaft erscheinen läßt, vielmehr erzeugt er dieses Gefühl einfach dadurch, daß er wie jeder Planet sonst sich innerhalb der

Grenzen seines Raumes und seiner Materie als ein in sich geschlossenes System konstituiert. Ohne Zweifel sind die Jupitergeschöpfe, die Mantas und Medusas aus Arthur Clarkes Science Fiction, mit demselben Bevölkerungsdruck konfrontiert wie wir:

> *Sie sah gar nicht wie ein Baum aus, sondern vielmehr wie eine Qualle – eine Medusa, wie man sie antreffen konnte, wenn sie in den warmen Strudeln des Golfstromes entlangtrieb und ihre Fangarme hinter sich herzog.*
> *Diese Medusa maß zwei Kilometer im Durchmesser, und ihre baumelnden Fangarme waren Hunderte von Metern lang. In vollkommenem Gleichmaß schwangen sie langsam vor und zurück, und jede vollendete Wellenbewegung dauerte mehr als eine Minute – es war fast, als ruderte sich dieses Geschöpf selbst durch den Himmel...*
> *Hohe Intelligenz konnte sich nur bei den Raubtieren entwickeln, – nicht bei den Pflanzenfressern, die im Meer oder in der Luft umhertrieben. Die Mantas waren ihm viel näher als dieser ungeheuerliche mit Gas gefüllte Sack; und wer konnte schließlich wirklich Sympathie für ein Geschöpf entwickeln, das hunderttausendmal größer war als ein Wal?*[5]

Wir tun so, als hätten wir noch Millionen von Jahren vor uns, um unsere Ressourcen zu verausgaben, falls die Erde dasselbe Volumen hätte wie der Jupiter. Aber das ist nicht wahr. Materie und Volumen dehnen sich im selben Verhältnis auch nach innen aus. Wir wären genau an dem Punkt, wo wir jetzt sind, denn alle Welten haben letztlich dieselbe Größe. Wenn wir den Jupiter als groß betrachten, sehen wir auch die Erde als eine große Welt. Volumen ist ein Gesetz des Raumes, ist Materieumfang. Es ist die Art, wie wir unser Volumen bewohnen und schätzen. Die Tiefe unserer Existenz wird nicht durch bloße Zahl oder Menge bestimmt.

Wenn wir durch den Photosatelliten auf den Jupiter blicken, wissen wir, daß er einen Raum darstellt, in den 1318 Erden passen würden, aber diese Vorstellung ist bedeutungslos. Unsere

Erfahrung kann nicht sovielmal vervielfältigt werden. Auch gibt es keine unendlichen Ressourcen. Es ist etwas anderes, das unsere Krise bestimmt. Wir haben bereits die Sterblichkeit der Sonne ins Auge gefaßt, und das ist die Sterblichkeit aller freien Energie.

Das wirkliche Bild vom Jupiter besteht nicht aus giftigem Gas, unablässigen Strudeln und Stürmen oder seiner ungeheuren Größe. All diese Dinge liegen jenseits unserer Begriffsfähigkeit, jenseits von Null und Unendlich gleichermaßen. Jupiter befindet sich in uns als unaufhörlicher unbewußter Prozeß und als eine strahlende Einheit. Jupiter ist das Selbst, das sich durchsetzt und von jeder Drohung durch Tod, Zerstörung oder Schmälerung frei ist – und er liegt im Zentrum dieses Sonnensystems. Wir schauen auf ihn, jeder von uns ein einzelnes Bewußtsein, eine Einheit, ein Abbild der Schöpfung. Jupiter ist nicht irgendwelche dreizehnhundertachtzehn Dinge; er spiegelt unser eigenes Bewußtsein, als wäre er selbst Geist.

Als die Planeten entstanden, beanspruchte König Jupiter ganze siebzig Prozent der Materie, die in der Nebelwolke um die Sonne verfügbar wurde. Deshalb enthält er auch weiterhin viel von der Masse des Sonnensystems und bildet gewissermaßen den Eckstein des Systems. Sein Durchmesser beträgt 138 400 Kilometer, aber so groß er auch ist, er rotiert sehr rasch um seine Achse, nämlich einmal innerhalb von zehn Erdenstunden.

Jupiter erhält eine mittlere Entfernung von 777 Millionen Kilometern von der Sonne aufrecht, seine Umlaufperiode beträgt 11,86 Erdenjahre. Es ist relativ kalt in der äußeren Atmosphäre, $-120°$ Celsius im Durchschnitt, und das ist einer der Gründe dafür, daß seine Stürme so lange andauern: ihre Energie verflüchtigt sich nur langsam. Ein anderer Grund besteht im Fehlen von Oberflächenprofilen, die die Stürme modifizieren könnten. Die Jupiterstürme haben tiefe Wurzeln.

Von den elementaren gasförmigen Stoffen, die die Planeten, Monde und die Sonne bei ihrer Entstehung aus dem Sonnennebel bezogen, hat Jupiter eine große Menge behalten. Er ist sehr jung in dem Sinne, daß er nicht gealtert ist, aber auch sehr alt in dem Sinne, daß er ein Planet im Urzustand, sozusagen ein lebender Dinosaurier ist. Seine ungeheure Masse hat die leichteren Gase, die von Planeten mit schwächeren Gravitationsfeldern entwichen, zurückgehalten, deshalb verfügt Jupiter über eine reichliche Menge von »Lebens«-bestandteilen: Methan, Wasserstoff, Wasser und Ammoniak sowie Helium. Im Vergleich dazu besteht die Erde aus Metallen und Mineralen, darunter fallen auch ausgedehnte Eisen- und Siliziumbestände. Lebendig oder tot, jedenfalls ist Jupiter eine eindrucksvolle Brutstätte für Mutation und natürliche Auslese, wie sie sich im Verlauf einiger weniger Billionen Jahre abspielen könnten.

Der Mittelpunkt des Planeten ist mit 30 025° Celsius sehr heiß, es ist das Fünffache der Oberflächentemperatur der Sonne. Der Druck auf dem Planeten entspricht dem Druck von hundert Millionen Erdatmosphären, und sehr wahrscheinlich genügt dies, um den Wasserstoff zu Metall werden zu lassen. So könnte die Jupiteroberfläche tatsächlich auch beschaffen sein.

Aber da die Wolkenschichten von unten her erhitzt werden und Hitze weitergeben, fluktuiert eine gemäßigte Zone in unterschiedlichen Höhen und unregelmäßigen Strömungen durch den Planeten. Es gibt genug innere Hitze und äußere Kälte, um sowohl tropische wie auch gemäßigte Zwischenklimate zu erzeugen; für unsere Verhältnisse wären solche Gegenden giftig, aber für die organischen Verbindungen, die sich auf einer solchen Welt bilden könnten, träfe dies nicht zu.

In den Jupiterwirbeln gibt es der Möglichkeit nach Hunderte von Millionen von Mikroumwelten, in denen sich Leben entwickeln könnte. Die Atmosphäre wird von einem Ende zum anderen mit Blitzen bombardiert, und dadurch könnten innerhalb des Jupitermeeres durchaus organische Moleküle ins Leben gerüttelt werden. Es wäre wirklich eine merkwürdige Art der Zellengeburt: in den Wolken; aber alle Geburten in die Welt des Lichtes sind merkwürdig. Sie sind alle eine Art von Feuer aus dem Wasser. Das »photosynthetische« Heller- und Dunklerwerden des roten Flecks in dreißigjährigen Perioden weist auf ein biologisches Muster hin, ein Vegetationsdickicht in einem Füllhorn eßbarer Moleküle.

Jupiter hat eine extrem große und komplexe Magnetsphäre und intensive Strahlungsgürtel, von denen einige durch die Metallwerdung von flüssigem Wasserstoff unter großem Druck erzeugt wurden. Der sichtbare Jupiter ist schon groß genug, aber die Magnetsphäre breitet sich 724 Millionen Kilometer um den Planeten aus. Einige Teilchen in der Nähe des Jupiter sind so geladen, daß sie heißer als das Innere der Sonne sind. Am irdischen Himmel ist dies alles nicht sichtbar, aber wenn wir es sehen könnten, wäre es so ungefähr das beherrschendste Merkmal unserer Kosmologie: Jupiter würde den Schein des Mondes übertreffen und mit der Sonne in Konkurrenz treten.

Das ungeheuer starke Radiogeräusch des Jupiter wurde zum ersten Mal in der Mitte der fünfziger Jahre gehört. Wegen seiner zehnstündigen Periode glaubte man, es sei mit der Rotation des Planeten selbst assoziiert. Später entdeckte man, daß es zu der Rotation des magnetischen Dipolfeldes gehörte, das von der physischen Achse des Jupiter um zehn Grad geneigt ist. Jeder Ausbruch entspricht seiner Energie nach mindestens einem Erdbeben oder einem Hurrikan. Der Sendezyklus ist in einem doppelt periodischen System mit der Rotation des magnetischen Feldes dieses Planeten und dem Umlauf des Satelliten Io um den Jupiter verbunden, der 1,77 Tage dauert. Genauso, wie Io ständig mit Strahlung vom Jupiter bombardiert wird, sendet sie ebenfalls einen unsichtbaren Torus von geladenen Partikeln aus, so daß sie sich in einem ringkrapfenförmigen Tunnel um Jupiter bewegt. Gleichzeitig ist sie durch einen hufeisenförmigen Flußkanal mit fünf Millionen Ampere unmittelbar mit Jupiter verbunden. Dadurch werden Io und Jupiter zu einem komplexen System des Magnetismus, des Radiogeräusches und der Strahlung, das im Sonnensystem nicht seinesgleichen hat. Der Riesenplanet und sein winziger Mond erzeugen zwischen sich mehr Energie als alle elektrischen Generatoren der Erde. Wenn Jupiter der Hauptgott des Sonnensystems ist, dann ist Io das Radio und die Schmiede; sie ist die unmittelbare Empfängerin der Jupiterkraft, die sie ans Universum weitergibt.[6]

Jupiter hat ein phantastisches System von Welten, die ebenso um ihn kreisen, wie die Planeten um die Sonne kreisen. In diesem Sinne ist er ein zweites Zentrum im Sonnensystem, das ganz zutreffend nach Zeus (Jupiter) benannt wurde, der Kronos (Saturn) und die alten Götter stürzte und jetzt als König über das gegenwärtige Zeitalter herrscht. Die Sonne mag ihre neun Planeten haben, aber Jupiter hat mindestens fünfzehn Monde, von denen die letzten beiden durch die Voyagersonde am Rande eines dünnen Jupiterringes entdeckt wurden. Die vier großen Monde sind die galileischen Satelliten. Formal wurden sie von Galilei entdeckt, aber scharfäugige Hirten und Seeleute sahen sie schon seit Jahrtausenden, und von daher waren sie auch esoterisch schon seit Urzeiten bekannt. Nachdem Venus und Mars die Phantasien der Wissenschaftler und Science-Fiction-Autoren zunichte gemacht hatten, wurden die vier großen Jupitermonde zu den Rätselwelten der achtziger Jahre: trotz ihrer niedrigen Temperaturen und hohen Strahlung schienen sie seltsame neue Reiche zu verheißen. Auch gab es immer die Möglichkeit unbekannter Hitzequellen im System des Jupiter.

Diese Satelliten wurden im Jahre 1979 von Voyager aufgesucht und einer nach dem anderen photographiert. Plötzlich wurde die Erde mit Bildern von vier »Planeten« überschüttet, von denen die meisten Menschen nie etwas gehört hatten.

Ihre Landschaften waren überwältigend, doch wir könnten auf ihnen nicht lange überleben: auf Io vielleicht ein paar Sekunden, und kaum länger auf den anderen galileischen Monden.[7]

Mit einem Abstand von etwas mehr als 365 000 Kilometern ist Io unter den großen Monden derjenige, der dem Jupiter am nächsten kommt. Ihr Durchmesser beträgt circa 3200 Kilometer, was neunzig Prozent des Merkurdurchmessers entspricht. Nur die winzige unregelmäßige Amalthea und die beiden namenlosen Monde, die die Voyagersonde im Jahre 1979 entdeckte, (einer davon bewegt sich innerhalb der Amaltheabahn, ein anderer außerhalb davon) kommen dem Planeten selbst näher. Europa ist wiederum ein Drittel weiter entfernt als Io und ein wenig kleiner. Ganymed ist sechsunddreißig Prozent größer als Merkur und mehr als 800 000 Kilometer von Jupiter entfernt. Callisto ist geringfügig größer als Ganymed und etwas weniger als doppelt so weit vom Jupiter entfernt.

Die anderen Jupitermonde sind sehr winzig. Eine zweite Gruppe, die aus Himalia, Elara, Lysithia und Leda besteht, umkreist den Planeten weit draußen in einer Entfernung von 11,5 und 11,7 Millionen Kilometern. Ihre Durchmesser variieren zwischen 19 und 60 Kilometern. Eine dritte Gruppe umläuft den Planeten in rückläufigen Bahnen, deren Abstände zum Jupiter 20,69 bis 23,70 Millionen Kilometer betragen. Keiner von ihnen hat einen Durchmesser, der über 30 Kilometer liegt, und der kleinste von ihnen hat einen Durchmesser von 14,5 Kilometern. Pasiphae, Sinope, Carme und Ananke sind so stark geneigt, daß sie bereits so gut wie auf der Seite liegen. Sie werden durch andere Satelliten, durch Saturn und durch die Sonne selbst in ihren Umlaufbahnen perturbiert, und diese ihre Bahnen sind so exzentrisch, daß sie den Keplerschen Ellipsen trotzen. Tatsächlich verändern diese Monde ihre Umlaufbahnen regelmäßig, als ob sie Elektronen nachahmen würden. Sie könnten durchaus eingefangene Asteroiden sein. Die restlichen Satelliten sind winzig und namenlos.

Io war der erste Jupiter»planet«, der von der Voyagersonde aufgesucht wurde. Seine Oberfläche lieferte die größte Überraschung im Raumfahrt-Programm. Io könnte aus einer anderen Milchstraße gekommen sein. Über Mars und Venus hatte man Jahrzehnte vorher schon nachgedacht. Aber nichts hätte uns auf Io vorbereiten können. Anstelle der erwarteten Krater gab es dort merkwürdige, erratische Bereiche und Flecken von dunkler und heller Materie, einige offensichtlich flüssige Ströme, helle Farbflächen in scharfen unregelmäßigen Mustern und Gegenden, wo man das Bild nicht vom Hintergrund unterscheiden oder feststellen konnte, in welcher Richtung eine Strömung sich fortbewegte. Aktive Vulkane schossen Rauchfahnen 320 Kilometer hoch in die Luft. Hier also war der erste geologisch lebendige Körper und die erste sichtbare und nicht von Kratern bedeckte Oberfläche im Sonnensystem, abgesehen von der Erde. Wer hätte erwartet, daß diese Ehre Io zuteil würde?

Man nimmt nun an, daß Ios Klima und Topographie durch die intensive Beziehung zwischen ihr und Jupiter und der gleichzeitigen Gravitationsanziehung zwischen Jupiter und den anderen naheliegenden Satelliten erzeugt wurden. Dieses Vor- und Zurückdrehen hat gezeitenartige Auswölbungen zur Folge, außerdem hebt und senkt sich die Kruste während eines Io-Tages (einer Jupiterumkreisung) um mehr als zehn Meter. Vielleicht gibt es im Inneren der Io auch einen Schwefelozean, der unterirdische Schwefelseen speist, oder reine Schwefelquellen aus Wasserzubringern. Io hat auch tiefschwarze halbmondförmige Figuren auf ihrer rotglühenden Oberfläche sowie blaue Wolken. Die ersteren könnten Lavaströme sein.

Diese Welt wird mit Jupiterstrahlung so unaufhörlich bombardiert, daß sie einen ständigen Schmelztiegel von Lava, Blitz, Ionen und flackernden Lichtern darstellt. Überall entstehen Gas- und Eiswolken wie über einer imaginären Industriestadt. Zwar ist Io geologisch lebendig, aber ganz offensichtlich läßt sie ein biologisches Leben, wie wir es kennen, nicht zu.

Man gibt den Erscheinungen auf den Himmelskörpern ganz automatisch mythologische Namen, nur entnimmt man sie inzwischen einer mehr internationalen Kultur und entwickelt dabei eine besondere Sensibilität für nicht-westliche Terminologien und Gottheiten der Dritten Welt. Auf diese Weise läßt die erste Karte von der Io die globale Kultur durchscheinen, die ihre Oberfläche photographierte: die vulkanischen »Opferschalen« sind persisch, mongolisch, ägyptisch, keltisch, irokesisch, Inka, nicaraguanisch, sambesisch, Quechuan, Pawnee, babylonisch und Hopi. Eine von ihnen ist nach der japanischen Sonnengöttin Amaterasu benannt, die aus einer Höhle hervorkam, um einer verdunkelten Welt das Licht wiederzubringen. Die vulkanischen Gipfel, die Schildvulkane und die Spalten, aus denen Dampf hervorkommt, sind im besonderen nach Feuergöttern und -göttinnen benannt: Marduk (sumerisch/akkadisch), Masubi (japanisch), Maui und Pele (hawaiianisch), Prometheus (griechisch), Surt (isländisch), Loki (norwegisch), Amirani (georgisch) und Volund (der germanische Gott der Schmiede).[8]

Europa kam nur entfernt in das Blickfeld der ersten Voyagersonde, aber die zweite Sonde photographierte sie aus der Nähe. Die Bilder zeigten einen ungeheuren gefrorenen Ozean, der von dunklen wackeligen Linien durchzogen war. Die Oberfläche war glatter als auf irgendeinem anderen Himmelskörper, den man jemals gesehen hatte. Die dunklen Regionen hatten so wenig Relief, daß sie Farbflecken auf dem Eis hätten sein können, wahrscheinlich aber waren es Spalten, die mit chemischen Stoffen gefüllt waren, welche aus dem Inneren Europas ausströmten. Man erkannte Io als eine Welt von schwarzen Seen und heftigen Schwefelgeysiren. Wollte man auf ihr eine Wanderung unternehmen, so würde man sich abwechselnd durch gelben, orangen und blauen Schnee bewegen. Europa dagegen würde ihre Besucher mit großen Eiskörnern bombardieren, die aus Geysiren hochschießen. Wenn wir den ganzen Planeten überqueren würden, würden wir niemals die Eiszeit hinter uns lassen; nur die Farbe der Kruste würde hin und wieder von braun zu weiß übergehen und umgekehrt. Einige Wissenschaftler behaupteten, daß es unter dem Eis ein aktives Wurmleben gäbe.

Ganymed erwies sich als ungeheurer, von Meteoren geschliffener Gletscher mit urtümlichen braunen Teichen, die schlammig, in Ewigkeit gefroren und selbst noch mit Kratern gesprenkelt waren. Vielleicht war er früher in seiner Geschichte vollständig meerbedeckt. Ein Teil seiner Oberfläche besteht aus langen Bergketten, die sich gegenseitig überschneiden und in ihrem Verlauf beeinflussen. Auf dreißig Kilometer von solchen Tälern folgen zehn Meter hohe Schelfe. Ein Forscher könnte ein solches System abrupt verlassen und in ein anderes eintreten, das in einem Winkel davon wegstrebt, oder er könnte feststellen, daß die betreffende Struktur durch einen Krater unterbrochen ist, sich auf der anderen Seite aber wieder fortsetzt. Die Wissenschaftler betrachten diese Erscheinungen als mögliche tektonische Platten, und das hieße, daß Ganymed ein gefrorenes Abbild eines Kontinentaldriftes darstellt.

Wahrscheinlich gibt es im ganzen Sonnensystem keinen Körper, der mehr mit Einschlagstellen übersät ist als Callisto. Sie hat so viele Millionen Jahre lang Meteoriten in ihrem Eis aufgezeichnet, daß sie mehr einem Haufen zusammengewürfelter Masse als einer einheitlichen Welt gleicht. Ein Einschlagbecken hat einen Durchmesser von mehr als 160 Kilometern und ist viele Kilometer tief, der Boden ist geglättet. Konzentrische Kreise gehen kilometerweit davon aus. Dies ist die Spur von einer der größten Kollisionen im Gestein des Sonnensystems. In diesem Fall ist das Gestein Eis. Callisto ist früh und tief eingefroren. Im Augenblick des Aufpralls bildete sich auf dieser Welt unmittelbar ein Ozean, aber fast gleichzeitig floß das Eis herein, und der Ozean begann wieder zuzufrieren und erzeugte ein hundertsechzig Kilometer langes Eiskastell mit gefrorenen Spritzern, unheimlichen Türmen und verdrehten Eisgestalten. Altes bröckelndes Eis wurde in neues Eis eingeschmolzen, das sich aus altem Eis, das geschmolzen und wieder gefroren war, gebildet hatte. Wahrscheinlich ist dies ein lebloses Museum, aber wer weiß? Wer weiß, ob nicht der Mensch irgendwann hier umhergehen, mit seinem Licht durch das farbige Eis scheinen und in diesem gewaltigen Denkmal stehen wird, das von den unbekannten gewalttätigen Göttern dieses Systems zeugt?

Von diesen Satelliten scheinen die drei innersten, nämlich Io, Europa und Ganymed, in ihrem Umlauf fast synchron aufeinander abgestimmt zu sein. Die siderische Rotationsperiode der Io steht mit der Europas in einem Verhältnis von 2,0073, was beinahe exakt dem Oberton entspricht, und die siderische Rotationsperiode des Ganymed steht zu der der Io im Verhältnis von 4,0441 – fast genau das Doppelte des ersten Verhältnisses. Wenn Io und Europa auf derselben Linie liegen, die durch das Zentrum Jupiters verläuft, dann liegt auch Ganymed auf dieser Linie oder steht im rechten Winkel dazu, und diese Anordnung trifft auf jede Kombination der drei Satelliten zu; entweder liegen alle drei in einer Linie, wenn dies bei zweien von ihnen der Fall ist, oder der Dritte steht im rechten Winkel zu dieser Linie. Die Linie dieser Konjunktion wandert langsam um den Planeten und vollendet alle sechzehn Monate einen Zyklus.[9] Für jeden Jupiterastrologen müßte dies offensichtlich ein kritischer Punkt sein, und tatsächlich schien Arthur Clarke die gleichmäßige Anordnung der galileischen Satelliten zu verwenden, um einen Augenblick in der Erd-Jupiter-Zeit im Jahre 2001 zu markieren, auf den dann unmittelbar der Abstieg des Astronauten in diese riesige Welt erfolgen würde. Das Galileische Bilderrätsel enthüllt den Eintritt in den Tempel des Jupiter.

Clarkes Geschichte beginnt, als ein Überbleibsel von Intelligenz auf dem Mond gefunden wird.[10] Der Mond ist die Basis, der Beobachtungsposten und die Signalzone für die Völker des äußeren Raumes, die mit unserer Spezies zu tun haben und vielleicht unsere Vorfahren sind. Ein riesiges computergesteuertes Raumschiff wird auf eine Odyssee zum Zentrum des Jupiter ausgesandt, aber schon von Anfang an ist damit das Problem verbunden, was zu tun ist, wenn es dort anlangt. Wird die Mission sich selbst erklären? Mit Sicherheit kann das Raumschiff dort nicht landen. Die ganze Reise spielt sich innerhalb dieses unausgesprochenen Geheimnisses ab, als wäre der Mensch gezwungen, auf diesen Ruf zu hören, genetisch und astrologisch gezwungen.

Nachdem verschiedene Unfälle auf dem Weg die Besatzung auf einen einzigen Mann reduziert haben, werden die Überreste des Schiffes in das Gravitationsfeld des Jupiter gesaugt. Die Monde formieren sich in einer Linie. Das Schiff, so scheint es, hätte zu keiner anderen Zeit dort ankommen können. Obwohl Millionen von Jahren zwischen der Ankunft des Raumschiffes und der ursprünglichen Botschaft liegen (die durch die Verleihung von Intelligenz an die frühen Hominiden erfolgte), ist diese Ankunft im Timing der Planeten nur eine Frage von Sekunden. Man stelle sich einen einsamen Seemann im stürmischen Pazifik vor. Dieser Astronaut wird nun in das unbekannte Innere des Jupiter geschleudert, das eintausenddreihundertundachtzigmal größer ist als die Erde. Hin und her gerissen wie eine Feder im Hurrikan muß er durch die Schichten der Stürme und Farben fallen, bis er zerschmettert ist, und die kleinen Bruchstücke seines Schiffes und seines eigenen Körpers etwa im Größenverhältnis eines Insekts in die Weite des Jupiter eingehen. Das ist mehr als Tod; es ist die ganze kosmische Geschichte, die hinter jedem von uns (in der Tatsache, daß wir überhaupt entstanden sind) und auf Ewigkeit vor jedem von uns liegt.

Aber im Film geschieht etwas anderes. Raum und Zeit verändern sich. Der Astronaut betritt einen Raum oder liegt in einem Raum. Er ist zu einer Spore geworden. Er ist ein alter Mann. Jupiter und die Erde zeugen zusammen; eine schwere kosmische Sexualität hängt über dem Bett. Als Fleisch und Geist erzeugen diese Welten ein Kind, welches sofort in einer Blase der ganzen Erde zurückgebracht wird. Er ist das Kind der Astronauten-Erde und des Jupitersystems; und er ist der Avatara der Jupiter-Erde-Verbindung. Der Astronaut wird getötet, und doch nicht getötet; in der Dichte der Jupitersekunden durchlebt er sein ganzes Leben. Der Sinn seiner Erfahrung wird aus seinem Fleisch herausgewrungen, aber er steht genetisch gewissermaßen als Klonmuster für die ganze Erde, bildet das Rohmaterial für dieses neue Wesen, das sich ebenso auch aus dem unbekannten Jupitersystem formt, das ursprünglich und unbewußt mit der Erde verbunden war. Hier erscheint Jupiter als Wächter der Geheimnisse, als Schlüssel zum Sonnensystem, aber auch als bereitwilliger Magier für die Erde, als so bereitwillig, wie einst jene auf dem Olymp darangingen, diese Welt zu erschaffen. Sie gingen von einem Berg aus, vor dem selbst die Berge der Venus und die Vulkane der Io zwergenhaft erscheinen.

Die starken äußerlichen Bilder der Planeten und Monde werden mit der Zeit verinnerlicht. Die Landschaften und Lebewesen der Science-Fiction sind ein Aspekt dieses Prozesses. Träume sind ein anderer Aspekt. Als ich dieses Buch im Januar 1981 noch einmal endgültig überarbeitete, hatte ich einen Traum, der nicht nur die Vorstellungsbilder vom Jupiter und seinen Monden, sondern auch die des ganzen Sonnensystems erhellt. Die intensiven und prägnanten Bilder des Planeten und seiner Monde traten in eine verborgene archetypische Schicht ein und erzeugten eine überwältigende Traumsequenz:

Ich kehre zu dem Dorf in Vermont zurück, wo ich einst lebte, und wandere nachts zum Fluß. Aus einer Quelle, die sich nicht zu erkennen gibt, erfahre ich, daß ich jetzt im Sonnensystem bin. Sofort beginne ich, nach Planeten Ausschau zu halten. Ich weiß nicht, in welcher Gegend ich mich befinde. Plötzlich sehe ich ein gewaltiges helles Objekt, das in den Vorgarten eines Hauses am Fluß herabwirbelt. Aufgrund seiner Merkmale erkenne ich es sofort als den Jupitermond Ganymed. Er ist strahlend, riesig und trägt komplizierte eingravierte Muster, und wie er sich so dreht, sehe ich alle Charakteristika, die auf den Voyagerphotographien festgehalten waren. Trotzdem findet er in diesem Vorgarten Platz. Jetzt, wo ich weiß, wo ich bin, beginne ich nach Jupiter selbst Ausschau zu halten. Ich vermute, daß er hinter jenem großen Hügel stecken muß, der sich draußen vor der Stadt in Richtung der Berge erhebt. Tatsächlich zieht es mich mit ungeheurer Schwerkraft in diese Richtung. Ich versuche, durch die Bäume zu blicken, aber der Wald ist so dicht wie Blei, und ich kann die Anwesenheit Jupiters auf der anderen Seite nur spüren.

Ich beginne gleich, in der Dunkelheit emporzusteigen, und bin dabei sehr vorsichtig. Ich merke, daß ich bei irgendeinem Fehltritt stolpern und in den Jupiter fallen kann. Die Klettertour ist so gefährlich, als ob ich auf einem Gebirgssims gehe, der über das Meer herausragt. Ich frage mich, ob es irgendwelche anderen Monde in der Gegend gibt, und als ich mich herumdrehe, sehe ich einen winzigen Ball, der rasend in einen Busch vor dem Haus herabwirbelt. Ich denke: »Wie schlau. Das ist der winzige fünfzehnte Mond.« Verglichen mit Ganymed ist er winzig, aber genauso feurig und strahlend. Ich erkenne, daß in all den Büschen ringsherum Dutzende von diesen Monden verstreut liegen könnten, und komme mir vor wie ein Kind beim Ostereiersuchen.

Die Schwere zieht mich den Berg hinauf, und plötzlich sehe ich durch die Bäume einen ungeheuren Strahlenrand. Er ist so überwältigend, daß er mich buchstäblich zurückzuwehen scheint. Aber ich dränge weiter vorwärts, als ob ich im Raum schwebte. Ich sehe die breiten Bänder des Planeten und ich bemühe mich, ihm aus dem Weg zu gehen.

Plötzlich verkündet mir eine Stimme, daß ich überhaupt nichts von Schwerkraft verstehe. »Dies sind nicht die wirklichen Planeten«, sagt sie. »Das sind nur bemalte Bälle.« Ich verstehe, daß die Stimme über die tatsächlichen Planeten im Raum spricht, sie sagt, daß sie selbst nur bemalte Bälle sind, und daß diese Abbilder von ihnen die bloßen Symbole der inneren Planeten sind. Es gibt eine andere Art der Schwerkraft innerhalb der

Schwerkraft, die den wirklichen Kern der Substanz darstellt. Ich empfinde eine Ganzheit und Größe, als ob alles, was in einem Menschenleben nicht verbunden oder verwirklicht werden kann, in diesem einen Augenblick in einer Einheit des Selbst vereinigt ist.

Der astrale Jupiter ist ganz deutlich der König des gegenwärtigen Sonnensystems. Brüllend tritt er ein und erfüllt die Menschen mit Schrecken und Gelächter, mit Feierlichkeit und Pomp. Das Jupitermetall ist Zinn, es hat mit Koagulation, Verdichtung und der Bildung von Knorpel zu tun. Es ist knochenartig oder grau wie die Hirnmaterie. Das Zinn steht dem flüssigen Atem des Kytherischen Kupfers gegenüber.[11] Der Beitrag Jupiters zur Persönlichkeit ist Gerechtigkeit und Sinnsetzung, und dabei liegt der Nachdruck auf Gedeihen, Wachstum und Vollendung.

Wenn Jupiter die neue Ordnung darstellt, dann vertritt der Saturn die alten sterbenden Kräfte. Jenseits der weltlichen Weisheit, sagt der bärtige, rätselvolle Saturn, liegt zeitloses Wissen. Innerhalb meines weltlichen Systems, sagt der mächtige Jupiter, gibt es Magie, Glanz und unaufhörliches Fortzeugen. Jedenfalls symbolisiert der Jupiter gegenwärtig das Ende unserer Möglichkeiten. Mit Saturn beginnt etwas, das für uns noch im Jenseits liegt. Es wird jedenfalls lange Zeit dauern, bis wir über die Größe Jupiters in uns selbst hinaussehen können.

5. Saturn, Uranus, Neptun, Pluto und ihre Monde

Wenn wir zu anderen Sternen weiter draußen im Sonnensystem weiterwandern, schwindet unsere Information langsam hinweg. Wir haben scharfe Bilder von Mond und Mars, aber Uranus und Neptun zeigen schwache und undeutliche Konturen. Wir sehen nur die Schatten ihrer gröbsten Oberflächenmerkmale. Von den weiter draußen liegenden Monden und von

Pluto haben wir überhaupt keine Vorstellung. Sie sind bloße Farbflecken auf dem schwarzen trügerischen Vorhang des Nachthimmels. Jenseits von ihnen mag es vielleicht noch weitere Welten in diesem System geben, und sicherlich gibt es unter den Sternen unzählige andere Welten, aber die vermögen wir überhaupt nicht zu sehen.

Der Nachthimmel sitzt wie eine fast gewichtslose Kappe auf der schweren Erde. Seine Bedeutungen haben sich in Billionen Jahren von Raum-Zeit so ausgedehnt, daß sie dünn geworden sind, und die Photonen erreichen uns kaum noch, obwohl sie große Entfernungen zu überwinden imstande sind. Alle Sonnensterne und all ihre Welten benetzen die Erde noch nicht einmal mit einer so winzigen Energiemenge, wie sie Kleinstlebewesen in einem Tropfen Wasser eines Teiches auf sich vereinen. In dieser Entfernung sind sie nur geisterhafte Identitäten. Aber die dünne Haut ihres kollektiven Abbildes ist eine undurchdringliche Wand von Kosmologie – einer Kosmologie, die alles wirkliche Gewicht und alle wirkliche Masse in ungeheuren Entfernungen von unserem Mittelpunkt anordnet. Wir sind vom Licht abhängig. Ohne diese Kosmologie wären wir blind und unwissend.

Aber der größte Teil des Lichtes erreicht uns nicht. Die meisten Objekte sind unvorstellbar weit entfernt. In unserem eigenen Sonnensystem sind benachbarte Planeten, die nur ein paar Umlaufbahnen weiter draußen liegen, so gut wie unsichtbar. Durch unsere Atmosphäre kommt Verzerrung mit ins Spiel, zudem sind sie und wir in ständiger Bewegung in bezug aufeinander, und dadurch werden lange Einstellungen unscharf. Selbst unsere stärksten Teleskope haben Schwierigkeiten, jenseits von Jupiter noch etwas zu sehen, ähnlich wie Fische sie in mittleren Meerestiefen haben, die Sonne selbst zu sehen.

Detaillierte Information über das äußere Sonnensystem können wir nur aus Raumsonden beziehen, weil wir mit unserer beschränkten Sicht nur die magersten Informationen sammeln können. Pioneer 11 und Voyager 1 haben die Systeme des Jupiter und des Saturn jetzt vollständig photographiert. Voyager 2 wird den Saturn im Jahre 1981 erreichen, und wenn Voyager 1 aus dem Sonnensystem austritt, wird sein Zwillingsbruder versuchen, die Planeten und Monde jenseits von Saturn aufzusuchen, die vor relativ kurzer Zeit noch unbekannt waren. Wir hatten nur wenige Jahrhunderte, in denen wir Überlegungen anstellen konnten, ob sie überhaupt existierten. Bald werden wir direkt mit ihnen zusammentreffen.

Das Rendezvous von Voyager 2 mit Uranus soll 1986 stattfinden, und im Jahre 1989 könnte diese Sonde durchaus schon in die gefrorenen Meere von Neptun hinabblicken und am Triton, dem großen Mond des Neptun, vorbeifliegen. So klein und zerbrechlich diese insektenhaften Roboter auch sind, sie vermitteln dem kollektiven Bewußtsein der Erde vollständige Bilder von diesen niemals betretenen Welten, die sie passieren.

Der Nachthimmel war immer eine Quelle unserer tiefsten Visionen. Im Laufe der Äonen hat er in bewußter und unbewußter Form die Bilder geliefert, die uns verändert haben. Diese neuen Welten – Planeten und Monde – werden nun am Ende unseres kosmischen Sommers unter uns ausgesät. Kein Wissenschaftler oder Seher kann die Ernte vorhersagen, die sie im nächsten kosmischen Frühling tragen werden. Niemand von uns wird noch da sein, um es zu sehen, aber die Samen sind im Boden, und was immer sie werden sollen, ist in uns bereits im Entstehen.

Aus irgendeinem unbekannten Grund scheinen diese Raumsonden absolut notwendig zu sein. Ihre reichen, geradezu großzügigen Bilder kontrastieren mit einer »Knappheit«, die wir noch nicht erkannt haben. Und es ist nicht nur eine Knappheit von Rohstoffen im Boden, oder die Knappheit der Gelder für das Raumfahrt-Programm. Vielleicht hat es etwas mit unseren Selbstzeugnissen zu tun, die wir auf diesen Fahrzeugen für irgendwelche Lebewesen angebracht haben, die sie vielleicht irgendwann einmal aus den kosmischen Trümmern herauslesen werden. Unsere Welt ist ein überbevölkertes Feldlager, und trotzdem fühlen wir uns einsam, suchen wir nach jemandem, mit dem wir sprechen können, vielleicht sogar nach unserem Tod. Während wir vernunftbegabte Spezies ausrotten, suchen wir gleichzeitig nach vernunftbegabten Spezies, die wir lehren, und von denen wir lernen können. Während die Voyagersonde zum Uranus fliegt, kämpfen wir noch gegen die unbedeutendste, fast willkürliche Gewalt und Grausamkeit. Bald wird sie nackt vor Neptun stehen und um Offenbarung ansuchen. Und wird dann, lange, nachdem sie uns Bilder übermittelt hat, ein merkwürdig wertvolles, ethnozentrisches Zeugnis unseres menschlichen Wesens transportieren.

Wir werden uns dann in einer ganz anderen Lage befinden.

Dies alles legt die Vermutung nahe, daß wir es einfach irgendwie besser wissen sollten. Und ich kann noch nicht einmal sagen, was wir besser wissen sollten, oder warum wir es besser wissen sollten. Vielleicht besteht darin das Lernziel unseres Experiments, nachdem wir es selbst schon lange vergessen haben und die einzelnen Bilder und Daten mit der alten Geschichte selbst verschmolzen sind.

Ob wir uns verbessert oder verschlechtert haben, sei dahingestellt, jedenfalls sind wir jetzt anders geworden. Und wir werden uns noch mehr verändern. Aber vielleicht sind wir so utilaristisch, daß unsere Führer und sogenannten parlamentarischen Vertreter diese Visionen ohne weiteres gegen eine neue Raketenserie oder eine ein- oder zweiprozentige Minderung der Staatsverschuldung verschachern. Zukünftige Raumsonden zu den äußeren Monden werden aufgrund der gegenwärtigen Voreingenommenheit vielleicht niemals gestartet werden, aber das Schicksal hat bestimmt, daß wir diese Babies in die Nacht jagen sollten, bevor unsere Knappheit dies verhindern konnte. Nun sind wir ihnen und den Bildern, die sie übermitteln, ausgeliefert. Ein Augenblick in unserer eigenen technologischen Entwicklung fiel mit einem Fenster im Himmel zusammen: ein Satellit, der durch dieses Fenster hinauskatapultiert wurde, sollte eine große Reise durch das Sonnensystem antreten. Historische Gründe haben diese Mission fast verhindert. Tausende von Meteoren, Asteroiden und unzuverlässigen Teilen an zwei komplizierten Geräten waren noch immer im Weg. Und doch haben beide Voyagersonden – vielleicht auf wunderbare Weise – überlebt, und schicken nun Nahaufnahmen von Jupiter und seinem Mondsystem auf die Erde zurück. Deutliche Bilder von Saturn mit seinen Nebeln und Ringen erreichten uns unmittelbar nach der Wahl Ronald Reagans zum Präsidenten der USA – ein Ereignis, das die Alten ohnehin dem Saturn zugeschrieben hätten. Wer weiß, welche Ereignisse mit Bildern von jenen anderen fernen Welten zusammenfallen werden, Welten, über die wir soviel weniger wissen? Offensichtlich wollen uns die Meteore und Asteroiden, die unsere Maschine durchließen, keine andere Wahl lassen.

Traditionellerweise wußten wir, daß Saturn, Uranus und Neptun jupiterähnliche Planeten sind: massiv, gasförmig und primitiv. Sie haben noch das ursprüngliche Environment eines Planeten: Wasserstoff, Helium und andere leichte Gase, die in dichten Atmosphären vermischt sind und keine Oberfläche im üblichen Sinne bilden. Im Gegensatz dazu sind diese Gase von den kleineren Planeten entwichen und haben nur dünne Atmosphären auf den erst sekundär entstandenen Gesteinskernen hinterlassen. Bei allen gasförmigen Planeten ist man sich unsicher, wie tief diese sichtbaren Charakteristika gehen. Sehen wir nur die äußerste Schicht der Atmosphäre, oder ziehen sich diese Merkmale bis in eine gewisse Tiefe weiter durch? Sehen wir Gasklumpen auf Konvektionsströmungen und die Gegenzyklone, die sie mit der darüberliegenden Luft bilden, oder sehen wir Wirbel am oberen Rand von schnell rotierenden Wolken? Diese Frage kann man angesichts der Bänder und Ovale eines jeden Planeten einzeln stellen. Obwohl sie ganz wörtlich in Wind und Gas geschrieben sind, bleiben sie vielleicht Hunderte von Jahren erhalten.

Seit der Entstehung des Systems in der galaktischen Wolke bestand die Geschichte dieser Welten in einer immer verwickelteren Verbindung von Sturmschichten und ihren Wirkungen. Die hell strahlenden Bänder und Ovale von Wetterlinien stechen hervor, aber es gibt keine Archäologie, die sich in Fossilien oder Steinen abbildet. Die Unterschiede zwischen diesen Welten entspringen aus ihrer jeweiligen Größe, ihrer Entfernung von der Sonne, der lokalen Verteilung von ursprünglichen Gasen, den Zufallsmustern der Entwicklung, die sich in jeder Zone all dieser Welten vollzog, und aus der subtilen und komplexen

Interaktion all dieser Dinge seit Jahrmillionen. Ein ökologisches Gefälle herrscht mit Sicherheit vor: in dem Maße, wie wir uns auswärts bewegen, fällt die Temperatur rasch, und die Sonne sieht mehr und mehr wie ein besonders heller Stern aus. Tages- und Nachthimmel sind vom Neptun aus gesehen so gut wie identisch.

Bevor die Voyagersonde den Saturn erreichte, war es schwierig, sich vorzustellen, in welcher Weise er sich vom Jupiter unterscheiden würde. Aber gleich von den ersten übermittelten Bildern an erwies er sich klar und leuchtend deutlich als eine einzigartige Landschaft, die niemals zuvor gesehen worden war. Das Antlitz des Saturn erschien im Sonnenlicht irisierend gelb, fast golden, und es wirbelten und drehten sich auf ihm die Stürme in gelben, hellbraunen, orangenen und dunkelbraunen Schnüren und Bändern. Das waren die vom Jupiter bekannten Turbulenzen, aber sie hatten ihre eigenen Zonen, Muster und Farben. Jupiter gleicht den blutigen Innereien eines Tieres oder einem Onyx mit reicher Farbbänderung. Saturn sieht wie ungeformtes Dotter und Eiweiß eines jungen Eies aus oder wie eine alte Goldmünze, die vom Meerwasser rostig geworden ist. Hinter diesen Kameen liegen zweifellos tiefe Wesens- und Charakterunterschiede.

Die Winde, die über die zitronengelben Wolkengipfel brausten, hatten nach den Voyagermessungen Geschwindigkeiten von über 1400 Kilometer pro Stunde. Wie auf dem Jupiter sah man lohgelbe und dunkler bräunliche Ovale, die die tiefen heftigen Wirbel gasförmiger Materie, die von unten her aufstieg, kennzeichneten. Ohne Zweifel verlangsamt die saturnische Kälte chemische Reaktionen und Windinteraktionen, und das ist der Grund für einige wesentliche Unterschiede von Jupiter. Saturn scheint auch weniger dicht zu sein und über einen größeren Reichtum leichter Gase zu verfügen. Sein Strahlungsgürtel ist zwanzigmal schwächer als der des Jupiter. Wahrscheinlich sind auch die saturnischen Jahreszeiten länger und intensiver als die des Jupiter – länger, weil das Saturnjahr insgesamt länger dauert, nämlich 29,5 Erdenjahre, und intensiver, weil die Achsenneigung von Saturn stärker ist. Wahrscheinlich kommt es zu deutlicheren regionalen Wirkungen als auf dem Jupiter. Vielleicht haben diese Faktoren zur Folge, daß Saturn eine größere Menge von Ammoniakdunst aufweist: die goldenen Wolken und verschobenen Bänder.

Auf dem Jupiter scheinen die Bänder und Strömungen abwechselnd von Westen nach Osten und von Osten nach Westen zu wandern, und zwar auf eine Weise, daß sie miteinander und mit den hervorquellenden Zonen abgestimmt sind. Auf dem Saturn sind sie um neunzig Grad von den hervorquellenden Zonen versetzt, und sind im allgemeinen chaotischer und weniger ordentlich. In der südlichen Hemisphäre des Saturn befindet sich ein Oval, das mit dem Großen Roten Fleck auf dem Jupiter verwandt ist. Es ist nicht so groß, auch nicht so differenziert, aber wahrscheinlich entstammt es der gleichen Art klimatischer und chemischer Bedingungen.

Andere Charakteristika des Saturn kannte man schon vor der Voyagermission. Der Planet umläuft die blasse Sonne in einem mittleren Abstand von 1425,5 Millionen Kilometern. Der Saturntag wurde in jüngster Zeit auf eine Länge von 10 Stunden und 39 1/4 Minuten neu berechnet. Der Durchmesser des Saturn beträgt ungefähr 120000 Kilometer, und in seinem Volumen hätten 815 Erden Platz. Obwohl Saturn zum größten Teil aus leichten Gasen mit etwas Äthan, Azetylen und Wasser besteht, könnte er wie Jupiter einen winzigen Kern aus metallischem Wasserstoff aufweisen. Seine geringe Dichte verleiht ihm eine Oberflächengravitation, die kaum über der der Erde liegt. Wenn man einen genügend großen Ozean finden könnte, würde Saturn in ihn hineinschweben.

Obwohl die Saturnringe keinen wirklichen Zusammenhang mit der inneren Dynamik des Planeten haben, sind sie seit ihrer Entdeckung durch Galilei zu seinem Unterscheidungsmerkmal geworden. Galilei hat sie nie deutlich genug gesehen, um sie als das zu erkennen, was sie sind, und so glaubte er, daß Saturn ein doppelter oder dreifacher Planet sei. Als sich dann der Winkel, den die Ringe zur Erde bildeten, veränderte, schien es, als seien sie verschwunden, und ein erstaunter Galilei schrieb im Dezember 1612: »Hat Saturn vielleicht seine Kinder verschlungen?«[1]

Erst Huygens gab in einem Aufsatz über Saturn aus dem Jahre 1659 bekannt, daß die Ringe vom Saturn selbst getrennt waren: »Ein dünner, flacher Ring, der nirgends berührt und zur Ekliptik geneigt ist.«[2]

Einige frühe Astronomen interpretierten die Ringe als aeromantisches Siegel oder entwickelten beispielsweise die Vorstellung, daß der ätherische Saturn aus Edelstein bestünde und eine goldene Aura um sich habe. Im allgemeinen aber wurden die Ringe zu spät entdeckt, als daß die traditionelle Magie sie in den astralen Planeten hätte integrieren können. Und dann waren schon die Anhänger Newtons auf dem Weg zu einer Lösung, die auf der Gravitation beruhte. Ständig wiederholte Beobachtungen im Laufe der zwei nächsten Jahrhunderte ergaben, daß es ein ganzes System von Ringen gab, von denen einige nur schwachleuchtend, andere sogar dunkel waren. Die Ringe waren keine feste Krone; sie waren die gesammelte Wirkung von bewegter Materie. Wie die Monde waren sie ein Umlaufphänomen. Dadurch kamen die Astronomen des neunzehnten Jahrhunderts auf die Idee, daß der mögliche Ursprung der Ringe in den Bruchstücken eines Mondes lag, der dem Planeten zu nahe gekommen und zerschmettert worden war. Aufgrund der geringfügigen Unterschiede in ihren Umlaufgeschwindigkeiten mußten diese Fragmente jeweils eine eigene Bahn verfolgen; und wenn sie miteinander kollidierten, würde sich diese Bahn in einen Ring verteilen. Maxwell zeigte mathematisch, daß die Ringe nicht aus festem Material bestehen konnten, sondern aus »einer unbestimmten Zahl unverbundener Partikel, die entsprechend ihren jeweiligen Entfernungen den Planeten mit verschiedenen Geschwindigkeiten umkreisen.«[3]

Aus unserem Wissen um die Geschichte des Sonnensystems haben wir andere mögliche Gründe für die Entstehung der Ringe in Betracht gezogen; ein wandernder Planetesimal oder Asteroid, der zerrissen wurde, ein totgeborener Satellit oder die Nebelwolke des Systems selbst. Wir haben auch entdeckt, daß die Ringe des Saturn nicht einzigartig sind. Vor kurzem wurden auch um den Uranus Ringe gefunden, die aus anderen, dunkleren Stoffen bestanden; von der Erde aus sind sie fast unsichtbar und umkreisen eher die Pole des Planeten als seinen Äquator. Im Jahre 1979 entdeckte die Voyagersonde auch sehr dünne Jupiterringe. Dann stellen diese Ringe offensichtlich ein sehr verbreitetes Naturphänomen dar und sind kein besonderes Geschenk, das nur dem Saturn zuteil wurde, nur sind seine Ringe eine besonders großartige und vollständige Demonstration dieser Erscheinung. Aus Radarkarten haben wir geschlossen, daß die Stücke, aus denen sie bestehen, weniger staubähnlich sind, vielmehr gleichen sie Felsblöcken und Steinen, die mit Eis bedeckt sind, oder Schneebällen und großen Hagelkörnern, die in ewigem Kreislauf einer hinter dem anderen dahinpurzeln. Würden wir uns innerhalb dieser Ringe befinden, würden wir diese Erscheinung nicht so glatt erleben, wie wir sie von außen her im Ganzen wahrnehmen. Auf uns würden unregelmäßige Schnee- und Eiskugeln prasseln, als ob wir in einem kalten Meteorregen stünden. Den Ringen, die wir von der Erde aus sehen, liegen dieselben Newtonschen Kreise zugrunde, die wir überall finden, sei es nun auf übergalaktischer Ebene oder in den Mondphasen.

Durch teleskopische Beobachtung konnten wir bestimmte topographische Aspekte der Ringe festhalten. Seit einiger Zeit wissen wir, daß der äußerste Durchmesser der Saturnringe ungefähr 275 000 Kilometer beträgt, dagegen sind sie nur einige Kilometer dick. Man kann einzelne Ringe unterscheiden, deren Breite zwischen 16 000 Kilometern (der schwachleuchtende Crêpe-Ring) und 27 000 Kilometern (der helle B-Ring) variiert. Schon im siebzehnten Jahrhundert wurde eine deutliche Zwischenzone zwischen dem B-Ring und dem äußeren A-Ring entdeckt. Später konnte man ihre Breite mit 2990 Kilometern bestimmen und bezeichnete sie nach ihrem Entdecker als Cassinische Teilung. Man hielt sie für leeren Raum, für eine Zone, die absolut frei von Bruchstücken zwischen den Ringen sei. Auch vermutete man weitere kleinere Ringe und Unterteilungen. Pioneer 11 sollte ursprünglich sogar die Cassinische Teilung durchqueren. Genauere Beobachtung, die durch Satellitenphotos noch erhärtet wurde, warnte die Wissenschaftler: die Cassinische Teilung war gar kein Zwischenraum, sondern eine zusätzliche Zone von Ringen. Die Voyagersonde entdeckte in diesem »Zwischenraum« später mindestens zwanzig verschiedene Bänder. Immerhin gibt es zwischen den Ringen kleine Lücken, und das sind allem Anschein nach Zonen, die vollständig leer sind. Dies ergab die von den Satelliten aufgefangene Resonanz.

Die Pioneersonde hat sich dem Planeten nicht genähert und konnte deshalb auch nicht so dramatische Nahaufnahmen machen wie die Voyagersonde, aber sie entdeckte zwei neue Monde und begann die Kompliziertheit der Ringe zu offenbaren. Als Pioneer an der Stelle, wo die eingeschlossenen Partikel von Saturns Van Allen-Gürtel aufgehalten wurden, Messungen vornahm, entdeckte er einen dünnen äußeren Ring, der später als »F« bezeichnet wurde. Inzwischen hatten Beobachtungen von der Erde aus, die in den späten sechziger und in den siebziger Jahren vorgenommen wurden, gezeigt, daß Saturn mehr als die ihm traditionellerweise zugeordneten zehn Satelliten besaß, und daß es eine Reihe von kleinen unregelmäßigen inneren Monden gab, die mit der Dynamik der Ringe kompliziert verbunden waren. Wenn wir die Voyagerentdeckungen hinzuzählen, hat Saturn jetzt tatsächlich mindestens fünfzehn Monde. Obwohl es gegenwärtig unmöglich ist, die Dynamik der Ringe vollständig auf die Satelliten des Planeten zurückzuführen, wurden bestimmte spezifische Beziehungen – und zwar nicht einfach nur Lücken – von den Wissenschaftlern versuchsweise vorgeschlagen. Zum Beispiel könnte der Jupiterring gravitationsmäßig durch den unregelmäßig geformten Satelliten Amalthea an seinem Platz gehalten werden. Der F-Ring, der nur einen Durchmesser von etwa hundert Kilometern hat und 80450 Kilometer über den goldenen Wolkengipfeln des Saturn kreist, scheint durch den vierzehnten und fünfzehnten Satelliten an seinem Platz gehalten zu werden, die beide gewissermaßen als Newtonsche Hirtenhunde fungieren. Eines der gezackten Mondfragmente umkreist den Planeten unmittelbar innerhalb des Ringes, und das andere genau außerhalb. Da der innere Mond schneller ist, entwickelt sich zwischen den beiden eine Gravitationsanziehung, die es für alle der »Schaf«fragmente unmöglich macht zu entweichen. Zudem zwingt die gegenseitige

Schwerkraft dieser Monde Teilchen in Klumpen zusammen. Sechs von diesen innerhalb des F-Rings liegenden Objekten wurden durch die Voyagersonde photographisch festgehalten. Da diese Klumpen keine unabhängigen Körper mit eigenen Umlaufbahnen sind, kann man sie nicht als Monde bezeichnen; trotzdem zeigen sie, und auch der dreizehnte und vierzehnte Mond, daß die Unterscheidung zwischen Mond und Ringpartikel, zwischen Schäferhund und Schafen in der Entstehung der Ringe und Mondsysteme subtil und veränderlich ist.

Nahaufnahmen von diesen Monden, die die Voyagersonde auf ihrer Route durch die Ebene der Ringe schoß, ergaben, daß sie nicht nur länglich, sondern auch derart gezackt waren, daß sie einmal ein einzelner Körper gewesen sein konnten. Die Zerstörung des einzelnen Mondes erfolgte vielleicht durch einen Meteor, der so groß wie jener war, der fast den Mimas gespalten hätte, jedenfalls erzeugte er nicht nur die beiden koorbitalen Zwillingssatelliten, sondern das ganze äußere F-Ring-System.

Vielleicht erklären die beiden Satelliten den F-Ring und die durch die Schwerkraft erfolgte Zusammenballung von Partikeln in ihm, die hervorstechendsten Charakteristika des Saturnsystems aber, die aus den anfänglichen groben Bildern entnommen wurden, können sie nicht erklären. Der F-Ring hat drei verflochtene Schnüre, die sich auf verschiedenen Ebenen wie eine Helix zu überkreuzen scheinen. Diese gedrehten Ringe werden zudem bald dicker, bald dünner und sind an bestimmten Stellen verknotet, was auf eine vollkommen unbekannte Kraft hinweist. Schon in den frühesten Tagen der Newtonschen Renaissance war es klar, daß Gravitationssysteme mit vielen Körpern sehr schwer zu beschreiben und zu verstehen sind. Die Saturnringe sind die eleganteste regionale Bestätigung dieses Problems in unserem Sonnensystem. So viele Körper sind in so vielen Gravitationsfeldern gefangen – Saturn selbst, die fernen und nahen, großen und kleinen Monde und die Ringfragmente mit ihren unterschiedlichen Größen und Entfernungen –, daß die durch die Gravitation bedingte Wechselwirkung als gesammeltes Resultat des Systems nicht vorhergesagt werden kann.

Ein Wissenschaftler bemerkte im Fernsehen, daß diese verflochtenen Helices sicherlich der einzige Fall von Leben seien, das man im Saturnsystem gefunden hat, und dabei implizierte er ironisch, daß die Komplexität der Gravitation die biologische Komplexität nachahme. »In dieser merkwürdigen Welt der Saturnringe wird das Bizarre selbstverständlich«, sagte Bradford Smith, der Leiter der Photographischen Abteilung. »Diese verdrehten Ringe scheinen dem Gesetz der Umlaufmechanik, wie ich es kenne, zu trotzen. Sie müssen wohl das Richtige tun, nur wissen wir einfach nicht, welchen physikalischen Gesetzen sie gehorchen... Es kann einen richtig stutzig machen, daß es so etwas auch nur gibt. Es ist einfach merkwürdig.«[4]

Oder wie Laurence Soderblom von der Bildabteilung sagte: »Es ist das Undenkbare, wonach wir suchen – das Unvorstellbare.«[5]

Das ist der Unterschied zwischen der einzelnen und einzigartigen Voyagerexpedition und all den Science Fiction-Raumschiffen aus früheren Phantasieentwürfen.

Die Voyagersonde brachte uns die ersten Bilder vom Ringsystem als Ganzem und präsentierte es als wirkliche topographische Einheit. Was die Wissenschaftler einst als ein halbes Dutzend von Ringsystemen mit Zwischenräumen charakterisiert hatten, wurde nun zu fünfhundert, dann tausend einzelnen Ringen und Miniringen, als die Sonde näherkam. Die Ringe breiteten sich von Saturn ausgehend in einer enormen flachen Ebene aus, wie eine riesige Schallplatte mit extrem feinen Rillen. Das flache Ornament war zu einer dreidimensionalen Landschaft in Stein geworden, deren tatsächliche Größe sich perspektivisch enthüllte, als Voyager über dieser Ebene emporstieg.

Unerklärliche Speichen erschienen quer über Ringabschnitten und bewegten sich mit der Bewegung der Ringe. Sie waren dunkel, als sie zwischen Voyager und der Sonne wirbelten, und strahlend hell, als die Sonde an ihrer Eklipse vorbeiflog. Diese Speichen waren vielleicht Eisphänomene unter den Ringpartikeln, die auf der Nachtseite des Planeten entstanden, in Erscheinung traten, wenn sich die Ringe aus dem Schatten in ihren jeweiligen Morgen begaben, und entschwanden, wenn der Ring-

»tag« über den »Mittag« in den »Nachmittag« überging. Nachts kann weiteres Gefrieren in Speichenmustern erfolgen; die Sonne schmilzt sie dann wieder zu Matsch zurück.

Die Voyagersonde zeichnete noch weitere Ringphänomene auf. Der C-Ring schien aus lockeren Teilchenansammlungen zu bestehen und semitransparent zu sein. Als die Sonde den dreizehnten und vierzehnten Satelliten photographierte, beides kleine Objekte, entdeckte man den Schatten eines anderen unbekannten winzigen Ringes, der vielleicht ebenfalls durch noch winzigere Satelliten zusammengehalten wurde. Man sah exzentrische Ringe, dunkle Zwischenräume und andere unregelmäßige Bildungen.

Die Sonde vermag 256 verschiedene Grade von relativem Licht und Dunkel wie auch unsichtbare Bänder des Spektrums aufzuzeichnen und ist insofern blind und gleichzeitig viel sensibler als wir. Wenn die Rillen in den Ringen erscheinen und die Speichen sich vom Hellen ins Dunkle verwandeln, erkennen wir, daß wir auf ein verschwindend feines Detail des Lichtes selbst blicken. Wenn sich der Kamera-, Sonne- und Planetenwinkel und der Winkel der Ringe und der Monde verändert, springt eine feine, komplizierte Struktur hervor, so, als führen wir bei Sonnenuntergang durch Landschaften und Felder hier auf dieser Erde. Farbige Schatten fallen über die Hügel, die Kühe scheinen aus dickem, braunem Schlamm zu bestehen, die Seen sind aus Himmel gebildet. Die Spinnweben sind weicher Schleim aus den Körpern einzelner Lebewesen, und jedes Stückchen ist genau geometrisch straff gespannt. Die Häuser sind Energiebögen, ihre Wände sind ingwerfarben und durchsichtig. Jede Blattader, jede Verfärbung zeichnet sich ab, und die Myriaden von Insekten über dem Feld bis zum Horizont sind als Ringpartikel erkenntlich. Die blauen Luftionen scheinen in ihrem kollektiven Dasein molekular zu sein. Dann treten wir über den beleuchteten Horizont des Saturn – die Spitze des Halbmondes sozusagen – in die Nacht ein.

In der Subtilität der Saturnringe finden wir Struktur und Farbe dieser bewohnten Erde wieder. Durch die fremdartige, kaum vorstellbare Landschaft eines fernen und wahrscheinlich lebensfeindlichen Systems erkennen wir unseren differenzierten, wässrigen Heimatplaneten so deutlich wie nie zuvor.

Saturn hat zehn namentlich benannte Satelliten, und zwar: – von innen nach außen – Janus, Mimas, Enceladus, Tethys, Dione, Rhea, Titan, Hyperion, Japetus und Phoebe. Sie sind nach der Titanengefolgschaft des alten Vaters Saturn in der antiken Götterwelt benannt. Titan ist in unserem Sonnensystem der größte Mond, die übrigen Monde sind jedoch sehr klein. Vor der Voyagerexpedition glaubte man sogar, sie seien lediglich schmutzige Schneebälle und bestünden mehr aus Eis als aus Gestein. Durch die Voyagersonde konnten wir zum ersten Mal Himmelsobjekte innerhalb eines Umkreises von 1200 Kilometern Durchmesser im kalten Reich dieses leichten gasförmigen Planeten sehen. Diese Himmelskörper sind leichter und bestehen aus anderen Stoffen als die vom Mars anscheinend eingefangenen Monde. Die großen galileischen Satelliten lassen eine offensichtliche Evolution und historische Komplexität erkennen, aber einige der Saturnsatelliten zeigen erstaunlich ähnliche Züge.

Der winzige Janus, der nur einen Durchmesser von 160 Kilometern hat, wurde von französischen Wissenschaftlern im Jahre 1966 entdeckt. Man weiß sehr wenig über ihn, und es ist sogar unsicher, ob der gegenwärtige Janus, der von der Pioneersonde bestätigt wurde, und die ursprüngliche französische Entdeckung identisch sind. Er ähnelt den später entdeckten nicht namentlich benannten Satelliten.

Mimas mißt ein wenig mehr als 320 Kilometer im Durchmesser und umläuft den Saturn in einer Entfernung von 185000 Kilometern von den Wolkengipfeln. Er ist nur geringfügig schwerer als reines Eiswasser und enthält wahrscheinlich einige Silikate. Bei Mimas ist bemerkenswert, daß er überhaupt erhalten bleibt. Ein Krater, der durch Meteoreinschlag entstand, dessen Breite fast 130 Kilometer beträgt, und der viele Kilometer tief ist, nimmt ein Viertel seines Durchmessers ein. Dieser Krater ist von einem steilen Rand umgeben, und in seiner Mitte steigt ein riesiger Berg zu einem scharfen Gipfel auf. Weitere große Krater, unter denen einige Kilometer breit sind, bedecken die Oberfläche des Mimas. Dieser Himmelskörper sieht wie ein großer Schneeball aus, der aus der ursprünglichen Nebelmaterie Kälte angesammelt hat und dann von Planetesimals bombardiert wurde, so daß er zu einem Kraterfeld wurde. Er ist ein Überbleibsel aus den frühen Tagen unseres Sonnensystems.

Mimas wurde von Herschel entdeckt, ebenso wie Enceladus, der auf ihn folgt. Erstaunlich ist, daß Enceladus fast genauso groß ist wie Mimas (etwa 240 Kilometer größer) und fast dieselbe Entfernung zum Hauptplaneten hat, dennoch aber so verschieden ist. Enceladus hat keine großen Krater, sondern nur einige schwache Streifen, die an die innere Evolution der größeren Jupitermonde erinnert. Beide Monde haben vielleicht Wasservulkane.

Die Monde Tethys, Dione und Rhea, die dann folgen, umkreisen den Saturn in Abständen von 294400 Kilometern bis 526100 Kilometern. Alle drei wurden von Cassini entdeckt, der auch den zweitäußersten Mond Japetus fand. Diese drei Monde sind unter den kleinen Monden, die von der ersten Voyagersonde aufgenommen wurden, die kompliziertesten.

Tethys ist wie Mimas ein Eisblock, ist von Kratern übersät und hat einen Durchmesser von etwas über 1000 Kilometern. Aber die topographische Gestalt der Tethys ist höchst ungewöhnlich. Es gibt dort unter anderem auch einen lambdaförmigen gewundenen Canyon oder Verwerfungsgraben, der 400 Kilometer nordsüdlich verläuft und ungefähr 80 Kilometer breit ist. Ferner gibt es auf der Oberfläche dieses Mondes einen riesigen weißen Fleck, der ein Berg sein könnte, oder vielleicht auch nur sehr helles strahlendes Eis. Aber das sind keine Kratererhebungen, sondern besondere geologische Prozesse, die nur für diesen Mond typisch sind. Eine Eistopographie kommt selten vor, doch das Eis war einst flüssig und wurde von Stoffen, die aus dem Inneren hervorbrodelten, immer neu geschmolzen.

Als sich die Voyagersonde dem Saturn aus den Tiefen des inneren Sonnensystems allmählich näherte, erschien auf der Mitte des Mondes Dione eine helle spinnenartige Markierung, die diesem Mond das Aussehen eines Sternensaphires verlieh. Dieses und andere schnurartige Muster weisen auf eine innere

Entwicklung aus geschmolzener Materie wie auf unserem Mond hin.

Auf der Dione gibt es auch »Mond«krater, aber ansonsten erinnert diese Welt am meisten an die gebrochene Oberfläche des Ganymed. Rhea hat sogar noch mehr Ähnlichkeit mit Ganymed, nur sind die Stoffe auf ihrer Oberfläche heller, was darauf hinweist, daß irgendeine Masse aus einer sehr großen Tiefe im Kern des Mondes hervorquillt. Rhea hat komplizierte Regionen, die streifenartig glühen, und wirbelnde Muster, die nicht nur an Meteorkrater denken lassen, sondern auch an Neuanordnungen von Eisfeldern und -kliffen. Die Oberfläche ist abgeschliffen und auseinandergerissen worden. Dione ist ein wenig größer als Tethys, und Rhea hat einen Durchmesser von fast 1600 Kilometern, aber für so kleine Eismonde ist dies trotzdem eine beachtliche geologische Erhebung.

Die Systeme des Saturn und Jupiter sind ein wenig verschieden aus ihren jeweiligen Abschnitten der Nebelwolke hervorgegangen. Der Saturn erhielt leichtere Materie, entwickelte ein viel ausgeprägteres Ringsystem, und seine Monde erscheinen zufällig in ihrer Anordnung. Jupiter hat nur wenige Monde und Ring»trümmer« in der Nähe seiner Oberfläche, aber die großen dichten Monde sind größtenteils innere Monde, und sowohl Größe wie auch Dichte nehmen mit zunehmender Entfernung vom Planeten ab. Das kann, muß aber nicht darauf hindeuten, wie die ursprüngliche Materie des Systems angeordnet war, aber immerhin ist eine Zusammenballung von Materie gegen den Mittelpunkt der Wolke hin sehr wahrscheinlich. Doch können wir dieses Modell nicht einfach auf den Saturn übertragen. Er hat viele kleine innere Monde und auch Ringe und nur einen Mond – Titan –, der die Größe eines Planeten erreicht. Er ist viermal so groß wie der nächstgrößte Mond, und ihm folgen weitere drei, die zu der Mimas-Rhea-Klasse gehören. Auch ist der Abstand von Rhea zu Titan größer als der Abstand von dem inneren Mond Janus bis zu Rhea. Diese ungeheure Lücke von mehr als 640 000 Kilometern ist von einer gasförmigen Scheibe erfüllt, die die Gestalt eines zerquetschten Torus hat und aus einer sehr dünnen Verteilung von Wasserstoffatomen besteht, die vermutlich von der Oberfläche des Titan weggeweht worden sind. Dieser Mond verliert noch immer ein Kilogramm pro Sekunde von seinem ursprünglichen Materialanteil.

Den Hyperion, der zur Größenklasse des Mimas gehört, verfehlte die Voyagersonde vollständig, denn dieser Mond befand sich hinter dem Titan, als dieser photographiert wurde. Zwischen den Umlaufbahnen des Titan und des Hyperion ist nur ein relativ kleiner Zwischenraum. Der nächste Mond, Japetus, wurde nur aus der Entfernung photographiert, und wird von der nächsten Voyagersonde genauer inspiziert werden. Man hat immer von seiner unsteten Erscheinung gewußt, die entweder von einer extremen Unregelmäßigkeit seiner Gestalt oder von Verfärbungen herrührt. Von der Erde aus gesehen ist die eine Seite dieses Mondes sechsmal heller als die andere. Wahrscheinlich sind an seinem Aufbau irgendwelche extrem dunklen Stoffe beteiligt; vielleicht hat ein Prozeß im Inneren des Mondes auf der lichtschwachen Seite dunkle Materie nach oben gezwungen. Von der Erde aus schien es möglich, daß Japetus mehr die Form eines Zylinders als die eines Balles hatte, aber die Voyagersonde übermittelte einen runden Himmelskörper mit einer scharfen Trennlinie zwischen den Zonen.

Von all diesen Monden aus, mit Ausnahme von Japetus und vielleicht Phoebe, könnte man die Saturnringe nur haarscharf erkennen, denn sie verlaufen in derselben Ebene wie die Monde selbst. Nur Japetus entfernt sich deutlich aus dieser Ebene. Auf diesem Himmelskörper würde man die ganze Oberfläche der Ringe wie die Flügel eines Schmetterlings überblicken, wenn der Mond sich über die Ebene erhebt. Japetus hat einen Durchmesser von 1290 Kilometern, seine Entfernung von der Saturnoberfläche beträgt mehr als 3 500 000 Kilometer.

Phoebe, die wie Hyperion gegen Ende des neunzehnten Jahrhunderts entdeckt wurde, ist noch 9,7 Millionen Kilometer weiter entfernt als Japetus. Sie hat einen Durchmesser von nur 1290 Kilometern, ist auch rückläufig und hat eine exzentrische Umlaufbahn. Vielleicht kam sie später erst hinzu, möglicherweise ist sie ein eingefangener Asteroid oder Komet.

Das Wasser der Saturnmonde ist ursprünglich H_2O aus dem

Sonnennebel, kein späterer Regen. Seit dieses uralte Eis in der Dunkelheit des Raumes gefroren ist, ist es verdreht, geschmolzen, neu gefroren, von Meteoritenhagel getroffen worden, aber es ist reiner als irgendein Bergbach auf unserer Erde es jemals noch sein könnte. Die Saturnmonde sind kosmologisches Wasser, planetare Gletscher. Sie sind gefrorene Abbilder der Kosmogonie und dienen dem Gott der Zeit. Dasselbe Nebelwasser ist auf der Erde flüssig geblieben; und nach Äonen während er chemischer Interaktion mit anderen Stoffen wurde es vom Leben kontaminiert – und mit der Voyagersonde kommt dieses Leben nun zurück, um einige der gefrorenen Blöcke der ursprünglichen Quelle zu beobachten.

Titan ist der größte Mond im Sonnensystem (man beachte aber auch den Neptunmond Triton, siehe unten) und auch der einzige, der eine Atmosphäre hat. Mit einem Durchmesser von mehr als 5792 Kilometern ist er größer als Merkur. Noch vor einem Jahrzehnt hätten wir die volle Bedeutung dieses Mondes nicht erkennen können. In einigen wissenschaftlichen Büchern, auch in Science Fiction-Werken, wurde in Parenthese angemerkt, daß auf dem Titan vielleicht Leben existieren könnte. Aber daß Titan jüngst Aufmerksamkeit auf sich gezogen hat, liegt daran, daß wir in der letzten Zeit die Einheitlichkeit des Sonnensystems immer mehr wahrgenommen haben – vor allem haben wir erkannt, daß sich alle Planeten und Monde aus relativ ähnlichen Anfängen entwickelt haben. Obwohl Titan ein ferner Mond eines fernen Planeten ist, ist er ebensosehr mit der Erde verwandt wie mit Saturn. Mit dem Saturn hat er die Entfernung von der Sonne und dieselbe alte Zusammensetzung von Sternentrümmern gemeinsam, die durch Elemente bereichert worden sind. Mit der Erde hat er die Oberflächen- und Gravitationsbedingungen, die den irdischen entsprechen, gemeinsam. Jedenfalls waren die Sternentrümmer in der Nähe des Saturn und der Erde nicht so sehr voneinander verschieden.

Die Wichtigkeit des Titan hängt unmittelbar mit dem verminderten organischen Potential von Mars und Venus zusammen. Mars hat eine kaum existente Atmosphäre, und Venus ist allem Anschein nach in einem sich verstärkenden Kohlenstoffzyklus gefangen, der von den chemischen Abläufen des Lebens weit entfernt ist. In gewissem Sinne sind wir aus der Nähe und Vertrautheit des alten Sonnensystems in ein neues Sonnensystem übergegangen, wo Kohlenwasserstoffaktivität und eine ursprüngliche Art der Atmosphäre vorherrscht. Plötzlich erkennen wir, daß wir in den fremdartigen Jupiterwelten und nicht unter den erdähnlichen inneren Planeten suchen müssen, um unsere Ebenbilder und Ursprünge wiederzufinden. Die alten Marsebenen sind von tiefen Kratern übersät und weisen nur Spuren von Flußtälern auf, die lange schon ausgetrocknet waren, bevor die Vorläufer des Menschen in den Dschungeln der alten Welt lebten. Titan aber ist von photoorganischem Smog bedeckt, und wahrscheinlich gehen organische Zusammensetzungen auf seine Oberfläche nieder und treiben wie Schnee über sie hinweg. Wenn Mars unsere langen, hellen sichtbaren Bereiche und harten Felsoberflächen darstellt, so ist Titan die schmutzige und salzige Intimität unserer Zellen.

Nach Merkur und Mars hatten sich die Wissenschaftler auf enttäuschend dünne Atmosphären vorbereitet, deshalb war der Reichtum des Titan eine Überraschung für sie. Die Ergebnisse der Voyagersonde zeigten, daß dieser Saturnmond zwar, verglichen mit der Erde, eine relativ schwache Gravitation hatte, trotzdem aber eine Atmosphäre hält, die sich bis 482 Kilometer über der Oberfläche erstreckt (das ist dreimal so hoch wie die Erdatmosphäre), und dabei beträgt der Oberflächendruck das Eineinhalbfache des Druckes auf der Erdoberfläche. Bei der Beobachtung durch das Teleskop hatte man eine Atmosphäre wahrgenommen, aber daß sie so umfangreich sein würde und einen so hohen Stickstoffgehalt aufweisen würde, hatten die Wissenschaftler nicht erwartet. Dieser photochemische Smog reicht in dicken Methan- und sonstigen Kohlenwasserstoffwolken anscheinend bis zur Oberfläche und ist von Stickstoffregen und -schnee durchzogen. Die Atmosphäre verdunkelt das Antlitz des Mondes vollständig, und man müßte schon auf dem Titan landen, um seine Oberfläche kennenzulernen. Ein Wissenschaftler sagte: »Vielleicht würden wir Stickstoffeisberge in einem Methanmeer finden.«[6] Es könnte dort auch Meere von flüssigem Stickstoff geben. Aber wahrscheinlich ist Titan für solch exotische Topographien zu warm.

Wollten Menschen dort überleben, so wäre dies eine ziemlich schauerliche Umwelt, aber aus der Sicht einer universellen organischen Chemie ist sie recht vielversprechend. Vielleicht gibt es auf dem Titan eine Fülle von Sümpfen, in denen sich komplizierte Kohlenwasserstoffe bilden. In der Atmosphäre hat man Kohlenstoff, Sauerstoff und Schwefel festgestellt, und wahrscheinlich sind wie auf den anderen Saturnmonden große Wassermengen im Eis vorhanden. Wenn diese ganze Materie durch die allgemeine kosmische Strahlung bombardiert wird und durch einen dunstigen roten Himmel von der bleichen Sonne erreicht wird, dann könnten in Meeren und Sümpfen viele der komplizierteren Kohlenwasserstoffbestandteile entstehen, die in den Wasserozeanen der alten tropischen Erde so gebräuchlich waren. Sowohl Wasserstoffzyanid wie auch Azetylen scheinen vorhanden zu sein, und unterhalb dieses Smogs befindet sich ein noch unbekannter Reichtum chemischer Stoffe.

Chemisch gesehen scheint Titan eine sehr kalte und etwas klein geratene Erde in ihrem Urzustand zu sein. Er hat in seiner Atmosphäre eine große Menge von Wasserstoff zurückbehalten, die auch von dem Torus zwischen Titan und Rhea zeugt. Wie auf den Gasriesen gibt es auch hier große Mengen von Helium, Methan und Ammoniak. Aber es gibt eine Oberfläche. Und die könnte durchaus aus reinem Wassereis bestehen.

In kosmischen Maßstäben ist Titans Entfernung von uns unbedeutend, aber bezogen auf eine so zerbrechliche Form des Lebens, wie wir es sind, ist sie gewaltig. Aber vielleicht hat dieser Satellit seine eigenen fragilen Lebensformen. Das größte Problem ist die strenge Kälte. Als die erste Voyagersonde den Titan besuchte, kam er gerade aus einem tiefen Winter, es wurden Temperaturen aufgezeichnet, die bis $-181°$ Celsius reichten. Lebewesen, die während des Titanfrühlings und -sommers geboren würden, einem Zeitraum, der fünf bis sechs Erdenjahre dauert, müßten imstande sein, den Winter zu überleben oder zumindest ihr genetisches Material weiterzugeben, damit dieses den Winter überleben könnte. Sonst wäre die ganze Chemie des

Lebens in einem lächerlich kurzen Zeitraum eingepreßt, und jeden Sommer müßten sich neue Lebewesen entwickeln.

Aus menschlicher Sicht gibt es allerdings einen Grund zum Optimismus, was das Sommerklima des Titan betrifft. Der Mond nimmt an dem Umlauf des Saturn um die Sonne teil, und deshalb auch an seinen langen Jahreszeiten. Die Temperatur von $-110°$ Celsius, die jetzt für den Hochsommer geschätzt wird, liegt beträchtlich höher, als man früher dachte.

Möglicherweise steigt die Temperatur auf dem Titan in manchen Gegenden auch noch höher an, vielleicht aufgrund innerer Hitzequellen. Zusätzlich gibt es auch noch den Treibhauseffekt, der durch die Smogatmosphäre entsteht. Schon aufgrund einer kurzen Beobachtung der oberen Atmosphäre sind deutliche jahreszeitliche Veränderungen wahrscheinlich. Es ist ein dunkler Nordpol vorhanden, der durch Nebeldunst verdüstert ist, und die ganze nördliche Hemisphäre ist dunkler als die südliche Halbkugel. Selbst wenn sie am hellsten ist, wirft die Sonne auf die Titanoberfläche nicht mehr Licht als der Mond auf die Erdoberfläche.

Es gibt eine geringe Chance, daß sich in Gegenden, wo der Sommer länger dauert und wo innere Hitze herrscht, Ammoniak- und Wasserseen gebildet haben, vielleicht auch unter der Oberfläche. Wenn diese den Winter überdauern, dann könnte auf dem Titan ein Kohlenwasserstoffparadies vorhanden sein. In gewissem Sinne hat die Suche nach Leben in unserem Sonnensystem die Marsära verlassen und ist in die Titanepoche eingetreten. Wir haben nun ein anderes Bild von uns selbst und sind uns bewußt, daß die wäßrigen Bedingungen der Erde für einen kleinen inneren Planeten in dieser Gegend des Kosmos einzigartig sind. In der Geschichte und Kosmologie des Nebels sind wir aus größeren Fernen gekommen, und wir sind isolierter, als wir geglaubt hatten.

Saturn stand am Ende des alten Sonnensystems, ein alter König mit einem langen weißen Bart. Jenseits von ihm gab es nichts. Er stellte Organisation, Vollendung, Alter dar – die letztendliche gefrorene Anordnung der Dinge. Selbst wenn Revolutionen und radikale und unbewußte Aktionen die Lage verändern, steht Saturn als große steinerne Festung vor uns, eine Festung in den Sitten, der Gesellschaft, in Geist und Materie, und hält die ursprünglichen und ewigen Wahrheiten aufrecht. Die Stärke der saturnischen Geste ist überwältigend, aber seine beschwörenden Bilder können ebenso wie die Wahl von Ronald Reagan flüchtig und irreführend sein. Weil Saturn ewig, hoffnungslos und beharrlich ist, vermittelt er Kälte und Traurigkeit. Wenn wir einen Saturnier wählen, wenden wir uns in gewissem Sinne unserer eigenen inneren Dunkelheit zu, um sie uns einzugestehen. Selbst die späteren galileischen Saturnringe passen zum Bildnis eines Grabmals: Saturn ist der einzige von Ringen umgebene Planet, den wir von der Erde aus sehen können. Er ist ein abgeschlossenes geheimnisvolles Grab. Irgend etwas ist dort gestorben, und der Platz am Himmel ist in einer Weise gekennzeichnet, daß die ersten Teleskope der Erde das Symbol nicht übersehen konnten.

Die Endgültigkeit des Saturn ist sowohl seine Tugend wie auch sein Fluch. Im Mythos ist Saturn der Schöpfer der Zeit, und dadurch ist er auch ein Heiler, ein Wächter und ein Schild. Er beschützt das Sonnensystem vor dem Chaos der Unendlichkeit. Im Körper erzeugt er Dichte, zersetzt aber auch abgenützte Stoffe, darunter letztlich auch das Skelett. Seine Weisheit gleicht der ältesten buddhistischen Lehre – es ist die Weisheit des Leidens. Weil Saturn über die Zeit wacht, kennt er auch als einziger die Weisheit, die außerhalb der Zeit liegt. Die Ringe, die ihn umkreisen, repräsentieren die schützende Funktion des Bleis in der Neuzeit: eine Grenzlinie, die sich um eine Grenze zieht, so daß an dem archaischen Rand vor dem Abgrund etwas noch Ferneres, Komplexeres und Kosmischeres steht. Das Blei ist schwer, träge und undurchdringlich, hat aber auch einen Reichtum der Tiefe. Wenn es mit dem Zinn und Kupfer der Bronze verbunden wird, können wir seine Tiefe im Klang der Glocken hören. Dieser Klang ist nicht die Weisheit, die nur aus Kupfer oder Zinn stammt.[7]

Von Janus und Mimas aus gesehen, erfüllt der unglaubliche goldene Planet den ganzen Himmel, er schwebt dort oben wie eine Boje im Leeren. Wenn schon der Gurdjieffsche Mond Seelen stiehlt, was muß erst der Saturn den armen Geschöpfen in seinem System antun! Eine Nacht bei vollem Saturn ist heller als ein Sonnentag. Für die Astrologen, die auf den Saturnmonden wohnten, würde der Planet selbst so dominant sein, daß er geradezu metaastrologisch wäre. Die anderen Monde und die dünne Ringlinie würden für die Astrologen auf dem Titan und der Dione den dortigen »Tierkreis« darstellen.

Der Saturn mit seinen Ringen ist das Tor, durch das man in die moderne Welt eintritt und sie verläßt. Und er ist das Zeittor zum alten Königreich Erde. Außerhalb seiner Umlaufbahn gibt es nur die äußerst okkulten Planeten, die in den modernen Zeiten entdeckt wurden und vollkommen andere kosmische Kräfte darstellen.

Der nächste Planet ist Uranus. Allerdings wurde im Jahre 1977 ein Himmelskörper mit einem Durchmesser von 480 Kilometern auf einer Umlaufbahn zwischen Saturn und Uranus entdeckt und erhielt den Namen Chiron. Sein Schicksal wird es wohl sein, daß er irgendwann ein Mond eines dieser beiden Planeten wird oder aber von einem der beiden eingefangen und zu einem anderen Teil des Sonnensystems geschleudert wird.

Der Uranus umläuft die Sonne in ungefähr vierundachtzig Erdenjahren, und dadurch wird sein Umlauf im astrologischen Sinne zu einem Maß für ein langes menschliches Leben. Sein Durchmesser beträgt ungefähr 50 000 Kilometer und seine Entfernung von der Sonne 2,86 Milliarden Kilometer. Vom Uranus aus ist die Sonne kaum mehr als Scheibe wahrzunehmen, dennoch ist sie als Stern heller als alle anderen.

Die Uranusatmosphäre, die aus Methanwolken besteht, reflektiert 90 Prozent des Lichtes, das auf sie fällt. Wahrscheinlich liegen unter dem Methan Ammoniaknebel. Die allgemeine Erscheinung ist blaugrün oder grünlich mit weißlichen Zonen in der Äquatorgegend. Mit einer Temperatur von $-218°$ Celsius ist dieser Planet dafür, daß er so weit draußen liegt, noch immer ziemlich warm, vielleicht hat er innere Hitzequellen. Er ist schwerer als Saturn: er ist 1,2mal dichter als Wasser.

Uranus hat eine sehr schnelle Achsendrehung (10 Stunden, 48 Minuten), aber er liegt dabei auf der Seite. Die Drehungsachse des Uranus verläuft fast parallel zur Umlaufebene des Planeten, das heißt, daß sein Nordpol die Hälfte des Jahres der Sonne zugekehrt ist, die andere Hälfte dem äußeren Raum. Es gibt dort keinen Tag-Nacht-Rhythmus wie auf der Erde. Tag und Nacht dauern jeweils zweiundvierzig Erdenjahre, aber der Tag unterscheidet sich nur dadurch, daß die Sonne einen zehnstündigen Kreis am Himmel beschreibt. Andere Variationen in diesem Zyklus resultieren aus der annähernden Parallelität zwischen der Achse des Planeten und seiner Umlaufbahn.

Die fünf Uranusmonde haben bizarre Umlaufmuster. In 21jährigen Perioden (was Teil der komplexen uranischen Numerologie der Zahl 84 ist) bewegen sie sich von äquatorialen zu polaren Umlaufbahnen und umkreisen den Planeten auf der Ebene seines Mittelpunktes, und dann wieder darüber und darunter. Die beiden äußersten Satelliten Titania und Oberon wurden von Herschel entdeckt. Lassel fand im Jahre 1851 Ariel und Umbriel, während er nach den ersten beiden suchte. Der innerste Mond Miranda wurde auf einer photographischen Platte von Gerard Kuiper im Jahre 1948 entdeckt. Aufgrund der ungewöhnlichen Neigung des Uranus sind die fünf Monde rückläufig, obwohl es so aussieht, als ob sie eigentlich zu normaler vorwärtsgerichteter Bewegung neigen. Der größte Mond, Titania, hat einen Durchmesser von nur 1600 Kilometern. Die Uranusringe wurden 1977 entdeckt. Zusammen mit denjenigen des Jupiter lassen sie die Vorstellung aufkommen, daß große Planeten normalerweise genügend Materietrümmer auswerfen, um Ringe zu bilden – vorausgesetzt, die Temperatur ist niedrig genug für die Eisbildung. Vielleicht bringt die Körperhitze des Jupiter einige von seinen Ringen zum Schmelzen. Dies wäre eine Erklärung für seine dürftige Ausstattung mit diesen Phänomenen.

Der okkulte Uranus hat starke magische Affinitäten. Seine Entdeckung ist mit seiner Botschaft verbunden – d. h. sein wirklicher Körper wurde genau zu der Zeit sichtbar, als der Mensch fähig war, darauf zu reagieren. Einsichten in die verborgenen Geheimnisse der Natur, unglaubliche Erfindungen, raffinierte Maschinen und emotionsloses Denken – das alles sind uranische Funktionen. Uranus ist der Herrscher der Astrologie, weil er die Gesetze erzeugt, nach denen das ganze System zusammenhängt. Er ist das Astrum des Blitzes und der durchschlagend schnellen Veränderung. Seine Umwälzungen und Neuordnungen sind notwendig, aber wie er so Hals über Kopf mit seinen erratischen Monden, die gegenseitig aufeinander einwirken, auf seiner Achse rotiert, kann er ganze Lebensspannen, die von Arbeit erfüllt waren, über den Haufen werfen. Er sieht aus wie ein Atomkern und ist der archetypische Schöpfer der Atomkraft. So schnell erheben die Astrologen Anspruch auf astronomische Bilder, als ob die Synchronizität sie vom Himmel aus für ihre Zwecke bedienen würde. Da Uranus die alte Ordnung zerstört und eine neue erzeugt, wie es ja auch bei seiner Entdeckung geschah, ist er der Feind des Saturn, der das alte Sonnensystem bewacht. Saturn versucht den Thron für die älteste Abstammungslinie zu sichern; Uranus dagegen ist der Revolutionär. Er scheint entweder unmoralisch zu sein oder aus Motiven zu handeln, die jenseits des Begriffs- oder Vorstellungsvermögens des normalen Menschen liegen. Merkwürdig, unheimlich, magisch, elektrisch ist er einer der Herrscher des Wassermanns.

Abgesehen von seiner eher normalen Neigung ist Neptun dem Uranus so ähnlich, daß er fast sein Zwillingsbruder sein könnte. Er scheint mehr Methan und weniger Ammoniak zu enthalten, ist 4,5 Milliarden Kilometer von der Sonne entfernt, sein Jahr beträgt 165 Erdenjahre, seine Rotationsperiode 15 Stunden und 48 Minuten. Er hat einen Durchmesser von 49 500 Kilometern und ist 1,67 mal dichter als Wasser. Wenn der von Lassel entdeckte Mond Triton so groß ist, wie es aussieht (knapp 6000 Kilometer im Durchmesser), dann ist er und nicht Titan der größte Mond im Sonnensystem. Triton umläuft den Planeten auch in rückläufiger Bewegung auf einer engen Bahn innerhalb von 5 Tagen und 21 Stunden. Nereid, der im Jahre 1949 von Kuiper entdeckt wurde, ist winzig, sein Durchmesser beträgt nur 480 Kilometer.

Er verhält sich eher wie ein Komet, und nicht wie ein Mond: in seinem Neptunjahr, das für ihn 360 Tage dauert, verändert sich sein Abstand zum Planeten ungeheuer, von weniger als 1,5 Millionen Kilometern auf eine Entfernung von mehr als 9,5 Millionen Kilometer.

Piers Anthony verwendet Neptun als zentralen Planeten seines Science-Fiction-Romanes »Macroscope«. Als sich das Raumschiff dem grünen Gasglobus nähert, sehen die Raumfahrer die folgende Szenerie:

Seine tobenden Atmosphäreschichten waren schauerlich deutlich. Die großen farbigen Bänder sah man jetzt kaum mehr; statt dessen ein dreidimensionales Gemisch von Wolken, Gas und Turbulenzen, das an eine Photographie von einem Komplex von Hurricans erinnerte.

... (Ihm) schien, als spähte er in einen Kessel, in dem Ölschichten erst kürzlich durch Erhitzen aufgewühlt worden waren... Graublaue Blasen von tausend Kilometern Durchmesser schienen durch die in sich geschlossenen schweren Gase hervorzusteigen, während Luftschraubenstrahlen voller Turbulenzen sich an den Rändern entlangzogen. An einem Punkt hatte eine Blase, die gerade erst vorbeigezogen war, einen wunderschön und deutlich abgezeichneten Ausschnitt der Gasschichten hinterlassen: Gelb schichtete sich auf Grün, auf Rosa, auf Schwarz. An einem anderen Punkt drückten Massen einer weißlichen Materie – Wasserstoffschnee – auf den Ozean darunter – wenn es ein Ozean war – und sanken in gewichtiger Umkehrung ballonartig nach unten.[8]

Neptun, der zum Sternbild Fische gehört, ist übersinnlich wie Uranus, aber eher mystisch als elektrisch. Innerhalb eines Persönlichkeitsbildes scheint er manchmal Antriebslosigkeit zu erzeugen, gewährt aber gleichzeitig traumartige Visionen einer verborgenen Einheit. Wenn Uranus Wissenschaftler und Magier ist, so ist Neptun ein Träumer, Mystiker und Prophet, dem es mehr um die verborgenen Formen der Welt als um hochenergetische Kräfte geht. Er würde lieber ein umfassendes künstlerisches oder philosophisches Werk hervorbringen als eine Maschine oder einen technischen Prozeß. Wenn Uranus das Radio und das Teleskop erfand, so vermittelte Neptun sowohl irdische wie auch kosmische Bedeutung und Sinnsetzung. Die Wanderung der europäischen Bevölkerung über die ganze Erde und die Ausdehnung der westlichen Zivilisation ist neptunisch; auch die Fluglinien und multinationalen Gesellschaften sind es. Neptun ist ein Medium und ein Musiker, der mit Venus verbunden ist. Uranus ist ein Ingenieur und Erfinder, der mit Mars zu tun hat.

Neptun ist auch gefährlich unbalanciert, neigt zu Schizophrenie, ist in Drogen und Halluzination verwickelt. Alkohol, Opium und Kokain sind seine astralen Blüten. »Die normale Wahrnehmung ist ein Gefängnis«, schreibt der Dichter Gerrit Lansing, »aus dem [Neptun] ausbrechen möchte.« Er fügt hinzu, daß der Neptunier auflöst, um neu zu schaffen. Er fühlt sich von den »wäßrigen Kräften der Unterwelt« angezogen, dem »Kriminellen, Verbotenen, nie Berührten, und ist ständig auf der Suche nach Enthüllung, allerdings nicht mit dem rationalen Verstand.«[9] Neptun ist ein Planet der Luftspiegelungen, der Verzückung, Begeisterung, der heiligen Orte, der geheimen Ansprachen, der Beziehung zwischen Sex und Blut, der Kommunion und der Kommune. Neptun wurde im Jahre 1846 entdeckt, und das »Kommunistische Manifest« wurde im Jahre 1848 veröffentlicht. Das ist die astrologische Basis, auf der dieses Schriftstück eine Wirkung in der modernen Welt erzeugt, die den ganzen Globus umspannte. Beide Ereignisse sind im Himmel aufbewahrt. Wenn wir Rußland oder China als Hegemonialmächte fürchten, sehen wir in ihnen jetzt den neptunischen Einfluß im Großen. Obwohl kein moderner Staat diese Wirkung in ihrer Reinform darstellt, muß das Wirkungsprinzip selbst, wie uns die Astrologen erklären, durch die Bewegung Neptuns am Himmel ausgedrückt werden.

Die Suche nach einem neunten Planeten in unserem Sonnensystem begann so ähnlich wie die Forschungen, die zur Entdeckung Neptuns führten. Aber drei Jahrzehnte lang blieb dies eine ermüdende, fruchtlose Obsession, die erst im Jahre 1930 eine doppeldeutige Lösung fand. Percival Lowell begann um die Jahrhundertwende in seinem Observatorium in Flagstaff, Arizona, mit der Suche. Er arbeitete mit unerklärten Restgrößen in den Umlaufbahnen des Uranus und Neptun und berechnete daraus die wahrscheinliche Bahn des Planeten X. Zusammen mit seinen Mitarbeitern suchte er dann die ganzen wahrscheinlichen Himmelsregionen nach ihm ab. Aber Lowell erkannte, »daß wenn ein unbekannter Planet so relativ weit von dem Planeten entfernt ist, den er perturbiert, scheint eine genaue Vorhersage seines Ortes nicht möglich zu sein. Nur eine allgemeine Richtung ist vorhersagbar.«[10] Er starb im Jahre 1916, lange vor der Entdeckung des neuen Planeten.

Der Mann, der den Planeten X schließlich finden sollte, war Clyde Tombaugh, ein astronomischer Autodidakt, der untertags auf der Farm seiner Familie in Kansas arbeitete und nachts mit einem selbstgefertigten Spiegelteleskop, dessen Durchmesser nur 22 Zentimeter betrug, den Himmel erforschte. Er hatte sich wiederholt am Lowell Observatory um eine Anstellung beworben; Vesto Slipher war von seinen Zeichnungen vom Jupiter beeindruckt gewesen: »Ziemlich gut für einen solchen Jungen, der ganz allein arbeitet.«[11] Also bekam Tombaugh seine Anstellung. Er war zweiundzwanzig Jahre alt und hatte eine gute Highschoolausbildung. Slipher setzte darauf, daß seine unverbildete Intelligenz bei der Suche nach dem Planeten X wertvoler sein könnte als der übliche Typ eines angepaßten Hochschulstudenten. Tombaugh war dreiundzwanzig, als er der letzte Mensch wurde, der in unserem Sonnensystem einen Planeten entdeckte.

Er ging folgendermaßen vor: er setzte photographische Platten in guten Nächten dem Sternenlicht aus und blendete dann mit einem besonderen Gerät aufeinanderfolgende Aufnahmen derselben Gegend übereinander, die in verschiedenen Nächten gemacht worden waren, um zu sehen, ob irgendein »Stern« sich bewegte. Er forschte bis in die Bereiche der siebzehnten Größenklasse und stieß dabei auf unzählige Schwierigkeiten bei der Belichtung der Platten und der Herstellung von überblendbaren Bildpaaren. Schrittweise arbeitete er sich an die Lösung der grundlegenden Probleme heran. Das gewichtigste Hindernis waren die Tausende von Asteroiden, die sich durch den Tierkreis bewegten. Da er im Bereich dieser Größenklasse suchte, war ihr Funkeln eine Qual für ihn. »Die Schlüsselstrategie«, so bemerkte er, »bestand darin, die Platten innerhalb von fünfzehn Grad vom Oppositionspunkt aufzunehmen, so daß aufgrund der täglichen parallaktischen Bewegung der Erde alle Körper, die außerhalb der Umlaufbahn der Erde lagen, sich rückläufig durch das Sternenfeld bewegten – je ferner das Himmelsobjekt lag, desto kleiner war die Winkelverschiebung während des Zeitintervalls zwischen den Zeitpunkten, an denen die Aufnahmen gemacht wurden. Auf diese Weise wurde das Asteroidenproblem wundervoll gelöst.«[12]

Nachdem Tombaugh monatelang mit der Lowellschen Umlaufbahn gearbeitet hatte, begann er im September 1929 den ganzen Tierkreis gründlich abzusuchen. Er ging vom Wassermann zu den Fischen, von den Fischen zum Widder, und dann weiter in den Stier und die Zwillinge. Im östlichen Teil des Stieres und im westlichen Teil der Zwillinge nahm die durchschnittliche Anzahl der Sterne pro Platte von fünfzigtausend auf fünfhunderttausend zu. Anfang November war Tombaugh im Skorpion und Schützen und war mit einer Million von Sternen pro Platte konfrontiert. Enttäuscht von der bisherigen Suche kehrte er im Januar 1930 zum westlichen Teil der Zwillinge zurück. Er verglich zwei gute Belichtungen der Gegend um delta Geminorum vom 23. und 29. Januar und sah einen Stern, der sich verschoben hatte, den Planeten X.

Da er an der Lowellschen Sternwarte unter seinen Voraussagen und von einem Astronomen, der seine Sterntafeln benutzte, entdeckt wurde, schrieb man Lowell und Tombaugh gemeinsam die Entdeckung gut. Aber Pickering erhob den Anspruch, daß der neue Himmelskörper sein Planet »O« sei. Als er dann von seiner geringen Größe hörte, war er der Meinung, daß er keine perturbierende Wirkung auf seine Nachbarplaneten ausüben könne. Die Perturbation der Neptunbahn würde einen Planeten erfordern, dessen Durchmesser 80 000 Kilometer betrüge, und Plutos Durchmesser liegt bei höchstens 6750 Kilometern, und erst vor kurzem wurde er mit 2400 Kilometern bestimmt. Noch 1979, also vor sehr kurzer Zeit, vermutete man wirklich, daß Pluto nicht größer als Ceres sei. Die Astronomen Dale Cruikshank, Carl Pilcher und David Morrison, die an der photometrischen Untersuchung Plutos an der Universität von Hawaii arbeiten, kamen zu dem Schluß, daß die Masse Plutos nur einige Tausendstel der Masse der Erde betrug. Dies ist »viel weniger als erforderlich wäre, um die Bewegung von Uranus und Neptun in meßbaren Größen zu perturbieren... Wenn dieser logische Zusammenhang im wesentlichen richtig ist, dann scheint es, daß die Entdeckung Plutos durch Tombaugh im Jahre 1930 eher das Ergebnis der Vollständigkeit der Suche war, als das Resultat der Vorhersage aufgrund der Planetendynamik.«[13]

Aber wo ist dann der von Lowell vorhergesagte transneptunische Planet? Trotz aller Absichten und Zwecke ist Pluto dazu verwendet worden, den Schein zu wahren, Lowell hätte ihn entdeckt. Selbst die Wahl des Namens Pluto anstelle der eher populären Minerva oder des Kronos basierte zum Teil auf dem glücklichen Zufall, daß die beiden ersten Buchstaben des Namens eines verfügbaren größeren Gottes gleichzeitig auch die Initialen von Percival Lowells Namen waren. Das Kürzel PL konnte also eine Ehrenbezeigung für Lowell sein. Aber ganz offensichtlich ist er ebensowenig sein Planet wie der des Astronomen Pickering. Und selbst Pickering war über den Namen erfreut, er las die beiden ersten Buchstaben als Pickering-Lowell.

Der winzige Plutosatellit Charon wurde im Jahre 1978 von James Christy und Anthony Hewitt entdeckt. Mit Hilfe des dritten Keplerschen Gesetzes konnte dadurch die Masse des Pluto ermittelt werden: die außerordentlich geringe Größe des neunten Planeten konnte bestätigt werden.

Vor der Entdeckung des Charon hatten Astronomen, die mehr zu der These von der perturbierenden Wirkung Plutos auf Uranus und Neptun neigten, eine Reihe von Erklärungen für die anscheinend geringe Größe. Einige stellten die Hypothese auf, daß dieser eisige Planet so dunkel ist, daß wir nur den 4800 Kilometer breiten Schimmer einer Kugel sehen, deren Durchmesser 80 000 Kilometer beträgt, ähnlich wie die glitzernde Verzierung auf einer schwarzen Christbaumkugel. Nach einer anderen Theorie war Pluto ein weißer Zwerg oder ein schwarzes Loch, ausgebrannte Schlacke von der anderen Hälfte eines Zwillingssonnensystems, von dem unsere gegenwärtige Sonne nur die andere Hälfte darstellt. Pickering vermutete, daß Pluto ein vagabundierender weißer Zwerg sein könnte, der aus einem anderen Sternensystem aufgenommen worden und deshalb der einzige Himmelskörper im Sonnensystem sei, dessen Ursprung außerhalb liege. Auf diese Weise hätte er die notwendige Masse, um die Perturbationen zu bewirken. Bei einem so fernen Planeten können wir uns fast alles vorstellen. Nur die Perturbationen bleiben.

Von dieser angeblichen einstmaligen Sonne aus gesehen ist die uns bekannte Sonne nur ein weiterer Stern an einem schwarzen Himmel. Pluto ist 4,3 Billionen Kilometer von der Sonnenscheibe entfernt und braucht 248 Erdenjahre für seinen jährlichen Umlauf. Wir wissen, wie schnell das Licht sich fortbewegt. Die 300 000 Kilometer pro Sekunde sind jenseits aller Begriffe. Und trotzdem braucht das Licht der Sonne 3,22 Minuten, um den Merkur zu erreichen. Dieses selbe Licht aber braucht 5 Stunden und 28 Minuten, um den Pluto zu erreichen. Stellen wir uns vor, wie das Licht von der Sonnenoberfläche wegschnellt und mit einer Geschwindigkeit von 300 000 Kilometern pro Sekunde die Korridore unermeßlicher Dunkelheit und endlosen Raumes so schnell entlangsaust, daß es Lichtschächte öffnet, die genauso schnell in der Entfernung verschwinden, wie sie aus ferner Finsternis aus der anderen Richtung gekommen sind – an allen erdenklichen Beobachtern vorbei und jenseits ihrer Begriffe, so schnell, daß sie es nicht sehen können, und dennoch erschafft es die ganze Welt, die für sie sichtbar ist – dann können wir verstehen, wie lang diese fünfstündige Reise zum Pluto ist. Die Temperatur liegt auf dem Pluto bei −223° Celsius oder tiefer, dabei würde jede Atmosphäre einfrieren. Wenn er wirklich ein Kind des Urnebels ist, dann müßte er aus Wasser-, Ammoniak- und Methaneis mit gelegentlichen Dünsten bestehen, denn dies sind die letzten Stoffe, die von den äußeren Ringen in der Kälte des tiefen Raumes kondensieren. Vielleicht hat Pluto einen Kern aus Wassereis, einen Mantel aus Methan und Ammoniak, tote Methanmeere und eine gefrorene Methankruste und Atmosphäre.

Ein Plutotag ist natürlich schwer zu bestimmen, wenn man seine Oberflächenmerkmale nicht kennt, aber Helligkeitsunterschiede weisen möglicherweise auf einen 153-Stunden-Tag hin. Vielleicht beträgt die Dichte des Pluto 88% der Dichte der Erde, so daß Pluto in dieser Hinsicht den inneren Planeten ähnlicher ist als den äußeren. Er könnte sogar ein entwichener Neptunmond sein. Er ist der einzige Planet, der außerhalb der Ekliptik liegt, die den Tierkreis ausmacht, befindet sich also in einem Winkel zu der ganzen Ebene des Sonnensystems. Im Gegensatz zu dem fast vollkommenen Kreis des Neptun ist seine Bahn exzentrisch, und am 11. Dezember 1978 überschritt Pluto die Neptunbahn und setzte seinen Weg innerhalb von ihr fort. Diese kleine Welt wird am 12. September 1989 ihren sonnennächsten Punkt erreichen, und bis zum Jahre 1999 wird Neptun der fernste Planet sein; zu diesem Zeitpunkt wird Pluto wieder nach draußen wandern und auf sein Aphel im Jahre 2113 zusteuern.

Der okkulte Pluto ist die Realisierung verborgener innerer Kräfte, die im Geheimen gewirkt haben und nun plötzlich und heftig in ihre Existenz treten. Er beherrscht die Transformation, aber auch die Regeneration, die Verwandlung und selbst die Reinkarnation. Uranus kennzeichnet den Beginn der Atomkraft in dem natürlichen Element Uran. Im Periodensystem folgt das vom Menschen künstlich hergestellte Neptunium, und dann das Plutonium, das gefährlichste der künstlichen Elemente, wenn es in die Ozeane und Lebenszyklen austritt. Die Astrologen sagen von Hitler, daß er im Gefolge der Entdeckung Plutos negative plutonische Einflüsse zum Tragen brachte, d. h. die gräßlichsten Aspekte, die im menschlichen Bewußtsein begraben liegen.[14]

Pluto vertritt auch die Rückkehr dessen, was man am wenigsten erwartet hatte: den Dämon, und das Leben nach dem Tod. Insofern ist der Name angemessen: Pluto, der Herr der Unterwelt mit seinem Fährmann Charon. »Mit seiner Königin Persephone regierte er über die anderen Kräfte der infernalischen Regionen und über die Geister der Toten. Das Symbol seines unsichtbaren Reiches war der Helm, der die Menschen unsichtbar machte.«[15] Das schwarze Loch ist ein höchst zutreffendes Bild für Pluto, aber dasselbe gilt auch für die gefrorenen Trümmer der Uranfänge des Sonnensystems. Schon die Entdeckung des Pluto war ein Rätsel der plutonischen Art. Pluto ist mythologisch auch die Quelle von Reichtum und Korn, die beide aus der Erde kommen. Seine Grausamkeit und Unerbittlichkeit sind Teil der kosmischen Ordnung, die tiefgreifenden Wandlungen unterworfen ist. Ein exzentrischer Planet, der sich leicht außerhalb des Tierkreises durch die Zeichen bewegt, ist der passende Erzeuger von Veränderung und Umwälzung.

Pluto verteilt auch Erdbeben, Epidemien, Weltkriege und erzeugt den Magnetismus, seine Magier sind Fakire und Yogis. Aufgrund seiner Verbindung mit der Unterwelt verwaltet er den Schrecken und den düsteren Glanz der Bilder, die so tief im Unterbewußtsein liegen, daß wir sie nicht erreichen können, oder aber wir empfangen sie als Alpträume. Sie sind formlos und schattenhaft, dem Tode verwandt.[16]

Die astralen Verbündeten des Pluto sind Amphibien, Giftträger, Ameisen, Spinnen und behaarte Pflanzen. Schwarze Diamanten und tief blauviolette Steine – oder alles, was Metamorphosen unterworfen ist, wie Kokons, Stalaktiten oder Steine, die ihre Farbe ändern – sind plutonisch.[17]

Aber es gibt auch eine andere Interpretation des okkulten Pluto, eine, die die Verbindung des sichtbaren Planeten deutlicher mit der Weltgeschichte verbindet. Die wirkliche Botschaft Plutos ist weder der Zweite Weltkrieg noch die weltweite Entfaltung der Atomkraft, obwohl diese Dinge zu Pluto gehören. Sie wird auch kein Geist-Materie-Strahl oder psychische Elektrizität sein: das sind nur weitere nebensächliche Manifestationen.

Der Psychologe James Hillmann schreibt dazu:

Hades [Pluto] war natürlich der Gott der Tiefen, der Gott des Unsichtbaren. Er ist selbst unsichtbar, und das könnte bedeuten, daß Hades die unsichtbare Verbindung darstellt, und daß das essentielle »Was«, das die Dinge in ihrer Gestalt erhält, das Geheimnis ihres Todes ist. Und wenn, wie Heraklit sagte, die Natur gerne verbirgt, dann liebt die Natur den Hades.

Von Hades heißt es, daß er keine Tempel oder Altäre in der Oberwelt hat, und daß seine Konfrontation mit dieser Oberwelt als Gewalt und Vergewaltigung erlebt wird. ... Er ist tatsächlich so unsichtbar, daß die ganze Sammlung der altgriechischen Kunst kein Idealportrait des Hades enthält. ... Er hinterläßt keine Spur auf der Erde, denn kein Stamm, keine Familie kann sich von ihm ableiten...

All diese »Negativ«information verbindet sich zu einem ganz deutlichen Bild der Leere, zu einer Art des Inneren oder der Tiefe, die unbekannt und doch benennbar ist, die existiert und erspürt, wenn auch nicht gesehen werden kann. Hades ist keine Abwesenheit, sondern eine verborgene Anwesenheit – und sogar eine unsichtbare Fülle.[18]

Das wirkliche Geheimnis Plutos ist unbekannt und wird unbekannt bleiben, auch wenn sich die übliche Beziehung zwischen Geist und Materie verändern sollte und dieses Geheimnis dann noch immer durch jenen kleinen neunten Planeten gekennzeichnet ist.

X
Fliegende Untertassen und außerirdisches Leben

Der Nachthimmel gleicht dem homerischen Ozean – unermeßlich weit ist er, geheimnisvoll, gefährlich und dennoch schiffbar. Auch ist er von unbekannten, vielleicht nichtmenschlichen Wesen bewohnt. Die Aussicht auf eine interstellare Zivilisation verändert für uns ganz unmittelbar das Wesen des Himmels. Die Sterne werden zu Häfen im Raum, auch unsere Welt ist ein möglicher Hafen im Himmel anderer Völker und ein freies Ziel für alles andere, was die Natur in ihrer Vielfalt und Ausdehnung geschaffen hat.

Einfache Menschen wie die polynesischen »Astronauten« können sich in handgefertigten Schiffen aufs Meer wagen. Aber mit einem Floß kann man nicht in den interstellaren Raum gleiten. Dies ist nur durch eine Kraftanstrengung möglich, die den Raumfahrer aus dem Schwerkraftfeld des heimatlichen Planeten hinausträgt, es erfordert als Minimalvoraussetzung feste Baumaterialien und eine künstliche Atmosphäre auf dem Raumschiff. Für die Stammeskulturen, die den größten Teil der menschlichen Geschichte ausgemacht haben, und für entsprechend primitive Völker in anderen Welten war dies ein Ding der Unmöglichkeit. Aber die Zivilisation schreitet exponentiell voran. Es ist noch nicht so lange her, daß Leonardo da Vincis »Luftschiffe« Science-Fiction-Kunst waren, oder daß die Entfernungen zur See für die Seefahrer mit ihren Segelschiffen zu weit waren; wenn ihre Schiffe auf Grund liefen und zerschellten oder ihre Vorräte zu Ende gingen, gingen auch sie zugrunde. Zwischen den ersten Flugmaschinen und den Raketenstarts lag weniger als ein Menschenleben. Schwerkraft und Entfernung sind elementare Dinge, aber sie sind auch relativ. Wir haben vor uns einen Nachthimmel, in dem es vielleicht zahllose großartige Welten gibt, aber dieser Nachthimmel beinhaltet auch eine Leere, deren Weite jenseits unserer Begriffe liegt, in der ein hohes Strahlungsniveau herrscht und weit voneinander entfernte Sonnen verstreut sind.

Die Geschöpfe aus anderen Welten müssen wir erst noch treffen. Trotz aller UFO-Berichte und unterstellten engen Begegnungen der zweiten und dritten Art bleiben die Außerirdischen unbekannt. Ihre Existenz ist hunderttausendmal behauptet worden, aber sie wurde weder demonstriert noch bewiesen. Wie die verschiedenen Geister und körperlosen Wesen, die während der ganzen Geschichte gesichtet worden sind, ist ihre Gegenwart in unserer Welt überwältigend, aber sie haben die Schattenregionen nicht verlassen, um zu einer Oberwelt politischer und wissenschaftlicher Sichtbarkeit zu gelangen.

Seit den Tiefen der Steinzeit haben wir Hinweise auf Intelligenzen gehabt, die nicht unsere eigenen waren, auf Heimsuchungen, aber wie diese Begegnungen auch aussahen, sie fanden immer im Inneren statt: es waren die Verbündeten der Schamanen, Gottheiten aus dem Mythos, Besucher aus astralen Bereichen, verschiedene Dämonen und Engel und die Geister der Toten. Selbst wenn es sich herausstellen sollte, daß sie eine äußere objektive Existenz haben, sind sie dennoch keine Wesen, die auf dieselbe Weise im Universum in Erscheinung treten wie wir. Sie sind nicht verkörpert wie wir es sind, sie sind für uns keine Partner. Geister teilen nicht unsere Art der Information, auch ihre Art der Uninformiertheit ist eine andere als die unsrige. Wenn wir ihnen begegnen, verändert sich unsere Wahrnehmung der Realität und unseres eigenen Wesens, aber sie erweitern nicht den physischen und biologischen Zusammenhang unserer Spezies.

Wir sind an einem kalten und weltlichen Ort ins Leben getreten und haben keine Wegweiser oder Hinweise auf das, was außerhalb liegt. Nur jene, die genauso wie wir entstanden sind, können uns Hinweise für unsere menschliche Existenz vermitteln. Geister haben nicht das Fleisch mit uns gemeinsam und stehen allem Anschein nach auch außerhalb der Billionen Jahre der Evolution, die sich in unserem Entstehungsprozeß verkörpern. Die Inkarnation können sie uns nur soweit erklären, wie sie sich auf ihre andersartige Form der Existenz bezieht. Vielleicht haben auch die Außerirdischen Geister und Verbündete.

Vielleicht gibt es in manchen Welten oder in manchen Milchstraßen nur Geister. Aber das sind nicht die Außerirdischen, die wir im Weltraum anzutreffen hoffen, auch wenn wir sie dort finden.

Es ist unvorstellbar, welch eine Wirkung die Existenz außerirdischen Lebens auf uns haben könnte. Durch wissenschaftliche Annahmen und Science-Fiction sind wir zu der irrigen Ansicht gekommen, wir hätten die Aliens schon ausgelotet. Das ist nicht der Fall. Der gewöhnlichste Außerirdische würde eine tiefere Wirkung auf uns ausüben als selbst die exotischen Insekten und Kristallintelligenzen der Science-Fiction. Diese letzteren sind Projektionen unserer selbst, während die wirklichen Außerirdischen aus einem Bereich kommen, der außerhalb der gesamten biochemischen und psychosomatischen Kette liegt, in der wir uns entwickelt haben.

Ob wir das deutlich genug sehen oder nicht: die Biologie (die Wissenschaft vom Leben) spricht nur über die Lebensformen auf diesem Planeten, über die Lebensabfolgen, die im Protoplasma entstehen und von den ersten Zellen bis zu vielzelligen Organismen reichen, deren komplexe Verschmelzung sich auf den einfachsten Ebenen unserer eigenen Existenz verkörpert. Dies ist nur eine einzige kontinuierliche Folge von Lebensformen. Das Leben auf dem Mars beispielsweise schließt sie nicht mit ein; selbst die einfachsten der Marsgeschöpfe wären, wenn es sie gibt, keine Protozoen in der irdischen Biologie. Sie sind etwas anderes. Die Biologie umfaßt nicht die Lebensformen auf irgendeinem anderen Planeten, der um irgendeinen anderen

Stern kreist, selbst wenn dieser Planet blau, wäßrig und sauerstoffreich ist, und sein Stern dem unsrigen gleicht. Wir wären höchst schockiert, wenn uns Menschen aus dem Weltraum besuchen würden, die uns ähnlich sind. Das würde zwar nicht bedeuten, daß der Materie eine Schablone innewohnt, die zur Entwicklung der menschlichen Gestalt führt, aber es würde doch immerhin beinhalten, daß die Kombination von Umweltbedingungen sowie von prägenetischen und genetischen Bedingungen, aus denen der Mensch stammt, duplizierbar ist (und vielleicht die einzig mögliche Entwicklungskette darstellt, die zur Intelligenz führt). Es würde weiterhin bedeuten, daß wir nicht auf dieser Welt entstanden sind oder daß wir die geradlinigen Vorfahren oder Nachkommen von Menschen auf anderen Welten sind. Wenn es nicht irgendeine unbekannte Qualität in der Materie gibt, müssen Lebensformen, die sich anderswo entwickeln, ihre eigene einzigartige Geschichte haben. Sie müssen anders aus anorganischer Materie und nicht-lebenden Bestandteilen entstanden sein und sich auf jedem Schritt des Weges anders entwickeln. Selbst die winzigsten Unterschiede in den ursprünglichen Aminosäuren und dem DNA-Material würden einschneidende Folgen haben. Solche Unterschiede würden sich auf einzellige Tiere oder ihre Entsprechungen auswirken, und sie wären auf jeder Ebene pflanzlichen und tierischen Lebens, einschließlich intelligenter Wesen und ihrer Gesellschaften wirksam. Alle zugrundeliegenden biologischen Schichten würden die Strukturbestandteile enthalten, die sie von ihren Vorgängern in der Evolution übernommen haben; diese Strukturen würden sich auf jeder Ebene zunehmender Komplexität in neuen Unterschieden und einzigartigen Variationen verzweigen. Auf der Ebene vernünftiger Lebewesen in einer Gesellschaft wären die Unterschiede zwischen uns und irgendwelchen vorstellbaren Außerirdischen kaum noch faßbar. Wir hätten nur die elementaren Sternentrümmer gemeinsam.

Aber die Wissenschaftler vermuten, daß die Außerirdischen dieselben Naturgesetze, die wir entdeckt haben, kennen müßten, wenn sie mit uns kommunizieren oder hierher reisen wollten, denn die wahren physikalischen Eigenschaften des Kosmos sind universell. Aus diesem Grund senden Astronomen mathematisch bedeutungsvolle Botschaften zu den Sternen und stellen auch ihre Empfänger auf solche Botschaften ein, die zwischen den Sternen übermittelt werden könnten. Eine von den Botschaften, die wir aussenden und suchen, ist eine Serie von Pieptönen, die die Primzahlen darstellen: 1, 3, 5, 7, 11, 13, usw. Eine solche Sequenz wird von keinem uns bekannten natürlichen Prozeß erzeugt, aber allem Anschein nach drückt sie ein Muster aus, das überall im Kosmos von elementarer Bedeutung ist: ganze Zahlen, die nur durch sich selbst und durch eins teilbar sind. Wenn wir eine solche Primzahlen»sendung« empfangen könnten, würde dies nicht nur die Existenz einer extraterrestrischen Zivilisation erhärten, sondern auch die allgemeine Gültigkeit unseres wissenschaftlichen Weges.

In einem optimistischen Szenarium schicken oder bringen uns Wesen aus einer anderen Welt nützliche Information, die unseren Fortschritt beschleunigt und unseren Planeten verbessert. Aber selbst die bloße Feststellung anderer Wesen ohne darauffolgende Informationen würde uns transformieren. Es würde zeigen, daß man die Technologie überleben kann, es würde die Wissenschaftler auf ihrem Weg bestätigen. Eine bloße Sequenz von Primzahlen, die anderswo entstünde, würde darauf hinweisen, daß die Technokraten uns in eine Zukunft führen können, die anderswo bereits existiert – es sei denn, diese Botschaft käme von Wesen, die sich in demselben Chaos wie wir selbst befinden, wenn sie senden. Das hieße, daß sie vielleicht schon nicht mehr existierten.

Es ist auch möglich, daß das Leben eine so andersartige Form annimmt, daß wir es gar nicht erkennen würden, vielleicht würde sich das Denken in einer so fremdartigen Richtung entwickeln, daß wir nicht mit ihm kommunizieren könnten. Die Primzahlen und die Spektrallinien der Elemente scheinen uns universell zu sein, und zur Zeit halten wir es für selbstverständlich, daß jede Zivilisation, die Botschaften zu den Sternen schikken kann, sie kennt. Aber das könnte eine provinzielle Vermutung sein.

Zweifellos stellt sich das Universum für uns als durchgängiges Muster von physikalischen und chemischen Prozessen dar, aber selbst wenn sich diese durchgängige Universalität auch dann noch erhält, wenn wir bis zu den fernsten Gegenden der Schöpfung reisen, heißt das noch nicht, daß alles, was dieser Uniformität ähnelt, sich auch auf denjenigen biologischen, psychologischen und sozialen Ebenen abspielt, die auf der Physik und Chemie aufbauen. Wir erwarten immer, daß Geschlechtstypen, Sprachen und elementare soziale Institutionen auf anderen Planeten für uns fremdartig sind, vielleicht sogar undefinierbar in unseren Begriffen. Aber vielleicht wären wir nicht einmal imstande, Lebewesen als lebend zu erkennen, intelligenten Lebewesen Bewußtsein zuzuschreiben oder eine bestimmte Gestalt als Zivilisation wahrzunehmen. Die Grenze zwischen Organismus und Umwelt, wie wir sie kennen, könnte an einem anderen Ort unzutreffend sein. Und vielleicht sind die Gegenstände bewußten Denkens unserer biologischen Abstammungslinie nicht mitteilbar.

Möglicherweise gibt es nur zwei Wege, eine so endgültige kosmische Isolation zu vermeiden, und die Würfel sind bereits gefallen. Die eine Möglichkeit wäre, daß die Materie selbst eine Prädisposition für bestimmte Formen und Archetypen beinhaltet. Trotz Zufallsvariationen im ganzen Universum würden letztlich dieselben Grundstrukturen ihren Ausdruck finden. Die zweite und vielleicht verwandte Möglichkeit bestünde darin, daß höhere systemische Ebenen die Unterschiede der Inhalte und Strukturen zwischen den Welten durch Ähnlichkeiten der Funktion und der Anpassung an ein Makroenvironment überbrücken. Offenbar als letzte Schicht würde die Intelligenz die größten Unterschiede überbrücken. Idealerweise erzeugt die Intelligenz, wenn sie auf die Entzifferung der Natur angewendet wird, überall vergleichbare Bilder. Wenn das stimmt, würde die Wissenschaft ihre eigenen Prophezeiungen erfüllen und zu einer galaktischen Sprache werden. Durch die Wissenschaft wären wir imstande, die irdische Kultur zu transzendieren und in eine kosmische Zivilisation einzutreten. Dann müßte man all die Jahre von den ersten aufrechtgehenden Affen bis zu einer erdumspannenden Technologie als ein frühes und primitives Stadium unserer Spezies verstehen. Die nächste Phase entspräche in etwa der Ankunft der Europäer bei den Indianern der Great Plains, aber es würde alles auf einmal stattfinden, so etwa, als ob Chicago, Detroit und Indianapolis in ihrer ganzen Größe und Funktionsfähigkeit einfach an ihren gegenwärtigen geographischen Orten landen würden und man die Bewohner dieser Gegend unverzüglich in Schulen einwiese und sie Fahrunterricht und Kinokarten erhielten. Was hier im Laufe von Jahrhunderten stattfand, würde nun fast unmittelbar geschehen, nur wäre es etwas exponentiell Umfassenderes.

Wir sollten auf das Unmögliche gefaßt sein. Selbst wenn das Unmögliche niemals geschieht, wird der Umgang damit unseren Sinn für den Kosmos schärfen. Ein Treffen mit Außerirdischen würde sich von einem Treffen mit Geistern unterscheiden, denn wir können dem physischen Kosmos nicht ausweichen oder ihn herabsetzen. Wenn es außerirdische Wesen gibt, dann haben sie ihr eigenes spirituelles Leben. Aber die physikalische Tatsache verschiedenartiger Lebewesen im ganzen Kosmos transzendiert spirituelle Fragen in einer Hinsicht: in der riesigen Weite der physischen Schöpfung könnte es »Andere« geben, die unsere Gestalt haben. Angenommen, sie würden sich, ausgehend von den angereicherten Sternentrümmern, auf einer vollkommen anderen Linie entwickelt haben und das universelle Gesetz anders verstehen. Unsere ganzen Gewohnheiten und Überzeugungen müßten anhand ihres Verhaltens überprüft werden. Die Bedeutungen unserer Handlungen wären niemals dieselben. Schlüsselbegriffe müßten im Rahmen anderer Typen von intentionalen Abfolgen und Philosophien überdacht werden: Gerechtigkeit, Mitleid, Harmonie, Frieden, Liebe, Macht und Sittlichkeit würden neue Anwendungen finden. Keine Regierung oder Religion bliebe unverändert. Diese anderen Lebewesen wären genauso wie wir durch Naturgesetz ins Leben getreten. Die nationalen Unterschiede werden angesichts der Unterschiede zwischen den Formen des Lebens verblassen. Wie soll man einen gemeinsamen Nenner der Wertsysteme entwickeln, wenn man nicht einmal aus demselben Stoff besteht? Schon die Menschen erreichen keine Übereinstimmung, und sie haben immerhin ein gemeinsames kollektives Bewußtsein.

Das Christentum und der Islam wären mit Lebewesen konfrontiert, die aus Zellen oder zellartigen Konglomeraten bestehen. Es wären nicht unsere Zellen, aber doch Zellen, die aus denselben Grundelementen bestünden. Könnten die Priester und Imams diesen Wesen erzählen, was sie den Menschen über die Schöpfung und das Leben auf dieser Erde erzählen? Die Kommunisten befänden sich in einem ähnlichen Dilemma mit außerirdischen Sozialordnungen. Diese würden nämlich nicht den Weg vom Patriarchat über den Feudalismus zum Kapitalismus und Sozialismus aufweisen. Was würden die Theoretiker, die sogar das Atom und seine Teilchen nach der innewohnenden Dialektik durchforschten, sagen können? Könnten sie die außerirdischen Gesellschaften als fremdartig und irrelevant abtun? Das wäre gefährlich, denn es würde genau jenes Naturgesetz leugnen, auf dem ihrer Behauptung nach der Kommunismus beruht. Allein schon durch ihre Existenz wären die Außerirdischen subversiv.

Nachdem wir durch die Wissenschaft, die wir aus den universellen Gesetzen im Himmel ableiteten, so weit fortgeschritten sind, können wir nun nicht mehr die Möglichkeit abstreiten, daß aus eben diesem Himmel denkende und handelnde Wesen auf natürlichem Wege entstanden sind, daß sie Dinge in die Welt setzen und mit ihnen umgehen.

Wenn wir dann sogar noch jemanden finden, mit dem wir sprechen können, ist unsere Isolation vorüber. Dann erleben wir im Fleisch und in der Seele etwas, was uns transzendiert: Selbst zwei Waisenkinder aus den Sternentrümmern können in diesen weiten und hohlen Hallen eine elegante Konversation führen. Plötzlich ist unsere Existenz unter den Sternen und ihrer unbegreiflichen Riesigkeit und Leere neu und strahlender geworden. Zu einem solchen Augenblick gelangen wir als Kollektiv, als Spezies, doch verwandelt sich auch jeder einzelne von uns vollständig.

Bis dahin sind wir noch allein. Wir sind verheerend einsam, und wir waren es, seit unsere Götter vom Himmel vertrieben wurden und die Nacht zu einer fremdartigen Unendlichkeit wurde. Es ist gut und schön, über interplanetare Begegnungen zu sprechen und sie sich vorzustellen. Trotzdem gleichen unsere Phantasien von außerirdischen Wesen noch immer unseren Phantasien von einer wissenschaftlichen Zukunft. Wir müssen sie erst noch persönlich erleben, damit wir an sie glauben können oder überhaupt wissen, wer und was sie sind.

Inzwischen ist die Wissenschaft mindestens ein Jahrhundert zurückgeblieben, was die Auslotung der Tiefen ihrer eigenen Psyche anbelangt. Vielleicht wird der echte irdische Wissenschaftler, der letztlich für uns zu den Sternen sprechen wird, weiser und gefühlvoller sein als jene, die gegenwärtig an seiner Stelle stehen. Man kann nur hoffen, daß er [oder sie, (die Übersetzerin)] einen Planeten vertreten wird, auf dem ein Pluralismus von Kulturen herrscht, wo es soziale und sexuelle Gerechtigkeit, ökonomische und ökologische Harmonie und eine Einheit von Geist und Materie gibt. Vielleicht wird auch er [oder sie] solche Tugenden verkörpern. In der Zwischenzeit bitten wir unsere Radioingenieure und irgendwelche schlauen Computertechnologen, daß sie für uns sprechen – trotz ihres Ethnozentrismus, ihrer politischen Naivität und einer humanitären Einstellung, die durchaus noch überprüft werden müßte.

Und dabei geht es nur um Primzahlen und einen zivilisierten wissenschaftlichen Dialog. Die etwas gruseligeren Science-Fiction-Szenarien sind dabei noch nicht berücksichtigt. Was tun, wenn diese Wesen da draußen eher eine Art Mafia oder Rosenkreuzer oder eine Mischung von beidem sind? Was tun, wenn wir weise und friedlich sind, sie aber kriegerisch? Am Ende ernten wir noch viel mehr Schwierigkeiten und sind noch viel einsamer als vor Beginn unserer Suche.

Die Form unserer Zellen und Gehirne und die jener außerirdischen Wesen wird dafür sorgen, daß wir für immer und ewig Fremde bleiben. Vielleicht können wir einander auch weniger einsam machen, denn beide sind wir Spielarten der Launen der Natur, die durch einen zufälligen, ungerichteten Selektionsprozeß unter den Sternen entstanden sind. Wenn wir diese Unterschiede transzendieren, wenn wir die Ungerechtigkeit, die uns beiden angetan worden ist, überwinden und zusammen unser kosmisches Band erkennen, dann könnten wir uns mit Sympathie treffen und unsere wirkliche Biologie und Menschlichkeit entdecken. Die Außerirdischen werden uns weniger lehren, wer sie sind, viel gründlicher werden sie für uns erschließen, wer *wir* sind.

Bis jetzt hat die gesamte Literatur über Kontakte mit fliegenden Untertassen viel mehr das Rätsel unserer eigenen Identität und unseres eignen Schattenselbst betont, als uns mitgeteilt, wer die Außerirdischen sind und was sie hier tun. Die Botschaften, die angeblich von solchen Flugkörpern empfangen wurden, waren unterschiedlich und widersprüchlich. Es gab Tausende von Berichten über solche Sendungen, denn seit dem Ende des Zweiten Weltkrieges wuchs die Zahl der UFOs am irdischen Himmel gigantisch. Im Jahre 1954 wurde Mel Noel über einen Hochfrequenz-VHF-Kanal kontaktiert, als er mit einem Militärflugzeug ein unbekanntes Raumfahrzeug verfolgte: »Unsere Besatzungen bestehen aus Individuen von Planeten, die ihr als Venus, Jupiter, Merkur, Mars und Saturn kennt... Das Leben existiert auf diesen Planeten nicht, und kann dort auch nicht existieren; es geschieht alles innerhalb der Planeten, alles ist im Inneren, wie beim Haus des Herrn. Das ist das Haus des Herrn, in dem wir leben, das Innere des Planeten.«[1]

Es wurde ihm mitgeteilt, daß unser Planet im Jahre 1958 in einen neuen Zyklus eintreten würde, daß es in den achtziger Jahren Erdbeben und Vulkanausbrüche geben würde, »daß es massenhafte geographische, spirituelle, politische und ökonomische Veränderungen geben werde, eben aufgrund dieses Zyklus, und daß der Planet von der dritten in die vierte Dimension übergehen werde.«[2]

Unter den etwas späteren Sendungen ist auch eine Abfolge von Botschaften, die von einem Raumschiff empfangen wurden, das im Jahre 1975 über Schweden hinwegzog. Die Besatzungen dieser UFOs behaupteten, sie kämen von Planeten im Sternensystem der Plejaden. Diese Mitteilungen sind besonders interessant, weil in ihnen die Diplomatie zum Vorschein kommt, mit der sich eine biologische Abstammungslinie in diesem weiten physischen Kosmos an eine andere wendet. »Es ist sehr wichtig«, sagen sie den Erdenwesen, »daß ihr euch nicht für das einzige Beispiel haltet, das in dieser Schöpfung die Stufe der Vernunft erreicht hat.« Ein »Kosmonaut«, der als Semjasse identifiziert wurde, fährt dann fort: »Auch wir sind von der Vollkommenheit noch weit entfernt und müssen uns genau wie ihr ständig weiterentwickeln. Wir sind weder überlegen, noch übermenschlich... Keinesfalls kommen wir, um irgend jemandem zu helfen, denn die Schöpfung bürdet uns keine Verantwortung auf. Es ist vielmehr ein Gesetz für sich selbst, und jede Lebensform muß sich daran halten und ein Teil davon werden.«[3]

Fliegende Untertassen oder unidentifizierte Flugobjekte drükken das Rätsel des Himmels in seiner Quintessenz aus. Ihre fragliche Existenz faßt die verschiedenen himmlischen Paradoxe in einem Ereignis zusammen, das auf der Ebene der Phänomene liegt. Der okkulte Himmel und die astronomische Nacht werden nicht nur auf einer Ebene vereinigt, sondern auf all den verschiedenen Ebenen, wo sie vermengt werden. Merkwürdige, regelmäßige Lichterscheinungen, Lichtmuster streichen über den Himmel. Riesige Gefährte landen in entlegenen Orten, und menschenähnliche oder fremdartige Wesen steigen daraus hervor. Diese Gefährte sehen aus wie zwei Untertassen, deren obere Ränder aneinanderstoßen, wie Zylinder mit kronleuchterartigen Auswüchsen, wie Kreisel, wirbelnde Räder, silberne Melonen mit vorgewölbten Rändern, wie strahlende Lichtkörper oder eine Mischung aus alledem. Sie erscheinen plötzlich und verschwinden ebenso plötzlich. Oft werden sie auf dem Radarschirm aufgezeichnet. Sie sind von erfahrenen Piloten, von Angehörigen der Luftwaffe und von Personen gesichtet worden, die nicht an diese Erscheinungen glaubten. Gelegentlich sah es aus, als seien sie für den Verlust von Flugzeugen verantwortlich. Einige Personen behaupten, daß sie in einem UFO gereist sind, was entweder freiwillig geschah, oder weil sie ständig dazu aufgefordert wurden. Bei einigen dieser Besuche traten auch Trancezustände und Gedächtnisverlust auf, oft kamen von Personen, die mit derselben Erfahrung konfrontiert waren, scharf divergierende Berichte. Das ganze Geheimnis widersetzt sich der Erklärung. Solange wir nicht wissen, was Wirklichkeit eigentlich ist, oder wo in den Dimensionen des Universums wir uns genau befinden, werden Erscheinungen einbrechen. Und das gilt nicht nur für UFOs, sondern für alle Arten von Psi-Phänomenen, Geistern und außerordentlichen Ereignissen. Die Lösung des UFO-Problems muß vielleicht noch auf die große Lösung aller Dinge warten.

Ein schneller Überblick über die möglichen Erklärungen zeigt die ganze Reichweite des UFO-Phänomens:

Es sind die Raumschiffe von Bewohnern eines anderen Planeten, der vielleicht eine andere Sonne in einer anderen Milchstraße umläuft.
Es sind Fahrzeuge oder Geschöpfe aus einer anderen Dimension, die für uns unzugänglich ist. Diese Erklärung hat man auch für den Yeti und den Bigfoot gefunden.
Es sind geheime Militärfahrzeuge oder experimentelle Waffen von irdischen Nationen.
Es sind Geistgestalten, die zu unserem Planeten gehören, oder Lebensformen, die aus Energie und Licht bestehen.
Es sind übersinnliche Phantasmen, die durch menschliche Telepathie oder Telekinese erzeugt wurden.
Es ist der sichtbare Aspekt einer unbekannten Energie.
Es gibt sie überhaupt nicht. Sie sind nur imaginäre Phantasiegebilde.

Es gibt auch noch andere mögliche Hypothesen, aber die obengenannten sind in ihrer Unterschiedlichkeit ein guter Einstieg. Wir wollen nun ihren unmittelbaren Implikationen nachgehen.

Die Raumschiffhypothese setzt voraus, daß die UFOs mechanische Gegenstände sind, die durch irgendeine Energieform angetrieben werden. Sie sind wirkliche Gefährte wie unsere eigenen Raketen und Flugzeuge, nur eben viel fortgeschrittener.

Wir haben so gut wie ausgeschlossen, daß irgendein Planet im Sonnensystem menschenähnliches Leben beherbergen könnte. Die einzige sehr ferne Ausnahme bildet der Saturnmond Titan. Deshalb muß so ein Raumschiff mit großer Wahrscheinlichkeit von außerhalb des Sonnensystems kommen. Ansonsten müßte es von einer äußerst fremdartigen Form von Lebewesen erdacht und betrieben werden.

Wenn diese unbekannten Flugobjekte von außerhalb des Sonnensystems kommen, so übertrifft ihre Technologie die unsrige weitaus mehr, als die unsrige die des neolithischen Menschen übertrifft. Wir können jetzt beginnen, uns interstellare Raumschiffe vorzustellen, aber wir sind weit davon entfernt, sie zu konstruieren und zu starten. Wir haben keine Energiequelle, die uns zu anderen Sonnensystemen tragen könnte. Auch sind die Geschwindigkeiten, die erforderlich wären, um einen Menschen noch einigermaßen innerhalb seiner Lebenszeit dorthin zu bringen, für uns unerreichbar. Wenn die UFOs von einer anderen Milchstraße kommen, so vervielfacht sich das Großartige ihrer Technologie noch einmal exponentiell.

Aber wenn die fliegenden Untertassen gar nicht vom äußeren Weltraum kommen, sondern ihren Ursprung in einer anderen Dimension haben, die außerhalb unserer Wahrnehmungsfähigkeit liegt? Es ist schwer genug sich vorzustellen, wie ein dreidimensionales Universum mit Schwerkraft und Zeit entstanden ist. UFOs aus anderen Dimensionen würden den Himmel unglaublich dicht und kompliziert machen, ihn mit Knoten und unsichtbaren Löchern besetzen. Unsere Existenz in dem scheinbaren physischen Raum würde zur Illusion eines nur zeitweilig zusammenhängenden Raumes. Die Gesetze aber, nach denen er durchbrochen würde, kennen wir noch nicht einmal im Ansatz.

Geschöpfe aus anderen Welten sind schon bedenklich genug. Geschöpfe von einer anderen Biologie würden die molekulare Kontinuität, in der wir existieren, herausfordern, ebenso auch die Systeme, die daraus entstanden sind. Geschöpfe aus einer anderen Dimension würden sogar die Wirklichkeit unserer Existenz in Frage stellen. Dies ist entweder ein entscheidendes

Thema, das eigentlich sofort in den Vereinten Nationen diskutiert werden müßte, oder es ist ein großer kosmischer Witz. Aber das war schon immer die Bandbreite, innerhalb der sich die fliegenden Untertassen bewegten. Wir können nur schwer damit beginnen, sie ernst zu nehmen, aber dann sind wir dazu auch schon gezwungen.

Wir befinden uns bereits in einer Identitätskrise als Individuen, als Länder und Rassen und als Planet. Unsere Probleme sind komplex und meist vernichtend: Nihilismus, Nazismus, Weltkrieg, Ausbeutung der Ressourcen, weltweiter Wahnsinn. Jedes einzelne dieser Probleme ist ebenso verschlingend wie das Universum selbst. Aber wenn die physikalischen und biologischen Maßstäbe verändert werden? Dieser Schock könnte entweder zum Untergang oder zu neuer Entwicklung führen. Die Menschheit könnte sich selbst noch viel verrückter finden, oder sie könnte sich selbst finden. Und das heißt: ihr kosmisches Schicksal. Vielleicht wollte der radikale Journalist Hunter Thompson das ausdrücken, als er sagte: »Es ist noch nicht verrückt genug geworden.«[4] Das Kosmische ist auch komisch. Wenn wir lange genug überleben, um lachen zu können, dann wird unser Lachen ein tiefer Ausdruck des Universums in uns sein. Es wird davon zeugen, daß wir die Schöpfung, wie sie ist, akzeptieren – trotz der sehr offensichtlichen Mängel, die wir haben, und der scheinbaren Erbärmlichkeit des Lebens vor dem Ganzen der Materie und der Zeit.

Wir wissen nicht, was UFOs sind, deshalb tauchen wir nur unsere große Zehe in dieses dunkle kalte Wasser. Wir denken darüber nach, wir brauen uns Geschichten darüber zusammen. Der Film »Unheimliche Begegnung der Dritten Art«[5] war deshalb eine so starke Kinoerfahrung, weil dort versucht wurde, alle vorhergehenden Phantasiekontakte zwischen Zivilisationen außer Kraft zu setzen und einen wirklichen Kontakt zu postulieren. Aber wir waren kosmische Jungfrauen, die lediglich versuchten, ihren Phantasien Wirklichkeitscharakter zu verleihen. Unsere Phantasie ist nicht wirklich. Oder wenn sie es ist, hat es sich auf eine Weise abgespielt, daß wir nicht wissen, ob es sich abgespielt hat oder nicht.

(Im Jahre 1966 besuchte ich ein UFO-Treffen, das im Keller einer Bank in Hamtramck, Michigan, stattfand. Den Versammelten wurde mitgeteilt, daß auch Besucher von der Venus und vom Saturn ihnen die Ehre ihrer Anwesenheit erwiesen hatten. Ich sah im Raum herum, und plötzlich sahen alle irgendwie merkwürdig und außerirdisch aus. Jeder war ein Kandidat. Einer sagte zu mir, daß sein Freund von der Venus komme. »Woher wissen Sie das?« fragte ich. »Er macht beim Autofahren die Augen zu«, klärte er mich auf.)

»Unheimliche Begegnungen« war nur die letzte Ersatzerfahrung der gleichzeitigen Wirklichkeit und Unwirklichkeit der Außerirdischen. Denken Sie nur daran, wie sie in dem Film »It came from outer Space« ohne zu blinzeln in den Himmel blickten. In den fünfziger Jahren starrte das Publikum noch wie gebannt auf die Leinwand. Das waren sie! Das waren wir nicht, das waren die anderen.

Diese Filme brachten uns dem Zusammentreffen ein wenig näher, selbst, wenn es niemals stattfinden sollte. Wir beginnen das Wesen dieses nie Geschehenen zu verstehen, beginnen zu verstehen, wie es wäre, wenn es doch geschehen würde. Wir begreifen allmählich, welcher Teil in uns dieses Geschehnis erwartet oder herbeiwünscht, und welcher Teil es auf immer ablehnt.

Wir scheinen zu wissen, daß wir in einer Sinnkrise und gleichzeitigen moralischen Krise stecken, und wir sind bereit, eine Menge zu riskieren, wenn wir dabei auf eine neue Perspektive hoffen können, die von außerhalb unseres Lebensraumes kommt. Wir sind damit einverstanden, aus der Geschichte auszusteigen, um aus dieser gegenwärtigen geschichtlichen Sackgasse herauszukommen. Auch sind wir bereit, die Frage, ob diese Epiphänomene vielleicht eher tödliche Drohungen als Gottesgaben sind, hintanzustellen. Wir fragen uns nicht einmal, ob wir darauf vorbereitet sind. In verschiedenen Filmen und anderen Werken der Planetologie und Science-fiction scheint auf, in welcher Seichtheit wir uns dieses Zusammentreffen vorstellen. Und das läßt wiederum vermuten, daß wir nicht darauf vorbereitet sind. Vielleicht geschieht es deshalb nicht, während es bereits ständig zu geschehen scheint. Vielleicht landen die Außerirdischen aus diesem Grund immer in West Virginia, in Argentinien auf dem Lande und niemals auf dem Roten Platz, dem Rasen des Weißen Hauses oder der United Nations Plaza.

Der Besucher von den Plejaden, Semjasse, hat uns angeblich mitgeteilt: »Allgemeine öffentliche Treffen sind zu diesem Zeitpunkt nicht in unserem durchaus positiven Interesse, und außerdem würden sie den Bewußtseinszustand, in dem wir uns zur Zeit befinden, nicht in seiner richtigen Bedeutung vermitteln.«[6]

Wenn dies geheimnisvoll und fast unerklärlich klingt, so ist es wahrscheinlich auch so gemeint. Die Erklärungen klingen immer etwas gezwungen, und deshalb müssen wir leider annehmen, daß wir den wirklichen Grund nicht verstehen würden. Und dennoch sprechen die Besucher unsere hiesigen Sprachen.

All diese Hinweise führen zu der Schlußfolgerung, daß die Fremden aus dem All freundliche und friedliche Wesen sind, aber eine mögliche militärische Bedrohung ist auch erwähnenswert. Was wäre, wenn diese Raumschiffe Wesen trügen, die nicht mehr und nicht weniger erleuchtet wären als die spanischen Konquistadoren, die im fünfzehnten und sechzehnten Jahrhundert in die Neue Welt kamen und ganze Zivilisationen zerstörten, als wären sie bloße Insektenstaaten? Wie können wir hoffen, daß Wesen mit einer anderen Biologie und einer fortgeschritteneren Technologie sich uns gegenüber besser verhalten würden, als wir es auf unserem eigenen Planeten uns selbst und Mitgliedern unserer menschlichen Rasse gegenüber vermochten?

Es hat schon viele »Invasionen« der Erde durch unsympathische expansionistische Völker gegeben. H. G. Wells' »War of the Worlds« ist dafür der Prototyp. »The Invasion of the Body Snatchers« [wörtlich: »Die Invasion der Körperfänger«] entfaltet eine noch unheimlichere Strategie.[7] Was wäre, wenn die Außerirdischen von innen her wie Viren oder mentale Abweichungen einfallen würden? Wenn sie mit Hilfe von Sporen angreifen könnten, dann könnten sie auch jedes andere Mittel benutzen. Einige haben sogar die Vermutung geäußert, daß *wir* die Invasoren sind, daß die DNA als Spore zur Erde kam, indem sie zufällig niederging oder bewußt angesiedelt wurde, sie sich aber irgendwo anders entwickelt hat. Dies wäre eine schreckliche, abartige Erbschaft, auch wenn sie uns bis jetzt im Laufe unserer »Invasion« und Geschichte nicht tangiert hat. Diese Situation wäre vergleichbar mit der eines Kindes, das sich Sorgen macht, daß seine eigenen Eltern die Kidnapper sein könnten. Wie kann man an diesem Punkt noch zu irgendeiner Erlösung gelangen? Vielleicht denken wir diese Dinge und fürchten sie als eine Projektion unserer gegenwärtigen Entmenschlichung und materialistischen Welteinstellung. Wir sind von unserem Wesen und unserer Vergangenheit entfremdet. Die Überreste unserer alten Menschlichkeit empören sich aufs heftigste gegen die Art, wie die Bürokratie und die uns fremden Maschinen in unser Leben eingreifen und es besetzen. Oder wir tadeln uns selbst für diese Invasion und nehmen an, daß es in unserer Ahnenreihe im Keim schon angelegt war und deshalb eben geschehen mußte. »The Invasion of the Body Snatchers« drückt hauptsächlich unsere Besorgnis darüber aus, daß wir einer solchen Invasion so ausgeliefert sind und uns nicht verteidigen können. Wenn wir voreinander nicht sicher sind, sind wir auch vor uns selbst nicht sicher. Und wenn wir vor uns selbst nicht sicher sind, wer sind wir dann?

Die feindlichen UFOs machen aus dem Himmel eine militärische Zone, den sogenannten Luftraum des Pentagons, der in die Unendlichkeit hinausweist, denn dort liegt die mögliche Quelle des Angriffs, von dort kommen die Waffen. Oder der Himmel wird zu einem tarnenden Hintergrund für kosmische Kriegslisten. Es fallen Samen herab, die Meteoren täuschend ähneln und im Schutze der Dunkelheit landen, wobei sie dieses Schutzes noch nicht einmal bedürfen. Und im Gefolge dieser Samen kommen dann die Fremden aus dem All mit bewaffneten Bataillonen und interstellaren Kriegsschiffen. Auch diese Bilder sind Teil unseres Erbes, und der Zweite Weltkrieg, als zahllose Bomben vom Himmel fielen, entsprach einem stellvertretenden Angriff durch die Außerirdischen. Wer könnte den Briten fremdartiger erschienen sein als die Nazideutschen? Wer könnte den Bewohnern von Hiroshima und Nagasaki fremdartiger erschienen sein als die Yankeepiloten? Und seither haben wir unaufhörlich, Tag für Tag, sogar Minute für Minute mit dem Schrecken einer atomaren Apokalypse aus dem Himmel gelebt. Und obwohl sie sich nicht eingestellt hat, hat sie doch die Kernkraft in einer Zeit der Ressourcenverknappung hervorgebracht, und wieder sind wir selbst zu den von uns gefürchteten Invasoren geworden.

Nach dem Zweiten Weltkrieg wurden zum ersten Mal Weltraumwaffen konstruiert, ähnlich den Waffen jener Superzivilisationen, die eine ganze Nation oder einen Planeten zerstören konnten. Im »Krieg der Sterne«[8] begegneten wir diesem Bild in einem makabren Realismus, der schon fast wieder poppig erschien, weil dieses Thema schon so oft in den Comics aufgetaucht war. Zudem wuchs gerade nach dem Zweiten Weltkrieg die Zahl der UFO-Geschichten gewaltig an. Als wir kosmisch wurden, wurde auch unsere Bedrohung kosmisch – auch wenn sie nicht notwendigerweise vom Weltraum kam. Tatsächlich betrachtete man die Außerirdischen als Wesen, die sich besser benahmen als wir selbst. Die Menschen flehten sie an, uns aus den Lebensbedingungen zu erlösen, die wir selbst durch Bosheit, Nachlässigkeit oder beides zusammen geschaffen hatten. Nach Hiroshima begannen wir um Hilfe von außen nachzusuchen. Woher hätte die Hilfe sonst kommen sollen? Die Mehrzahl der UFO-Berichte lassen freundliche, sogar hilfreiche, gottähnliche Außerirdische vermuten, die meist eifrig bemüht sind, die Erde von der Selbstzerstörung abzuhalten. Übersinnlich begabte Menschen haben behauptet, daß die UFO-Intelligenzen mehrere Male einen Dritten Weltkrieg verhindert haben, indem sie einfach ein winziges Detail in den Umständen verändert haben. Dieses Detail sei so geringfügig, daß jeder andere es übersehen würde, und trotzdem so entscheidend, daß man, indem man es unauffällig verändere, auf diese Weise einen Atomkrieg umgehen könne. Ein solches Detail könnte zum Beispiel eine Gedankenübertragung ins Bewußtsein eines politischen Führers sein. (Uri Geller behauptete, daß Anwar Sadat während des arabisch-israelischen Krieges ein solcher Gedanke von interstellaren Wesen eingepflanzt worden sei.) Der Führer braucht dabei kein Kriegstreiber zu sein, die Gedankenübermittlung muß keinen spezifisch friedlichen Inhalt haben; es muß nur der richtige Impuls im richtigen Augenblick sein, der durch eine klarere Wahrnehmung der ganzen Situation aus dem Weltraum ermöglicht werde.

Alles, was die Fremden aus dem All tun, ist namenlos und geheim und schützt (wenn es sie nicht gibt) den Mythos ihrer wohltätigen Anwesenheit. Sie beenden weder Hunger noch Gewalt, auch verwenden sie keineswegs ihre »überlegene« Technologie, um frech ins Erdengeschehen einzugreifen. Sie tun nur das äußerste Minimum, beziehungsweise fingieren wir in ihrem Namen das äußerste Minimum, damit durch Projektion und Veräußerlichung ein anderer Teil in uns in Kraft treten kann. Selbst wenn sie mit Prophezeiungen von Erdbeben und Vulkanausbrüchen oder politischen Umwälzungen ankommen, versichern sie uns, daß wir im Jahre 1958 oder auch 1969 in einen natürlichen kosmischen Zyklus eingetreten sind, und daß er im Jahre 2025 oder 2107 hinter uns liegen wird. Sie teilen uns mit, daß sie von der Venus oder vom Saturn kommen, und daß ihre eigenen Planeten eine ähnliche kosmische Evolution durchlaufen haben. »Wir wohnen jetzt im Inneren des Planeten«, könnten sie sagen. Oder: »Wir reisen vermittels einer Krümmung in Zeit und Raum durch die Milchstraßen.« Und wir können versuchen zu verstehen, was sie damit meinen, und ob es vom Weltraum oder unserem eigenen kollektiven Unbewußten stammt.

Meistens sind wir und nicht sie es, die die Vernichtung ankündigen. So sehr ist unser Vertrauen in uns selbst geschwunden, so wenig glauben wir an unsere Fähigkeit, diese Welt zu retten, daß wir nach außen um Hilfe rufen, und dabei sind wir uns voll bewußt, daß wir dadurch sogar das wirkliche Verderben heraufbeschwören können wie in jener Fabel des Äsop, wo die Götter den Fröschen schließlich einen Storch sandten.

In den letzten Jahren haben wir den ersten öffentlichen UFO-Rückschlag erlebt. Einige Beobachter überlegen tatsächlich, ob die fliegenden Untertassen die Fahrzeuge irgendeines geheimen Militärstabes auf der Erde sind: russisch, amerikanisch oder transnational. Dies ist die Grundthese, auf deren Basis die Air Force das Projekt Bluebook einleitete, allgemein aber wurde sie als paranoide Vorstellung aus den Reihen der politischen Rechten betrachtet. Durch einstige Verfechter der »Außerirdischen«, wie etwa Jacques Vallee, hat sie jedoch neues Gewicht erhalten. (Nach Jacques Vallee wurde der französische Wissenschaftler in »Unheimliche Begegnung der Dritten Art« szenisch gestaltet.) Und hier verlassen wir die optimistischen sechziger Jahre.

Vallee argumentiert, daß kurz nach dem Zweiten Weltkrieg eine paramilitärische Organisation entstanden sein könnte. Er benennt nicht die Gruppe oder ihre Ziele, kommt aber zu dem Schluß, daß ihre Aktivitäten darauf hinauslaufen, der Menschheit den UFO-Glauben geschickt einzuimpfen. Diese Tarnung soll entweder die Menschen auf irgendein Ereignis von globalem Ausmaß vorbereiten [das diese Organisation plant] oder die allgemeine Aufmerksamkeit von irdischen auf außerirdische Phänomene ablenken: auf diese Weise würden die Operationen der Organisation getarnt, indem man sie allgemein mit den Außerirdischen assoziiere. Das Ziel dieser Organisation ist irgendein bestimmtes Schicksal für die Menschheit. Vallee empfindet dies als alarmierend, weil er weiß, daß wir über diese Menschen wenig oder nichts wissen, und weil ihre Aktivitäten unter dem UFO-Deckmantel manipulativ und zweckgerichtet erscheinen. Sie verwenden, wie er sagt, eine psychotronische Technologie, also eine fortgeschrittene technologische Wissenschaft, deren »Maschinen« bewußtseinsverändernde Bilder aussenden. Menschen, die diese Bilder empfangen, glauben, sie hätten bestimmte Dinge gesehen. Durch psychotronische Techniken ist es möglich, daß Leute davon berichten, daß sie ein UFO gesichtet haben, daß sie an Bord gestiegen sind, mit den Fremden Kontakt aufgenommen haben und zu anderen Planeten oder Sternensystemen gereist sind – aber all diese Aktivitäten sind in Wirklichkeit Gedankenmuster, die von einem Luftschiff oder einer Bodenstation aus gesendet werden.

Auch Besucher aus dem Weltraum könnten eine psychotronische Technologie entwickelt haben. Wenn eine solche Verkleidung entweder von Außerirdischen oder unbekannten irdischen Gruppen verwendet würde, so könnten die UFOs Bewußtseinswellen von globaler Reichweite sein, die in den Menschen die Vorstellung erwecken, daß irgend etwas geschieht, während die Kräfte, die dahinterstecken, in Wirklichkeit etwas anderes tun. So etwa, als ob ein dämonisches Sternengebilde einen Strahl vom Himmel aussenden würde und in seinen Opfern einen weiteren Phantasiehimmel erzeugen würde, aus dem Raumschiffe, besetzt mit Außerirdischen, herankommen. Und diese Außerirdischen nehmen die Opfer dann auf eine imaginäre Fahrt in den Raumschiffen mit. Wie die alten Astralreisenden, »gehen« die gekidnappten Personen zu den Planeten und Sternen und besuchen deren Bewohner. Die Bilder, die sie sehen, sind nicht die ihres eigenen Unbewußten; vielmehr sind es Science-Fiction-Stories, die jemand anders für diesen Zweck geschrieben hat und die den erwählten Kontaktpersonen aufoktroyiert werden. In Übereinstimmung mit den Freudschen Gesetzen über das Denken werden die Geschichten und ihre Bilder Elemente aus der Persönlichkeitsstruktur und den unbewußten Bedürfnissen dieser Menschen enthalten – aber die eigentliche Geschichte wird manipuliert sein. Es wird eine Weltraumphantasie sein, die aus unbekannten Gründen entweder von Erdenmenschen wie uns selbst oder von den Fremden aus dem All konstruiert worden ist. Aber einige Yogis behaupten, daß sogar unser ganzes gelebtes Leben eine solche Phantasie ist.

Vallee nennt diese psychotronischen Meister »Botschafter der Täuschung«. *Sie* stecken in Wirklichkeit hinter dem UFO-Phänomen. Es gibt keine Außerirdischen. Diese Geheimdienstorganisation, behauptet er, ist auch für das merkwürdige Phänomen der Viehverstümmelung verantwortlich. Seit Beginn der siebziger Jahre sind hauptsächlich Rinder in der ganzen Welt chirurgisch verunstaltet worden. Colorado und Wyoming waren die am meisten heimgesuchten Gegenden. Es gab jedoch auch Berichte aus den ganzen Vereinigten Staaten und Südamerika und Hunderte von weiteren Fällen in Westeuropa. Jedesmal wurden bei einem Schaf, einem Rind oder einem anderen Tier die Sexualorgane entfernt. Die Verstümmelungen erfolgten mit einem äußerst scharfen chirurgischen Instrument, die Täter mußten mit einer Art Fluggerät eingedrungen sein. In den meisten heimgesuchten Gegenden bekamen es die Leute angesichts dieses gespenstischen Phänomens und seiner Unerklärlichkeit mit der Angst zu tun. Man ergriff außergewöhnliche Schutzmaßnahmen, es wurden Wachtposten aufgestellt, trotzdem werden die Tiere noch immer angegriffen, und die Eindringlinge entkommen unerkannt und ungesehen. Manchmal wird das Vieh ein Stück in die Luft gehoben und dann zu Boden geworfen, so daß sie zerschmettert werden. In einem Fall wurde ein Hohlraum innerhalb der Sexualorgane nach der Verstümmelung mit Sand vollgestopft. Die Menschen begreifen, daß sich irgend etwas Ungeheuerliches abspielt, aber wie jedes andere primitive Volk sind sie den Aktivitäten einer fortgeschrittenen Technologie hilflos unterlegen. Dabei spielt es kaum eine Rolle, daß sie innerhalb der technologisch entwickeltsten Nation leben, die es in der Geschichte der Erde gegeben hat. Sie spüren ihre Unterlegenheit, ihre Hilflosigkeit, und genau darauf zielen die Verstümmelungen ab, meint Vallee.[10]

Es scheint keine Möglichkeit zu geben, daß irgendeine bekannte Gruppe diese Schlächtereien ausführen könnte. Sie erfordern nicht nur eine ausgefeilte Flugtechnologie, die für die meisten okkulten und satanischen Organisationen unerreichbar ist, sondern auch einen weltweiten Einsatz, der eine bislang noch unvorstellbar umfassende Zusammenarbeit erfordern würde. Jede Nation hätte Probleme, wenn sie diese Anschläge ausführen wollte. Irgendein unbekannter, vielleicht psychotronischer Faktor erlaubt es Personen oder sonstigen Entitäten, sich unmittelbar vor den Wachtposten hineinzustehlen – ähnlich wie jene unsichtbaren Diebe aus der Mythologie mit ihren Zauberformeln – und dann ihre Taten auszuführen. Sogar vor dem schwer bewachten Eingangstor zu dem Raketenabwehrzentrum NORAD in den Rocky Mountains sind Rinder verstümmelt und niedergelegt worden. Sowohl die Geschicklichkeit dieses feindlichen Einbruchs wie auch die Wahl des Zieles lassen in Vallee die Vermutung aufkommen, daß es sich um eine unmittelbare militärische Herausforderung oder ein Ablenkungsmanöver handelt. Aber das liegt daran, daß die Viehverstümmelungen sinn- und zwecklos zu sein scheinen, und man ganz instinktiv nach einem Grund sucht. Aber sich vorzustellen, daß diese Dinge einfach nur so geschehen, ist ebenfalls beunruhigend. Indizienbeweise bringen sie irgendwie mit den UFOs in Verbindung. Das eine Rätsel verschlingt das andere. Ein psychotronisch erzeugter Nebelvorhang scheint die einzige Art zu sein, wie solche Teufelskerle ihre schamlosen Taten ausführen könnten. Aber wenn wir diese Möglichkeit einmal akzeptieren, so sind wir fast versucht zu sagen, daß auch die Verstümmelungen selbst psychotronische oder paranormale physische Ereignisse sein könnten. Sie könnten auch irgend etwas ganz anderes sein, etwas, was wir noch nicht erwogen haben. Nur mangels einer besseren Erklärung gewann die paramilitärische psychotronische Hypothese an Glaubwürdigkeit. Aber warum sollten wir Vallee trauen? Vielleicht deckt er die Außerirdischen, indem er ein transnationales Ablenkungsmanöver behauptet, umgekehrt zu der Behauptung, daß diese rätselhafte Geheimdienstorganisation ihre eigenen Umtriebe durch das UFO-Konstrukt und die Viehverstümmelungen deckt. Würde das nicht viel eher zu seinem früheren Werk passen?

Wie dem auch sei, Vallee hat zutreffend dargelegt, wie die Verstümmelungen das ganze UFO-Phänomen verdüstert haben. Zu einer Zeit, wo ganze Kulte die Güte unserer Brüder aus dem Weltraum verkünden und einige sie mit den berühmten Rosenkreuzern verglichen, die während des gequälten siebzehnten Jahrhunderts Westeuropa heimlich besuchten, ist das neue Bild von übelwollenden oder spitzbübischen Chirurgen schockierend und enttäuschend. Solche Wesen sind weder gütig noch vernünftig. Von gemeinen Hundeaasfressern unterscheiden sie sich nur durch ihre fortgeschrittenen Instrumente und die Reichweite und Ideenfülle ihrer Operationen. Solche Umtriebe sind nicht nur offensichtlich sinnlos, sondern vor allem grausam. Was können wir nun noch von Geschöpfen erwarten, die Millionen Kilometer oder Lichtjahre bis zu unserem Planeten zurücklegen und, ohne uns davon Kenntnis zu geben, harmlose und hilflose Haustiere verunstalten? Das ist kein beruhigendes Szenarium. Es ist fast noch leichter, uns selbst dafür verantwortlich zu bekennen und den Weltraum gefühlvolleren und intelligenten Wesen zu überlassen. Daß Vallee sich für eine von der Erde aus gelenkte Operation entschieden hat, kommt teilweise von einem tiefen Gefühl, nicht glauben zu können, daß solche Dinge im Rahmen des Außerirdischen irgendeinen Sinn haben könnten. Aber dann ist es ohnehin und überhaupt sinnlos.

Nicht alle akzeptieren diese pessimistische Interpretation. Auf einigen Landkommunen im Südwesten haben die Kommunenmitglieder regelmäßig UFOs beobachtet, und einige von ihnen haben behauptet, daß sie mit außerirdischen Wesen entweder spirituelle Kommunikation oder unmittelbar persönliche Begegnungen hatten. Ausnahmslos bleiben sie bei der Überzeugung, daß diese Wesen wohlmeinend und weise sind und die Erde zu unserem Besten überblicken und bewachen. Wie die Landkommunen selbst arbeiten sie am Übergang unserer Gesellschaft von primitiver Gewalt zu weltweitem Teilnehmen und Teilen. Die Fremden aus dem All haben angeblich ihre merkwürdigen Umtriebe erklärt. Sie sind weder bewußtlos, noch sinnlos sadistisch, vielmehr sollen auf diese Weise radioaktive Schadstoffe in den Gegenden, wo die Stichproben entnommen wurden, ermittelt werden. Und diese Schadstoffe könnten sich hauptsächlich in den Genitalien befinden. Tatsächlich scheint die Spur der Rinderverstümmelung in Colorado dem Einzugsgebiet zu folgen. Das hieße, daß die Fremden aus dem All Samen kontrollieren, um den Verseuchungsgrad der Böden festzustellen. Wieder andere aber sind der Meinung, daß diese Operation aus demselben Grund von der CIA durchgeführt wird. Aber diese Erklärung scheint noch immer unvollständig zu sein und kann das vorliegende Verhalten auch nicht ganz rechtfertigen.

Die Landkommunenmitglieder sind aus einer mediensüchtigen Gesellschaft geflüchtet. Sie finden sich allein unter dem Nachthimmel wieder – und im Nachthimmel hat ein neues Science-Fiction-Drama begonnen. Oder ist es wirklich? Die Radikalen in unserer eigenen Gesellschaft finden ihre Ebenbilder in den fortgeschritteneren Wesen von anderen Welten und legitimieren und erklären auf diese Weise ihre eigene Existenz am Rande der Gesellschaft und der Geschichte. Sie setzen sich selbst ein kosmisches Bild, auf das sie in ihrem täglichen Leben hinarbeiten können. Ebenso läßt sich die apokalyptische Zurückweisung der Kernenergie durch das unlösbare Rätsel der verstümmelten Tiere mit der friedfertigen Bruderschaft aus dem Weltall vereinbaren. Die Verstümmelungen beweisen, daß unsere Tätigkeit auf dem Gebiet der Kernenergie eine tiefgreifende Verletzung der Umwelt darstellt und langfristige Strahlennachwirkungen hat. Leute, die so viel fortgeschrittener sind als wir, scheinen so zu denken. Die eine Verletzung ruft nach der anderen. Die Verstümmelungen und die Atomkraft heben sich als unbequeme Signale gegenseitig auf, doch indem das letztere das erstere rechtfertigt, kann man davon ausgehen, daß intelligentere und mächtigere Wesen, als wir es sind, Wache halten.

Aber dies alles sind wilde Vermutungen, die interessant und manchmal auch faszinierend sind, dennoch ist ihre Einfachheit entmutigend – als ob man das ganze Phänomen auf ein Rätsel für harte Jungen reduzieren könnte! Die Hoffnung, daß irgend etwas Komplexeres dahinterliegt, beinhaltet vielleicht auch die Hoffnung darauf, daß wir als inkarnierte Wesen in einer komplexeren Situation beheimatet sind.

Möglich ist auch, daß fliegende Untertassen Illusionen oder irgendwelche anderen Projektionen sind. Gegen Ende der fünfziger Jahre befaßte sich auch Carl Gustav Jung mit dem UFO-Phänomen und kam nach einigen bösen Vorahnungen zu dem Schluß, daß das Wichtigste an den geheimnisvollen Gefährten nicht der konkrete Umstand ihrer Existenz sei. Es ging vielmehr um die Art der menschlichen Projektion auf diese wie auch immer gearteten Dinge (oder Nicht-Dinge). Jung wollte einen physikalischen Grund nicht ausschließen, war aber der Meinung, daß ein großer Teil dieser Begegnungen individuelle Projektionen waren. Wo viele Beobachter zugegen waren, waren es kollektive Halluzinationen. Er folgerte, daß in der menschlichen Psyche irgendein Ereignis stattfand, das nach UFOs, also unidentifizierten Flugobjekten verlangte, und suchte darin die Erklärung. Sollten sie sich als Metallschiffe mit vernunftbegabten Besatzungen erweisen, so müßten wir noch immer den Projektionsanteil in den am Himmel gesichteten Dingen herausarbeiten, in diesem Fall wären es aber wirklich existente Außerirdische. Wir würden sowohl den Archetyp wie auch die wirklichen Besucher aus einer anderen Welt sehen. Aber auch Liebende müssen die Archetypen des Animus und der Anima erkennen, die sie aufeinander projizieren. Der Mann sucht nach der altvergangenen Meeresnymphe in sich selbst, während die Frau nach dem weisen alten Mann in sich sucht, gleichzeitig aber führen reale Menschen aus Fleisch und Blut eine Beziehung miteinander.[11]

Es gibt auf der Erde eine umfassende und uralte Überlieferung, die von göttlichen und wunderbaren Ereignissen und Wesenheiten im Himmel erzählt. Weil die fliegenden Untertassen mit intelligenten Wesen assoziiert wurden, die die Rolle von Wächtern und Rettern innehatten, brachte Jung sie mit den Heimsuchungen durch Engel oder Götter in Verbindung, die in früheren Zeiten vom Himmel herabkamen. Dies geschah vor allem in Epochen, wo allgemein die Angst umging und Endzeiterwartung herrschte. Wenn die Wahrnehmung von vernunftbegabten Wesen im Himmel eine allgemeine menschliche Tätigkeit ist, die durch innere psychische oder äußere atmosphärische Phänomene ausgelöst wird, dann würden Völker unterschiedlicher Kultur solche Begegnungen in einer Weise erklären, die für sie vernünftig ist. Vor jeglicher rationaler Erklärung würden sie die Dinge sehen, die gesehen werden sollten, gleichgültig, ob UFOs nun im physikalischen Sinne existierten oder nicht. Zum Beispiel haben Hopi-Indianer in Zeiten, wo an anderen Orten im Südwesten UFOs gesichtet wurden, Blaustern-Kachinas in der Nachtluft über den Hochebenen gesehen.

Wir erwarten in dieser Zeit die Außerirdischen, und zwar so sehr, daß wir von ihnen träumen und unsere ganze Populärliteratur von ihnen wimmelt. Sie treten in allen möglichen Gestalten auf, und so ist es kein Zufall, daß psychische Energien in UFO-Begegnungen umgewandelt werden – die Skala reicht dabei von tatsächlichen überbewußten Wahrnehmungen, die in anderen Zeitaltern als heilig betrachtet wurden, bis zu bruchstückhaften unterbewußten und hysterischen Halluzinationen in Zuständen von Sinnesverwirrung.

Jung geht von der kollektiven Natur des menschlichen Unbewußten aus, und er hält es für möglich, daß Vorgänge, die in einem Bewußtsein ablaufen, telepathisch einem anderen Bewußtsein oder mehreren anderen übermittelt werden können. Und, was allgemeiner verbreitet ist: bestimmte Gedankenformen können gleichzeitig im Bewußtsein aller Menschen entstehen. In diesem Fall wäre dies die Vorstellung von fliegenden Untertassen, die dann auf ein unbekanntes Naturphänomen oder in einen Raum projiziert wird, wo außer Finsternis nichts existiert. Im Sinne des kollektiven Unbewußten stellen die Kontakte mit Wesen von Saturn, Jupiter oder aus dem Sternbild Schütze denselben Archetypus dar wie die Engel der christlichen Tradition, die vom Himmel niedersteigen, oder die Tafeln der Mormonen, die ihnen von irgendwelchen astralen Wesenheiten überreicht werden. Verschiedene Archetypen können zu Massenhysterien führen, die mit Teufelserscheinungen zu tun haben, oder zu Begegnungen mit Gnomen und Elfen.

Erich von Däniken verwendet denselben Argumentationsstrang, wenn er die UFOs als Fahrzeuge aus dem Weltraum beschreibt, die von der alten Menschheit aufgrund ihrer eigenen kollektiven Primitivität als Götter und mythische Wesen wahrgenommen wurden.[12] Irgendwie sind die UFOs moderne technologische Umwandlungen von religiösen Visionen, die unser Verlangen nach psychischer Erleichterung in einer industriellen Umwelt stillen sollen. Und irgendwie ist auch die Religion selbst ein Bewußtseinssystem, das aus der Fehlinterpretation von Besuchen aus dem All im Laufe der Geschichte resultiert. Aber dies zeigt, wie aufrichtig jahrtausendealte Paradoxe gleichzeitig beide Seiten zeigen, selbst wenn sie sich widersprechen. Die Götter aus dem Weltall werden die Magier und Schamanen der primitiven Stämme, von denen wir in großen Zügen die Methodologie irdischer Vision erben. Nachdem wir sie nun in einem technologischen Dschungel verloren haben, projizieren wir unser Dilemma und unseren Kummer nach draußen, aber in einer technologischen Weise, die zu unserer Besessenheit von einem mechanischen Universum paßt. Und wir finden dort nicht die alten Götter der Sterne, Flüsse und Pflanzen, sondern die neuen Götter eines supertechnologischen Kosmos. Wenn es bisher auf dieser Erde keine solchen Besucher gegeben hat, sind es eben lediglich unsere Visionen. Aber andererseits: wenn es diese Besucher nie gegeben hat, gibt es keinen Grund, daß sie nicht jetzt oder irgendwann später noch kommen. Und selbst dann kann es sich noch um kollektive Halluzinationen handeln.

Vielleicht sind auch Quasare und Pulsare solche Projektionen, doch die Wissenschaftler scheinen eher bereit zu sein, sie als wirkliche Erscheinungen zu akzeptieren, die eben nur noch nicht erklärt sind. Niemand bestreitet, daß in der Beschreibung dieser Objekte auch psychologische und kognitive Faktoren vorhanden sind, aber Quasare und Pulsare existieren immerhin. Den UFOs geht diese rein physikalische Tendenz ab. Und wirklich werden sie von den meisten Wissenschaftlern für Produkte des Aberglaubens, der Täuschung oder sogar der betrügerischen Berichterstattung gehalten. Genauso schwierig ist es, die fliegenden Untertassen für Spiritualisten glaubhaft zu machen.

Wenn diese unbekannten Flugobjekte mechanisch funktionierende Luftschiffe aus anderen Welten sind, dann sind sie keine Visionen, und sind für sich genommen von keinem spirituellen Interesse. Sie sind nur insofern spirituell bedeutsam, als die bloße Existenz von außerirdischen Wesen unser kosmisches Schicksal bestimmt, oder, als die Wesen, die sie steuern, spirituell entwickelt sind oder eine authentische Weissagung mitbringen. Der Tierkreis und der Astralkörper haben einen deutlich abgegrenzten Status im Bereich des Okkulten. Beide sind von alters her Entitäten, die das Physische transzendieren. Dasselbe könnte auch für die UFOs gelten, aber bis jetzt sind sie als solche nicht anerkannt. Es könnte sich am Ende herausstellen, daß sie Botschafter einer astralen oder noch höheren Ebene sind, Geschöpfe aus anderen Dimensionen oder Energien, die mit der Aura in Verbindung stehen. Wilhelm Reich hielt sie für Blitze in der Orgonhülle der Erde, und seine Anhänger standen nachts auf Hausdächern in den Städten, um zu beobachten, wie sich der Planet im bisexuellen Feld, das ihn umgibt, selbst auflud. Aber diese »Phänomene« sind noch immer bloße Interpretationen in einer möglichen, jedoch noch nicht erfundenen Parapsychologie. Sie haben keine verbriefte spirituelle Identität.

Da die fliegenden Untertassen weder in der wissenschaftlichen, noch in der spirituellen Tradition einen festen Platz haben, fallen sie zwangsläufig in den Zwischenbereich und können davon profitieren. Die Wissenschaft kann sie nicht als Naturphänomene oder künstliche Erzeugnisse fremder und unbekannter Wissenschaftler annehmen, und die esoterische Lehre erkennt sie nicht als göttlich oder astral an. Aber ist nicht das gerade die Herausforderung? Schließlich gibt es nur eine Schöpfung, und wenn die Wissenschaft ihrer Sendung treu ist, fallen alle Ereignisse, die tatsächlich geschehen, unter ihre Verantwortlichkeit. Vielleicht nennt sie manche Erscheinung Halluzinationen oder Projektionen, dann allerdings ist sie eine Erklärung dafür schuldig. Wenn es Götter oder irgendwelche Kräfte außerhalb unserer Dimension gibt, dann muß die Wissenschaft herausfinden, wie sie beschaffen sind, und muß sie ihrem System einverleiben.

Umgekehrt kann man auch die spirituellen Implikationen der fliegenden Untertassen nicht einfach aufgrund der Vermutung abtun, daß sie mechanische Phänomene sind. Alle mechanisch funktionierenden Objekte haben auch eine spirituelle Komponente, denn eine Theorie des Spirituellen verlangt nach einem kohärenten Universum.

Der Wasserstoff der Sonnen enthält ein inneres Wesen, einen Aspekt des Ätherischen. Jeder Fels, jeder Meteor, jedes Atom und subatomare Teilchen muß eine Eigenschaft des Vitalen enthalten, ein Merkzeichen, das ihm von den Kräften der Schöpfung verliehen wurde. Andernfalls wäre das Element des Geistigen überhaupt nicht vorhanden.

Worin besteht das Problem mit den fliegenden Untertassen? Daß sie weder in den Bereich der spirituellen noch der physikalischen Tradition fallen, kann der Grund nicht sein. Es liegt vielmehr daran, daß sie so spät in der Geschichte aufgetaucht sind, nach der Trennung des Wissenschaftlichen vom Religiösen. Deshalb hat man ihnen noch keinen festen Platz zugewiesen. Statt dessen zielen sie eben gerade auf diese Spaltung des Physikalischen und des Spirituellen, die wir dieser Welt auferlegt haben.

Das ist ihr wesentlichstes Merkmal. Angesichts dieser erwähnten Dichotomie sind sie keineswegs verwirrender oder unbestimmter als irgendein anderes Phänomen, aber sie nutzen den tiefen Riß in unserem Glaubenssystem aus und erfahren dabei seine ganze Kraft. Sie haben diese Spaltung nicht erzeugt, aber die Art, wie sie in Erscheinung treten, ist ein Symptom dieser Spaltung. Sie sind rudimentäre Vorläufer einer neuen Theorie des Universums, und mit dieser Erwartung sollten wir sie ins Auge fassen.

Der Astronom Robert Temple hat festgestellt, daß die westafrikanischen Dogon offensichtlich von ihren Vorfahren ungeheuer präzise Informationen über den Stern Sirius erhalten haben, vor allem darüber, daß Sirius einen dunklen Begleiter hat, der ihn im Verlauf von fünfzig Jahren einmal umläuft. Die Wissenschaftler konnten diesen Begleiter erst 1970 beobachten, es ist also eine echte Frage, wie die Dogon zu dieser Information kamen, und ob es sich um eine wirkliche Information oder nur eine zufällige Übereinstimmung zwischen einem Eingeborenenmythos und einer wissenschaftlichen Beobachtung handelt. Temple selbst hängt der naheliegendsten Phantasie an. Die Vorfahren der Dogon wurden etwa um 4500 vor Christus von Lebewesen aus dem Sternensystem des Sirius besucht, sie wurden über diese astronomischen Tatsachen unterrichtet und integrierten sie in ihre Mythologie, wobei die Besucher dann den Status von Göttern erhielten. Temple zeigt ferner, daß vieles von dem esoterischen Wissen der Ägypter Beziehung zu dem Siriusmaterial hat, und die ägyptische Esoterik bildet die Grundlage für einen Teil der hermetischen und magischen Traditionen des Westens. Die Vorfahren der Dogon waren also nicht die einzigen Kontaktpersonen. Weitere Informationen, die auf einen Besuch in Sumer zurückgehen, wurden durch die Mysterienkulte des Nahen Ostens weitergegeben und waren noch bis ins Mittelalter lebendig.[13]

Robert Anton Wilson führt diese Möglichkeit in seinem Buch »Cosmic Trigger« [Kosmischer Auslöser] bis zum Extrem.[14] Das okkulte Material der Sirius-Verbindung verbirgt sich in den altehrwürdigen Mysterienkulten und reicht bis in die Gegenwart: in der Quintessenz der hermetischen Lehren der Rosenkreuzer und des Golden Dawn und, vermittels anderer Überlieferungen, in den Lehren der Alchemie, der Anthroposophie und des Sufimus. Insofern wären Crowley, Reich und Gurdjieff alle moderne Schüler der Siriusbewohner. Das hermetische Material ist unsere grundlegendste magische Lehre. Sie befaßt sich unmittelbar mit höheren Seinszuständen, mit Intelligenzen anderswo im Weltraum, mit spirituellem Kontakt und Einfluß, sie weckt auf diese Weise die Menschheit aus ihrem gegenwärtigen unruhigen Schlaf, beschwört Geister und kontrolliert telepathisch und überbewußt Ereignisse in der Welt. Gurdjieff selbst hat eine lange Science-Fiction-Geschichte mit dem Titel »All und Alles« (All and Everything) geschrieben (das Werk umfaßt in der englischen Übersetzung 1200 Seiten, der Originaltext ist in einer Mischung aus Armenisch und Russisch abgefaßt). In dieser Geschichte besuchen Wesen aus anderen Teilen des Universums die Erde und versuchen den Irdischen beizubringen, wie sie die kosmischen Schwierigkeiten überwinden können. Es ist ein spirituelles Training und verbindet die Ankunft in einem Raumschiff mit der Inkarnation in eine Welt. Auf diese Weise sind beide Pole der wissenschaftlich/spirituellen Dichotomie impliziert.

Die Siriusbewohner also sind erleuchtete Besucher. Nehmen wir einmal an, daß es ihre Weisheit, ihr Wissen ist, die hinter dem Sufismus, dem Golden Dawn und der Alchemie liegen – was auch von ihren interstellaren Fähigkeiten zeugt, denn sie haben es ja geschafft, uns auf der Erde zu besuchen –, dann muß bei ihnen das Wissenschaftliche und das Magische zu einer einzigen Kraft verschmolzen sein, die uns als einheitliches Wissen überliefert wurde. Die Alternative dazu wäre, daß primitive Gesellschaften die wissenschaftliche Siriusbotschaft in ihre eigenen okkulten Systeme eingebettet haben.

Wenn unsere esoterische Tradition im Sternensystem des Sirius entstanden ist, dann gibt die Erde ihre eigene Verantwortlichkeit für die Schaffung von mystischen Systemen preis. Die Konsequenz ist die gleiche wie die, die aus Dänikens Götterwägen folgt: wenn wir einmal die Existenz von weiseren Lehrern zulassen, die in einer fernen Vergangenheit aus dem Weltraum zu uns gekommen sind, dann untergraben wir unsere eigenen Leistungen und ihre ureigenen Bedeutungen für uns und werden von zukünftigen Kontakten abhängig. Und wenn wir gelten lassen, daß die Botschaft der Rosenkreuzer und der Alchemie aus einem anderen Sonnensystem zu uns gebracht wurde, müssen wir auch zugeben, daß die postindustrielle Wissenschaft, die in ferner Zukunft auch Interstellarreisen ermöglichen wird, den okkulten Wissenschaften, die wir aufgegeben haben, sehr ähnlich ist. Vielleicht wird sie eine Synthese aus okkulten Methoden und der modernen Technologie darstellen. Telepathie, Synchronizität und Geschwindigkeiten, die über der des Lichtes liegen – dies alles gewinnt eine neue Bedeutung. Es ist eine Herausforderung der gegenwärtigen Physik und gleichzeitig eine Beschwörung des einzigen anderen wichtigen Gedankensystems – des empirischen und vitalistischen okkulten Denkens mit den dazugehörigen Wissenschaften der Homöopathie, der Astrologie, der Alchemie, der Numerologie und der Astralreisen. Es sind dies die Rosenkreuzerwissenschaften.

Letztendlich kommt Wilson zu dem Schluß, daß die UFO-Besuche zwar interessant, aber nicht wesentlich sind. Wenn wir einmal die hermetisch/technologische Synthese zulassen, kommen wir auch ohne die Vermutung aus, daß irgendwelche Astronauten im Morgendämmern der Geschichte auf diese Erde gekommen sind. Die weitentwickelten Wesen im Sternensystem des Sirius konnten uns ihr Wissen auch auf andere Weise übermitteln. Sie konnten es in Visionen wirksam werden lassen. Es geht nicht darum, daß solche Botschaften sich schneller fortpflanzen als das Licht selbst. Vielmehr wären sie der Lichtgeschwindigkeit gegenüber indifferent, denn die in ihnen enthaltene Information würde in ein und demselben Augenblick von einem vernunftbegabten Wesen zum anderen gelangen. Gedanken, die auf die Materie wirken, Botschaften, die schneller als das Licht wandern, Synchronizität und parallele Universen – das alles ist als Lösung der Widersprüche vorgeschlagen worden, die in der Quantenmechanik vorliegen. Wenn die äußerst verwirrenden Bedingungen der Quantentheorie so akzeptiert werden sollen, wie sie behauptet werden, dann muß sich irgend etwas anderes verändern. Wir müssen die reine Grenze der Lichtgeschwindigkeit aufgeben oder den einfachen Rahmen der Raum-Zeit-Beziehungen oder das Vorwärtsfließen der Zeit oder aber die Trennung von Geist und Materie. Wenn dagegen die Quantentheorie hinfällig wird, sind wir um so mehr mit ähnlich großen Problemen konfrontiert. Hier entscheidet sich die wirkliche Beziehung von Geist und Materie, mit oder ohne Interstellarreisen, und hier entscheidet sich auch das Wesen der UFOs – mit oder ohne die Besucher vom Sirius.[15]

Wilson erwähnt auch die ziemlich bemerkenswerten experimentellen Ergebnisse, die der Elektroingenieur L. George Lawrence im Jahre 1971 in Oak Grove Park, California, erzielte. Sein Untersuchungsobjekt war überhaupt ungewöhnlich: er setzte elektronische Geräte ein, um das Verhalten von Pflanzen als Empfänger biologischer Signale zu studieren. Er schloß Eichen, Kakteen und Yuccapalmen an seine Geräte an, und wollte zunächst nur Signale aufnehmen, die über die Wüste hin gesendet wurden. Als er jedoch sein Gerät versehentlich in den Himmel richtete, empfing er regelmäßige Impulse, die von einigen wenigen Minuten bis zu Stunden jede beliebige Länge hatten. Aufgrund der genauen Bedingungen des Experiments, die Lawrence festhielt, war die einzig mögliche Schlußfolgerung – gewiß schockierend –, daß aus dem Weltraum Signale in einer Weise gesendet wurden, daß sie von vorbewußtem Zellgewebe empfangen werden konnten.[16] Wenn diese Botschaften schon die Pflanzen unbewußt erreichen, was würden dann die Wirkungen auf menschliche Wesen sein, die doch viel mehr und viel komplexere Zellen haben? Daten von psychotronischen Zivilisationen im ganzen Universum könnten in uns hineinträufeln, und vielleicht setzte sich das gesamte menschliche Denken aus diesen Signalen zusammen.

Das hieße, daß wir nicht in unseren eigenen Städten leben, sondern in Spiegelbildern von Städten auf der anderen Seite des Universums.

Lawrence wiederholte sein Pflanzenexperiment am Pisgah-Krater in der Mojavewüste. Der Krater selbst liegt in der Mitte eines Lavabettes, und im Umkreis von fünfzig Kilometern gibt es keinerlei pflanzliches Leben. Und tatsächlich konnte Lawrence weitere Signale auffangen; am dichtesten schienen sie aus der Gegend des großen Wagens zu kommen. Infolgedessen überlegte Lawrence, ob sie nicht vielleicht von dem dichten Sternenzentrum der Milchstraße ausgesendet würden.[17] Er bezeichnete diese Signale als »deutliche Abfolge von interstellarer Kommunikation, deren Ursprung und Bestimmungsort unbekannt ist.«[18] Es sind keine normalen Radio- oder elektrischen Signale, nach denen man gesucht hat, um intelligentes Leben im Universum nachzuweisen. Es sind biologische Informationen. Man kann daraus nicht schließen, daß es Botschaften sind, die für die Erde bestimmt sind, vielmehr ist das Universum selbst mit dieser Art von »Strahlung« wie von einem gewaltigen unbewußten Gedächtnisnetz erfüllt. Welche Folgen der Empfang dieser Signale hat, ist unbekannt. Ganz offensichtlich ist ihr Zweck unbekannt, und zweifellos ist auch die Interpretation und die Genauigkeit des Experimentes unsicher. Lawrence hat eine logische Kette entwickelt. Er hat viele ungewöhnliche Annahmen gemacht, und seine Behauptungen können aus zahlreichen Blickwinkeln angegriffen werden. Es ist ein sehr löchriges Boot, in dem man in See sticht, falls man es tut.

Aber das braucht uns hier nicht zu beschäftigen, denn wir arbeiten hier mit Bildern und Projektionen. Experimente mit Pflanzen liefern unerklärliche Signale. Das Gerät wird auf den Himmel gerichtet. Es treten regelmäßige Impulse auf, die anscheinend einen bestimmten Ausgangspunkt haben. Plötzlich befinden wir uns in einem galaktischen Dschungel. Über die wilden Gräser und dichten Wälder der Erde weht nicht nur der Wind, sie empfangen nicht nur das Sonnenlicht für die Photosynthese, sondern sie werden auch unbewußt durch interstellare Signale berührt, die auch uns erreichen. Für blinde und so gut wie unempfindliche Zellen ist der Himmel ein Feuerwerk von »Lärm« und »Licht« und primitivem Tropismus. Die Sterne sind Felder von lebenden Wesen. Vielleicht ist es die Vegetation aus anderen Welten, die die Signale aussendet, und vielleicht sendet die Vegetation dieser Erde ihre eigenen Geheimnisse in den Weltraum.

Der Nachthimmel dieser Signale ist violett und grün, und gelb von Sonnenlicht und Zucker. Er besteht aus Pflanzen. Sie sind sein Gewebe, das ihm von innen her Zusammenhalt verleiht. Die am wenigsten kosmischen Einwohner unserer Erde enthüllen nun ihren Zusammenhang mit dem Astralen.

Unter diesem Himmel sind die fliegenden Untertassen zufällig auftretende Geysire. Die Fruchtbarkeit der Intelligenz selbst reicht weit über sie hinaus. Die Pyramiden, die Felszeichnungen und Trommelrhythmen dieser Welt sind wieder zu himmlischen Ereignissen geworden. Sie waren es bereits in dem Sinne, daß ihre Materie den Sternen entstammt, aber nun werden sie zu Himmelsereignissen in einem Empfindungsnetz, das Zivilisationen miteinander verbindet und alle Bereiche der Nacht umfaßt. Es ist unsere unausgesprochene Hoffnung, daß die Völker des Universums zusammenkommen, selbst wenn sie niemals voneinander wissen und sich niemals als Astronauten gegenseitig besuchen. Sie nehmen an denselben kosmischen Archetypen teil, die in ihrem Leben und kulturellen Erzeugnissen jeweils örtlich ausgeprägt sind. Und sie sind vereinigt durch die Möglichkeit unbewußter Signale zwischen allen lebenden Wesen. Pflanzen, Tiere und Zellen könnten wirklich ein ungeheures unbewußtes Feld bilden, das durch einen inneren Himmel die ganze kollektive Weisheit des Universums empfängt. Und dabei umfassen die höheren Zentren des Seins all die kleineren Bereiche der Nacht. Douglas Baker, ein Okkultist, behauptet ganz unabhängig von Robert Temples Hypothese, daß dann, wenn die Erde und die Sonne im Herzen eines gigantischen kosmischen Wesens liegen, das Sternensystem des Sirius das dritte Auge darstellt. Es ist vollkommen angemessen, daß die Weisheit und das Wissen vom dritten Auge zum Herzen fließt, und vielleicht auch vom Herzen wieder zurück zum dritten Auge.

Verglichen mit den Nachthimmeln der Astronomie und Astrophysik, ist dieser Ansatz sehr reich, er ist harmonikal wie auch harmonisch. Dies ist die Musik, die Kepler mit seinen Schöpfungsharmonien spielte, und sie erinnert an die pythagoräische Einheit.

Aber all dies ist auch sehr verwirrend. Wenn wir einmal das System des Universums bis zu diesem Grad geöffnet haben, sind wir überall und nirgends. Der Nachthimmel ist verschwunden. Er hat sich in eine von Nerven durchzogene Haut, eine Synapse des Kosmos verwandelt. Die Quelle unserer eigenen Traditionen oder ihre vielen Quellen werden unscharf und verzerren sich. Warum mußte die Information vom Sirius gekommen sein? Hätte sie nicht auch von den unbekannten Wölbungen des Raumes selbst kommen können? Hätte sie nicht irgendwie aus uns selbst entspringen können? Wenn wir in unserem Unterbewußtsein mit dem Unterbewußtsein eines kosmischen Wesens verschmelzen, das im Himmel erkannt worden ist, wie können wir überhaupt noch entscheiden, was irdisch und was außerirdisch ist? Wie können wir unterscheiden zwischen unbewußter Information und objektiven äußeren Ereignissen? Wie können wir unterscheiden zwischen unseren eigenen Absichten und Zielen und dem allgemeinen Netzwerk kosmischer Wesen? Verglichen mit diesen Problemen ist die Information über den dunklen Begleiter des Sirius wirklich unbedeutend.

Die interstellare Geschwisterlichkeit und der nun vernunftbegabte Himmel weisen auf eine neue Art des Denkens und Seins hin. Lange, bevor diese Rätsel gelöst werden können, verraten sie bereits das Ausmaß unserer Hoffnung wie auch die Kompliziertheit unserer kosmischen Paranoia. Es gibt unter uns einige Verrückte, die offensichtlich der Meinung sind, daß man Humpty-Dumpty wieder zusammenfügen kann, und daß das Universum, das in Stücken um uns liegt, ein Trugbild ist. Sie hätten es gerne, daß die Astrophysik wieder zurück zum dritten Auge und der Tradition des Hermes Trismegistos führt, oder, daß die gnostischen und hermetischen Rituale schließlich zu einer neuen galaktischen Wissenschaft führen, die uns sowohl zum Himmel wie auch zu der esoterischen Bedeutung der menschlichen Zeremonie trägt. Wie die Astronomen vor Kopernikus würden sie den Thron in die Sphäre der Fixsterne setzen, aber im Gegensatz zu jenen früheren Astronomen würden sie dies im vollen Bewußtsein der atomischen Natur und der Sterblichkeit jener Sterne tun.

Dies alles hat eine Bedeutung. Das braucht nicht unbedingt zu heißen, daß die Siriuswissenschaft eine Matrize darstellt für eine Lebensausdehnung und Weltraumwanderung, die uns schließlich zu den Schöpfern selbst führt – im Gegensatz zu den Erklärungen Timothy Learys, der auch behauptet hat, er erwarte durchaus am Leben zu sein, wenn die Sonne in ihren letzten Schlacken ausbrenne. Vielmehr bedeutet es, daß Raumschiffe und UFOs in einer Theorie der interstellaren Zivilisation nicht die krönende Enthüllung sind. Um die fernsten Sterne zu erreichen, müssen wir auf zelluläres und symbolisches Material zurückgreifen, wie es ja auch bei unserer Schöpfung geschah. Oder wir erkennen, daß wir bereits dort sind und nur nicht den Mut haben, uns als das zu sehen, was wir sind. Wir sind die Außerirdischen, die wir fürchten. Wir sind die Körperfänger, die Invasoren. Wir brauchen keine Besucher, die uns die kosmischen Wahrheiten lehren. Wir brauchen nicht bis an die Grenzen des Raumes und der Zeit zu reisen.

Unsere tiefsten Ängste sind Projektionen der Invasion, und in gewisser Weise sind sie auch eine Flucht vor der Schönheit, die in uns entsteht, wenn wir uns als Teil der Schöpfung erkennen. Vielleicht verstehen wir jetzt, warum die Außerirdischen über uns zu Gericht sitzen und uns zu retten versuchen, warum sie es nicht schaffen, mit uns Kontakt aufzunehmen, und warum diese Welt ein feindseliger und düsterer Ort ist. Vielleicht sind *wir* die Nacht, der Himmel, und alles andere sind Felder von goldenen Blumen und astraler Unbeschwertheit, bis in Ewigkeit.

XI

Der Pop-Star-Kult der fünfziger und sechziger Jahre

Die Erbschaft des Zweiten Weltkrieges war die Atombombe, und jene, die damals oder in der Zeit danach geboren wurden, lebten im Zeichen der Luftschutzsirenen. Sie waren an den Laternenpfählen in den Städten angebracht, oder an den Feuerwehrwachen und Scheunen auf dem Lande, sie waren die Zyklopen unserer Zeit und schrien nach unserem Blut. Wir wurden in eine Wohlstandsgesellschaft nach dem Krieg hineingeboren, und unsere Eltern erwarteten Dankbarkeit für eine Gabe, die weder wir noch sie verstanden. Sie behaupteten, uns ein Gut zu schenken, wofür sie sich ihr ganzes Leben lang abgerackert hatten, aber in Wirklichkeit erhoben sie unberechtigterweise einen Anspruch auf eine ohnehin unbekannte Geschichte, und jedenfalls bestand die Kehrseite ihres Opfers aus einem Mangel an Bedeutsamkeit, aus pathologischer Gier und krankhaftem Argwohn. Und noch immer demontieren sie die Erde.

Die Sirenen warnten uns vor einem weiteren Holocaust, dessen Emblem das Atom wurde. Trotz der zahlreichen Alarme und Fehlalarme konnten wir bis in die sechziger Jahre überleben. Aber dann war es klar geworden, daß die Bedrohung elementar war. Wir hatten vergessen, daß die Erde ein Planet ist, so stark war die künstliche Realität geworden. Kollektive Umweltverschmutzung, Überbevölkerung und Ausbeutung der Ressourcen mußten schließlich auch zum Holocaust führen.

Die Bedrohung war um so ernster, als sie sich nicht auf irgendeine Episode reduzieren ließ wie etwa Eisenhowers Bombardement von Quemoy oder Kennedys Cubablockade. Unser Schicksal wurde nicht von einer einzelnen Konfrontation entschieden. Es lag in unserer ganzen Existenz. Und der Atomkrieg, dem wir wider alle Erwartung entronnen zu sein schienen, erreichte uns trotzdem: die Strahlung trat in die Flüsse und in die Luft aus, und Joan Baez sang: »What have they done to the rain?«

Es war noch die dunkle plutonische Hälfte dieser Zeit, als ein Sternenkult einsetzte wie damals in der Mississippiära des dreizehnten Jahrhunderts bei den Indianerstämmen im Südosten von Nordamerika. Wir hatten keine Tempelberge und keine importierten aztekischen Juwelen, statt dessen waren die Süßigkeitenstände der Nation mit farbigen Abziehbildern von Flash Gordon und den Prinzessinnen und Kriegsherren vom Mars gefüllt. Dazu kamen die Baseballbilder als Totems, Galionsfiguren auf grellem gelben und blauen Hintergrund, versehen mit den Insignien dunkelbrauner Keulen und orangefarbener Ziffern auf einem Zweigmuster. Es waren tatsächlich Totemwesen, und sie erzeugten den ganzen Tierkreis der Baseballwelt. Viele junge Okkulisten und radikale Astrologen erlangten durch diese Bilder die erste Ebene der Meditation und Beschwörung, sie gingen ihre ersten astralen Wege aufgrund dieser blauen und orangen Himmelsfelder.[1] Das war nicht die Erbschaft der Generation vor uns, sie wollten Sporthelden und Popmusiker nur industriell verwerten, wollten die Sternensymbole in Bargeld umwandeln und in Zombiearmeen kämpfen, die nun auf beiden Seiten des Eisernen Vorhangs einen magischen Krieg für den Planeten führten. Warum sonst hätten die Beatles Jahre später in Osteuropa gesungen: »Back in the USSR?« Der Sternenkult war unser einziges Gegengift gegen planetarische Invasoren, die sich als unsere Wohltäter ausgaben und die Hälfte unserer Generation für ihre Sache einspannten.

Der Filmemacher Kenneth Anger beschreibt, wie er nach einem achtjährigen Aufenthalt in Europa im Jahre 1962 in die

Vereinigten Staaten zurückkehrte und den ersten Teil dieses Sommers in Coney Island am Strand unter dem Anlegesteg verbrachte. Dort saßen die Kinder und ließen ihre Transistorradios laufen: Die frühe Rockmusik war eine magische Botschaft, die an Jean Cocteaus »Orpheus« und das Radio in »Death's Car« erinnert, wo der Dichter-Held ebenfalls den Sendungen einer anderen Welt lauschte.[2] Cocteaus Radio war die Prophezeiung einer mutierenden Generation. »Fools rush in«, sang Ricky Nelson, und die Sterne glitzerten über dem Meer am Rande der New World City. Jahre später sollten düstere Berserkerkrieger aus den Schatten dieser astralen Musik hervorkommen. Die kostümierten Engel wurden aus dem Himmel verstoßen, wie auch Richard Alpert warnend vorhergesagt hatte, bevor er Baba Ram Dass wurde. Wir können in einem solchen Hoch die Hochzeitsparty immerhin als Gast besuchen, aber *nicht dort bleiben.* In der Nähe von Pearl Harbor reichte der spätere Mörder von John Lennon, Kenneth Anger, drei 0.38 Schrotkugeln, und markierte damit das Ende der Zeremonie. »And though I know the danger there«, sang Ricky Nelson, »if there's a chance for me, then I don't care.« (Und obwohl ich die Gefahr dort kenne, wenn es eine Chance für mich gibt, kümmere ich mich nicht darum.)

Man kann die Raketenzündungen der fünfziger und sechziger Jahre bestimmt nicht vergessen, wenn man gleichzeitig an die reiche Tradition der Science-Fiction denkt, die vor ihnen lag. Zehn, neun, acht, sieben, sechs... Jahre später lag man nachts wach, sah, wie diese Raumschiffe von diesem Planeten abhoben. ...Zündung, lift-off, t minus zwei Sekunden – und dann die feurige Trennung, bevor die Hauptstufe der Rakete an vereinzelten Wolken vorbei in das Jenseits der Nacht hinausschoß. In dieser Schwärze lag alles, was die Welt nicht war. Bevor Buddha nach Amerika kam, lag darin unsere einzige Hoffnung.

In der ersten Schulklasse besaß ich ein Phantasieufo, in dem ich zu den Planeten des Sonnensystems und anderer Sterne reiste. Als ich zwölf Jahre alt war, hatte ich bereits Begegnungen mit imaginären Wesen im ganzen Universum gehabt und zusammen mit meinen Freunden mitgeholfen, ganze Zivilisationen zu gründen. Nachts sah ich dann immer, wie meine fliegende Untertasse Geschwindigkeitswellen auffing, als sie Zeit und Raum transzendierte, und mit diesem Schwung raste mein Bewußtsein in eine Welt von Bildern voran, um dann schließlich einzuschlafen.

Es gab den Sternenkult, weil wir einen Sternenkult brauchten und nur ein Sternenkult uns zufriedenstellen würde. Wir wurden in eine ungeheure Hitze und eine Prophezeiung hineingeboren. Wir wußten, daß wir auf irgendeine Weise anders sein würden, denn die Welt war absurd geworden. Die Leidenschaft, die wir fühlten, überstieg alle die möglichen Gegenstände unserer Leidenschaft, deshalb verwandelten wir einander in Engel und Abgesandte und lauschten den interstellaren Trümmern.

Die Signale wanderten hinaus in die Nacht und begannen sich den Sternen zu nähern. Aus den Sendern in New Orleans und dem amerikanischen Süden erfüllten sie die Karibik und ließen die Raggaemusik der Rastafarirenaissance erklingen. Es ging nicht um den Inhalt der Worte. Die Absicht der Klänge war klar. Für die Rastafaris hieß es: Tötet den Papst, kehrt nach Afrika zurück. Dort regiert Haile Selassie, der Kaiser von Äthiopien, ein unsterblicher Sternenkönig. Es war eine astrale Botschaft, die einen englischen Popslang für ihre Zwecke verwendete und zurechtschneiderte. Genausogut hätte es ein japanisches Lied über einen Fischer oder ein Zulugesang an einen Löwen sein können.

»Go, go, go Johnny go! Go, go Johnny go!« sang Chuck Berry, und eine Billion Jahre später, wenn außerirdische Wesen dieses Lied irgendwo auf der anderen Seite der Milchstraße in der Voyagerplatte eingeritzt hören, sind sie vielleicht weniger verblüfft als die Generation unserer Eltern, die in diesen Klängen eine verborgene Gefahr witterten und sie schon in ihren Anfängen zu ersticken oder aber auszubeuten suchten. Schließlich aber haben wir sie den unbekannten Sternenwesen zurückgebracht.

»I'll build a stairway to heaven«, sang Neil Sedaka. »I'll climb to the highest star.« (Ich werde eine Treppe zum Himmel bauen, ich werde den höchsten Stern erklimmen.) Sowohl der Nachthimmel wie auch der astrale Himmel war uns verborgen, uns, die wir in der Dunkelheit der Städte unter jenen geboren wurden, die ihre eigenen Tempel niedergerissen hatten. Wir wußten intuitiv, daß *Stern* und *Nacht* esoterische Worte waren, die verborgene Reiche erschlossen. Wenn der Himmel nach den »Sternen dort oben« schrie und Zehntausende von Musikautomaten und Radios Varianten des Wortes *Liebe* klagend hervorstießen, mußten wir dann nicht verstehen, daß unsere ganze Zivilisation um die Wiederkehr der Götter betete, um die Wiederkehr jener Kräfte in uns, die uns hatten entstehen lassen?

Ja, es ist *Liebe, die uns hierherbringt,* und *Liebe, die uns Leben gibt.*

Ja, alle stehen wir, Männer und Frauen, inmitten der Sterne. Wer sonst hat die unglaubliche galaktische und atomare Gewalt überlebt, um hier ein ephemeres Lied zu hören, zu erleben?

Wenn die alten Gebete verlorengehen, erfinden die Stämme neue Opfergaben aus Schutt und atmosphärischen Störungen. Die Götter sind deshalb nicht weniger aufmerksam.

Bobby Darin rief nach seinem »Dream Lover« aus einer fernen Welt. Es war eine Tierkreisfigur wie die Venus von Paul Anka, und sie kniete auf dem dichten Wiesengras eines unbekannten Science-fiction-Planeten unter acht Sonnensternen und füllte und leerte – auf der Sternkarte des Tarot, hinter ihr ein Pelikan – ihre Krüge mit heiligem Wasser, in Erwartung der kurzen Wassermannära der sechziger Jahre. Sie war Flash Gordons interstellare Tochter.

Del Shannon kreischte: »I'm a-walkin' in the rain«, und Frankie Laine »spielte um Liebe im Mondlicht«. »The Great Pretender« (der große Thronbewerber) wurde von den Platters angerufen, und Elvis ging zum »Heartbreak Hotel«, das so fern wie das Haus des Perseus war. Dort träumte er von »einer wärmeren Sonne« in einer Welt, die lange nach seinem eigenen kurzen Leben kam.

Die Melodien und Tänze waren exotisch und wie aus einer anderen Welt. Sie entstammen einer Mischung verschiedenster Kulturen: dem amerikanischen Schmelztiegel, der afrikanischen, orientalischen, der Navajo- und Irokesenkultur und der europäischen Volksmusik. Englische Balladen verschmolzen mit Bantu und Haussa-Gesängen, litauischen Volksliedern, mit »Greensleeves« und »Danny Boy« – und die Botschaft war global und kulturumspannend. Sie war wild wie das Land und die glühende Nacht selbst. Wir näherten uns einer Trennung, die angenehmer war als die von Körper und Seele. »But you must go, and I must stay.«

Ich kann mich erinnern, wie ich mich bei einem Sommerlager mit Gefühlen großer Einsamkeit von einem Tanz entfernte. Hinter mir verflog die Melodie von »Michael, row your boat ashore« in der Ferne, ich wanderte durch Felder mit hohem Gras, meine Augen waren auf den sternenerfüllten Himmel gerichtet. Ich fühlte mich gleichzeitig ungeheuer groß und winzig, und obwohl ich das Gefühl hatte, im Exil zu sein, empfand ich mich gleichzeitig als ungeheuer befreit, und mit Dion and the Belmonts sang ich laut: »Each night I ask the stars up above: Why must I be a teenager in love?« Die Sterne und das Lied zusammen transportierten eine unbekannte Kraft. Es waren vielleicht nur die Gefühle eines Halbwüchsigen, aber die Weite, die ich empfand, war authentisch. Unser ganzes Leben lang sucht unser inneres Selbst nach dieser Verbindung.

Die Baseballabziehbilder wurden zu Tarotkarten, und sie fielen wie Meteore von einem älteren Himmel. »Do you believe in magic?« fragte Lovin' Spoonful am Wendepunkt der sich ändernden Zeiten. Die Beatles fuhren nach Indien und kamen mit einem kosmischen Instrument zurück. Jimi Hendrix kam mit seinen Liedern vom Rande des Sonnensystems an. Er bewegte sich schneller als der Klang und setzte zum fassungslosen Staunen des Publikums seine Gitarre in Brand. Andere Visionäre strömten in die Wüsten, um die alten Zeremonien der amerikanischen Ureinwohner zu beobachten. Die alten gehörnten Priester vollzogen ihre Aufgabe wie immer. Sie suchten nicht nach neuen Visionen, sondern sie versuchten mit den Geistern, die bereits da waren, entsprechend umzugehen. Das war alles, was sie tun konnten. Also sammelten sich die neuen Stämme in Woodstock. Das war keine Kostümparty. Die Sterne erhoben ihren

Anspruch auf das ihrige, wie sie es bei den Sufis und Cherokesen seit Jahrtausenden getan hatten. Wenn die Magie in der Musik war, so war die Musik in uns.

Als die astrale Prophezeiung der sechziger Jahre mit den nackten Tänzern des Musicals »Hair« schließlich den Broadway erreichte, hätte die Sternenbotschaft nicht deutlicher sein können: »You twinkle above us, we twinkle below.« (Ihr glitzert da oben, wir glitzern hier unten.)

Und im Jahre 1980, dreißig Jahre nach den Anfängen des Kultes, sang der Chor in einem Film mit dem Titel »Fame« »Someday we'll all be stars.« (Irgendwann werden wir alle Sterne/Stars sein.) Das hatten uns auch die Magier und Sternenpriester versprochen.

Gegen Ende der sechziger Jahre hatte sich die Sternenmusik in Acid Rock, atomisierte Reste, verwandelt, und alles wurde irgendwie verrückter. Wir hatten etwas entstehen lassen, was unserer Leidenschaft entsprach, und es erschien durch Beschwörung innerhalb der Zeremonie in einem glitzernden Sternengewand. Es teilte uns mit: das ist jetzt der Weltraum.

»How many years?« hatte Bob Dylon gefragt, bevor er seine Äonenreise zu Osiris antrat. Ein außerirdisches Wesen lag außerhalb unserer Welt auf der Lauer – Liebhaber, Retter, Sternentänzer, Dämon und Teufelsweib. Wir spähten durch Tausende von Schleiern, versuchten jeden möglichen Kode. Wir riefen, aber es antwortete nicht. Jedes Lied über einen verlassenen Liebenden sprach davon: die Außerirdischen waren so nahe gekommen, wie sie eben kommen wollten, und wir konnten unser Herz herausweinen, wir konnten ihretwillen sterben, aber dieses Gesetz würde nicht verändert werden. Die Stones wußten es: »Nobody else's hand will ever do. Nobody else's hand.«

The Big Bopper und Johnny Horton starben während der frühen Raumexpeditionen. David Bowie fiel Jahre später mit Valentine Michael Smith und den Spiders vom Mars auf die Erde zurück. »There's a star man/Waiting in the sky«, berichtete er uns. Nur, weil wir unfähig sind, ihm zu begegnen, bleibt er aus. Aber war dieser Sternenmensch am Ende Bowie selbst in seinem synthetischen Weltraumkörper und dem Rock 'n' Roll-Selbstmord-Kostüm? War es Spock, der Vulkan? Juan Matus, der Zauberer? Oder Baba Ram Dass, der Harvardpsychologe, der sich in einen Heiligen verwandelt hatte?

Suzanne hielt den Spiegel, und ihr Tee und ihre Orangen zeugten von dem ganzen intergalaktischen Handel, der nun möglich war. Aber Leonard Cohen verließ Nordamerika und ließ sich in der Ägäis nieder, um dort, wieder im Dunkeln, den letztendlichen Krieg zu erwarten. Charles Manson sprang aus der Dunkelheit hervor und befleckte den Straßenaltar mit Blut. Wie verletzlich wir noch immer waren: das würde sich auch nicht verändern. Der Tod von Janis Joplin und Jimi Hendrix teilte uns mit, daß wir auf einem so ätzenden, so sonnennahen Planeten nicht überleben konnten. Der Tod von John Lennon lehrte uns, welch zartes, hinfälliges Glimmen dieses Leben immer gewesen war. Wir hatten gedacht, wir stünden in einem erleuchteten Palast, aber das war nur ein Augenblicksphantasma, eine Botschaft von einem fernen Stern, der von den Medien vergrößert wurde, so daß der Eindruck einer nahen Nova entstand, die von einem einzigen, schnellen Windstoß ausgeblasen wurde. Diejenigen, die sich jetzt in einem kalten Park zu einer Sternengedenkstunde aneinanderkuschelten, fürchteten nun wirklich, daß alles verloren sein könnte.

Eldridge Cleaver kam zurück und teilte seinen Leuten mit, daß es kein Afrika, kein Cuba und keine sozialistische Republik gebe. Abbie Hoffman versteckte sich. Pornoschuppen und Bühnenorgien verdrängten die Theateraufführungen in den Geschäftsvierteln. Und Heroin ersetzte die heiligen indianischen Pflanzen. Wir hatten die Mafia und den sowjetischen Bären vergessen. Als nackte engelhafte Sterne waren wir nicht besonders gut.

Und die Beatles, die mit »Hamlet's Mill« auf die keltischen und germanischen Sternentrümmer prallten, versprachen: »There will be an answer. Let it be.«

Nach den Mondlandungen siechte das amerikanische Raumfahrtprogramm dahin, aber Ophiel empfahl uns, durchlichtete Gänge entlangzuwandeln und mit Feuerwesen zu sprechen.

Posters enthüllten andere Welten mit dreifachen Sternen als Sonnen und Spiralnebeln in ihren Himmeln, mit Smaragdozeanen und violetten und gelben Weinstöcken und Blumen – die äußeren Milchstraßen oder das Innere der Atome und Zellen. Aber dies war bereits der dekorative Zerfall des Kultes.

Dann schickte uns der tibetische Lama Tarthang Tulku Schicht um Schicht, Atom für Atom in den Himmel. Der Raum war nicht im Außen, er war die eigentliche Basis unserer Existenz. »Raum heißt den Raum in den Raum projizieren«, schrieb er.[3]

Wir sprachen vom Frieden, aber die Welt wußte es besser. Wir hatten versucht, unsere Macho-Touren abzulegen und die verborgenen Sirenen abzuschalten – aber es war der falsche Planet. Das Pentagon verzweifelte angesichts unserer Bereitschaft, gegen die dunkle Herausforderung der achtziger Jahre aufzustehen, und begann aufzurüsten.

Nun verschwand die Vision von der central plaza. Der Sternenkult war vorüber, aber seine Kinder bauten verborgene Städte, von denen einige so klein wie ein einziger Raum waren. Sie kauften die heiligen heißen Quellen, lagen unter den wirklichen Sternen in heilkräftigem Wasser fern von den Botschaften. In New Mexico saßen sie in Reihen, blickten sich gegenseitig in die Augen und versuchten Gott ineinander zu sehen. Sie ersetzten die Rock Stars und verwandelten den Kult.

John Lennon tat, was er konnte, um den Rock 'n' Roll-Holocaust zu überleben, aber es gelang ihm nur knapp. Aber Dylan blieb Prophet: er verließ seine Familie und ging zu dem nächsten tödlichen Kult über. Die Stars hatten uns zu einer anderen Erde, einer anderen Ebene dieser Welt geführt. Alles, was jetzt noch blieb, war die Rückkehr zu den Wurzeln der Kunst, den Wurzeln des menschlichen Lebens. Jene, die in den Tempeln verblieben, sollten zu Robotern des negativen Nachlebens werden. Kalt und abgetakelt bewiesen sie, daß die Menschen traurige Götter waren.

Wer sind wir, daß wir so kühn von jenem Eid losmarschieren, der in Zelle und Ei versiegelt ist?

Welches Versprechen haben wir den toten Kreaturen gehalten, deren Leben nun unser Leben ist?

Warum sind wir so weit durch die Schatten vorgedrungen, um schließlich nur Betrug zu üben?

Die alten Lieder stehen noch immer in der Nachtluft. Smokey Robinson: »You've really got a hold on me.« Und Sam Cooke, der in einem Motel erschossen wurde: »What a wonderful world this could be.« Elvis tot auf dem Altar des Starkultes. »We shall overcome someday.« Aber auf welchem Planeten, und wann? Wenn nicht auf diesem Planeten, wird es dann überhaupt jemals einen geben? Ist dies unsere letzte Chance, oder ist es, wie der Geist Seth es versprach, nur erst der Anfang?

Ein Revolvermann, der sich selbst für John Lennon hielt, erschoß sich in der Nacht, schoß in das Chaos unerfüllter Botschaften und fehlgeleiteter Potentiale. Wenn wir leer sind, benützen dunkle Kräfte uns für ihre Zwecke. »Oh yes we will find out«: die Stones.

Wir stehen im Dunkeln in einer unbekannten Ecke der Milchstraße. Und warten auf weitere Botschaften aus dem nächtlichen Äther.

XII

Science-Fiction

1. Der Ursprung der himmlischen Welten

Das Sternenepos ist ebenso alt wie unsere Spezies. Die Unterwelt und das Empyreum wurden bereits von den Schamanen und Weisen der Eiszeit in einem Bevölkerungsraum entdeckt, der vom ursprünglichen Afrika bis zu den Pazifikinseln reichte. Durch ein millionenjähriges Studium des Himmels und ihrer eigenen Existenz entwickelten sie ein Wissen um diese unsichtbare Wahrheit. Weit entfernt lagen ungeheure Welten verborgen, aber sie wirkten vermittels der menschlichen Natur auf diese sichtbare ein. Diese Welten konnte man nur nach gefährlichen Reisen und in anderen Gestalten betreten.

Diese ersten Philosophen und Astronomen sind uns jetzt fast ebenso fern wie jene, die wir auf den Planeten des Aldebaran erfinden. In uns ist einiges von ihrer blinden Kollektivität erhalten geblieben, auch einige Fragmente ihrer Sternenmythen, aber das ist alles.

Die Science-Fiction enthält die letzte Aschenglut unserer früheren astronomischen Größe, die letzten Reste eines Kosmos, den wir durch Vorstellungskraft und sympathetische Intensität bewohnten, als wir aus der vormenschlichen Dunkelheit hervorkamen. Damals war das keine Science-Fiction, aber es war mindestens ebenso kosmisch wie alles andere, mit dem moderne interstellare Schriftsteller aufgewartet haben – die tiefen, in sich bewegten Zyklen von ineinandergeschachtelten Lotusuniversen, die wir mit unserem linearen Verstand nicht erkennen konnten, um die wir folglich nur telepathieartig, intuitiv wußten. Auch kamen aus fremden Ländern Fremde herbei, aber es waren astrale Besucher, halbdämonische, dämonische und engelhafte Wesen; sie verweilten in Kakteen, Eidechsen und Nachtfaltern, sie stürzten plötzlich vom Mond und den Planeten auf die Erde, um unsere Vorfahren im Schattenlicht des spirituellen Himmels zu initiieren, und dieser Himmel erhob sich wie ein brennendes Dorf über dem bronzefarbenen Sonnenuntergang.

Weder das platonische noch das ptolemäische Universum enthielt die Komplexität und Tiefe dieses Mundus. Auch der mittelalterliche Kosmos, den die Wissenschaft dann schließlich zu Fall brachte, kam dem alten mythischen Kosmos nicht gleich. Er war ein bedeutungsloser Kompromiß; aus Gründen der akademischen und religiösen Liturgie, nicht aber durch Weissagung und innere Schau war in ihm der Mensch in den Mittelpunkt gesetzt. Den inneren heiligen Kosmos haben wir nicht durch Kopernikus und Galilei verloren; in gewisser Weise ermöglichten sie es uns, ihn wiederzugewinnen, indem sie die Grundlage für weitere Sternenforschung und die Science-fiction erarbeiteten. Sie enthüllten ein noch verbliebenes Bild des Himmels. Das eigentliche Original war schon so lange verloren, daß weder wir noch sie irgendeinen Bericht darüber hatten. Huygens und Herschel schrieben den Nachthimmel auf eine Weise um, daß spätere Archäologen gleichzeitig in unsere eigene astronomische Vergangenheit und die imaginären Vergangenheiten von anderen Planeten in anderen Sonnensystemen blicken konnten. Und was die Science-Fiction anbelangt, so enthält sie wiederum Elemente des stammesgebundenen Eiszeitbewußtseins. Deshalb zeigt sie das Glitzern des Neuen und die Hoffnung auf unbekannte Welten und beunruhigt uns gleichzeitig mit den Überresten und blassen Hinweisen auf vergessene Welten.

Lange, bevor die Planeten und Sterne zu möglichen Reisezielen wurden, besuchten sie bereits die Erde in anderen Gestalten. Die ältesten Dokumente, in denen diese Dinge in der Steinzeit detailliert niedergelegt waren, sind uns nicht erhalten geblieben, aber wir haben bei unseren Vorfahren und bei nicht-westlichen Stammesvölkern Geschichten mit einer ähnlichen Thematik gefunden, und diese Geschichten sind zweifellos Spiegelbilder der ursprünglichen Sternendichtung. Bei den Sherente in Brasilien war Venus ein männliches Wesen, Jupiter dagegen eine Frau:

Eines Nachts kam der [Jupiter]Stern vom Himmel herunter und besuchte einen jungen alleinstehenden Mann, der sich in sie verliebt hatte. Der junge Mann verbarg den Stern in einem hohlen Kürbis, dort aber wurde dieses Wesen von seinen Brüdern entdeckt. Die Sternin erzählte es ihrem Liebhaber und lud ihn ein, sie zum Himmel zu begleiten. Dort war alles anders als das jeweils Entsprechende auf der Erde. Überall sah er geräuchertes oder gebratenes Menschenfleisch, und wenn er badete, sah er entsetzlich verstümmelte Formen mit offenen Körperhöhlungen. Er entkam, indem er die Babacapalme hinunterglitt, auf der er zuvor emporgestiegen war; und als er auf die Erde zurückkehrte, erzählte er von seinem Abenteuer. Aber bald darauf starb er, und seine Seele ging wieder zu Jupiter zurück, und jetzt ist er ein Stern neben ihr im Himmel.[1]

Die Vorstellung vom Himmel als einem realen Ort ist in diesem Mythos noch in den Anfängen; die präformativen und kreativen Elemente der Mythologie überwiegen. In einem Mythenzyklus der Winnebagoindianer besucht ein mächtiges Wesen aus dem Weltraum die Erde und schwängert ein Mädchen, das bei der folgenden Geburt von Vierlingen stirbt. Der Erstgeborene, Manabozho, greift den zuletzt Geborenen, Chokanipok, an, und nachdem er gewaltige Stücke von seinem Körper abgeschnitten hat, streut er sie als Feuersteine umher und verwandelt seine Eingeweide in »lange gewundene Reben«. Dann flieht der als Dritter Geborene, Wabassa, nach Norden und wird in ein Schamanenkaninchen verwandelt.² Das ist keine Geschichte über einen realen Himmel als tatsächlichen Ort. Es ist ein Versuch, die Topographie und die Schätze der Erde durch ein kreatives Prinzip aus dem Himmel zu erklären. Dabei liegt die Annahme zugrunde, daß der Himmel symbolisch und rätselhaft die Begriffe für die ursprüngliche Erscheinungsform der Dinge enthält.

Auch in unserer westlichen Tradition gibt es solche Heimsuchungen. Die Geburt eines jeden der griechischen Götter ist ein quasi-stellares Ereignis:

> *Aphrodite, die Göttin der Liebe, erhob sich nackt aus dem Meerschaum, sie fuhr in einer Muschelschale und trat dann zuerst auf der Insel Kythera an Land; da ihr diese Insel aber zu klein war, ging sie zur Peloponnes weiter und verlegte ihren Wohnsitz schließlich auf Paphos in Zypern ... Wo immer sie auch ihren Fuß setzte, sproßten Gras und Blumen aus dem Boden. ... Einige sind der Meinung, daß sie aus dem Schaum geboren wurde, der sich um die Genitalien des Uranus sammelte, als Kronos sie ins Meer warf; andere wiederum glauben, daß Zeus sie mit Dione zeugte, die die Tochter des Okeanos und der Meernymphe Tethys war, beziehungsweise die Tochter von Luft und Erde.*³

Die Ankunft auf einer Muschelschale könnte auf ein außerirdisches Gefährt hindeuten, aber ganz offensichtlich geht es bei der Gestalt Aphrodites um etwas anderes. Im Bewußtsein der Menschen, die sie kollektiv und über lange Zeit hinweg imaginierten, stellt sie die Entstehung von Schönheit und Liebesleidenschaft aus den Trümmern der früheren Schöpfung dar. Sie war die ursprüngliche Personifikation dieser Erscheinungen für jene vernunftbegabten Wesen, die die gegenwärtige Ordnung schufen.

Es gibt in der zeitgenössischen Science-Fiction Episoden exotischer Liebe zwischen Außerirdischen und menschlichen Wesen, aber in diesem Bereich ist Aphrodites Besuch bei Anchises, der zu der Geburt des Äneas führte, grundlegend und ursprünglich und weist auf eine Offenbarung hin, nach der wir noch immer suchen:

So sprach er [Anchises] und nahm sie bei der Hand. Und Aphrodite, die das Lachen liebt, näherte sich langsam mit abgewandtem Gesicht und niedergeschlagenen Augen dem schön bereiteten Bett, auf dem bereits weiche Decken für den Helden lagen; und darauf lagen die Häute von Bären und fürchterlich brüllenden Löwen, die er selbst in den hohen Bergen erlegt hatte. Und als sie sich auf das schön bereitete Bett begeben hatten, nahm Anchises zuerst ihren strahlenden Schmuck ab: Nadeln, gewundene Klammern, Ohrringe und Halsbänder; er löste ihren Gürtel, streifte ihre leuchtenden Gewänder ab und legte sie auf einen silberbeschlagenen Stuhl. Dann wohnte er ihr durch den Willen der Götter und des Schicksals bei, ein sterblicher Mann mit einer unsterblichen Göttin, ohne genau zu wissen, was er tat.

Erst, als sie ihn weckt und vor ihm am Bett steht, erkennt Anchises, wen er geliebt hat. »Ihr Kopf reichte bis zu dem wohlzugeschnittenen Baum, der das Dach bildete, von ihren Wangen erstrahlte eine unirdische Schönheit, wie sie zu der reichbekrönten Kythera gehört.«[4]

Kein Wunder, daß manche zeitgenössische Autoren unter dem Bann der Science-fiction und der säkularen Astronomie sich diese Besucher als reale außerirdische Wesen vorgestellt haben, die von unseren Vorfahren als Götter wahrgenommen wurden. Robert Temple assoziiert den babylonischen Oannes mit dem Fischschwanz von Amphibien vom Sternensystem des Sirius, mit Wesen, die nach der Auskunft der Dogon ihre Gesellschaft gründeten: er stellt sich ein intelligentes Lebewesen vor, das »einer Art Kreuzung zwischen Mensch und Delphin ähnlich sieht.«[5] Die Literatur unseres Planeten quillt über von möglichen Raumfahrzeugen und außerirdischen Reisenden. Von Däniken, Temple und andere haben allenthalben Hinweise auf solche Dinge angeführt, die sie in geschriebenen und gesprochenen Sprachen, in Petroglyphen auf untertassenähnlichen Objekten und auf archaischen Gegenständen fanden, die Uhren und Computerrädern gleichen und bis jetzt noch nicht erklärt worden sind. Temple erzählt von einer Niederkunft der Außerirdischen nach einer Beschreibung der Dogon. Das Gefährt klang wie das Geräusch von Steinblöcken, die in einer bestimmten kleinen Höhle in der Nähe des Debosees gehauen wurden. »Die Arche landete auf dem trockenen Fox-Land und trieb eine Staubwolke in die Höhe, die durch den Wirbelwind, den es erzeugte, entstanden war. Die Gewalt des Aufpralls schürfte den Boden auf.«[6] Eine Flamme kam aus der Arche hervor und berührte das Gras.

Temple findet noch eine weitere »Landung« in dem sumerischen Gilgamesch-Epos aus dem dritten Jahrtausend vor Christus: »Es erschienen Sterne am Himmel. Die himmlischen Heerscharen fielen zu mir hernieder. Ich versuchte sie hochzuheben, aber sie waren zu schwer für mich; ich versuchte sie zu bewegen, aber ich konnte sie nicht bewegen.«[7]

Auf diese Weise also wurden die Außerirdischen empfangen, falls sie wirklich gekommen sind. Und ihre Beiträge sind in unserer Zivilisation bereits als Göttertaten und Schamanenvisionen integriert. Das kann nun nicht mehr verändert werden. Aber die Götter existieren auch aus einem anderen Grund; und wenn die Raumfahrer für einen kurzen Augenblick mit ihnen synchron sein sollten, kann das Aspekte ihrer Botschaft, aber nicht ihre eigentliche Bedeutung oder Wichtigkeit verändern: sie sprechen noch immer aus dem Inneren der menschlichen Psyche. Von Däniken hat vollkommen recht, wenn er »unsere menschliche Vergangenheit« zitiert, »die auf irgendeine Weise irgendwann einmal unsere menschliche Zukunft werden muß.«[8] Denn dies trifft bereits für seine außerordentlichen Annahmen zu, in denen Thor, Ra, Quetzalcoatl und Rama keine Götter, sondern Besucher aus dem Weltraum sind, Ezechiel außerirdische Maschinen und keine göttlichen Räder sah, Enkidu aus dem Gilgamesch-Epos ein Raumschiff ist (und andere bizarre Monster ebenfalls Sternengefährte sind). Unsere Manipulation und Neudefinition dieser Ereignisse erzeugt eine merkwürdig stark vereinfachte Beziehung zwischen uns und den Göttern. Von Däniken beharrt darauf, daß wir von solchen Wesen erzeugt und somit ihre Kinder sind – und dadurch werden wir auch zu Göttern. Aber das Universum ist so tief in uns verinnerlicht, daß diese Behauptung, selbst wenn sie wahr ist, kaum

mehr Bedeutung hat als das tiefe Geheimnis der DNA selbst in
den Tiefen des weiten Universums.

Die Welt der Toten war der meistbesuchte »Planet« des Altertums, und obwohl man dieses Reich durch einen Zustand spiritueller Transformation erreichte, war es auch ein Vorläufer der planetaren Erfahrungen der Raumfahrer. Die griechische Beschreibung ist uns vertraut:

> *Wenn die Geister zum Tartarus hinabsteigen, dessen Haupteingang in einem Hain von Schwarzpappeln neben dem Okeanosfluß liegt, dann werden sie mit einer Münze versehen, die von den frommen Verwandten unter die Zunge des Leichnams gelegt wird. Auf diese Weise können sie den geizigen Charon bezahlen, der sie in einem wackligen Boot über den Styx fährt. Dieser grausige Fluß bildet die Grenze des Tartarus auf seiner westlichen Seite und hat als Nebenflüsse Acheron, Phlegethon, Cocytos, Aornis und Lethe. Geister, die keine Münzen haben, müssen für immer an dem nahe gelegenen Ufer warten, es sei denn, sie wären ihrem Führer Hermes entkommen und durch einen Hintereingang hineingekrochen. ... Ein dreiköpfiger oder, wie manche sagen, fünfzigköpfiger Hund namens Cerberus bewacht das dem Styx gegenüberliegende Ufer und wartet darauf, lebende Eindringlinge oder flüchtige Geister zu verschlingen. ...*
> *Die erste Region des Tartarus bilden die freudlosen Asphodelos-Felder; dort irren die Seelen von Helden ziellos zwischen dichten Mengen weniger angesehener Toter umher, die wie Fledermäuse piepsen, und nur Orion hat dort noch den Mut, den Geisterhirschen nachzujagen.*[9]

Das Königreich des Osiris, das die Ägypter kennen, ist als Totenwelt wieder anders. Menschenähnliche Wesen haben dort Falken-, Schakal- und Löwenköpfe. Ein hasenköpfiges Wesen hält ein Messer, eine Flußpferdgöttin und ein grobschlächtiger Zwerg stehen nebeneinander, beide mit Messern ausgestattet. Neben ihnen ist ein Ghul mit einem Widderkopf. Der Falke des Horus trägt zwei Kronen und sitzt auf einem Grabmalgebäude.

Die Sonne und der Mond werden durch die Augen des Himmels ersetzt.[10]

Wer das tibetische Land der Toten besucht, muß sich auf phantastische und schreckliche Ungeheuer gefaßt machen:

> *O Edelgeborener, aus dem Norden [dämmern] die Blaue Wolfsköpfige Windgöttin, die mit einem Wimpel in der Hand winkt, und die Rote Steinbockköpfige Frauengöttin, die einen spitzen Pfahl in der Hand hält, und die Schwarze Sauköpfige Saugöttin, die eine Schlinge aus Fangzähnen in der Hand hält, und die Rote Krähköpfige Donnergöttin, die einen Kindesleichnam in der Hand hält; und die Grünlichschwarze Elefantenköpfige Großnäsige Göttin, die einen großen Leichnam in der Hand hält und Blut aus einem Schädel trinkt; ...* [11]

Dies ist eine Welt dumpfen, rauchigen Lichtes, unablässiger Stürme, eine Welt von Raubtieren, betäubenden Tönen und Banden von Ungeheuern, die die Seelen verfolgen. Das Totenbuch weist darauf hin, daß diese Gespenster die konkreten Folgen von Zorn, Gier, Angst, Gewalt, Gleichgültigkeit und anderen negativen Emotionen und Haltungen sind. Das Bardo [in das die Seelen zuerst übergehen] ist keineswegs nur symbolisch; vielmehr sind Emotionen physikalische Tatsachen, die sich in bewohnte Topographien auflösen, wenn der körperliche Aspekt hinter einem Individuum zerfällt. Es sind also keine biologischen Tiere oder geologischen Landschaften, auch wenn ihr Ursprung in der kreatürlichen Existenz liegt, sondern »psychotronische« Abbilder. Andere Welten hängen in ihrer Existenz von unbewußten Aspekten unseres Daseins ab.

Die Totenreiche sind nicht die einzigen archaischen Planeten. Auch in den Märchen kommen erdähnliche Welten vor, die von merkwürdigen und magischen Lebewesen bewohnt werden. In den irischen Überlieferungen gibt es eine Unzahl von Feen, Wechselbälgen, Geistern, Gnomen, Riesen, Dämonenkatzen, Hexenhasen, Zauberbutter, Todesfeen und Wachträumen. Das vierblättrige Kleeblatt fängt die Plötzlichkeit ein, mit der diese Welt sich verändert. In den deutschen Erzählungen der Gebrüder Grimm ist ein Prinz im Körper eines Frosches gefangen, eine böse Krähe wird an eine Schloßmauer genagelt, ein Butt erfüllt einem Fischer, der ihn zurück ins Meer wirft, alle möglichen Wünsche, Hexen wohnen inmitten dichter Wälder, und die Schönheit wird vom wilden Tier besucht. Nichts davon haben wir vergessen, und in der Science-Fiction treffen wir es wieder. Der Wald ist jetzt ein ferner Planet. Unter blitzenden Sternen ruft Mary Shelley das Ungeheuer später wieder ins Leben zurück, merkwürdige Erinnerungen werden aufgewühlt. Die Zunderbüchse, die die Hunde herbeiführt, und die Lampe, die die Dschinnis ruft, sind jetzt elektronische Instrumente. Noch immer liegt unser Schicksal in denselben uns unbekannten Händen. Merlin lebt rückwärts, und Arthur zieht das Schwert aus dem Stein. Coyote klettert an einem Faden in den Himmel hinauf und trifft dort alte Spinnen, die in einer Wiese sitzen. Während er einen Tag in der Oberwelt verbringt, ist in der Welt dort unten ein Jahr vergangen.

Kein Wunder, daß die Zeit zwischen den Planeten jetzt ausgedehnt ist, und daß andere Welten von Rittern, Prinzessinnen, telepathischen Wilden, intelligenten Ungeheuern, denkenden Felsen, Nymphen und körperlosen Stimmen erfüllt sind. Wir kennen diese »Orte« noch aus den Tagen der Odyssee und davor. Sie existierten in der dunklen Zwischenzone zwischen den Reichen der Mythologie, Psychologie und Geographie, die kartographisch nicht erfaßt ist. Man hat tatsächlich einige dieser Königreiche und Völker auf dieser Erde gefunden, und vielleicht wird man weitere auf anderen Planeten finden.

Die Irrfahrt des Odysseus war eine der ältesten »Raumfahrten«. Er betrat eine unbekannte Kosmologie, in der es Lotusesser, Zyklopen, eine Hexe namens Kirke und einen Sack voller Winde gab – es waren lebende Wesen in einem Ledersack, ein Geschenk des Windgottes Aiolos. Die fremden Ufer, die Odysseus besuchte, sind von verlorenen Raumfahrern des zwanzigsten Jahrhunderts wieder aufgesucht worden. Wir können diese Ufer nicht auf das Ägäische Meer beschränken, aber wir können das Ägäische Meer bis zu den Sternen hin ausdehnen.

Weiterhin gibt es die Seereisen des mittelalterlichen irischen

Mönches Brendan, der vielleicht ein neolithischer Schamane war. Er wurde von einem feuerspeienden Riesen angegriffen, er sah eine schwebende Kristallsäule, er gelangte zu einem Ort, wo das Licht durch das Wasser zu den darunterliegenden Städten wanderte. Der feuerspeiende Riese war vielleicht ein Vulkan auf einer Insel vor Island. Das Kristall war vielleicht treibendes Eis. Vielleicht wandte sich Brendan nach Süden, landeten in Vinland und blickten in das lichtdurchlässige Korallenmeer.[12]

Das irische »Immrama« und die norwegischen »Sagas« sind die noch erhaltenen Fragmente einer umfassenden mündlichen Science-Fiction-Überlieferung aus dem nordatlantischen Raum, die seit alten Zeiten und noch während des Mittelalters in Europa weitergegeben wurde. Die Menschen blickten damals auf das Meer, wie wir jetzt in die Sterne blicken, und sie verstanden, daß dort ein Geheimnis verborgen lag, dessen Umfang und Ursprung unbestimmbar war.

Der isländische Seefahrer Erik der Rote segelte viermal nach beiden Amerikas. Auf einer seiner Seereisen traf er auf einen Eingeborenenstamm, wahrscheinlich Eskimos oder Beothuk-Indianer, die von den Norwegern als »Skraelings« (kleine Leute) bezeichnet wurden. Diese untersetzten, dunkelhäutigen Leute sahen wie Kobolde aus. Sie kamen in neun Fellbooten daher, wirbelten ihre Bullenlärmer in der Richtung des Sonnenlaufes, und sie machten ein Geräusch wie Dreschflegel. So erzählt es die »Saga-Geschichte« aus dem Jahre 1005 nach Christus. Eriks Tochter Freydis schlug einen Angriff auf diese kümmerlich aussehenden Wesen vor, aber die Skraelings schlugen die eisenbewaffneten Fremden mit Schleudern und Pfeilen zurück, und sie verwendeten Waffen aus den Flossen von Seesäugetieren, die unter den Wikingern auf den Boden schlugen und grausige Geräusche von sich gaben.

Das waren wirklich blinde, mittelalterliche Armeen in der Nacht. Die Norweger waren Eindringlinge vom Himmel; die Skraelings dagegen chthonische Wesen der Finsternis. Zweifellos hat sich unsere Spezies auch anderswo auf diesem Planeten als Rasse von Fremdlingen wiedererkannt, aber dies ist ein geschichtlich bezeugter Fall, der für tausend andere steht.

Als Erik der Rote die Länder im Westen verließ – seine Schiffe voll mit Elfenbein, Öl und Fellen –, segelte er nordwärts auf der Suche nach neuen Welten. Er überwinterte an einem unbekannten Platz, den er Eriksholm nannte, seine Männer bauten Häuser aus Treibholz, das von Strömungen aus sibirischen Flüssen herangeführt worden war. Am Ende eines harten Winters setzten sie ihre Fahrt nach Norden fort.

Dann kam Erik ans Ende der Welt: riesige Eisberge, deren Länge eine halbe Meile betrug, krachten aus den Eiswänden ins Meer und erzeugten meilenweit gezeitenartige Wogen, und trotzdem blieb die größte Gletscherfront auf dieser zwischeneiszeitlichen Erde aus der Entfernung der norwegischen Schiffe noch immer sichtbar. An dieser Stelle blickte Erik nach Norden in einen Spiegel von fortwährendem, blendendem Tageslicht, der ebenso unbewohnbar war wie die Sonne oder der interstellare Raum. Baffinland wirkte dagegen wie ein Paradies, denn Baffinland war wenigstens ein Kontinent. Hier schwamm er zwischen den Gipfeln versunkener Berge, den Bruchstücken alter Welten, deren Glitzern so hell war, daß er nicht sehen konnte – und dort vermischten sich alle Sprachen, Landschaften und Richtungen in dem polaren Wirrwarr von Atmosphäre und Sonnenwind, hier war er dem Thor und dem Midgardland näher als jemals zuvor.[13]

Jahrhunderte später reiste Marco Polo zu den Tartaren und nach China und besuchte fremdartige Höfe. Die Portugiesen brachten Afrikaner, Perlen, Schalen aus Straußeneiern und Holzschnitzereien aus dem Inneren eines nahe gelegenen Kontinents mit, dessen Dimensionen noch kaum geschätzt werden konnten. Seefahrer aus dem frühen sechzehnten Jahrhundert kehrten mit struppigen roten Wilden zurück, die unirdische Sprachen sprachen und den seltsamsten Gebräuchen und Glaubensvorstellungen anhingen. Waren sie die verlorenen Stämme von Israel? Gehörten sie zu einer anderen Rasse? Waren sie überhaupt menschliche Wesen? Im ausgehenden achtzehnten Jahrhundert kamen mit den heimkehrenden Schiffen des Captain Cook auch Berichte über unbekannte Pflanzen- und Tierarten an, über exotische Könige und Häuptlinge, über das Eis am

Südpol und die riesigen Statuenköpfe auf den Osterinseln. Hier verschmelzen Legende, Theologie und die frühe Anthropologie.

Wir verspüren die Kraft des unbekannten Westens in den späten Shakespearestücken. Die Tragödien seiner Könige sind zu Ende, die Possenreiter, Feen und Buffos der Komödien werden auf das Meer geschickt. Das europäische Theater erleidet einen Schiffbruch auf einer kleinen Insel, die sich dann aber als tatsächliche Brücke zwischen Äonen und Welten herausstellt. Es ist, als hätte Shakespeare gewußt, daß auf ihn nur etwas vollkommen Neues und anderes folgen konnte. Er hatte genug von der Art eines Galilei oder John Dee in sich, um das prophezeien zu können.

In Ariel und Caliban teilt er uns mit, daß es auf der Erde Länder gibt, die von Wesen bevölkert werden, welche uns weder ähnlich sehen, noch unsere Geschichte oder unsere christliche Tradition teilen. Wenn sie Magie betreiben, so tun sie das auf ihre eigene eingeborene Art.

»Dies Eiland ist mein, bei Sycorax, meiner Mutter«, sagt Caliban.[14] Es sind nicht einmal Ägypter, die hinter diesem Anspruch stehen. Nur die ortseigenen Götter und die Wildnis. Die Insel ist von wilden, wundersamen Geräuschen und Stimmen erfüllt.

»Der Sturm« ist selbst noch nicht Science-Fiction, ist aber ein unmittelbarer Vorläufer. Tausendemal werden der Magier und seine Tochter zum Wissenschaftler und seiner Tochter, die auf den Planeten anderer Sonnen ausgesetzt werden. Und die gutaussehenden Weltraumwesen, die den schiffbrüchigen Edelmännern der Shakespearestücke gleichen, erheben Ansprüche auf die Dame, um sie sowohl ihrem besitzergreifenden und mächtigen Vater wie auch den eingeborenen Geistern zu entreißen. Die Mirandas des Weltraums blicken auf die Erde als einen Stern zurück und sagen: »O brave new world...«[15]

Manches ist niemals gefunden worden: Meeresnymphen, Amazonen, das weiße christliche Königreich von Prester John in Afrika, der Kontinent Atlantis, die Antipoden, die auf dem Kopf stehen und so weiter. Ihre jeweiligen Inhalte wurden auf historische Fakten verlegt, die Mormonen beispielsweise entschieden, daß die amerikanischen Indianer die verlorenen hebräischen Stämme seien. Oder sie wurden weniger glorreichen Dingen zugeordnet, die tatsächlich gefunden wurden, zum Beispiel, als das mythische Brasilien aufgegeben wurde, und der Name hinfort für eine weite tropische Wildnis verwendet wurde. Kein Jungbrunnen, keine telepathischen Völker, keine zweiköpfigen menschenähnlichen Wesen oder Unterwasserstädte sind bisher gefunden worden. Einige dieser Dinge sind unmittelbar in die Science-fiction übergegangen und tauchen nun in den Vorstellungsbildern der Planeten auf – nicht nur sie, sondern noch seltsamere Rassen und Lebewesen.

Das europäische Bewußtsein bräuchte viele Generationen, um all jene Wunder zu verstehen, die durch die frühen Reisenden und Ethnographen enthüllt wurden. Die australischen Ureinwohner lebten in einer Traumzeitlandschaft, die fast übernatürlich war. Ihre Erde bestand aus den Knochen, dem Blut, den Genitalien und dem Samen eines kollektiven Wesens, dessen lebende Glieder sie waren. Und sie empfingen Nachrichten von den Toten über weite Entfernungen ohne sichtbare Botschaften oder Botschafter. Sie hatten eine Wissenschaft der wechselseitigen Verwobenheit von Familien, die jedes andere soziale System in anderen Gegenden überfordert hätte. Die amerikanischen Indianer besuchten Pflanzen im Geiste und beschworen Tiere, und da sie selbst von Natur aus nicht merkwürdig und regenbogenfarbig genug waren, bemalten sie sich und wurden dadurch zu bizarren Geistgestalten. Sie vollführten Tänze und ließen auf diese Weise Bewußtseinselemente ans Tageslicht kommen, die im Westen noch nicht aufgetreten waren. Die Aktualität der Kachinas, Medizinmänner, Büffeltänzer und Sonnenpriester war verrückter als irgendeine ihrer Phantasien. Was sie in melodramatischem Exzeß nicht zustande brachten, verwirklichten sie dafür in ihrer tatsächlichen Existenz und durch ihr Leben in Gestalt dieser fremdartigen Geschöpfe.

Auf der Suche nach einem wilden und unbekannten Universum ging Carlos Castaneda zu den Indianern und war damit ziemlich spät daran. Er reiste nicht zu einem Planeten im Sternbild Andromeda, nicht einmal zu einem der näher liegenden Sterne wie dem Sirius. Er überschritt einfach die Grenze nach Mexico. Dort entdeckte er Dinge, die ebenso unglaubhaft und unerklärlich waren wie alles, was die Science-Fiction für Völker mit einer ungeheuer überlegenen Technik und psychokinetischen Kräften erdichten konnte. Im Universum des Don Juan, das sich bis an die Grenzen des Kosmos erstreckt, ist Castaneda ein armer Vagabund. Weil wir bereits den Verdacht hegen, daß dieser vitale Schamanismus an unsere Welt rührt, und weil wir Spuren solcher Kräfte auch in uns selbst intuitiv wahrnehmen [ohne sie erreichen zu können], erfinden wir die entsprechenden Wunder draußen im interstellaren Raum. Unsere Vorstellungskraft versucht unser unruhiges Leben zu rechtfertigen. Wir setzen diese wundervollen Planeten im Himmel weit auseinander, so daß wir sie mit unserer Arroganz und unserem Irrtum nicht beschmutzen können, und damit sie uns und unser Urknalluniversum überleben und weiter existieren, auch wenn wir sie schließlich in uns selbst verfehlen. Der Schamane erhält als Erbteil die Sterne. Wir müssen um jeden Klumpen Dreck kämpfen.

Castaneda beschreibt, wie man in unbekannten Sprachen mit Tieren sprechen kann, wie man in die Psyche eines vorbeifliegenden Vogels eintreten kann, wie man zu gleicher Zeit an zwei Plätzen verweilen kann, wie man neue Organe in seinem Körper entstehen läßt und in einen Abgrund in den sicheren Tod springt, nur um anderswo auf einem Marktplatz rematerialisiert wieder aufzutauchen.

Dies ist nicht allein der Stoff, aus dem Quasare und die schwarzen Löcher gemacht sind, vielmehr behaupten manche Leute, daß Castaneda einfach Science-Fiction geschrieben hat, die er dann unehrenhaft als Ethnographie verkleidet hat. Wir wissen es nicht.[16]

Genauso, wie sich die Mythen des alten China und Indien in Anthropologie aufgelöst haben, sind sie auch durch eine merkwürdige neue Welt ersetzt worden. Dort herrschen psychedelische Visionen, Voodoozauber, Geistheilung und ethnowissenschaftliche und totemistische Systeme vor, deren Komplexität mit derjenigen der Computer und der linguistischen Philosophie wetteifert. Und der Einfluß Chinas, Tibets und Indiens ist im Westen niemals stärker gewesen.

In einem alten Comic-Heft erscheint ein Marsorchester mit geschnäbelten Musikern. Ein merkwürdiges Publikum hört ihnen zu, wie sie die üblichen irdischen Instrumente »spielen«, nur steigen aus den Schallöchern kompliziert gemusterte farbige Formen auf und verschmelzen über ihnen. In anderen Büchern und Zeitschriften schwärmen ganze Bienenstöcke von intelligenten Insektoiden in Kriegsschiffen aus, um eine dralle Königin zu suchen, die weitere Generationen von Zenturionen ausbrütet. Nebelwesen verdampfen in die Atmosphäre ihres Planeten. Kristallgeschöpfe liegen stiellos über dem Antlitz einer Welt, assimilieren Feuchtigkeit und speichern eine umfassende Philosophie auf.

Die Oberfläche eines anderen Planeten ist ein riesiges Tier, dessen röhrchenförmige Sensorien wie Blumenfelder aussehen. Entlaufene Planeten kreuzen die Umlaufbahn der Erde. Einige von ihnen sind leer; andere enthalten sechzehnäugige Pyramidengeschöpfe und Roboter. Riesige Reptilien reiten auf pferdeähnlichen Tieren über unbekannte Ebenen. Der Planet der Telepathen dagegen bleibt uns verborgen. Wir können seine tatsächlichen Formen nicht sehen, denn seine Bewohner lassen nur die Bilder nach außen dringen, die wir sehen sollen. Mit ihren Spinnen- und Amöbenzivilisationen halten sie sich am anderen Ende dieser Milchstraße oder in einer anderen Milchstraße auf, oder es gibt sie gar nicht. Sie haben ihre Denkmäler und Städte, ihre »Homere«, »Shakespeares« und »da Vincis«, wie auch immer sie in ihrer Sprache heißen und welche Medien und Geräte sie auch verwenden mögen.

Die eigentliche Science-Fiction entstand spät in unserer Geschichte als Entsprechung zu dem unendlichen Universum der Astronomen und Mathematiker. In den Trümmern der mythologischen Welten bildeten sich neue imaginäre Welten. Alle wurden sie hypothetisch zwischen die Sterne und Dimensionen des Nachthimmels verlagert. Überall im Newtonschen Raum wurden Planetenzonen erzeugt, und der Darwinsche Algorithmus erfüllte sie mit allen möglichen Lebensformen.

Alte Mythen erzählen von Sternenkräften und den übernatürlichen Wesen, die im Himmel und in anderen Welten entstehen. Selbst die biblische »Genesis« ist die Geschichte der Erschaffung eines Planeten, und auch die Werke Dantes und Milton beinhalten dieses außerirdische Thema. Aristophanes, Apuleius, Äsop und Plato können alle als Proto-Science-Fiction-Autoren betrachtet werden, denn sie befassen sich mit imaginären Städten, außerplanetarischen Reisen und sprechenden Tieren. Der berühmteste dieser Autoren im Zusammenhang der Science-Fiction ist Lucian von Samosata, ein syrisch-griechischer Baumeister aus dem zweiten Jahrhundert nach Christus, der die »Verae Historiae« (Wahre Geschichten) schrieb. Sie erinnern an die »Amazing Stories« (Verblüffende Geschichten) und die »Astounding Science Fiction« (Höchst erstaunliche Science-Fiction) des zwanzigsten Jahrhunderts. In einer der Geschichten Lucians wird ein griechisches Schiff durch Winde und Wasserspeier zum Mond geschwemmt. Dort beobachtet die Besatzung Vorbereitungen für einen Krieg mit dem Sonnenkönig, der sich mit dem Mondkönig um den Besitz des Jupiter streitet. Es wird eine riesige doppelte Mauer als Schutz gegen die Sonne gebaut. Schließlich verständigen sich beide Seiten durch einen Vertrag, der die Kolonisation des Morgensterns beinhaltet. Die Griechen setzen ihre Reise durch den Tierkreis fort und besuchen eine Stadt, in der sprechende Lampen wohnen. Ihre Abenteuerfahrt bringt sie zu den Reichen von Riesen und Ungeheuern, zu Städten aus Gold und Edelsteinen und einer Trauminsel mit einem Traumpalast.[17]

Dies ist keine wirkliche Science-Fiction und führt auch nicht unmittelbar zur Science-Fiction. Bevor nicht der säkularisierte Himmel aus dem astralen Himmel herausgebrochen war, konnte es kein Sternenerlebnis geben, das nicht gleichzeitig auch okkult und mythologisch war. Die Planeten und Lebewesen Lucians sind einfach übernatürliche irdische Reiche und Geisteswesen. So weit sie auch nach draußen projiziert sein mögen, so geben sie doch Ereignisse wieder, die innerhalb der

Menschheit stattfinden. Lucian versuchte nicht, Welten und Lebewesen zu ersinnen, die von dieser unserer Welt unabhängig sind, noch verwendete er solche Welten und Lebewesen, um die Stellung des Menschen im Kosmos zu definieren. Das trifft auch für Jonathan Swifts »Gullivers Travels« (Gullivers Reisen) und andere Werke des siebzehnten und achtzehnten Jahrhunderts zu. Damals vermieden die meisten Proto-Science-Fiction-Bücher okkulte und mythologische Schöpfungen, aber sie setzten andere Welten als allegorische und moralische Erweiterungen dieser unserer Welt – als ob das Universum nach unserem Bild geschaffen sei und nur unsere Gesellschaft widerspiegelte.

In seinem Werk »Billion Year Spree« (Eine Orgie von Billionen Jahren) – es ist eine Geschichte der Science-Fiction – lokalisiert Brian Aldiss den Beginn dieser Gattung im Gruselroman des achtzehnten und neunzehnten Jahrhundert, der sogenannten »Gothic novel«. Man erfand seltsame Welten, die in fernen unbekannten Gegenden angesiedelt waren, wo es Geister, Riesen, Schlösser, Sultane, Schätze, bewaffnete Gestalten, übernatürliche Wesen von geheimnisvoller Herkunft gab, auch Dörfer, die vom Rest der Menschheit abgeschnitten waren und wo Vampire und andere Schattenwesen herrschten.[18]

Aldiss folgt den Spuren der Gothic novel bis zu Horace Walpoles »The Castle of Otranto« (Das Schloß von Otranto), das im Jahre 1765 veröffentlicht wurde. Und woher kam dieses Werk?

»In einer Juninacht des Jahres 1764 hatte Walpole einen Alptraum, in dem er eine riesige Hand in eiserner Rüstung sah, die das Geländer einer großen Treppe ergriff. Als er aufwachte, fing er den Roman zu schreiben an.«[19]

Tatsächlich entspringt ein großer Teil der Science-Fiction aus Visionen, Trancen und psychopathischen Ereignissen, daher ist der Beginn dieses Genres ebenso bodenlos und ungreifbar wie die Sterne. Seine Quellen sind verschleiert durch unsere eigene psychische Herkunft, und sie haben keine deutliche Geschichte.

Für Aldiss beginnt Science-Fiction mit Mary Wollstonecraft Shelleys Roman »Frankenstein«, der ebenfalls in einen Traum eingebettet ist und von der Autorin noch vor ihrem zwanzigsten

Lebensjahr verfaßt wurde (es war im Jahre 1816). Vielleicht ist das Ungeheuer ihre Wahrnehmung der dunklen Seite ihres Dichtergatten, aber ganz offensichtlich ist ihr Geschöpf weder ein Geist noch ein Golem im üblichen Sinn: Er ist eine »Maschine«, die von einem Wissenschaftler erschaffen wurde. Er grübelt über seinen dunklen Ursprung und sein unglückliches Schicksal nach, wie es Science-Fiction-Geschöpfe noch für Billionen von hypothetischen Jahren in der Zukunft tun werden, und wie es der Mensch im Zusammenhang der Science-Fiction-Sterne tut. Mary Shelley hat, so vermutet Aldiss, nicht nur ein Monster geboren, das unmittelbar hinter der Grenze des menschlichen Bewußtseins schlummerte, sie ist auch die Ahnherrin aller Science-Fiction.[20] Kurz darauf erschuf Jules Verne seine Maschinerie, und H. G. Wells schickte Raketen hinaus ins Sonnensystem.

Andere moderne literarische Genres, wie etwa der Western und der Kriminalroman, haben »cinema verité«-Landschaften. Die Landschaft der Science-Fiction dagegen ist dekorativ und ausgeschmückt, was öfters von den Kritikern bemängelt wird. Oft ist sie ausfernd und schlampig beschrieben, aber es muß wohl irgendeine Art von Landschaft sein. Vielleicht ist es die Landschaft der verborgenen Seele der Wissenschaft – der Astronomie, der Physik, auch der Chemie und der Biologie. Science-Fiction entsteht im Zuge der Technologie und Industrialisierung und erforscht deren unbekannte und latente Inhalte. Deshalb ist Mary Shelleys Roboter der erste. Das Science-Fiction-Geschöpf muß künstlich und industriell sein, oder es muß auf einer durch Technologie motivierten Reise entdeckt werden (wenn es nicht umgekehrt uns entdeckt). Ansonsten könnte es diese zweite Schöpfung des Universums nicht erforschen – die Planetologie einer vernunftbegabten Spezies, die zu den Sternen strebt.

Die Science-Fiction-Welten werden als etwas anderes dargestellt, deshalb erfassen sie jene Seite in uns, die das andere gerne und zwar auch dann wahrhaben möchte, wenn dadurch Inhalte auftauchen, die für unsere spirituellen Kategorien nicht mehr zugänglich sind und uns so in die unbekannten Dimensionen von Zeit und Raum schleudern. Sie mögen zwar in *unserer* Wissenschaft entstanden sein, aber wenn *ihre* möglichen Geltungsbereiche nach außen verlagert werden, scheinen sie eher die Produkte von anderen, sogar roboterhaften Intelligenzen zu sein. Aus einer stochastischen Vorstellungskraft entstehen seltsame, unheimliche Gestalten und exotische Landschaften. Sie erschrecken uns, denn wir haben es geschafft, in den Spiegel der natürlichen Welt einen dunklen, zwingenden Sprung zu schlagen. Wir haben den Schwindler so geschickt zurechtgeschnitten, daß er uns jetzt sofort, in der nächsten Sekunde ersetzen könnte.

Die Science-Fiction braucht aber auch die Ingredienzien des romantischen Wildwestromans: Abenteuer in exotischen Gegenden, Überschreitung sozialer Grenzen und Schranken und die Entwicklung einer einzigartigen Persönlichkeit und Seele. »Es gibt vielleicht Trillionen von Milchstraßen und Billionen von Billionen Sterne in ihnen und Billionen von Planeten, die um diese Sterne kreisen«, teilt Dr. McCoy Captain Kirk in einer »Star Trek«-Szene mit, »und wer weiß, wie viele Rassen und Einzelindividuen – aber nur einen einzigen Kirk.« Ohne dieses Element menschlicher Einzigartigkeit verschwimmt das erzählerische Moment mit der Allegorie: wir kümmern uns nicht mehr um den individuellen Abenteuerhelden und seine Reisen zu Gegenden jenseits des Meeres oder zu anderen Planeten, und die Reisen selbst werden zu kollektiven Odysseen wie etwa »The Pilgrim's Progress« (Pilgerreise) oder Dantes »interplanetarische« Übergänge.

Jeder von uns ist ein einzigartiges Wesen, und jede fremde Welt, jedes Lebewesen ist einzigartig und besonders, also gibt es einen Grund, sie alle zu besuchen. Wenn sie für immer fortdauern, müssen auch wir für immer fortdauern. Diese Welten können weder in Kategorien gefaßt noch verallgemeinert werden. Sie bilden keinen Tierkreis. Oder wenn es so ist, werden wir sie durch Gebet oder Meditation nicht erreichen. Wir müssen uns ihnen nähern und sie in ihrer regionalen und endlosen Verschiedenheit betreten, sie als faßbare Wesen in all ihren Farben, Gerüchen und Klängen erfahren.

In Poul Andersons Roman »The High Crusade« erleben wir das Ränkespiel und die Wunder eines zufälligen kosmischen Abenteuers.[21] Im Jahre 1345 ist der englische Baron Sir Roger gerade dabei, ein Heer aufzustellen, um König Edward III. in Frankreich zu Hilfe zu kommen. Aber da landet ein Raumschiff in seinem Dorf. Die Besatzung besteht aus eineinhalb Meter großen Wesen mit blauer Haut und kurzen Schweifen. Alle sind angesichts dieser echten lebendigen Dämonen und Teufel starr vor Schreck, man denkt als erstes an Exorzismus, aber es bleibt keine Zeit, um die Handlungsmöglichkeiten abzuwägen. Die Invasoren feuern aus einer Waffe, die einen der Dorfbewohner zu Tode sengt. Und die englischen Soldaten reagieren, ohne lange zu überlegen. Zu ihrem Erstaunen dringen ihre Pfeile in diese blauen Dämonen ein. Hunderte von Pfeilen werden abgeschossen, und drei der Dämonen fallen um wie Jahrmarktfiguren.

Sir Roger ist ein moderner Denker. Er hat keine Ahnung, wer diese Eindringlinge sind, aber er ist beeindruckt von ihrem Fahrzeug und würde es gerne gegen die Franzosen verwenden und, falls erfolgreich, gegen die Ungläubigen im Heiligen Land. Nach der Eroberung von Jerusalem könnte er dann heldenhaft nach England zurückkehren. Daß dies ein satanisches Fahrzeug ist, beunruhigt ihn nicht im mindesten. Er versichert sich der Unterstützung der noch lebenden Besatzungsmitglieder und lernt, wie man damit umgehen muß. Auf den Einwand, daß sie Teufel sind und das Luftschiff mit einem Fluch beladen ist, antwortet er nur, daß es schon traurige Teufel sein müssen, wenn man sie so einfach töten kann. Eher nimmt er statt dessen an, daß sie von einem Ort jenseits von Cathay (China) kommen, einer Gegend, die bereits bei Plutarch, Brendan und Pytheas ihre schwer faßbaren Vorgänger hatte.

Sir Roger schafft alles – Männer, Frauen, Kinder, Pferde, Kühe, Schweine, Hühner – in dieses Luftschiff. Sie heben schnell und mühelos vom Boden ab. Die Wolken erweisen sich als bloße Nebel; die Erde ist rund und der Mond mit Einschlagkratern übersät. Die Erde verschwindet unter ihnen wie ein Stein, der »in einen großen Brunnen hinabfällt«.

Sie glauben, daß es nun nach Frankreich geht, aber der gefangene Pilot hat sie überlistet und automatische Kontrollvorrichtungen auf dem Luftschiff in Gang gesetzt. Es kehrt zu dem Heimatplaneten zurück, der zu einem expandierenden interplanetarischen Imperium gehört, welches nun auch die Erde erobern will.

Sir Roger läßt sich nicht einschüchtern. Er geht davon aus, daß es in einem so riesigen Reich auch viel zu erbeuten gibt, und im Kampf selbst scheinen diese Fremdlinge nicht besonders stark zu sein. Es gelingt ihm nicht nur, nach der Landung den Planeten einzunehmen, er erobert am Ende sogar das ganze Imperium. Seine Nachkommen, die diese vielen Welten zu einem einzigen feudalen Königreich zusammengeschlossen haben, treffen schließlich die ersten Raumfahrer von unserer Erde.

Die englischen Ritter im interstellaren Raum, die ihre mittelalterliche Welteinstellung behalten und trotzdem eine höchst komplexe Zivilisation unterwerfen, bieten ein starkes Bild eines Zeit-Raum-Momentes, das weit über das Buch hinausreicht. Im Zentrum dieses Bildes liegt Sir Owains Bemühen um Lady Catherine – unter fremden Sternen und zwei Monden. Bleiben wir nicht immer die Nachkommen von Bauern und Wilden, selbst wenn wir zu den Sternen reisen? Das ist die Schönheit des einzelnen, nicht-allegorischen Lebens.

Generationenlang breiten die Nachkommen dieses englischen Heeres ihren Machtbereich aus und suchen dabei zur Mitte der Milchstraße hin nach Sonnen, um die Erde und das Heilige Land zu finden. Als das erste Raumschiff von der Erde ankommt, sind sie tief bewegt. Ihre Herkunft aus einem fernen Land war nicht nur Legende. Sie bieten der irdischen Besatzung einen Astrologen an, der sie zum Königshof führt. Dort sprechen sie über die Ergebnisse der königlichen Expeditionen zu den vielversprechenden Sternenwolken im Zeichen des Schützen.

Science-Fiction ist eigentlich eine irreführende Bezeichnung. In Wirklichkeit schaffen wir Sternenmythologie. Wir projizieren jeden nur vorstellbaren Aspekt des gegenwärtigen Weltzustandes auf die unbekannte problematische Basis der Realität und sehen uns selbst aus immer größerer Ferne und immer relativistischer zurückgespiegelt, bis unsere eigene Existenz im Universum alles mögliche oder auch gar nichts sein könnte. Wir haben keine zusammenhängende Kosmologie, keine feste Weltenachse, keine Stütze – wie etwa die Mühle der Götter und des alten Hamlet – wie also sollen wir das Himmelsgewölbe aufrechterhalten und mühsam Gerechtigkeit, Sterne und Meersalz hervorbringen? Wir sind in Schwierigkeiten und verfügen weder über Quadranten noch über Wasseruhren, mit denen wir den Himmel ordnen oder uns selbst wieder einfügen könnten. Anpassungsversuche währen höchstens kaum ein Jahr, geschweige denn eine Generation oder ein Zeitalter. Wir kippen die Kosmogonie in alle möglichen Richtungen und verändern die Dimensionen und die moralische Basis gleichermaßen, und das können wir noch eher annehmen als ein passives Warten auf eine Lösung für unser gegenwärtiges Dilemma. Wir ziehen den vormodernen existentialistischen Hamlet Shakespeares dem alten skandinavischen Prinzen vor, der noch versuchte, die Konstellationen an ihrem Platz zu halten. Er stellte in der lateinischen Geschichte Dänemarks noch die Grundlage für diesen späteren Hamlet dar, die Übertragung war parteilich und unvollständig.[22] Wenn wir schon keine einzelne Wirklichkeit und kein zusammenhängendes Universum bestimmen können, so werden wir wenigstens alle möglichen Universen erfinden: es ist die kollektive widersprüchliche Widerspiegelung unseres gegenwärtigen Treibens. Vielleicht ist der Wahnsinn einmal in den Sternen gewesen, aber wir haben ihn in unser unruhiges Leben herabgenommen. Wir sind die einzigen übriggebliebenen Propheten und Helden. Der Himmel hat alle anderen Abenteuer und Eroberungen abgeschwächt. Unsere Illusion ist, daß wir dem Schicksal der kosmischen Einheit entgangen sind, aber wir sind nun selbst dieses Schicksal, und nur wir können verraten, was aus dem Kosmos werden kann.

2. Selbst und Kosmos

Der Schlüssel zur Science-Fiction ist nicht die exotische Beschaffenheit der besuchten Welten im Universum, auch nicht die ungeheuren interstellaren Entfernungen. Die verschiedensten Pflanzen- und Tierarten in diesen Büchern können immer weitergeführt werden, ohne daß auch nur ein Schein von kosmischer Bedeutung aufblitzt. Der wirkliche Schlüssel zur Science-Fiction ist die Wanderung unseres Bewußtseins, manchmal auch unseres Körpers, zu anderen Dimensionen und Bewußtseinsebenen. Das kann auf einer Sternenreise zu fernen Sonnensystemen und anderen Milchstraßen geschehen, aber es kann auch geschehen, ohne daß wir die Erde verlassen. Ein Ort ist nicht deswegen schon »kosmisch«, weil ein Schriftsteller uns mitteilt, daß er auf einem anderen Planeten liegt. Die seltsamen Lebewesen in den Ozeanen der Erde, sogar die Schmetterlinge und Heuschrecken in den Feldern sind kosmisch. Die Science-Fiction erschafft das Kosmische nicht, indem sie uns durch bizarre Maschinerien in Erstaunen versetzt, sie findet die anderen Welten nicht nur dadurch, daß sie das Unirdische übertreibt.

»Allein in dieser Wüste gibt es viel zu viele Welten«, sagt der Schamane Juan Matus zu Carlos Castaneda, »als daß wir sie in der erbärmlich kurzen Zeit eines Menschenlebens jemals kennenlernen könnten.«[1]

Der normale Romancier muß die Befindlichkeit des Menschen im Rahmen eines bestimmten Jahrhunderts oder eines sozialen Milieus beschreiben. Er kann kosmische Kräfte miteinbeziehen, aber er kann sie nicht in ihrem Rohzustand in seine Bücher einführen. Wenn er es tut, werden sie zu Science-Fiction. Ein Science-Fiction-Autor kann seine Figuren durch die Sterne wandern lassen, kann die Sterne selbst in Bewegung setzen, kann sie sogar denken und kommunizieren lassen, er kann eine ganze Kultur in eine fremdartige Umgebung versetzen. Aber wir sollten uns durch die Landschaft nicht täuschen lassen. Dostojewski und Faulkner haben ebensoviel über das Schicksal der Menschen unter den Sternen enthüllt wie irgendein Science-Fiction-

Autor. Indem sie die Sterne nicht in den Vordergrund ihres Werkes rückten, haben sie gerade ihre subtile und komplizierte Allgegenwart gezeigt.

Science-Fiction-Autoren machen den Kosmos als solchen zum Symbol für unseren Ursprung und unser Schicksal, zu einem großgeschriebenen Symbol, das weit von uns hinaus projiziert wird, wo wir es als riesige Einheit zu sehen scheinen. Es ist nicht irgendeine bestimmte Form, die die kosmischen Obertöne verleiht, es ist die Tatsache dieses ewigen Rätsels in einer sternenerfüllten Nacht selbst. Wir können ihm nicht ausweichen, können es auch nicht entschärfen, also müssen wir hineingehen und es enthüllen. Aber meistens versagt die Science-Fiction. Die Riesigkeit ist korrumpierend, und der Autor begnügt sich schließlich mit einem kleineren Inhalt, der dann mit Sternen, bizarren Landschaften, trivialen Ungeheuern und anderen barokken Kreaturen reich ausgeschmückt wird.

Eines der offenkundigsten Beispiele für das Versagen der großen Dimensionen ist Olaf Stapledons Erzählung »Star Maker« (Sternenschöpfer). Stapledon schrieb, als sich das Unwetter des Zweiten Weltkriegs zusammenzog, und versuchte, einen entsprechend großen Horror im ganzen Universum selbst anzudeuten. Er wanderte durch Planeten, Sterne und Milchstraßen bis zum Schöpfer der Welten selbst. Aber der unausgesprochene Schatten Hitlers war letztlich unfaßbarer als die Qualen der Sonnen, und unsere eigene Spezies war grausiger und erschreckender als ein Sternenschöpfer, der ganze Universen zerstört. Stapledon wurde von unserer irdischen Düsternis noch überboten. Trotzdem beschwört allein die Reichweite des Buches eine geheimnisvolle und unbekannte Größe.

Am Anfang des »Star Maker« wird ein einzelner Mensch in den Himmel geführt:

Hinter mir lagen Rubine, vor mir Amethyste. Um die Rubinkonstellationen breitete sich eine Zone von Topassternen aus, und um die Amethystkonstellationen eine Zone von Saphiren. Auf beiden Seiten meines Weges verblaßten die Farben zu dem normalen Weiß der vertrauten Himmelsdiamanten.

Da ich mich fast in der Ebene der Galaxie fortbewegte, war der Reif der Milchstraße zwar auf beiden Seiten weiß, aber vor mir violett und hinter mir rot.[2]

Seine Geschwindigkeit steigert sich, und die Sterne und Milchstraßen fliegen wie in einem Blizzard vorbei. Anstatt hinaus in die Unendlichkeit zu sausen, nähert er sich der Quelle, dem Sternenschöpfer selbst. Dieses überintelligente Wesen stößt Versuchsuniversen aus sich heraus, beobachtet sie einen Augenblick lang und verschlingt sie dann wieder, um einen weiteren Versuch zu machen. Es ist ein steriler, wenn auch grandioser Anfang:

> *Als er voll Liebe, wenn auch kritisch unseren Kosmos in all seiner unendlichen Vielfalt und in seinem kurzen Augenblick der Erleuchtung betrachtete, spürte ich, daß er plötzlich von Ehrerbietung für das Geschöpf erfüllt war, das er geschaffen hatte oder durch eine Art göttlicher Selbst-Hebammenschaft aus seinen eigenen verborgenen Tiefen hervorgeholt hatte. Er wußte, daß dieses Geschöpf zwar unvollkommen, eben eine bloße Schöpfung, eine bloße Erfindung seiner eigenen Schöpfungskraft war, dennoch war sie auf irgendeine Art realer als er selbst.*[3]

Aber der Sternenschöpfer kann nichts tun, um die Qualität dieses Universums zu verbessern:

> *Allem Anschein nach hatte er jedes Verlangen aufgegeben, sie von den Folgen ihrer Endlichkeit und von der grausamen Wirkung ihrer Umgebung zu retten. Er liebte sie ohne Mitleid. Denn er sah, daß ihr besonderer Vorzug gerade in ihrer Endlichkeit, ihrer winzigen Besonderheit, ihrer qualvollen Balance zwischen Dumpfheit und Erleuchtung lag, und daß es ihre Vernichtung gewesen wäre, hätte er versucht, sie davon zu retten.*[4]

Mit einer solchen Figur als Sinnbild für den ganzen Kosmos kann Stapledon nur eine Art astralen Nihilismus erreichen. Charles Dickens berührt das Geheimnis unseres Ursprungs und Schicksals ohne die Sterne. In »Great Expectations« (Große Erwartungen) erkennt Pip, daß ein entflohener Häftling, den er während seiner Kindheit auf einem Friedhof getroffen hatte, für seinen gesamten Aufstieg zu Wohlstand und guter Gesellschaft verantwortlich ist und außerdem noch der Vater der Frau ist, die er liebt.[5] Bei der Entdeckung der ersten Wahrheit scheint er vollkommen den Glauben zu verlieren, denn er hatte einen größeren Plan erwartet. Als er jedoch von der zweiten Wendung erfährt, ist er imstande, seine Geliebte aus der Dunkelheit zu befreien, in die die Geschichte gehüllt ist, er reißt die Vorhänge des alten Hauses auf und läßt das Tageslicht auf die Spinnweben fallen. Die Geschichte beginnt mit einer Begegnung auf dem Friedhof, scheint sie zu vergessen und kehrt dann wieder zu ihr zurück. Es ist der Angelpunkt des ganzen Plots. Die Science-Fiction ergreift diesen Moment und breitet ihn über das ganze Universum aus – was ihn nicht größer macht, uns aber einen Sinn dafür verleiht, wie groß er immer schon war.

Es gibt tatsächlich den Sträfling und den Friedhof an unserem Ursprung, und unsere Existenz selbst wirft ein Licht durch einen zuvor verdunkelten Raum. Das ist unser Erbteil. In einem Universum aus Stein und Feuer ist sogar der Sträfling ein Prinz. Die reiche Frau und ihre Tochter sind bloße Phantasien von besseren Welten, und wie die Dinge lägen, wenn wir nicht so unwissend und arm geboren worden wären. Wir scheinen den Kosmos überhaupt nicht zu verdienen, und dann werden wir plötzlich zu seiner Rettung. Das ist die Botschaft der Science-Fiction. Die Alten kannten es als Schicksal und verlegten es durch eine vollkommen andere Methode in den Himmel.

Anfänglich suchte die Science-Fiction vor allem nach den äußeren Welten, denn der westliche Mensch drängte noch immer in einen merkwürdigen physikalischen Kosmos, der sein Schicksal veränderte. Im Grunde haben wir noch nicht einmal die Oberfläche dieses Phänomens angekratzt, aber wir haben immerhin die erste Schwelle der Bedeutung überschritten, und lange Zeit wird das erst einmal nicht viel mehr bedeuten. Wir betreten jetzt die Science-Fiction der Reinkarnation und Bewußtseinsveränderung, und die Bilder des Hinduismus und Buddhismus sind uns allmählich ebenso geläufig wie raketengetriebene Raumschiffe und Raum-Zeit-Reisen.

In dem Film »Star Treck« sind viele der wichtigeren Szenen spirituell oder mental, zum Beispiel, wenn Captain Kirk aufgrund einer Transporterfehlschaltung in seine polarisierten Hälften zerfällt, oder wenn Spock das Bewußtsein der Außerirdischen betritt und das Universum sieht, das sie sehen – von Gärten aus Fels und Silikon bis zu Geschöpfen aus funkelndem Licht. Andere Wesen und Intelligenzen flattern in dem Universum, in dem sich das Raumschiff »Enterprise« unablässig fortbewegt, aus und ein. Sie gehören zu der noch umfassenderen Schöpfung. Wenn die Reisenden ihnen begegnen, verändern sie sich, und die Reise wird zu einer kosmischen Initiation.

»Space: The Final Frontier!« (Raum: Die letzte Grenze!) hören wir am Anfang einer jeden Episode. Aber natürlich ist nicht der Raum die letzte Grenze, sondern wir selbst. Wir reisen durch eine Schicht des Kosmos in einer Illusion von Raum und Zeit. Dieser Film ist ein Epithalamium der Spezies Mensch und der Schöpfung. Ein alter, noch auf der Erde hergestellter Satellit (V'ger) kehrt von den fernen Bereichen der Zeit und des Raumes zurück (die selbst vielleicht nur ein Bruchteil des Kosmos sind) und sucht jetzt nach mehr als nur nach Daten oder neuen Planeten oder Perspektiven im Weltraum. Am Ende verschmelzen ein Mann, eine Frau und der Satellit in einem metasexuellen Springbrunnen von Lichtern, Auren und Atomen, und sie klonen eine neue Spezies, genauso wie die träumenden Kinder in Arthur Clarkes »Childhood's End« (Die letzte Generation) oder die Vorfahren der Hopiindianer, wenn sie bei ihrer Seelenwanderung dem Geist eines großen Vogels folgen.[6] Die geschmeidigen androgyn aussehenden Geschöpfe aus »Close Encounters of the Third Kind« (Unheimliche Begegnung der Dritten Art) sind vielleicht Besucher aus dem Weltraum, aber ihre Art, mit Zeit und Dimension umzugehen, impliziert, daß der Mensch mit etwas Neuem im Kosmos, also in sich selbst in Kontakt gekommen ist. Das Raumschiff über dem Teufelsturm mag bloße Staffage sein, aber ein unterlegtes Mantra und eine kosmische Melodie werden eingesetzt, um die Verbindung herzustellen, und das ganze Objekt ähnelt einem voll manifestierten Mandala, das aus einem anderen Raum in unsere Bereiche hereinwuchert.[7]

In der hinduistischen und buddhistischen Literatur erwachen Individuen plötzlich zu einem anderen Leben in sich selbst, und dieses bewußte Leben wird Teil einer viel längeren kosmischen Reise. In Paramahansa Yoganandas »Autobiographie eines Yogis« wird der Autor von einem Wesen angerufen, das ihn in anderen Leben unterrichtet hat und diese Leben durch eine Handberührung in sein Bewußtsein zurückbringt. »Ich erinnere mich«, sagt er. Dann spricht Babaji, der Nicht-Sterbliche:

Mehr als dreißig Jahre habe ich auf deine Rückkehr zu mir gewartet.
Du glittest hinweg und verschwandest in die heftigen Wogen des Lebens jenseits des Todes. Der magische Stab deines Karmas berührte dich, und schon warst du weg!
Zwar hast du mich aus dem Auge verloren, aber ich habe dich niemals aus dem Auge verloren! Ich folgte dir über das leuchtende Astralmeer, auf dem die glorreichen Engel segeln. Durch Düsternis, Sturm, Aufruhr und Licht folgte ich dir, wie eine Vogelmutter, die ihr Junges beschützt.[8]

Radioteleskope können das leuchtende Astralmeer nicht offenbaren, aber Science-Fiction-Erzählungen blicken durch die Bilder, die das Radioteleskop enthüllt, hinaus und erschaffen dieses leuchtende Meer von neuem.

In dem tibetischen Roman »Mipam« von Lama Yongden inkarnieren sich Mipam und Dolma Jahrhundert für Jahrhundert, bis sie einander wieder wie zu Anfang gegenüberstehen, entsprechend den Gelübden, die sie damals abgelegt haben. Am Ende des Romans »erinnert« sich Mipam. Dolma, die Frau, die er geheiratet hatte, kehrt zum Astralmeer zurück, so daß sie nun die Episode vollenden können, die Äonen zuvor begonnen hatte:

Weil ich dir nicht geben wollte, was ich von der Lehre besaß [sagt er zu ihr], blieb ich jahrhundertelang unfähig, sie ganz zu verstehen. Mögest du von dem Verlangen nach Rache erlöst sein, das dich zahllose leidvolle Inkarnationen lang in diese Welt zurückgebracht hat, und möge ich von Stolz und Egoismus, den Urquellen dieses Verlangens befreit sein.

Ruhe dich einen kurzen Zeitraum im Paradies der Großen Seligkeit aus, und wenn du dann ehrenvolle Eltern in einer benachbarten Gegend ausgewählt hast und mit einem männlichen Körper geboren worden bist, komme dann in zehn Jahren zu mir und verweile hier mit mir in Ngarong als mein Schüler und wohlgeliebter Sohn.[9]

Dies ist das Universum, das wir aufgegeben haben, und deshalb liegt unser Schicksal nun im äußeren Weltraum. Und dieser äußere Weltraum ist unsere Wanderung durch »zahllose leidvolle Inkarnationen«, bis wir zu der Quelle unseres Verlangens zurückkehren, denn nach dem Gesetz des Karmas hat dieses Verlangen im Grunde alles entstehen lassen, einschließlich der gestirnten Nacht.

In der Science-Fiction dagegen geht die tiefe moralische Bedeutung des Karmas oft verloren, und das Karmakonzept wird in den Begriffen eines zufälligen High-technology-Universums neu erfunden. Karma wird zu einer korrupten Wissenschaft interstellarer Zivilisationen, die die kosmische Schule von Lebewesen bioelektrisch messen und Zyklen der Entkörperung und Wiederverkörperung festsetzen, die nur auf politischer Macht basieren. Die Tyrannei reicht noch über das normale Leben hinaus.

In seinem Werk »Lord of Light« (Herr des Lichtes) läßt Roger Zelazny eine Welt von Götterfiguren erstehen, die im Grunde nur Mitglieder einer herrschenden Klasse sind. Durch eine wissenschaftliche Methodologie von Engrammen und Bewußtseinstransfer werden ihnen göttliche Eigenschaften und fast schon Unsterblichkeit verliehen. Diese dekadenten Adeligen haben die Namen und Kräfte der Götter und Göttinnen aus den Veden der Hindus übernommen. Sie führen miteinander Krieg, verwandeln ihre Körper und ihr Geschlecht, versuchen die sinnlichen Genüsse der Ewigkeit zu kosten, und dabei erheben sie die Wenigen und verbannen ihre Gegner in bestialische oder unvollkommene Körper. Der größte Teil der Menschheit bleibt wild und besitzlos, während diese Lords – als Mara, Yama, Vishnu und Brahma – für sich selbst wunderschöne Körper erschaffen, sich ganze Harems zulegen und Reichtum aufhäufen. Sie haben vergessen, daß sie nicht die wirklichen Götter sind, weil sie so lange in dieser Gestalt verweilten.

Währenddessen ist Siddharta, der Dämonenbändiger, in die elektrischen Felder um die Erde verbannt, aber er wird von den Rebellen heimlich zurückgeholt und wiederverkörpert, denn er versucht, die alten Götter zu entmachten und eine neue Ordnung aufzurichten. Zuerst will er seinen fleischlichen Körper nicht wieder annehmen, schließlich aber entwickelt er erfolgreiche Strategien für die Rebellion. Die astralen und spirituellen Energien des Hinduuniversums können nicht korrumpiert werden, denn durch ihr karmisches Maß bestimmen sie die Gerechtigkeit. In diesem Science-fiction-Universum werden sie durch Bioingenieure in Elektrizität pervertiert. In dieser Form kann Karma ebenso benutzt werden, wie man auch Computer benutzt, man mißt damit alles, was die herrschende Klasse begehrt.[10]

Philip José Farmer hat zwei Phantasieuniversen geschaffen, in denen das planetarische und biologische Ingenieurwesen so fortgeschritten ist, daß Lebewesen aus ihrer Umwelt und ihren Körpern gekidnappt werden, in neue Körper gesteckt werden, und ganze künstliche Planeten von Lords geschaffen werden, die als Tyrannen über sie herrschen. In der »World of Tiers«-Serie haben die Lords jeweils einen Planeten als sein oder ihr privates Paradies geschaffen. Dabei haben sie synthetische Körper von wirklichen Tieren, mythologischen Tieren und schönen Humanoiden verwendet. Aber die Lords haben den Kontakt zu ihren menschlichen Wurzeln verloren und sind zu grausamen Experimentatoren geworden, die miteinander Krieg führen und die Welten ihrer jeweiligen Gegner einfach aus Spaß zu zerstören versuchen, weil die Ewigkeit langweilig geworden ist. Sie finden ein Vergnügen daran, einander in ihren eigenen Welten gefangenzuhalten, auf Planeten Invasionen zu veranstalten und den dortigen Lord zu stürzen, der doch ihr eigener Vater, Sohn oder die eigene Tochter sein könnte. Aber das ist schon so lange her, daß es bedeutungslos geworden ist.

Im ersten Roman der Serie »The Maker of Universes« (Der Schöpfer von Universen) erschafft Farmer einen Kosmos, der zum Teil auf dem mythologischen Griechenland aufbaut (es kommen dort auch Teiche mit Nymphen und Najaden vor), daran schließen dann Gegenden aus dem modernen Deutschland, die amerikanischen Ebenen, die von Indianerstämmen bewohnt werden, und ein südamerikanischer Dschungel an. All diese Welten werden nebeneinander auf den Rängen eines einzigen Planeten angeordnet, und sie werden von wiederverkörperten Seelen bewohnt, die von der Erde gestohlen wurden.[11]

Die zentrale Romangestalt ist Robert Wolff, ein rundlicher, resignierter Altphilologe, dessen Ehefrau ständig nörgelt und der auf der Suche nach einem Haus in Phoenix ist, in dem er im Ruhestand leben kann. In einem unbewohnten Haus öffnet er einen Wandschrank, hört, wie ein Horn geblasen wird, und entdeckt eine ganz neue Welt:

Das Sonnenlicht flutete durch die Öffnung herein. ... Eine Vegetation, die so ähnlich wie Bäume aussah – aber es waren keine irdischen Bäume. Durch das Laub und die Zweige konnte er einen strahlend grünen Himmel sehen... Sechs oder sieben Alptraumkreaturen waren am Fuße eines riesigen Felsblockes versammelt, ...der aus rotem, quarz-durchsetzten Gestein bestand und ungefähr die Form eines Pilzes hatte.

Ein Mann in hirschledernen Knickerbockern rief ihn mit den quälend-eindringlichen Worten in diese Welt: »Nun bist du also endlich gekommen!«[12]

Als Wolff dieser Einladung nicht folgt, wirft ihm der Fremde ein Horn zu. Noch in derselben Nacht schleicht er sich ins Hohokam Homes Development, und gerade, als die Nachtwächter hinter ihm schließen, stößt er ins Horn und findet sich auf dem

Gras dieser anderen Welt wieder, wo der Mond die zweieinhalbfache Größe des Erdenmondes hat. Vogelrufe erfüllen die Luft, und orange-gelbe Libellen mit ellipsenförmigen Schwingen, deren Spannweite drei Meter beträgt, fliegen vorbei. Es ist mehr als irgendein Abenteuer: seine Beziehung zu diesem Ort ist nicht zufällig.

Wolff fängt in dieser Welt als Außenseiter an, er ist das einzige unschöne und »kranke« Geschöpf im Paradies. Er kann sich aber nur kurze Zeit bemitleiden, denn sehr schnell erweist sich das Paradies als fürchterliche Hölle. Alle sind in diese Welt entführt worden und in einen Körper eingepflanzt worden, und alle kommen sie aus verschiedenen Epochen und Ländern der Erde. Nur Wolff scheint auf andere Weise hierhergekommen zu sein. Mit der Zeit hat diese merkwürdige Umgebung ihre Wirkung auf ihn, und er wird jünger, gesünder und stärker. Zusammen mit einer Frau namens Chryseis, die er schon am ersten Tag trifft, und Kickaha, einem Amerikaner im Körper eines amerikanischen Indianers, der als einziger ohne Schwierigkeiten zwischen den Rängen und Kulturen dieses Planeten hin und her wandert, macht er sich daran, den obersten Rang, nämlich das Laboratorium und den Kontrollraum zu erreichen. Dabei wird er von Podarge, einem Zwischenwesen zwischen Adler und Harpye, abwechselnd belästigt und unterstützt, zeitweise wird er von Kickaha, seinem Tricksterverbündeten getrennt, dann trifft er ihn wieder. Und schließlich gelingt es ihm, das große Laboratorium zu stürmen und die Welt zu befreien – gleichzeitig aber entdeckt er, daß er selbst der Herr ist, der diese Welt erschuf, der auch Chryseis, Podarge und alle übrigen in ihre Körper eingeschlossen hat. Durch einen rivalisierenden Lord wurde er auf die Erde getrieben, wo er in Amnesie verfiel und ganz konkret ein zweites Leben lebte, das unmittelbar in Kentucky begann. Nur seine Stellung als Altphilologe erinnerte noch dunkel an seine ältere und unsterbliche Herkunft. Schließlich aber stieß Kickaha in das heilige Horn, um ihn herbeizurufen, genauso wie Aslan in den Romanen von C. S. Lewis die Kinder nach Narnia ruft.

Wolff hat eine Reise zum Sinn und Ursprung seines eigenen

Lebens gemacht. Als er all die Prüfungen und Fallen überwindet und übersteht, ist er auch mit seiner früheren Skrupellosigkeit und Grausamkeit, mit seiner eigenen inneren Natur konfrontiert, denn er selbst hat ja die Fallen ausgelegt und diese Welt geschaffen. Als erleuchteter Lord, als neues Wesen kehrt er zum Thron zurück und löst nicht nur seinen korrupten Nachfolger ab, sondern auch den seichten Hedonisten, der er zur Zeit seiner ersten Unsterblichkeit selbst war.

Dies ist das Dilemma unserer ganzen Spezies: jenem Wesen auf die Schliche zu kommen, das diese Technologie durch uns geschaffen hat, das uns veranlaßt hat, diese Technologie zu erzeugen und uns selbst durch sie zu versklaven, um es dann zu transzendieren. Dann können wir als gute Könige zurückkehren und nicht als die Tyrannen und Plünderer, die wir gewesen sind. Wolff, der einst der Lord Jadawin gewesen ist, muß ohne Erinnerung in einem anderen Körper zur Erde reisen, damit seine Demut wiederhergestellt wird und das Leben wieder Sinn und Struktur gewinnt.

Ohne Zweifel gibt es geheime, ungeschriebene Texte, auf denen die äußerlich manifesten Science-Fiction-Bücher beruhen. Und ihre Botschaft lautet wie folgt:»Es wird sich erweisen, daß wir die Schöpfer des Ganzen sind – wir, die wir gegenwärtig vorgeben, bloße ohnmächtige und unschuldige Käfer und Läuse zu sein, entwerfen Sternenwirklichkeiten, die jenseits der Vorstellungskraft oder Machtvollkommenheit selbst der meisten olympischen Götter liegen. Wir sind die Schöpfer der Universen. Der Tyrann, den wir zu stürzen versuchen, sind wir selbst.«

Eine solche Entdeckung wird unsere Jugend und unsere Kraft wiederherstellen, aber es wird eine schreckliche Abrechnung sein, denn wir sind ihr solange ausgewichen. Sie wird uns mit einer endgültigen unausweichlichen Verantwortung für unsere Missetaten konfrontieren. Deshalb ist die Farmersche Version einer fortgesetzten Unsterblichkeit so attraktiv. So banal seine Erzählwelten in mancher Hinsicht auch sind, so lassen sie doch Platz für die ewige Hoffnung, daß wir doch noch unseren Platz irgendwo flußabwärts oder im nächsten Sternensystem und der nächsten Inkarnation finden. Dies ist das letztendliche Versprechen der Sterne: daß wir diesem Irgendwie, Irgendwann auf die Schliche kommen, daß wir – und zwar persönlich – herausfinden, wer wir sind. Irgendwo da draußen gibt es genügend Welt und Zeit. Mipam verwendet ganze Lebenszeiten für die Suche nach dem Schlüssel nur eines einzigen Ereignisses. Und als Yogananda von seinem Meister berührt wird, strömt die Erinnerung und das vergessene Wissen durch seinen Geist.

Der Mensch ist von irgendwo vertrieben worden. Die Menschheit ist aus den Sternen vertrieben worden, und alle Individuen haben ihre Wurzeln verloren. Die ganze Spezies hat ihren Ursprung und ihren Lebenssinn verloren. Vielleicht befinden sich alle vernunftbegabten Wesen aller Planeten im Exil.

Und vielleicht arbeitet auch das Universum im ganzen – als alle einzelnen Geschöpfe, Zellen und Teilchen – nur daran, sich selbst zu verwirklichen und in die Einheit zurückzuführen.

In Pers Anthonys Roman »Makroskop« stehlen vier Leute ein hochkompliziertes Gerät von einer Raumstation und treten die Flucht vor dem planetarischen Militär an.[13] Dieses Gerät, das Makroskop, ist vor allem dafür bekannt, daß es aus dem radioaktiven Zerfall von Gegenständen ein Gravitationserzeugnis beziehen kann. Dadurch werden Ereignisse in der ganzen Milchstraße sichtbar, selbst solche, die in Stoffen stattfinden oder durch Einzäunungen blockiert sind. Es empfängt aber auch eine Art von »Informationsstrahlen«, die offensichtlich die Milchstraße durchwandern und Anweisungen von höheren Zivilisationen enthalten. Am wichtigsten aber ist, daß es einen bestimmten außergalaktischen Strahl empfängt, der von einer Superzivilisation in einem unbekannten Teil des Universums ausgesandt wird und Informationen enthält, die alles, was in der Milchstraße existiert, weit überbieten. Unglücklicherweise verschmilzt diese Strahlenart mit einem bewußtseinszerstörenden Vektor, und nur einer der vier neuen Besitzer der Maschine, mit Namen Ivo, kann ihre zerstörerische Kraft überleben und weitere Informationen aus ihr beziehen.

Die Besatzung übernimmt technologisches Wissen aus dieser außergalaktischen Strahlenart, reduziert sich selbst auf Protoplasma, um große Beschleunigungen ertragen zu können. Dann reisen sie eilends zu Neptun, bauen ihren Körper wieder auf und richten auf dem Neptunmond Triton einen erdähnlichen Stützpunkt mit Garten ein. Die Erde, deren Armeen sie verfolgen, verschwinden aus dem weiteren Verlauf des Buches, und die vier lassen sich auf ein extragalaktisches Rätsel ein, das auch das Schicksal ihres Planeten enthält.

Sie treiben Triton in den Neptun hinein, so daß ein schwarzes Loch entsteht, durch das sie in die Tiefen der Milchstraße explodieren. Durch die ganze Geschichte wandern sie zurück bis zu einer Zeit, die noch vor der Geburt der Erde und des Sonnensystems lag. Während sie nach rückwärts in der Zeit reisen, besucht Ivo Phönizien, und durch das Makroskop sehen sie ihren Planeten, wie er von Dschungeln bedeckt und von Dinosauriern bevölkert wird. Mit der zeitweiligen Hilfe von Schon, einem kriminellen Genie, das lebenslang in Ivos Persönlichkeit eingekerkert ist, enthüllt sich ihnen die Entstehung des Sonnensystems, und sie sehen die Milchstraße von außen:

Das bläßliche Weiß der Sterne und Nebelflecken, das durch die Erdatmosphäre entehrt wurde, war verschwunden. Der kolossale Nebel aus interstellarem Gas und Staub war aus der Nähe des Beobachters verbannt worden. Das Resultat war eine Sicht auf die Milchstraße, wie sie wirklich war – zehntausendmal reicher, als wie man sie von der Erde aus wahrnehmen konnte.

Es war Farbe, ja, aber eine Farbe, die kein Maler wiedergeben könnte, eine Farbe, die von keinem durch die Atmosphäre geblendeten Auge ermessen werden konnte. Rot im Zentrum, wo die alten Lichter verblaßten; blau am Rand, wo sich die neuen feurigen Lichter bildeten. Ein Spektrum dazwischen – aber auch so viel mehr! Hier dehnte sich das sichtbare Farbband in einen Bereich aus, für den es keine Nomenklatur mehr gab, und vervollkommnete jene Färbungen, für die es noch menschliche Namen gab. Ein mächtiger Wirbel, eine multiple Spirale der Leuchtkraft, Welle über Welle winziger strahlender Teilchen, die ineinander verschmolzen, und dennoch voneinander verschieden waren...

...Die großen Spiralarme, die sich vom Zentrum aus hervordreh-

ten, doppelte Materiestreifen, die als das Licht der angehäuften Sterne begannen und als das Schwarz des dünner werdenden Staubes endeten. Nicht flach, nicht gleichmäßig. Die Bänder waren verdreht, zeigten sich von der Breitseite, dann wieder mit der Schmalkante, sie ähnelten offenen Möbiusschen Flächen oder der Helix der galaktischen DNA.[14]

Das Selbst entspricht hier dem Kosmos.

Schließlich entdeckt die Besatzung, daß der zerstörerische Strahl absichtlich an die außergalaktische Informationsquelle geheftet wurde, und sie erkennen, daß es die irdische Raumstation ist, die ihn erzeugt. An dieser Stelle nimmt Ivo ein flötenähnliches Instrument zur Hand und beginnt es zu spielen. Es läßt eine endgültige Wirklichkeit entstehen, die jenseits von Geist und Körper liegt. Die letzten Spuren konkreter Existenz in Raum und Zeit verdampfen, und jede der Romanfiguren wird zu einem Ort in den Sternen gebracht, wo sich das physische Schicksal mit dem astrologischen Schicksal vermischt. Dieses Instrument versetzt einen Menschen unmittelbar an den einzigen Ort im Universum, wo sein Zeichen und sein Wesen identisch sind.

Der ältere Wissenschaftler Groton und seine Frau finden sich auf exotischen Planeten in gefährlichen Situationen wieder. Dann entdeckt Groton, daß der Zerstörerstrahl angebracht wurde, um die Milchstraße vor jungen kriegerischen Kulturen zu beschützen, die sie oftmals verwüstet hatten, indem sie technologisches Wissen aus dem außergalaktischen Strahl mißbrauchten. Aber er kann nicht zur Erde zurückkehren. Er begegnet den Horvenleuten, und sie teilen ihm mit, daß sein Schicksal außerhalb ihrer astrologischen Tafeln liegt, denn er lebt achtundneunzig Millionen Jahre in ihrer Zukunft. Dies entspricht im wesentlichen dem, was der Phönizier Gorolot Ivo mitgeteilt hatte: »Entweder bist du niemals geboren worden, oder du kommst von so ferne, daß du wirklich unter keines der Zeichen fällst, die ich kenne.«[15]

Die Wissenschaft der Astrologie in diesem Buch mißt die elementare Kraft des Zusammenhanges im Universum. Es sind interstellare Zivilisationen, die eine solche Wissenschaft entwickeln, denn sie suchen notwendigerweise den Ursprung der Persönlichkeit und des Ereignisses innerhalb des gekrümmten Raum-Zeit-Hintergrundes der Sterne. Sie ist das einzige System, das in den verwickelten kosmischen Ozeanen ein konkretes Ereignis hervorhebt. Ohne eine inhärente astrologische Verbindung würden Raum und Zeit auseinanderfallen und überallhin fließen. Das Schicksal unter den Sternen würde willkürlich.

Ivo und die junge Wissenschaftlerin Afra begegnen ihrem Schicksal genau an dem Ort, wo die Sternenmusik gespielt wird. Die Flöte hat Schon unersetzlich gemacht, und er überwindet Ivo und greift Afra an, die die Ivo-Persönlichkeit, in der er gefangen war, zurückgewiesen hat. Schon und Afra entfachen einen psychischen Krieg der Sternzeichen, und Ivo ist dabei der einzig mögliche Richter. Es ist ein Kampf zwischen ihren absoluten Planetenaspekten, in denen sie als inkarnierte Individuen gleichrangig sind (sonst würde Schon trotz Afras geistiger Brillanz mit Leichtigkeit gewinnen).[16] In dieser Auseinandersetzung fällt der Sieg dem zu, der imstande ist, sich seiner oder ihrer wahren Natur zu stellen. Ihre Geburtsplaneten werden aus der Natur hervorgerufen und umfangen sie. Afras Hochmut und Angst vor ihrer eigenen Natur lassen sie an Boden verlieren, trotzdem gewinnt sie den Kampf unter den äußeren Planeten. Das beginnt bei Saturn, bis es sich bei Pluto schließlich entscheidet. Dort zwingt sie Schon in eine Konfrontation mit dem Zerstörer selbst, und da ist er mit seiner Arroganz machtlos. Schon und Ivo verschmelzen schließlich zu einem einzigen Wesen. Zusammen mit Afra und dem Makroskop kehren sie zur Erde zurück und überlegen, ob sie wohl dem Zerstörer und ihrer eigenen territorialen Gewalt entkommen können. Eines Tages könnte die Erde vielleicht den Strahl verwenden, um den Leuten jenseits der Galaxie, die die wundersame Botschaft senden, als weise und wohltätige ebenbürtige Partner entgegenzutreten. Dann vielleicht werden wir und die unermeßliche Dunkelheit eins. Und danach könnte das ganze Universum im Urknall zerstört werden, irgendwie hätten wir es geschafft, alles zu wissen, was es zu wissen gab. Und wir hätten überlebt.

3. Jesus von Nazareth

Der Mensch kann auf zwei Arten sein Schicksal in den Sternen verwirklichen: äußerlich, indem er in Raumschiffen ins Weltall reist, und innerlich durch persönliche Verwandlung oder Seelenwanderung.

Arthur Clarkes Roman »Childhood's End« handelt von einer inneren Reise in den Weltraum.[1] In diesem Buch kommen hohe Lords von den Sternen, um die Evolution des Menschen in eine neue Phase überzuleiten und ihn daran zu hindern, sich selbst zu zerstören. Diese Oberherren wissen, wie sich dieser Übergang vollzieht, stecken aber selbst in einer evolutionären Sackgasse. Die Menschen auf der Erde wissen das nicht, und viele halten die Lords für Eroberer und Tyrannen, obwohl sie eine friedfertige Herrschaft initiieren. Die wohltätigen Beschützer können sich selbst niemals zeigen, denn als sie einmal zuvor aufgetreten sind, war die Menschheit darüber so entsetzt, daß ihre Gestalt hinfort als Bild des Teufels und der Finsternis galt. Sie befürchten, mißverstanden zu werden und bleiben deshalb während ihrer Herrschaft im Verborgenen. Weltraumabenteurer werden daran gehindert, das Universum zu erforschen, deshalb glauben die Menschen, daß die kosmischen Herren die menschliche Spezies ihres kosmischen Schicksals beraubt haben. Aber die Wächter haben die Aufmerksamkeit von der äußerlichen Expansion auf die innere Entwicklung verlagert.

Unter der Führung dieser Herren wächst eine Generation von Kindern heran, die jedoch niemals Halbwüchsige oder Erwachsene werden. Dies ist eine Form der Mutation, die wir als Neotenie kennen. Zum Beispiel haben Anthropologen die Theorie aufgestellt, daß der Mensch selbst ein mutierender Affenfötus ist, der außerhalb des Mutterbauches aufwuchs und viele »fortgeschrittene« Merkmale entwickelte, indem er gleichzeitig sein Affenpotential unterdrückte. Demnach wären wir verhinderte Affen: tierische Behaarung und Kraft kämen nicht zum Vorschein, dafür aber entwickelten sich Geschmeidigkeit und Intelligenz. Wenn wir unsterblich geworden sind, können wir vielleicht auch wieder zu fötalen Affen werden.

Die Neotenie hat im menschlichen Embryo die Abfolge der Lebensformen eingeprägt, aus denen der Mensch entstand und die er dadurch überwand: die Vorfahren von Seesternen, Fröschen, Affen und anderen unbekannten Tieren. Früher in unserer evolutionären Geschichte entstand die ganze Linie der zweiseitig symmetrischen Tiere, zu denen auch wir gehören, aus Seesternembryos, die sexuell heranreiften und sich fortpflanzten, bevor sie eine radiale Symmetrie entwickeln konnten. Später hatten wir gemeinsame Vorfahren mit Eidechsen und Bären. Es war in sich schon eine Reise von interstellarem Ausmaß – von galaktischer Asche zu Protozoen bis zu philosophisch begabten Tieren.

In dem Buch »Childhood's End« entwickeln Kinder neue Fähigkeiten. Sie können nun so träumen, daß ihr Bewußtsein aus dem Sonnensystem und sogar der Milchstraße hinaus in unbekannten Raum reisen kann. Und das ist kein innerer astraler Raum, sondern wirkliche stellare Geographie. Die Oberherren haben Karten angelegt: »Ich habe all unsere Aufzeichnungen durchsucht«, sagte Rashaverak. »Uns ist keine derartige Welt oder Kombination von Sonnen bekannt. Läge sie innerhalb unseres Universums, so hätten die Astronomen sie entdeckt, selbst wenn sie jenseits des Bereiches läge, der für unsere Raumschiffe zugänglich ist.«[2]

Die Außerirdischen sagen den Eltern die Wahrheit über ihre träumenden Kinder: wohin sie gehen, können ihre Erzeuger ihnen nicht folgen. Der Mensch wird seine transgalaktische Reise antreten, aber nicht in Raumschiffen oder durch Halluzinogene. Er wird durch seine eigene Quintessenz in die unzugängliche Sternenunendlichkeit reisen. Dabei wird er von der Revolution im Bereich der Fortbewegungsmittel, die in den letzten beiden Jahrhunderten stattfand, keinen Gebrauch machen, sondern vielmehr von der vorkambrischen Entwicklung der ersten irdischen Zellen.

In seiner Trilogie »Out of the Silent Planet«, »Perelandra« und »That hideous Strength« (Jenseits des schweigenden Planeten,

Perelandra, Die böse Macht) beschreibt C. S. Lewis eine Erde, die von den wirklichen Ereignissen im Sonnensystem abgeschnitten ist und durch die Figur eines Widersachers, eines aus Licht gebildeten dämonischen Engels gefangengehalten wird. Er ist mehr als ein bösartiger Oberherr: Er ist der Teufel selbst, von dem die Irdischen ein kollektives, intuitives Bild in ihren heiligen Büchern haben. Dieses Wesen möchte alle Welten im physischen Kosmos kontrollieren, und die Erde ist sein Thron und seine Festung. Er umgibt sich mit Kriegslandschaft, Materialismus und äußerer Technologie und schneidet die Irdischen von ihrer Erbschaft in einem vernünftigen und harmonischen Kosmos ab. Sein endgültiger Plan verlangt von den Geschöpfen dieser Welt, daß sie ins Universum hinausgehen und es unterwerfen, Planet für Planet. Er trainiert sie darin, nur den physischen Aspekt der Dinge zu sehen, so daß sie gegen fremde Kreaturen genügend abgehärtet sind. Er raubt ihnen Moralität und Mitgefühl. Und das sind wir, sagt Lewis. Die Raumfahrt ist für unsere Spezies notwendig geworden, aber sie wird steril und selbst-destruktiv sein, wenn wir nicht das Rätsel lösen, zu dem sie gehört.

Im ersten Buch wird der Plan des Teufels empfindlich gestört: ein korrupter Wissenschaftler namens Weston und seine Genossen entführen einen nichts ahnenden Philologen namens Ransom und zwingen ihn, sie zum Mars zu begleiten. Der Zweck dieser Expedition besteht darin, den Philologen Oyarsa, dem großen Engelsherren vom Mars, als Opfer anzubieten.[3]

Aber der Mars gehört zur erleuchteten Gemeinschaft der Sonnenwelten, und Oyarsa ist ein spirituell fortgeschrittenes Lichtwesen, das lediglich wünscht, Geschöpfe aus dem eingekerkerten Nachbarplaneten zu treffen. Im Verlauf des Romans ermorden die Entführer viele vertrauensvolle Marsgeschöpfe, in der Meinung, dabei neues Grenzland, neue Territorien zu erobern, und sind blind für die Schöpfungszone, die sie betreten haben. Oyarsa richtet es so ein, daß sie die Folgen ihrer Gier und Bosheit zu erleiden haben, und er initiiert Ransom in den Orden des Sonnensystems. Dadurch wird dieser ein Verbündeter bei der Befreiung der Erde.

Im zweiten Buch wird Ransom von Oyarsa auf den Planeten Venus (Perelandra) geschickt, und zwar zu einer Zeit, als die Venusgeschöpfe die dortige Entsprechung des Gartens Eden bewohnen. Er kommt gerade kurz vor Weston an, dessen Körper jetzt vom Dunklen Lord eingenommen worden ist und der ein Nicht-Mensch geworden ist. »Weston« will die »Eva« dieser Welt dazu verführen, das Verbot des Venusherren, auf einem bestimmten Stück Land zu schlafen, zu brechen. Und Ransom muß diese »Erbsünde« verhindern. Die Auseinandersetzung erweist sich als eine physische, denn es sind Geschöpfe aus Fleisch und Blut in einem physischen Kosmos. Ransom muß die menschliche Hülle des Teufels zerstören, um diese neue Welt zu retten.[4]

Im letzten Buch ist Ransom ein fortgeschrittener spiritueller Magier auf Erden geworden. Allerdings hat er von seinem Kampf mit dem Nicht-Menschen eine ernste Wunde an der Ferse davongetragen. Er arbeitet mit den anderen Planetenherren des Sonnensystems zusammen, um diesen einen verlorenen Planeten der Sonne zu retten. Die Konfrontation zwischen den beiden Kräften findet in einem wissenschaftlichen Institut statt, das fortgeschrittene Techniken der Gehirnforschung und der Manipulation von Menschen entwickelt. Es liegt zugleich in einem alten Wald, dessen druidisch magische Kräfte von ihm zerstört werden. Der dunkle Herr ist in diesem Institut physisch anwesend und setzt experimentelle Parapsychologie ein, um die Kontrolle über magische Kräfte zu gewinnen. Aber die anderen Planetenherren kommen rechtzeitig, um Ransom in seinem Kampf beizustehen. Das Schicksal der Erde ist wieder im Lot, und sie kehrt in den Rat des Sonnensystems zurück.[5]

Natürlich könnte ein Autor einen derartigen Science-Fiction-Roman aus Verzweiflung über den Zweiten Weltkrieg geschrieben haben. Aber Lewis' Verzweiflung und die Erlösung, nach der er suchte, hatte in den vierziger Jahren viel tiefere Wurzeln als nur diesen einen symptomatischen Krieg. Er sah vor sich eine Erde, die den sogenannten fortschrittlichen Kräften untertan war, die die Geistigkeit des Stoffes und den Bereich höheren Bewußtseins und tieferer Offenbarung leugneten. Auch der

Himmel war Kriegsschauplatz: unendliche, freudlose, bedeutungslose Materie.

Auf seiner ersten Reise zum Mars ist Ransom verblüfft, als er entdeckt, daß der Alptraum des dunklen, leeren Raumes, den die moderne Wissenschaft erzeugt hat, »blasphemischer Betrug« ist. Anstelle der »schwarzen, kalten Leere, der äußersten Leblosigkeit« nimmt er das Universum als großen »empyreischen Ozean von Strahlung« wahr.

Er fühlte, wie das Leben jeden Augenblick aus dem Raum in ihn einsickerte. Und wirklich, wie könnte es anders sein, da doch aus diesem Ozean die Welten und ihr ganzes Leben gekommen waren? Er hatte den Raum für steril gehalten: jetzt sah er, daß er der Schoß von Welten war, deren flammende und unzählbare Nachkommen Nacht für Nacht mit so vielen Augen sogar auf die Erde niederblickten – und hier mit noch so vielen mehr! Nein, Raum, das war der falsche Name. Ältere Denker hatten es in ihrer höheren Weisheit einfach als Himmel bezeichnet...[6]

Das hätte Giordano Bruno sagen können, nur daß diese Vision in einem Raumschiff und nicht auf einer Astralreise stattfindet.

In »Perelandra« beschreibt Lewis, wie Weston von einer grauenhaften Idee besessen ist:

Es ist die Vorstellung, daß die Menschheit, die den Planeten, auf dem sie entstand, nun genügend verunstaltet hat, um jeden Preis alle Hebel in Gang setzen muß, um sich über eine größere Fläche auszusäen: diese ungeheuren astronomischen Entfernungen, die Gottes Quarantänebestimmungen sind, müssen irgendwie überwunden werden. Aber das ist erst der Anfang. Dahinter liegt das süße Gift der falschen Unendlichkeit – der wilde Traum, daß ein Planet nach dem anderen, ein System, und schließlich eine Milchstraße nach der anderen gezwungen werden kann, immer und überall die Art von Leben zu erhalten, die in den Lenden unserer eigenen Spezies enthalten ist – ein Traum, der gezeugt wurde, als der Haß gegen den Tod sich mit der Angst vor wirklicher Unsterblichkeit paarte...[7]

Es ist dieselbe Angst, auf die Robert Silverberg die Suche nach Unsterblichkeit in »The Book of Skulls« (Das Buch der Schädel) gründet:

> *Du bist vom Universum abgezogen worden, Lu Ann. Nein, das Universum ist von dir subtrahiert worden. Vergiß, was jetzt mit deinem Körper geschehen wird, die Würmer in deinen Eingeweiden, die hübschen blauen Augen, die zu Dreck werden, und denk nur, was du alles verloren hast. Du hast alles verloren, Sonnenaufgang, Sonnenuntergang, den Geruch des Steaks, das in der Pfanne brutzelt, das Gefühl eines Kaschmirpullovers, die Berührung meiner Lippen, die du so gerne auf deinen kleinen harten Brustwarzen hast. Du hast den Grand Canyon verloren, und Shakespeare und London und Paris und den Champagner und deine große Hochzeit in der Kirche und Paul McCartney und Peter Fonda und den Mississippi und den Mond und die Sterne... Der Tod ist vielleicht für Beethoven, Jesus und Präsident Eisenhower das Richtige gewesen, aber – ohne jemandem zu nahe treten zu wollen – ich bin anders. Ich kann mich nicht einfach hinlegen und verschwinden. Warum ist es denn so kurz? Warum kommt es so schnell? Warum können wir nicht das Universum trinken? Der Tod hat mein ganzes Leben lang drohend über mir geschwebt.*[8]

Wir stellen uns zahllose andere blau-grüne Welten vor, auf denen wir noch leben könnten: ihre unberührten Algenozeane mit Strängen buntgescheckter Meerespflanzen, die ganze Meter lang und in die Insignien einer anderen DNA gefaltet sind. Ihre feuchten, jungfräulichen Wälder, die ganze Kontinente bedecken und von nichts Komplizierterem als weichen orangefarbenen Lurchen bewohnt werden. Oder ihre Myriaden von plumpen, federlosen Vögeln, die mit durchdringendem Schrei in ungebrochener Formation von Horizont zu Horizont streben – hoch über einem Meer von behaarten fliegenden Fischen, von denen sie sich ernähren – ein ewiges Mandala, wie sie zur Wasseroberfläche hinabstürzen und dann wieder zurückkehren. Wir träumen von grünen Feldern, die wir in einem Menschenleben nicht erforschen könnten, in denen exotischer Klee und Früchte im Überfluß wachsen, und die von einer fremdartigen Sonne beschienen werden. Es gibt so viele Welten, die diese eine in unserer Seele ersetzt, und vor uns liegen so viele zweite Chancen. Im Sommer eines anderen Jahres und in einer anderen Umlaufbahn fällt ein weicher Regen, der von Natur aus so heilsam ist, daß er nicht nur uns, sondern unsere ganze Spezies wiederherstellt und uns durch sanftes Voodoo von allem und auf immer heilt. Aber diese Vögel könnten unser unhinterfragtes Leben darstellen, dessen Schrei durch unser immer tieferes Koma hallt, die Felder könnten unsere kostbare Sterblichkeit sein. Erst wenn uns alle anderen Wege und Philosophien im Stich gelassen haben, vertrauen wir dies alles der Phantasie und der Science-Fiction an.

Unser kosmischer Imperialismus ist ein Witz. Wir sind noch immer Fremde auf unserem eigenen Planeten und für uns selbst.

Wir sind nicht in der Lage, andere Planeten, geschweige denn Milchstraßen zu erobern, und die Unsterblichkeit führt nur zum Nicht-Menschen oder einem Affen im fötalen Stadium. Wir können uns keinen Weg zu diesen grünen Feldern erzwingen, weder durch eine narkotische Lebenserweiterung noch durch ein Raumschiff. Unser »Sinn« liegt bereits im Kosmos, und unsere Jugend ist eine ewige Wiederkehr.

Das Gegengift zum »süßen Gift der falschen Unendlichkeit« kommt aus einer anderen Dimension des Universums. Es ist der Große Tanz, dem wir viele Male in der okkulten Literatur begegnet sind, der jedoch in der Science-Fiction zum erstenmal auf dem Höhepunkt von Ransoms Reise zur Perelandra erscheint. Ransom sieht ein Gewebe, das so komplex ist, wie das Universum eben tatsächlich sein könnte:

Es schien aus der verflochtenen Schwingung vieler Lichtstränge oder -bänder gewoben zu sein, die über- und untereinander sprangen und sich gegenseitig in Arabesken und blumenähnlichen Feinheiten umschlungen hielten... Er konnte... wo immer sich Lichtschlangen oder -kordeln überschnitten... winzige Körper-

chen einer momentanen Helligkeit sehen: und er wußte irgendwie, daß diese Teilchen die weltlichen Elemente darstellten, von denen die Geschichte erzählt – Völker, Institutionen, Meinungsklimata, Zivilisationen, Künste, Wissenschaften und ähnliches – flüchtige Verfestigungen, die ihr kurzes Liedchen pfiffen und dann verschwanden. ... Einige der dünneren und feineren Bänder waren Wesen, die wir als kurzlebig bezeichnen: Blumen und Insekten, eine Frucht oder ein Regenungewitter und einmal auch [dachte er] eine Meereswelle. Andere waren Dinge, die wir für längerdauernd halten: Kristalle, Flüsse, Berge oder selbst Sterne. ... Es überraschte ihn nicht, als er entdeckte, daß sowohl diese [universellen Wahrheiten oder Qualitäten] wie auch die Personen, Bänder waren und daß beide zueinanderstanden wie gegen die bloßen Atome ihrer Allgemeinheit, die im Zusammenprall ihrer Ströme lebten und starben...
Die ganze feste Figur dieser verliebten und untereinander beseelten Umkreisungen erwies sich plötzlich als bloße Oberfläche eines weitaus größeren Musters in vier Dimensionen, und dabei war diese Figur nur die Grenze anderer Figuren in noch anderen Welten: und dann plötzlich, als die Bewegung immer noch schneller, die Verflechtungen immer noch ekstatischer, die Relevanz von allem für alles immer noch intensiver wurde, als eine Dimension zur anderen hinzugefügt wurde und jener Teil von ihm, der argumentieren und erinnern konnte, immer weiter und weiter hinter jenem anderen sehenden Teil von ihm zurückblieb, gerade dann, auf dem eigentlichen Höhepunkt der Komplexität, wurde die Komplexität verschlungen und verblaßte so, wie sich eine dünne weiße Wolke in das harte blaue Brennen des Himmels verflüchtigt, und eine Einfachheit jenseits allen Verständnisses, uralt und jung wie der Frühling, unbegrenzbar, durchsichtig, zog ihn mit den Strängen unendlichen Verlangens in ihre eigene Stille.[9]

Und der Raumfahrer Jesus Christus, der im Schoß einer Frau auf die Erde kam? Zu sagen, daß Jesus Christus den Geist Gottes in sich hatte, genügt nicht. Nach gnostischer Auskunft haben wir das alle. Wir alle sind die Söhne und Töchter Gottes.

Aber Jesus war der Nachkomme eines Außerirdischen. Er erschien mit dem Stern von Bethlehem. Der Nachthimmel glänzte wie im Augenblick der Schöpfung:

> *Stille Nacht,*
> *Heilige Nacht.*
> *Alles schläft...*
>
> *[Silent night,*
> *holy night.*
> *All is calm.*
> *All is bright.]*

Und es geht weiter: eine Jungfrau mit einem heiligen Kind sitzt zusammengekauert unter den Sternen. Selbst auf den Straßen von modernen Städten, wo die Sterne verschwinden, der Schnee im Scheinwerferlicht schimmert und Glitzer- und Flittersterne auf den Christbäumen funkeln, selbst dort scheint dieses Lied ebensosehr die Milchstraßen der ewigen Zeit und des ewigen Raumes anzusprechen, wie es sich an die Sterblichen richtet. Wir stehen vor Schaufenstern und Miniaturkrippen und werden in eine Science-Fiction-Landschaft getragen – es ist ein anderer Planet irgendwo anders und doch dieser hier.

Wir verstehen Weihnachten überhaupt nicht, und die Art, wie wir es gegenwärtig feiern, ist steril. Aber wir fühlen, wie sich etwas ansammelt, etwas, das mit dem Sternenhimmel und der für uns undurchdringlichen Finsternis zu tun hat, jener Finsternis, die noch immer ein verborgenes Licht in sich birgt.

»Sag ihm, er soll fernbleiben«, schrie Herodes. »Das ist meine Welt. Ich werde dieses Königreich nicht mit einem Stern teilen.«

Daß er dann den Entschluß faßte, die Erstgeborenen in der Gegend um Nazareth zu töten, war ein Massaker gegen die potentiellen Invasoren, Astronauten, die zu gleicher Zeit astrologische Lebensformen zu Beginn des Fischezeitalters einleiteten. Sie kamen nicht in einem metallenen Schiff auf die Erde, sondern durch das Blut in den Adern. Stern, Embryo und Gott fallen in eins.

Ob Er in diese Welt durch unmittelbare Manifestation des Geistes kam oder in einem Raumschiff aus einer anderen Schöpfungszone, ist eine Frage, die wir der gnostischen Spekulation überlassen können. Das christliche Mysterium und die Transsubstantiation beruhen auf der Tatsache, daß Er durch den Schoß unserer Spezies in die Welt kam. Er inkarnierte sich im Fleisch, oder ein Aspekt von ihm tat es. Dieser Aspekt wurde als »Sein Sohn« bezeichnet und später dann als »Heiliger Geist«.

Durch diese Inkarnation wird das Christentum zu mehr als einer extraterrestrischen Religion, die von einem Weltraummissionar verbreitet wird. Christus gleicht keinem Astronauten, der morgen ankommen könnte, um dann zu den Vereinten Nationen zu gehen, Sonnenenergieanlagen aufzubauen, geomantische Kraftquellen zu erschließen und telepathische und telekinetische Künste zu unterrichten. Manche Leute hätten zweifellos eine derartige Tour de force vorgezogen. Die ungläubigen Rabbis zum Beispiel. Aber das hätte die endgültige Konfrontation des Menschen mit seiner eigenen Natur, seine Verabredung mit sich selbst in der Zeit verzögert. So ein Wesen wäre von außerhalb unserer Biologie und Geschichte gekommen und hätte diese eher als manipulierbare Dinge behandelt, denn als Strukturen, die aus ihrem eigenen inhärenten Wesen entstanden sind. Natürlich könnte noch immer ein außerirdischer Christus kommen. Vielleicht auch nicht. Aber bis jetzt jedenfalls müssen wir uns selbst unsere Gnade verdienen.

Christus ging aus unserer irdischen Geschichte und Biologie hervor, und seine Handlungen sind die eines irdischen Menschen. Wie wir kommt er aus dem Ei, dem Fleisch, den Genen, der Kontinuität des Gewebes, die mit der ersten Zelle beginnt. Er ist aus allem geformt, was der Mensch und auch der Fisch ist. Seine Ekstasen, seine Einsichten, seine Tränen sind der Ausdruck des Fleisches. Für diese Tränen waren Tausende von Millionen Jahren biologischer Evolution nötig. Sie bemitleiden uns nicht von irgendeiner höheren Warte aus. Christus weint genauso für den Frosch und die Maus, in deren Zellen die Tränenkanäle ursprünglich gebildet wurden.

Der Gottessohn ist der Menschensohn. Wir alle sind Reisende auf einem Schiff, das aus demselben Stoff gewirkt ist. Deshalb sind wir alle Eingeborene desselben Ortes, auch wenn unser Geist oder unser Protoplasma ihren Ursprung vielleicht in der Bohne oder dem Samen eines anderen Ortes im Universum haben. Kein Astronaut, wie erfahren und weitgereist er auch sein mag, könnte zu uns von einem solchen kosmischen Platz kommen. Er könnte vielleicht von außerhalb unserer Geschichte kommen, aber nicht von außerhalb der Zeit und des Universums selbst. Vielleicht wäre er kein Mensch, aber er würde mit uns die kosmische Biologie teilen. Wir müßten noch immer auf der Basis seines Programms und seiner Integrität entscheiden, ob wir ihm nun glauben und vertrauen oder nicht.

Der Besuch Christi auf Erden hat eine Wirkung, die UFO-Magier nicht erzielen können, denn er rekapituliert unsere Embryologie und Geschichte. Christus wird von denselben Leidenschaften und Glaubenszweifeln in Versuchung geführt wie wir. Sein Leben entsteht durch Geschichte, und er muß mit der Geschichte verschmelzen, genauso wie er mit dem Ei verschmolzen ist und es dadurch transformiert hat. Wenn wir auf Erden außerirdische Retter herbeisehnen, so ist das nur eine Flucht vor dieser Geschichte. Sie können uns weder vergeben noch uns retten, weil sie mit uns nicht identisch sind.

Von einem spirituellen Standpunkt aus ist unsere technologische Kultur ebenfalls eine solche Weltrauminvasion. Die Maschinen können den Ablauf der Dinge vielleicht für eine Weile aufhalten, dennoch aber müssen wir uns von innen her entfalten. Die Maschinen können eine Rolle bei dieser Entfaltung spielen, aber nur eine kleine Rolle. Selbst wenn Raumfahrer kämen und uns vom Karma unserer Geschichte und unserer eigenen Natur ablenken würden, könnte dies den Ablauf der Dinge nur eine kleine Weile verzögern – hundert Jahre, tausend Jahre, eine Million Jahre. Letztlich aber wären wir mit den Konsequenzen unseres Seins konfrontiert. Nichts anderes kann für uns sprechen. Wir können nicht nach einem äußeren Sinn suchen, denn wir sind selbst diejenigen, die den Sinn setzen. Eine solche Verzögerung könnte alle möglichen Inhalte haben: wir könnten jahrtausendelang mit einer ganzen Kolonne neuer Spielzeuge spielen, mit Raumschiffen, Laserstrahlen usw., aber am Ende stünden wir wieder vor demselben Problem: zu erkennen, wer wir sind, und das Wesen unserer Inkarnation zwischen Stein und Feuer zu verstehen. Da das karmische Gesetz von Anfang an im Hinduismus und Buddhismus enthalten ist, brauchen diese Religionen im Gegensatz zum Christentum keinen Sohn Gottes. Die kosmische Folge *ist* bereits im Fleisch verkörpert. Alle Inkarnation ist *Rein*karnation. Die Radioastronomie hat für den gebildeten orientalischen Kosmologen nur die Vermutungen über den Nachthimmel bestätigt, die ihm tradiert wurden und die seine Vorfahren vor ihm intuitiv erfaßten: daß er nämlich eine genaue Karte des wirklichen und potentiellen Universums, der Materie und Energie und der Erweiterung des Karmagesetzes bis zu den Grenzen der Materie und des Bewußtseins ist.

Der fortgeschrittene Yogi braucht weder Materie noch Raumschiffe, um seinen Weg zu den Grenzen der Zeit zu finden, und er erzeugt seine eigenen »schwarzen Löcher« innerhalb jener anderen feinen Materie in ihm. Er kann von vor bis jenseits von allem blicken, oder er kann zumindest bis zu den Grenzen des Verlangens sehen, und kein anderes Sehen ist möglich. Er opfert sein Leben, um eine Umwandlung zu verkörpern, aber wie bei Christus kann das, was er hinterläßt, nicht in die Zellen seiner Nachkommenschaft übergehen. Was er der Geschichte übergibt, ist viel zerbrechlicher und gleichzeitig viel unzerstörbarer.

Franz Herberts Trilogie »Dune« (Düne) verwendet das Zusammenspiel von biochemischen und genetischen Schnittpunkten für eine größere Transformation der Menschheit und der Zivilisation von innen her. Herbert ist weithin als der Schöpfer des Wüstenplaneten Arrakis bekannt, auf dem seine Erzählungen stattfinden. Das äußerst trockene Klima von Arrakis hält den größten Teil der Chemie des Lebens in gigantischen Sandwürmern gefangen, die bis zu vierhundert Meter lang sind und in der Tiefe der Wüste leben. Aber aus diesen harten Bedingungen entsteht auch eine exakte Balance von Ökologie und menschlichem Bewußtsein, aus der die Aussagen der Trilogie entstehen. Der Planet selbst ist schrecklich, und Herbert beschreibt seine Geologie, Biochemie und Meteorologie gründlicher, als es irgendein anderer Science-Fiction-Autor vor ihm bei einem anderen Planeten getan hat. Arrakis wird am lebhaftesten in der Anfangserzählung »Dune« beschrieben. Die übrigen Bücher »Dune Messiah«[11] (Dünenmessias) und »Children of Dune«[12] (Die Kinder der Düne) handeln von Mutationen, künstlicher Intelligenz und Zukunftsvorhersagen.

Herbert ist beim Aufbau seiner Geschichte ebenso genau wie die Fremen (oder freien Stämme) von Arrakis, die in Landsenken aus lichtempfindlichen Ovalen Tau sammeln und ihre eigene Körperfeuchtigkeit aus windelartigen Kleidungsstücken zurückholen, die sich fest um ihren Körper schließen und Abfälle ausscheiden. In der Beziehung zwischen Ökologie, geistiger Aufmerksamkeit und Genetik wird nichts übersehen. In sorgsam geschichteten Generationen von Adopten, die durch Inzucht erzeugt werden, und in der empfindlichen Chemie der Sandwürmer und des Dünenplaneten selbst wird paranormales Leben ausgebildet.

Die Sandwürmer von Arrakis scheiden einen würzigen Stoff namens Melange aus, der in allen bewohnten Planeten der Gilde als lebensverlängernde Droge, als Mittel für schnellste interstellare Raumfahrt und als exaktes Wahrsagehalluzinogen verwendet wird. Ohne die Kraft, vermittels dieser Droge durch den Raum zu »sehen«, könnten die Piloten nicht zwischen den Welten hin- und herfahren, und die Gilde würde zusammenbrechen. Melange erzeugt auch Sucht und ist daher teuer, deshalb ist der einzige Planet, wo es produziert wird, auf die Ökonomie dieses Stoffes abgestellt. Das Interesse der Gilde besteht darin, Arrakis sowohl militärisch zu sichern wie auch günstige Lebensbedingungen für die Würmer aufrechtzuerhalten.

Der Planet wird von den Fremen bewohnt, die von einer sehr alten religiösen Splittergruppe von Zensunniwanderern abstammen. Sie haben sich kulturell (und wahrscheinlich auch biologisch) an den Planeten angepaßt. Ihre Zahl ist viel größer, als man anderswo vermutet, und ihr kollektives Überleben in der Wüste beinhaltet auch eine enge und religiöse Beziehung zu den Sandwürmern, die sie Shai-Hulud nennen. Die Gilde, die Königshäuser und ihre ausgebildeten Soldaten betrachten die Würmer ausnahmslos als wüste Mordbestien – die gefährlichsten großen Tiere, die man kennt. Aber die Fremen haben im geheimen gelernt, wie man auf ihnen reitet, und als Fremen auf Sandwürmern die Stadt der planetenfremden Kräfte mit ihren eingeflogenen Soldaten-Eingeweihten angreifen, verändert sich das Gleichgewicht der Kräfte in der Konföderation. Ein neues Jahrtausend bricht an. Auch die Fremen-Kultur wird dadurch transformiert, die weisen Wasserrituale werden geschwächt. Dieser Angriff wird von dem Propheten Paul Atreides aus »Dune« und »Dune Messiah« geleitet, der den Namen einer an die Arrakis-Bedingungen angepaßten Känguruhmaus, Muad-'Dib, angenommen hat.

Pauls Mutter, Lady Jessica, ist eine ausgebildete Bene Gesserit-Eingeweihte. Sie hat an einer sehr alten Schule studiert, wo fast ausschließlich weibliche Schüler in die Künste des Kampfes, der Psychologie und der Logik eingeweiht werden. Pauls Vater, Herzog Leto Atreides, ist Arrakis als Hausplanet zugesichert worden, und im Alter von fünfzehn Jahren siedelt Paul mit seiner Familie dorthin über.

Aber eigentlich hätte er überhaupt nicht geboren werden sollen, denn Lady Jessica nahm auch an einem Bene Gesserit-Zuchtprogramm teil, das darauf abzielte, durch physisches und mentales Training bestimmte Charaktermerkmale über Generationen hin zu kombinieren. Dabei wurden die Gene in einer Linie von Frauen zu Frauen weitergegeben. Letztlich würde diese Linie einen männlichen Bene Gesserit, den Kwisatz Haderach, erzeugen, der die Fähigkeit hätte, *im Unbekannten* durch Zeit und Raum zu blicken. Denn durch Übung und unfehlbares Verhalten allein konnte er nicht erzeugt werden, so sehr man sich auch anstrengen mochte.

Kwisatz Haderach bedeutet »Abkürzung des Weges«, es ist eine genetische Lösung für ein philosophisches Problem, das allen sozialen und politischen Systemen zugrunde liegt. Obwohl das Bene Gesserit-Programm auf ein solches Wesen in der Zukunft abzielt, beinhaltet es auch göttlich-mythologische Aspekte, und kein Eingeweihter sollte so arrogant sein, dieses Wesen gebären zu wollen. Ein großer Teil des Buches »Dune« befaßt sich damit, ob Paul Atreides nun dieses langgesuchte Wesen ist oder nicht. Am Ende des Buches übersteigen seine Kräfte selbst die Prophezeiung, also ist ein ablehnendes Urteil unmöglich. Die Wirklichkeit ist stärker als der Mythos. Da die philosophische Lösung tiefer liegt als das soziale System und das politische Gewebe, verändert Muad'Dibs Revolution den Kosmos. Aber er hätte seine Revolution nicht durchführen können, ohne einer der Fremen zu werden. Sein Aufstieg liegt ebensosehr innerhalb der spirituellen Tradition der Fremen (die nach einem Fremen als Messias verlangt) wie innerhalb der spirituellen Tradition der Bene Gesserit (die ein unwillkommenes männliches Wesen fordert) und stellt eine Blasphemie für beide Systeme dar, weil er zugleich ihre Prophezeiungen erfüllt und sich auf sie zerstörerisch auswirkt.

Die Ehrwürdige Mutter ist eine Bene Gesserit-Prophetin und Führerin, die ein Gift eingenommen und mit ihrer durchdringenden geistigen Kraft und ihrer Kontrolle von normalerweise unbewußten körperinneren Prozessen umgewandelt hat. Das Gift wird nicht nur als lebensbedrohende Gefahr neutralisiert, sondern der Akt der Verwandlung erzeugt auch eine Erleuchtung, die sie auf eine höhere Ebene des Bewußtseins und der Einweihung hebt. Sie gewinnt eine wirkliche Einsicht in die elementaren Bereiche der Natur und Geschichte. Wenn die Fremen das Ritual der Ehrwürdigen Mutter vollziehen, verwenden sie dabei das »Wasser des Lebens«. In Herberts Worten ist dies »jene flüssige Ausdünstung eines Sandwurmes, die im Augenblick seines Todes durch Ertrinken entsteht. Sie wird im Körper einer Ehrwürdigen Mutter verwandelt und wird dann... ein ›Bewußtseinsspektrum‹-Rauschmittel.«[13]

Auch Paul unterwirft sich diesem lebensgefährlichen Ritual und geht daraus mit einer besonderen prophetischen Vision hervor. Seine Erkenntnis von Raum und Zeit ist teilweise genetisch bedingt, teilweise Bene Gesserit und teilweise durch Melange erzeugt. Pauls Schwester Alia, die zur Zeit von Jessicas Initiation ein Embryo ist, gewinnt ihre Kraft pränatal. Sie wird aber von ihr überwältigt, und in den letzten beiden Romanen wird sie von der dunklen Seite ihrer Erbschaft ergriffen, die ihr im Geheimnis des Zuchtprogrammes verschwiegen wurde. Pauls Kinder Leto und Ghanima, vor allem aber der Junge Leto, gewinnen die Macht über Raum und Zeit von Geburt an. Sie sind die »Children of Dune«, sie gehen über die Prophetien ihres Vaters hinaus und begründen das ganze neue Jahrtausend.

Pauls Vision vervollkommnet sich, als er in dem Band »Dune Messiah« in einem Angriff geblendet wird:

Sie haben meinen Körper geblendet, aber nicht meine Vision...
Ich lebe in einem apokalyptischen Traum. Meine Schritte passen so genau dort hinein, daß meine größte Angst die ist, daß es mir langweilig wird, wenn ich die Dinge wieder so genau durchlebe...
Ich bin in der Welt, die jenseits von dieser Welt liegt. Für mich sind sie beide dieselben. Ich brauche keine Hand, die mich führt. Ich sehe jede Bewegung um mich... Ich habe keine Augen, dennoch sehe ich.«[14]

Am Ende des Romans gibt Paul jedoch seine Stellung auf, damit seine Kinder überleben können, und er verschwindet in die Wüste. Man glaubt, er sei gestorben, und hält schon die Lobreden auf ihn, die ihn in den Himmel heben, aber er kehrt verwandelt als der blinde Prophet des dritten Buches zurück.

Erst durch Leto werden die vollen Implikationen der Erleuchtung erforscht. Durch Zeit und Raum zu sehen ist nicht so eindeutig erkenntnisfördernd, wie man glauben könnte. Es gibt viele mögliche Universen, und Dinge, die nicht gesehen werden. Es wird jedenfalls deutlich, daß es in »Dune« keinen äußerlichen Messias gibt. Herbert baut seine Charaktere nur durch unmittelbare Prozesse auf, indem er seine spezifische Mischung von ökologischen Zwängen, genetischer Botschaft und den noch nicht mobilisierten Kräften des außersinnlichen Bewußtseins entwickelt.

Leto erkennt, daß er in sich die Erinnerung all der Generationen vor ihm trägt – die näherliegenden sind in seinem Bewußtsein noch sehr lebhaft, die weiter zurückliegenden kann er nur durch Übung und schließlich dann nur noch mit Hilfe von Melange erreichen. Die »Erinnerung« geht ebenso auch in die Zukunft. Im Grunde ist es dasselbe. »Es gibt keinen Unterschied zwischen hunderttausend Jahren und einem Herzschlag«, teilt Leto Jessica mit. »Keinen Unterschied. Das ist die erste Tatsache zum Thema Zeit. Und die zweite: das ganze Universum mit all seiner Zeit ist in mir.«[15]

In seinen Memoiren arbeitet er diesen Gesichtspunkt noch prägnanter heraus:

Das Leben eines einzelnen Menschen wie auch das Leben einer Familie oder eines ganzen Volkes erhält sich als Erinnerung. ...In dieser fortdauernden Erinnerung häufen sich immer mehr Erfahrungen als unterschwelliges Reservoir an. Die Menschheit hofft, dieses Material abrufen zu können, wenn dies bei der Veränderung des Universums nötig sein sollte. Aber viele der aufgespeicherten Informationen können in jenem Zufallsspiel, das wir als »Schicksal« bezeichnen, verlorengehen... Die Spezies kann vergessen! Und darin besteht der besondere Wert des Kwisatz Haderach, den die Bene Gesserit nie vermutet hätten: der Kwisatz Haderach kann nicht vergessen.[16]

Nachdem er sich das Mittel einverleibt hat, erreicht er den genauen Punkt, an dem sein Vater zurückkehrte. Durch sein gegenwärtig bestehendes Zellgewebe sieht er wie durch ein Fenster den ganzen Kosmos in allen Richtungen:

Das war es, wonach seine Großmutter und die Schwesterschaft suchte! Er wußte es. Seine Aufmerksamkeit stieg auf ein neues höheres Niveau. Er fühlte die Vergangenheit in seinen Zellen, in seinen Erinnerungen, in den Archetypen, die sich in seine Vermutungen einschlichen, in den mythischen Inhalten, die ihn umgaben, in seinen verschiedenen Sprachen und ihren prähistorischen Überresten. Alle Gestalten aus seiner menschlichen und nichtmenschlichen Vergangenheit, alle Leben, über die er jetzt verfügte, waren jetzt schließlich in ihm integriert. Und er konnte spüren, wie er selbst in der Ebbe und Flut der Nukleotiden gefangen war. Gegen den Hintergrund der Unendlichkeit war er ein protozoenartiges Geschöpf, dessen Geburt und Tod fast gleichzeitig stattfanden, aber er war gleichzeitig auch unendlich, er war ein Geschöpf molekularer Erinnerungen.[17]

Leto hatte den Schnittpunkt lokalisiert, von dem aus die Zukunft gebildet werden konnte. Es gab keine Rückkehr. Muad 'Dib hatte durch sein Vorwissen hindurch ein lineares Universum gesehen, aber als er versuchte, die zukünftige Bewegung dieses Universums zu lenken, verzerrte sich das Sehen. Anstatt die Zukunft mit Gewißheit aufzuladen, projizierte er seine eigene Ungewißheit und verstärkte so die Unordnung. Dieses Problem hat Leto nicht:

... [Er] hielt die vielfädigen Zügel, und in seiner von der Vision erleuchteten Sicht der Zeit, in der sie in vielen Linien und Schleifen erschien, waren sie im Gleichgewicht. Er war der mit dem Sehen begabte Mensch im Universum der Blinden...
Ein noch ungeträumter Gedanke in der fernsten Zukunft konnte auf das Jetzt einwirken und seine Hand bewegen.[18]

Herbert interessiert sich auch für Persönlichkeit, Erinnerung und Identität. Wann hören wir auf, wir selbst zu sein? Wann ist unser Ende gekommen? Wenn unsere ganze Erinnerung einem anderen Wesen aufgepropft wird, ist es dann wir selbst? Können wir und dieses Wesen von diesem Augenblick an noch als verschiedene Entitäten getrennte Wege gehen? Und was versuchen wir zu bewahren, wenn das Tier in uns mit jedem letzten Atemzug und Gedanken um sein Leben kämpft?

Im »Dune«-Zyklus und anderen Büchern desselben Autors wimmelt es von allen möglichen Klonen, transplantierten Gehirnen, Cyborgs und künstlichen Intelligenzen. In »Dune Messiah« taucht der Dämon Hayt auf, er besteht aus den Körperzellen von Duncan Idaho, der bei der Verteidigung von Muad'Dib umkam. Dieser Ghul, der von den Bewohnern eines abgefallenen Planeten, den Tleilaxu, in dunklen chemischen Tanks hergestellt wurde, wird Muad'Dib von der Gilde als Geschenk verliehen. Er ist auf verwirrende Weise gefährlich, denn er gibt offen zu, daß er Paul vernichten will, und das heißt, daß auch die, die ihn schufen, keine Angst davor haben, ihn dies wissen zu lassen. Dieser Ghul ist ein Lockvogel, aber auch ein quälend ähnliches Ebenbild von Idaho. Die Falle ist mehr als ein bloßer politischer Anschlag auf Paul und seine Machtstellung. Der Dämon ist eine Erfindung der Tleilaxu und hat Pläne und Potenzen in sich, die niemand, nicht einmal er selbst, kennen kann. Ihn zu zerstören wäre ebenso gefährlich, wie ihn einzulassen, jede Bewegung in diesem Spiel beinhaltet eine ganze Reihe von Widersprüchen und Gegenzügen. Und dann ist da auch Hayt selbst, der aus Idaho geschaffen wurde und nun seine Identität sucht: »Duncan... Duncan...«, überlegt Paul. »Wo war Idaho in diesem exakt zugeschnittenen fleischlichen Körper? Es war nicht Fleisch, ... es war eine Fülle in fleischlicher Gestalt! Idaho lag für immer tot am Boden einer Arrakeenhöhle.«[19]

Der Ghul empfängt Bildfetzen, kurze flüchtige Erinnerungen aus einem anderen Leben. »Bist du nicht neugierig?« fragt ihn Alia. »Natürlich. Die Neugier drängt mich voran, aber ich bewege mich nur sehr widerstrebend. Ich denke: ›Wenn ich nicht der bin, für den sie mich halten, was dann?‹«[20]

Unsere eigenen Wahrnehmungen sind viel dunkler, aber auch wir leben unser Leben in einem fleischlichen Körper, der aus uralten Zellmatrizen geschaffen wurde. Was, wenn wir nicht die sind...? Was dann? Und wessen Erinnerung ist es dann, die in den Zellen und in der Psyche dies alles von Anfang an aufrechterhält? Wer wird unsere Erinnerung übernehmen? Wodurch wird es alles zusammengehalten?

»Ich denke«, sagt der Ghul, »welch eine Freude es ist zu leben, und ich frage mich, ob ich jemals in das Wesen dieses Fleisches hineintauchen werde und erkennen werde, wie ich einmal war. Die Quelle ist vorhanden. Ob irgendeine meiner Handlungen jemals dazu vordringen kann, bleibt unentwirrbar in der Zukunft verborgen. Aber alles, was ein Mensch tun kann,

kann auch ich tun. Jede meiner Handlungen könnte es schaffen.«[21]

Später teilt er Paul mit: »Als die Tleilaxu mich erweckten, hatte ich zuerst Visionen. Ich war ruhelos, einsam... ohne wirklich zu wissen, daß ich einsam war. Damals nicht. Meine Visionen offenbarten mir nichts! Die Tleilaxu sagten mir, es sei ein Einbruch des Fleisches, unter dem die Menschen und die Ghuls alle leiden, eine Krankheit, sonst nichts.«[22]

»Ich war dabei«, erzählt ihm der Ghulzwerg Bijaz. »Ich war dabei, als sie dein totes Fleisch in den Tank warfen, und ich war dabei, als sie es herausnahmen... lebendig und bereit zum Training.«[23]

Demnach dürfte Hayt also keinen Anspruch auf das Original haben, keinen Anspruch auf das Leben, von dem er nur ein Klon ist. Und trotzdem fordert Hayt am Wendepunkt des Buches, als die ganze Zukunft in der Schwebe liegt, das tote Leben für sich ein:

In seinem Bewußtsein breitete sich die Empfindung aus, zwei Leben gleichzeitig zu leben: Hayt/Idaho/Hayt/Idaho... Er wurde zu einem bewegungslosen Glied in der Kette relativer Existenz, einsam und vereinzelt. Alte Erinnerungen überfluteten seinen Geist. Er kennzeichnete sie, paßte sie neuen Interpretationen an und begann mit der Integration eines neuen Bewußtseins.[24]

Mit gräßlichem Schmerz, der das alles zurückweisen will und für immer nur schlafen will, mit ekstatischem Genuß, der so oft wie nur möglich die strahlenden und quälenden in den Zellen gespeicherten Bilder schlucken will... immer und immer wieder... so vereinigt sich Hayt mit Idaho... und dem Sand, der durch Idahos Hände rann, den Liedern, die von seinen Lippen kamen, den Erinnerungen, die er zu allen Zeiten an andere Zeiten hatte und mit der überwältigenden Leidenschaft, sie alle und auch seine eigene Zeit in sich aufzunehmen.

In einer Nacht des Jahres 1969 versammelten sich Hunderte von Landkommunenbewohnern auf einer Bergwiese nahe den

Sternen von New Mexico und saßen im Dunklen inmitten des Grillengezirpes.

Gefährten schlossen sich ihnen in den Wüsten des östlichen Oregon an, auf einem Berg in Indien und an den heißen Quellen des Lake County in Kalifornien, dem Königreich des Orion und des irdischen Wassers, das von Sirius gefärbt wurde. Alle zusammen sangen sie in Raum und Zeit: »Wir danken Gott für das Licht in uns.«

Auf den ersten Blick könnte das nach einem sakralen Klischee aussehen. Aber sie teilten diesen Augenblick nur miteinander und mit niemandem sonst – außer mit jenen Bewohnern anderer Welten und anderer Sterne, mit denen sie zusammen in ihrer Phantasie die ganze Schöpfung ehrten, und mit den Grillen und Gräsern ihrer eigenen Nacht. Das war immerhin besser als unser elektrisches Insistieren darauf, daß wir hier sind. Dieses eine Mal, in diesem Jahrhundert im Westen, waren wir ernsthaft und ehrlich vor dem Kosmos. Wir brauchten keine Antwort. Natürlich sind wir nicht allein.

Jedesmal, wenn sie diese Worte sangen, war das Licht in ihnen anders, hatte ein etwas anderes Gesicht, fühlte sich ähnlich zärtlich an wie das, was sie in den Raum hinausprojizierten.

Im fernen Widerhall, in ihren Zellen, riefen die Geräusche der Städte sie in eine zerrüttete Zivilisation zurück, in der ihr Leben begann und enden würde, und die Everly Brothers sangen: »I can make you mine, kiss your lips of wine / Any time, night or day.«

Wessen Lippen? Wessen Wein? Welches Licht? Wann?

Es ist höchst gewagt zu sagen, daß die ganze Schöpfung in uns ist. Die Sterne jedenfalls sind dort oben, und ohne ihre ungeheure funkelnde Sintflut würde nichts geschehen. Andererseits ist es auch deutlich genug – sei es nun imaginär oder wirklich – daß auch in uns ein Geist, ein Licht vorhanden ist. Von zahllosen Winkeln des Seins halten wir Ausschau, um zu sehen, wie es auf uns zurückgespiegelt wird: von einem See im Morgendämmern, von den Wolkenstreifen am Horizont, von den fernen Wiesen am Berghang und von den Gesichtern der Menschen, die uns begegnen oder denen wir begegnen. Es wird

durch uns, durch unsere Erinnerung und die Billionen von Blumen auf den Feldern reflektiert.
Wir sind die Ehe zwischen Licht und Sehen. Wir bringen das innere und äußere Licht zusammen, oder wir sehen, wie das eine Licht von unserem Zentrum ins Herz des Kosmos wandert. Und dieses Licht strahlt hervor, obwohl der sowjetische Bär Millionen Seelen mit seinen Tatzen in eine Reihe zwingt, obwohl der Materialismus der westlichen Welt erdrückend wird, trotz all der Diktatoren im Orient und in den Tropen.
Letztlich muß das Licht selbst den kalten Granit in Millionen Metern Tiefe durchdringen. Fabrikarbeiter in Polen, japanische Mönche, Bergleute in West Virginia, Nomaden in der Wüste – sie haben nur das. Wir alle sind in uralten Bienenstöcken winzigster Lichtfunken dieses Lichtes geschaffen worden. Wir wollen nicht wissen, warum oder wie. Wir sind so dicht, daß wir nicht zu seiner Quelle vordringen können, daß es nicht immer durch uns hindurchwandern kann. Aber wenn dies in Augenblicken von Kummer oder Freude doch geschieht, dann erklingen wieder die alten Lieder, und die Sänger unseres Ursprunges singen mit uns. Dann wissen wir, daß wir am Leben sind.
Viel muß noch getan werden. Jedes Echo verrät uns das, und ebenso auch jedes Flüstern. Wir müssen für uns selbst handeln, und wir müssen für die sprachlosen Tiere handeln. Sie stehen vor der Zeremonie, und sie werden für immer regungslos davorstehen. Der mannigfaltige Plan hat uns mit diesem einzelnen Moiré betraut – einem schmetternden Lied vom blauem Himmel, einem Pochen von Organza und Lehm, und einer so leuchtenden und endgültigen Klarheit, daß außer ihr selbst nichts durch sie gesehen werden kann. Wir sind Geschöpfe, die in einem elementaren Öl gefangen sind. Wir tanzen zu einer abgedämpften Trommel. Verschwommenheit und Ekel kennzeichnen die Grenzen von Bewußtsein wie auch Materie. Wir kämpfen uns ab, um die schwingende Vergangenheit zurückzuerobern und zu erhalten, und mit derselben Geste greifen wir nach der noch ungestalteten Zukunft. Wir sind von Lords, Avataras, Yogis, Außerirdischen, Science-fiction-Helden, Klonen und Erinnerungen von Erinnerungen umgeben – Diamanten, die durch

uns reflektieren, und eine schwache Aura von Sandelholz und Meersalz. Aber wir sind die Helden dieser Maskerade, wie wir auch die Sänger dieses Liedes sind. Denn da wir durch das Fleisch und die Zellen in der Dunkelheit so weit gekommen sind, da wir zugleich der geheimnisvolle Fremde und derjenige sind, der vor dem geheimnisvollen Fremden erschrickt, stehen wir an diesem verzauberten Abend gebadet in einem Reichtum, den sich selbst die Götter nicht vorstellen können, und ohne irgendeinen weiteren Wegweiser im Dunkeln. Irgend etwas in uns möchte, daß die Funktionen des Christus und des Boddhisattva in uns erfüllt werden. Irgend etwas in uns wünscht die Außerirdischen herbei, damit sie sich mit uns vermischen. Irgend etwas in uns möchte jede Erinnerung, alles, was wir verloren haben, wiedergewinnen, alles, was jemals zu unserer Entstehung zusammengesetzt wurde. Es *ist* eine Krankheit, aber es ist auch ein Wunder und ein Geschenk. Und obwohl in diesem Jahrhundert noch nichts gutgegangen ist, erwarten wir noch immer, ohne Schaden zu überleben und die Fackel jenen weiterzureichen, die uns an irgendeinem anderen Ort auf irgendeine andere Weise wieder lebendig werden lassen.

Dies ist der Garten der Kindheit, von dem wir kommen und zu dem wir zurückkehren, jenseits der Sterne, und jenseits der Machwerke und Trugbilder von Zeit und Raum.

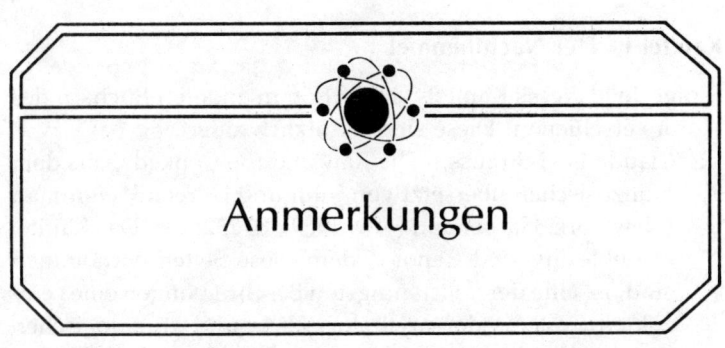

Anmerkungen

Anmerkungen zu Io und North Atlantic Books: Dieses Material wurde vom Autor dieses Buches herausgegeben und veröffentlicht. Die Zeitschrift und der Verlag hatten seit der ersten Publikation der Zeitschrift im Jahre 1964 ihren Geschäftssitz an verschiedenen Orten. Die einzelnen Artikel und Nummern der Zeitschrift sind in den Anmerkungen mit dem ursprünglichen Erscheinungsort angegeben. Der Sitz von Io und North Atlantic Books ist derzeit 635, Amador Street, Richmond, California 94805, USA.

Vorwort

1. Michel Foucault, Les Mots et Les Choses (Paris: Editions Gallimard, 1966); der hier zitierte Auszug ist überschrieben mit »The Writing of Things«, übersetzt von William Christian, in »Io«, No. 5 (Doctrine of Signatures, Ann Arbor, Mich., 1968), S. 20.
2. Ebd.
3. Ebd., S. 20–21.

Kapitel I Der Nachthimmel

Einige Teile dieses Kapitels sind schon in anderen Büchern des Autors erschienen. Diese sind zusätzlich zitiert.

1. Claude Lévi-Strauss, »The Raw and the Cooked«, aus dem Französischen übersetzt von John und Doreen Weightman (New York: Harper and Row, 1969), S. 232–233. Das Kapitel »Double Inverted Canon«, dem diese Seiten entnommen sind, ist eine der vollständigsten Beschreibungen eines einzelnen Systems der mythologischen und ethnologischen Astronomie in der Literatur der Anthropologie. Lévi-Strauss untersucht hier die komplexen Beziehungen zwischen einer Reihe von Konstellationen und anderen stellaren Ereignissen einerseits, und unterschiedlichen Systemen der Taxonomie, der Gesellschaftsstrukturen und der Ätiologie unter einigen Indianerstämmen Südamerikas andererseits.
2. »Io«, No. 6 (Ethnoastronomy Issue, Ann Arbor, Mich., 1969), S. 58–68. Diese Nummer enthält Reprints folgender Artikel: Alice C. Fletcher, »Star Cult Among the Pawnee« (1902); Ralph N. Buckstaff, »Stars and Constellations of a Pawnee Sky Map« (1927) und Alice C. Fletcher, »Pawnee Star Lore (Auszüge)« (1904).
3. Inschrift auf der Mauer am Eingang zum Morrison Planetarium, Golden Gate Park, San Francisco.
4. Richard Grossinger, »The Planet with Blue Skies«, unveröffentlichte Notizen.
5. Richard Grossinger, »The Long Body of the Dream« (Plainfield, Vermont: North Atlantic Books, 1974), S. 20.
6. Richard Grossinger, »The Slag of Creation« (Plainfield, Vermont: North Atlantic Books, 1975), S. 232–233 (the lightning bugs).
7. Ein Zitat des Dichters Charles Olson, das er zu verschiedenen Anlässen wiederholte.
8. Richard Grossinger, »The Provinces« (Plainfield, Vermont: North Atlantic Books, 1975), S. 122 (ellixis alleghensis of light and astral birthstone).

9. Eine frühere Version des Abschnitts über den Tod ist in »The Difficulties«, Bd. 1, Nr. 1, hrsg. von Tom Beckett, erschienen (Kent, Ohio: Viscerally Press, 1980), S. 17–20.
10. Ein Kinofilm des amerikanischen Regisseurs Arthur Penn aus dem Jahr 1974.
11. Auf dem Rücken der Widmungsseite in »The Tibetan Book of the Dead«, übersetzt und hrsg. von W. Y. Evans-Wentz (Oxford, England: Oxford University Press, 1960).
12. »Hang Me, Oh Hang me«, ein traditionelles Volkslied, das durch Dave Van Ronk populär wurde.
13. Zitat von Baba Ram Dass während einer öffentlichen Diskussion, 1980.
14. Robert Kelly, »Re: The Occult«, »Io«, No. 6 (Ethnoastronomy Issue), Ann Arbor, Mich., 1969, S. 107.
15. Ebd.
16. D. H. Lawrence, »The Rainbow«, (1915), (New York: Random House, 1943), S. 42.
17. Teile des Kapitels über den Orion entstammen den unveröffentlichten Notizen von Richard Grossinger, »The Planet with Blue Skies«. Die letzten drei Absätze (vor dem Abschnitt über Andromeda) sind zitiert aus einem längeren, nicht betitelten Artikel, der in »Handbook«, No. 2: »Silence«, hrsg. von Susan Mernit und Rochelle Ratner, in New York 1978, erschienen ist und hier überarbeitet wurde. Die Quelle vieler Daten über die Mythologie des Orion in verschiedenen Kulturen ist Richard Hinckley Allen, »Star Names: Their Lore and Meaning« (1899), (New York, Dover Books, 1973), S. 303–320.
18. Johann Heinrich Lambert, »The System of the World«, aus dem Französischen übersetzt von James Jacque (1800); auszugsweise in »Theories of the Universe: From Babylonian Myth to Modern Science«, hrsg. von Milton K. Munitz (Glencoe, Ill.: The Free Press, 1957), S. 251.
19. Stephen Fulder, »The Root of Being: Ginseng and the Pharmacology of Harmony« (London: Hutchison, 1980).
20. Andromeda ist das am weitesten entfernte Objekt, das mit bloßem Auge noch wahrgenommen werden kann. Mit ei-

ner Ausnahme: die Sternenkonstellation M-33 im Triangulum ist noch weiter entfernt, aber dennoch manchmal in klarer, dunkler Nacht sichtbar.

Kapitel II Die Schöpfung

Die astronomischen Daten dieses Kapitels basieren auf Steven Weinberg, »The First Three Minutes: A Modern View of the Origin of the Universe« (New York: Basic Books, 1977); Quelle der mythologischen Daten ist »Primal Myths: Creating the World«, hrsg. von Barbara C. Sproul (New York: Harper and Row, 1979).

1. Fred Hoyle, »The Nature of the Universe« (New York: Harper and Bros., 1950); auszugsweise in »Theories of the Universe: From Babylonian Myth to Modern Science«, hrsg. von Milton K. Munitz (Glencoe, Ill.: The Free Press, 1957), S. 426.
2. Munitz, »Theories of the Universe«, a.a.O., S. 428.
3. Kip S. Thorne, »Gravitational Collapse«, »Scientific American«, 217:5 (November 1967), S. 97.
4. John Milton, »Paradise Lost« (1667), Buch II, Zeile 1052; nachgedruckt in »John Milton: Complete Poems and Major Prose«, hrsg. von Merritt Y. Hughes (New York: Odyssey Press, 1957), S. 257.
5. Aleister Crowley (The Master Therion), »Magic in Theory and Practice« (New York: Castle Books, o. J.), S. xiv.
6. Hesiod, »Theogony«, aus dem Griechischen übertragen von Charles Olson, in seinem Gedicht »Maximus from Dogtown-I«, in »Maximus Poems IV, V, VI« (London und New York: Cape Goliard/Grossman, 1968), S. 2.
7. Edward H. Schafer, »Pacing the Void: T'ang Approaches to the Stars« (Berkeley: University of California Press, 1977), S. 28.
8. Ebd., S. 27.
9. Paracelsus, »The Hermetic and Alchemical Writings of Paracelsus The Great«, aus dem Lateinischen übersetzt von A. E. Waite (London: James Elliott, 1894), Bd. 1, S. 307; aus-

zugsweise in »Alchemy: pre-Egyptian Legacy, Millennial Promise«, (»Io«, No. 26), hrsg. von Richard Grossinger (Richmond, Calif.: North Atlantic Books, 1979), S. 15.
10. Wilhelm Reich, »Ether, God, and Devil – Cosmic Superimposition«, aus dem Deutschen übersetzt von Therese Pol (New York: Farrar, Straus and Giroux, 1972).
11. Maria Leach, »The Beginning« (New York: Funk and Wagnalls, 1956); auszugsweise in »Primal Myths: Creating the World«, a.a.O., S. 44.
12. E. W. Nelson, »The Eskimo About Bering Strait«, 18. Jahresbericht des Bureau of American Ethnology (Washington D.C., 1899); auszugsweise in »Primal Myths«, a.a.O., S. 221.
13. F. H. Cushing, »Outlines of Zuni Creation Myths«, 13. Jahresbericht des Bureau of American Ethnology (Washington D.C., 1896); auszugweise in »Primal Myths«, a.a.O., S. 284–286.
14. »The Popul Vuh«, aus der Sprache der Maya ins Spanische übertragen von Adrián Recinos. Aus dem Spanischen ins Englische übersetzt von Deli Goetz und Sylvanus G. Morley (Norman, Oklahoma: University of Oklahoma Press, 1950); auszugsweise in »Primal Myths«, a.a.O., S. 288.
15. T. G. H. Strehlow, »Aranda Traditions« (Melbourne: University of Melbourne Press, 1947), auszugweise in »Primal Myths«, a.a.O., S. 321.
16. Teuira Henry, »Ancient Tahiti«, Bernice P. Bishop Museum Bulletin, No. 48 (Honolulu: Bishop Museum Press, 1928); auszugweise in »Primal Myths«,, a.a.O., S. 350.
17. »The Nihongi«, aus dem Japanischen übersetzt von W. G. Alston (London: Allen and Unwin, 1956); auszugsweise in »Primal Myths«, a.a.O., S. 212.
18. A. E. Waite, »The Holy Kabbalah« (New Hyde Park, N. Y.: University Books, 1960).
19. Edward Dorn, »Some Business Recently Transacted in the White World (West Newbury, Mass.: Frontier Press, 1971), S. 82.

Kapitel III   Okkulte Astronomie

1. »The Celestial Elder's Canon of the Spirit Lights (An Ancient Chinese Book of Interior Astrology)«, übersetzt von Nathan Sivin, »Io«, No. 4 Alchemy Issue, (erweiterte Ausgabe, Plainfield, Vermont, 1973), S. 234.
2. Ebd.
3. Ebd.
4. Gerald S. Hawkins, »Stonehenge Decoded« (New York: Dell, 1965).
5. Alexander Marshack, »The Roots of Civilization: The Cognitive Beginnings of Man's First Art, Symbol and Notation« (New York: McGraw-Hill, 1972).
6. Hugh A. Moran und David H. Kelley, »The Alphabet and the Ancient Calendar Signs« (Palo Alto, Calif.: Daily Press, 1969), S. xvii.
7. Ophiel, »The Art and Practice of Astral Projection« (St. Paul. Minn.: The Gnostic Institute, 1961).
8. Julia Lorusso und Joel Glick, »Healing Stoned: The Therapeutic Use of Gems and Minerals« (Albuquerque, N. M.: Brotherhood of Life, 1976).
9. Rudolf Steiner, The Spiritual Guidance of Man and of Mankind« (Dornach, Germany: Rudolf Steiner Press, 1911); zitiert und übersetzt aus dem Deutschen in: John Meeks, »Johannes Kepler and the Philosophical Defence of Astrology«, »Io«, No. 27 (Star Rhythms: Readings in a Living Astrology), hrsg. von William Lonsdale (Richmond, Calif.: North Atlantic Books, 1979), S. 73.
10. Johannes Kepler, »Tertius interveniens«; zitiert in Arthur Koestler, »The Sleepwalkers: A History of Man's Changing Vision of the Universe« (New York: Grosset and Dunlap, 1959), S. 244.
11. Hermes Trismegistus, »The Divine Pymander and Other Writings«, übersetzt von John D. Cambers (1882); nachgedruckt von Samuel Weiser Inc., New York, 1972.
12. Ebd., S. 5.
13. Ebd., S. 8

14. Ebd., S. 25.
15. Hua-jui fui-jen, »Kung tz'u«; zitiert in: Edward H. Schafer, »Pacing the Void« (Berkeley: University of California Press, 1977), S. 38.
16. Rodney Collin, »The Theory of Celestial Influence« (London: Stuart and Watkins, 1954), S. 72–73.
17. Ebd., S. 77.
18. Pierre Teilhard de Chardin, »The Phenomenon of Man«, aus dem Französischen übersetzt von Bernard Wall (New York: Harper and Row, 1959).
19. Ebd., S. 73.
20. Ebd.
21. P. D. Ouspensky, »In Search of the Miraculous: Fragments of an Unknown Teaching« (New York: Harcourt, Brace and World, 1949).
22. Frances A. Yates, »Giordano Bruno and the Hermetic Tradition« (Chicago: University of Chicago Press, 1964), S. 57.
23. Henry Cornelius Agrippa, »Astronomical Geomancy« (1655); nachgedruckt in: »Io«, No. 5 (Doctrine of Signatures, Ann Arbor, Mich., 1968), S. 56–60.
24. Carl Sagan, »Interview«, geführt von Richard Grossinger (23. Januar 1972), »Io«, No. 14 (Earth Geography Booklet, No. 3: Imago Mundi, Cape Elizabeth, Maine, 1972), S. 374–386.
25. Ebd., S. 384.

Kapitel IV   Sternenmythos

Dieses Kapitel wurde im Geist des Werkes »Hamlet's Mill« (Boston: Gambit, 1969) verfaßt und ist den Autoren dieses Werkes, Giorgio de Santillana und Hertha von Dechend, gewidmet.
1. Edward Kelly, »The Theatre of Terrestrial Astronomy« (ca. 1590); nachgedruckt in: »Alchemy: pre-Egyptian Legacy, Millennial Promise« (Io«, No. 26), hrsg. von Richard Grossinger (Richmond, Calif.: North Atlantic Books, 1979), S. 56–68.

2. Dante Alighieri, »The Divine Comedy, Cantica I: Hell« (1314), aus dem Italienischen übersetzt von Dorothy Sayers (Baltimore: Penguin Books, 1949), S. 71 (Canto I, Zeilen 2 und 3).
3. Giorgio de Santillana und Hertha von Dechend, »Hamlet's Mill: An Essay on Myth and the Frame of Time« (Boston: Gambit, 1969), S. 204 und 337.
4. Ebd., S. 275–277 und S. 313–315.
5. Alfred North Whitehead, »Process and Reality« (Toronto: Macmillan, 1929).
6. De Santillana und von Dechend, »Hamlet's Mill«, a.a.O., S. 48.
7. Ebd.
8. Ebd.
9. Ebd., S. 343.
10. Whitehead, »Process and Reality«.
11. Robert K. G. Temple, »The Sirius Mystery«, (New York: St. Martin's Press, 1976), S. 58–59.
12. Frances A. Yates, »Giordano Bruno and the Hermetic Tradition«, a.a.O., S. 367–370.
13. Carl L. Becker, »The Heavenly City of the Eighteenth-Century Philosopher« (New Haven: Yale University Press, 1932), S. 129.
14. Ebd., S. 45.
15. Isaac Bashevis Singer, »The Family Moskat«, aus dem Jiddischen übersetzt von A. H. Gross (New York: Knopf, 1950), S. 594.
16. Ebd.
17. Isaac Bashevis Singer, »Shosha«, aus dem Jiddischen übersetzt von Joseph Singer (New York: Fawcett, 1978), S. 129–130.
18. De Santillana und von Dechend, »Hamlet's Mill«, a.a.O., S. 5.
19. Ebd., S. 5–6.
20. Ebd., S. 6.
21. Ebd., S. 41–42, 63, 156, 166, 173, 220, 249, 251–252 und 291–292.

22. Michael Collins, »Carrying the Fire: An Astronaut's Journey« (New York: Farrar, Straus and Giroux, 1974), S. 472.
23. Charles Olson, »The Maximus Poems, Vol. Three« (New York: Grossman, 1975), S. 39.
24. Denis Diderot, »Œuvres«, Bd. 18 (1765); zitiert in: Becker, »The Heavenly City, a.a.O., S. 147.
25. George Bernard Shaw, »Back to Methuselah« (New York: Brentano's, 1921), S. xlvi.

Kapitel V Die Alte Astronomie

1. Kjell Akerblom, »Astronomy and Navigation in Polynesia and Micronesia: A Survey«, Ethnographic Museum of Stockholm Monograph Series, No. 14 (Stockholm, 1968), S. 18.
2. Ebd., S. 24.
3. Ebd., S. 24–25.
4. Ebd., S. 27.
5. Ebd., S. 104 und 114.
6. Eldon Best, »The Astronomical Knowledge of the Maori, Genuine and Empirical: Including Data Concerning Their Systems of Astrogeny, Astrolatry, and Natural Astrology, with Notes on Certain Other Natural Phenomena«, Dominion Museum Monographs, No. 3 (Wellington, New Zealand, 1922).
7. Ebd., S. 6.
8. Akerblom, »Astronomy and Navigation«, a.a.O., S. 13.
9. Edwin Krupp (Hrsg.), »In Search of Ancient Astronomy« (Garden City, N. Y.: Doubleday, 1977), S. 187.
10. Ebd., S. 191.
11. Ebd., S. 149, 156 und 159.
12. Henry Wright, Department of Anthropology, University of Michigan, persönliche Mitteilung, 1969.
13. A. T. Olmstead, »History of the Persian Empire« (Chicago: University of Chicago Press, 1948), S. 200.
14. Ebd., S. 202.

15. Ebd., S. 452.
16. Ebd., S. 453–456.
17. Philip Wheelwright (Hrsg.), »The Presocratics« (Indianapolis: Odyssey Press, 1966), S. 44–52.
18. Ebd., S. 57.
19. Ebd., S. 59.
20. Ebd., S. 58.
21. Ebd., S. 69–89
22. Ebd., S. 27–28
23. Ebd., S. 182–199.
24. Werner Heisenberg, »Physics and Beyond«, aus dem Deutschen übersetzt von Arnold J. Pomerans (New York: Harper and Row, 1971), S. 241.
25. Lucretius, »The Nature of the Universe«, aus dem Lateinischen übersetzt von R. E. Latham (Baltimore: Penguin Books, 1951); auszugsweise in »Theories of the Universe: From Babylonian Myth to Modern Science«, hrsg. von Milton K. Munitz (Glencoe, Ill.: The Free Press, 1957), S. 55.
26. Ebd., S. 44 und 53.
27. Ebd., S. 45.
28. Hier zitiert nach Wheelwright, »The Presocratics«, a.a.O., S. 162.
29. Ebd., S. 160.
30. Plato, »Timaeus«, aus dem Griechischen übersetzt von H. D. P. Lee (Baltimore: Penguin Books, 1965).
31. F. M. Cornford (Hrsg. und Übersetzer), »Plato's Cosmology: The Timaeus of Plato« (New York: Humanities Press, 1937); auszugsweise in Munitz, »Theories of the Universe«, a.a.O., S. 79.
32. Platon, Spätdialoge, Bd. 2, Stuttgart 1969, S. 215 und 225.
33. Aristotle, »On the Heavens«, aus dem Griechischen übersetzt von W. K. C. Guthrie (Cambridge, Mass.: Harvard University Press, 1939).
34. Elias Bickerman und Morton Smith, »The Ancient History of Western Civilization« (New York: Harper and Row, 1976), S. 143.

35. Eine von Robert Kelly im privaten Gespräch ca. 1966 gemachte Bemerkung.
36. Arthur Koestler,»The Sleepwalkers: A History of Man's Changing Vision of the Universe« (New York: Grosset and Dunlap, 1959), S. 49–50.
37. Rudolf Thiel,»And There was Light: The Discovery of the Universe«, aus dem Deutschen übersetzt von Richard und Clara Winston (New York: Knopf, 1957).
38. Michael Collins,»Carrying the Fire: An Astronaut's Journey«, a.a.O., S. 472.
39. Thiel,»And There Was Light«.
40. Ebd., S. 50.
41. J. L. E. Dreyer,»A History of the Planetary Systems from Thales to Kepler« (Cambridge, England: Cambridge University Press, 1905), S. 120–124.
42. Dante Alighieri,»Paradise«, aus dem Italienischen übersetzt von Dorothy Sayers und Barbara Reynolds (Baltimore: Penguin Books, 1962).

Kapitel VI   Die Geschichte der westlichen Astronomie

1. Die Sonne im Zentrum
Der Großteil des biographischen Materials über Copernicus stammt aus Arthur Koestler,»The Sleepwalkers: A History of Man's Changing Vision of the Universe« (New York: Grosset and Dunlap, 1959).
1. Nicolaus Copernicus; zitiert nach Koestler,»The Sleepwalkers«, a.a.O., S. 202.
2. Nicolaus Copernicus, Über Kreisbewegungen der Weltkörper, hrsg. und eingeleitet von Georg Klaus, Akademie Verlag, Berlin (DDR) 1959, S. 70.
3. Ebd., S. 75
4. Frances A. Yates,»Giordano Bruno and the Hermetic Tradition«, a.a.O.
5. Ebd.
6. Giordano Bruno; zitiert nach Rudolf Thiel,»And There Was Light«, a.a.O., S. 112.

7. Ebd., S. 112.
8. Giordano Bruno; zitiert nach Yates, »Giordano Bruno«, a.a.O., S. 244.
9. Ebd., S. 256.
10. Robert Kelly, »The Alchemist«; wiederabgedruckt in »Alchemy: pre-Egyptian Legacy, Millennial Promise«, (»Io«, No. 26), hrsg. von Richard Grossinger (Richmond, Calif.: North Atlantic Books, 1979), S. 130.
11. Giordano Bruno; zitiert nach Thiel, »And There Was Light«, a.a.O., S. 113.
12. Cyrus Gordon, »Before Columbus: Links Between the Old World and Ancient America« (New York: Crown, 1971).
13. Carl O. Sauer, »Northern Mists« (Berkeley, Calif.: Turtle Island Foundation, 1968).
14. Ebd.
15. Ebd.
16. Ebd.
17. Frances A. Yates, »Theatre of the World« (Chicago: University of Chicago Press, 1969).
18. Ebd.

2. Die Planeten

Der Großteil des biographischen Materials über Kepler und Galilei stammt aus: Arthur Koestler, »The Sleepwalkers: A History of Man's Changing Vision of the Universe« (New York: Grosset and Dunlap, 1959).
1. Johannes Kepler, »Brief an Michael Maestlin«; zitiert nach Arthur Koestler, Die Nachtwandler. Das Bild des Universums im Wandel der Zeit, (A. Scherz Verlag, Stuttgart 1959), S. 262.
2. Johannes Kepler, »Harmonice Mundi« (1619); zitiert nach: Arthur Koestler, Die Nachtwandler, a.a.O., S. 262.
3. »Und nun: Diese stumpfe, blinde Mauer, die kein Eisen ritzt und kein Stahl durchdringt, wird mit dem rätselhaften Auftrieb, der in ihr wirksam ist, unbeirrbar vorwärtsgeschoben

durch einen schwimmenden, ungestüm lebendigen Koloß, der wie ein Holzstoß nur nach Klaftern zu messen und dabei wie das kleinste Insekt einem einzigen Willen untertan ist.« (Herman Melville, »Moby Dick« [1851], hier zitiert nach: Herman Melville, Moby Dick, Rowohlt Verlag, Reinbek 1956, S. 241).
4. Johannes Kepler, »Mysterium Cosmographicum«; zitiert nach Rudolf Thiel, »And There Was Light«, a.a.O., S. 116.
5. Johannes Kepler, »Brief an Herwart von Hohenburg«; zitiert nach Arthur Koestler, Die Nachtwandler, a.a.O., S. 306.
6. Johannes Kepler, »Astronomia Nova« (1609); zitiert nach Arthur Koestler, Die Nachtwandler, a.a.O., S. 335.
7. Johannes Kepler, »Harmonice Mundi« (1619); zitiert nach Thiel, »And There Was Light«, a.a.O., S. 295.
8. Galileo Galilei, »Sidereus Nuncius« (1610); zitiert nach Arthur Koestler, »The Sleepwalkers«, a.a.O., S. 365.
9. Johannes Kepler; zitiert nach Koestler, »The Sleepwalkers«, a.a.O., S. 367.
10. »Die Gesamtheit dieser sichtbaren Welt ist nur ein unmerklicher kleiner Fleck auf dem weiten Busen der Natur. Keine unserer Ideen kann sich ihm wirklich nähern... Stellen wir uns den Menschen als jemanden vor, der sich in diese ausweglose Ecke der Natur verirrt hat, so kann er von diesem engen Gefängnis, in dem er sich eingesperrt findet – ich meine das Universum –, lernen, den wahren Wert der Erde, der Königreiche, der Städte und seiner selbst zu würdigen. Was ist der Mensch inmitten der Unendlichkeit?« (Blaise Pascal, »Pensées sur la Religion« (1647); zitiert nach Arthur O. Lovejoy, »The Great Chain of Being« (Cambridge, Mass.: Harvard University Press, 1936), S. 127.
11. John Milton, »Paradise Lost« (1667), Buch II, Zeilen 891–893; in »John Milton: Complete Poems and Major Prose«, hrsg. von Merritt Y. Hughes (New York: Odyssey Press, 1957), S. 253.

12. Galileo Galilei, »Dialogue Concerning the Two Chief World Systems« (1632), aus dem Lateinischen übersetzt von Stillman Drake (Berkeley: University of California Press, 1953); zitiert nach Koestler, Die Nachtwandler, a.a.O., S. 483.

3. Das Gravitationsfeld

1. Arthur Koestler, »The Sleepwalkers«, a.a.O.
2. Isaac Newton, »Four Letters to Richard Bentley« (1692); wiederabgedruckt in »Theories of the Universe: From Babylonian Myth to Modern Science«, hrsg. von Milton K. Munitz, a.a.O., S. 212.
3. Ebd., S. 210.
4. Isaac Newton, »Philosophiae Naturalis Principia Mathematica« (1687), aus dem Lateinischen übersetzt von Andrew Motte (Berkeley: University of California Press, 1946); wiederabgedruckt in Munitz (Hrsg.), »Theories of the Universe«, a.a.O., S. 209.
5. Isaac Newton: zitiert nach A. Pannekoek, »A History of Astronomy« (London: Allen and Unwin, 1961), S. 264–265.
6. Stephen Weinberg, »The First Three Minutes: A Modern View of the Origin of the Universe« (New York: Basic Books, 1977), S. 149.
7. Bertrand Russell, Quelle nicht aufzufinden.
8. Isaac Newton; zitiert nach Pannekoek, »A History of Astronomy«, S. 273.
9. Ebd., S. 274.
10. Ebd.
11. William Blake, »Jerusalem« (1804–1820); auszugsweise in »The Portable Blake«, hrsg. von Alfred Kazin (New York: Viking Press, 1946), S. 463.
12. William Blake, »The Four Zoas« (1797); auszugsweise in Kazin, »The Portable Blake«, a.a.O., S. 379.
13. Percy Bysshe Shelley, »Adonais: An Elegy on the Death of John Keats« (1821), in »Selected Poems«, hrsg. von Edmund Blundin (London and Glasgow: Collins, 1954), S. 441, 443 und 449.

14. Edgar Allen Poe, »Eureka« (1848), in »The Works of Edgar Allen Poe«, Bd. 9 (New York: Funk and Wagnalls, 1904), S. 41.
15. Rudolf Thiel, »And There Was Light«, a.a.O.
16. Pierre Simon Laplace; zitiert nach Thiel, »And There Was Light«, a.a.O.

4. Die Sterne

Die allgemeinen Informationen in diesem Kapitel sind entnommen aus Rudolf Thiel, »And There Was Light«, a.a.O., A. Pannekoek, »A History of Astronomy«, a.a.O., Richard Berendzen, Richard Hart und Daniel Seeley, »Man Discovers the Galaxies« (New York: Science History Publications, 1976), William Graves Hoyt, »Planets X and Pluto (Tuscon: University of Arizona Press, 1980) und A. F. O'D. Alexander, »The Planet Uranus: A History of Observation, Theory and Discovery« (New York: American Elsevier, 1965).

1. Christian Huygens; zitiert nach Thiel, »And There Was Light«, a.a.O., S. 177.
2. Walter H. Hesse, »Our Evolving Universe« (Encino, Calif.: Dickenson, 1977), S. 68–69.
3. Christian Huygens, »Cosmotheoros« (engl. Überstzung, 1698); auszugsweise in »Theories of the Universe: From Babylonian Myth to Modern Science«, hrsg. von Milton K. Munitz, a.a.O., S. 222.
4. Thomas Wright, »An Original Theory or New Hypothesis of the Universe« (1750); wiederabgedruckt in Munitz, »Theories of the Universe«, a.a.O., S. 230.
5. Ebd., S. 225.
6. Immanuel Kant, Vorkritische Schriften bis 1768, Insel Verlag, Wiesbaden 1960, S. 258f.
7. Ebd., S. 326f.
8. Ebd., S. 335.
9. Ebd., S. 267.
10. Wilhelm Herschel; zitiert nach Pannekoek, »A History of Astronomy«, a.a.O., S. 317.

11. Ebd., S. 318.
12. Wilhelm Herschel; zitiert nach Berendzen et al., »Man Discovers the Galaxies«, a.a.O., S. 313.
13. Wilhelm Herschel; zitiert nach Alexander, »The Planet Uranus«, a.a.O., S. 52.
14. Sir Joseph Banks; zitiert nach Hoyt, »Planet X and Pluto«, a.a.O., S. 21.
15. Wilhelm Herschel; zitiert nach Alexander, »The Planet Uranus«, a.a.O., S. 59.
16. Wilhelm Herschel; zitiert nach Thiel, »And There Was Light«, a.a.O., S. 237.
17. Ebd., S. 233.
18. George Adams, »Astronomical and Geographical Essays«, 5. Auflage, korrigiert und erweitert von William Jones (London: W. and S. Jones, 1803), S. 7–9.
19. H. Wilhelm Olbers; zitiert nach Thiel, »And There Was Light», a.a.O., S. 250.
20. Journalistische Darstellung; zitiert nach Thiel, »And There Was Light«, a.a.O., S. 272.
21. Johann Galle; zitiert nach Hoyt, »Planets X and Pluto«, a.a.O., S. 53.
22. Sir John Herschel; zitiert nach Berendzen et. al., »Man Discovers the Galaxies«, a.a.O., S. 184.
23. Herny Norris Russell; zitiert nach Hoyt, »Planets X and Pluto«, a.a.O., S. 231–232.
24. Theodore Enslin, in »Io«, No. 5 (Doctrine of Signatures), hrsg. von Richard Grossinger (Ann Arbor, Mich., 1968), S. 4.

5. Die Elemente
Die allgemeinen Informationen in diesem Kapitel sind entnommen aus Rudolf Thiel, »And There Was Light«, a.a.O., A. Pannekoek, »A History of Astronomy«, a.a.O., Richard Berendzen et al., »Man Discovers the Galaxies«, a.a.O., Bentley Glass, Owsei Temkin und William L. Straus jr. (Hrsg.), »Forerunners of Darwin (1745–1859)« (Baltimore: John Hopkins University Press, 1959) und Otto Struve und Velta Zebergs, »Astronomy of the Twentieth Century« (New York: Macmillan, 1962).

1. Joseph Addison, »Spectator«, No. 519; zitiert nach »The Great Chain of Being«, von Arthur O. Lovejoy, a.a.O., S. 239.
2. D. H. Lawrence, Der Regenbogen. Übersetzung von Gisela Günther, Rowohlt, Reinbek 1968, S. 376.
3. George Ellery Hale; zitiert nach Struve und Zebergs, »Astronomy of the Twentieth Century«, a.a.O., S. 121.
4. Ebd., S. 122.
5. Agnes Clerke; zitiert nach Struve und Zebergs, »Astronomy of the Twentieth Century«, a.a.O., S. 435.
6. Rodney Collin, »The Theory of Celestial Influence« (London: Stuart and Watkins, 1954), S. 38.
7. Dieses Buch bildet die Grundlage für einen langen Essay des Autors mit dem Titel »Melville's Whale«, abgedruckt in »Io«, No. 22 (»An Olson- Melville Sourcebook«, Bd. 1: »The New Found Land, or North America«), hrsg. von Richard Grossinger (Plainfield, Vermont, 1976), S. 97–152.
8. In einem Brief über »Moby Dick« an Nathaniel Hawthorne schrieb Melville: »Unter sichtbarer Wahrheit verstehen wir die Wahrnehmung der absoluten Bedingung der gegenwärtigen Dinge.«
9. Herman Melville, »Moby Dick« (1851) (New York: New American Library, 1961), S. 360.
10. Ebd., S. 302.

6. Das Zeit-Raum-Kontinuum

Die allgemeinen Informationen in diesem Kapitel sind entnommen aus Rudolf Thiel, »And There Was Light«, a.a.O., Richard Berendzen et al., »Man Discovers the Galaxies«, a.a.O. und Otto Struve und Velta Zebergs, »Astronomy of the Twentieth Century«, a.a.O.

1. Sigmund Freud, Die Traumdeutung, Leipzig und Wien 1911, (3. Aufl.) S. 408.
2. Sigmund Freud, »The Interpretation of Dreams«, aus dem Deutschen übersetzt von James Strachey (New York: Avon Books, 1965), S. 651.

3. Herman Melville, »Pierre or. The Ambiguities (1852) (New York: New American Library, 1964); zitiert nach Paul Metcalf, »Genoa: A Telling of Wonders (Highland, North Carolina: The Nantahala Foundation, 1965), S. 107.
4. Harlow Shapley; zitiert nach Berendzen et al., »Man Discovers the Galaxies«, a.a.O., S. 183.
5. Albert Einstein, »Relativity: The Special and General Theory«, aus dem Deutschen übersetzt von R. W. Lawson (New York: Peter Smith, 1920); auszugsweise in »Theories of the Universe: From Babylonian Myth to Modern Science«, hrsg. von Milton K. Munitz, a.a.O., S. 275.
6. Philippe Le Corbeiller, »The Curvature of Space«, in »The New Astronomy«, zusammengestellt von den Herausgebern des »Scientific American« (New York: Simon and Schuster, 1954), S. 49–65.

7. *Das Atom*
Die allgemeinen Informationen in diesem Kapitel sind entnommen aus Steven Weinberg, »The First Three Minutes: A Modern View of the Origin of the Universe«, a.a.O., Werner Heisenberg, Across the Frontiers«, aus dem Deutschen übersetzt von Peter Heath (New York: Harper and Row, 1971), Banesh Hoffmann, »The Strange Story of the Quantum« (New York: Dover Books, 1947) und Nigel Calder, »The Key to the Universe« (Baltimore: Penguin Books, 1978).
1. Niels Bohr, »Atomic Physics and the Description of Nature« (Cambridge, England: Cambridge University Press, 1934), S. 57.
2. Gell-Mann entlehnte diesen Ausdruck aus James Joyce, »Finnegan's Wake« (1939).
3. Gary Snyder, »The Manichaeans«, in »The Back Country« (New York: New Directions, 1960); wiederabgedruckt in »Inside Outer Space: New Poems of the Space«, hrsg. von Robert Vas Dias (Garden City, N. Y.: Doubleday, 1970), S. 291.
4. Edward Dorn, »This is the Way I hear the Momentum«, in

»Io«, No. 6 (Ethnoastronomy Issue), hrsg. von Richard Grossinger, (Ann Arbor, Mich., 1969), S. 109.
5. Ebd. S. 110.
6. Emile Durkheim, »Suicide« (1897), übersetzt von J. Spualding und G. Simpson (New York: The Free Press, 1938).
7. P. D. Ouspensky, »In Search of the Miraculous: Fragments of an Unknown Teaching« (New York: Harcourt, Brace and World, 1949).
8. Steven Weinberg, »The First Three Minutes«, a.a.O., S. 154.
9. Morris Edward Opler, »Myths and Tales of the Jicarilla Apache Indians«, in »Memoirs of the American Folklore Society«, Bd. 31 (New York, 1938), S. 133–134.
10. Weinberg, »The First Three Minutes«, a.a.O., S. 154–155.
11. Samuel Beckett, »Murphy« (New York: Grove Press, 1957) S. 1.
12. Samuel Beckett, Werke Bd. 1, Dramatische Werke, Warten auf Godot, Frankfurt a. M. 1976, S. 84.
13. Ebd.

8. Pulsare, Quasare und schwarze Löcher

Die allgemeinen Informationen in diesem Kapitel sind entnommen aus Richard Berendzen et al., »Man Discovers the Galaxies«, a.a.O., Otto Struve und Velta Zebergs, »Astronomy of the Twentieth Century«, a.a.O., »The New Astronomy«, zusammengestellt von den Herausgebern des »Scientific American« (New York: Simon and Schuster, 1954), Nigel Calder, »Violent Universe« (New York: Viking Press, 1969) und Walter Sullivan, »Black Holes: The Edge of Space, The End of Time« (Garden City; N. Y.: Doubleday, 1979).

1. Der Physiker Werner Heisenberg schrieb: »In einer dunkel gewordenen Welt, die nicht länger von einem Licht im Zentrum erhellt wird, sind das ›unum, bonum, verum‹... schwerlich mehr als verzweifelte Versuche, die Hölle ein wenig annehmlicher zu machen, um darin leben zu können. Dies muß besonders gegenüber denjenigen betont

werden, die denken, daß sie durch die Ausdehnung der wissenschaftlichen und technologischen Zivilisation bis an die äußersten Enden der Welt alle wesentlichen Grundbedingungen für ein goldenes Zeitalter schaffen können. So leicht läßt sich dem Teufel nicht entkommen.« (»Across the Frontiers«, aus dem Deutschen übersetzt von Peter Heath [New York: Harper and Row, 1971], S. 132.)
2. Johannes Hevelius; zitiert nach Richard Hinckley Allen, »Star Names: Their Lore and Meaning« (1899) (New York: Dover Books, 1963), S. 473.
3. Richard Grossinger, »The Unfinished Business of Doctor Hermes« (Plainfield, Vermont: North Atlantic Books, 1976), S. 128–129.
4. James Bogan, »Rhapsody for McCoy Tyner«, unveröffentlichtes Gedicht.
5. William H. Press; zitiert nach Sullivan, »Black Holes«, a.a.O., S. 202.
6. Aus dem Film »Strangelove« (1962) des amerikanischen Regisseurs Stanley Kubrick.

Kapitel VII Sprache, Geist und Astrophysik

1. John Wheeler; niedergeschrieben nach mündlichen Äußerungen auf einer Konferenz, in »The Nature of Time«, hrsg. von Thomas Gold (Ithaca, N. Y.: Cornell University Press, 1967), S. 234.
2. R. Buckminster Fuller, »Vision 65 Summary Lecture«, in »The American Scholar«, 35:2 (Frühjahr 1966), S. 215.
3. Benjamin Lee Whorf, »Language, Thought, and Reality (Cambridge, Mass.: M. I. T. Press, 1956), S. 52–55.
4. Alexander Stephen, »Hopi Journal« (1892); auszugsweise in »Io«, No. 3 (Winter 1966–67), hrsg. von Richard Grossinger (Ann Arbor, Mich.), S. 39–40.
5. Benjamin Lee Whorf, »Languge«, a.a.O., S. 55.
6. C. S. Lewis, »Out of the Silent Planet« (New York: Macmillan, 1965), S. 43–44.

7. Whorf, »Language«, a.a.O., S. 55–56.
8. Benjamin Lee Whorf, Sprache – Denken – Wirklichkeit, Rowohlt-Verlag, Reinbek 1968, S. 103.
9. Claude Lévi-Strauss, Das wilde Denken, Frankfurt a. M. 1973, S. 75.
10. Claude Lévi-Strauss, »From Honey to Ashes«, aus dem Französischen übersetzt von John und Doreen Weightman (New York: Harper and Row, 1973), S. 288–290.
11. Jane Roberts, »Seth Speaks: The Eternal Validity of the Soul« (Englewood Cliffs, N. J.: Prentice-Hall, 1972), S. 12.
12. Charles Stein, Niederschrift einer Diskussion mit Richard Grossinger, in »Alchemy: pre-Egyptian Legacy, Millennial Promise«, hrsg. von Richard Grossinger, a.a.O., S. 220–221.
13. Wilhelm Reich, »Ether, God and Devil«, a.a.O.
14. D. H. Lawrence, »The Rainbow« (1915) (New York: Random House, 1943), S. 303.
15. Robert Duncan, »The H. D. Book«, Teil II, Kap. 3, in »Io«, No. 6 (Ethnoastronomy Issue), hrsg. von Richard Grossinger (Ann Arbor, Mich., 1969), S. 127.
16. Richard Grossinger, »The Star Invasion Dream«, in »The Unfinished Business of Doctor Hermes«, a.a.O., S. 60–62.

Kapitel VIII Die Astrologie

1. Für eine vollständige Beschreibung und Diskussion der »Millennial Science« siehe Richard Grossinger, »Alchemy: pre-Egyptian Legacy, Millennial Promise«, in »Io«, No. 26, a.a.O., S. 177–253
2. Zu Dank verpflichtet bin ich Dr. Paul Lee von der Platonic Academy in Santa Cruz, Kalifornien, für diese Episode.
3. Marc Edmund Jones, »Horary Astrology« (Berkeley, Calif.: Shambhala, 1971), S. 25.
4. Carl G. Jung, »The Interpretation of Nature and Psyche«, aus dem Deutschen übersetzt von R. F. C. Hull, in »Psyche and Symbol« (Garden City, N. Y.: Doubleday, 1958).

5. C. S. Lewis, »Perelandra« (New York: Macmillan, 1965), S. 147–148.
6. Dane Rudhyar, Astrologie der Persönlichkeit, Hugendubel, München 1979, S. 73
7. Michael Gauquelin, »The Cosmic Clocks: From Astrology to a Modern Science« (Chicago: Henry Regnery, 1967), S. 131.
8. Ebd.
9. Ich bin William Lonsdale und seinen astrologischen Vorträgen 1977 in Plainfield, Vermont, für viele seiner bildhaften Ausdrücke zu den Tierkreiszeichen zu Dank verpflichtet. Diese Vorträge sind zusammengestellt in dem Buch »The Signs of the Zodiac in the Late Twentieth Century« (Richmond, Calif.: North Atlantic Books, 1981).
10. William Sampson, »The Zodiac: A Life Epitome« (1928) (New York: ASI Publishers, 1975), S. 13.
11. Ebd.; dieses Bild ist entwickelt auf den S. 245–249.
12. Ebd., S. 360–361.
13. Zur Originalversion dieser Diskussion siehe Richard Grossinger, »The Unfinished Business of Doctor Hermes«, a.a.O., S. 120–121.
14. Hier zitiert nach Edward H. Schafer, »Pacing the Void: T'ang Approaches to the Stars« (Berkeley: University of California Press, 1977).

Kapitel IX   Die Planeten

1. Das Sonnensystem
In den Kapiteln XVI bis XX sind meine beiden wichtigsten Quellen für allgemeine Informationen Alan E. Nourse, »Nine Planets: Astronomy for the Space Age« (New York: Harper and Row, 1960) und Wernher von Braun und Frederick I. Ordway, »New Worlds: Discoveries from Our Solar System« (Garden City, N. Y.: Doubleday, 1979). Zu danken habe ich auch Ken Wilson vom Morrison-Planetarium in San Francisco für sein gründliches Lesen dieser Kapitel.

1. William Graves Hoyt, »Planets X and Pluto«, a.a.O., S. 161–162.
2. Ebd., S. 162
3. Alex Haley, »Roots« (Garden City, N. Y.: Doubleday, 1976).
4. Johannes Kepler, »Somnium, Sive Astronomia Lunaris« (1630), aus dem Lateinischen übersetzt von Patricia Frueh Kirkwood, in »Kepler's Dream«, hrsg. von John Lear (Berkeley: University of California Press, 1965).
5. Johannes Kepler, »Somnium, Sive Astronomia Lunaris« (1630), übersetzt von Ludwig Gunther; zitiert nach Arthur Koestler, »The Sleepwalkers«, a.a.O., S. 417.
6. Lear, »Kepler's Dream«, a.a.O., S. 155–157; siehe ebenfalls, für eine frühere Version dieser Passage, Richard Grossinger, »The Continents« (Los Angeles: Black Sparrow Press, 1973), S. 49–52.
7. Richard Grossinger, »The Slag of Creation« (Plainfield, Vermont: North Atlantic Books, 1975), S. 219.

2. Merkur und Venus

1. Rudolf Hauschka, »The Nature of Substance«, aus dem Deutschen übersetzt von Mary T. Richards und Marjorie Spock (London: Stuart and Watkins, 1966).
2. Svante Arrhenius, »The Destiny of the Stars« (1918); zitiert nach Patrick Moore, »The Planet Venus« (New York: Macmillan, 1957), S. 108–109.
3. C. S. Lewis, »Perelandra« (New York: Macmillan, 1965), S. 37–38.
4. I. S. Shklovskii und Carl Sagan, »Intelligent Life in the Universe« (New York: Dell, 1966), S. 467–468.
5. Immanuel Velikovsky, »World in Collision« (New York: Dell, 1965).
6. Für dieses Flugblatt konnte keine Quelle oder Zitatangabe ermittelt werden.

3. Der Mond, die Erde und Mars
1. Rudolf Hauschka, »The Nature of Substance«, a.a.O., S. 193–195.
2. William Faulkner, »Absalom, Absalom!« (New York: Random House, 1936).
3. P. D. Ouspensky, »In Search of the Miraculous«, a.a.O. Ouspensky zitiert Gurdjieff folgendermaßen: »Die Intelligenz der Sonne ist himmlisch. Aber die Erde kann die gleiche Intelligenz erreichen; nur gibt es dafür natürlich keine Garantie, und die Erde könnte auch sterben, ohne irgend etwas erreicht zu haben« (S. 25). »Der Prozeß des Wachstums und der Erwärmung des Mondes steht im Zusammenhang mit dem Leben und Tod auf der Erde. Jedes Lebewesen setzt bei seinem Tode eine bestimmte Menge Energie frei, durch die es ›beseelt‹ worden ist; diese Energie oder die ›Seele‹ jedes Lebewesens – Pflanzen, Tiere, Menschen – wird vom Mond wie durch einen gewaltigen Elektromagneten angezogen und bringt Wärme und Leben zu ihm, von denen sein Wachstum abhängt. Das nennt man das Strahlungswachstum der Schöpfung. In der Ökonomie des Universums geht nichts verloren, und eine bestimmte Energie, die ihre Arbeit auf einer Ebene beendet hat, wechselt zu einer anderen« (S. 85).
4. Carlos Castaneda, »Journey to Ixtlan«, (New York: Simon and Schuster, 1972), S. 114.
5. G. I. Gurdjieff; zitiert nach Ouspensky, »In Search of the Miraculous«, a.a.O.
6. Richard Grossinger, »The Windy Passage from Nostalgia« (Plainfield, Vermont: North Atlantic Books, 1974), S. 67.
7. Rudolf Thiel, »Und es ward Licht«, (Rowohlt Verlag, Reinbek: 1956), S. 283.
8. Lucretius, »The Nature of the Universe«, aus dem Lateinischen übersetzt von R. E. Latham (Baltimore: Penguin Books, 1951); hier zitiert nach »Theories of the Universe: From Babylonian Myth to Modern Science«, hrsg. von Milton K. Munitz, a.a.O., S. 45.

9. Percival Lowell; zitiert nach Struve/Zebergs, a.a.O., S. 143–144.
10. Father Athanasius Kircher; zitiert nach Thiel, »And There Was Light«, a.a.O., S. 60–61.
11. Edgar Rice Burroughs, »A Princess of Mars« 1912 (New York: Ballantine Books, 1963), S. 60.
12. Hier zitiert nach Hadley Cantril, »The Invasion from Mars: A Study in the Psychology of Panic« (Princeton, N. J.: Princeton University Press, 1940), S. 141.

4. Jupiter und seine Monde

1. Richard Grossinger, »Solar Journal: Oecological Sections« (Los Angeles: Black Sparrow Press, 1970), S. 34.
2. Ebd., S. 34–35.
3. Ebd., S. 35–36
4. I. S. Shklovskii und Carl Sagan, »Intelligent Life in the Universe«, a.a.O., S. 471–473. Für eine weitere Diskussion der moralischen Implikationen der Dyson-Sphäre siehe Gary Snyder, »Interview«, geführt von Richard Grossinger und David Wilk (9. November 1971), in »Io«, No. 25 (Ecology and Consciousness), hrsg. von Richard Grossinger (Richmond, Calif., 1978), S. 152–154.
5. Arthur C. Clarke, »A Meeting with Medusa«, in »Jupiter«, hrsg. von Carol Pohl und Fredeik Pohl (New York: Ballantine Books, 1973), S. 252 und 254.
6. Fred Haddock, »Interview« (1968), geführt von Richard Grossinger, in »Io«, No. 6 (Ethnoastronomy Issue), hrsg. von Richard Grossinger (Ann Arbor, Mich., 1968), S. 43–46.
7. Viele der neuen Informationen über die Jupiter-Monde stammen von Rick Gore, »What Voyager Saw: Jupiter's Dazzling Realm«, in »National Geographic«, 157:1 (Januar 1980), S. 2–29. (In einer interessanten Fußnote zu den Bildern der Jupiter-Monde hat mir der Parapsychologe Jule Eisenbud ein »Foto« gezeigt, das der spiritistische Photograph Ted Serios am 3. Juli 1965 geschaffen hat. Es ist inhaltlich eine Kopie der Voyager 2-Photographie von Ganymed,

die mehr als eine Dekade später aus einer Entfernung von 1 200 000 km aufgenommen wurde. Serios ›schoß‹ sie in der gleichen Serie wie eine Anzahl Kopien von Marslandschaften. Selbst wenn man annimmt, diese Photos seien in gewisser Weise ›authentisch‹, muß ein Parapsychologe fragen: Ist es das Vorherwissen des gesendeten Bildes oder ist es die Weitsichtigkeit des Mondes selbst? Wenn es aber von beiden nichts ist, worum handelt es sich dann? »Ein Schuß durch ein Astloch«, schrieb jemand an das Jet Propulsion Laboratory in Pasadena, der mit Serios' Werken wohl vertraut war.)

8. Jonathan Eberhart, »Io: Charting the Fire«, in »Science News«, 117:16 (19. April 1980), S. 251–252.
9. Haddock, »Interview«.
10. Arthur C. Clarke, »2001: A Space Odyssey« (New York: New American Library, 1968).
11. Rudolf Hauschka, »The Nature of Substance«, aus dem Deutschen übersetzt von Mary T. Richards und Marjorie Spock (London: Stuart and Watkins, 1966), S. 167–169.

5. *Saturn, Uranus, Neptun, Pluto und ihre Monde*
1. Galileo Galilei; zitiert nach Wernher von Braun/Frederick I. Ordway, »New Worlds«, a.a.O. S. 246.
2. Christian Huygens; zitiert nach von Braun/Ordway, »New Worlds«, S. 246
3. James Maxwell; zitiert nach von Braun/Ordway, »New Worlds«, S. 247.
4. Zitiert nach »San Francisco Chronicle« (13. November 1980), S. 1
5. Ebd.
6. Zitiert nach »San Francisco Chronicle« (Ende November 1980; Datum nicht feststellbar).
7. Rudolf Hauschka, »The Nature of Substance«, a.a.O., S. 170–174.
8. Piers Anthony, »Macroscope« (New York: Avon Books, 1969), S. 182–183.

9. Gerrit Lansing, »The Neptunian Character«, in »Io«, No. 16 (Earth Geography Booklet, No. 4: Anima Mundi), hrsg. von Richard Grossinger (Plainfield, Vermont, 1973), S. 6–7.
10. Percival Lowell; zitiert nach William Graves Hoyt, »Planets X and Pluto«, a.a.O., S. 141.
11. Vesto Slipher; zitiert nach Hoyt, »Planets X and Pluto«, a.a.O., S. 179
12. Clyde Tombaugh; zitiert nach Hoyt, »Planets X and Pluto«, a.a.O., S. 188.
13. Dale Cruikshank, Carl Pilcher and David Morrison; zitiert nach Hoyt, »Planets X and Pluto«, a.a.O., S. 245.
14. Fritz Brunhübner, »Pluto« (1934); wiederabgedruckt in »Io«, No. 14 (Earth Geography Booklet, No. 3: Imago Mundi), hrsg. von Richard Grossinger (Plainfield, Vermont, 1972), S. 281–290.
15. Oskar Seyffert, »A Dictionary of Classical Antiques« (New York: Meridian Books, 1956), S. 263.
16. Brunhübner, »Pluto«
17. Ebd.
18. James Hillman, »The Dream and the Underworld« (New York: Harper and Row, 1979), S. 27–28.

Kapitel X Fliegende Untertassen und außerirdisches Leben

1. Mel Noel, »UFO Lecture« (1966), in »Io«, No. 4 (Alchemy Issue), hrsg. von Richard Grossinger (Ann Arbor, Mich., 1967), S. 111.
2. Ebd., S. 114.
3. Lt. Col. Wendelle C. Stevens (Hrsg.), »UFO... Contact from the Pleiades«, Bd. 1 (Phoenix, Arizona: Genesis III Productions, 1979), unpaginiert.
4. Der Schauspieler, der den radikalen Journalisten Hunter Thompson spielt, sagt das am Ende des amerikanischen Films »Where the Buffalo Roam« aus dem Jahre 1980.

5. Ein 1977 von dem amerikanischen Regisseur Steven Spielberg gedrehter Film.
6. Stevens, »UFO«, a.a.O.
7. Jack Finney, »The Invasion of the Body Snatchers« (New York: Dell, 1954).
8. Ein 1977 von dem amerikanischen Regisseur George Lucas gedrehter Film.
9. Jacques Vallee, »Messengers of Deception: UFO Contacts and Cults« (Berkeley, Calif.: And/Or Press, 1979).
10. Ebd.
11. Carl G. Jung, »Flying Saucers: A Modern Myth of Things Seen in the Sky«, aus dem Deutschen übersetzt von R. F. C. Hull, in »Civilization in Transition (New York: Pantheon Books, 1964), S. 307–433.
12. Erich von Däniken, »Chariots of the Gods?« (New York: Bantam Books, 1970).
13. Robert K. G. Temple, »The Sirius Mystery« (New York: St. Martin's Press, 1976).
14. Robert Anton Wilson, »Cosmic-Trigger« (Berkeley, Calif.: And/Or Press, 1977).
15. Ebd.
16. Peter Tompkins und Christopher Bird, »The Secret Life of Plants« (New York: Harper and Row, 1973), S. 46–48.
17. Ebd., S. 49.
18. Ebd., S. 50.

Kapitel XI   Der Pop-Star-Kult der fünfziger und sechziger Jahre

1. Siehe Rob Brezsny, »Qabalistic Sex Magic for Shortstops and Second Basemen«, in »Baseball I Gave You All the Best Years of My Life«, hrsg. von Kevin Kerrane und Richard Grossinger (Richmond, Calif.: North Atlantic Books, 1978), S. 381–390.
2. Kenneth Anger, »Interview«, geführt vom »Spider Magazine« (1965); wiederabgedruckt in »Io«, No. 12 (Earth Geo-

graphy Booklet, No. 1: Economics, Technology, and Celestial Influence), hrsg. von Richard Grossinger (Cape Elizabeth, Maine, 1972), S. 24–25.
3. Tarthang Tulku,»Time, Space, and Knowledge« (Emeryville, Calif.: Dharma Publishing, 1977), S. 10.

Kapitel XII Science-Fiction

1. Der Ursprung der himmlischen Welten
1. Claude Lévi-Strauss,»The Raw and the Cooked«, aus dem Französischen übersetzt von John und Doreen Weightman (New York: Harper and Row, 1969), S. 168.
2. Ellen Russell Emerson,»Indian Myths or Legends, Traditions, and Symbols of the Aborigines of America, Compared with Those of Other Countries Including Hindostan, Egypt, Persia, Assyria, and China« (1884) (Minneapolis: Ross and Haines, 1965), S. 337.
3. Robert Graves,»The Greek Myths« (Baltimore: Penguin Books, 1955), Bd. 1, S. 49.
4. Hesiod,»The Homeric Hymns and Homerica«, aus dem Griechischen übersetzt von H. G. Evelyn-White (Cambridge, Mass.: Harvard University Press, 1914), S. 417 bis 419.
5. Robert K. G. Temple,»The Sirius Mystery« St. Martin's Press, 1976), S. 207.
6. Ebd., S. 211–212.
7.»The Gilgamesh Epic«, aus dem Sumerischen übersetzt von Alexander Heidel; zitiert nach Temple,»The Sirius Mystery«, a.a.O., S. 92.
8. Eric von Däniken; zitiert nach Temple,»The Sirius Mystery«, Rückseite des Umschlags.
9. Graves,»The Greek Myths«, Bd. 1, S. 120–121.
10.»The Egyptian Book of the Dead«, übersetzt von E. A. Wallis Budge (New Hyde Park, N. Y.: University Books, 1960), S. 268–278.
11. Das Tibetanische Totenbuch, hrsg. von W. Y. Evans-Wentz,

übersetzt von Luise Göpfert-March, Walter-Verlag, Freiburg i. Br. 1981, S. 221f.
12. Geoffrey Ashe, »Land to the West: A Search for Irish and Other Pre-Viking Discoverers of America« (New York: Viking Press, 1962), S. 73–143.
13. Zur Originalversion dieser Passage siehe Richard Grossinger, »The Continents« (Los Angeles: Black Sparrow Press, 1973), S. 102–104.
14. William Shakespeare, »The Tempest« (ca. 1609), Akt I, Szene ii, Zeile 331, in »The Complete Works of William Shakespeare«, hrsg. von William Aldiss Wright (Garden City, N. Y.: Doubleday, 1936), S. 1304.
15. Ebd., Akt V, Szene i, Zeilen 181–182, S. 1322.
16. Siehe Carlos Castaneda, »The Teachings of Don Juan: A Yaqui Way of Knowledge (Berkeley: University of California Press, 1969), »A Separate Reality« (New York: Simon and Schuster, 1971) und »Journey to Ixtlan« (New York: Simon and Schuster, 1972).
17. Die Geschichte von Lucian ist erzählt von Brian W. Aldiss in »Billion Year Spree (Garden City, N. Y.: Doubleday, 1973), S. 58–59.
18. Aldiss, »Billion Year Spree«, a.a.O.
19. Ebd., S. 16.
20. Ebd., S. 20–30
21. Poul Anderson, »The High Crusade« (Garden City, N. Y.: Doubleday, 1960).
22. Giorgio de Santillana und Hertha von Dechend, »Hamlet's Mill«, a.a.O., S. 86–87.

2. Selbst und Kosmos

1. Carlos Castaneda, »A Separate Reality«, a.a.O., indirektes Zitat.
2. Olaf Stapledon, »Star Maker« (1937) (New York: Dover Books, 1968), S. 262.
3. Ebd., S. 424–425.
4. Ebd., S. 424.

5. Charles Dickens, »Great Expectations (1861) (New York: Dodd, Mead, 1947).
6. »Star Treck« ist sowohl eine TV-Serie aus den sechziger Jahren als auch ein 1980 von dem amerikanischen Produzenten Gene Rodenberry produzierter Kinofilm.
7. Ein 1977 von dem amerikanischen Regisseur Steven Spielberg gedrehter Film.
8. Paramahansa Yogananda, »Autobiography of a Yogi« (Los Angeles: Self Realization Fellowship, 1946), S. 316.
9. Lama Yongden, »Mipam: A Tibetan Novel« 1938 (San Francisco: Mudra, 1971), S. 324–325.
10. Roger Zelazny, »Lord of Light« (New York: Avon Books, 1967).
11. Philip José Farmer, »The Maker of Universes« (New York: Ace Books, 1965).
12. Ebd., S. 8–9.
13. Piers Anthony, »Macroscope«, a.a.O.
14. Ebd., S. 324.
15. Ebd., S. 309.
16. Ebd., S. 437–480.

3. Jesus von Nazareth
1. Arthur C. Clarke, »Childhood's End« (New York: Ballantine Books, 1953).
2. Clarke, »Childhood's End«, a.a.O., S. 170.
3. C. S. Lewis, »Out of the Silent Planet« (New York: Macmillan, 1965).
4. C. S. Lewis, »Perelandra«, a.a.O.
5. C. S. Lewis, »That Hideous Strength« (New York: Macmillan, 1965).
6. Lewis, »Out of the Silent Planet«, a.a.O., S. 32.
7. Lewis, »Perelandra«, a.a.O., S. 81–82.
8. Robert Silverberg, »The Book of Skulls« (New York: Berkley, 1972), S. 25–27.
9. Lewis, »Perelandra«, a.a.O., S. 218–219.
10. Frank Herbert, »Dune« (New York: Berkley, 1965).

11. Frank Herbert, »Dune Messiah« (New York: Berkley, 1969).
12. Frank Herbert, »Children of Dune« (New York: Berkley, 1976).
13. Herbert, »Dune«, a.a.O., S. 532–533.
14. Herbert, »Dune Messiah«, a.a.O., S. 187–188.
15. Herbert, »Children of Dune«, a.a.O., S. 199.
16. Ebd., S. 119.
17. Ebd., S. 271.
18. Ebd., S. 345–346.
19. Herbert, »Dune Messiah«, a.a.O., S. 78.
20. Ebd., S. 114.
21. Ebd., S. 123–124.
22. Ebd., S. 129.
23. Ebd., S. 206.
24. Ebd., S. 237.

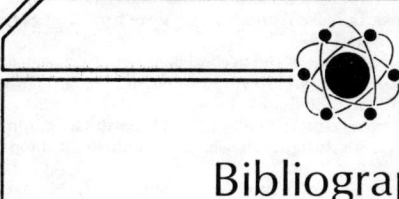

Bibliographie

Adams, George: Astronomical and Geographical Essays. Korrigiert und erweitert von William Jones. London: W. and S. Jones, 1803
Agrippa, Henry Cornelius: Astronomical Geomancy (1955); nachgedruckt in: »Io«, Nr. 5 (Doctrine of Signatures). Ann Arbor, Michigan, 1968
Akerblom, Kjell: Astronomy and Navigation in Polynesia and Micronesia: A Survey. Ethnographic Museum of Stockholm Monograph Series, Nr. 14. Stockholm, 1968
Aldiss, Brian W.: Billion Year Spree. Garden City, N.Y.: Doubleday, 1973
Alexander, A.F. O'D: The Planet Uranus: A History of Observation, Theory and Discovery. New York: American Elsevier, 1965
Allen, Richard Hinckley: Star Names: Their Lore and Meaning (1899). New York: Dover Books, 1963
Anderson, Poul: Sir Rogers himmlischer Kreuzzug. München: Moewig, 1982
Anger, Kenneth: Interview, geführt vom »Spider Magazine« (1965); wiederabgedruckt in »Io«, Nr. 12 (Earth Geography Booklet, Nr. 1: Economics, Technology, and Celestial Influence), hrsg. von Richard Grossinger. Cape Elizabeth, Maine, 1972
Anthony, Piers: Macroscope. New York: Avon Books, 1969
Aristoteles: Vom Himmel. Zürich: Artemis Verlag, Griechische Reihe, 1939
Ashe, Geoffrey: Land to the West: A Search for Irish an Other Pre-Viking Discoverers of America. New York: Viking Press, 1962

Becker, Carl L.: The Heavenly City of The Eighteenth-Century Philosopher. New Heaven: Yale University Press, 1932
Beckett, Samuel: Murphy. New York: Grove Press, 1957
Ders.: Werke Bd. 1, Dramatische Werke, Warten auf Godot. Frankfurt a. M., 1976
Berendzen, Richard/Hart, Richard/Seeley, Daniel: Man Discovers the Galaxies. New York: Science History Publications, 1976
Best, Eldon: The Astronomical Knowledge of the Maori, Genuine and Empirical: Including Data Concerning Their Systems of Astrogeny, Astrolatry, and Natural Astrology, with Notes on Certain Other Natural Phenomena. Dominion Museum Monographs, Nr. 3. Wellington, New Zealand, 1922
Bickermann, Elias/Smith, Morton: The Ancient History of Western Civilization. New York: Harper and Row, 1976
Blake, William: The Four Zoas (1797) and Jerusalem (1804–1820). In: Gedichte. Heidelberg oder Wiesbaden: Insel, 1958
Bogan, James: Rhapsody for McCoy Tyner. Unveröffentlichtes Gedicht

Bohr, Niels: Atomphysik und Naturbeschreibung. Hamburg: Springer, 1931
Braun, Wernher von/Ordway, Frederick I.: New Worlds: Discoveries from Our Solar System. Garden City, N.Y.: Doubleday, 1979
Brezsny, Rob: Quabalistic Sex Magic for Shortstops and Second Basemen. In: Baseball I Gave You All the Best Years of My Life, hrsg. von Kevin Kerrane und Richard Grossinger. Richmond, California: North Atlantic Books, 1978
Brunhübner, Fritz: Pluto (1934); wiederabgedruckt in »Io«, Nr. 14 (Earth Geography Booklet, Nr. 3: Imago Mundi), hrsg. von Richard Grossinger. Plainfield. Vermont, 1972.
Buckstaff, Ralph N.: Stars and Constellations of a Pawnee Sky Map (1927). Nachgedruckt in »Io«, Nr. 6 (Ethnoastronomy Issue), hrsg. von Richard Grossinger. Ann Arbor, Michigan, 1969
Burroughs, Edgar Rice: A Princess of Mars (1912). New York: Ballantine Books, 1963

Calder, Nigel: Schlüssel zum Universum. Das Weltbild der modernen Physik. Hamburg: Hoffmann und Campe, 1981
Cantril, Hadley: The Invasion from Mars: A Study in the Psychology of Panic. Princeton, New Jersey: Princeton University Press, 1940
Castaneda, Carlos: Eine andere Wirklichkeit. Frankfurt: Fischer, 1986
Ders.: Die Lehren des Don Juan. Frankfurt: Fischer, 1985
Ders.: Ein Yaqui-Weg des Wissens. Frankfurt: Fischer, 1985
Ders.: Reise nach Ixtlan. Frankfurt: Fischer, 1986
Clarke, Arthur: Die letzte Generation. Berlin-Schöneberg: Weiss, 1960
Ders.: A Meeting with Medusa. In: Jupiter, hrsg. von Carol Pohl und Frederik Pohl. New York: Ballantine Books, 1973
Ders.: Odyssee 2001. München: Heyne, 1986
Collin, Rodney: The Theory of Celestial Influence. London: Stuart and Watkins, 1954
Collins, Michael: Carrying the Fire: An Astronaut's Journey. New York: Farrar, Straus, and Giroux, 1974
Copernicus, Nicolaus: Über Kreisbewegungen der Weltkörper, hrsg. und eingeleitet von Georg Klaus, Berlin (DDR): Akademie, 1959
Cornford, F. M. (Hrsg.): Plato's Cosmology: The Timaeus of Plato. New York: Humanities Press, 1937
Crowley, Aleister (The Master Therion): Magick in Theory and Practice. New York: Castle Books, o. J.
Cusanus, Nikolaus: Of Learned Ignorance (1440). Übersetzt aus dem Lateinischen von Fr. Germain Heron. New Heaven: Yale University Press, 1954
Cushing, F. H.: Outlines of Zuni Creation Myths. 13. Jahresbericht des Bureau of American Ethnology. Washington D.C., 1896

Däniken, Erich von: Chariots of the Gods? New York: Bantam Books, 1970
Dante, Alighieri: The Divine Comedy, Cantica I: Hell (1314). Aus dem Italienischen übersetzt von Dorothy Sayers. Baltimore: Penguin Books, 1949
Ders.: Paradise, Aus dem Italienischen übersetzt von Dorothy Sayers und Barbara Reynolds. Baltimore: Penguin Books, 1962
Davidson, Martin: The Stars and the Wind. London: Watts, 1947
Dickens, Charles: Große Erwartungen (1861). Lübeck: Antäus, 1964
Dorn, Edward: Some Business Recently Transacted in the White World. West Newbury, Mass.: Frontier Press, 1971
Ders.: This is the way I hear the Momentum. In: »Io«, Nr. 6 (Ethnoastronomy Issue); Hrsg.: Richard Grossinger. Ann Arbor, Michigan, 1969
Dreyer, J. L. E.: A History of the Planetary Systems from Thales to Kepler. Cambridge, England: Cambridge University Press, 1905
Duncan, Robert: The H. D. Book (Teil 2, Kap.3). In: »Io«, Nr. 6 (Ethnoastronomy Issue), hrsg. von Richard Grossinger. Ann Arbor, Michigan, 1969
Durkheim, Emile: Der Selbstmord. Frankfurt a. M.: Suhrkamp, 1983

Eberhart, Jonathan: Io: Charting the Fire. In: Science News, 117:16 (19. April 1980)
Eddington, A. S.: Dehnt sich das Weltall aus? Stuttgart: Deutsche Verlagsanstalt, 1933
Einstein, Albert: Über die spezielle und allgemeine Relativitätstheorie. Wiesbaden: Vieweg, 1985
The Egyptian Book of the Dead. Übersetzt von E. A. Wallis Budge. New Hyde Park, N.Y.: University Books, 1960
Emerson, Ellen Russell: Indian Myths or Legends, Traditions, and Symbols of the Aborigines of America, Compared with Those of Other Countries Including Hindostan, Egypt, Persia, Assyria, and China (1884). Minneapolis: Ross and Haines, 1965
Enslin, Theodore: Note. In: »Io«, Nr. 6 (Ethnoastronomy Issue), hrsg. von Richard Grossinger. Ann Arbor, Michigan, 1969

Farmer, Philip José: Pater der Sterne. München: Droemer Knaur, 1983
Faulkner, William: Absalom, Absalom!, Hamburg: Rohwohlt, 1956
Finney, Jack: Unsichtbare Parasiten. München, 1962
Fletcher, Alice C.: »Pawnee Star Lore« (1904) und »Star Cult Among the Pawnee« (1902). Nachgedruckt in: »Io«, Nr. 6 (Ethnoastronomy Issue); Hrsg. Richard Grossinger. Ann Arbor, Michigan, 1954
Freud, Sigmund: Die Traumdeutung (1900). Frankfurt, Hamburg: Suhrkamp, 1969
Fulder, Stephen: Tao der Medizin. Ginseng, östliche Arzneien und die Pharmakologie harmonisierender Arzneimittel. Zürich: Sphinx, 1985
Fuller, R. Buckminster: Vision 65 Summary Lecture. In: The American Scolar, 35:2

Galileo, Galilei: Dialog über die Weltsysteme (1632), hrsg. von Blumenberg. Frankfurt: Suhrkamp, 1965
Gauquelin, Michel: Die Uhren des Kosmos gehen anders. Bern, München, Wien: Scherz, 1973
Glass, Bentley/Temkin, Owsei/Strauss Jr., William L. (Hrsg.): Vorerunners of Darwin (1745–1859). Baltimore: John Hopkins University Press, 1959
Gold, Thomas (Hrsg.): The Nature of Time. Ithaca, N.Y.: Cornell University Press, 1967
Gordon, Cyrus: Before Columbus: Links Between the Old World and Ancient America. New York: Crown, 1971
Gore, Rick: What Voyager Saw: Jupiter's Dazzling Realm. In: National Geographic, 157:1 (Januar 1980)
Graves, Robert (Robert von Ranke-Graves): Griechische Mythologie. Hamburg: Rowohlt, 1960
Grossinger, Richard: The Continents. Los Angeles: Black Sparrow Press, 1973
Ders.: The Long Body of the Dream. Plainfield, Vermont: North Atlantic Books, 1974
Ders.: The Planet with Blue Skies. Unveröffentlichte Notizen.
Ders.: The Provinces. Plainfield, Vermont: North Atlantic Books, 1975
Ders.: The Slag of Creation. Plainfield, Vermont: North Atlantic Books, 1975
Ders.: The Star Invasion Dream. In: The Unfinished Business of Doctor Hermes. Plainfield, Vermont: North Atlantic Books, 1975
Ders.: Wege des Heilens – Vom Schamanismus der Steinzeit bis zur heutigen alternativen Medizin. München: Goldmann, 1985
Ders.: The Windy Passage from Nostalgia. Plainfield, Vermont: North Atlantic Books, 1974
Ders. (Hrsg.): Alchemy Issue (»Io«, Nr. 4, erweiterte Ausgabe). Plainfield, Vermont, 1973
Ders. (Hrsg.): Alchemy: pre-Egyptian Legacy, Millennial Promise (»Io«, Nr. 26). Richmond, California: North Atlantic Books, 1979
Ders. (Hrsg.): Doctrine of Signatures (»Io«, Nr. 5). Ann Arbor, Michigan, 1968
Ders. (Hrsg.): Earth Geography Booklet, Nr. 1 (»Io«, Nr. 12: Economics, Technology, and Celestial Influence). Cape Elizabeth, Maine, 1972
Ders. (Hrsg.): Earth Geography Booklet, Nr. 3 (»Io«, Nr. 14: Imago Mundi). Plainfield, Vermont, 1972

Ders. (Hrsg.): Earth Geography Booklet, Nr. 4 (»Io«, Nr. 16: Anima Mundi). Plainfield, Vermont, 1973
Ders. (Hrsg.): Ecology and Consciousness (»Io«, Nr. 25). Richmond, California: North Atlantic Books, 1978
Ders. (Hrsg.): Ethnoastronomy Issue (»Io«, Nr. 6). Ann Arbor, Michigan, 1969
Ders. (Hrsg.): An Olson-Melville Sourcebook. Volume I (»Io«, Nr. 22: The New Found Land, or North America). Plainfield, Vermont. 1976

Haddock, Fred T.: Interview (1968) mit Richard Grossinger. In: »Io«, Nr. 6 (Ethnoastronomy Issue). Hrsg.: Richard Grossinger. Ann Arbor, Michigan, 1969
Haley, Alex: Wurzeln: (»Roots«). Frankfurt: Fischer, 1981
Hauschka, Rudolf: Substanzlehre, Frankfurt: Klostermann, 1950
Hawkins, Gerald S.: Merlin, Märchen und Computer. Das Rätsel Stonehenge gelöst? Berlin: Zerling, 1983
Heisenberg, Werner: Schritte über Grenzen. München: Piper, 1985
Ders.: Physics and Beyond. Aus dem Deutschen übertragen von Arnold T. Pommerais. New York: Harper and Row, 1971.
Henry, Teuira: Ancient Tahiti. Bernice P. Bishop Museum Bulletin Nr. 48. Honolulu: Bishop Museum Press, 1928
Herbert, Frank: Der Wüstenplanet: Der ganze Romanzyklus. München: Heyne, 1985
Hermes Trismegistos: Erkenntnisse der Natur und des darin sich offenbarenden Gottes. München: Akasha, 1982
Hesiod: The Homeric Hymns and Homerica. Aus dem Griechischen übertragen von H. G. Evelyn-White. Cambridge, Mass.: Harvard University Press, 1914
Ders.: Theogony. Aus dem Griechischen übertragen von Charles Olson. London und New York: Cape Goliard/Grossman, 1968
Hesse, Walter H.: Our Evolving Universe. Encino, California: Dickenson, 1977
Hillman, James: Am Anfang war das Bild. Unsere Träume – Brücke der Seele zu den Mythen. München: Kösel, 1983
Hoffman, Banesh: The Strange Story of the Quantum. New York: Dover Books, 1947
Hoyle, Fred: Die Natur des Universums. Braunschweig, 1938
Hoyt, William Graves: Planets X and Pluto. Tucson: University of Arizona Press, 1980

Johnson, Francis R.: Astronomical Thought in Renaissance England. Baltimore: John Hopkins University Press, 1937
Jones, Marc Edmund: Horary Astrology. Berkeley, California: Shambhala, 1971
Jung, Carl Gustav: Fliegende Untertassen. In: Zivilisation im Übergang. Gesammelte Werke, Band 10. Heitersheim: Walter Verlag, 1981
Ders.: The Interpretation of Nature and Psyche. Aus dem Deutschen übersetzt von R. F. C. Hull, in: Psyche und Symbol. Garden City, N.Y.: Doubleday, 1958

Kant, Immanuel: Universal Natural History and Theory of the Heavens (1755). Aus dem Deutschen übersetzt von W. Hastie (1900). Glasgow, 1900
Kelly, Edward: The Theatre of Terrestrial Astronomy (ca. 1590); nachgedruckt in: Alchemy: pre-Egyptian Legacy, Millenial Promise (»Io«, Nr. 26), hrsg. Richard Grossinger. Richmond, California: North Atlantic Books, 1979
Kelly, Robert: The Alchemist (1961). Nachgedruckt in »Io«, Nr. 26 Alchemy: pre-Egyptian Legacy, Millenial Promise, hrsg. von Richard Grossinger. Richmond, California: North Atlantic Books, 1979
Kelly, Robert: Re: Das Okkulte (1963). Nachgedruckt in »Io«, Nr. 6 (Ethnoastronomy Issue). Ann Arbor, Michigan, 1969
Kepler, Johannes: Somnium, Sive Astronomia Lunaris (1630). Aus dem Lateinischen übersetzt von Patricia Kirkwood, in »Kepler's Dream«, hrsg. von John Lear. Berkeley: University of California Press, 1965
Kerrane, Kevin/Grossinger, Richard (Hrsg.): Baseball I Gave You All the Best Years of My Life (»Io«, Nr. 24). Richmond, California: North Atlantic Books, 1978

Koestler, Arthur: Der Nachtwandler. Das Bild des Universums im Wandel der Zeit. Stuttgart: Scherz, 1959
Krupp, Edwin (Hrsg.): In Search of Ancient Astronomy. Garden City, N.Y.: Doubleday, 1977

Lansing, Gerrit: Der neptunische Charakter (1963). Nachgedruckt in »Io«, Nr. 16 (Erdgeographieband Nr. 4: Anima Mundi). Hrsg. von Richard Grossinger. Plainfield, Vermont, 1973
Lawrence, D. H.: Der Regenbogen (1915). Hamburg: Rowohlt, 1984
Leach, Maria: The Beginning. New York: Funk and Wagnalls, 1956
Le Corbeiller, Phillipe: Die Krümmung des Raumes. In: The New Astronomy. New York: Simon and Schuster, 1954
Lévi-Strauss, Claude: Das Rohe und das Gekochte. Übersetzung aus dem Französischen durch Eva Moldenhauer. Frankfurt: Suhrkamp, Mythologica, Bd. 1, 1976
Ders.: Vom Honig zur Asche. Übersetzung aus dem Französischen durch Eva Moldenhauer. Frankfurt: Suhrkamp, Mythologica, Bd. 2, 1976
Ders.: Das wilde Denken. Übersetzung aus dem Französischen durch Hans Neumann. Frankfurt: Suhrkamp, 1973
Lewis, C. S.: Jenseits des schweigenden Planeten. Hamburg: Rowohlt, 1958
Ders.: Perelandra. New York: Macmillan, 1965
Ders.: Die böse Macht. Freiburg im Breisgau, Basel, Wien, 1960
Lonsdale, William: The Signs of the Zodiac in the Late Twentieth Century. Richmond, California: North Atlantic Books, 1979
Ders.: Star Rhythms. In: »Io«, Nr. 27, hrsg. von Richard Grossinger. Richmond, California: North Atlantic Books, 1979
Lorusso, Julia/Glick, Joel: Healing Stoned: The Therapeutic Use of Gems and Minerals. Albuquerque, N. M.: Brotherhood of Life, 1976
Lovejoy, Arthur O.: Die große Kette der Wesen. Frankfurt a. M.: Suhrkamp, 1985
Lukrez: De rerum natura. Frankfurt, Hamburg, 1960

Marshack, Alexander: The Roots of Civilization: The Cognitive Beginnings of Man's First Art, Symbol and Notation. New York: McGraw-Hill, 1972
Meeks, John: Johannes Kepler und die philosophische Rechtfertigung der Astrologie in: »Io«, Nr. 27 (Sternenrhythmen); hrsg. von William Lonsdale. Richmond, California: North Atlantic Books, 1979
Melville, Herman: Moby Dick. Reinbek: Rowohlt Verlag, 1956
Ders.: Pierre oder Im Kampf mit der Sphinx. Hamburg: Clausen, 1965
Metcalf, Paul: Genoa: A Telling of Wonders. Highland, North Carolina: The Nantahala Foundation, 1965
Milton, John: Paradise Lost (1667). Nachgedruckt in: John Milton: Complete Poems and Major Prose, hrsg. von Merritt Y. Hughes. New York: Odyssey Press, 1957
Moore, Patrick: Venus. Murnau, München, Innsbruck, Basel: Lux, 1957
Moran, Hugh A./Kelley, David H.: The Alphabet and the Ancient Calendar Signs. Palo Alto, California: Daily Press, 1969
Munitz, Milton K. (Hrsg.): Theories of the Universe: From Babylon Myth to Modern Science. Glencoe, Illinois: The Free Press, 1957

Nelson, E. W.: The Eskimo About Bering Strait, 18. Jahresbericht des Bureau of American Ethnology. Washington D.C., 1899
»The New Astronomy«. Zusammengestellt von den Herausgebern des Scientific American. New York: Simon und Schuster, 1954
Newton, Isaac: Mathematische Prinzipien der Naturlehre. Darmstadt: Wissenschaftliche Buchgesellschaft, 1963.
The Nihongi. Aus dem Japanischen übersetzt von W.G. Alston. London: Allen and Unwin, 1956

Noel, Mel: UFO Lecture (1966). In: »Io«, Nr. 4 (Alchemy Issue). Hrsg.: Richard Grossinger. Ann Arbor, Michigan, 1967
Nourse, Alan E.: Nine Planets: Astronomie for the Space Age. New York: Harper and Row, 1950

Olmstead, A. T.: History of the Persian Empire. Chicago: Un. of Chicago Press, 1948
Olson, Charles: The Maximus Poems IV, V, VI. London und New York: Cape Goliard/ Grossman, 1968
Ders.: The Maximus Poems III. New York: Grossman, 1975
Ophiel: The Art and Practice of Astral Projection. St. Paul, Minn.: The Gnostic Institute, 1961
Opler, Morris Edward: Mythen und Legenden der Jicarilla Apachen. In: Memoirs of the American Folklore Society, Bd. 31. New York, 1938
Ouspensky, P. D.: In Search of the Miraculous: Fragments of an Unknown Teaching. New York: Hartcourt, Brace and World, 1949

Pannekoek, A.: A History of Astronomy. London: Allen and Unwin, 1961
Paracelsus: The Hermetic and Alchemical Writings of Paracelsus The Great. Aus dem Lateinischen übersetzt von A. E. Waite. London: James Elliott, 1894
Plato: Timaeus. Aus dem Griechischen übersetzt von H. D. P. Lee. Baltimore: Penguin Books, 1965
Poe, Edgar Allen: Eureka (1848). In: Gesammelte Werke. München, Berlin: Gebr. Packl
The Popul Vuh. Aus der Sprache der Maya ins Spanische übertragen von Adrián Recinos. Aus dem Spanischen ins Englische übersetzt von Deli Goetz und Sylvanus G. Morley. Norman, Oklahoma: University of Oklahoma Press, 1950
Ptolemäus: The Almagest. Aus dem Griechischen übersetzt von H. D. P. Lee. Baltimore: Penguin Books, 1965

Reich, Wilhelm: Äther, Gott und Teufel. Übersetzung aus dem Englischen durch Joachim Schäfer, Bert Laska und Engelbert Wangel. Frankfurt: Nexus, 1983
Roberts, Jane: Gespräche mit Seth. Von der ewigen Gültigkeit der Seele. Genf: Ariston, 1979
Rudhyar, Dane: Astrologie der Persönlichkeit. München: Hugendubel, 1979

Sagan, Carl: Interview, geführt von Richard Grossinger (23. Januar), »Io«, Nr. 14 (Earth Geography Booklet, Nr. 3: Imago Mundi). Cape Elizabeth, Maine, 1972
Sampson, William: The Zodiac: A Life Epitome (1928). New York: ASI Publishers, 1975
Sauer, Carl O.: The Early Spanish Main. Berkeley, California: University of California Press, 1966
Ders.: Northern Mists. Berkeley, California: Turtle Island Foundation, 1968
Schafer, Edward H.: Pacing the Void: T'ang Approaches to the Stars. Berkeley, California: University of California Press, 1977
Seyffert, Oskar: A Dictionary of Classical Antiques. New York: Meridian Books, 1956
Shakespeare, William: The Tempest (ca. 1609). In: The Complete Works of William Shakespeare, hrsg. von William Aldiss Wright. Garden City, N.Y.: Doubleday, 1936
Shaw, George Bernard: Zurück zu Methusalem. Berlin: Fischer, 1926
Shelley, Percy Bysshe: Adonais: An Elegy on the Death of John Keats (1821). In: Gedichte. Heidelberg: Schneider, 1958
Shklovskii, I.S./Sagan, Carl: Intelligent Life in the Universe. New York: Dell, 1966
Silverberg, Robert: The Book of Skulls. New York: Berkeley, 1972
Singer, Dorothea Waley: Giordano Bruno: His Life and Thought with an Annotated Translation of His Work, On the Infinite Universe and Worlds. New York: Abelard-Schuman, 1950
Singer, Isaac Bashevis: Die Familie Moskat. München: Deutscher Taschenbuch Verlag, 1986
Ders.: Shosha. München: Deutscher Taschenbuchverlag, 1982

Synder, Gary: The Manichaeans. In: The Back Country. New York: New Directions, 1960; wiederabgedruckt in: Inside Outer Space: New Poems of the Space, hrsg. von Roger Vas Dias. Garden City, N.Y.: Doubleday, 1970
Ders.: Interview durch Richard Grossinger und David Wilk (9. November 1971). In: »Io«, Nr. 25 (Ökologie und Bewußtsein); Hrsg.: Richard Grossinger. Richmond, California: North Atlantic Books, 1978
Sproul, Barbara C.: Primal Myths: Creating the World. New York: Harper and Row, 1979
Stapledon, Olaf: Star Maker (1937). New York: Dover Books, 1968
Stephen, Alexander: Hopi-Journal (1892). In: »Io«, Nr. 3 (Winter 1966–1967); Hrsg.: Richard Grossinger. Ann Arbor, Michigan.
Stevens, Lt. Col. Wendelle C. (Hrsg.): UFO...Contact from the Pleiades, Bd. 1. Phoenix, Arizona: Genesis III Productions, 1979
Strehlow, T. G. H.: Aranda Traditions. Melbourne: University of Melbourne Press, 1947
Struve, Otto/Zebergs, Velta: Astronomy of the Twentieth Century. New York: Macmillan, 1962
Sullivan, Walter: Black Holes: The Edge of Space, The End of Time. Garden City, New York, 1979

Tarthang Tulku: Time, Space and Knowlegde. Emeryville, California: Dharma Publishing, 1977
Teilhard de Chardin, Pierre: The Phenomenon of Man. Aus dem Französischen übersetzt von Bernard Wall. New York: Harper and Row, 1959
Temple, Robert K.G.: The Sirius Mystery. New York: St. Martin's Press, 1976
Thiel, Rudolf: Und es ward Licht. Reinbek: Rowohlt, 1956
Thorne, Kip S.: Gravitational Collapse. In: Scientific American 217:5 (November 1967)
Tibetanische Totenbuch, Das; hrsg. von W. Y. Evans-Wentz, übersetzt von Luise Göpfert-March. Freiburg i. Br.: Walter, 1981
Tompkins, Peter/Bird, Christopher: Das geheime Leben der Pflanzen. Köln: Scherz, 1973

Vallee, Jacques: Messengers of Deception: UFO Contacts and Cults. Berkeley, California: And/Or Press, 1979
Vas Dias, Robert (Hrsg.): Inside Outer Space: New Poems of the Space Age. Garden City, New York: Doubleday, 1970
Veilkovsky, Immanuel: Welten im Zusammenstoß. Als die Sonne stillstand. Stuttgart: Kohlhammer, 1952

Waite, A.E.: Der Bilderschlüssel zum Tarot. München: Urania, 1978
Weinberg, Steven: Die ersten drei Minuten: der Ursprung des Universums. München: Deutscher Taschenbuchverlag, 1980
Wheelwright, Philip (Hrsg.): The Presocratics. Indianapolis: Odyssey Press, 1966
Whitehead, Alfred North (Hrsg.): Prozeß und Realität. Frankfurt: Suhrkamp, 1984
Whorf, Benjamin Lee: Sprache, Denken und Wirklichkeit. Hamburg: Rowohlt, 1965
Wilson, Robert Anton: Die letzten Geheimnisse der Illuminaten. Hamburg: Rowohlt, 1985

Yates, Frances: Giordano Bruno and the Hermetic Tradition. Chicago: University of Chicago Press, 1964
Yogananda, Paramahansa: Autobiographie eines Yogi. München, Planegg: O. W. Barth, 1950 und 1969
Yongden, Lama: Mipam. Wiesbaden: Brockhaus, 1935

Zelazny, Roger: Herr des Lichts. München: Heyne, 1985

Personenregister

Adams, John 223
Addison, Jospeh 228
Äsop 516
Aetius von Konstantinopel 149
Agrippa, Heinrich Cornelius 93
Airy, George 224
Aldiss, Brian 517f.
Aldrovandi 17
Alexander der Große 103f., 154
Alpert, Richard 493
Anaxagoras 152
Anaximander 148f., 154
Anderson, Poul 520
Anger, Kenneth 492f.
Anka, Paul 495
Anthony, Piers 445, 534
Apollonius von Perga 159f.
Apuleius 516
Archimedes 156, 162
Aristarch 156, 168f.
Aristophanes 516
Aristoteles 148, 154, 156, 160, 164, 181
Armstrong, Neil 75
Arrhenius, Svante 368
Augustinus 149, 154

Baba Ram Dass 493, 498
Bach, Johann Sebastian 9
Bacon, Francis 197, 204
Baez, Joan 492
Baker, Douglas 488
Ballot, Christoph Hendrik Didericus Buys 238
Banks, Sir Joseph 216
Beatles 492, 496, 498
Becker, Carl 118
Beckett, Samuel 277
Bell, Jocelyn 283

Belmonts, The 496
Bentley, Richard 204
Berry, Chuck 494
Best, Eldon 140
Big Bopper 497
Blake, William 205f., 326
Bode, Johann 221, 224ff.
Bohr, Niels 257, 259
Bolyai, Janos 243
Bowie, David 497
Bradbury, Ray 391
Brahe, Tycho 159, 166f., 187ff., 191f.
Braun, von 352
Brendan 510, 520
Bruno, Giordano 174–177, 179, 357f., 542
Buckminster, Fuller R. 298
Buddha 493
Burroughs, Edgar Rice 391, 398

Calder, Nigel 285
Campanella, Tommaso 116f.
Carter, John 397f.
Cassini, Giovanni 210, 428, 434
Castaneda, Carlos 381, 523
Chadwick, Alan 327
Chardin, Teilhard de 91
Christy, James 449
Cidenas s. Kidinnu
Clarke, Arthur 403, 408, 416f., 527, 538
Cleaver, Eldridge 498
Clerke, Agnes 238
Cocteau, Jean 493
Cohen, Leonard 498
Collin, Rodney 89f., 241
Collins, Michael 131, 157, 388
Cook, James 512

Cooke, Sam 500
Cortez, Fernando 180 f.
Crowly, Allister 324 f., 484
Cruikshank, Dale 449
Cusanus, Nikolaus von 168, 173, 357
Däniken, Erich von 404, 480, 485, 505 f.
Dalton, John 228
Dante 102, 164, 516, 519
Darin, Bobby 495
Darwin, Charles 67, 231–234, 236, 242, 516
Dechend, Hertha von 109, 127 ff.
Dee, John 181, 512
De La Caille 219
Demokrit 150, 152, 154, 162, 255
Derham, William 44
Descartes, René 197, 199, 204, 206, 210
Dickens, Charles 525
Diderot, Denis 133 f., 274
Digges, Thomas 171
Dion 496
Dirac, Paul 257
Donne, John 124, 171
Doppler, Christian 238
Dorn, Edward 75, 269
Dostojewski, Fjodor M. 523
Duncan, Robert 317
Durkheim, Emile 272
Dylan, Bob 497, 499
Dyson, Freeman 407

Eddington, Arthur 250
Edward III, König 520
Einstein, Albert 11, 39, 53 f., 105, 128, 174, 188, 194, 204, 206 f., 240, 251–255, 257, 273, 279, 291 f., 299, 335
Eisenhower, Dwight D. 492
Enslin, Theodore 227
Eratosthenes 157
Erik der Rote 510 f.
Erikson, Erik 183
Este, Herzog Borso d' 93
Eudoxos 153
Euklid 156
Everly Brothers 559

Faraday, Michael 239 f., 243, 250 f., 255
Farmer, Philip José 530 f., 533
Faulkner, William 380, 523
Flammarion 44
Flamsteed, John 209, 219
Foucault, Michel 17 f.
Fraunhofer, Joseph von 230
Freud, Sigmund 17, 233 f., 245 f., 280, 366, 474

Galilei, Galileo 27, 48, 109, 166 f., 175, 191–198, 210 f., 220, 348, 357 f., 412, 416, 426, 441, 502, 512
Galle Johann 224 f.
Gamble, Polly 23
Gauss, Carl Friedrich 221, 252
Geller, Uri 471
Gell-Mann, Murray 261 f.
Georg III. 216
Goethe, Johann Wolfgang von 326 f.
Gold, Thomas 284 f.
Grimm, Gebrüder 509
Grossinger, Richard 404 f.
Gurdjieff, G. I. 92, 273, 288, 380 f., 386, 442, 484

Haddock, Dr. Fred 22 f.
Haile Selassie 494
Hale, George Ellery 236
Haley, Alex 356
Hall, Asaph 396
Haley, Edmund 207, 209, 227
Hawking, Stephen 293 f.
Haydn, Joseph 289
Heinlein, Robert 391
Heisenberg, Werner 63, 150, 230, 257, 273, 298
Helmholtz, Baron Hermann von 237, 253
Hendrix, Jimi 496, 498
Herakleides 156, 169
Heraklit, 149, 156
Herbert, Franz 550, 553 f., 556
Hermes 87, 117, 173, 176, 181
Hermes-Thoth 366
Herodes 546
Herschel, Friedrich Wilhelm 210, 214–218, 220, 223 f., 226, 228, 331, 348, 434, 443, 502
Herschel, Caroline 216, 226
Herschel, Sir John 218, 223
Hesiod 69, 147, 181
Hevelius, Johannes 284
Hewitt, Anthony 449
Hillmann, James 452
Hipparchos 159
Hitler, Adolf 124 f., 451, 524
Hoffman, Abbie 498
Homer 101 f., 181
Hooke, Robert 220
Horton, Johnny 497
Hoyle, Fred 51 f.
Hoyt, William Graves 225 f.
Hubble, Edwin 213, 250 f., 267
Huggins, William 231, 239
Huygens, Christian 210, 212, 427, 502

Jeans, Sir James 273, 308
Jefferson, Thomas 118
Jesus Christus 545 ff.

John, Prester 513
Jones, Marc Edmund 333
Joplin, Janis 498
Joyce, James 261
Jung, C. G. 153, 333, 478 ff.

Kant, Immanuel 30, 208, 213, 326
Kelley, David 83
Kelley, Edward 100
Kelley, Robert 41, 156, 178
Kelvin, Lord William 237, 240
Kennedy, John F. 492
Kepler, Johannes 86f., 98, 105, 115f., 120, 166f., 175, 182–199, 201f., 206, 213, 219, 224, 240, 288f., 296, 299, 308, 331, 357ff., 413, 449, 489
Khomeini, Ayatollah 130
Kidinnu 146
Kierkegaard, Søren 38
Kircher, Athanasius 395
Kirchhoff, Gustav Robert 230
Koestler, Arthur 183, 187, 189
Kolumbus 163, 179, 223
Kopernikus, Nikolaus 16, 166–177, 179, 181, 183f., 186, 196, 202, 331, 356, 361, 490, 502
Kuiper, Gerard 443

Labashi 145
Laine, Frankie 495
Lalande, Joseph J. F. 224
Lansing, Gerrit 446
Laplace, Pierre Simon 208f., 214, 217, 234, 273
Lassel, William 223, 443f.
Lawrence, D. H. 42, 235, 316
Lawrence, L. George 486f.
Learys, Thimothy 490
Leavitt, Henriette Swan 249
Leeuwenhoek, Anton van 228
Leibniz, Baron von 167, 239
Lennon, John 493, 498ff.
Leverrier, Urbain 223f., 226, 228, 331, 360
Lévi-Strauss, Claude 303, 305
Lewis, C. S. 300, 334, 369, 532, 540ff.
Lincoln, Abraham 292
Lobacevski, Nikolai 243
Lowell, Percival 331, 390–393, 396f., 447ff.
Lucian von Samosata 516f.
Ludwig XIV. 209
Lukrez 151, 388
Luther, Martin 183

Manson, Charles 498
Mao Tse Tung 62, 262
Marius, Simon 211
Marshack, Alexander 81f.

Maxwell, James Clerk 239f., 243, 250f., 255, 372, 427
Melville, Hermann 16, 184, 242f., 246
Mendeleev, Dmitrij 229
Milton, John 67, 193, 516
Miró, Joan 289
Misner, Charles 294
Moran, Hugh 83
Morrison, David 449
Mozart, Wolfgang Amadeus 289

Napoleon Bonaparte 103f., 180, 209
Nelson, Ricky 493
Newton, Isaac 11, 98, 115ff., 120, 166, 174f., 177, 188, 191, 194, 197–210, 213, 215, 219, 223, 225, 228, 234, 239, 241, 243, 246, 250f., 256, 261, 273, 289, 299, 308, 351, 427–430, 516
Nixon, Richard 85
Noel, Mel 463

Odysseus 102, 509
Olbers, H. Wilhelm 222, 227f., 251, 269
Olson, Charles 132
Oort, Jan 349
Ordway, Frederick 352
Osiris 507

Paracelsus 70
Pascal, Blaise 193
Pauli, Wolfgang 257, 260, 333
Philipp von Spanien, König 180
Philolaos 170
Piazzi, Guiseppe 221
Pickering, William 350f., 448ff.
Pilcher, Carl 449
Pizarro 181
Planck, Max 244, 254, 257, 259, 273
Plato 104, 109, 136, 150, 152f., 164, 181, 326, 516
Platters, The 495
Plutarch 104, 357, 520
Poe, Edgar Allan 207f.
Polo, Marco 511
Presley, Elvis 495, 500
Press, William H. 292
Proust, Marcel 9
Ptolemäus 153, 159f., 168f., 172, 176, 209, 295
Pythagoras 149f., 167, 182, 367
Pytheas 520

Reagan, Ronald 424, 441
Reich, Charles 119
Reich, Wilhelm 71, 179, 315f., 482, 484
Rheita, Antonia Maria de 220
Riemann, Bernhard 252
Roberts, Jane 309

Robinson, Smokey 500
Römer, Olaus 211
Roger, Baron Sir 520f.
Rolling Stones 497, 500
Rosen, Nathan 291f.
Rudhyar, Dane 335
Rudolf, Kaiser 359
Russell, Bertrand 203
Russell, Henry Norris 226
Rutherford, Ernest 255

Sadat, Anwar 471
Sagan, Carl 95f., 98
Sampson, Walter 339f.
Santillana, Giorgio de 109, 127ff.
Sauer, Carl 179
Schiaparelli, Giovanni 361f., 390, 394
Schwarzschild, Karl 291
Sedaka, Neil 494
Semjasse 464, 469
Shakespeare, William 217, 512, 522
Shannon, Del 495
Shapley, Harlow 249, 251
Shaw, George Bernard 134, 274
Shelley, Mary Wollstonecraft 517
Shelley, Percy Bysshe 206
Silverberg, Robert 543
Singer, Isaac Bashevis 124, 126
Sisyphos, König 245
Slipher, Vesto 251, 447
Smith, Bradford 431
Smith, John 181
Smith, Valentine Michael 497
Snyder, Gary 266
Soderblom, Lawrence 431
Spinoza 9, 125
Stalin, Joseph 62
Stapledon, Olaf 524f.
Stein, Charles 314

Steiner, Rudolf 86, 327
Stephen, Alexander 299
St. Hippolytus 148
Swedenborg, Emanuel 86
Swift, Jonathan 517

Temple, Robert 112, 483, 488, 505f.
Thales von Milet 148f.
Thomas von Aquin 154
Thompson, Hunter 467
Thompson, Joseph John 244
Thorne, Kip 54, 294
Tiberius, Kaiser 104
Titius, Johann 221
Tombaugh, Clyde 447ff.
Tulku, Lama Tarthang 499
Tyner, McCoy 290

Vallee, Jacques 473–477
Varela, Andia 139
Velikovsky, Immanuel 374f.
Verne, Jules 518
Vinci, Leonardo da 454

Walker, Sears 224
Walpole, Horace 517
Weinberg, Stephen 203, 274f., 277f.
Wells, H. G. 469, 518
Wheeler, John 294, 297
Whitehead, Alfred North 107, 111
Whorf, Benjamin Lee 299
Wilson, Robert Anton 484ff.
Wright, Thomas 212f.

Yates, Frances 173f.
Yogananda, Paramahansa 528, 534
Yongden, Lama 528

Zelazny, Roger 529

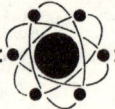

Sachwortregister

Achernar, 142
Acid Rock 497
Adler 140, 318, 340
Ägypten 115, 154f.
»Ägyptisches Totenbuch« 43
Äquanten 169
Albedo 359
Alchemie 94, 162, 484f.
Aldebaran 28, 43, 140, 143, 501
Alexandria 154–157
–, Bibliothek von 155f.
»All and Everything« 484
»Almagest« 159, 163
Alnilam 43
Alnitak 43
Alpha Centauri 349
Alpheratz 45
Altair 140
Altsteinzeit 18
Amalthea 412
»Amazing Stories« 516
Ananke 413
Andromeda 237, 250, 514
-nebel 45, 244, 303
Antares 32, 67, 248, 339
Anthropologie 11
Anthroposophie 484
Anti-Quarks 264
Aquila 284
Aranda, Mythen der 73
Arcturus 139, 248
Argo 284
Ariel 223, 443, 512
Asien 155
Astarte 375
Asteroiden 217
»Astounding Science Fiction« 516
Astralmagie 119, 135, 183

Astrogenie 11
Astrogeometrie 160
Astrologie 11, 16, 81, 84, 94, 98, 117, 162, 183, 186
–, esoterische 79, 343
Astromantie 81
Astromantik 11
»Astronomia Nova« 186, 189
Astronomie
–, alte 16
–, aristotelische 154
–, Geschichte der 78
–, innere 11
–, okkulte 16
–, platonische 154
Astrophilosophie 83
»Astro-Theologie« 44
Atom
-energie 123, 281f.
-krieg 122
-theorie 63, 150f., 229
Australien 43
»Autobiographie eines Yogi« 528
Azteken 328

Babylonier 145f., 162
Bellatrix 43
Beteigeuze 43, 67, 248
Bewegungsgesetze 199, 201
»Billion Year Spree« 517
Botanik, spirituelle 94
Buddhismus 277, 310f., 549
Bushongo-Bantu, Mythen der 71

Caliban 512
Callisto 412, 415f.
Canopus 86, 140, 142
Capella 141, 239

Caracol 141f.
Carme 413
Cassinische Teilung 428
Cassiopeia 140
Castor 142
Cepheiden 249f.
Ceres 221, 399, 449
Chaldäer 145, 330
Charms 264f.
Charon 449
»Childhood's End« 527, 538f.
»Children of Dune« 550, 553
China 44
Chinesen, Mythen der 69, 73
Chiron 442
Christentum 115, 204, 461, 549
»Christliche Topographie« 163
»Città del Sole« 116
»Cosmic Trigger« 484
»Cosmotheoros« 212
Crab-Nebel 284
C-Ring 432
Crow-Indianer 97

Darwinismus 134
–, Evolutionsbegriff des 232
»Das astronomische Wissen der Maori« 140
»Das Mysterium des Sirius« 112
»Das Schicksal der Sterne« 368
»Death's Car« 493
Deimos 390, 396f.
Delta Cephai 249
»De revolutionibus orbium coelestium« 171f.
»Der Krieg der Welten« 398
»Der Regenbogen« 42, 235, 316
»Die ersten drei Minuten« 274
»Die Nachtwandler« 183
»Die neuen Heiler« 22
Dione 433ff., 442
DNA-Matrix 77
Dogon 483, 505
Dopplereffekt 238, 251
»Dune« 550ff., 554, 556
»Dune Messiah« 550f., 553

»Einführung in das Studium des Sternenhimmels« 221
Elara 413
Elektromagnetismus 251f., 255
Elemente, chemische Eigenschaften der 229
Ellipse 191
Embryologie 11
Enceladus 433f.
Epizykel 169f., 184, 295
Erde 149f., 153, 185, 188, 190, 196, 198f., 211, 223, 379f., 382f., 390, 394, 418

Eros 222
»Erscheinungen der Planeten« 145
Eskimos, Mythen der 72
Ethnoastrologie 323
Ethnoastronomie 11, 16, 22, 83, 139, 323
Euklidische Geometrie 159, 200
»Eureka« 207f.
Existentialismus 283

Farbenlehre, Goethesche 326
Fische 45, 340, 445, 448
Fixsterne 150, 154
»Frankenstein« 517
F-Ring-System 430
Frühlingspunkt 114

Galaxien 45, 56, 62, 237, 280
Ganymed 412, 415f., 419, 435
»Gawain« 108
Geburtshoroskop 85 s.a. Horoskope
Geomantie, astrologische 93
Georgium Sidus 216
»Gilgamesch« 108, 506
»Göttlicher Pymander« 87
Golden Dawn 324, 484
»Gothic novel« 517
Gravitation 194, 199f., 202, 204, 234, 237, 249ff., 254f., 427 s.a. Schwerkraft
-sfeld 59, 188
–, universelle 198
»Great Exspectations« 526
Griechen 146f., 155
–, Mythen der 69
Grönland 43
Großer Bär 28, 318
Großer Wagen 140, 142
Große Schlange 142
Gürtel 43
»Gullivers Reisen« 517
Gurdjieffsche Tänze 381

Halleyscher Komet 207
Hamal 45
»Hamlets Mühle« 109, 127
»Harmoniae Mundi« 191
Heliozentrizität 168, 171, 179, 197
Hermetiker 117, 123, 173f., 176
Hermetische Astronomie 92
–, Bewegung 116, 118
–, Magie 162
–s Gesetz 48
–, Schriften 87, 94
Himalia 413
Hinduismus 549
Hindus, Mythen der 43
Hiroshima 105, 207
Hohokam 30
Hopi 300f., 303, 308, 384, 479, 527

-Journal 299
-sprache 299, 302
Horoskope 332f.
Hyaden 28
Hyperion 433, 436

Idealismus 118, 152
I Ging 132, 334
Ikaros 222
»Immrama« 510
Indianer 12, 28, 103, 142, 307
Indien 43
Industrialisierung 174
Inkas 134
Interaktionsgesetze 199
Io (Mond) 22f., 211, 279, 411–416, 418
–, (Zeitschrift) 22
Irland 44
Iran 130
Islam 130, 461
»It came from outer Space« 468

Janus 433, 441
Japaner, Mythen der 73
Japetus 433f., 436
»Jerusalem« 205
Jicarilla-Apachen 276
Jungfrau 339, 344
Juno 222
Jupiter 22f., 86, 93, 118, 150, 154, 184, 195, 199, 207, 210f., 221, 223, 329, 338, 349, 351, 353, 357, 367, 375f., 399–404, 406–412, 414, 416–421, 423, 425f., 435, 438, 443, 480, 503
-monde 22, 192, 195, 413
-ring 429
-wolken 129

Kabbala 74, 276
»Kalevala« 108
Kali Yuga 115
Kapitalismus 97, 117, 283, 309
Karma 35, 115, 529
Kassiopeia 28, 45, 187, 318
Kernkraft 59
–, schwache 260
–, starke 259
Kleiner Wagen 140, 142
Kohoutek 85
»Kommunistisches Manifest« 446
Konstellationsastrologie 342f.
Krebs 192, 339
Kreuz 140
»Krieg der Sterne« 275, 292, 471

Leda 413
Leier 45
Linguistik 11, 16
Löwe 28, 339f.

»Lord of Light« 529
Lysithia 413

»Macroscope« 445, 534
Magie 94
–, astrale 81, 98
Mainer 396
Maori 140f.
Mariner-Mission 365, 370ff., 392
Mars 28, 93, 118, 121, 144, 150, 154, 159, 172, 182, 184f., 189f., 210, 216, 221, 231, 248, 338, 349, 359, 361, 367, 375, 390–400, 412f., 420, 433, 437f., 440, 446
»Mars als Heimstätte des Lebens« 390
»Mars und seine Kanäle« 390
Marxismus 63, 118, 283
Materialismus 283
»Mathematische Prinzipien der Naturphilosophie« 201
Mayas 141, 267, 328
–, Mythen der 73
»Mecanique Celeste« 208
Merkur 61, 86, 93, 144, 150, 153f., 156, 164, 173, 185, 189, 221, 225, 253, 329, 355, 360–367, 400, 412, 437f., 450
Mesopotamien 144
Mikrowellen 54
Milchstraße 30, 34, 44, 59, 140, 213, 215, 219f., 237, 284ff., 344, 351
Mimas 433f., 436, 441
Minerva 449
Mintaka 43
»Mipam« 528
Miranda 443
»Moby Dick« 241, 243
Mond 30, 93, 132, 146, 148ff., 154, 159, 164, 188, 195, 198f., 336f., 355, 357, 359, 366, 377–383, 400, 417, 420
-finsternis 148
-landung 111, 131
–, okkulter 379
Mount Palomar 278
»Mundus Subterraneus« 395
»Mysterium Cosmographicum« 185ff.

NASA 21, 97
Neptun 189, 208, 223–226, 338, 350f., 353, 420, 422–425, 444–449, 535
-monde 223, 437, 451, 535
Nereid 444
New Age 16, 20, 98, 309, 327
Nigredo 359
Nix Olympica 393
NORAD 475
Nova 187
Numerologie 117, 186

Oberon 217, 443

Olympus Mons 393
Ontologie, spirituelle 115
Ophiel 498
Orion 41, 43ff.., 248
–, Großer Nebel des 231
–, Gürtel des 139f., 192
-nebel, Großer 43
–, Schwert des 192
»Orpheus« 493
Osagen-Indianer 304, 308
Osiris 110
»Out of the Silent Planet« 300, 540

Pallas 222
Panspermientheorie 368
»Paradiso« 164
Pasiphae 413
Pawnee-Indianer 29,136, 384
Pegasus 45
»Perelandra« 334, 369, 540, 542
»Perfit Description of the Caelestial Orbes« 171
Periodensystem 59, 230, 232, 256, 451
Persien 115, 134, 154f.
Pfeil 284
Phobos 390, 396
Phoebe 433, 436
Photosynthese 336
Pioneer-Mission 421, 428f., 433
Plancksche Konstante 257, 259
Planeten 22, 64f., 146, 195, 336
-zyklen 144
Platonismus 153
Pleistozän 108
Plejaden 27, 30, 41, 43, 140, 231
Pluto 61, 84, 225, 349f., 421, 448–453
Polarstern 140
Pollux 142
Prä-Quarks 262
Präsepewolke 192
Präzessionszyklus 115
Protogalaxien 56
Psi-Phänomen 309
Psychokinese 309
Psychologie 11, 153
Ptolemäische Astronomie 92
Pulsare 22, 243, 283–286, 289, 295, 331, 481

Quanten
-mechanik 270, 273, 486
-physik 135, 153, 304
-theorie 14, 62, 255, 259, 298, 486
Quarks 261f., 271, 276, 287, 344, 355
Quark-Theorie 263
Quasare 18, 22, 192f., 238, 243, 280, 286–290, 294f., 321, 331, 355, 481, 514

Rabe 140

Raumfahrt-Programm 120 s.a. Space Program
Raum-Zeit-Kontinuum 49, 54f., 240, 273
Regulus 28
Reinkarnation 549
Relativitätstheorie 194, 204, 253, 343
Rhea 433ff.
Riemannsche Formel 252
Rigel 43, 86, 140, 143
Rosenkreuzer 117f., 205, 484f.
Rotverschiebung 238, 267f., 286, 291

»Sagas« 510
Samoaner 139, 141
Saturn 86, 93, 121, 144f., 150, 154, 167, 185, 192, 195, 199, 207, 210, 218, 350, 353, 357, 367, 412, 420–426, 429, 433, 435, 440ff., 480
-monde 210f., 437
-ringe 210, 216, 223, 430, 432, 436
Schamanismus 293, 514
Schiiten 133
Schütze 340, 344, 448, 480
Schwan 139, 284
Schwerkraft 55, 58f., 120, 132, 161, 198, 213, 260, 378, 389 s.a. Gravitation
Schwert 43
Set 110
Seyfert-Galaxien 286
Sherente 503
»Sidereus Nuncius« 192
Sideways-Quarks 263
Sinope 413
Sirius 28, 32, 43, 67, 83, 140, 143, 212, 248, 253, 483–486, 488f., 514
Skapulomantik 334
Skorpion 139f., 248, 339f., 448
Solutio 359
Sonne 30, 38, 59, 61, 67, 77, 86, 91, 93, 132, 146, 148ff., 154, 156, 159, 164, 171, 189f., 195, 198f., 208, 212, 248, 259, 282, 336, 357, 377
-nenergie 135, 281f.
-nfinsternis 148
Sozialismus 97
»Space Odyssey« 403
Space Program 16, 303 s.a. Raumfahrt-Programm
Spektralanalyse 231
Spektroskopie 230, 232
»Star Maker« 524
Steady-State 51f., 69
Steady-State-Theorie 274
Steinbock 340
Stier 28, 221, 339, 448
Stonehenge 81, 83
Strangeness 262, 264
Sufismus 484

Sumerer 155
Supernovae 59, 125, 238, 285, 290
-Explosionen 57
Syene 157
Synchronizität 23, 333 f., 341, 486

Tag- und Nachtgleichen-
  Präzession 115, 146, 318
Tahiti, Mythologie von 73
T'ai Ch'i 345
Taoismus 160
Telepathie 135, 309
Teotihuacan 141
Tethys 433 ff.
»That hideons Strenght« 540
»Theater der irdischen Astronomie« 100
»The Book of Skulls« 543
»The Castel of Otranto« 517
»The High Crusade« 520
»The Invasion of the Body
  Snatchers« 469 f.
»The Maker of Universes« 531
»The Missouri Breaks« 38
Theogonie 11, 147
»The Origin of Species« 236
»The Pilgrim's Progress« 519
Three Miles Island 105
»Tibetanisches Totenbuch« 38
Tierkreis 341 f.
»Timaios« 150, 153
Titan 433, 435–440, 442, 444
Titania 217, 443
Totemismus 304
»Trauminterpretationen« 245
Triton 223, 422, 437, 444, 535
»Über die Größen und Entfernungen
  der Sonne und des Mondes« 156
UFOs 336, 406, 455, 463–467, 470–473,
  476–481, 485 f., 490, 548
Umbriel 223, 443
»Universale Naturgeschichte und Theorie
  des Himmels« 213
Unschärfetheorie 257, 273 f.
Untertassen, fliegende s. UFOs
Uranus 86, 216 f., 221, 223 ff., 338,
  350 f., 353, 420, 422 ff., 442 f., 445 ff.,
  449, 451
-monde 217, 223
-, okkulter 443 f.
-ringe 443
Urenergie 49 f.

Urknall 49 f., 57, 67, 77 f., 106, 265,
  268 f., 271 f., 274, 277, 283, 291, 293
-theorie 51 f., 54 f., 97, 267, 271–274
-nebel 55, 57, 334, 355
-pflanze 326

Vega 67, 140, 241
Vela 284
Venera-Mission 371
Venus 61, 86, 93, 140 ff., 144 f., 150,
  153 f., 156, 164, 184 f., 189, 195, 221 f.,
  359, 361, 367–374, 376, 390, 394, 399,
  401, 412 f., 418, 437, 446, 503
»Verae Historiae« 516
Viking-Expedition 231
Vikingsonden 395
Vitalismus 325
»Vom Honig zur Asche« 305
Voyagermission 22, 402, 412 f., 421 ff.,
  425 f., 428–434, 436, 438 f.
Vulkanus 225, 360
Vulpecula 284
Vultur 284

Waage 339 f.
Wal 318
»War of the World« 469
Wassermann 340, 448
-zeitalter 327
»Wege des Heilens« 18 ff., 22, 24
Whole-Earth
-Bewegung 22, 140
-Bewußtsein 132
-Philosophie 135
Widder 45, 339, 448
»Widerlegung der Häresien« 148
Winnebago-Indianer 503
Wirbeltheorie 221

Yaqui-Indianer 293
Yin und Yang 160 f., 267 f.
Yoga 161
Yucatan 141

Zapoteken 141
Zen 135
Zodiakalastrologie 341 ff.
Zunis 132
-, Mythen der 72, 132
Zwillinge 339, 448